História das agriculturas no mundo

FUNDAÇÃO EDITORA DA
UNESP

Presidente do Conselho Curador
Mário Sérgio Vasconcelos

Diretor-Presidente
José Castilho Marques Neto

Editor-Executivo
Jézio Hernani Bomfim Gutierre

Assessor Editorial
João Luís Ceccantini

Conselho Editorial Acadêmico
Alberto Tsuyoshi Ikeda
Áureo Busetto
Célia Aparecida Ferreira Tolentino
Eda Maria Góes
Elisabete Maniglia
Elisabeth Criscuolo Urbinati
Ildeberto Muniz de Almeida
Maria de Lourdes Ortiz Gandini Baldan
Nilson Ghirardello
Vicente Pleitez

Editores-Assistentes
Anderson Nobara
Jorge Pereira Filho
Leandro Rodrigues

DILMA ROUSSEF
Presidente da República

PEPE VARGAS
Ministro de Estado do Desenvolvimento Agrário

LAUDEMIR MÜLLER
Secretário-executivo do Ministério do
Desenvolvimento Agrário

CARLOS GUEDES
Presidente do Instituto Nacional de Colonização
e Reforma Agrária

VALTER BIANCHINI
Secretário de Agricultura Familiar

ADHEMAR LOPES DE ALMEIDA
Secretário de Reordenamento Agrário

ANDRÉA LORENA BUTTO ZAZAR
Secretário de Desenvolvimento Territorial

JOAQUIM CALHEIROS SORIANO
Coordenador-geral do Núcleo de Estudos
Agrários e Desenvolvimento Rural

JOÃO GUILHERME VOGADO ABRAHÃO
Coordenador-executivo do Núcleo de Estudos
Agrários e Desenvolvimento Rural

Copyright 2009 MDA

COORDENAÇÃO DA EDIÇÃO BRASILEIRA
Magda Zanoni

TRADUÇÃO
Cláudia Felicia Falluh Balduino Ferreira

REVISÃO TÉCNICA
Magda Zanoni, Lovois de Andrade Miguel e
Maria Regina Pilla

MINISTÉRIO DO DESENVOLVIMENTO
AGRÁRIO (MDA)
www.mda.gov.br

NÚCLEO DE ESTUDOS AGRÁRIOS E
DESENVOLVIMENTO RURAL (NEAD)
SBN, Quadra 02 - Ed. Sarkis - Bloco D - loja
10 - Sala S2 - CEP: 70.040-910 - Brasília - DF -
Tel.:(61) 3961-6420
www.nead.org.br

PCT MDA/IICA - Apoio às Políticas e à
Participação Social, no Desenvolvimento Rural
Sustentável

MARCEL MAZOYER
LAURENCE ROUDART

História das agriculturas no mundo

Do neolítico à crise contemporânea

Tradução: Cláudia F. Falluh Balduino Ferreira
Revisão técnica: Magda Zanoni, Lovois de Andrade Miguel e Maria Regina Pilla
Coordenação da edição brasileira: Magda Zanoni

© 2008 Editora UNESP
© 1997, 2002 Éditions du Seuil
© 2009 da tradução brasileira
Título original: Histoire des Agricultures du monde: du néolithique à la crise contemporaine

Direitos de publicação reservados à:
Fundação Editora da UNESP (FEU)
Praça da Sé, 108
01001-900 – São Paulo – SP
Tel.: (0xx11) 3242-7171
Fax: (0xx11) 3242-7172
www.editoraunesp.com.br
www.livrariaunesp.com.br
feu@editora.unesp.br

CIP – Brasil. Catalogação na fonte
Sindicato Nacional dos Editores de Livros, RJ

M428h

Mazoyer, Marcel, 1933-
    História das agriculturas no mundo: do neolítico à crise contemporânea Marcel Mazoyer, Laurence Roudart; [tradução de Cláudia F. Falluh Balduino Ferreira]. – São Paulo: Editora UNESP; Brasília, DF: NEAD, 2010.
    568p.: il.

    Tradução de: Histoire des agricultures du monde
    Inclui bibliografia
    ISBN 978-85-7139-994-5 (Editora UNESP)
    ISBN 978-85-60548-60-6 (NEAD)

    1. Agricultura – História.   I. Roudart, Laurence.   II. Núcleo de Estudos Agrários e Desenvolvimento Rural.   III. Título.

10-0094.   CDD: 630.9
                                                                   CDU: 63(09)

Editora afiliada:

a René Dumont,

a todos os agricultores que têm feito o mundo em que vivemos

Sumário

PREFÁCIO   25
APRESENTAÇÃO   37
INTRODUÇÃO   41
A herança agrária da humanidade   42
Transformações históricas e diferenciação geográfica
   dos sistemas agrários   43
Crise agrária e crise geral   46
Plano desta obra   48

Capítulo 1 – EVOLUÇÃO, AGRICULTURA,
HISTÓRIA   51
1   A VIDA, A EVOLUÇÃO E A AGRICULTURA   53
   Fator limitante e valência ecológica   53
   Competição, exploração, simbiose   54
   Trabalho, artificialização do meio, agricultura
   e criação   55
      Formigas cultivadoras   55
      As formigas criadoras   56
      *A agricultura e a criação: uma exploração reforçada das
      espécies domésticas*   57
2   HOMINIZAÇÃO E AGRICULTURA   57
   Os *Australopitecos* (de 6,5 a 1,5 milhão de anos antes de
   nossa Era)   60
   Homo habilis e *Homo erectus* (de 3 milhões a 200.000
   anos antes de nossa Era)   60
   Homo sapiens (de 200.000 ou 100.000 anos antes de nossa
   Era até nossos dias)   62
      Homo sapiens neandertalensis   62
      Homo sapiens sapiens   63

O fim do paleolítico: diferenciação dos modos de predação e especialização dos utensílios 64
A hominização, uma revolução biológica e cultural 68
O neolítico e a aparição do cultivo e da criação 69

3 O CONCEITO DE SISTEMA AGRÁRIO 71
Complexidade e variedade das formas de agricultura observáveis 71
O ecossistema cultivado e sua renovação 72
O sistema social produtivo e sua renovação 73
Dinâmica dos sistemas agrários 75
Por que uma teoria? 76
O porquê das análises concretas 77

4 BIOMASSA, SOLO E FERTILIDADE 77
A elaboração e a destruição da biomassa 78
A fertilidade 80
A formação do solo 80
A alteração da rocha-mãe 81
A fixação do nitrogênio da atmosfera 81
A decomposição do leito de matéria orgânica ou serrapilheira e a formação do húmus 82
As migrações dos elementos finos 83
A reciclagem dos elementos minerais 84
Modos de renovação da fertilidade dos solos cultivados 85
Adubos e corretivos 87

5 AGRICULTURA E HISTÓRIA 90
A agricultura e o número de homens 90
Produtividade agrícola, diferenças sociais e melhoria da alimentação 93

CAPÍTULO 2 – A REVOLUÇÃO AGRÍCOLA NEOLÍTICA 97

1 CENTROS DE ORIGEM DA AGRICULTURA NEOLÍTICA 101
Os grandes centros irradiantes 102
O Centro do Oriente Próximo 102
Abundância de recursos e sedentarização 102
Especialização dos utensílios e exploração intensa do meio 103
Protoagricultura e domesticação 103
Outras transformações do modo de vida 105

O aumento do tempo de predação e a transição rumo à agricultura   106
As condições sociais e culturais   108
As línguas maternas neolíticas   109
O foco irradiante chinês   110
O foco irradiante centro-americano   111
O foco irradiante neo-guineense   112
Centros de pouca ou nula irradiação   112
O centro irradiante sul-americano   112
O centro irradiante norte-americano   113
Um incerto centro irradiante tailandês   113

2 ÁREAS DE EXTENSÃO   114
Quatro grandes áreas de extensão   115
Modalidades de propagação da agricultura neolítica   116
Absorção dos centros pouco irradiantes   118
Áreas secundárias de domesticação   118

3 DOMESTICAÇÃO E DOMESTICABILIDADE   119
Escolher, cultivar e criar   120
A domesticação dos cereais   121
Genes pouco numerosos e transmissíveis em bloco   122
A domesticação das outras plantas   123
Outras plantas de sementes   123
Plantas de multiplicação vegetativa   123
Plantas favorecidas não domesticadas   124
A domesticação dos animais   124
Conclusão   126

Capítulo 3 – OS SISTEMAS DE CULTIVO DE DERRUBADA-QUEIMADA EM MEIOS ARBORIZADOS

O DESMATAMENTO E A FORMAÇÃO DOS SISTEMAS AGRÁRIOS PÓS-FLORESTAIS   129

1 FORMAÇÃO DOS SISTEMAS DE CULTIVO DE DERRUBADA-QUEIMADA   131
Uma origem muito antiga   131
O cultivo em meio arborizado   132
Derrubada, queimada e preparação do solo   132
Cultivos temporários de curta duração   134
Um pousio arbóreo de longa duração   135

2 ORGANIZAÇÃO E FUNCIONAMENTO   136
O ecossistema cultivado   136
Os terrenos arborizados periodicamente cultivados   136

        Rotações e afolhamentos   137
        Afolhamento regulado   139
        A renovação da fertilidade   141
        A floresta virgem residual   142
        Hortas e pomares pertencentes às habitações   142
        A criação   143
   As performances dos sistemas de cultivo de derrubada-queimada   144
   A organização social   147

3 DINÂMICA DOS SISTEMAS DE CULTIVO DE DERRUBADA-QUEIMADA   148
   A dinâmica pioneira   148
   O desflorestamento   150
   As consequências do desmatamento   152
        A redução da fertilidade   152
        A erosão   153
        O ressecamento do clima   154

4 SURGIMENTO E DIFERENCIAÇÃO DOS SISTEMAS AGRÁRIOS PÓS-FLORESTAIS   156
   A desertificação e a formação dos sistemas agrários hidráulicos das regiões áridas   158
        Cultivos com águas de cheia e cultivos irrigados   158
   O desmatamento e o desenvolvimento dos sistemas de cultivo com alqueive e criação animal associada das regiões temperadas   159
   A savanização e a formação dos sistemas de cultivo com enxada, com ou sem associação de criação animal das regiões tropicais   160
   Sistemas de cultivo com enxada, sem criação animal: amontoa, camalhões e amontoa-queima controlada   161
        Sistemas de cultivo com enxada, sem alqueive, com criação animal pastoril associada, savanas tropicais de altitude   162
        Sistemas de cultivo com alqueive e criação associada das regiões do Sudão e do Sahel   163
        Sistemas associando cultivo, criação e arboricultura forrageira   164
        Sistemas mistos de savana e floresta   164
   O desenvolvimento dos sistemas de rizicultura aquática   165
        Superfícies aquáticas naturais   165

Quadros rizícolas 166
Terraceamento de encostas 166
Ordenamento dos vales e dos deltas inundáveis 166
*Irrigação, extensão da rizicultura e multiplicação
das colheitas* 167
*Transplantação, tração animal, seleção e multiplicação
das colheitas* 167

5 PROBLEMAS DE DESENVOLVIMENTO DOS ATUAIS
SISTEMAS AGRÁRIOS FLORESTAIS 169
Problemas atuais 169
Subequipamento 169
Dispersão 170
Dificuldades de mecanização e de quimificação 170
Desflorestamento 171
Estratégias de desenvolvimento 171
*Melhoria das ferramentas, plantações perenes e
hortas-pomares* 171
Associação agricultura-criação 172
Hidroagricultura e aquacultura 172
*Preservação e melhoria a curto prazo dos sistemas
florestais* 173

CAPÍTULO 4 – A EVOLUÇÃO DOS SISTEMAS
AGRÁRIOS HIDRÁULICOS DO VALE DO NILO 175
Os sistemas de cultivos de vazante de inverno 176
*Os sistemas de cultivos irrigados em diferentes
estações* 179

1 O ECOSSISTEMA ORIGINAL E OS PRIMEIROS
OCUPANTES DO VALE 181
A formação do deserto egípcio 181
Um longo oásis de inverno produzido pelas
cheias de verão 181
O refluxo rumo ao vale dos cultivadores
e dos criadores neolíticos 182

2 OS SISTEMAS DE BACIAS E DE CULTIVOS DE
VAZANTE DE INVERNO 183
O ordenamento por etapas dos sistemas de bacia
de vazante 184
Os primeiros vilarejos e as primeiras bacias de vazante 184
*As cidades-Estado e a preparação em bacias
de pequenos trechos do vale* 185
Cadeias de bacias transversais 185
Cadeias de bacias longitudinais 186

O estado faraônico unificado 189
Os sistemas de cultivo de vazante de inverno 189
   As performances do sistema 193
Organização social e papel do Estado faraônico 194
   Faraó, escribas, sacerdotes e camponeses 194
   Tributo em espécie e tributo em trabalho 196
   Uma sociedade estatal e tributária 196
   O papel do Estado 197
   Um Estado "despótico oriental" 198
   Sucessão de fases de apogeu e de decadência 199

3 OS SISTEMAS DE CULTIVOS IRRIGADOS 201
Um sistema marginal na Alta Antiguidade 201
O desenvolvimento dos cultivos irrigados dos fundos dos vales e das margens dos rios 202
   As novas máquinas de elevação de água 202
   As novas fontes de energia: animal, eólica e hidráulica 204
   Os novos cultivos irrigados: arroz, cana-de-açúcar, algodão e milho 205
A extensão dos sistemas de cultivo irrigados no século XIX 205
   1810-1843: a tentativa de utilização para irrigação dos antigos canais de distribuição da cheia 206
     Pequenas barragens elevatórias e o assoreamento dos canais 207
   1843-1891: a era das barragens elevatórias no Baixo Egito 207
   O fracasso do capitalismo de Estado e o desenvolvimento dos grandes domínios algodoeiros 209
As barragens-reservatório e a generalização da irrigação no século XX 210
   1902: primeira barragem-reservatório de Assuan, barragens elevatórias e extensão da irrigação no Alto Egito 210
   A reforma agrária e o capitalismo do Estado nasseriano 211
   A alta barragem de Assuan e a generalização dos cultivos irrigados em todas as estações do ano 213
     Os cultivos perenes. O duplo e o triplo cultivo anual 213
     Aumento da produção, da população e a dependência alimentar 215
     Uma poliprodução vegetal e animal intensiva, porém pouco mecanizada 215
   As outras consequências ecológicas da instalação da alta barragem de Assuan 217

A salinização   217
   Outras consequências   219
Conclusão   220

Capítulo 5 – O Sistema Agrário Inca
UM SISTEMA AGRÁRIO DE MONTANHA, COMPOSTO POR SUBSISTEMAS ESCALONADOS COMPLEMENTARES   223

1 CONTEXTO HISTÓRICO   225
   As primeiras cidades-Estado hidroagrícolas da América do Sul   226
   A formação do império inca   226

2 PRODUÇÃO E TROCAS AGRÍCOLAS NO IMPÉRIO INCA   228
   Zonas bioclimáticas muito variadas   228
   Sistemas agrários pré-incaicos diferenciados, escalonados e descontínuos   229
   O sistema agrário inca: um sistema composto por subsistemas escalonados e complementares   232
   Uma divisão inter-regional do trabalho real, porém limitada   232
   O sistema de cultivo irrigado dos oásis da planície costeira   233
   O sistema irrigado de cultivo de milho associado à criação animal na zona quéchua   234
   Os sistemas de cultivo de batata associados à criação animal na zona suni   235
      O preparo do solo com a *taclla*   236
   Os sistemas pastoris da puna   237
   Os sistemas de cultivo em meio arbóreo da vertente amazônica   237
   As trocas entre zonas   237
   Ferramentas e produtividade do trabalho   239

3 ORGANIZAÇÃO SOCIAL E PAPEL DO ESTADO   239
   As categorias sociais   239
   A repartição das terras e do gado   240
   As corveias coletivas   241
      Os servos do Estado   241
   A importância do tributo em trabalho   242
   O papel do Estado   243

4 DESTRUIÇÃO DA SOCIEDADE INCA   245

5 IMPLANTAÇÃO DE UMA ECONOMIA COLONIAL SATÉLITE   246
   A exploração mineira da colônia   246
   A formação das grandes propriedades e a marginalização dos camponeses indígenas   248
   Uma economia agrícola subequipada, exportadora de bens primários   248
   A independência e a sujeição econômica   249
   Persistência do latifúndio e do minifúndio   250
Conclusão   251

Capítulo 6 – OS SISTEMAS AGRÁRIOS COM ALQUEIVE E CULTIVO COM TRAÇÃO LEVE DAS REGIÕES TEMPERADAS

A REVOLUÇÃO AGRÍCOLA DA ANTIGUIDADE   253

1 ORIGEM DOS SISTEMAS COM ALQUEIVE DAS REGIÕES TEMPERADAS   255
   O caso das regiões temperadas quentes   256
      A formação de um novo ecossistema cultivado pós-florestal   256
      A adoção de novos utensílios   258
      Um novo modo de renovação da fertilidade   261
   O caso das regiões temperadas frias   262
   O caso das regiões temperadas não arborizadas   263
   A revolução agrícola antiga   265

2 ESTRUTURA E FUNCIONAMENTO DOS SISTEMAS DE CULTIVO COM ALQUEIVE E TRAÇÃO LEVE   266
   As parcelas de cultivo com cereais (o *ager*)   267
      O parcelamento   267
      Disposição dos territórios dos vilarejos e repartição do habitat   267
      Rotações e afolhamentos cerealíferos com alqueive   268
      O alqueive e suas funções   269
         A renovação da fertilidade   271
         Lavração e aração   273
   Hortas, vinhedos e pomares (o *hortus*)   276
   O *saltus* e outras pastagens   276
      Afolhamento regulado e o livre pastejo   277
   A floresta (a *silva*)   278
   As performances e os limites dos sistemas com alqueive e tração leve   279
      Os rendimentos   279

A produtividade do trabalho 280
Capacidade de produção do sistema e densidade populacional 281
Os limites dos sistemas de cultivo com alqueive e tração leve 282

3 A QUESTÃO AGRÁRIA E ALIMENTAR NA ANTIGUIDADE 283
A guerra permanente e a formação das cidades-Estado militarizadas 283
A colonização 284
Escravidão "necessária"? 284
O caso da Grécia 286
Colonização e servidão 286
Reforma agrária e democracia 287
A questão do abastecimento da cidade 288
A crise e a queda de Atenas 289
O caso da Itália 289
Colonização 289
As leis agrárias 290
As leis frumentárias 292
A crise militar e econômica 292
O surgimento da servidão 294

CAPÍTULO 7 – OS SISTEMAS AGRÁRIOS COM ALQUEIVE E CULTIVO COM TRAÇÃO PESADA DAS REGIÕES TEMPERADAS FRIAS
A REVOLUÇÃO AGRÍCOLA DA IDADE MÉDIA NO NORDESTE DA EUROPA 297

Primeira parte

1 GÊNESE DO CULTIVO COM TRAÇÃO PESADA 299
As insuficiências dos sistemas com alqueive e tração animal leve 299
As inovações da Antiguidade e da Alta Idade Média 300
O alfanje e o feno 300
Transportes pesados, estabulação e esterco 301
O arado charrua e a grade 302
Novos modos de arreamento e ferragem dos animais de tração 306

2 ESTRUTURA E FUNCIONAMENTO DOS SISTEMAS COM ALQUEIVE E TRAÇÃO PESADA 307
O novo sistema de equipamentos 307

O novo ecossistema cultivado   308
   Campos de ceifa extensos e um rebanho
   fortemente aumentado   309
   Esterco mais abundante e terras lavráveis
   mais extensas   310
      A rotação trienal   312
      As parcelas em faixas   314
   Hortas, vinhedos e pomares ampliados   314
   Florestas reduzidas, porém organizadas   315
O reforço da associação entre cultivo e criação   316
   Um calendário agrícola repleto   318
As performances e os limites dos novos sistemas   319
   Rendimentos e produtividade   320
   Capacidade de produção dos novos sistemas
   e população   320
   A área de extensão do cultivo com tração pesada   321
As melhorias dos sistemas de cultivo com tração leve nas regiões temperadas quentes   323

Segunda parte

3   A REVOLUÇÃO AGRÍCOLA DA IDADE MÉDIA   324
   Os desmatamentos de proximidade   326
      Os desmatamentos intercalados   326
      Os grandes desmatamentos de terras próximas
      e os novos vilarejos   326
   Os grandes desmatamentos de terras virgens
   distantes   327
      As infraestruturas nos mangues costeiros e nos
      mangues de água doce   327
   A conquista militar e a colonização agrícola dos países pouco povoados   328
   A revolução agrícola nas regiões superpovoadas   330
      A concorrência dos novos territórios agrícolas   330
      A transformação das relações sociais   330

4   CAUSAS E CONSEQUÊNCIAS DA REVOLUÇÃO AGRÍCOLA: A EXPANSÃO DEMOGRÁFICA, ECONÔMICA, URBANA E CULTURAL   332
   A explosão demográfica   333
   A revolução artesanal e industrial   333
      Um novo artesanato rural   333
      A siderurgia   335
      Os moinhos   335

A expansão comercial   336
O nascimento do capitalismo   338
A urbanização   338
  As franquias   339
Monastérios, catedrais e conventos   339
A renascença intelectual e as universidades   341

5 A CRISE DOS SISTEMAS COM POUSIO E TRAÇÃO PESADA E SEUS REFLEXOS   342
Superpovoamento, superexploração e desintegração do sistema   342
  Penúria e fome   343
  Degradação do ecossistema cultivado   343
  Ruína sanitária, demográfica e econômica   344
A crise social e política, e a guerra   345
  Pobreza rural e urbana   345
  Confrontos e revoltas   346
  A guerra   346
A reconstrução   347
As recorrências da crise   348
Conclusão   349

Capítulo 8 – OS SISTEMAS AGRÁRIOS SEM ALQUEIVE DAS REGIÕES TEMPERADAS

A PRIMEIRA REVOLUÇÃO AGRÍCOLA DOS TEMPOS MODERNOS   353

Primeira parte

1 O NASCIMENTO DA NOVA AGRICULTURA   356
Os limites dos sistemas com alqueive   356
Os princípios dos sistemas sem alqueive   357
  Uma antiga tradição agronômica   358
  Aumentar a produção de forragem para aumentar a produção de grãos   359

2 ORGANIZAÇÃO E FUNCIONAMENTO DOS SISTEMAS SEM ALQUEIVE   360
Um modo de renovação da fertilidade mais eficaz que o antigo sistema   360
  Redução da lixiviação   360
  Adubo verde   361
  Enriquecimento do solo em húmus   361
  O caso das leguminosas   362

As novas rotações sem alqueive 362
  Rotação trienal e rotações derivadas 362
    A rotação de Norfolk 365
  Rotação bienal e rotações derivadas 366
  A extensão das terras lavráveis 366

3 AS CONSEQUÊNCIAS DA PRIMEIRA REVOLUÇÃO AGRÍCOLA 367
  Um calendário agrícola sobrecarregado 368
  As performances dos sistemas sem alqueive 369
  O crescimento demográfico e a melhoria da alimentação 370
  O progresso industrial e urbano 372

Segunda parte

4 AS CONDIÇÕES DE DESENVOLVIMENTO DA PRIMEIRA REVOLUÇÃO AGRÍCOLA 373
  As condições jurídicas 374
    Do direito de cultivar o alqueive 374
    Abolição de outras obrigações coletivas 375
    O recuo da indivisão e o desenvolvimento da propriedade privada 376
      Propriedade e modo de exploração 377
      Individualismo e cooperação 378
  As condições econômicas da primeira revolução agrícola 379
    Primeira revolução agrícola e primeira revolução industrial 380
  As condições sociais da revolução agrícola 381
    A possibilidade de investir 381
    O caso da Inglaterra 382
      Cercamentos e grandes domínios 382
      As *Corn Laws* 383
    O caso da França 384
      A predominância do campesinato 384
      O direito de cercar e o "livre pastejo" 386
      A difícil divisão das terras em comum 386
    Outros países da Europa 387
      Latifúndio e subdesenvolvimento 388
  As condições políticas e culturais 389
    Os adeptos da "nova agricultura" 390
    A doutrina fisiocrática 391
Conclusão 394

CAPÍTULO 9 – A MECANIZAÇÃO DO CULTIVO COM TRAÇÃO ANIMAL E A REVOLUÇÃO DOS TRANSPORTES

A PRIMEIRA CRISE MUNDIAL
DE SUPERPRODUÇÃO AGRÍCOLA   397

1 A MECANIZAÇÃO DO CULTIVO COM TRAÇÃO ANIMAL E DO TRATAMENTO DAS COLHEITAS   399
   Os novos equipamentos mecânicos   400
      Equipamento de trabalho do solo e de semeadura   400
         Arados charruas metálicos e arados *brabants*   400
         Grades, rolos e semeadores   401
         Capinadeiras e enleiradeiras   404
      Equipamento de fenação, de colheita, de debulha   404
         As ceifadeiras   404
         Os equipamentos condicionadores de feno   405
         As colhedoras-juntadoras   405
         As colhedoras-enfardadoras   405
      As trilhadeiras a manivela, de carrossel ou a vapor e as outras máquinas a manivela   406
   A difusão dos novos equipamentos agrícolas   407

2 A MÁQUINA A VAPOR E A REVOLUÇÃO DOS TRANSPORTES   409
      O transporte dos corretivos e dos insumos   409
      A saída do isolamento das regiões e a especialização   411
      A conquista dos países novos   412

3 A CONCORRÊNCIA, A SUPERPRODUÇÃO E A CRISE   412
   O caso do Reino Unido   413
   O caso da Dinamarca   414
   A França e a Alemanha   415
   As regiões do leste e do sul da Europa   417
Conclusão   417

CAPÍTULO 10 – A SEGUNDA REVOLUÇÃO AGRÍCOLA DOS TEMPOS MODERNOS

MOTORIZAÇÃO, MECANIZAÇÃO, FERTILIZAÇÃO MINERAL, SELEÇÃO, ESPECIALIZAÇÃO   419

1 OS GRANDES MOMENTOS DO DESENVOLVIMENTO DA SEGUNDA REVOLUÇÃO AGRÍCOLA   423
   Agricultura "antiga"   424

Agricultura "moderna"   425
As etapas da motomecanização   426
Os avanços da química agrícola e da seleção   430
   O desenvolvimento do uso dos adubos   430
   A seleção das plantas cultivadas   431
   A seleção dos animais domésticos   435
   Zoofarmácia e fitofarmácia   436
Os grandes momentos da especialização   436
   A formação das regiões de grandes cultivos   437
   A formação das regiões de criação   438
   O reforço da especialização vitícola e o deslocamento de produções de frutas e legumes   439
   Localização das unidades de transformação e especialização   439
   Relatividade da especialização e diversidade   440

2 ESTRUTURA E FUNCIONAMENTO DOS SISTEMAS PROVENIENTES DA SEGUNDA REVOLUÇÃO AGRÍCOLA   441
A nova divisão do trabalho   441
   Divisão horizontal   441
   Divisão vertical   441
   Trabalho de concepção e trabalho de execução   442
O mecanismo de desenvolvimento da segunda revolução agrícola em economia camponesa   444
   As condições de renovação econômica de uma propriedade camponesa   445
     Produtividade   445
     Limiar de renovação e limiar de sobrevivência   446
     Representação gráfica   446
   O mecanismo de desenvolvimento desigual dos estabelecimentos agrícolas situados acima do limiar de renovação   449
     Estabelecimentos agrícolas em desenvolvimento e estabelecimentos em crise   449
     Níveis de equipamento distintos   450
   O mecanismo de crise e de eliminação dos estabelecimentos agrícolas situados abaixo do limiar de renovação   450
     Ganhos de produtividade para uns, baixa dos preços e baixa de produtividade para outros   452
     A elevação do limiar de renovação   452
   Produtividade do trabalho, renda e capacidade de investimento   454
Os mecanismos econômicos da especialização dos estabelecimentos agrícolas e das regiões   457

  Regiões cerealíferas 457
  Regiões vitícolas 458
  Regiões leiteiras 460
  Criação de ovinos e declínio agrícola 460
  Desigualdades de renda entre as regiões 461
 Economias e deseconomias de escala 464
  Economias de escala efetivas 466
  As economias de escala de alcance limitado 467
  Deseconomias de escala importantes 468

3 DIFICULDADES, INCONVENIENTES E REVESES DA SEGUNDA REVOLUÇÃO AGRÍCOLA, E POLÍTICAS AGRÍCOLAS 469
 Flutuações e tendência de baixa
 dos preços agrícolas 470
  Origem e consequências das flutuações 471
  Políticas de correção das flutuações de preços 475
  As políticas de proteção agrícola 476
  A especulação e a arma alimentar 478
  As políticas de aceleração do desenvolvimento
  da segunda revolução agrícola 479
 Inconvenientes e reveses do desenvolvimento 480
  Desenvolvimento desigual cumulativo e crise
  dos estabelecimentos e das regiões desfavorecidas 481
  Uma repartição muito desigual dos frutos
  do trabalho agrícola 481
  Outros inconvenientes: poluição, desertificação,
  desemprego 483
 As políticas corretivas 484
  Planos-alvo de desenvolvimentos dos estabelecimentos 484
  Compensação das deficiências regionais 484
  Preservação do meio ambiente e a qualidade
  dos produtos 485
  Excedentes e contingenciamento 485
Conclusão 487

Capítulo 11 – CRISE AGRÁRIA E CRISE GERAL 491
Primeira parte
1 ORIGENS E EXTENSÃO DA CRISE AGRÁRIA NOS PAÍSES EM DESENVOLVIMENTO 494
 O alvorecer da revolução agrícola contemporânea:
 as heranças agrárias diferentes e desigualmente
 produtivas 494

*Sistemas agrários herdados do passado,
mas muito diferenciados* 495
*Fim do século XIX: uma relação de produtividade
de 1 para 10* 497
A fraca penetração da revolução agrícola contemporânea nos países em desenvolvimento e a explosão das desigualdades na produtividade agrícola mundial 499
   Motomecanização limitada e persistência de uma agricultura manual amplamente majoritária 500
   Seleção, fertilização mineral... A revolução verde é interrompida às portas da agricultura pobre 500
   Fim do século XIX: uma relação de produtividade agrícola de 1 para 500 501
Motorização dos transportes, concorrência internacional e baixa tendencial dos preços agrícolas 502
   A baixa dos preços dos gêneros alimentícios de base 502
      Dependência alimentar 504
      Especialização agroexportadora 505
   A extensão da baixa de preços às mercadorias de exportação 505
      Concorrência pobres × pobres 506
   O desenvolvimento das produções "naturalmente protegidas" 507
A crise dos camponeses pobres 508
   O mecanismo da crise 508
      O bloqueio do desenvolvimento e o empobrecimento do campesinato subequipado 508
      A crise ecológica e sanitária 510
      O endividamento e o êxodo agrícola 512
      Os cultivos ilegais 512
      A fome 512
   As circunstâncias agravantes da crise do campesinato pobre 513
      Deficiências naturais 513
      Carências das infraestruturas hidráulicas 514
      A minifundização 514
      Latifúndio e minifúndio 515
      Desigualdade na repartição da terra e minifúndio 515
      Superpovoamento e minifúndio 516
      Políticas desfavoráveis à agricultura 516
      Modernização, supervalorização da moeda e proteção da indústria 517
      Políticas de preços agrícolas 518
      Pilhando a agricultura dos países em desenvolvimento 518
   Os efeitos desastrosos das flutuações de preço 519

2 DA CRISE AGRÁRIA À CRISE DOS PAÍSES EM DESENVOLVIMENTO 521
   Da pobreza rural à pobreza urbana 521
      A hipertrofia das cidades e a expansão do setor informal 521
      Desemprego visível e desemprego oculto 522
   A desvalorização geral dos frutos do trabalho nos países em desenvolvimento 522
      A degradação dos termos de troca 523
   O fracasso das políticas de modernização nos países agrícolas pobres 524
      Deficits públicos e deficits externos 525
      O superendividamento 526
      As políticas de estabilização e de ajuste estrutural 526
      Os anos 1980: uma "década perdida para o desenvolvimento" 527
   O caso dos países exportadores de petróleo e dos novos países industrializados 528

Segunda parte

3 DA CRISE DOS PAÍSES EM DESENVOLVIMENTO À CRISE MUNDIAL 530
   Os 25 "gloriosos" anos de crescimento constante 530
   Insuficiência da demanda solvável e retardamento do crescimento 531
      Desemprego, especulação e estagflação 532
      Vivendo de crédito 532
   Modernizações, deslocalizações e redução da demanda solvável mundial 533
      Desemprego crescente e baixa dos salários nos países desenvolvidos 534
   Desregulamentação, especulação e austeridade 535
      O fracasso das políticas de austeridade nos países desenvolvidos 536
      O fracasso das políticas nacionais de relance numa economia globalizada em crise 537

4 POR UMA ESTRATÉGIA MUNDIAL ANTICRISE FUNDAMENTADA NA PROTEÇÃO E NO DESENVOLVIMENTO DA ECONOMIA AGRÍCOLA POBRE 538
   Necessidade de expressivo aumento do poder de compra nos países pobres 538
      Para uma elevação importante dos preços agrícolas nos países pobres 539

        Destributar e proteger a agricultura pobre   539
        Uma proteção importante, porém progressiva   540
    *Para um importante aumento dos salários
    nos países pobres*   540
    Necessidade de uma organização mundial hierarquizada
    dos mercados   541
        *Aumento dos preços e dos ganhos em vez
        de ajuda financeira*   542
    Necessidade de políticas nacionais de proteção e de
    desenvolvimento da economia camponesa pobre   545
        *Reforma agrária e políticas de desenvolvimento
        da economia camponesa pobre*   545
        Reorientação das políticas de pesquisa   546
Conclusão   547

CONCLUSÃO DE CONJUNTO   551
EPÍLOGO   553
ÍNDICE DAS ILUSTRAÇÕES   555
REFERÊNCIAS BIBLIOGRÁFICAS   559

Prefácio

CAMPONESES DO MUNDO: O PREÇO DA SEGURANÇA ALIMENTAR

Cinco anos após a primeira edição deste livro, diversos fatos novos convidam-nos a fazer um balanço da evolução recente das agriculturas do mundo e da alimentação dos homens e sobre seus futuros possíveis.

Pobreza e subnutrição no campo

Nesse princípio de século XXI, com os aproximadamente seis bilhões de seres humanos com que conta o planeta, por volta da metade vive na pobreza, com um poder aquisitivo equivalente a menos de dois dólares americanos por dia. Perto de dois bilhões sofrem de graves carências de ferro, iodo, vitamina A, de outras vitaminas ou minerais[1]. Mais de um bilhão de pessoas não têm acesso à água potável e por volta de 840 milhões são vítimas de subnutrição, o que significa que elas nem sempre dispõem de ração alimentar suficiente para cobrir suas necessidades energéticas básicas, em outras palavras, que elas têm fome quase todos os dias[2].

Quanto aos surtos de fome que eclodem aqui e ali quando há uma seca, inundação, tempestade, doença das plantas, dos animais ou dos homens, ou ainda da guerra, elas não deixam de ser, por outro lado, a consequência

---

[1] Aproximadamente 1,5 bilhões de indivíduos têm carência de ferro, 740 milhões têm carência de iodo, 200 milhões de vitamina A, de acordo com a Organização das Nações Unidas para a Alimentação e a Agricultura, normalmente designada por sua sigla em inglês FAO (*Food and Agriculture Organization*).

[2] De acordo com a FAO, há por volta de 800 milhões de pessoas subnutridas nos países em desenvolvimento, ou seja, quase um a cada cinco indivíduos, 30 milhões nos países em transição (anteriormente com economia planificada) e 10 milhões nos países desenvolvidos. Esses números, que são incertos, devem ser considerados como ordens de grandeza.

última da pobreza e da subnutrição. Na verdade, esses acidentes climáticos, biológicos ou políticos levam à fome apenas as regiões do mundo em que amplas camadas da população sofrem já de uma pobreza e de uma insegurança alimentar tão grandes que não dispõem dos meios para lutar de maneira eficaz contra essas catástrofes e suas consequências.

Essa situação dramática, que não é nova, não está, tampouco, em vias de melhorar. Certamente, a *parte* da população subnutrida dentro da população mundial total diminuiu no decorrer das três últimas décadas do século XX, mas o *número* de pessoas subnutridas no mundo não baixou nem um pouco. É por isso que mais de oitenta chefes de Estado e de governo, reunidos em Roma em 1996 para a Cúpula Mundial da Alimentação, comprometeram-se a "realizar um esforço constante a fim de erradicar a fome em todos os países e, de imediato, de reduzir pela metade o número de pessoas subnutridas daqui até mais tardar 2015". Isso levava a considerar que o mundo contaria ainda com cerca de 400 milhões de pessoas subnutridas em 2015. Mas os meios mobilizados para essa finalidade, não tendo sido nem tão significativos nem tão eficazes quanto o previsto, cinco anos depois, em 2001, foi preciso reconhecer que o mundo contaria ainda com 600 a 700 milhões de subnutridos em 2015 e que, nesse ritmo, seria necessário mais de um século para ver desaparecer essa catástrofe.

Dessa forma, mesmo reforçados, os meios convencionais de luta contra a fome mostraram-se, uma vez mais, incapazes de suplantá-la em um prazo suficientemente curto para ser moralmente aceitável, socialmente suportável e politicamente tolerável. Para reduzir a pobreza extrema, que chega até a fome e, às vezes, à penúria e à morte, não basta tratar dos sintomas mais alarmantes desses males, é preciso combater suas causas profundas e, para isso, é preciso apelar para outras análises e outros meios.

Para começar, é preciso levar em consideração o fato essencial de que *aproximadamente três quartos dos indivíduos subnutridos do mundo pertencem ao mundo rural*. Homens do campo pobres, dentre os quais encontramos, majoritariamente, camponeses particularmente mal equipados, instalados em regiões desfavoráveis e em situação difícil, assim como trabalhadores agrícolas, artesãos e comerciantes que vivem em contato com eles e que são tão pobres quanto eles. Quanto aos outros subnutridos, muitos são ex-camponeses recentemente forçados pela miséria a irem para os campos de refugiados ou periferias urbanas subequipadas e subindustrializadas, nas quais eles ainda não puderam encontrar meios de subsistência satisfatórios. E como o número de pobres e famintos dos campos não diminui em nada, mesmo que ele caia anualmente em muitas dezenas de milhões de pessoas em virtude do êxodo rural, é preciso deduzir daí que um número mais ou menos igual de novos pobres e famintos forma-se todo ano nos campos.

A maioria das pessoas que tem fome no mundo não é, portanto, de consumidores urbanos compradores de alimento, mas de camponeses produtores e vendedores de produtos agrícolas. E seu número elevado não é uma simples herança do passado, mas o resultado de um processo, bem atual, de empobrecimento extremo de centenas de milhões de camponeses sem recursos.

Para explicar esse processo, trataremos das questões a seguir: qual a dimensão das desigualdades entre as diferentes agriculturas do mundo; como a revolução agrícola contemporânea, desenvolvida por uma minoria de agricultores dos países desenvolvidos e de alguns países em desenvolvimento, multiplicou de maneira enorme essas desigualdades; por que a revolução verde, desenvolvida por aproximadamente dois terços dos agricultores dos países em desenvolvimento, reduziu apenas parcialmente essas desigualdades; como a baixa tendencial dos preços agrícolas reais, resultante dessas revoluções agrícolas, bloqueou o desenvolvimento e está empobrecendo ao extremo mais de um terço dos camponeses do planeta.

Agriculturas muito desiguais

Podemos medir a produtividade bruta do trabalho agrícola pela produção de cereais ou de equivalente-cereal[3] por trabalhador agrícola e por ano. Em pouco mais de meio século, a relação entre a produtividade da agricultura menos produtiva do mundo, praticada exclusivamente com ferramentas manuais (enxada, pá, cajado, facão, faca ceifadeira, foice...) e a agricultura mais bem equipada e produtiva do momento realmente se acentuou: passou de 1 contra 10 no período do entre-guerras, para 1 contra 2.000 no final do século XX.

REVOLUÇÃO AGRÍCOLA CONTEMPORÂNEA

De fato, no decorrer da segunda metade do século XX, a revolução agrícola contemporânea (elevada motorização-mecanização, seleção de variedades de plantas e de raças de animais com forte potencial de rendimento, ampla utilização dos fertilizantes, dos alimentos concentrados para o gado e produtos de tratamento das plantas e dos animais domésticos) progrediu vigorosamente nos países desenvolvidos e em alguns setores limitados dos países em desenvolvimento.

Nos países desenvolvidos, os agricultores, que já eram relativamente produtivos, beneficiaram-se de políticas de apoio ao desenvolvimento agrícola, assim como de preços agrícolas reais que, no início do período considerado, eram muito mais elevados que os atuais, ainda que pudessem

---

[3] Quantidade de cereais que possuem o mesmo valor calórico que a produção agrícola considerada.

investir e progredir ao máximo. Mas, no final das contas, são menos de 10% dos grandes estabelecimentos agrícolas que conseguiram superar todas as etapas dessa revolução. Hoje, as mais bem equipadas, as mais bem dimensionadas e as mais bem colocadas entre elas atingem uma produtividade bruta da ordem de 2.000.000 kg de equivalente-cereal por trabalhador e por ano (200 ha/trabalhador × 10.000 kg/ha = 2.000.000 kg/trabalhador). Os ganhos de produtividade agrícola obtidos dessa forma foram tão rápidos e tão elevados que ultrapassaram os da indústria e do setor de serviços. Disso resultou uma forte queda dos preços agrícolas reais: de acordo com os produtos, esses preços foram divididos por 2, 3 ou 4 ao longo da segunda metade do século XX. Consequentemente, durante esse período, mais de 90% dos estabelecimentos agrícolas menos favorecidos tiveram seu desenvolvimento bloqueado e empobreceram em virtude dessa baixa dos preços a tal ponto que, umas após as outras, deixaram de existir e alimentaram com mão de obra a indústria e o setor de serviços em expansão.

Nos países em desenvolvimento, a maioria dos camponeses não encontrou formas de acesso à motorização-mecanização, muito dispendiosa. Em algumas regiões, no entanto (América Latina, Oriente Médio, África do Sul...), alguns grandes empresários agrícolas, que dispunham de milhares de ha e que utilizavam trabalhadores agrícolas diaristas muito mal pagos, aproveitaram-se da inflação e dos baixos preços agrícolas internacionais, relativamente elevados da primeira metade dos anos 1970, assim como dos créditos vantajosos, para, por sua vez, equiparem-se. Hoje, os mais bem sucedidos desses grandes estabelecimentos agrícolas têm uma produtividade do trabalho tão elevada quanto a dos grandes estabelecimentos agrícolas norte-americanos ou do oeste-europeu mais bem equipados, mas com um custo de mão de obra infinitamente menor.

REVOLUÇÃO VERDE

Ainda nos países em desenvolvimento, a partir dos anos 1960, a revolução verde, uma variante da revolução agrícola contemporânea desprovida de motorização-mecanização, desenvolveu-se muito mais amplamente. Baseada na seleção de variedades com bom rendimento potencial de arroz, milho, trigo, soja e de outras grandes culturas de exportação, baseada também numa ampla utilização de fertilizantes químicos, dos produtos de tratamento e, eventualmente, em um eficaz controle da água de irrigação e da drenagem, a revolução verde foi adotada pelos agricultores que eram capazes de adquirir esses novos meios de produção e nas regiões favorecidas, onde era possível de rentabilizá-los. Ressaltamos que em muitos países, os poderes públicos favoreceram intensamente a difusão dessa revolução comandando políticas de incentivo aos preços agrícolas, de subvenções aos insumos, de bonificação dos juros de empréstimo e de investimentos em infraestruturas de irrigação, drenagem e transporte. Dessa forma, hoje, um agricultor que utilize plenamente os meios da revolução verde pode atingir uma produção bruta do trabalho de cerca de 10.000 kg do equivalente--cereal se ele dispuser apenas de ferramentas manuais (1 ha/trabalhador × 10.000 kg/ha), de cerca de 50.000 kg se ele dispuser de equipamentos de tração animal (5 ha/trabalhador × 10.000 kg/ha), e mesmo mais se ele puder realizar diversas colheitas por ano.

AGRICULTURAS ESQUECIDAS

Assim, muitos camponeses dos países em desenvolvimento nunca tiveram acesso aos meios de produção de uma ou outra dessas revoluções agrícolas. Dessa forma, a motorização-mecanização está praticamente ausente, e as sementes selecionadas, os fertilizantes, os agrotóxicos só são pouco ou não são utilizados em extensas zonas de culturas pluviais ou sumariamente irrigadas das florestas, savanas, estepes intertropicais da África, da Ásia e da América Latina. E mesmo nas regiões que assimilaram amplamente uma ou outra dessas duas revoluções, muitos camponeses nunca puderam adquirir os novos meios de produção e progredir em rendimento e em produtividade. Eles, portanto, também foram empobrecidos pela baixa dos preços agrícolas reais, e ainda sofreram, por vezes, inconvenientes resultantes dessas duas revoluções (poluições diversas, baixa do nível de lençóis freáticos, salinização dos solos irrigados e mal drenados...).

Consequentemente, centenas de milhões de camponeses continuam hoje a trabalhar com ferramentas estritamente manuais, sem fertilizantes nem produtos de tratamento e com variedades de plantas que não foram objeto de pesquisa e de seleção sistemática (milheto, quinoa, eleusine, batata doce, ocá, taro, inhame, banana prata, mandioca...). Os rendimentos obtidos nessas condições são inferiores a 1.000 kg de equivalente-cereal por hectare (por exemplo, o rendimento médio do milheto no mundo atual é de, quando muito, 800 kg por hectare). E como um instrumental manual mal permite cultivar mais de um hectare por trabalhador, a produtividade bruta não ultrapassa 1.000 kg de equivalente-cereal por ativo e por ano (1 ha/trabalhador × 1.000 kg/ha).

A AGRICULTURA MANUAL AMPLAMENTE MAJORITÁRIA NO MUNDO

No fim das contas, para uma população agrícola ativa mundial de um bilhão e trezentos milhões de pessoas, ou seja, a metade da população ativa total do mundo, contamos hoje, quando muito, com apenas 28 milhões de tratores[4], ou seja, algo em torno de 2% do número de ativos agrícolas! Notemos que a população agrícola total mundial (ativa e não ativa) é de aproximadamente 3 bilhões de pessoas, ou seja, a metade da humanidade.

Além disso, podemos estimar que por volta de dois terços desses ativos beneficiaram-se da revolução verde. Aproximadamente a metade deles dispõe da tração animal, ao passo que os outros continuam trabalhando com ferramentas manuais. Consequentemente, um terço da população agrícola do mundo, ou seja, mais de 400 milhões de trabalhadores ativos (o que corresponde a mais de um bilhão de pessoas a serem alimentadas), trabalham não somente com ferramentas estritamente manuais mas ainda sem fertilizantes, nem alimento do gado, nem agrotóxicos, nem variedades de plantas ou raça de animais selecionadas.

DESIGUALDADES DE ACESSO À TERRA INADMISSÍVEIS

Além disso, em muitos países ex-coloniais (América Latina, África do Sul, Zimbábue...) ou ex-comunistas (Ucrânia, Rússia, entre outros) que não tiveram reforma agrária recente, a maioria desses camponeses mal equipados são mais ou menos destituídos de terra pelos grandes estabelecimentos agrícolas de muitos milhares de dezenas ou dezenas de milhares de hectares, estabelecimentos que são privados ou públicos, ou em vias de privatização. Esses pequenos camponeses dispõem de uma superfície ainda inferior àquela que poderiam cultivar com suas ferramentas simples, e inferior àquela que lhes seria necessária para cobrir as necessidades de autoconsumo de suas famílias. Esses camponeses "minifundistas" são, portanto, obrigados a procurar trabalho dia após dia nos grandes estabelecimentos agrícolas "latifundistas", com salários de 1 a 2 dólares por dia.

AS RAZÕES ATUAIS DO EMPOBRECIMENTO EXTREMO DE CENTENAS DE MILHÕES DE CAMPONESES

Os aumentos de produtividade e de produção resultantes da revolução agrícola contemporânea e da revolução verde não provocaram somente uma forte baixa dos preços agrícolas reais nos países envolvidos: elas também permitiram a alguns desses países liberarem excedentes exportáveis a baixos preços. Porém, as trocas internacionais de produtos agrícolas de

---

[4] De acordo com a AOSTAT, FAO, 1999.

base recaem somente sobre uma pequena fração da produção e do consumo mundiais (algo em torno de 12% para os cereais, por exemplo). Os mercados correspondentes são, portanto, mercados residuais, que são constituídos de excedentes difíceis de vender, a não ser por preços particularmente baixos. Com esses preços, mesmo os produtores beneficiários da revolução agrícola ou da revolução verde só podem ganhar parcelas de mercado, ou se manter, se contarem com alguns latifundistas agroexportadores sul-americanos, zimbabuenses e, agora, ucranianos, russos..., que não somente estão bem equipados mas que, além disso, dispõem de vastos espaços pouco dispendiosos e de uma mão de obra que está entre as mais baratas do mundo. Hoje, nesse tipo de latifúndio, um trabalhador agrícola que ganha menos de 1.000 dólares por ano pode produzir mais de 1.000.000 kg de cereais, o que reduz o custo da mão de obra por quilo de cereais a menos de um milésimo de dólar (1.000 dólares/ativo/ano divididos por 1.000.000 de kg/ativo/ano). Consequentemente, o preço da tonelada de cereais exportáveis por essas regiões é inferior a 100 dólares americanos.

Com esse preço, uma grande quantidade de agricultores americanos ou europeus teria uma renda do trabalho nula ou negativa. Eles não poderiam, portanto, nem ganhar parcelas de mercado, nem resistir a essas importações, nem se manter em atividade se não pertencerem a países desenvolvidos com altas rendas e preocupados com sua soberania alimentar e onde, consequentemente, beneficiar-se-iam de incentivos públicos bastante significativos.

Enfim, em certos países em desenvolvimento, no sudeste asiático particularmente (Tailândia, Vietnã, Indonésia...), o aumento da produção devido à revolução verde combina-se com altos níveis de rendas e de salários locais tão baixos que esses países tornaram-se exportadores de arroz enquanto a subnutrição arruína os campos.

Mas, para a maioria dos camponeses do mundo, os preços internacionais dos gêneros alimentícios de base são excessivamente baixos para permitir-lhes viver de seu trabalho e renovar seus meios de produção e, portanto, ainda menos para permitir-lhes investir e progredir. Porém, devido à baixa dos custos de transporte e à liberalização crescente das trocas agrícolas internacionais, camadas sempre novas do campesinato subequipado, instalado em regiões desfavorecidas, com pouca disponibilidade de terras e pouco produtivo, são confrontadas com a concorrência de gêneros alimentícios a preços muito baixos provenientes dos mercados internacionais. Essa concorrência desencadeia o bloqueio do desenvolvimento e o empobrecimento deles, chegando a levá-los à pobreza extrema e à fome.

Para melhor compreender esse processo, consideremos um cerealicultor sudanês, andino ou himalaico, que disponha de um instrumental manual e produza 1.000 kg de grão líquido (ou seja, subtraindo-se as sementes utilizadas), sem fertilizantes nem produtos fitossanitários. Há mais ou menos cinquenta anos, tal cerealicultor recebia o equivalente a 300 dólares (valor referente ao ano de 2001) por tonelada de cereais: ele devia, então, vender 200 kg para renovar seus equipamentos, suas vestimentas etc., e restavam-lhe 800 kg para alimentar modestamente quatro pessoas; privando-se um pouco, ele podia até vender 100 kg de cereais a mais para comprar uma ferramenta nova, mais eficaz. Há aproximadamente 20 anos, ele não recebia mais do que o equivalente a 200 dólares (de 2001) por tonelada: ele devia, então, vender 400 kg para renovar seu equipamento e restavam-lhe apenas 600 kg para alimentar, dessa vez insuficientemente, quatro pessoas; ele não podia mais, portanto, comprar novas ferramentas. Enfim, hoje, ele não recebe mais do que 100 dólares por tonelada de cereais: ele deveria vender mais de 600 kg para renovar seu material, o que é obviamente impossível, dado que não seria possível alimentar quatro pessoas com 400 kg de cereais. Na realidade, com esse preço, ele não pode nem renovar completamente suas ferramentas, contudo irrisórias, nem alimentar-se satisfatoriamente e renovar sua força de trabalho: ele está condenado, portanto, ao endividamento e ao êxodo rumo às favelas subequipadas e subindustrializadas em que reinam o desemprego e os baixos salários.

Nessas condições, compreende-se porque as políticas de desenvolvimento que consistem em levar adiante a revolução agrícola contemporânea e a revolução verde nas regiões favorecidas, e as políticas alimentares que consistem em suprir cidades e povoados com gêneros alimentícios a preços sempre mais baixos, são particularmente contraindicadas para lutar contra a fome. De fato, essas políticas empobrecem ainda mais os camponeses e os mais pobres, que constituem, como vimos, a maioria das pessoas subnutridas no mundo.

Perspectivas agrícolas e alimentares no horizonte de 2050

Em 2050, nosso planeta contará com aproximadamente 9 bilhões de seres humanos (entre 8 e 11 bilhões) segundo as últimas estimativas das Nações Unidas publicadas em 2001. Apenas para alimentar corretamente uma determinada população, sem subnutrição nem carência, a quantidade de produtos vegetais destinados à alimentação dos homens e dos animais terá que dobrar no mundo inteiro. Ela deverá quase triplicar nos países em desenvolvimento, mais que quintuplicar na África e mesmo aumentar dez vezes mais em muitos países desse continente (Philippe Collomb, *Une voie étroite pour la sécurité alimentaire* [Uma via estreita para a segurança alimentar], 1999).

Para obter um aumento da produção agrícola tão significativo, a atividade agrícola deverá ser estendida e intensificada em todas as regiões do mundo em que isso for sustentavelmente possível.

Revolução agrícola contemporânea e revolução verde: Possibilidades muito limitadas de avanços

Para tanto, alguns pensam em novos progressos da revolução agrícola contemporânea e da revolução verde. Mas, nas regiões em que essas revoluções já estão muito avançadas, parece difícil continuar a aumentar a produtividade por meio de um maior uso de meios de produção convencionais. De fato, em muitos lugares, abusos de utilização foram cometidos, que levaram a inconvenientes, até mesmo a inversões de ordem ecológica, sanitária ou social: diversos tipos de poluições, prejuízos à qualidade e à segurança sanitária dos alimentos, concentração excessiva das produções e abandono de regiões inteiras, degradação dos solos e do ambiente... Nessas condições, para restabelecer a qualidade do meio-ambiente ou dos produtos, será preciso, sem dúvida, impor restrições ao emprego desses meios de produção, o que não coincidirá com novos aumentos da produtividade.

No entanto, as regiões em que a revolução agrícola contemporânea e a revolução verde já penetraram, sem nelas terem se desenvolvido plenamente, detêm, sem dúvida, um real potencial de crescimento da produção. Mas a mobilização desse potencial por um uso crescente de fertilizantes e agrotóxicos defrontar-se-á com os mesmos inconvenientes que nas regiões anteriores. Quanto à expansão da motorização-mecanização, ela não é em si mesma um meio para aumentar significativamente os rendimentos e a produção. Além do mais, ela custa tão caro que é sempre inacessível à maioria dos camponeses dos países em desenvolvimento, ainda que sua adoção pelas grandes propriedades que possuem mão de obra assalariada reduzirá em 90% as necessidades de mão de obra agrícola, o que aumentará ainda mais a miséria rural, o êxodo e o desemprego.

Com relação aos organismos geneticamente modificados (OGM), último avatar dessas duas revoluções agrícolas, eles também não têm condições de restabelecer milagrosamente uma situação agrícola e alimentar mundial tão desastrosa. Na realidade, admitindo que o desenvolvimento de OGM não seja essencialmente uma forma de se apropriar do patrimônio genético das plantas e dos animais; que os riscos ambientais e sanitários que eles podem comportar sejam eliminados ou inexistentes; que as esperanças e as ambições que eles alimentam triunfem sobre as reações de medo e recusa que eles suscitam; admitindo, ainda, que a elaboração de OGM resistentes aos inimigos das plantações, tolerantes diante de condições climáticas extremas e solos menos propícios, seja mais rápida que a seleção, no local, das espécies e das variedades nativas apropriadas às condições, às necessidades e às possibilidades do conjunto de camponeses locais, fato é que o desenvolvimento de OGM custa muito caro e que o controle preventivo de sua inocuidade ecológica e alimentar custa mais caro ainda. Tão caro que essas pesquisas são essencialmente orientadas em função das necessidades dos produtores e dos consumidores com poder aquisitivo[5]. Tão caro que as sementes de OGM e os meios de produção necessários para valorizá-los não serão mais acessíveis aos camponeses pobres das regiões em dificuldades do que eram os meios de produção da revolução verde.

No final das contas, nem os OGM, nem as sementes selecionadas de maneira clássica, nem os outros meios técnicos que a ele estão associados podem erradicar a pobreza extrema, inclusive levando-os à fome, dos camponeses mal equipados das regiões em dificuldades: com os atuais preços de venda dos produtos agrícolas, esses homens do campo têm menos do que nunca condições de comprar e rentabilizar tais meios.

A NECESSÁRIA REORGANIZAÇÃO DAS TROCAS AGRÍCOLAS INTERNACIONAIS

Para permitir que todos os camponeses do mundo construam e explorem sustentavelmente ecossistemas cultivados capazes de produzir, sem danos ao meio-ambiente, um máximo de gêneros alimentícios seguros e de qualidade é imprescindível parar a guerra dos preços agrícolas internacionais. É preciso romper com a liberalização das trocas, que tende a alinhar por toda parte os preços sobre aqueles mais baratos dos exportadores de excedentes. Como vimos, tais preços empobrecem e deixam faminstos centenas de milhões de moradores do campo, que intensificam o fluxo de êxodo rural, o desemprego e a miséria urbana, reduzindo, assim, para bem abaixo das necessidades a demanda daqueles que têm poder aquisitivo. Além disso, ao excluir da produção regiões inteiras e milhões de camponeses e ao desencorajar a produção daqueles que permanecem, esses preços limitam a produção agrícola a muito aquém do que seria possível com as técnicas de produção sustentáveis conhecidas em nossos dias. Tais preços, que engendram por sua vez o subconsumo alimentar e a subutilização dos recursos agrícolas, são, portanto, duplamente malthusianos. Além do mais, eles pressionam negativamente o meio-ambiente, a segurança sanitária e a qualidade dos produtos. Os produtos agrícolas e alimentares não são mercadorias como as outras: seu preço é o da vida e, abaixo de um certo patamar, o da morte.

---

[5] Em 1999, mais de 70% dos OGM cultivados no mundo tinham por vantagem particular o fato de serem tolerantes aos herbicidas totais (isto é, prejudiciais a qualquer planta), permitindo, assim, utilizar esses herbicidas sem se preocupar com os OGM em questão. Porém, esse tipo de herbicida só é pouco ou não é utilizado pela maioria dos camponeses pobres. Ainda em 1999, aproximadamente 80% das superfícies cultivadas com OGM no mundo dedicavam-se à produção de milho e de soja, essencialmente destinadas à alimentação animal nos países desenvolvidos.

Para promover as agriculturas camponesas sustentáveis, capazes de assegurar, em quantidade e em qualidade, a segurança alimentar de 6 e, muito em breve, 9 bilhões de seres humanos, é preciso, antes de tudo, garantir aos camponeses preços suficientemente elevados e estáveis para que eles possam viver dignamente de seu trabalho: é o preço de nosso futuro. Para essa finalidade, é necessário implantar uma organização dos intercâmbios agrícolas internacionais muito mais sustentável e eficaz que a atual. Uma nova organização cujos princípios seriam os seguintes: estabelecer grandes mercados comuns agrícolas regionais, reagrupando países que tenham produtividades agrícolas bastante próximas (oeste da África, sul da Ásia, oeste europeu, leste europeu, norte da África e Oriente próximo etc.); proteger esses mercados regionais contra qualquer importação de excedentes agrícolas com baixos preços pelos impostos de exportação variáveis, garantindo aos camponeses pobres das regiões desfavorecidas preços satisfatórios e suficientemente estáveis para permitir-lhes viver de seu trabalho e também investir e se desenvolverem; negociar, produto por produto, acordos internacionais fixando, de forma sustentável, um preço médio para a compra do produto nos mercados internacionais, assim como a quantidade e o preço de exportação consentidos a cada um desses grandes mercados e, se for o caso, a cada país.

Além disso, nos países em que a terra é monopolizada por uma minoria de latifundistas, será preciso ainda implementar verdadeiras reformas agrárias e legislações fundiárias que garantam o acesso à terra e à segurança do arrendamento ao maior número possível.

Dentro desses grandes mercados, as desigualdades de renda entre zonas agrícolas mais ou menos favorecidas poderão ser corrigidas pelo imposto fundiário diferencial e as desigualdades de renda entre os grandes estabelecimentos agrícolas mais ou menos providos de meios de produção poderão ser corrigidos pelos impostos sobre a renda.

Enfim, será importante reforçar os serviços públicos de pesquisa agrícola, nacionais e internacionais, e orientá-los de maneira que eles respondam prioritariamente às necessidades dos camponeses das regiões em dificuldades, com a preocupação da viabilidade ecológica dos ecossistemas cultivados (renovação da fertilidade...) assim como de sua viabilidade econômica e social (aumento e repartição sustentável do bem-estar...).

***

Algumas das análises e propostas deste livro vão de encontro ao pensamento econômico e político dominante. Entretanto, elas foram longamente partilhadas e continuam a ganhar espaço e público. As coisas acontecem rapidamente, infelizmente, e tendem a corroborar nossos dizeres, de forma que mudar globalmente de políticas agrícolas e alimentares parece cada dia mais urgente. Mais acessível também se julgarmos pelos bem numerosos debates com representantes de sindicatos agrícolas, de organizações não-governamentais, governamentais e internacionais, de universidades e de centros de pesquisa, na França e em diversos outros países que somos convidados a mediar.

Paris, dezembro de 2001,
Marcel Mazoyer, Laurence Roudart

Apresentação

No final da década de 1990 foi lançada a primeira edição do livro *História das agriculturas do mundo – do neolítico à crise contemporânea*. A obra, realizada por Marcel Mazoyer e Laurence Roudart, trazia os resultados de uma já longa trajetória profissional e acadêmica dos autores. Como eles próprios assinalam,

> (...) esta obra sobre as agriculturas do mundo não teria visto a luz do dia sem o questionamento intenso, sempre renovado, advindo de nossas origens rurais e de nossa formação, sem nosso engajamento nas atividades de pesquisa e de desenvolvimento em muitos países e sem os numerosos e aprofundados intercâmbios que nós mantivemos com as camponesas e os camponeses dos quatro cantos do mundo, que são os únicos que detêm o conhecimento original e íntimo de suas próprias práticas. (M. Mazoyer e L. Roudart).

Este trabalho se inscreve na tradição da Cátedra de Agricultura Comparada e Desenvolvimento Agrícola do Instituto Nacional Agronômico de Paris – Grignon (INA-PG), onde hoje Marcel Mazoyer é Professor Emérito. Nessa cátedra sucedeu o renomado agrônomo e professor René Dumont, uma referência internacional nos estudos e diagnósticos sobre a agricultura camponesa nos continentes africano, latino-americano e europeu. Laurence Roudart, discípula de Marcel Mazoyer, que participou da produção desta obra, hoje é Mestre de Conferências de Economia Política Agrícola, na mesma cátedra.

Uma das contribuições mais importantes de Marcel Mazoyer foi a formulação e aplicação da teoria dos sistemas agrários, um instrumento analítico que permite apreender a complexidade de cada forma de agricultura, abordando as transformações históricas e a diferenciação geográfica das agriculturas. Mazoyer assinala que é fundamental distinguir a agricultura como ela é efetivamente praticada e como pode ser observada, constituindo-se, assim, em um objeto real de conhecimento. O que o observador pensa e diz sobre esse objeto compreende um conjunto de conhecimentos abstratos que podem ser metodicamente elaborados para construir um verdadeiro objeto teórico, que é o sistema agrário.

Essa contribuição inovou o pensamento sobre a agricultura. De uma análise focada nas atividades produtivas específicas e setoriais passa-se a um enfoque sistêmico que incorpora as interações entre o agricultor e sua família, os recursos naturais físicos e biológicos necessários à produção e as técnicas utilizadas para sua transformação, utilizando-se, para tanto, categorias agronômicas, econômicas, sociais e ecológicas.

A partir dessa formulação, Mazoyer debruça-se sobre a história das diversas formas de agricultura em várias regiões do mundo, desde o momento da domesticação das plantas e animais, no período neolítico, até o período marcado pelo que o autor chama de crise agrária contemporânea. Percorre esses dez mil anos de história articulando, de forma inédita, elementos da arqueologia, geografia, paleontologia, biogeografia, economia, ecologia, tecnologia, entre outros.

A presente obra e o trabalho do autor como professor da Cátedra foram fundamentais para a renovação dos enfoques de várias instituições de pesquisas e de formação agronômica, em particular de institutos franceses e de programas de pós-graduação, ampliando o campo da reflexão agronômica e incorporando uma abordagem interdisciplinar. Isso repercutiu na formação e na atuação de profissionais e pesquisadores de diversos países em desenvolvimento sob uma visão bem distinta daquela praticada no período de dominação colonial.

Saliente-se que a trajetória dessa cátedra, desde o período sob direção do Professor René Dumont, passando pelo Professor Marcel Mazoyer e, atualmente, sob direção do Professor Marc Dufumier, tem sido fundamental para consolidar uma nova visão sobre a agricultura e sobre o papel da agricultura familiar e camponesa no desenvolvimento rural.

A abordagem histórica da obra de Mazoyer, além da dimensão teórica e metodológica, contribui significativamente para a discussão de temas contemporâneos. Alerta para os riscos da globalização e da liberalização acentuarem as desigualdades entre os países, aumentarem o desemprego e a pobreza. Demonstra como uma agricultura camponesa subequipada e insuficientemente protegida não teve meios para se fortalecer e enfrentar a concorrência sul-sul e norte-sul, sofrendo os efeitos da queda dos preços dos produtos agrícolas.

Diante disso, e num cenário anticrise de relance da economia mundial, aposta no desenvolvimento da economia camponesa associada a outras medidas para tirar as populações da condição da pobreza. Considera que não há outra via que uma organização mundial das trocas com a criação de uniões alfandegárias regionais, que agrupem países com níveis tecnológicos e de produtividade semelhantes, onde seriam praticados níveis diferenciados de preços dos insumos e dos produtos agrícolas.

Para que isso tenha êxito, é necessário criar as condições para que essas populações possam acessar a terra e os meios para produzir, para que cada país tenha uma política de desenvolvimento agrícola equilibrada e maciçamente orientada para o campesinato e as regiões desfavorecidas.

A presente edição brasileira é fruto da cooperação do Ministério do Desenvolvimento Agrário, por intermédio do Núcleo de Estudos Agrários e Desenvolvimento Rural (NEAD), com a Embaixada da França. Não teria sido possível sem o empenho pessoal do próprio autor e a colaboração da editora Seuil.

A tradução exigiu um cuidado especial, pois os casos analisados na obra abordam formas de agricultura da Antiguidade e da Idade Média para as quais são utilizados termos referentes a técnicas, instrumentos e formas de acesso a terra e relações de produção que não existiram em nosso país. Essa disparidade histórica, que poderia dificultar a compreensão da obra, é em parte superada pelo grafismo aprimorado do autor, que se utiliza de desenhos e esquemas para apresentar essas formações típicas e em um esforço de explicação e adaptação dos termos.

Agradecemos a colaboração de Alain Syberchicot, adido de cooperação técnica da Embaixada da França em um momento inicial e decisivo do projeto, à equipe do NEAD, ao Professor Carlos Mielitz, a Tomás Tarquínio, a Ana Carolina Fleury e à acolhida da Editora Unesp.

Caio Galvão de França
Engenheiro Agrônomo e Chefe de Gabinete do Ministério do Desenvolvimento Agrário

Magda Zanoni
Ecóloga, Socióloga, Mestre de Conferências da Universidade de Paris Diderot e pesquisadora do Núcleo de Estudos Agrários e Desenvolvimento Rural do MDA

Lovois de Andrade Miguel
Engenheiro Agrônomo e professor do Programa de Pós-Gradução em Desenvolvimento Rural da Universidade Federal do Rio Grande do Sul (UFRGS)

Introdução

1. A herança agrária da humanidade
2. Transformações históricas e diferenciação geográfica dos sistemas agrários
3. Crise agrária e crise geral
4. Plano desta obra

> *Querer que tudo, absolutamente tudo, em uma paisagem, um recanto, uma civilização pertença a um sistema formado por relações contraditórias, não seria um sonho de filósofo centralizador? Não valeria mais a pena aceitar que esta paisagem, este recanto, esta civilização foram formados na sucessão de longas sedimentações históricas, de elementos que pudessem ter tido relações de causalidade ou de interdependência, mas que pudessem também não ter tido, e se justapuseram muitas vezes ao preço de desgastes mútuos? ... Será que os geógrafos – entre outros – não deveriam ver o mundo como fecundo em questões e não como um sistema do qual acreditam possuir a chave?*
>
> Pierre Gourou, *Riz e Civilisation*

Se o homem abandonasse todos os ecossistemas cultivados do planeta, estes retornariam rapidamente a um estado de natureza próximo daquele no qual ele se encontrava há 10 mil anos. As plantas cultivadas e os animais domésticos seriam encobertos por uma vegetação e por uma fauna selvagem infinitamente mais poderosas que hoje. Os nove décimos da população humana pereceria, pois, neste jardim do Éden, a simples predação (caça, pesca e colheita) certamente não permitiria alimentar mais de meio milhão de homens. Se tal "desastre ecológico" acontecesse, a indústria — que não está à altura de sintetizar em grande escala a alimentação da humanidade e não o fará tão cedo — seria um recurso paupérrimo. Tanto para alimentar vinte milhões de homens como para alimentar cinco, não há outra via senão continuar a cultivar o planeta multiplicando as plantas e os animais domésticos, dominando a vegetação e a fauna selvagem.

Mas o retorno à natureza não passa de uma doce utopia e a indústria alimentícia uma quimera ainda não amadurecida. Da mesma forma a ideia, comumente admitida, segundo a qual o melhor meio de responder às necessidades futuras da humanidade seria estender ao planeta o gênero de agricultura motorizada, grande consumidora de nutrientes minerais, desenvolvida nos países industrializados há meio século, é também uma concepção enganosa. Com efeito, para dotar pelo menos um quarto dos agricultores dos países em desenvolvimento de meios de produção tão caros, seria preciso investir milhões e milhões de dólares, quer dizer, algo muito acima do arrecadado anualmente nesses países. Ora, isso evidentemente é impossível de ser feito em um curto prazo histórico. Além do mais, substituindo homem por máquinas, esse gênero de desenvolvimento colocaria no mercado de trabalho os três quartos da mão de obra agrícola mundial, o que dobraria o número de desempregados no planeta. Em uma época em que ninguém tem a pretensão de dizer que o desenvolvimento da indústria possa extinguir o desemprego já existente, mensuramos as consequências econômicas sociais e políticas desastrosas provocadas por tal catástrofe.

A HERANÇA AGRÁRIA DA HUMANIDADE

Apesar dos milhões gastos em sua promoção, a agricultura "moderna", que triunfou nos países desenvolvidos utilizando muito capital e pouca mão de obra, penetrou apenas em pequenos setores limitados dos países em desenvolvimento. A grande maioria dos agricultores desses países é muito pobre para adquirir maquinário pesado e grandes quantidades de insumos. Aproximadamente 80% dos agricultores da África, 40% a 60% dos da América Latina e da Ásia continuam a trabalhar unicamente com equipamentos manuais, e apenas de 15% a 30% deles dispõem de tração animal. A agricultura moderna está, portanto, muito longe de ter conquistado o mundo. As outras formas de agricultura continuam predominantes e ocupam a maioria da população ativa dos países em desenvolvimento.

É claro que entre essas agriculturas, as mais prejudicadas e as menos produtivas são inevitavelmente marginalizadas, mergulham na crise e são eliminadas pela concorrência das agriculturas mais poderosas. Mas aquelas que têm os meios para subsistir e progredir, revelam uma criatividade imensa e continuam a desenvolver-se segundo seus próprios caminhos. É um erro considerar essas agriculturas tradicionais e imutáveis, diferentes daquelas praticadas nos países desenvolvidos. Elas estão em transformação contínua e participam da criação da modernidade. E seria outro erro imaginar o desenvolvimento agrícola como uma pura e simples substituição dessas agriculturas pela única reconhecidamente moderna, a agricultura motorizada e mecanizada. Sem dúvida essa agricultura moderna se estenderá muito ainda e prestará imensos serviços. Entretanto, é difícil pensar que ela possa ser, ao mesmo tempo, adaptada ao mundo todo e sustentável a longo prazo, sobretudo se levarmos em conta o esgotamento provável das reservas de fosfato, das quais ela é uma fabulosa consumidora.

Tendo em vista o papel que deverão representar todas as agriculturas do mundo na construção de um futuro possível para a humanidade, é inquietante constatar como a opinião e os espíritos esclarecidos atuais estão distantes das realidades agrícolas, e a que ponto aqueles que se encarregam da agricultura desconhecem toda a riqueza da herança agrária da humanidade.

Certamente, não faltam trabalhos que tratam de agricultura entre historiadores, geógrafos, antropólogos, agrônomos, economistas e sociólogos. Apesar da riqueza e do valor desses trabalhos, falta nesse terreno, ao que parece, um corpo de conhecimentos sintéticos que explique as origens, as transformações e o papel da agricultura no futuro do homem e da vida, em diferentes épocas e nas distintas partes do mundo; um corpo de conhecimentos que possa, ao mesmo tempo, integrar-se à cultura geral e constituir uma base conceitual, teórica e metodológica para todos aqueles que têm a ambição de intervir no desenvolvimento agrícola, econômico e social.

De fato, para serem legítimos, os projetos e as políticas de desenvolvimento agrícola devem, sem sombra de dúvida, responder às necessidades das populações implicadas, estar certos de sua adesão e suscitar sua participação, sem o que as intervenções não serão eficientes. Mas devem também apoiar-se em uma real competência: do mesmo modo que um médico não saberia auscultar com segurança, fazer um diagnóstico e indicar um tratamento sem conhecimento prévio de anatomia, fisiologia, reprodução, crescimento e envelhecimento humanos, não saberíamos fazer a análise de uma agricultura, formular um diagnóstico e propostas apropriadas de projetos e de políticas de desenvolvimento sem nos apoiamos em um conhecimento sistemático sobre organização, funcionamento e dinâmica dos diferentes tipos de agricultura.

Este livro tem como objetivo tentar construir esse tipo de conhecimento, na forma sintética de uma *teoria das transformações históricas e da diferenciação geográfica dos sistemas agrários*. Tal teoria avançaria apoiada em numerosas observações diretas, sem as quais nada de original poderia ser concebido, mas também sobre observações referenciadas por outros e sobre uma súmula de conhecimentos históricos, geográficos, agronômicos, econômicos e antropológicos dos quais ela se enriqueceu consideravelmente no curso das últimas décadas. Uma teoria necessária para apreender a agricultura em sua complexidade, diversidade e movimento.

TRANSFORMAÇÕES HISTÓRICAS E DIFERENCIAÇÃO GEOGRÁFICA DOS SISTEMAS AGRÁRIOS

Na verdade, toda forma de agricultura praticada em um tempo e lugar aparece em princípio como um objeto ecológico e econômico complicado, composto por várias categorias de estabelecimentos que exploram diferentes tipos de solos e diversas espécies de plantas e de animais. Além do mais, as formas de agriculturas observáveis variam conforme o lugar, a tal ponto que de uma região do mundo a outra, podemos classificá-las em gêneros muito diferentes (rizicultura irrigada, pastoreio, cultivos associados, arboricultura). Enfim, com o tempo, toda agricultura se transforma. Em dada região do mundo podem suceder-se espécies de agricultura completamente distintas, que constituem as etapas de uma "série evolutiva" característica da história dessa região. Na Europa, por exemplo, sucederam-se o cultivo manual com derrubada-queimada[1] dos tempos pré-históricos, o cultivo de cereais com a utilização do arado escarificador[2] da Antiguidade, o cultivo de cereais com o emprego de arado[3] na Idade Média, o policultivo associado à criação animal sem alqueive[4] da época moderna, os cultivos motorizados e mecanizados de hoje. Veremos mais adiante (Capítulo 1, tópico 3) que a teoria dos sistemas agrários propostos nesta obra foi precisamente concebida

---

[1] Em decorrência da inexistência de uma denominação consensual em termos agronômicos para a designação deste modo de agricultura e buscando preservar a abrangência do termo original em francês ("système de culture sur abbattis-brûlis" e "système de culture défriche-brûlis") optou-se pela utilização do termo "sistema de cultivo de derrubada – queimada". Segundo a região do Brasil ela é chamada de agricultura de queimada, roça de toco, sistema de coivara, agricultura itinerante, sistema de corte e queima. (N.T.)

[2] Do francês "araire". Implemento agrícola tracionado no qual o elemento de corte ("sulcador" em madeira ou em metal) é posicionado simetricamente em relação ao eixo ou estrutura principal do equipamento ("corpo" ou "adobe"). Este instrumento tem como função executar um revolvimento ou escarificação contínua da camada mais superficial do solo, lançando o solo para os dois lados do sulco de corte. No Brasil, o arado escarificador com tração animal é muitas vezes chamado de "pula toco". (N.T.)

[3] Do francês "charrue". Implemento agrícola tracionado no qual a lâmina de corte (constituída de uma ou mais "aivecas" ou "discos" metálicos) é posicionada assimetricamente em relação ao eixo ou estrutura principal do equipamento. Assim, contrariamente ao arado escarificador, o arado realiza um trabalho de solo com maior profundidade, produzindo leivas e torrões de solo que são revirados (trazendo para a superfície as camadas mais profundas do solo e enterrando a camada superficial) e tombados para um dos lados do sulco de corte. No Brasil, o termo arado é usado indistintamente para designar tanto os instrumentos que realizam a escarificação superficial como aqueles que reviram profundamente o solo. Em Portugal, o termo arado é usado para designar o instrumento de trabalho que realiza a escarificação superficial do solo e o termo "charrua" para o equipamento de preparo do solo que o revira em profundidade. (N.T.)

[4] Do francês "jachère". Apesar da inexpressiva utilização deste termo no vocabulário agronômico brasileiro moderno, utilizou-se o termo "alqueive" para designar esta prática agrícola por ser o mesmo consagrado na língua portuguesa. Tendo em vista que a prática do "alqueive" pressupõe o trabalho do solo (uma ou várias preparações do solo ao longo de vários meses com vistas a incorporar resíduos agrícolas ou esterco animal e controlar o desenvolvimento das ervas indesejáveis) optou-se por descartar o termo "pousio" para designar esta prática agrícola. O termo "pousio" será empregado para denominar, no sistema de cultivo de derrubada-queimada, a prática agrícola que consiste no abandono de uma parcela agrícola após um curto período de cultivo, com vistas a permitir o estabelecimento de uma vegetação espontânea local. Dependendo da duração do período do pousio e das condições edafoclimáticas e ecológicas locais, o pousio pode ser classificado em pousio herbáceo, pousio arbustivo e pousio arbóreo, variando de alguns anos até várias dezenas de anos de duração. (N.T.)

como instrumento intelectual que permita entender essa complexidade e perceber em grandes linhas as transformações históricas e a diversidade geográfica das agriculturas do mundo.

Para esboçar essa teoria, tenhamos em mente, em princípio, que os primeiros sistemas de cultivo e de criação apareceram no período neolítico, há menos de 10 mil anos, em algumas regiões pouco numerosas e relativamente pouco extensas do planeta. Originavam-se da autotransformação de alguns dos sistemas de predação muito variados que reinavam então no mundo habitado. Essas primeiras formas de agricultura eram certamente praticadas perto de moradias e aluviões das vazantes dos rios, ou seja, terras já fertilizadas que não exigiam, portanto, desmatamento.

A partir daí, a agricultura neolítica se expandiu pelo mundo de duas formas principais: os sistemas pastorais e de cultivo de derrubada-queimada. Os sistemas de criação por pastoreio estenderam-se às regiões com vegetação herbácea e se mantiveram até nossos dias nas estepes e nas savanas de diversas regiões, na Eurásia Setentrional, na Ásia Central, no Oriente Médio, no Saara, no Sahel, nos Andes etc. Por um lado, os sistemas de cultivo de derrubada-queimada conquistaram progressivamente a maior parte das zonas de florestas temperadas e tropicais, onde se perpetuaram durante séculos, senão milênios, e perduram ainda em certas florestas da África, da Ásia e da América Latina. Desde essa época pioneira, na maior parte das regiões originalmente arborizadas, o aumento da população conduziu ao desmatamento e até mesmo, em certos casos, à desertificação. Os sistemas de cultivo de derrubada-queimada cederam lugar a numerosos sistemas agrários pós-florestais, muito diferenciados conforme o clima, que estão na origem de séries evolutivas distintas e relativamente independentes umas das outras.

Dessa forma, nas regiões áridas, os *sistemas agrários hidráulicos* com cultivos de inundação ou cultivos irrigados constituíram-se desde o fim da época neolítica na Mesopotâmia, nos vales do Nilo e do Indu, nos oásis e nos vales do Império Inca. Nas regiões tropicais úmidas (China, Índia, Vietnã, Tailândia, Indonésia, Madagáscar, costa da Guiné na África etc.), sistemas hidráulicos de outro tipo, baseados na rizicultura aquática, desenvolveram-se por etapas sucessivas, reestruturando primeiro os espaços mais regados e drenados (planícies e interflúvios), em seguida os espaços acidentados (montante dos vales), ou de difícil proteção e drenagem (jusante dos vales e deltas), ou, ainda, espaços que exigiam irrigação. Ao mesmo tempo, as ferramentas e os equipamentos foram aperfeiçoados e o número de colheitas aumentou a cada ano.

Nas regiões intertropicais com pluviometria intermediária, o desmatamento levou à formação de *sistemas de savanas* muito variados: sistemas de cultivo temporários com uso da enxada e sem criação animal, como os sistemas da região dos planaltos congoleses; sistemas de cultivo com pastagem e criação animal como os sistemas das regiões de altitude do leste africano e diversos sistemas sahelianos com parque arborizado com *Acácia albida*.

Nas regiões temperadas da Europa, após o desmatamento, toda uma série de sistemas pós-florestais sucederam-se e, de revolução agrícola em revolução agrícola, chegamos aos sistemas atuais. A revolução agrícola antiga gerou sistemas de cultivo de cereais pluviais com alqueive, com pastagem e criação associadas, nos quais se utilizavam ferramentas manuais, como a pá e a enxada, e um instrumento de cultivo de tração leve, o arado escarificador. Séculos mais tarde, na metade norte da Europa, a revolução agrícola da Idade Média Central produziu os sistemas com alqueive e tração pesada, com o uso do arado charrua e da carreta. Em seguida, dos séculos XIV ao XIX, a primeira revolução agrícola dos tempos modernos gerou os sistemas de cultivos baseados na cerealicultura com forrageiras e sem alqueive.

Após as grandes descobertas, os sistemas agrários europeus enriqueceram-se com as novas plantas provenientes da América (batata, milho etc.), enquanto se estendiam nas colônias de povoamento das regiões temperadas das Américas, África do Sul, Austrália e Nova Zelândia. Ao mesmo tempo, nas regiões tropicais, as plantações agroexportadoras desenvolviam-se no seio de sistemas preexistentes a ponto de substituí-los e dar origem a novos sistemas muito especializados (cana-de-açúcar, algodão, café, cacau, palmeiras para extração de óleo, banana etc.).

Enfim, a última etapa da série evolutiva dos sistemas agrários das regiões temperadas — a segunda revolução agrícola dos tempos modernos — produziu os sistemas motorizados, mecanizados, fertilizados com auxílio de insumos minerais e especializados da atualidade.

Milênios de evoluções isoladas, às vezes entrecruzadas, produziram, dessa maneira, toda uma gama de sistemas agrários fundamentalmente distintos e com desempenho muito desigual, que ocupam os diversos meios exploráveis do planeta.

CRISE AGRÁRIA E CRISE GERAL

Ora, a partir do fim do século XIX, com a revolução dos transportes, todos esses sistemas foram confrontando-se de modo progressivo em um mesmo mercado, cada vez mais unificado, que revelou diariamente mais desigualdades de toda ordem herdadas pelos próprios sistemas, com o desequilíbrio de produtividade e de retorno resultantes. Em seguida, no século XX, os ganhos de produtividade provenientes da segunda revolução agrícola (motorização, mecanização, fertilização mineral, seleção, especialização) foram tão grandes que levaram a uma redução muito importante dos preços reais (deduzindo a inflação) da maior parte dos gêneros agrícolas. Assim, a relação de produtividade do trabalho entre a agricultura manual menos produtiva do mundo e a agricultura motorizada e mecanizada mais produtiva quintuplicou, passando de 1 a 10 no princípio do século a 1 a 500 atualmente.

Confrontados com essa dura concorrência, atingidos pela queda dos preços, os agricultores menos equipados e os menos produtivos viram sua renda desintegrar-se. Incapazes de investir e de se desenvolver, foram condenados ao atraso e à consequente eliminação. Assim, dezenas de milhões de pequenas e médias propriedades agrícolas dos países desenvolvidos desapareceram desde o princípio do século. Após algumas décadas, as mesmas causas produziram os mesmos efeitos. Centenas de milhares de propriedades camponesas subequipadas dos países em desenvolvimento se viram, por sua vez, mergulhadas na crise e eliminadas, alimentando a maré montante do êxodo agrícola, do desenvolvimento da pobreza rural e urbana.

Tal imensa onda de desemprego e de pobreza planetária limitou o crescimento da demanda salarial mundial, já insuficiente para permitir, em escala mundial, um vigoroso desenvolvimento industrial e agrícola. Assim, o arquipélago de prosperidade constituído pelos grandes núcleos industrializados e por seus satélites, mesmo que ainda hoje continuem a desenvolver-se e a ampliar-se, encontram-se a cada dia um pouco mais asfixiado pela falta de vazão, e a cada dia um pouco mais invadidos e ameaçados pela submersão e pela subversão em razão do crescimento da miséria.

Portanto, nosso diagnóstico é: a crise geral contemporânea está enraizada na crise geral e ampla das agriculturas camponesas menos dotadas pela natureza e pela história, resultantes essencialmente da concorrência com as agriculturas mais produtivas. O maior perigo de nossa época é o fato de que a redução dos empregos agrícolas continua a predominar sobre a criação de postos de trabalho em outros setores da economia e, por essa razão, o desemprego e a pobreza estendem-se em escala planetária sempre mais rapidamente que a criação de emprego e de qualidade de vida.

Não há dúvida de que o rápido aumento da população mundial amplia de modo considerável as consequências desse fenômeno. Mas, paradoxalmente, o crescimento da população é também, por sua vez, encorajado pela baixa dos preços agrícolas que ocorre há décadas, pois essa queda contribui para reduzir o custo da reprodução alimentar da vida humana.

Se o problema essencial da economia do mundo atual reside essencialmente na confrontação destrutiva entre agriculturas tão diversas e tão desigualmente produtivas que constituem a herança agrária da humanidade, então a solução da crise geral contemporânea passa, necessariamente, por uma política coordenada em escala mundial, capaz de permitir à agricultura pobre em vias de extinção se manter e se desenvolver. Uma política que permita, enfim, conter o êxodo, o aumento do desemprego e da pobreza, e permita restituir aos países pobres um poder aquisitivo abrangente, único capaz de impulsionar de modo amplo os investimentos produtivos e a economia mundial.

Conceder ou recuperar em todos os tipos de agriculturas herdadas do passado a possibilidade de participar da construção de um futuro viável para a humanidade é, segundo nosso ponto de vista, o verdadeiro caminho para resolver a crise geral da economia mundial contemporânea.

PLANO DESTA OBRA

Nesse sentido, este livro tem como objeto estabelecer um conhecimento metódico da genealogia das características dos grandes sistemas que constituem a herança agrária da humanidade. A partir daí, ele visa a explicar o papel que a crise agrária dos países em desenvolvimento representa na formação da crise geral e mostrar como a salvaguarda e o desenvolvimento da agricultura pobre, modestamente equipada e pouco produtiva — de longe a mais comum no mundo de hoje — pode contribuir para remediar a crise contemporânea.

O primeiro dos onze capítulos deste livro situa a agricultura na evolução da vida e na história do homem, e o segundo retraça as origens da agricultura na época neolítica.

Os oito capítulos seguintes são consagrados ao estudo dos principais sistemas agrários que participam da herança agrária da humanidade, a saber:

- *sistemas de cultivo de derrubada–queimada em meio arbóreo e as consequências do desmatamento (Capítulo 3); os sistemas de savanas tropicais e os sistemas de rizicultura irrigada das regiões tropicais úmidas,* que não são objeto de capítulos específicos e estão brevemente apresentados neste;
- *sistemas agrários hidráulicos das regiões áridas, o exemplo do vale do Nilo* (Capítulo 4);
- *sistema agrário inca: um exemplo de sistema de montanha* composto por subsistemas escalonados e complementares (Capítulo 5);
- *sistema de cultivo com tração leve e alqueive associado à criação animal nas regiões temperadas da Europa: a revolução agrícola da Antiguidade* (Capítulo 6);
- *sistemas de cultivo com tração pesada e alqueive associado à criação animal nas regiões temperadas frias: a revolução agrícola da Idade Média* (Capítulo 7);
- *sistemas de cultivo com tração pesada sem alqueive provenientes da primeira revolução agrícola dos tempos modernos nas regiões temperadas* (Capítulo 8);
- *a mecanização da tração animal e dos transportes e a primeira crise mundial de superprodução agrícola* (Capítulo 9);
- *os sistemas motorizados, mecanizados, fertilizados com ajuda de insumos minerais e especializados, provenientes da segunda revolução agrícola* (Capítulo 10);

Enfim, *a crise agrária dos países em desenvolvimento e suas relações com a crise geral* são tratadas no Capítulo 11.

Cada um dos grandes sistemas agrários assim estudados está definido e situado no tempo e no espaço. Em seguida, tentamos retomar a origem e explicar sua gênese. Analisamos em seguida sua organização (ecossistema cultivado, sistema social produtivo), seu funcionamento (desmatamento, renovação da fertilidade, condução dos cultivos e das criações) e os desempenhos mais ou menos sustentáveis que decorrem daí, assim como sua dinâmica e seus limites geográficos e históricos. Enfim, tentamos, em cada um desses sistemas, enfatizar as condições e as consequências demográficas, econômicas sociais e políticas de seu desenvolvimento.

Embora cada capítulo possa ser lido independentemente dos outros, há uma ordem na qual eles se encadeiam, pois cada um participa, a seu modo, na construção de um conhecimento organizado da agricultura e na compreensão dos problemas agrários atuais.

Capítulo 1
Evolução, agricultura, história

1. A vida, a evolução e a agricultura
2. Hominização e agricultura
3. O conceito de sistema agrário
4. Biomassa, solo e fertilidade
5. Agricultura e história

> *Não te dei nem rosto, nem lugar que te seja peculiar, tampouco nenhum dom que te fosse particular, ô Adão, para que teu rosto, teu lugar e teus dons, tu os ambicione, conquiste e os possua por ti mesmo. A natureza resguarda outras espécies em leis por mim estabelecidas. Porém, tu, que possuis livre-arbítrio, juiz de ti e em tuas próprias mãos entregue, defina-te.*
>
> Pico della Mirandola, *De la dignité de l'homme.*

É num universo cuja origem não se conhece, mas cujos fulgores mais antigos vindos até nós nos fazem pensar que está em expansão há 15 bilhões de anos, é também em um sistema solar e em uma terra constituídos há 4,6 bilhões de anos que a vida começou a se desenvolver, em mais ou menos 3,5 milhões de anos.

Desde então, a evolução produziu centenas de milhares de espécies vivas, das quais muitas desapareceram no curso do tempo. Em primeiro lugar, os vegetais dos quais se conhece mais de 500.000 espécies e os animais dos quais identificamos, aproximadamente, um milhão de espécies que vivem ainda hoje. Todas as espécies vivas não foram ainda totalmente identificadas e a cada ano outras novas são descobertas. Conjuntos de indivíduos de uma espécie, que vivem em um tempo e lugar determinados, constituem uma *população* dessa espécie. O conjunto de populações vegetais e animais vivendo nesse lugar formam um *povoamento*, ou *biocenose*. Esse povoamento e o meio inanimado — *biótopo* (geologia, morfologia, clima) — formam um *ecossistema*. A *ecosfera* é composta por todos os ecossistemas do planeta.

Todos os seres vivos, vegetais ou animais, são constituídos por *matéria orgânica*, água e outras matérias minerais. A matéria orgânica é formada por moléculas complexas (açúcares, gorduras, proteínas, ácidos nucleicos) que, além de comporem os seres vivos, são também a fonte de energia que lhes é necessária para viver e para se reproduzir. Os vegetais são *autotróficos*: são capazes de sintetizar suas próprias substâncias orgânicas da água, do gás carbônico e de outros elementos que eles encontram na atmosfera e no solo, utilizando para isso a energia solar. Ao contrário, o homem e os animais não possuem essa faculdade; eles são *heterotróficos:* nutrem-se de matérias orgânicas provenientes diretamente dos vegetais que as produziram, ou são indiretamente provenientes dos animais que os consumiram e assimilaram anteriormente.

A *biomassa* de um ecossistema é a massa total de matérias orgânicas que ele possui, compreendidos os dejetos e os excrementos. Somente as espécies vegetais são *produtoras de biomassa*; o homem e os animais não a produzem. Estes nutrem-se dela, transformando-a: são as *espécies exploradoras*. É por isso que a fertilidade global de um ecossistema, ou seja, a sua capacidade de produzir biomassa é medida finalmente pela sua capacidade de produzir a biomassa vegetal.

Quase todos os animais são simples predadores que se contentam em tomar sua alimentação das espécies selvagens, vegetais ou animais que exploram. Alguns dentre eles prestam alguns serviços às espécies assim exploradas. A abelha, por exemplo, transporta o pólen retirado da flor, facilitando, assim, a sua fecundação. Mas, curiosamente, milhões de anos antes da nossa era, a evolução produziu várias espécies de formigas e térmitas cultivadoras de cogumelos ou criadoras de pulgões. Os cogumelos e pulgões domésticos que essas espécies exploram é diretamente proporcional ao seu esforço, com um trabalho incessante de ordenamento do meio, de forma a multiplicar e a favorecer seu desenvolvimento.

Quanto ao homem, trata-se de uma espécie muito mais recente e, diferentemente dessas formigas e térmitas, não nasceu agricultor ou criador. Ele assim se fez após centenas de milhões de anos de hominização, isto é, de evolução biológica técnica e cultural. Foi apenas no neolítico — há menos de 10.000 anos — que ele começou a cultivar as plantas e criar animais, que ele mesmo domesticou, introduziu e multiplicou, em todos os tipos de ambiente, transformando, assim, os ecossistemas naturais originais em *ecossistemas cultivados*, artificializados e explorados por seus cuidados. Desde então a agricultura humana conquistou o mundo; tornou-se o principal fator de transformação da ecosfera, e seus ganhos de produção e de produtividade, respectivamente, condicionaram o aumento do número de homens e o desenvolvimento de categorias sociais que não produziam elas próprias sua alimentação.

O propósito deste capítulo é situar a agricultura na evolução da vida e na história do homem. Mais precisamente, este capítulo deve responder a três questões essenciais assim formuladas:

O que é agricultura enquanto relação particular entre espécies vivas?

Em que momento do processo de hominização o homem se tornou agricultor e por quê?

Qual é, desde então, o papel representado pela agricultura no desenvolvimento histórico da humanidade?

Segundo o nosso ponto de vista sobre o conceito de sistema agrário e sobre a relação entre agricultura e história, os rudimentos de ecologia, de paleontologia, de pedologia e de história contidos neste capítulo preliminar não têm a pretensão de ensinar o que quer que seja, no seu domínio, aos especialistas de cada uma destas ciências. Antes, que eles nos perdoem por termos tão ultrajosamente reduzido seu conhecimento. Nosso propósito é simplesmente apresentar, de maneira tão concisa e inteligível quanto possível, o essencial do que é preciso saber para responder às questões que acabamos de expor e para compreender os rumos deste livro.

1 A VIDA, A EVOLUÇÃO E A AGRICULTURA

Para compreendemos o que é agricultura enquanto relação entre uma espécie exploradora e uma ou várias espécies exploradas vivendo num ecossistema cultivado artificialmente, não seria inútil lembrar brevemente algumas noções de ecologia.

Fator limitante e valência ecológica

Todas as espécies de seres vivos encontram no meio onde vivem os recursos necessários à sua existência material: espaço, habitat, nutrição e possibilidade de expulsão dos dejetos de seu funcionamento vital. Ora, todos os recursos de um meio, quaisquer que sejam, são limitados. E isso de tal maneira que entre as necessidades crescentes de uma espécie que se multiplica em um meio dado e os recursos limitados desse meio parece, necessariamente, nesse ou naquele momento, uma oposição. Quando a densidade ocupacional dos locais ou dos abrigos se torna muito forte, quando as quantidades de água, de matérias minerais, de pastagem ou de presas disponíveis nesse ou naquele período crítico são totalmente consumidas ou se tornam muito raras para serem ainda acessíveis, então o crescimento dessa população se encontra bloqueado. O mesmo acontece quando os dejetos expelidos por essa ou outras espécies obstruem os locais que elas ocupam, reduzem ou poluem suas fontes de provisão. É chamado de *fator limitante* o elemento do meio que determina a *densidade máxima* que a população de uma espécie pode atingir sustentavelmente em um dado local. Evidentemente, os fatores que limitam o desenvolvimento de uma espécie variam de uma espécie para outra e, para a mesma espécie, variam de um meio para outro.

Em certos meios, tal ou qual fator limitante do desenvolvimento de uma espécie (temperatura, umidade ou nutrientes...) pode se encontrar aquém do *limite de tolerância mínima*. Ou além do limite de tolerância *máxima*, do qual o desenvolvimento desta espécie se torna impossível. O nível desse limite depende das espécies, que podem ser mais ou menos tolerantes em relação às características do meio. Os animais superiores, o homem e certos animais domésticos em particular são muito tolerantes em relação ao seu ambiente: sua capacidade de povoar meios variados, ou seja, sua *valência ecológica* é elevada e sua *área de extensão geográfica* é vasta. Inversamente, certas espécies exigem condições de meio estreitamente definidas e raramente realizadas. Nesse caso, elas são raras e sua valência ecológica fraca.

O termo valência ecológica será empregado aqui num sentido mais amplo. Ele designará não apenas a faculdade de uma espécie em ocupar meios variados, mas ainda sua aptidão em povoá-los mais ou menos densamente. Nesse sentido, a valência ecológica de uma espécie designa seu potencial de desenvolvimento: ela é medida não apenas pela área de extensão desta espécie, mas também pela densidade de população máxima que ela pode atingir no apogeu de seu desenvolvimento.

Competição, exploração, simbiose

Frequentemente, duas ou mais espécie competem pelos mesmos recursos. A oposição entre a população de cada espécie e as limitações do meio são duplicadas quando surge uma oposição entre populações e espécies em competição pela utilização dos mesmos recursos. Essa competição entre espécies — havendo ou não uma disputa aberta entre elas — conduz à coexistência, dentro de certa proporção, dessas populações concorrentes ou, então, à eliminação de uma ou mais dentre elas.

Uma espécie também pode explorar uma outra que lhe serve de suporte, de pasto ou de presa. Essa exploração pode prejudicar o desenvolvimento da espécie explorada, mas, inversamente, o desenvolvimento da espécie exploradora pode ser condicionado pela espécie explorada; quando esta constitui para aquela um recurso insubstituível. Por exemplo, uma população de pandas está limitada pela população de bambus, seu alimento exclusivo.

Existe às vezes, entre certas espécies, um tipo de relação de exploração recíproca e obrigatória. Essa relação pode ser considerada como uma assistência mútua benéfica às duas espécies: fala-se então de mutualismo ou de simbiose. Por exemplo, as bactérias fixadoras de nitrogênio do ar, hospedadas nos nódulos das raízes de leguminosas, contribuem para alimentar essas plantas com a substância. Os ruminantes e os equinos abrigam em seu intestino bactérias que contribuem para a digestão de matérias celulósicas, essenciais para seu regime alimentar. Certas plantas são exclusivamente polinizadas por insetos etc.

Trabalho, artificialização do meio, agricultura e criação

Enfim, certas espécies transformam o meio onde vivem de forma a aumentar sua capacidade de suporte e os recursos disponíveis para seu próprio uso. Desse modo, elas aumentam sua própria valência ecológica. Numerosos são os animais que constroem ninhos, abrigos e mesmo um ambiente artificial (urbanismo coletivo dos castores, das abelhas, das térmitas, das formigas etc.) necessários ao seu desenvolvimento. Como já dissemos, essa transformação, essa artificialização do meio, é o produto de um trabalho que não é próprio da espécie humana.

Além disso, algumas espécies animais vão além da exploração de outras espécies por simples predação: elas se dedicam a transformar o meio de maneira a criar condições de vida artificiais que favoreçam o desenvolvimento das espécies que elas exploram. Essas espécies exploradas e ao mesmo tempo assistidas — que não poderiam se desenvolver sem a ajuda da espécie exploradora — são chamadas de *domésticas*. Dessa maneira, certas espécies de formigas e de térmitas cultivam de fato cogumelos dos quais se nutrem, e outras espécies de formigas criam pulgões cujas excreções açucaradas consomem. Para melhor compreender a natureza das relações entre espécie cultivadora ou criadora e espécie doméstica, seria interessante uma análise, ainda que rápida, da maneira como certas formigas organizam o meio e a vida das espécies que exploram.

A origem das formigas remonta a 180 milhões de anos e, desde então, a evolução teria produzido, aproximadamente, 18.000 espécies, diferentes na sua anatomia e no seu modo de vida. As formas mais antigas são geralmente insetívoras, as mediamente evoluídas são onívoras, sendo que encontramos entre as formas superiores regimes alimentares especializados. Forçando um pouco, poderíamos afirmar que após o nomadismo caçador das formas primitivas apareceu um modo de vida sedentária com a coleta de alimentos, e que certas espécies, uma centena mais ou menos entre as espécies de origem mais tardia, praticam a agricultura e a criação (Ramade, 1965).

Formigas cultivadoras

Várias espécies de formigas da América tropical vivem cada uma delas em associação com uma espécie particular de *cogumelo* doméstico. Essas formigas organizam o meio construindo ninhos, galerias e criadouros de cogumelos. Entre certas espécies, as galerias alcançam vários metros de profundidade e deságuam em salas de piso plano, teto em cúpula, às vezes com um metro de comprimento por 30 cm de largura, onde são instaladas as hortas de cogumelos. No coração dessa organização, o ninho central, imenso, está algumas vezes ligado a várias dezenas de ninhos satélites, menores, situados num raio de 200 metros. Essas formigas constroem também uma infraestrutura de transporte, uma malha irradiante de caminhos em terra batida, com dezenas de metros de comprimento, largura de um a dois cm e de via dupla: uma coluna de formigas parte para a coleta, enquanto uma outra volta para o ninho com seu carregamento.

Para multiplicar os cogumelos dos quais se nutrem, essas formigas praticam metodicamente toda uma série de operações de cultivo. Elas preparam um leito de cultura coletando no exterior restos orgânicos de diversas fontes (fragmento de folhas, de madeira, de raízes ou de tubérculos) que elas laceram, trituram e moldam em blocos. Elas plantam nessas medas fragmentos dos cogumelos que começam a se desenvolver. Enfim, elas podam regularmente os filamentos micelianos, o que impede a frutificação do cogumelo e provoca a formação de intumescências, nódulos, das quais se nutrem exclusivamente. A divisão social do trabalho é rigorosa. Os indivíduos maiores vigiam as entradas do ninho e raramente se afastam dali. Indivíduos de porte médio partem ao exterior coletar os resíduos vegetais que eles fragmentam e amassam dando a forma de pequenas bolotas. Quanto aos indivíduos menores, eles cuidam das hortas de cogumelos, nutrem as larvas jovens e só saem do ninho no fim de sua vida. Mas essa divisão do trabalho aparentemente bem-regida não impede em nenhuma hipótese que certos indivíduos sejam dispersos, ou mesmo, consumidos. Em contrapartida, com todas estas operações de artificialização do meio e dos cuidados oferecidos aos cogumelos para facilitar a multiplicação, as formigas obtêm uma alimentação abundante, que pode suprir as necessidades de várias centenas de milhares de indivíduos.

As formigas criadoras

Outras espécies de formigas vivem em associação com uma espécie de pulgão ou de cochonilha. Essa associação é uma verdadeira forma de criação. Para proteger os pulgões que elas exploram, as formigas criadoras constroem cavidades, estruturam abrigos na terra ou num tipo de câmara eventualmente ligadas entre elas por galerias. Os indivíduos escalados para a guarda dos abrigos afastam os predadores concorrentes e laceram as asas dos pulgões que tentam escapar.

Em algumas espécies, a criação é conduzida sob a forma de estabulação subterrânea permanente. Os pulgões são então instalados nas câmaras cavadas em volta de raízes de vegetais, de onde sugam diretamente a seiva da qual se alimentam. Em outras espécies, a criação é conduzida ao ar livre e as formigas organizam a alimentação dos pulgões transportando-os rumo às melhores pastagens, que são os jovens rebentos em fase de crescimento. A reprodução dos pulgões acontece em boas condições, pois as fêmeas reprodutoras são alojadas em câmaras subterrâneas onde os ovos são abrigados durante o inverno. As formigas se alimentam das excreções dos pulgões, quer dizer, de seus excrementos ricos em açúcares e outras moléculas orgânicas provenientes da seiva das plantas que as geraram. Para tal, as formigas acariciam com suas antenas o abdômen dos pulgões que, estimulados, eliminam as excreções açucaradas.

As espécies de pulgões criadas pelas formigas são diferentes das espécies selvagens. São verdadeiras espécies domésticas das quais nem sempre se conhecem os ancestrais selvagens. Mas supõe-se que cada espécie de pulgão doméstico seja o resultado de uma *coevolução* que terá produzido, ao mesmo tempo em que ela mesma, a espécie de formiga criadora com a qual está associada.

A agricultura e a criação: uma exploração reforçada das espécies domésticas

A relação entre as formigas e esses cogumelos ou esses pulgões não é, portanto, uma pura e simples relação de exploração. As formigas agem no meio e no modo de vida das espécies domésticas das quais elas se alimentam. Elas trabalham para favorecer seu desenvolvimento e para protegê-las. Assim, elas aumentam a valência ecológica das espécies que elas exploram e, por conseguinte, recuam os limites alimentares de seu próprio desenvolvimento.

Aumentar a valência ecológica da espécie explorada para acrescentar finalmente a da espécie exploradora é, no fundo, a lógica dessas relações particulares entre espécies que constituem a agricultura e a criação. A cultura ou a criação de uma espécie, longe de marcar o fim de sua exploração, é, ao contrário, o prolongamento e o reforço dessa exploração por outros meios. Agricultura e criação são, portanto, formas elaboradas de mutualismo, mas um mutualismo assimétrico no qual o desenvolvimento da espécie explorada é *comandado* pelo trabalho da espécie exploradora, e no qual o desenvolvimento da espécie exploradora é, em contrapartida, *condicionado* pelo da espécie explorada.

2 HOMINIZAÇÃO E AGRICULTURA

Entre as milhares de espécies que a evolução produziu em 3,5 milhões de anos, o *Homo sapiens sapiens* — homem atual ou moderno, o homem pensador e sábio — é uma espécie muito recente. Essa espécie somente surgiu na terra há apenas 50.000 ou 200.000 anos segundo diferentes autores. Em seguida, ela se disseminou rapidamente por todos os continentes e há 10.000 anos aproximadamente pratica o cultivo e a criação, modificando profundamente a maior parte dos ecossistemas do planeta.

Contudo, o homem, tal qual a evolução produziu, não era dotado de ferramentas anatômicas especializadas, nem de um modo de vida geneticamente programado que lhe permitisse, desde a origem, uma intervenção vigorosa no meio exterior. Desprovido de pinça, presas, ganchos, dardos, defesas, escamas, cascos, garras, o homem dispõe de mãos, que, se de um lado são o mais leve e o mais polivalente dos instrumentos, não são por si mesmas senão um dos instrumentos mais moles e uma das armas mais frágeis. Pouco rápido, malescalador, malprotegido, certas partes essenciais e frágeis de sua anatomia muito expostas pelo fato de andar de pé, dotado, ou talvez afligido, de uma fraca capacidade de reprodução e de uma maturidade tardia, é um ser nu e desprovido que tinha, no início, uma valência ecológica inferior ao que, em geral, se pensa. Só podia sobreviver pela colheita dos produtos vegetais e pela captura de animais mais acessíveis, em meios pouco hostis ou dispondo de locais protegidos.

Sabendo pouco, pobre em instintos, mas imensamente educável, seu principal trunfo residia então na variedade dos regimes alimentares e dos modos de vida que podiam lhe convir. O homem é eclético, onívoro e adaptável. Essas são suas primeiras vantagens.

Segundo a teoria mais comumente aceita, o homem atual seria o único e último representante do ramo evolutivo dos hominídeos, que teria sido desligado dos outros primatas entre 6 e 7 milhões de anos atrás, e que teria gerado sucessivamente os *Australopitecos* e em seguida o *Homo habilis*, *Homo erectus* e, enfim, o *Homo sapiens*. Mas, no que toca mais precisamente a origem do *Homo sapiens*, as opiniões divergem. Seguindo uma primeira hipótese, o *Homo sapiens* teria aparecido na Europa há centenas de milhões de anos, na forma de uma primeira subespécie. *Homo sapiens neandertalensis*, homem de Neandertal, um tipo humano do qual teria em seguida derivado, no Oriente Médio há aproximadamente 50.000 anos mais ou menos, uma outra subespécie, o *Homo sapiens sapiens*, o homem atual ou moderno (Y. Coppens, 1983). Conforme uma hipótese mais recente, *Homo sapiens* e *Homo neandertalensis* seriam duas espécies distintas descendentes diretamente uma e outra do *Homo erectus*. *Homo sapiens* teria aparecido ao sul da África há mais de 200.000 anos e teria em seguida rumado para o Oriente Médio, há mais ou menos 50.000 anos. Ali ele teria encontrado o *Homo neandestalensis*, uma outra espécie que teria aparecido por sua vez na Europa há 100.000 anos, e teria desaparecido há 35.000 anos por razões desconhecidas (G. Burenhult, 1994).

Em qualquer uma das hipóteses, é necessário se perguntar como é que diferentes populações de hominídeos que se sucederam desde os *Australopitecos* até o *Homo sapiens* puderam aumentar sua valência ecológica a ponto de conquistar a terra inteira e a ponto de se multiplicar de tal forma a atingir milhões e depois bilhões de indivíduos.

História das agriculturas no mundo

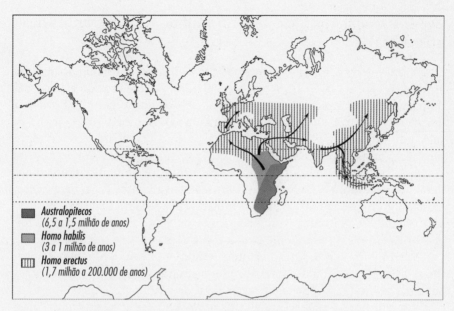

Figura 1.1. A expansão dos *Australopitecos*, do *Homo habilis* e do *Homo erectus*

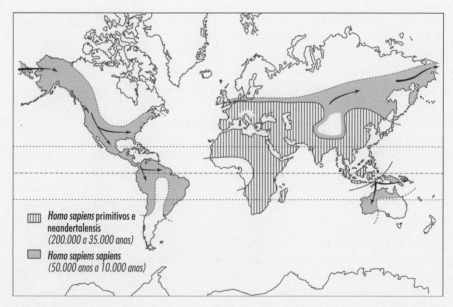

Figura 1.2. A expansão do *Homo sapiens* e do *Homo sapiens sapiens* até 10.000 anos antes de nossa Era

Marcel Mazoyer • Laurence Roudart

Os *Australopitecos* (de 6,5 a 1,5 milhão de anos antes de nossa Era)

Os *Australopitecos* ocuparam o leste da África entre 6,5 a 1,5 milhão de anos antes de nossa Era. Mas esses "macacos do Sul", já que essa é a etimologia da palavra australopiteco, eram muito afastados do homem de hoje. Seu porte era medíocre, sua capacidade craniana era da ordem de 500 cm^3, ou seja, um terço daquela do homem atual, e ainda eram imperfeitamente bípedes. Várias espécies de *Australopitecos eram vegetarianas. Outras espécies de Australopitecos, como o Australopitecos afarensis* (espécie representada notadamente pela famosa Lucy), um dos ancestrais supostos do gênero *Homo*, eram onívoros: viviam da coleta e completavam sua alimentação na estação seca por meio da caça de pequenos mamíferos, répteis, insetos etc. Para tal, eles utilizavam eventualmente pedras e bastões.

Os primeiros seixos lascados intencionalmente com o objetivo de produzir uma borda cortante lhes devem ser atribuídos? Alguns pesquisadores acham que sim (Y. Coppens, op. cit.). Em todo caso, parece que durante os 5 milhões de anos de sua existência, os *Australopitecos* se mantiveram como animais sem verdadeira história técnica e cultural.

Homo habilis e *Homo erectus* (de 3 milhões a 200.000 anos antes de nossa Era)

Contrariamente aos *Australopitecos*, que não pertenciam ao gênero *Homo*, classifica-se nesse gênero duas espécies antigas e há muito desaparecidas, ambas bem diferentes do homem atual.

A primeira dessas espécies, às vezes contestada, é o *Homo habilis*, o homem ágil ou engenhoso, cujos traços encontrados no leste e no sul da África remontam há 3 milhões de anos. Sua capacidade craniana variava de 500 a 800 cm^3, e seus restos de sua dentição atestam um regime onívoro. A ele são atribuídos os primeiros instrumentos fabricados intencionalmente, como as pedras lascadas. São pedras escolhidas por seu volume e sua forma, que sofreram a transformação mais elementar: foram confeccionadas pelo choque com outra pedra (percussão direta e indireta), com vistas a obter uma borda afiada utilizada para fraturar, cortar, raspar. As lascas de formas variadas, resultantes do tamanho destes seixos, eram também utilizadas como faca, raspadores etc. (G. Burenhul, op. cit.).

A segunda dessas espécies, *Homo erectus*, o homem posto de pé, tem sua existência atestada entre 1,7 milhão de anos e 200.000 anos antes de nossa Era; é provável, todavia, que essa espécie se perpetuou mais tarde. Esses *Homo erectus* não eram tal qual vemos e compreendemos o homem de hoje. Seu volume craniano era da ordem de 1.000 cm^3, o dobro daquele dos *Australopitecos*, porém somente dois terços daquele do homem atual. Os ossos de seu crânio testemunham circunvoluções do cérebro pouco numerosas, logo um volume de matéria cinzenta relativamente reduzido e seu aparelho vocal, semelhante àquele do recém-nascido humano de hoje, não lhe permitia sem dúvida dispor de uma verdadeira linguagem articulada. De resto eram, às vezes, chamados *Pitecantropos*, ou seja, "macacos-homens".

Os *Homo erectus* teriam aparecido no leste da África há 1,7 milhão de anos. Depois, aos 1,5 milhão de anos, eles teriam ocupado a maior parte desse continente e colonizado amplamente a Europa e a Ásia. Adaptados aos climas quentes e temperados, eles não podiam aventurar-se nas planícies frias do Norte do mundo antigo e não puderam portanto chegar à América da extremidade oriental da Sibéria. Se eles ocuparam a Indonésia, então ligada ao continente, não puderam atingir nem a Austrália nem a Oceania, pois provavelmente ignoravam a navegação. Todavia, apesar de seus limites e lentidão, essa colonização se estendeu muito mais além do que a dos *Australopitecos* e dos *Homo habilis*.

Na Eurásia, os *Homo erectus* se confrontaram com longos períodos glaciais (de − 1,2 milhão a − 700.000 anos, de − 600.000 a − 300.000 anos e de − 250.000 a − 120.000 anos) e ocuparam, então, grutas e cavernas. Começaram, sem dúvida, a utilizar o fogo, cujos primeiros traços remontam há 500.000 anos, mas nesta época seu uso não era generalizado. Supõe-se que o fogo era então de origem natural (incêndios, raios, fogos espontâneos em pântanos etc.), e que se o *Homo erectus* sabia conservá-lo, não sabia produzi-lo.

Desde sua origem, os *Homo erectus* fraturavam seixos e fragmentos de sílex para fabricar, tirando lascas de uma face, instrumentos com uma ou duas extremidades cortantes (uma lâmina em cada extremidade): trata-se de cortadores monofaciais, simples ou duplos. Foi somente um milhão de anos mais tarde, aproximadamente 700.000 anos antes de nossa Era, que apareceram, na Europa e na África, os primeiros instrumentos talhados nas duas faces, os bifaciais. No sudeste da Ásia, a indústria de seixos sumariamente talhados e instrumentos obtidos pela retirada de lascas em uma das faces durou muito tempo e pensava-se ainda há alguns anos atrás que essa parte do mundo não conhecera os bifaciais. Mas as descobertas recentes, pouco numerosas ainda, mostram que essa região conheceu, por sua vez, sem dúvida tardiamente, a indústria dos bifaciais. (I.-C. Glover, 1994).

No início, os bifaciais são muito grosseiros, seu perfil é sinuoso e a pedra que lhe serve de matéria-prima não era talhada em toda a superfície. Mas a partir de 250.000 anos antes de nossa Era os bifaciais são mais finamente talhados graças às técnicas de talhe cada vez mais elaboradas. Talvez o próprio *Homo erectus* tenha inventado esse procedimento muito eficaz de talhe de pedra chamado de talhe levaloisiano: enquanto que, até então, a forma final de um instrumento era obtida por retoques sucessivos de uma determinada pedra escolhida para esse fim, com o talhe levaloisiano, talha-se primeiro um tipo de grande bifacial, que é por sua vez desbastado em lascas com formas diversas e bem-definidas. Em seguida, cada uma das lascas serve, por sua vez, para fabricar um instrumento particular: ponta, raspador, faca, buril, trinchetes etc. É, no entanto, possível que se deva atribuir essas atividades aperfeiçoadas a precursores do *Homo sapiens* (Pré-neandertalianos ou Pré-sapiens).

Sabe-se pouco quanto à organização social dos *Homo erectus*. Parece entretanto, que a partir de 400.000 anos antes de nossa Era, ou até mesmo antes, que a caça aos grandes mamíferos isolados (elefante, urso, rinoceronte...) os tenha conduzido a organizarem-se em pequenos grupos de 5 a 10 caçadores, cada grupo de caça correspondendo a uma pequena comunidade de algumas dezenas de indivíduos. Esses grupos, geralmente nômades, estabeleciam acampamentos mais ou menos permanentes, e talvez edificassem alguns abrigos rudimentares.

Assim, contrariamente aos *Australopitecos*, os *Homo habilis* e os *Homo erectus* tiveram uma verdadeira história técnica e cultural, que os levou dos seixos simplesmente talhados aos bifaciais especializados, da predação simples à caça organizada de grandes animais, do nomadismo à ocupação de grutas e ao estabelecimento de abrigos. Supõe-se, além disso, que eles desenvolveram um mínimo de linguagem para comunicação. Sua história técnica corresponde ao *paleolítico antigo (ou inferior)*, que é o mais longo período da Pré-história.

Homo sapiens (de 200.000 ou 100.000 anos antes de nossa Era até nossos dias)

Homo sapiens neandertalensis

Os mais antigos fósseis de *Neandertalenses*, descobertos em Israel, remontam há 20.000 anos e os mais recentes datam de 35.000 anos aproximadamente. Durante dezenas de milhares de anos, esse tipo de homem migrou e caçou nas florestas e nas tundras da Eurásia. Ainda que sua capacidade craniana fosse da mesma ordem de grandeza da do homem atual, que varia de 1.000 a 2.000 cm^3, o homem de Neanderthal apresenta caracteres morfológicos que o distinguem nitidamente: face proeminente, bolsas suborbitais salientes, queixo retraído, laringe ainda elevada o que lhe dificultava, sem nenhuma dúvida, a pronúncia de certos sons articulados.

As técnicas do paleolítico médio são geralmente atribuídas aos Neandertalenses, mas descobertas recentes fazem pensar que certas técnicas consideradas até então como características do *Homo sapiens sapiens* (homens de Cro-Magnon) eram também conhecidas pelos Neandertalenses.

Durante todo esse período, a utilização de pedra talhada por percussão continua predominante, mas se diferencia e se especializa graças à prática do talhe levaloisiano, uma técnica de talhar que, conforme vimos anteriormente, começara a ser praticada talvez no tempo dos *Homo erectus* e que está na base da evolução ulterior dos procedimentos de fabricação da pedra talhada. A confecção de peças de ossos ainda é rudimentar, como no paleolítico antigo, mas o uso do fogo se generaliza, o que tende a provar que sua produção foi, de uma vez por todas, dominada. A caça organizada em grandes expedições coletivas para conduzir rebanhos inteiros rumo a armadilhas naturais parece ter começado nessa época.

A descoberta de traços e de fragmentos de colorantes nos leva a pensar que as preocupações artísticas não eram estranhas aos Neandertalenses, como sugerem os adornos na forma de coleções de dentes, conchas e pedras raras que foram encontradas. Não lhes é atribuída, entretanto, nenhuma produção artística manifesta. Em contrapartida, as primeiras sepulturas, individuais ou coletivas em sítios funerários organizados são sem dúvida atribuídas a eles.

Homo sapiens sapiens

Por semelhança, o *Homo sapiens sapiens* é o autor de progressos técnicos muito rápidos e variados. Desde o primeiro período de sua história, no *paleolítico recente (ou superior)* que se estende de 40.000 a 11.000 anos antes de nossa Era, assiste-se a uma profusão de novidades. A utilização de pedras duras, cada vez mais finamente talhadas, por percussão, e também por pressão e, em alguns casos, mesmo após aquecimento prévio, é cada vez mais variada e especializada. Fabricam-se, então, diferentes tipos de buris, furadores, raspadores, facas, trinchetes, machados, lamparinas à óleo etc. Graças ao progresso das técnicas de talhar, o rendimento do processo de produção desses instrumentos aumenta: obtêm-se até 17 metros de lâminas de corte úteis por quilograma de pedra, em vez de somente 4 metros por meio das técnicas dos Neandertalenses e 0,60 metros para os primeiros bifaciais dos *Homo erectus* (M. Daumas et al., 1962). Aos instrumentos e armas de uso imediato juntam-se instrumentos especializados destinados à produção de outros instrumentos. Aos instrumentos e às armas simples juntam-se os instrumentos e armas compostos por duas ou mais partes, em diferentes materiais: pedra, osso e madeira. O trabalho com osso e marfim, rudimentar até então, toma um fôlego prodigioso e fornece arpões, pontas, lanças, garfos, propulsores, retificadores de flechas, agulhas com furos etc. O trabalho com madeira, que deixou menos traços, foi sem dúvida consideravelmente também desenvolvido. Os objetos fabricados apresentavam cuidadosos acabamentos e por vezes até finamente decorados.

Esse novo equipamento permitiu aos homens caçar novas espécies de grande e pequeno porte, e a desenvolver a pesca, a colher com mais eficácia certos produtos vegetais, construir abrigos artificiais, e, portanto, ocupar-se em explorar novos meios. Ganha importância grande caça coletiva que agrupava dezenas de abatedores (mulheres e crianças incluídos), cercando rebanhos inteiros de animais gregários (renas, cavalos, bisontes, bois próximos do zebu...) para conduzi-los rumo aos obstáculos naturais (precipícios, becos rochosos...) ou para armadilhas artificiais (paliçadas, gaiolas, emboscadas...). O *Homo sapiens sapiens* conquista, assim, muito rapidamente toda a área de extensão que ocupavam os Neandertalenses. Em seguida ele a ultrapassa instalando-se no Japão, na Austrália e em certas ilhas, pois ele conhece a navegação. Enfim, penetra na América pela Sibéria oriental e pelo Alaska. Assim, há 20.000 anos, o homem já estava presente no conjunto de terras emersas com exceção das duas calotas glaciais, zonas de grande altitude e de algumas ilhas.

Finalmente, o que emerge com o *Homo sapiens sapiens* é uma fantástica abundância de objetos e de representações sem utilidade imediata. Tudo se passa como se as faculdades criadoras da espécie ultrapassassem suas necessidades materiais e pudessem responder a todos os tipos de aspirações transcendentes de ordem estética, simbólica ou memorial. Esse acréscimo de criatividade se manifesta pela pintura, da gravura de paredes de certas grutas, pela ornamentação de objetos de uso corrente como as armas, os utensílios e as diversas vestimentas, e pela fabricação de objetos de arte como as estatuetas, pequenos objetos de baixo relevo, as pedras gravadas, as placas, hastes ornamentadas em osso ou em marfim cinzelado. Os motivos representam, sobretudo, os animais e cenas de caça, raramente tipos humanos. Assim, as pinturas rupestres da gruta Chauvet, descobertas em 1994 na Ardèche, sul da França, são realmente tão expressivas, tão presentes e, no fundo, tão claramente modernas que somos levados a acreditar que elas remontam há apenas 30.000 anos. E se elas nos impressionam tão fortemente é porque, por meio delas, os *Homo sapiens sapiens* dessa época assemelhavam-se a nós de maneira fulgurante e porque eram realmente *parecidos conosco*.

O fim do paleolítico: diferenciação dos modos de predação e especialização dos utensílios

Entre 16.000 e 12.000 anos antes de nossa Era, o conjunto do planeta era uma vez mais a sede de grandes transtornos ecológicos. Com o aquecimento do clima, as calotas glaciais derretem parcialmente e os milhares de metros cúbicos de água assim liberados elevam o nível dos mares em vários metros. O resultado é gelo polar no Equador e continentes cobertos de novas formações vegetais:

História das agriculturas no mundo

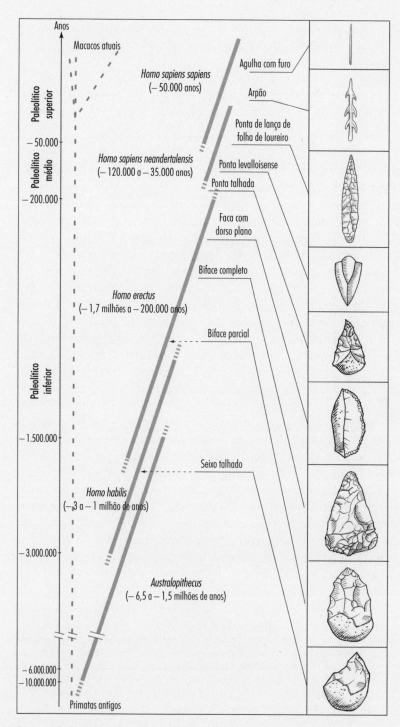

Figura 1.3. Esquema da evolução biológica e técnica dos hominídeos

- *tundra, taiga, florestas mistas de coníferas e de folhosas* nas regiões frias;
- *florestas caducifólias no inverno* nas regiões temperadas frias;
- *charnecas*[1] oceânicas, pradarias continentais;
- *florestas perenifólias* nas regiões temperadas quentes, mediterrâneas;
- *florestas abertas*, savanas arborizadas e estepes na zona do Saara (cuja desertificação ocorreu há menos de 10.000 anos);
- *florestas tropicais caducifólias de estação seca*;
- *floresta equatorial densa perenifólia*.

Os homens se adaptam a essas novas condições ecológicas praticando as novas formas de economia de predação.

A caça aos grandes animais se aperfeiçoa ainda graças às armas, armadilhas, grandes caçadas coletivas, e se intensifica a tal ponto que certas espécies são consideravelmente reduzidas, como o cavalo e o bisonte na Europa, ou mesmo aniquiladas, como o mamute no norte e o rinoceronte ao sul. Aproximadamente, há 12.000 anos antes de nossa Era a caça de animais de porte médio não gregários, (alces, cervos, cabritos, gazelas, javalis, asnos...) e a caça de animais de pequeno porte (coelhos, pássaros...), assim como a pesca e a colheita de moluscos, *escargots*, ostras, pequenos moluscos gastrópodos fixados nas rochas...), que deixaram imensas quantidades de conchas, se desenvolvem, enquanto que nas zonas ricas em cereais e em leguminosas silvestres, o consumo de grãos assume uma real importância.

Esses novos modos de predação são notavelmente diferenciados de uma região para outra: a cada um deles corresponde um conjunto de instrumentos e de armas específicas que permitem explorar os recursos próprios de um determinado meio. Frequentemente, caçadores, pescadores e colhedores se deslocam de acampamento em acampamento, após ter esgotado os recursos da vizinhança. Todavia, em certos lugares privilegiados, ricos em produtos vegetais conserváveis (grãos, frutos secos...) ou em produtos animais sempre renovados (pontos de passagem obrigatória de pássaros migrantes ou de outros animais, beira do mar ou de lagos e rios ricos em peixes...), os recursos são suficientemente abundantes para permitir que grupos importantes se instalem durante toda uma estação, e até mesmo se sedentarizem graças ao progresso dos procedimentos de conservação (secagem, defumação, frio, silos...).

---

[1] Do francês "Landes". Formação vegetal xerófita, arbustiva, baixa e fechada, dominada por arbustos e plantas herbáceas. Pode ser uma formação vegetal primária (em especial em regiões com influência marítima) ou secundária (em decorrência de um processo de antropisação intenso). Essa formação vegetal, quando fechada e apresentando uma elevada ocorrência de arbustos de maior porte, recebe a denominação de "maquis" (sobre solo silicoso). O "maquis" ocorre nas regiões mediterrâneas e é o resultado da degradação da floresta mediterrânea de carvalhos-cortiça. Já quando apresenta a ocorrência de arbustos de menor porte e de plantas herbáceas, em especial na região mediterrânea, esta formação vegetal recebe o nome de "garrigue" (sobre solo calcáreo) (Larousse Agrícola, 1981). (N.T.)

História das agriculturas no mundo

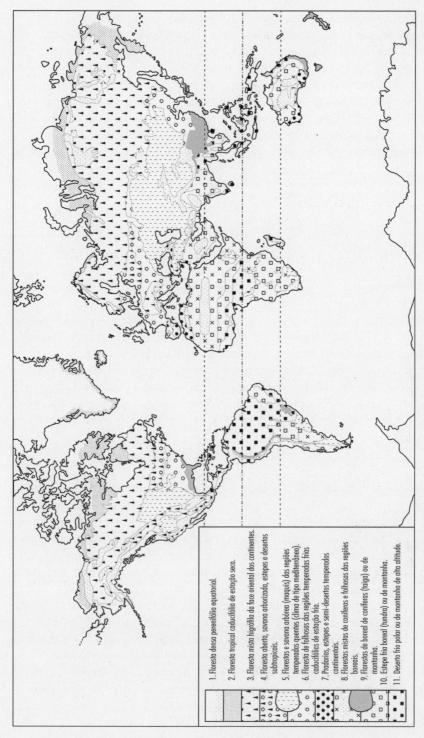

Figura 1.4. Mapa esquemático das formações vegetais "originais" há 10.000 anos

Chama-se *Mesolítico* esse período relativamente curto do fim da era da pedra lascada, nos quais os sistemas de predação se diferenciam e há abundância de utensílios especializados. Os utensílios compostos se multiplicam: alguns são constituídos de suporte em osso ou em madeira sobre o qual são inseridas pequenas pedras talhadas, os "micrólitos". Com eles, o *Homo sapiens sapiens* obtém 100 metros de trinchadores úteis para cada 1 kg de pedra (M. Daumas, op. cit.). O homem está, então, perto de atingir os limites de sua área de extensão atual, que vai da ponta sul do continente sul-americano, onde vivia o povo frígio — hoje desaparecido — até as regiões polares árticas, onde vive o povo esquimó, e que se eleva do nível do mar até 5.000 metros de altitude dos altos relvados das montanhas da Ásia Central e dos Andes.

A hominização, uma revolução biológica e cultural

A análise precedente mostra que a *hominização*, ou seja, a evolução desde os *Australopitecos* até o *Homo sapiens sapiens* é uma transformação complexa, ao mesmo tempo biológica e cultural que vai se acelerando. Enquanto os progressos conquistados pelo *Homo habilis* são insignificantes, aqueles realizados pelo *Homo erectus*, durante 1,5 milhão de anos são muito mais significativos. Todavia, esses últimos parecem ainda pouco importantes diante do que fez o *Homo sapiens neandertalense* numa centena de milhares de anos. Porém, é finalmente com o *Homo sapiens sapiens* que assistiremos, durante os 40.000 últimos anos, a uma verdadeira explosão técnica e cultural.

Sem dúvida alguma, o aumento do volume e das circunvoluções do cérebro condicionou essa fusão de criatividade, da mesma forma que o desenvolvimento da laringe e da linguagem articulada facilitaram as trocas técnicas e culturais. Mas, inversamente, os progressos dos instrumentos e da cultura certamente condicionaram a evolução biológica dos hominídeos. Com efeito, ao longo de todo o processo de hominização, cada nova geração toma seu impulso no terreno técnico e cultural enriquecido pelas gerações precedentes, de modo que os precursores biológicos de uma nova espécie de hominídeos são necessariamente tributários da herança técnica e cultural da espécie precedente. A menos, é claro, da hipótese de que cada nova espécie seja o produto de uma criação independente das espécies precedentes, e que ela é capaz de reproduzir, de imediato, todo o itinerário técnico percorrido por aquelas.

Mas se retemos a hipótese evolucionista, devemos admitir que não pode haver ruptura nem biológica, nem social, nem cultural entre uma espécie e a seguinte. A passagem de um tipo humano ao seguinte seria, então, o produto de uma dupla cooperação: uma cooperação sexual que assegure a difusão das mutações vantajosas e uma cooperação técnica e cultural que garanta a transmissão dos saberes e de práticas adquiridas.

Pode-se, então, conceber a hominização como o processo de emergência e de substituição de um pelo outro; de tipos humanos sucessivos que dispõem de capacidades biológica e de meios técnicos e culturais sempre mais eficazes, de tipos humanos dos quais o último, *Homo sapiens sapiens*, possui manifestamente uma valência ecológica, quer dizer, uma capacidade superior à de seus predecessores de conquistar e povoar o mundo. Isso não significa, para tanto, que se deva considerar o homem atual como o vencedor de um tipo de luta pela vida, compreendida como um incessante combate entre as populações desigualmente evoluídas, em que as mais avançadas eliminariam a cada instante as mais atrasadas. A hominização aparece antes como o fruto de um trabalho. Isso significa que, geração após geração, as populações de hominídeos multiplicaram os esforços para criar os meios e explorar mais intensamente e mais amplamente diferentes meios. Algumas conseguiram assim conquistar os mais vastos territórios e a crescer mais que os outros; de modo que, após certo tempo, essas populações mais "avançadas" e mais numerosas puderam absorver, biológica e culturalmente, as minorias "atrasadas". Nesse sentido, bem distintamente do anterior, a hominização pode ser considerada como o resultado de uma incessante atividade da espécie para sobreviver, para estender-se e multiplicar-se, ou seja, para aumentar sua valência ecológica. Assim, não está excluído que as vantagens biológicas e técnicas, adquiridas num momento dado por uma população mais numerosa e melhor aparelhada, tenham sido utilizadas para eliminar ou reduzir, pouco a pouco, as populações menos evoluídas.

A hominização é, portanto, ao mesmo tempo uma evolução e uma história. Os progressos biológicos de uma espécie condicionam seus avanços técnicos e culturais ulteriores, mas, em contrapartida, a herança técnica e cultural de uma espécie constitui uma espécie de meio humanizado, historicamente constituído, que condiciona sua evolução biológica futura. Assim, de uma espécie de hominídeos à outra, o aumento da população e o enriquecimento de sua bagagem técnica e cultural multiplicam as chances de inovações, que vão acelerando-se e que, para cada espécie, se concentram no fim de seu período de existência.

O neolítico e a aparição do cultivo e da criação

Há aproximadamente 12.000 anos antes de nossa Era começa a se desenvolver um novo processo de fabricação de instrumentos, o polimento da pedra. Essa novidade inaugura o último período da Pré-história, o neolítico. Este se prolongará até o aparecimento da escrita e da metalurgia. Além dos machados e enxadas que podem fabricar-se pelo polimento de todos os tipos de pedras duras e passíveis de serem afiadas várias vezes, essa época é marcada por outras inovações revolucionárias, como a construção de moradias duráveis, a cerâmica de argila cozida e os primeiros desenvolvimentos da agricultura e da criação.

Entre 10.000 e 5.000 anos antes de nossa Era, algumas dessas sociedades neolíticas tinham, com efeito, começado a semear plantas e manter animais em cativeiro, com vistas a multiplicá-los e utilizar-se de seus produtos. Nessa mesma época, após algum tempo, essas plantas e esses animais especialmente escolhidos e explorados foram domesticados e, dessa forma, essas sociedades de predadores se transformaram por si mesmas, paulatinamente, em sociedades de cultivadores. Desde então, essas sociedades introduziram e desenvolveram espécies domesticadas na maior parte dos ecossistemas do planeta, transformando-os, então, por seu trabalho, em ecossistemas cultivados, artificializados, cada vez mais distintos dos ecossistemas naturais originais. Essa passagem da predação à agricultura, ou seja, a *revolução agrícola neolítica*, foi sem dúvida, como enfatiza V. G. Childe (1983), "a primeira revolução que transformou a economia humana" (*Man makes himself*).

Desde seus primórdios, a agricultura humana é bem diferente daquela das formigas ou das térmitas. Cada espécie de formiga ou de térmita cultivadora ou criadora é efetivamente associada a uma única espécie doméstica, que ela cria ou cultiva sempre da mesma maneira, com a ajuda de instrumentos anatômicos (mandíbulas e patas anteriores) e segundo uma organização social imutável. À diferença dessas espécies cultivadoras ou criadoras, diretamente produzidas pela Evolução, o homem não nasceu agricultor: quando ele apareceu, o *Homo sapiens sapiens* era caçador-coletor. Quando ele começou a praticar o cultivo e a criação, ele não encontrou na natureza nenhuma espécie previamente domesticada, mas domesticou um grande número delas. Não dispunha também de instrumentos anatômicos adaptados ao trabalho agrícola, mas os fabricou de todas as maneiras e cada vez mais poderosos. Enfim, nenhum saber inato ou revelado lhe ditava a arte e a maneira de praticar a agricultura, e graças a isso, ele pôde ajustar livremente os sistemas de cultivo e de criação extraordinariamente variados e adaptados aos diferentes meios do planeta, transformando-os de acordo com suas necessidades e de acordo com suas ferramentas.

Diferentemente das formas de cultivo e de criação praticadas pelas formigas e pelas térmitas, cada qual baseada na exploração de uma só espécie segundo um modo de organização e de funcionamento únicos, as formas de agricultura humanas repousam na exploração combinada de várias espécies, segundo modalidades de organização e de funcionamento muito diversas. Uma diversidade que se deve ao fato de que, contrariamente às sociedades de formigas ou de térmitas, as sociedades humanas de cultivadores e criadores não são o produto relativamente estável da evolução das espécies. Elas são o produto versátil, acompanhando o tempo e o lugar, de uma incessante história.

3 O CONCEITO DE SISTEMA AGRÁRIO

Como indicamos no princípio deste livro, a teoria dos sistemas agrários é um instrumento intelectual que permite apreender a complexidade de cada forma de agricultura e de perceber, em grandes linhas, as transformações históricas e a diferenciação geográfica das agriculturas humanas. Para compreender o que é um sistema agrário é preciso, em princípio, distinguir, de um lado, a agricultura tal qual ela é efetivamente praticada, tal qual pode-se observá-la, formando um *objeto real de conhecimento*, e, por outro lado, o que o observador pensa desse objeto real, o que diz sobre ele, constituindo um conjunto de conhecimentos abstratos, que podem ser metodicamente elaborados para construir um verdadeiro objeto concebido, ou *objeto teórico de conhecimento* e de reflexão.

Complexidade e variedade das formas de agricultura observáveis

A agricultura tal qual se pode observar em um dado lugar e momento aparece em princípio como um objeto ecológico e econômico complexo, composto de um meio cultivado e de um conjunto de estabelecimentos agrícolas vizinhos, que entretêm e que exploram a fertilidade desse meio. Levando mais longe o olhar, pode-se observar que as formas de agricultura praticadas num dado momento variam *de uma localidade a outra*. E se estende longamente a observação num dado lugar, constata-se que as formas de agriculturas praticadas *variam de uma época para outra*.

Dito de outra forma, a agricultura se apresenta como um conjunto de formas locais, variáveis no espaço e no tempo, tão diversas quanto as próprias observações. No entanto, apesar dessa diversidade, observa-se também que as forma locais de agricultura, praticadas numa região, numa época determinada, se parecem suficientemente para serem aproximadas e classificadas numa mesma categoria. Mas, se ampliarmos essas observações e as seguirmos por mais tempo, discerniremos então formas de agricultura muito diferentes que devem ser classificadas em outras categorias. Assim, pouco a pouco, descobrimos que as múltiplas formas de agricultura antigas identificáveis podem ser classificadas em um número finito de categorias, cada uma delas ocupando um lugar determinado no tempo e no espaço, da mesma maneira que classificamos outros objetos mutantes como os seres vivos, os solos, os povoamentos vegetais etc.

As formas de agricultura observáveis aparecem assim, conforme dissemos, como objetos muito *complexos*, que podemos todavia analisar e conceber em termos de sistema. Ora, analisar e conceber um objeto *complexo* em termos de sistema, é, num primeiro momento, delimitá-lo, ou seja, traçar uma fronteira, virtual, entre esse objeto e o resto do mundo, e é considerá-lo como um todo, composto de subsistemas hierarquizados e interdependentes. Por exemplo, a anatomia de um ser vivo superior é concebida como um sistema (ou organismo) composto de subsistemas (ou aparelhos) ósseo, muscular, circulatório, respiratório, cada um desses subsistemas se decompondo em órgãos, cada órgão em tecido, cada tecido em células, e assim por diante.

Ao analisar e conceber um objeto complexo e animado em termos de sistema é também considerar seu funcionamento como uma combinação de funções interdependentes e complementares, que asseguram a circulação interna e as mudanças com o exterior de matéria, de energia e, tratando-se de um objeto econômico, de valor. Por exemplo, o funcionamento de um ser vivo superior é concebido como um conjunto de funções digestiva, circulatória, respiratória, reprodutiva etc., que concorrem para a renovação do organismo. Desse modo, analisar e conceber, em termos de sistema agrário, a agricultura praticada em um momento e lugar consiste em decompor essa mesma agricultura em dois subsistemas principais: o *ecossistema cultivado* e o *sistema social produtivo,* estudando tanto a *organização* e o *funcionamento* de cada um desses subsistemas, como suas *inter-relações*.

O ecossistema cultivado e sua renovação

O ecossistema cultivado possui uma organização: ele é composto por vários subsistemas complementares e proporcionados, por exemplo, as hortas, as terras cultiváveis, os campos de ceifa, as pastagens e as florestas. Cada um desses subsistemas é organizado, cuidado e explorado de uma maneira particular, e contribui, por sua parte, para a satisfação das necessidades dos animais domésticos e dos homens. Cada um desses subsistemas se decompõe por sua vez em partes: as terras lavráveis, por exemplo, são dispostas em várias glebas distribuídas em terrenos diferentes, cada gleba sendo composta por várias *folhas*[2] (alqueive, trigo de inverno, trigo de primavera etc.) elas próprias, por sua vez, compostas de parcelas. O sistema de criação, por sua vez, é composto de rebanhos de espécies diferentes (bovinos, ovinos, suínos etc.), sendo que cada rebanho de espécies pode ser organizado em lotes manejados separadamente (vacas leiteiras, criação de vitelo, de novilhos, de novilhas etc.).

---

[2] Do francês "sole". Corresponde ao conjunto de várias parcelas com o mesmo cultivo ou utilização agrícola. Em decorrência da inexistência de uma denominação consensual em termos agronômicos no Brasil, optou-se pela utilização do termo agronômico de origem portuguesa "folha". (N.T.)

O ecossistema cultivado possui também um funcionamento por meio do qual ele se renova. Esse funcionamento pode ser decomposto, por sua vez, em várias funções: função de desmatamento e de contenção da vegetação selvagem (derrubada-queimada, aração manual ou com arado, escarificação, tratamento para eliminar ervas invasoras...); função de renovação da fertilidade (pousio de longa duração, estrume, dejeções animais, adubos minerais...); condução dos cultivos (rotações, itinerários técnicos, operações culturais...) e condução técnica dos rebanhos (reprodução, calendários forrageiros...) etc.

Essas funções, que asseguram a circulação interna de matéria e de energia no ecossistema cultivado, se abrem igualmente a trocas exteriores mais ou menos importantes com ecossistemas próximos ou longínquos: alimentação e evacuação de água, erosão e aluvionamento, transferências de forragens, de fertilidade, e transferências, voluntárias ou não, de espécies selvagens ou domésticas. Com essas trocas, as transformações de um ecossistema cultivado podem influenciar ecossistemas muito distantes. Por exemplo, o desflorestamento das encostas de uma bacia hidrográfica pode levar a inundações e aluvionamento das partes mais baixas dos vales. Inversamente, o manejo hidráulico incorreto de um vale de altitude pode privar de água as partes mais baixas dos vales; o desmatamento de vastos espaços continentais pode provocar o ressecamento do clima nas regiões periféricas às vezes muito distantes. Devido a essas trocas e destas influências longínquas, o estudo de um sistema agrário não pode ser feito isoladamente.

O sistema social produtivo e sua renovação

O sistema social produtivo (ou sistema técnico, econômico e social) é composto de *homens e mulheres* (força de trabalho, conhecimento e *savoir-faire*), *meios inertes* (instrumentos e equipamentos produtivos) e de *matéria viva* (plantas cultivadas e animais domésticos) que dispõe a população agrícola para desenvolver as *atividades* de renovação e de exploração da fertilidade do ecossistema cultivado, a fim de satisfazer direta (por autoconsumo) ou indiretamente (por trocas) suas próprias necessidades.

Esses meios de produção e essas atividades produtivas são organizadas nos estabelecimentos que são caracterizados pelo *sistema de produção* que eles praticam, e pela *categoria social* à qual eles pertencem. O sistema de produção de um estabelecimento agrícola se define pela combinação (a natureza e as proporções) de suas atividades produtivas e de seus meios de produção. A categoria social de um estabelecimento se define pelo estatuto social de sua mão de obra (familiar, assalariada, cooperativa, escrava, serviçal), pelo estatuto do agricultor e pelo seu modo de acesso à terra (livre acesso às terras comunais, reserva senhorial, posses servis, exploração direta, parceria, arrendamento...) e pela dimensão do estabelecimento agrícola.

Num determinado sistema agrário, as unidades de produção agrícolas podem praticar sistemas de produção muito similares e pertencer à mesma categoria social. No entanto, elas também podem ser muito diferentes entre si e muito complementares. Por exemplo, em muitos sistemas agrários, os estabelecimentos especializados na criação, e outros especializados no cultivo, se completam explorando partes diferentes do ecossistema e trocando adubos e produtos animais por grãos e outros produtos vegetais. Nos sistemas latiminifundistas, a mão de obra assalariada dos grandes estabelecimentos agrícolas é fornecida por uma multiplicidade de estabelecimentos camponeses muito pequenos para empregar plenamente sua própria mão de obra familiar e para prover suas necessidades. De maneira análoga, na Europa medieval, a mão de obra submetida à corveia utilizada nas reservas senhoriais era fornecida pelos servos submissos dos feudos. Não seria razoável decompor o sistema produtivo em tantos subsistemas quantos são os estabelecimentos ou, ao contrário, reduzir a diversidade dos estabelecimentos a uma média enganosa, ou, ainda, repartir esses estabelecimentos segundo uma classificação ilógica, para não dizer estúpida (por classes de superfícies definidas de maneira puramente numeral, de cinco em cinco ou de dez em dez hectares, por exemplo). Reagrupando e classificando as unidades de produção agrícolas conforme o sistema de produção praticado por elas, em seguida classificando as unidades de produção agrícolas que praticam um mesmo sistema de produção por categoria social, o sistema social produtivo de um sistema agrário aparece como uma combinação particular de um *número limitado de tipos de estabelecimentos, definidos técnica, econômica e socialmente*.

O sistema social produtivo tem um funcionamento por meio do qual, de ano em ano, renova seus meios de produção e suas atividades. Para assegurar essa renovação, cada estabelecimento (ou, simplificando, cada tipo de estabelecimento) pode produzir ele próprio suas sementes, seus animais, sua forragem e uma parte de seus instrumentos e equipamentos (autofornecimento). Ele pode produzir uma parte dos bens consumidos na propriedade pelos produtores e suas famílias (autoconsumo). Mas ele pode igualmente vender a totalidade ou parte de seus produtos para comprar a maioria dos bens de consumo e bens de produção necessários a sua renovação.

Seja pelo autofornecimento e pelo autoconsumo, ou pela venda de seus produtos, a produção total de cada unidade de produção agrícola deve cobrir a totalidade de suas despesas e bens de produção (despesas correntes e amortização) e em bens de consumo. Além do mais, o produto do estabelecimento deve eventualmente permitir pagar a terceiros as taxas de encargos de diferentes tipos: tributos, quotas, arrendamentos, impostos, juros de capital etc. Esses encargos podem ser em parte reinvestidos por seus beneficiários no próprio sistema produtivo e contribuir assim para desenvolvê-lo. Mas podem também ser pura e simplesmente transferidos em proveito de outras esferas sociais, contribuindo, dessa forma, ao empobrecimento do sistema agrícola.

Dinâmica dos sistemas agrários

O desenvolvimento de um sistema agrário resulta da dinâmica de seus estabelecimentos. Costumamos dizer que há desenvolvimento geral quando todos os tipos de estabelecimentos agrícolas progridem, adquirindo novos meios de produção, desenvolvendo suas atividades, aumentando suas dimensões econômicas e seus resultados. O desenvolvimento é *desigual* quando certos estabelecimentos progridem muito mais rapidamente que outros. No entanto, ele é *contraditório* quando certos estabelecimentos progridem enquanto outros estão em crise e regridem. A crise de um sistema agrário é considerada geral quando todos os tipos de estabelecimentos regridem e tendem a desaparecer.

Em certos casos, os estabelecimentos agrícolas que progridem podem adotar novos meios de produção, desenvolver novas práticas e novos sistemas de cultivo e de criação e, portanto, engendrar um novo ecossistema cultivado: assim emerge um novo sistema agrário. Chama-se *revolução agrícola* essa mudança no sistema agrário. Assim, ao longo do tempo podem nascer, desenvolver-se, declinar e suceder-se, em dada região do mundo, sistemas agrários que constituem etapas de uma série evolutiva característica daquela região. Por exemplo, a série evolutiva dos sistemas agrários hidráulicos do vale do Nilo (sistemas de bacias e de culturas de inverno, sistemas de cultivo irrigados em diferentes estações do ano [ver Capítulo 4]); a série evolutiva dos sistemas agrários das regiões temperadas da Europa (sistemas de cultivo de derrubada-queimada; sistemas de cultivo com tração leve e alqueive associados à criação animal; sistemas de cultivo com tração pesada e com alqueive e criação associada; sistemas de cultivo com tração pesada e sem alqueive associados à criação animal; sistemas motorizados, mecanizados e especializados [Capítulos 3, e 4 a 10]; a série evolutiva dos sistemas hidroagrícolas das regiões tropicais úmidas [Capítulo 3]) etc.

A análise da dinâmica dos sistemas agrários nas diferentes partes do mundo e em diferentes épocas permite captar o movimento geral de transformação no tempo e de diferenciação no espaço da agricultura, e de expressá-lo sob a forma de uma *teoria da evolução e da diferenciação dos sistemas agrários*. Outros objetos complexos, variados, animados e em evolução inspiraram análises e teorizações do mesmo gênero: classificação sistemática e teoria da evolução das espécies vivas (Linné, Darwin), classificação e teoria da formação e da diferenciação zonal dos grandes tipos de solos (Dokoutcahaev), classificação e teoria da filiação das línguas (Saussure) etc.

Concebido dessa forma, cada sistema agrário é a expressão teórica de um tipo de agricultura historicamente constituído e geograficamente localizado. Ele é composto de um ecossistema cultivado característico e de um sistema social produtivo definido, que permite explorar sustentavelmente a fertilidade do ecossistema cultivado correspondente. O sistema produtivo é caracterizado pelo tipo de instrumento e de energia utilizado para transformar o ecossistema, para renovar e para explorar sua fertilidade. O tipo de instrumento e de energia utilizados é, por sua vez, condicionado pela divisão do trabalho que predomina na sociedade da época.

Um sistema agrário não pode ser analisado independentemente das atividades a montante que lhe fornecem os meios de produção. Ele não pode ser analisado independentemente da utilização que é feita de seus produtos pelas atividades a jusante e pelos consumidores, e tampouco pode ser analisado independentemente de outros sistemas agrários concorrentes, pois eles também colaboram para satisfazer as necessidades da sociedade.

Por que uma teoria?

O sistema agrário pode ser conceituado como o instrumento intelectual que permite apreender a complexidade de toda forma de agricultura real pela análise metódica de sua organização e de seu funcionamento. Esse conceito permite também classificar inúmeras formas de agricultura identificáveis no passado ou observáveis no presente em um número limitado de sistemas, caracterizados cada um por um gênero de organização e de funcionamento. A teoria da evolução dos sistemas agrários é o instrumento que permite representar as transformações incessantes da agricultura de uma região do mundo como uma sucessão de sistemas distintos, que constituem as etapas de uma série histórica definida. Enfim, a teoria da diferenciação dos sistemas agrários é o instrumento que permite apreender suas grandes linhas e explicar a diversidade geográfica da agricultura em uma dada época.

Esses instrumentos intelectuais têm, portanto, uma função heurística: eles permitem apreender, analisar, compreender e explicitar uma realidade infinitamente complexa, extremamente diversificada e constantemente mutável. Como escreveu R. Thom (1986):

> para que a descrição verbal, não matematizada, de uma forma espaço-temporal possa ser objeto de um consenso, é preciso que esta forma seja conceitualmente classificada e estabilizada. Esta última condição é essencial. Se não temos o conceito correspondente a uma forma, somos incapazes de reconhecer esta forma, ou mesmo de percebê-la. [...] a edificação de uma taxonomia [...] acaso não exige uma teoria que possa permitir reconhecer se duas formas podem ou não ser explicadas pelo mesmo conceito?

Mas explicando metodicamente, a organização e o funcionamento de um sistema agrário, concebemos um tipo de arquétipo que proporciona uma imagem coerente e harmoniosa dessa agricultura. Esse arquétipo — que evidencia a racionalidade de uma espécie particular de agricultura, que no fundo são suas razões de ser, de expandir-se, de perpetuar-se, adaptando-se no espaço e no tempo — é necessário para identificar e para classificar as formas de agricultura observáveis como pertencentes àquela espécie, e para reconhecer suas particularidades e suas eventuais disfunções. Nesse sentido, a concepção de um sistema agrário típico não deve cair na idealização e, menos ainda, na apologia. É preciso fazer a análise dos limites espaciais e temporais daquele sistema.

O porquê das análises concretas

A teoria dos sistemas agrários não tem por função esgotar a riqueza da história e da geografia agrárias, e não pretende tampouco fazê-lo. Essa teoria não é a soma da multiplicidade de conhecimentos acumulados nesses domínios. Ela constata as formas de agricultura mais correntes e mais duráveis, mas não se detém nas particularidades de formas de destino de cada agricultura singular. Essas particularidades só podem ser concebidas e compreendidas através da observação e pela análise concreta de cada agricultura, às quais a teoria oferece um método e um referencial comprovados, mas não um conhecimento preconcebido da realidade que possa substituir-se a essa observação e a essa análise. A teoria não é um dogma.

Da mesma maneira que a anatomia e a fisiologia humanas não podem dispensar o homem da arte de examinar seu paciente, a teoria dos sistemas agrários não permite dispensar a observação, a pesquisa e a análise de cada agricultura particular. Inversamente, se a teoria do corpo humano é necessária para dar um sentido à auscultação de um paciente e para fundamentar razoavelmente um diagnóstico e um tratamento, uma teoria é necessária para dar um sentido ao estudo de uma agricultura e para fundamentar propostas apropriadas de intervenção que lhe dizem respeito (projetos, políticas).

4 BIOMASSA, SOLO E FERTILIDADE

Desde que se tornou agricultor, o homem se alimenta cada vez menos de matérias orgânicas tiradas de espécies selvagens, e cada vez mais de matérias orgânicas derivadas das espécies domésticas propagadas pelos seus cuidados em todos os tipos de ecossistemas cultivados. Mas todas as matérias orgânicas assim produzidas não são consumíveis. Frações importantes de matéria orgânica provenientes de plantas e de animais domésticos são subprodutos complicados, às vezes difíceis de serem utilizados ou eliminados (resíduos de cultura, dejetos animais etc.). Além do mais, um ecossistema cultivado comporta ainda muitas plantas e animais selvagens, às vezes úteis, mas frequentemente inúteis e até mesmo prejudiciais.

Isso quer dizer que a fertilidade global de um ecossistema cultivado, medido pela sua capacidade de produzir biomassa vegetal, é muito superior à sua *fertilidade útil*, ou seja, sua capacidade em produzir sustentavelmente matérias orgânicas vegetais úteis ao homem ou aos animais domésticos, que são as colheitas. Vejamos, então, como se formam e se renovam a biomassa e a fertilidade de um ecossistema.

A elaboração e a destruição da biomassa

A matéria orgânica, constituinte essencial dos seres vivos, é primeiro produzida pelas plantas, que alimentam, a seguir — direta ou indiretamente —, todos os animais. Ela tem como origem a combinação de água, retirada do solo pelas raízes, e de gás carbônico do ar absorvido pelas folhas. Essa combinação se realiza nas partes verdes das plantas, graças à energia luminosa dos raios solares captados pela clorofila; seu nome é *fotossíntese* e obedece à seguinte equação:

Gás carbônico+água+energia luminosa
em presença de clorofila → açúcar+oxigênio,
ou seja,
$CO_2 + H_2O$ (+luz+clorofila) → $(HCHO) + O_2$

Assim, a fotossíntese produz açúcares, ou glucídios, compostos de carbono, de hidrogênio e de oxigênio. Esses açúcares, que se apresentam sob diversas formas (glicose, sacarose, amido, celulose), servem de matéria-prima à fabricação da maioria das outras substâncias orgânicas (lipídios, proteínas, ácidos nucleicos). Essas substâncias são, por sua vez, principalmente compostas por carbono, hidrogênio e oxigênio, algumas das quais contendo igualmente nitrogênio, fósforo ou enxofre. Além disso, eles são compostas de quatro elementos metálicos (sódio, potássio, cálcio e magnésio), que cumprem diversas funções indispensáveis à vida e são frequentemente associadas às substâncias orgânicas. Enfim, outros vinte elementos (ferro, cloro, flúor, boro, iodo, silício, alumínio, cobre, manganês, zinco, molibdênio, arsênico, vanádio etc.), presentes em pequenas quantidades nos seres vivos, atuam como ativadores de diversas reações bioquímicas.

Assim, as plantas, que se nutrem principalmente da água obtida do solo por suas raízes e do gás carbônico do ar absorvido pelas folhas, nutrem-se também de minerais variados que elas absorvem igualmente pelas raízes sob forma de sais em solução na água do solo. A água representa 80% do peso das plantas. Ela captura e veicula todas as outras substâncias orgânicas e minerais que constituem a *matéria seca*, ou biomassa em sentido estrito, que representa apenas 20% do peso das plantas. Uma parte dessa água é utilizada em diferentes reações de síntese biológica (dentre as quais a fotossíntese), e uma outra parte considerável é expelida na atmosfera, na forma de vapor d'água, pela *transpiração*.

O homem e os animais, sejam eles consumidores de produtos vegetais (consumidores primários) ou de produtos animais (consumidores secundários ou terciários), constituem sua própria substância orgânica das matérias orgânicas inicialmente produzidas pelos vegetais.

Uma parte da matéria orgânica proveniente da fotossíntese fornece às plantas, assim como aos animais, a energia necessária a sua subsistência e a sua reprodução. Essa energia encontra sua origem na reação inversa da fotossíntese, a que chamamos a *respiração* e que obedece à seguinte equação:

Açúcar + oxigênio → gás carbônico + água + energia
ou seja,
$(HCHO + O_2 \rightarrow CO_2 + H_2O)$ + energia

Conforme essa equação, a respiração é, com efeito, uma oxidação, ou combustão, de açúcares. Todos os seres vivos respiram e, assim fazendo, absorvem oxigênio, queimam açúcares e expelem gás carbônico e água.

As substâncias orgânicas servem também de material às plantas e aos animais para construir seu próprio corpo e, com sua morte, essas substâncias se acham na forma de matéria orgânica morta, ou *cama*, mais ou menos dispersa sobre o solo. Essa cama contém sobretudo carbono, hidrogênio e oxigênio, mas também todos os outros elementos dos quais as plantas se nutriram e que foram retidas um certo tempo na biomassa viva, seja vegetal ou animal. A cama se decompõe utilizando oxigênio e liberando água, gás carbônico e sais minerais.

Um ecossistema está em equilíbrio quando a quantidade de matéria orgânica produzida a cada ano pela fotossíntese é igual à quantidade de matéria orgânica destruída pela respiração e pela decomposição do leito. Assim, as quantidades de gás carbônico, de água, de nitrogênio e de sais minerais diversos, que são absorvidos e fixados na matéria orgânica são em princípio iguais àquelas que são liberadas pela respiração e pela decomposição. Da mesma forma, as quantidades de oxigênio liberadas pela fotossíntese são compensadas por aquelas que são utilizadas pela respiração e pela decomposição. Um ecossistema estável não "cria" nem "perde" nada, mas recicla tudo.

É completamente diferente quando uma parte da biomassa morta se acumula sem se decompor, como na tundra ou nas turfeiras ou ainda quando a biomassa viva cresce. Então, o ecossistema fixa a água, o gás carbônico, o nitrogênio e outros elementos minerais e libera o oxigênio. Inversamente, quando se destrói a biomassa, a sua decomposição ou a sua combustão lançam ao solo ou à atmosfera a água, os sais minerais, o nitrogênio e o gás carbônico, servindo-se do oxigênio.

A fertilidade

A fertilidade global de um ecossistema é a sua capacidade em produzir de modo durável a biomassa vegetal. A biomassa produzida dessa forma serve, por um lado, para compensar as perdas devidas à respiração, e serve também para alimentar os animais e os homens e, em caso negativo, para aumentar a biomassa total.

A fertilidade de um ecossistema depende, em primeiro lugar, da temperatura e da energia solar, que devem ser suficientes para que a água do solo seja absorvida pelas raízes das plantas, para que a seiva suba e para que a fotossíntese e a respiração ocorram. A fertilidade depende em particular da duração dos períodos ditos *vegetativos,* durante os quais essas condições se acham reunidas. Além dessas exigências, a fertilidade depende também da quantidade de matérias nutritivas (gás carbônico, água, sais minerais) que o meio pode fornecer às plantas. Não faltando o gás carbônico do ar, o crescimento das plantas durante os períodos vegetativos é essencialmente condicionado pela presença de água no solo e pela riqueza dessa água em sais minerais nutritivos dissolvidos (a solução do solo).

Em uma zona climática determinada, as condições de temperatura, de energia solar e de pluviometria são mais ou menos iguais. As possibilidades de alimentação das plantas com água e sais minerais e, portanto, a fertilidade de um ecossistema local variam segundo as características físicas, químicas e topográficas do seu substrato geológico. Ele pode ser facilmente alterável ou não, rico ou pobre em minerais nutritivos solúveis, mais ou menos permeáveis e acidentados. Esse embasamento condiciona em larga escala o volume e a circulação da solução do solo, assim como sua riqueza mineral durante os períodos vegetativos. Em suma, ele condiciona a fertilidade do lugar. Mas se a fertilidade do solo é bem-condicionada pelo clima e a geomorfologia (*o biótopo*) do lugar, ela é condicionada, conforme iremos ver, pelo povoamento vivo (a biocenose) que aí se desenvolve. Com efeito, a fertilidade depende da antiguidade, da importância, da composição e do funcionamento deste povoamento. Vejamos, então, como se forma um solo, quando a vida ali se instala e como se forma e se renova sua fertilidade.

A formação do solo

O solo, parte superficial da crosta terrestre, se forma da *alteração* do seu substrato geológico rochoso, a rocha-mãe, e da decomposição da cama ou matéria orgânica morta proveniente do povoamento vivo que ali se desenvolve.

A alteração da rocha-mãe

A alteração da rocha-mãe, sob o efeito da ação de agentes climáticos, químicos e biológicos (variações de temperatura, água, oxigênio, gás carbônico, ácidos do solo, micro-organismos, raízes, minhocas etc.) se traduz, primeiro, para as rochas compactas, por seu fracionamento em partículas minerais, que classificamos, em função de seu tamanho, em cascalhos, saibro, areias, *siltes* (partículas cujo diâmetro varia de 0,20 a 0,002 mm) e argilas (partículas cujo diâmetro é inferior a 0,002 mm). As proporções entre essas diferentes classes de partículas determinam a composição granulométrica, ou *textura* do solo. Essa textura é muito variável: existem solos grosseiros e solos finos, solos com predominância de cascalhos, arenoso, siltoso, argiloso e solos mistos de todos os tipos, cujas propriedades físicas, possibilidades de utilização agrícola e fertilidade são muito diferentes. A textura de um solo só evolui lentamente. Ela constitui um tipo de *herança granulométrica* bastante estável, que se encontra, todavia, submetida a formas de alteração que comportam transformações físicas (hidratação, expansão), físico-químicas (transformação das micas em argilas) ou químicas.

O resultado mais importante de todas estas transformações é, finalmente, a *solubilização* da rocha-mãe: esta libera progressivamente sais minerais que contém, em forma solúvel na água do solo e absorvível pelas raízes. Assim, a maior parte dos sais minerais absorvidos e incorporados na biomassa de um povoamento vegetal provêm originalmente da solubilização da rocha-mãe, com exceção muito especial, contudo, dos sais nitrogenados, que são formados do nitrogênio do ar. A fertilidade mineral de um solo é, então, função da natureza da rocha-mãe — mais ou menos rica em elementos nutritivos — e seu grau de alteração.

A fixação do nitrogênio da atmosfera

Quanto ao nitrogênio do ar, ele é introduzido no solo de diferentes maneiras. As descargas elétricas produzidas pelas tempestades sintetizam, do oxigênio e do nitrogênio do ar, o óxido de nitrogênio, levado pelas águas da chuva ao solo, que dessa forma se enriquece com vários quilogramas de nitrogênio nitroso ou nítrico por hectare e por ano.

Entretanto, certas bactérias que vivem no solo, como a do tipo *Azotobacter*, sintetizam os compostos nitrogenados diretamente do nitrogênio atmosférico. Após a morte dessas bactérias, seus restos rapidamente decompostos e mineralizados enriquecem o solo com nitrogênio mineral, assimilável pelas plantas, numa média de 20 kg/ha a 30 kg/ha por ano em meio temperado. O mesmo fenômeno se produz com os micro-organismos fotossintéticos como as cianofícias (algas azul-esverdeadas), que vivem em associação com os *Azotobacter*; em meio tropical quente e úmido. Reunidas, cianofícias e *Azotobacter* fixam muito ativamente o nitrogênio, a ponto de permitir a rizicultura contínua.

Enfim, os micro-organismos fixadores de nitrogênio vivem em simbiose com certas plantas, que os alimentam com matérias orgânicas e às quais eles fornecem os compostos nitrogenados. Estes últimos retornam ao solo após a morte das plantas hospedeiras. Além disso, em torno das raízes, a solução do solo se encontra diretamente enriquecida pelos compostos nitrogenados. Assim, as bactérias do gênero *Rhizobium* penetram nas raízes das plantas leguminosas, onde provocam a formação de espessamentos, os nódulos. Bastante eficazes, essas bactérias podem fixar mais de 100 kg de nitrogênio por hectare por ano. Outros micro-organismos associados a árvores como os amieiros (*Alnus glutinosa*), as casuarinas etc., também fixam o nitrogênio do ar.

A decomposição do leito de matéria orgânica ou serrapilheira e a formação do húmus

Antes que um solo se forme, a rocha-mãe está nua, desprovida de biomassa e diretamente exposta à ação dos agentes climáticos, que começam a alterá-la. A rocha-mãe constitui, então, um substrato pouco fértil, que pode ser colonizado somente por bactérias fixadoras de nitrogênio, por musgos e líquens pouco exigentes em elementos minerais. Graças a esses primeiros ocupantes, uma cama começa a se formar e, ao decompor-se, contribui para alimentar o solo em formação com sais minerais nutritivos. Novas espécies de plantas, de enraizamento mais profundo, mais exigentes em elementos minerais, se desenvolvem então progressivamente até chegar a constituir, ao final de algumas décadas ou de alguns séculos, uma formação vegetal plenamente desenvolvida, relativamente estável, chamada *clímax*, e um solo evoluído climácico, cujo leito é regularmente alimentado com matéria orgânica dos cadáveres, resíduos de plantas e de animais.

A decomposição dessa cama, ou serrapilheira, é um processo que se desenvolve em dois tempos: a matéria orgânica morta é a princípio *humificada*, quer dizer, transformada em húmus pela ação de certos micro-organismos. Depois, sob a ação de outros micro-organismos, o *húmus* se oxida, se decompõe liberando água, o gás carbônico e os sais minerais que ele contém. Daí dizermos que ele se *mineraliza*. Isso feito, ele restitui à solução do solo os minerais que haviam sido absorvidos e fixados, durante um tempo, na biomassa.

O húmus contém ácidos húmicos que aceleram a alteração da rocha--mãe, e que se associam às finas partículas de argila para formar um *complexo argilo-húmico*. Esse complexo, que possui um grande poder de "absorção" dos íons básicos da água e dos sais minerais, constitui um vasto reservatório de elementos nutritivos que podem ser trocados com aqueles da solução do solo. Além disso, o complexo argilo-húmico serve de liga, de cimento entre as partículas do solo (areias, siltes): ele os solda em agregados e reveste os interstícios (ou lacunas) do solo, facilitando, assim, a circulação da água e do ar. Em resumo, ele contribui para dar ao solo uma *estrutura* mais leve, mais móvel, mais favorável à penetração das raízes. Enfim, o húmus favorece a vida dos micro-organismos do solo, pois eles aceleram a solubilização da rocha-mãe.

As migrações dos elementos finos

Além da alteração da rocha-mãe e da decomposição da matéria orgânica morta, um terceiro processo participa da formação do solo. Trata-se da migração de sais solúveis, de certos óxidos e ácidos e de finas partículas de argila, que são levadas pela circulação da água no solo. Os sais, principalmente os sais nutritivos, são levados às regiões inferiores pela infiltração das águas da chuva ou da irrigação, *drenados* profundamente até o lençol freático, sendo perdidos definitivamente para o ecossistema local. As argilas finas em suspensão na água são *lixiviadas*, quer dizer, levadas a algumas dezenas de centímetros de profundidade, onde elas se depositam e se acumulam. Nas épocas de chuva, essa drenagem e essa lixiviação empobrecem as camadas superiores do solo em sais e em elementos finos. Em tempo seco, ao contrário, a ascensão capilar da água, que é bombeada pela evaporação, os enriquece.

Nas regiões onde, em certos períodos do ano, as chuvas superam em muito a evapo-transpiração, as camadas superiores do solo são muito lixiviadas e empobrecidas. É o caso dos *podzols* das regiões frias (taiga), das regiões temperadas úmidas (charnecas atlânticas) e de certas regiões equatoriais muito chuvosas. Nas regiões temperadas e tropicais com pluviometria intermediária, os solos são mais ou menos lixiviados. Nas regiões áridas, ao contrário, a ascensão capilar e a evaporação da água subterrânea podem superar em muito a infiltração e a drenagem: as camadas superiores do solo se enriquecem em sais que, de certo limite de concentração, podem se tornar tóxicos para a vegetação e até mesmo se cristalizar para formar crostas superficiais salgadas endurecidas ou calcáreas e inférteis. Enfim, nas regiões temperadas com tendência continental, a ascensão capilar e a evaporação da água durante o verão, particularmente quente e seco, compensam a infiltração e a drenagem durante o resto do ano: os solos dessas regiões, nem lixiviados nem salgados, mantêm toda a sua riqueza mineral; tal é o caso dos solos negros, ou *tchernozems*, da Europa Central e da Ucrânia (Ph. Duchaufour et al., 1983, 1994).

A reciclagem dos elementos minerais

Uma vez ocupado por um povoamento vegetal e animal, um solo é duplamente alimentado por minerais fertilizantes: de uma parte pela alteração da rocha-mãe e pela fixação do nitrogênio do ar (o nitrogênio atmosférico, N), e também pela decomposição da serrapilheira que restitui ao solo minerais precedentemente absorvidos pela vegetação e fixados por um tempo na biomassa. Todavia, mesmo os minerais assim reciclados uma ou várias vezes provêm, originalmente, da alteração da rocha-mãe ou da fixação do nitrogênio do ar.

Mas se um solo é assim constantemente alimentado por minerais, ele também sofre também perdas minerais. Na estação úmida, como vimos, uma parte dos sais é levada em profundidade pelas chuvas e drenada para o lençol freático. No entanto, as bactérias denitrificadoras decompõem sais nitrogenados e reenviam o nitrogênio para a atmosfera. Enfim, em certas circunstâncias, os sais solúveis são "retrogradados", ou seja, eles se recristalizam para formar compostos insolúveis que não participam mais da reciclagem.

No total, no curso de um período dado, os fluxos de entrada e de saída dos minerais da solução do solo se equilibram conforme um balanço. De um lado estão os aportes minerais de diversas origens (solubilização da rocha-mãe, fixação do nitrogênio do ar, decomposição do húmus e da adubagem orgânica, aportes de adubos minerais etc.) aos quais é preciso acrescentar o estoque mineral preexistente. Por outro lado estão as perdas em minerais durante o período considerado (drenagem, desnitrificação, volatização, retrogradação, lixiviação e transferências de minerais pelas colheitas de produtos vegetais e animais, coleta de dejetos animais etc.) e o estoque mineral residual.

Notemos que as matérias minerais que são absorvidas e incorporadas à biomassa durante um período vegetativo dado são, por isso mesmo, subtraídas das perdas por drenagem, retrogradação e por denitrificação. Se essas matérias minerais não tivessem sido estocadas na biomassa, a maioria entre elas teria se perdido. Em consequência, uma parte das matérias minerais restituídas ao solo quando da decomposição da serrapilheira constitui certamente um *aporte líquido* (ou mais exatamente uma não perda), que vêm se somar aos aportes provenientes da solubilização da rocha-mãe e da fixação de nitrogênio no ar. A solução do solo se encontra então enriquecida e os povoamentos vegetais que se desenvolvem consequentemente se beneficiam dessa fertilidade acrescida. A quantidade de matéria mineral reciclada é acrescida de estação em estação, pelo menos até atingir o clímax. De maneira análoga, o teor de um solo em húmus pode variar ao longo do tempo. Essa variação, positiva ou negativa, resulta do balanço entre a quantidade de húmus que ele recebe ou que se forma por decomposição das matérias orgânicas mortas de diversas origens (serrapilheira, adubagem orgânica), por um lado, e a quantidade de húmus que ele perde por mineralização, por outro.

Logo, se a fertilidade húmica e mineral de um solo cultivado é facilitada, inicialmente, pelo clima, pela rocha-mãe e pelo povoamento original, essa fertilidade não será necessariamente assegurada em definitivo. Ela pode ser mantida em nível constante desde que este solo receba quantidades de matérias orgânicas e minerais suficientes para compensar ao mesmo tempo as perdas de húmus por mineralização e as perdas minerais por drenagem, lixiviação, por desnitrificação e pelas colheitas. Mas ela pode diminuir se os aportes são insuficientes ou aumentar no caso contrário. De fato, a partir do momento em que um solo é cultivado, sua fertilidade se torna uma variável histórica, amplamente influenciada pelos sistemas agrários que se sucedem.

Modos de renovação da fertilidade dos solos cultivados

Um sistema agrário não pode se desenvolver e se perpetuar se a fertilidade das terras cultivadas não for mantida em um nível suficiente para garantir, *sustentavelmente*, as colheitas necessárias para a população. Ora, existem poucos solos como os solos negros (*tchernozems*) ou solos siltosos (*loess*) pouco lixiviados, nos quais a mineralização da rocha-mãe e a fixação de nitrogênio do ar permitem produzir indefinidamente a cada ano uma colheita suficiente para suprir as necessidades da população.

Em todo o sistema agrário (durável e expandido) corresponde, portanto, necessariamente, um método eficaz de renovação da fertilidade.

O primeiro desses métodos consiste, após desmatamento de uma parcela e após seu cultivo por algum tempo, em deixar a vegetação natural se reconstituir e restituir ao solo as quantidades de matéria orgânica e minerais suficientes para compensar as perdas ocasionadas pelo período de cultivo. Depois disso, pode-se novamente desmatar e cultivar essa parcela. Esse método — nós veremos — é o modo de renovação da fertilidade dos sistemas de cultivos temporários de derrubada-queimada alternados com um pousio arbóreo de longa duração, e de determinados sistemas de cultivo com uso de enxada alternados com um pousio herbáceo de média duração (ver Capítulo 3).

O segundo método consiste em concentrar os cultivos sobre as melhores terras e utilizar as outras parcelas como pastos naturais: alimentando-se todo o dia nessas pastagens, os animais permanecem durante a noite sobre as parcelas em alqueive onde eles deixam suas dejeções, transferindo, assim, uma parte da biomassa das parcelas onde pastejaram em terrenos incultos (*saltus*) em proveito das parcelas cultivadas (*ager*). Esse modo de renovação da fertilidade é utilizado nos sistemas de cultivo com alqueive, com pastagem e criação associadas, em cultivo manual ou com sistemas de cultivo com tração leve (Capítulo 6).

O terceiro método consiste em ceifar uma parte das áreas com pastagens para alimentar o rebanho no estábulo e para produzir estrume, que será incorporado às parcelas em alqueive na época de preparo do solo. Esse é o método utilizado nos sistemas de cultivo com alqueive, com campos de ceifa e criações associadas, em cultivo com tração pesada (Capítulo 7).

Um quarto método consiste em substituir o alqueive por um cultivo capaz de produzir uma grande quantidade de biomassa que fixe um máximo de matérias minerais, assim protegidas da drenagem e da desnitrificação, e que em seguida restitua ao solo cultivado estas matérias orgânicas e minerais, incorporando-as diretamente como "adubo verde", ou, então, fazendo com que sejam previamente consumidas por animais cujas dejeções serão recolhidas e em seguida incorporadas ao solo. Esse modo de renovação da fertilidade é chamado de sistemas de cultivo "sem alqueive" (Capítulo 8).

Outro método consiste em manter sobre as terras cultivadas um parque de grandes árvores cujas raízes absorvam nas camadas mais profundas do solo elementos minerais que são em seguida restituídos ao solo cultivado, seja diretamente pela queda das folhas e das outras matérias orgânicas mortas seja indiretamente pelas dejeções do gado que consumiu as folhas e os brotos dessas árvores. Esse modo de renovação da fertilidade é utilizado, nós veremos, nos sistemas que associam a arboricultura e cultivos anuais (tópico 4 no Capítulo 3 e tópico 2 no Capítulo 7). Aliás, o princípio destes sistemas de cultivo escalonados e associados é conhecido há muitíssimo tempo, pois, Plínio, o Antigo (1° século d.C.), em sua história natural, descrevia os cultivos de oásis no sul da Tunísia nos seguintes termos:

> À sombra da orgulhosa palmeira brota a oliveira, e sob a oliveira a figueira, sob a figueira a romãzeira, e sob esta a vinha, sob a vinha o trigo, depois as leguminosas, enfim as folhas: tudo isso no mesmo ano e todas estas plantas são alimentadas umas à sombra das outras.

Em muitos sistemas agrários hidráulicos, as águas das cheias e da irrigação, carregadas de aluviões e de minerais solúveis provenientes das encostas das bacias que os alimentam, participam também da renovação da fertilidade das terras cultivadas (Capítulos 3 e 4). Além disso, nas regiões tropicais de rizicultura de várzea, as cianoficias associadas ao *Azotobacter* contribuem amplamente para prover os arrozais em nitrogênio.

Acrescentemos que em todos esses sistemas, a presença de leguminosas, forrageiras ou não, herbáceas ou arbóreas, cultivadas em rotação ou em associação podem também contribuir para enriquecer o solo em nitrogênio. Enfim, em certos sistemas antigos, e em muitos sistemas atuais, as matérias fertilizantes, orgânicas ou minerais, são recolhidas fora do ecossistema cultivado e são transportadas pelo homem até as terras cultivadas. Assim, no Egito faraônico, explorava-se e utilizava-se já como adubo os sedimentos orgânicos mineralizados, de origem vegetal, humana e animal, que se depositaram por milhões de anos nos sítios das antigas aldeias do vale do Nilo. Da mesma forma, no Peru, nas épocas pré-incaica e incaica, exploravam-se os depósitos de guano da costa Pacífica que continham fosfatos e nitratos produzidos pela decomposição de dejetos e cadáveres de milhões de pássaros marinhos (Capítulos 4 e 5). O uso dos adubos minerais é, portanto, muito antigo. Entretanto, por falta de meios de exploração e de transporte poderosos, por muito tempo manteve-se limitado. No século XX, em contrapartida, a extração, a transformação, a síntese, o transporte longínquo e a utilização de adubos minerais e de diversos corretivos adquiriram importância considerável na agricultura dos países desenvolvidos e em alguns setores da agricultura dos países em desenvolvimento (Capítulo 10).

Adubos e corretivos

Os *adubos* são, em sentido estrito, matérias minerais ou orgânicas que se incorporam ao solo com vistas a fornecer às plantas os minerais nutritivos e, eventualmente, algumas outras substâncias como hormônios de crescimento, dos quais elas têm necessidade. Os adubos se distinguem dos *corretivos* — que são em princípio matérias minerais ou orgânicas que incorporamos ao solo com vistas a melhorar sua constituição e suas propriedades físicas e químicas: argilas e margas[3] corrigem solos leves com deficiências no complexo absorvente. Os corretivos com cálcio e magnésio (calcários) corrigem o excesso de acidez. O gesso corrige a salinidade. Trata-se de corretivos orgânicos destinados a aumentar o teor em húmus, a incrementar sua capacidade de estocagem em água e em sais minerais, a estabilizar seus agregados e a melhorar a sua estrutura.

Certos corretivos contribuem também na reconstituição ou aumento das reservas do solo em minerais nutritivos utilizados pelas plantas, ou seja, eles têm uma função de adubo. Tal é o caso em particular das matérias orgânicas produzidas na unidade de produção agrícola ou coletadas no seu entorno (dejeções animais, estrume, compostagem, adubos verdes, algas...), e todo tipo de subprodutos vegetais e animais dessecados, macerados, transformados e condicionados de diversas maneiras (excremento seco de

---

[3] Do francês "marne". Consiste em misturas naturais de calcário, areia e argila utilizadas como corretivo e contendo de 15% a 80% de cal (CaO). O uso de marga é recomendado, na Europa, em solos arenosos, pois ela proporciona um aumento dos coloides do solo. A qualidade da marga esta relacionada a quantidade de CaO, fato que determina as quantidades a serem empregadas (entre 5 e 10 ton/ha). (N.T.)

aves, sangue seco, farinhas de carne e de peixe, pó de osso, bagaço de uva, matéria originada de lixos urbanos etc.). Ao decompor-se, esses corretivos ou adubos orgânicos também proporcionam às plantas minerais nutritivos.

Os adubos minerais, ou químicos, são matérias extraídas de camadas de rochas eruptivas, sedimentares ou salinas, que são em seguida transformadas mecanicamente e quimicamente. Os adubos nitrogenados podem também ser sintetizados do nitrogênio do ar. Os adubos minerais são na maior parte solúveis (adubos nitrogenados, superfosfatos, potássio). Isso quer dizer que depois da adubação, eles passam rapidamente à forma de íons em solução na água do solo, absorvidos pelas raízes. Outros adubos são ditos "insolúveis" (fosfatos naturais, escórias de Thomas, e termofosfatos, rochas diversas trituradas), mas de fato eles são lentamente solubilizados, como seria uma rocha-mãe finamente triturada, sob a ação dos agentes químicos (ácidos do solo) e biológicos (micro-organismos e raízes).

De diversas maneiras, os adubos orgânicos (estrume, compostos, adubos verdes, dejetos de animais etc.) são mais eficazes que os adubos minerais: uma unidade fertilizante de nitrogênio, de ácido fosfórico ou de potássio proporcionada por um adubo orgânico leva a um aumento de produção mais importante que a mesma unidade proveniente de um adubo mineral. Com efeito, os nutrientes minerais de origem orgânica são progressivamente liberados e absorvidos conforme a necessidade das plantas durante a estação quente, enquanto que na estação fria eles permanecem em reserva na forma orgânica. Eles estão, portanto, menos sujeitos à lixiviação. Além disso, eles alimentam a solução do solo de maneira mais completa e mais equilibrada que os insumos minerais, pois eles contêm, além dos elementos principais (nitrogênio, fósforo, potássio, cálcio, magnésio, enxofre), os oligoelementos (ferro, manganês, zinco, cobre, boro, molibdênio, cloro...). Eles favorecem também a vida dos micro-organismos do solo e proporcionam diversas substâncias que estimulam o crescimento das plantas (hormônios). Enfim, lembremos que a maior vantagem dos adubos orgânicos é que eles possuem também um papel corretivo que aumenta a eficiência de todos os minerais fertilizantes, qualquer que seja sua origem.

Mas não esqueçamos que a fertilidade de um ecossistema cultivado não depende somente da riqueza mineral e da solução do solo. Ela depende primeiro da temperatura, da energia solar e das disponibilidades em água durante a estação vegetativa. Para aumentar a fertilidade de um ecossistema, pode-se atuar sobre a temperatura (estufas eventualmente aquecidas), sobre a luminosidade (atuando sobre o sombreamento), sobre a disponibilidade de água e sua economia (irrigação, drenagem, quebra-ventos, cobertura do solo limitando a evaporação) e até mesmo sobre o teor de gás carbônico no ar (estufas com atmosfera artificial). Mas estas práticas técnicas de vulto e de custo elevado não são sempre necessárias, realizáveis e rentáveis. Portanto, certos sistemas agrários no mundo, em particular todos os sistemas

História das agriculturas no mundo

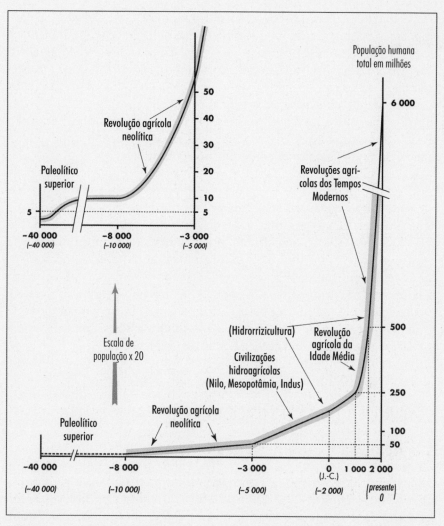

Figura 1.5. A progressão da população humana em relação ao desenvolvimento dos sistemas agrários do mundo

agrários hidráulicos, somente existem graças a cuidados desse tipo. Enfim, além dessas características do meio, relativamente estáveis, a fertilidade útil de um terreno agrícola, ao longo de um determinado período, depende também, é evidente, da natureza dos povoamentos vegetais explorados e da maneira de conduzi-los (campos nativos, cultivos isolados ou consorciados, rotações, técnicas agrícolas etc.).

Vemos, na maior parte dos sistemas agrários, que a renovação da fertilidade das terras cultivadas recorre a recursos orgânicos e minerais provenientes das partes incultas do ecossistema: como pousios, arborizados ou não, em rotação, pastagens, campos de ceifa, bacias hidrográficas que alimentam as terras irrigadas etc. Entretanto, uma parte da área deve ser reservada a outros usos como florestas, moradias, caminhos, reservas de água etc. Isso quer dizer que as terras cultivadas só podem ocupar uma parte, às vezes muito reduzida, do ecossistema. Afinal de contas, a fertilidade útil de um ecossistema cultivado, isto é, sua capacidade em produzir colheitas não resulta, portanto, somente da fertilidade das terras cultivadas propriamente ditas, mas ainda da parte que lhe cabe no ecossistema.

A extensão e a fertilidade das terras efetivamente cultivadas são as duas variáveis que determinam a capacidade de produção de um ecossistema cultivado e, consequentemente, a densidade máxima de população que ele pode suportar. Ora, o tempo todo, essas duas variáveis são condicionadas pelas características do ecossistema original, mais ou menos modificadas pelos sistemas agrários que a ele sucederam anteriormente, e são comandadas pelo modo de renovação da fertilidade do sistema local. Porém, em cada época da história, o nível de população atingido pela humanidade é condicionado pela natureza e pelas performances dos sistemas agrários que se desenvolvem em diferentes partes do mundo. Esses sistemas, por sua vez, dependem muito da herança dos sistemas precedentes.

5 AGRICULTURA E HISTÓRIA

A agricultura e o número de homens

Os trabalhos dos demógrafos permitem ter uma ideia da progressão do número de homens de 50.000 anos até hoje (J.-N. Biraben, 1979; R. Krengel, 1994). E nós podemos relacionar essa progressão com a evolução dos sistemas agrários nas diferentes partes do mundo, como apresentamos neste livro.

Na véspera da aparição da agricultura, a população humana estava em plena expansão graças ao desenvolvimento dos modos de predação sempre mais diversificados e eficazes. Entretanto, mesmo se em certos lugares o homem houvesse atingido os limites da possibilidade de exploração de algumas espécies, a ponto de fazê-las regredir ou mesmo desaparecer, nada permite afirmar que o desenvolvimento da agricultura e da criação no neolítico respondeu à necessidade de superar um tipo de crise generalizada dos sistemas de predação.

Ao contrário, é inegável que decuplicação da população humana, que passou de 5 a 50 milhões de habitantes entre 10.000 e 5.000 anos antes de nossa Era, foi essencial ao desenvolvimento planetário da agricultura neolítica. Os sistemas de cultivo de derrubada-queimada, que se desenvolveram amplamente nos meios arborizados cultivados do planeta, suportam, com efeito, densidades de população de 10 a 30 habitantes por quilômetro quadrado, densidades que são bem superiores àquelas dos sistemas de predação (ver Capítulo 3).

Posteriormente, entre 5.000 e 3.000 anos antes de nossa Era, isto é, entre 3.000 e 1.000 a.C., a população mundial dobrou, passando de 50 a 100 milhões de indivíduos aproximadamente, isso se explica, ainda, em certa medida, pela extensão dos cultivos de derrubada-queimada, mas ela se explica também pelo grande desenvolvimento das grandes sociedades agrárias do Indus, da Mesopotâmia e do Nilo. Certamente, os sistemas de cultivos de vazante e de cultivos irrigados que foram implantados, então, localmente, nesses vales privilegiados, tiveram uma extensão limitada, mas podiam suportar densidades de população impressionantes, de muitas centenas de habitantes por quilômetro quadrado (Capítulo 4).

No curso dos anos 2.000 que se seguiram, entre o ano 1.000 a.C. e o ano 1.000 d.C, a população mundial mais que dobrou, passando de 250 milhões de indivíduos aproximadamente, devido ao desenvolvimento dos sistemas hidráulicos de rizicultura de várzea dos vales e deltas da China, da Índia, do sudeste asiático e, em menor escala, devido ao desenvolvimento dos sistemas de agricultura hidráulica (Olmeca, Maias, Astecas, sociedades pré-incaicas etc.) que existiram na América durante esse período (Capítulo 5). Entretanto, os sistemas de cultivo pluvial com alqueive, que se estenderam sobre o conjunto da região mediterrânea e pela Europa, contribuíram muito pouco para este aumento de população, pois não eram muito mais produtivos que os sistemas de cultivo de derrubada-queimada aos quais haviam sucedido (Capítulo 6).

A contribuição da agricultura europeia ao aumento da população mundial só se tornou marcante com a revolução agrícola da Idade Média: dos séculos XI ao XIII o desenvolvimento dos sistemas de cultivos com pousio e de tração pesada permitiu triplicar ou mesmo quadruplicar a população europeia (Capítulo 7). Após uma drástica redução, por ocasião da grande crise do século XIV, essa população se reconstituiu no século XVI. Em seguida dobrou de novo graças à revolução agrícola dos séculos XVII, XVIII e XIX, revolução esta que gerou os sistemas agrários sem pousio (Capítulo 8). Mas o aumento da população mundial a partir do ano 1000 foi ainda maior por causa do desenvolvimento dos sistemas hidrorizícolas, particularmente na Ásia. No entanto, a partir do século XVI, a população de origem europeia se multiplicou estendendo sua agricultura nas regiões temperadas da América, da África do Sul, da Austrália e da Nova Zelândia, em detrimento das populações autóctonas.

Enfim, ainda hoje a explosão demográfica mundial, seja quais forem suas razões, permitiu — com o gigantesco acréscimo das capacidades de produção agrícola mundial — um crescimento que resulta essencialmente da expansão e do aperfeiçoamento da rizicultura aquática com 2 ou 3 colheitas por ano, principalmente na Ásia, e pelo desenvolvimento da agricultura motorizada, mecanizada e quimizada mantida nos países desenvolvidos e em alguns setores limitados dos países em desenvolvimento.

Para tanto, essa imensa progressão do número de homens não deve nos fazer esquecer que a fome, a subalimentação, a dificuldade persistente de suprir as necessidades da humanidade são bem reais. No fim do século XX, 800 milhões de pessoas sofriam ainda de subalimentação crônica, e mais de 2 bilhões eram carentes em um ou mais nutrientes (ferro, iodo, vitamina A, proteínas...). Podemos legitimamente pensar, como René Dumont e como Lester Brown, diretor do *Worldwatch Institute*, que as necessidades crescentes da humanidade se aproximam perigosamente, desde o momento atual, dos limites de possibilidade de exploração dos recursos de água e fertilidade do planeta, e mesmo das possibilidades de utilização da fotossíntese com fins de produção alimentar (R. Dumont, 1997).

Contudo, se existe regiões plenamente exploradas e até mesmo perigosamente superexploradas, é necessário saber que muitas das regiões exploráveis são hoje inexploradas ou subexploradas. Segundo a FAO (1995), mais de dois terços das terras exploráveis nos países em desenvolvimento (sem incluir a China) estão inexploráveis. E mesmo que a metade dessas terras seja dificilmente explorável, as possibilidades de extensão da agricultura são, portanto, ainda muito importantes. Além do mais, podemos pensar que o século XXI verá o desenvolvimento de sistemas agrários que produzirão mais víveres e serão capazes de suportar as densidades populacionais muito mais elevadas que os sistemas cerealíferos ou pastorais predominantes hoje. Com efeito, sem falar da progressão da irrigação, da seleção e da química agrícola, todos os tipos de sistemas altamente produtivos e sustentáveis, associando estreitamente cultivos anuais, criação e arboricultura já se desenvolvem vigorosamente nas regiões do mundo densamente povoadas, como o sudeste asiático, a América Central, o Caribe e a África dos Grandes Lagos. Sistemas desse tipo, que exigem uma abundante mão de obra, pouco exigentes em recursos não renováveis e pouco poluentes, existiram antigamente nas regiões difíceis e relativamente povoadas da Europa (castanhais da Córsega, da Cévennes etc. e diversas formas de *cultivo promíscuo* do entorno mediterrâneo). Enfim, nos países desenvolvidos, muitas regiões hoje em dia incultas passariam a produzir, em caso de necessidade, se os produtos e o trabalho agrícola fossem melhor remunerados.

Como veremos ao longo deste livro, o superpovoamento de um ecossistema é raramente absoluto, ele geralmente é relativo às capacidades do sistema agrário do momento. Assim, à véspera da revolução agrícola neolítica, o planeta que contava apenas com alguns milhões de habitantes já era superpovoado, conforme o dizer de alguns, em relação à possibilidade da predação. No século X, com 10 milhões de habitantes, a França morria de fome. Ora, três séculos mais tarde, após ter adotado o sistema de cultivo com tração pesada, ela nutria quase 20 milhões. Depois, após a terrível crise de cereais (frumental) e a hecatombe da população no século XVI, a população se reconstituiu e, até o fim do século XVIII, a França se revelou novamente "superpovoada" cada vez que sua população ultrapassava o limite dos 20 milhões de habitantes. No final do século XIX, todavia, graças à primeira revolução agrícola dos tempos modernos, a França (em seus limites atuais) alimentava aproximadamente 40 milhões de habitantes. Da mesma forma, há algumas décadas, os deltas rizícolas da Ásia onde só se realizavam uma ou duas colheitas de arroz por ano eram considerados como superpovoados com 500 habitantes por quilômetro quadrado. Hoje eles contam com muito mais de 1.000, graças ao aumento dos rendimentos e ao desenvolvimento de sistemas de duas, três ou quatro colheitas por ano.

Na verdade, ninguém sabe avaliar hoje em dia sem uma enorme margem de erro a capacidade planetária de produção de biomassa consumível pelo homem e pelos animais domésticos. Conforme o muito distinguido Departamento de Pesquisa Agrícola da Universidade de Wageningen, essa capacidade de produção poderia ser de 30 bilhões (próximo a 50%) ou de 72 bilhões de toneladas de equivalente cereal por ano segundo o tipo de agricultura — mais ou menos quimizada — que seria praticado. Em outras palavras, *7 ou 18 vezes mais que a produção atual* (aproximadamente 4 milhões de toneladas de equivalente-cereal por ano). O que é imenso! Por isso, essa avaliação, indiscutivelmente excessiva, não permite, absolutamente, conhecer o quanto a agricultura mundial poderá nutrir milhões de homens nesse ou naquele horizonte da história. Toda a questão, com efeito, é de saber qual parte de suas capacidades será efetivamente utilizada e em que prazos, quem serão os beneficiados e quem serão, até certo ponto, os excluídos.

Produtividade agrícola, diferenças sociais e melhoria da alimentação

Se, em todo caso, o volume da produção agrícola limita forçosamente o número de homens, acontece que um aumento da produção agrícola não é suficiente, por si só, para conduzir ao aumento da população. Para isso, é preciso ainda que muitas outras condições sociais e culturais que comandam a natalidade e a mortalidade sejam realizadas. Mas para que uma população possa aumentar, ou mesmo simplesmente se renovar, é preciso, sobretudo, que a *produção de um trabalhador agrícola*, isto é, a produtividade do trabalho agrícola, seja pelo menos igual à soma de suas próprias necessidades e das necessidades de todos aqueles que ele deve alimentar. De fato, não se pode esquecer que em uma sociedade qualquer que seja a maioria dos indivíduos (velhos, crianças, deficientes, pessoas que possuem outras atividades que a de agricultor etc.) não produz sua própria alimentação.

Assim, em uma sociedade inteiramente agrícola e sem aprovisionamento alimentar exterior, que conta com quatro bocas para alimentar por ativo (incluído esse ativo), a produtividade agrícola deve ser pelo menos igual a quatro vezes as necessidades de um indivíduo médio (todas as categorias de idade e de sexo incluídas). Ora, em muitos países em desenvolvimento hoje, o consumo médio não ultrapassa 200 kg de equivalente cereal (quantidade de cereais possuindo o mesmo valor calórico que o conjunto de produtos alimentares considerados) por pessoa e por ano, o que corresponde a uma ração quotidiana de 2.200 calorias. Sabe-se que as necessidades calóricas de uma população variam conforme sua estrutura (idade, sexo, peso), seu modo de vida e o clima. É possível pensar, no entanto, que numa *primeira abordagem*, podemos considerar, como mínimo, uma ração média de 2.200 calorias diárias por pessoa. Nessas condições, para suprir apenas às necessidades da população agrícola, a produtividade do trabalho deve ser de pelo menos 4×200 kg = 800 kg de equivalente-cereal por ativo agrícola. Abaixo desse mínimo de produtividade, um sistema agrário não pode se reproduzir.

Mas para suprir as necessidades de grupos sociais constituídos que não praticam a agricultura, a produtividade agrícola deve ser duravelmente superior a este limite mínimo. Assim, para prover, nas mesmas condições que as anteriores, às necessidades totais de uma população que comporta uma parte não agrícola tão numerosa quanto à própria população agrícola (o que corresponde a oito bocas para alimentar por ativo agrícola), a produtividade agrícola média deve, pelo menos, dobrar, ou seja, 8×200 kg = 1.600 kg de equivalente-cereal por ativo. Além do volume de produção necessária para prover às necessidades dos produtores agrícolas e de suas famílias, o crescimento da produtividade agrícola permite então produzir um excedente que condicione as possibilidades de desenvolvimento de camadas sociais não agrícolas (soldados, padres, administradores, artesãos, comerciantes, trabalhadores etc.). Esse excedente agrícola, ao final das contas, condiciona as possibilidades de diferenciação social e de urbanização.

Mas o crescimento da produtividade agrícola pode também se traduzir por uma melhora quantitativa e qualitativa da alimentação. De fato, o nível de consumo considerado mais alto (200 kg de equivalente-cereal por pessoa e por ano, ou seja, 2.200 calorias por pessoa e por dia) pode ser amplamente ultrapassado. Assim, hoje em dia, nos países desenvolvidos e nas camadas sociais abastadas da maioria dos países em desenvolvimento, a ração média ultrapassa folgadamente as 3.000 calorias diárias por pessoa, incluindo uma parte importante de calorias animais. Consideremos agora uma ração média de 3.200 calorias por dia, compostas por 2.200 calorias vegetais e de 1.000 calorias animais. Como vimos, para conseguir estas 2.200 calorias vegetais, é preciso dispor de 200 kg de equivalente-cereal por pessoa e por dia. Além disso, sabendo que é preciso aproximadamente sete calorias vegetais para produzir uma caloria animal, é preciso ainda dispor, para conseguir 1.000 calorias animais, de aproximadamente 7.000 calorias vegetais (por pessoa e por dia), o que corresponde a 640 kg de equivalente-cereal por pessoa e por ano. No total, é preciso dispor de 200 + 640 = 840 kg de equivalente cereal por pessoa e por ano, ou seja, aproximadamente quatro vezes mais que o mínimo considerado anteriormente.

Para suprir, segundo essa norma alimentar fortemente enriquecida, apenas as necessidades de uma população agrícola contando por quatro bocas para alimentar por ativo, a produtividade agrícola não deve ser de 4 × 200 = 800 kg de equivalente-cereal por ativo, mas de 4 × 840 = 3.360 kg de equivalente-cereal, dos quais três quartos são consumidos pelos animais. E para suprir, nas mesmas condições, as necessidades de uma população não agrícola, contando no total oito bocas a alimentar por ativo, a produtividade agrícola média deve ser de 8 × 840 = 6.720 kg de equivalente-cereal por ativo.

Se, portanto, a produção territorial (a produção por quilômetro quadrado) de um sistema agrário determina a densidade máxima de população que ele pode suportar, sua produtividade condiciona ao mesmo tempo as possibilidades de diferenciação social e as possibilidades de melhoria da alimentação. Ora, a produtividade bruta de um sistema é o produto do rendimento por hectare e da superfície cultivada por um trabalhador, superfície esta que depende da eficiência dos instrumentos de trabalho que dispõe esse trabalhador e da potência das fontes de energia (humana, animal, motomecânica) que ele utiliza.

Nos sistemas de cultivo pluvial estritamente manual, cultivos realizados com derrubada-queimada, uso de machado em meio arborizado e cultivos com enxada ou enxadão em meio desmatado, a superfície por ativo principal (contando com seus ajudantes) ultrapassa raramente um hectare. Nesse caso, se o rendimento por hectare for da ordem de 1.000 kg de equivalente-cereal, a produtividade é suficiente apenas para suprir as necessidades de base da própria população agrícola. Nessas condições, se não houver abastecimento vindo de fora, a diferenciação social e o nível de consumo permanecem necessariamente fracos (ver Capítulo 3).

Ao contrário, nos sistemas hidroagrícolas com cultivo manual (rizicultura de várzea, cultivo de vazante, cultivos irrigados), mesmo se a superfície por ativo for frequentemente inferior a um hectare, os rendimentos brutos mais elevados permitem geralmente uma diferenciação social muito mais marcada (Capítulos 4 e 5).

Nos sistemas de cultivo com tração leve e alqueive, com uso do arado escarificador e transporte por animais de carga (albarda), a superfície semeada por ativo pode atingir de três a quatro hectares, mas como o modo de renovação da fertilidade é pouco eficaz, os rendimentos e, assim, a produtividade continuam muito fracos (Capítulo 6). Em contrapartida, em sistemas de cultivo com tração pesada, com carroça e carreta, a superfície por ativo pode atingir quatro a cinco hectares enquanto que, graças às possibilidades de produzir, de transportar e de distribuir grandes quantidades de estrume, os rendimentos se estabelecem em nível notadamente mais elevado (ver Capítulo 7). É o desenvolvimento dos sistemas de cultivo com tração pesada e alqueive, a partir do ano 1000, que condicionou o impulso demográfico, artesanal, industrial, comercial, urbano e cultural do Ocidente medieval. Um impulso que se reforçou dos séculos XVII ao XIX, graças ao desenvolvimento dos sistemas de cultivo com tração pesada e sem alqueive (Capítulo 8).

A partir do fim do século XIX, no Ocidente, a mecanização da tração animal (arado "Brabant", semeadeira, ceifadeira,) permitiu dobrar a superfície por trabalhador e a produtividade (Capítulo 9). Enfim, no século XX, a motorização associada à grande mecanização permitiu aumentar a superfície por trabalhador em cereais em mais de cem hectares. Isso, combinado com rendimentos que podem ir até 10.000 kg por hectare, proporciona uma produtividade bruta de 1.000.000 kg por trabalhador, ou seja, 1.000 vezes mais que a produtividade de um sistema de cultura manual sem adubos (Capítulo 10). Hoje em dia, os tratores e os equipamentos mais potentes permitem ultrapassar 200 ha por trabalhador. É assim que na América do Norte e no Oeste Europeu, uma população agrícola reduzida a menos de 5% da população total é suficiente para alimentar a população total. Enfim, é necessário saber que as máquinas teleguiadas ou automáticas, que permitiram multiplicar em muitas vezes esta produtividade, já estão adaptadas e começam a ser utilizadas em alguns setores limitados da agricultura dos países desenvolvidos, enquanto que a grande maioria dos camponeses dos países em desenvolvimento utiliza ainda uma aparelhagem estritamente manual...

Mas voltemos à revolução agrícola neolítica.

Capítulo 2
A revolução agrícola neolítica

1. Centros de origem da agricultura neolítica
2. Áreas de extensão
3. Domesticação e domesticabilidade

> *O sânscrito, por mais antigo que possa ser, é de uma surpreendente estrutura; mais completa que o grego, mais rica que o latim por seu refinamento notável supera essas duas línguas ao mesmo tempo que tem, com elas, seja nas raízes das palavras como nas formas gramaticais, uma afinidade muito forte para que possa ser o produto do acaso. Tão forte que, na verdade, nenhum filólogo poderia examinar estas línguas sem adquirir a convicção de que elas brotam de uma fonte comum que, talvez, não exista mais. Há, de resto, uma razão similar, ainda que não totalmente limitante, para supor que o gótico e o céltico, mesmo que tenham sido misturados em um falar diferente, podem assim ter a mesma origem que o sânscrito. Além do mais poderíamos acrescentar a esta família o persa antigo se houvesse lugar aqui para debater de alguma forma sobre as antiguidades persas.*
>
> Sir William Jones
> *Troisième discours d'anniversaire*
> Société asiatique du Bengale (1786)

No fim do paleolítico — idade da pedra lascada — há 12.000 anos, após centenas de milhares de anos de evolução biológica e cultural, as sociedades humanas haviam chegado a fabricar utensílios cada vez mais variados, aperfeiçoados e especializados, graças aos quais tinham desenvolvido modos de predação (caça, pesca, coleta) diferenciados, adaptados aos meios mais diversos. Essa especialização foi acentuada no neolítico — idade da pedra polida — e foi ao longo desse último período da Pré-história, menos de 10.000 anos depois, que várias dessas sociedades, entre as mais avançadas do momento, iniciaram a transição da predação à agricultura.

No começo dessa mudança, as primeiras práticas de cultura e de criação, que de agora em diante chamaremos *protocultura e protocriação*, eram

Marcel Mazoyer • Laurence Roudart

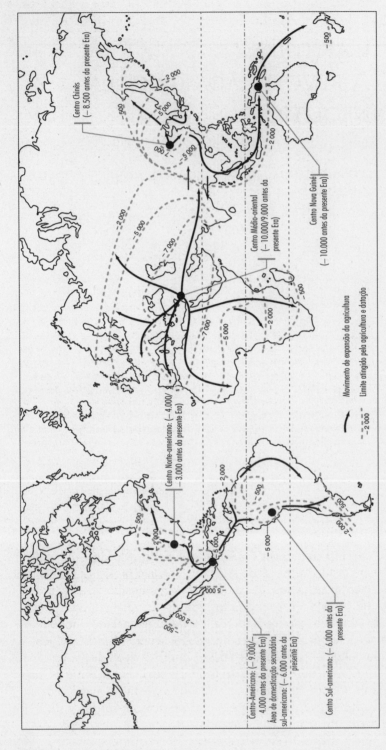

Figura 2.1. Centros de origem e áreas de extensão da revolução agrícola neolítica

História das agriculturas no mundo

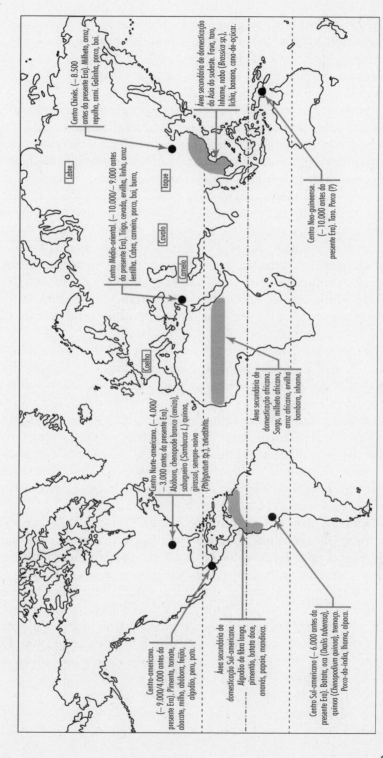

Figura 2.1. (continuação) Centros de origem e áreas de extensão da revolução agrícola neolítica e áreas secundárias de domesticação

aplicadas a populações de plantas e animais que não tinham perdido seus caracteres selvagens. Mas de tanto serem cultivadas e criadas, essas populações adquiriram caracteres novos, típicos de espécies *domésticas* que estão na origem da maior parte das espécies ainda cultivadas ou criadas atualmente.

As regiões do mundo nas quais os grupos humanos, vivendo exclusivamente da predação de espécies selvagens, transformaram-se em sociedades vivendo principalmente de exploração de espécies *domésticas*, são finalmente pouco numerosas, não muito difundidas e bastante afastadas umas das outras. Elas constituíam o que chamamos *centros de origem da revolução agrícola neolítica,* entendendo que o termo "centro" designa uma área, e não um ponto de origem. A partir de alguns desses centros, que nomearemos *centros irradiantes,* a agricultura, em seguida, se estendeu para a maior parte das regiões do mundo. Cada centro irradiante corresponde, assim, a uma área de extensão particular, que compreende todas as regiões ganhas pela agricultura oriundas desse centro. No entanto, certos centros não deram origem a uma área de extensão tão importante. Esses centros *pouco ou nada irradiantes* foram, a seguir, englobados numa ou noutra das áreas de extensão precedentes.

Nas áreas de extensão, novas espécies de plantas e de animais foram domesticadas, e certas zonas que forneceram um grande número dessas novas espécies domésticas constituem, a partir dos centros de origem, verdadeiras *áreas secundárias de domesticação.* As sociedades de cultivadores e de criadores oriundas dos centros de origem geralmente propagaram seu novo modo de vida colonizando passo a passo os diferentes territórios exploráveis do planeta. Agindo dessa forma, elas também encontraram sociedades de caçadores-coletores preexistentes, mais ou menos evoluídas, praticando às vezes, elas próprias, a protoagricultura e entre elas, algumas que, por meio desse contato, se converteram à agricultura.

Tanto nos centros de origem como nas áreas de extensão, as primeiras sociedades de agricultores se encontraram principalmente confrontadas a dois grandes tipos de *ecossistemas originais*: os ecossistemas arborizados mais ou menos fechados, nos quais elas puderam praticar diversas formas de cultivos de derrubada-queimada e acessoriamente a criação de animais. E os ecossistemas herbáceos e abertos, onde, ao contrário, elas desenvolveram amplamente criações pastoris variadas, associadas ou não a alguns cultivos. Essas sociedades também encontraram diversos meios inexploráveis peloss cultivos ou criações, que continuaram virgens ou ocupados pelos caçadores-coletores.

Onde, quando e como a agricultura neolítica apareceu? Como se expandiu pelo mundo? Quais são os mecanismos da domesticação? Tais são, resumidamente, as questões que nos propomos responder neste capítulo.

1 CENTROS DE ORIGEM DA AGRICULTURA NEOLÍTICA

No estado atual das pesquisas, seis centros de origem da revolução agrícola neolítica — mais ou menos bem-confirmados — são normalmente citados. Quatro entre eles foram centros amplamente irradiantes, como veremos mais adiante de maneira detalhada:

- *o centro do oriente-próximo*, que se constituiu na Síria-Palestina, e talvez mais amplamente no conjunto do Crescente fértil, entre 10.000 e 9.000 anos antes do presente;
- *o centro centro-americano*, que se estabeleceu no sul do México entre 9.000 e 4.000 anos antes da presente Era;
- *o centro chinês*, que se construiu, em princípio, há 8.500 anos, no norte da China, nos terraços de solos siltosos (*loess*) do médio rio Amarelo, e depois completou-se estendendo-se para nordeste e sudeste, entre 8.000 e 6.000 anos antes da presente Era;
- *o centro neo-guineense*, que provavelmente teria emergido no coração da Papuásia-Nova Guiné há 10.000 anos antes da presente Era.

Dois outros centros de origem, pouco ou nada irradiantes, teriam se formado igualmente na mesma época. São eles:

- o *centro sul-americano*, que deve ter se desenvolvido nos Andes peruanos ou equatorianos há mais de 6.000 anos antes da presente Era.
- o *centro norte-americano*, que se instalou na bacia do médio Mississipi entre 4.000 e 1.800 anos antes da presente Era.

Por muito tempo reduziu-se a emergência da agricultura neolítica a um tipo de invenção e de generalização rápidas de uma nova técnica produtiva tornada necessária devido à insuficiência dos recursos selvagens. Essa insuficiência era resultante de um grande ressecamento do clima — teoria dos oásis — ou da rarefação da grande caça superexplorada por uma população humana já demasiado numerosa. Estudos arqueológicos mais recentes sobre os diferentes centros de origem da agricultura neolítica (J. R. Harlan, 1987) mostram não ser bem isso. A transformação de uma sociedade que vivia da predação simples e dispunha de instrumentos, de organização social e do *savoir-faire* necessários para uma sociedade que vivia principalmente dos produtos das cultivos e das criações — e contava com os meios materiais, de organização social e de conhecimentos correspondentes — aparece como um encadeamento complexo de mudanças materiais, sociais e culturais que se condicionam umas às outras e que se organizam por várias centenas de anos.

Os grandes centros irradiantes

Vejamos, para começar, as circunstâncias nas quais se formaram os grandes centros irradiantes conhecidos, os centros do oriente-próximo, centro-americano, chinês e neo-guineense.

O Centro do Oriente Próximo

No Oriente Próximo, onde se formou um dos mais antigos e melhor conhecidos centros de origem da agricultura neolítica, essa lenta transição da predação à agricultura durou mais de 1.000 anos (J. Chauvin, 1994) e revolucionou todos os aspectos técnicos, econômicos e culturais do modo de vida dos homens. Nessa região do mundo, há aproximadamente 12.000 anos antes da presente Era, o aquecimento pós-glaciário do clima fez com que a estepe fria de artemísia fosse substituída progressivamente pela savana de faias e de pistacheiras, rica em cereais selvagens (cevada, trigo einkorn – *Triticum monococcum,* trigo amidoreiro – *Triticum dicoccum* etc.) e que proporcionavam também outras fontes vegetais exploráveis (lentilhas, ervilha, ervilhaca e outras leguminosas), assim como caças variadas (javalis, cervos, gazelas, aurochs[1], asnos e cabras selvagens, coelhos, lebres, pássaros etc.) e peixes em certos locais.

Abundância de recursos e sedentarização

Abandonando a caça à rena e outras caças da tundra, expulsas para o norte devido ao aquecimento do clima, os habitantes das cavernas adotaram progressivamente novos sistemas de predação centrados na exploração de cereais selvagens muito abundantes, capazes, por si só, de suprir grande parte das necessidades calóricas da população. O complemento proteico da ração alimentar provinha dos produtos da caça, da pesca, da coleta de leguminosas. Esse regime amplamente vegetariano baseava-se na exploração de recursos abundantes – como jamais existira, a ponto de permitir a subsistência de uma população numerosa e sedentária. A população cresceu, saiu das cavernas e passou a se estabelecer em novos habitats artificiais, agrupados em vilarejos de pequena dimensão (de 0,2 a 0,3 ha), compostos de casas redondas, separadas umas das outras, alicerçadas em madeira, estabelecidas sobre fossos e suspensas por arrimos de pedra. Em seguida a população expandiu-se progressivamente sobre o conjunto desse ecossistema privilegiado.

---

[1] Boi da Europa, próximo do zebu da Ásia, já extinto (*Dictionnaire LePetit Robert de la langue française*, 2006). (N.T.)

Especialização dos utensílios e exploração intensa do meio

O desenvolvimento desse novo modo de vida sedentário foi condicionado por toda uma série de inovações que permitiram explorar e utilizar mais intensamente os novos recursos. As foices formadas por uma lâmina de pedra talhada — cujo fio característico atestou que foram utilizadas como lâmina de ceifa — e as foices dentadas, compostas por uma serra de micrólitos inseridos em um suporte em madeira arcada, permitiam colher em poucas horas grãos suficientes para alimentar uma família inteira (J. R. Harlan, op. cit.). A moenda, cavada na própria rocha ou em uma grande pedra, sobre a qual se moíam punhados de grãos com a ajuda de uma mó (tipo de pedra grande achatada), permitia produzir farinha, da qual se obtinha uma massa e pães pouco espessos e arredondados que podiam ser cozidos sobre as cinzas ou sobre grandes pedras aquecidas dentro de amplos fornos. Outros instrumentos de moer grãos (almofariz e pilões) eram eficazes, e os silos permitiam estocar, na entressafra, os grãos colhidos no verão.

O uso de fornos instalados em uma espécie de cova revestida de argila revelaria, por mero acaso, a invenção da cerâmica, enquanto que a "descoberta" da pedra polida estaria ligada ao uso das moendas e das mós. Aliás, os primeiros objetos de terracota (figurinhas e pequenos receptáculos) e de pedra polida (pendentes e bastões) não parecem ter sido de grande utilidade. Mas, a seguir, grandes potes de terracota, impermeáveis e resistentes ao fogo, permitiram o cozimento de cereais e sopas de ervilhas e lentilhas e foram produzidos em grande quantidade. Também os machados e as enxós (instrumentos com o cabo curvo para cortar e cavar a madeira) de pedra polida, que permitiam desmatar, cortar e modelar eficientemente a madeira tiveram um papel muito importante na construção das moradias e, mais tarde, no desmatamento de terras para cultivo.

Foices, moendas, mós, pilões, socadores, machados e enxós, enfim, todos os materiais que constituíram durante milênios, as ferramentas dos cultivadores neolíticos preexistiam na sua maioria quando do desenvolvimento da agricultura. Eles foram elaborados ao longo dos séculos precedentes, nas condições bem particulares da sedentariedade e da exploração cada vez mais intensa de novos recursos, em particular dos cereais selvagens.

Protoagricultura e domesticação

No Oriente Médio, os primeiros surgimentos de trigo einkorn (*Triticum monococum*) e de trigo amidoreiro (*Triticum dicoccum*), completamente domesticados, datam de 9.500 anos antes da presente Era. A domesticação da cevada, da ervilha, da lentilha, do grão-de-bico, da ervilhaca, do cizirão (ervilha-de-cheiro) e do linho parece ter sido conseguida há cerca de 9.000 anos. No que se refere aos animais, a domesticação do cachorro remonta há 16.000 antes da presente Era, sendo a cabra 9.500 anos, o porco 9.200

Marcel Mazoyer • Laurence Roudart

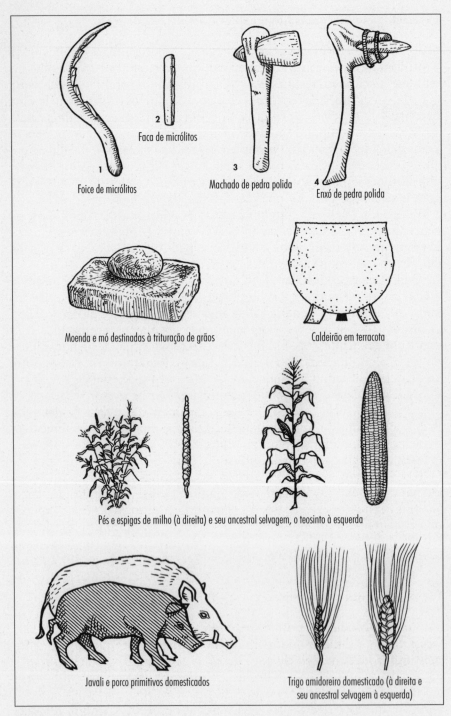

Figura 2.2. Esboços de ferramentas neolíticas, de plantas e de animais selvagens e domesticados

anos, a ovelha 9.000 anos, os bovinos 8.400 anos e o asno 5.500 anos (A. Gautier, 1990). Para que tivessem sido domesticados nesses períodos, foi preciso que a protocultura e a protocriação de formas ainda selvagens dessas plantas e desses animais tivessem começado anteriormente, há dezenas ou até mesmo muitas centenas de anos.

Em geral admite-se que as primeiras semeaduras aconteceram de forma acidental, próximas às moradias, em lugares de debulha e de preparo culinário dos cereais nativos. A protocultura teria se desenvolvido nesses mesmos terrenos, já desmatados, enriquecidos de dejetos domésticos, e sobre terrenos regularmente inundados pelas cheias dos rios por sedimentos de aluvião, que não exigiam nem desmatamento nem preparo do solo.

Porém, como esses terrenos favoráveis eram limitados, os cultivos foram alcançando os terrenos arborizados, que os machados de pedra polida permitiram desmatar facilmente pela derrubada seguida de queimadas antes de serem disponibilizados para cultivo. A prática da derrubada, seguida de queimada, parece ter sido testada muito cedo no centro irradiante próximo-oriental (G. O. Rollefson, 1994), no centro irradiante norte-americano (D. H. Thomas, 1994), e sem dúvida também no centro chinês (J. R. Harlan, obra citada). Assim, mede-se a importância do polimento da pedra para os primeiros desenvolvimentos da agricultura. Com efeito, a derrubada em grande escala dos bosques teria sido muito difícil com os machados de pedra lascada, que se lascariam, se desgastariam rapidamente, além de serem de difícil fabricação. Já os machados de pedra polida, ao contrário, eram menos frágeis, podiam ser confeccionados com todos os tipos de pedras duras, inclusive com pedras não talháveis, além de poderem ser afiados sempre que necessário.

Outras transformações do modo de vida

Entre 9.500 e 9.000 anos antes da presente Era observava-se também a evolução das vilas de pequena dimensão (de 0,2 a 0,3 ha) compostas de casas redondas a vilas de grande dimensão (de 2 a 3 ha), frequentemente compostas por casas quadrangulares, justapostas umas às outras. Tais mudanças testemunham um crescimento da população das vilas e de uma transformação da organização social. Essa época coincide ainda com o desenvolvimento da cerâmica cozida utilitária, com o progresso da produção de machados e enxós de pedra polida, com a multiplicação de estatuetas e de figuras femininas, simbolizando sem dúvida a fecundidade, e também a conservação de crânios preenchidos com argila e com a face modelada.

É difícil estabelecer relações de causa e efeito entre todas estas novidades, pois elas não aparecem em uma ordem cronológica constante nos diversos sítios escavados. No entanto, pode-se constatar que elas estão presentes em todo o foco próximo-oriental a partir de 9.000 anos antes da presente

Era, quando então as plantas e os animais domesticados forneceram ao homem o essencial para sua alimentação. Acrescentamos ainda que essas transformações do modo de vida não foram fruto de uma evolução linear de um ou mais vilarejos precisamente localizados, de onde um novo sistema econômico teria surgido bem-estruturado. Elas são certamente o produto comum de um espaço social mais amplo, coincidindo com a área de repartição próximo-oriental dos cereais selvagens, e mais particularmente da cevada. Falamos de uma área comportando suficientes caracteres comuns e também variações e defasagens para que as trocas de múltiplas experiências fossem ao mesmo tempo possíveis e enriquecedoras.

O aumento do tempo de predação e a transição rumo à agricultura

Se as condições de emergência da agricultura neolítica no centro irradiante do oriente-próximo são cada vez melhor conhecidas, resta no entanto saber por que, em meados do décimo milênio antes de nossa era, as vilas de caçadores-coletores sedentários praticando ocasionalmente a protocultura e a protocriação, saltaram de uma economia essencialmente baseada na predação a uma economia que se apoiava numa prática de cultura e de criação bem amplas e bastante sustentáveis, para estimular a domesticação de toda uma série de espécies vegetais e animais.

Para tentar responder a essa questão, lembremos primeiramente que nesta região, o tamanho dos vilarejos de cultivadores-criadores do fim do décimo milênio era aproximadamente dez vezes superior ao dos vilarejos de caçadores-coletores do princípio desse mesmo milênio, e que os produtos da coleta e da caça conservavam um papel reduzido nos vilarejos maiores. Parece lógico pensar que — sendo os recursos naturais exploráveis por simples predação no território próprio e limitado de cada vilarejo — a população desses vilarejos tenha cada vez mais intensamente lançado mão dos produtos da agricultura e da criação, quando os produtos da predação se tornaram insuficientes para alimentá-la. Porém, ao encontro dessa tese, J. Cauvin (1994) ressalta que não existe prova de uma crise da predação nesta época. Autores como M. Sallins (1976) e em seguida J. Cauvin (1978) e J. R. Harlan (1972) cada vez mais chamam a atenção para o fato de que as sociedades de caçadores-coletores não conheciam a penúria, e que estes últimos passavam geralmente menos tempo obtendo alimento que os agricultores.

Pode-se, todavia, objetar a ideia desses autores; se tal fato é verdadeiro para os grupos de caçadores-coletores pouco numerosos e móveis, operando em territórios extensos, ele não pode ser verdadeiro para os caçadores-coletores sedentários, agrupados em grandes vilarejos, dispondo cada um de um território limitado pelos territórios dos vilarejos vizinhos ou pelo raio de ação máximo dos caçadores-coletores de cada vilarejo. Sem dúvida, conforme relatam esses autores, em algumas horas um indivíduo isolado colhia cereais selvagens necessários quotidianamente para uma família. Mas esse mesmo indivíduo necessitaria de muito mais tempo se ele tivesse que explorar simultaneamente, com uma centena de outros coletores, um território de um vilarejo limitado. E ele não poderia simplesmente "encher seu cesto" quando estivesse em concorrência com várias centenas de indivíduos. Atualmente os coletores de cogumelos fazem, aos domingos, a experiência dessa dura lei da ecologia. No entanto, como a questão do papel da densidade da população na passagem da predação à agricultura é algo controverso, tentemos ser um pouco mais precisos. Está claro que o volume de alimento que se pode extrair sustentavelmente por simples predação de um território do vilarejo delimitado é necessariamente restrito. Dito de outra maneira, o território de um vilarejo, qualquer que seja, tem uma explorabilidade limitada por simples predação. Trata-se de uma explorabilidade que condiciona a densidade máxima da população de caçadores-coletores que esse território pode suportar. Nessas condições, quando a população de um vilarejo de caçadores-coletores sedentários aumenta, a quantidade de recursos disponíveis para cada indivíduo, caçador ou coletor, diminui. A utilização de recursos por uns traduz-se forçosamente pela rarefação dos recursos disponíveis para os outros. E se o número de caçadores-coletores concorrentes continuar a aumentar, chegará inevitavelmente um momento em que o tempo em que deve passar qualquer um deles para procurar alimentos para si e para seus dependentes aumentará. Enfim, quando a população se expande ao máximo (máximo aqui quer dizer o limite da explorabilidade por simples predação do território considerado), então o tempo de predação necessário por indivíduo, caçador ou coletor, cresce de maneira vertiginosa (exponencial).

Além desse limiar, começa a *superexploração* do meio, que tende a reduzir sua capacidade de produção e que conduz linearmente à fome a população do vilarejo considerado. A menos que essa população encontre um meio de conter seu crescimento (limitação de nascimentos etc.), ou um meio de obter novos recursos, pelo deslocamento total ou parcial dos habitantes rumo a territórios desocupados ou subexplorados, ou pela conquista e a colonização de territórios já ocupados. A menos ainda que essa população esteja em condições de desenvolver um novo modo de exploração do meio, mais produtivo que a simples predação.

Assim, quando a população de um vilarejo de caçadores-coletores sedentários cresce, o tempo de predação aumenta e, além de certo limite, torna-se superior ao tempo de trabalho necessário para satisfazer as necessidades dessa população por meio de cultivos e da criação. Mas não basta que o tempo de predação se torne superior ao tempo necessário ao cultivo e à criação para que uma sociedade de caçadores-coletores se transforme em sociedade de agricultores: é preciso, ainda, que hajam muitas outras condições ecológicas e sociais igualmente necessárias.

No Oriente Próximo, os habitantes das vilas — cujo tamanho foi decuplicado no decorrer do décimo milênio antes de nossa era — se confrontaram, aproximadamente na metade deste milênio, sem dúvida alguma, a esse tipo de conjuntura. Como eles já dispunham de todos os utensílios necessários, e como já praticavam episodicamente a protocultura e a protocriação, foi-lhes possível desenvolver essas práticas quando elas se tornaram mais vantajosas que a predação. Desse modo, reunidas há tempos as condições técnicas (utensílios, *savoir-faire*), bem como as condições demográficas (densidade da população) e econômicas (tempo de trabalho), a passagem da predação à agricultura pôde ser operada rapidamente. Do nosso ponto de vista, é o que explicaria haver nesse lugar e nessa época, a ausência de crise acentuada da predação, como o demonstra precisamente J. Cauvin (op. cit.).

Dito isso, constata-se que uma mudança técnica e econômica de tal amplitude não pôde realizar-se sem profundas transformações sociais e culturais.

As condições sociais e culturais

Para uma sociedade, o difícil não era semear os grãos preferidos em um solo já preparado para esse fim, nem capturar e aprisionar, para finalmente criar, entre as caças preferidas, as mais fáceis de manejar. Isso até mesmo os caçadores-coletores sabiam fazer. Difícil era dispor de uma organização e de regras sociais que permitissem às unidades ou grupos de produtores-consumidores retirarem do consumo imediato uma parte importante da colheita anual, para reservá-la como semente. Igualmente difícil era excluir do abate os animais reprodutores e jovens, em crescimento, para permitir que o rebanho se renovasse. Difícil era também preservar os campos semeados por um grupo com direito de "coleta" até então reconhecido pelos outros grupos, e preservar os animais de criação de seu direito de "caça". Era, enfim, difícil garantir a repartição dos frutos do trabalho agrícola entre os produtores-consumidores de cada grupo, não somente no quotidiano, mas, sobretudo, e ainda mais difícil, quando do desaparecimento dos anciãos e também no momento da subdivisão de um grupo, que se tornara muito grande, em vários grupos menores.

As mudanças introduzidas na moradia — dimensões, subdivisões, disposição etc. —, o mobiliário, as sepulturas e a arte testemunham a importância das transformações que ocorreram na organização social e na cultura dessas sociedades, na época de sua passagem da predação à agricultura. Tudo parece indicar que se constituíram grupos domésticos de produção-consumo, capazes de gerenciar e de perpetuar a atividade agrícola, e de repartir seus frutos. Esses grupos familiares possuíam um teto próprio, um forno, um silo e, conforme a estação, sementes estocadas ou no solo, cultivos de cereais em fase vegetativa ou ainda não colhidos, bem como animais.

Nessas unidades familiares bastante extensas, a divisão do trabalho e das responsabilidades conforme o sexo e a idade, a repartição dos produtos, mas também o destino dos rapazes, das moças e de certos bens em caso de casamentos, e ainda a transmissão de responsabilidades e bens quando do falecimento dos anciãos, ou ainda no momento da segmentação do grupo, obedeciam necessariamente a um mínimo de regras sociais. Estas garantiam a reprodução proporcional do grupo e das linhagens de plantas cultivadas e de animais domésticos dos quais dependia sua sobrevivência. Isso não significa que as proibições, a moral e as obrigações impostas pela autoridade familiar ou pela autoridade do vilarejo se reduzissem a essa função de regulamentação econômica. Isso não significa também que essas regras não tenham sofrido nenhuma contradição, nenhuma disposição antieconômica ou nenhuma derrogação. Isso significa simplesmente que entre todas as regras que regiam a vida do grupo, existia um subconjunto suficiente para permitir a esse grupo reproduzir-se e renovar seus novos meios de existência. Além do mais, pode-se pensar que a religião emergente teve um papel na instauração dessas novas regras de vida (J. Cauvin, op. cit.).

As línguas maternas neolíticas

Finalmente, é preciso dizer que nada do novo modo de vida teria sido compreendido, transmitido de um indivíduo a outro, conservado de geração em geração e aperfeiçoado sem a ajuda da linguagem. Esta deveria estar apta a expressar as novas condições materiais, as novas práticas produtivas, a nova organização e as novas regras sociais, assim como as ideias, as representações e as crenças correspondentes. No começo do novo modo de vida, houve necessariamente o verbo, ou seja, uma nova língua.

Segundo G. Mendel (1977), as primeiras linguagens articuladas teriam se formado no paleolítico, no âmbito da caça organizada aos grandes animais. Segundo certos linguistas, todas as línguas do mundo derivariam de uma só língua ancestral comum a toda humanidade. Mas as línguas atuais são geralmente oriundas de algumas línguas-mãe muito mais recentes. A hipótese segundo a qual essas línguas-mãe teriam sido formadas nos centros de origem da revolução agrícola neolítica, e que teriam se dispersado, diferenciando-se ao mesmo tempo que as primeiras sociedades agrárias, é cada vez mais aceita (P. Bellwood, 1994). Segundo essa hipótese, a agricultura e a língua oriundas de cada um dos centros irradiantes teriam se expandido simultaneamente, percorrendo os continentes, para formar algumas grandes áreas de extensão agrária e linguística: uma área indo-afro-asiática oriunda do centro irradiante do Oriente Próximo, uma área americana oriunda do foco irradiante centro-americano, uma área asiática proveniente do centro chinês e talvez também as áreas, mais restritas, sul-americana e norte-americana.

Foi precisamente esse gênero de hipótese que sustentou C. Renfrew (*L'enigme indo-européenne*) a respeito das línguas indo-europeias. Fora isso, L. Hjelmslev (1966) induz a pensar que as línguas árabes, hebraicas e nilóticas são aparentadas às línguas indo-europeias, como seriam, segundo C.-A. Diop (1979), as línguas dos cultivadores africanos. Ainda segundo essa hipótese, as línguas dos povos agricultores das Américas seriam aparentadas a uma ou outra das línguas-mãe centro americanas, andina ou norte-americana, enquanto que as dos povos agricultores do Extremo Oriente seriam aparentadas entre elas.

Entretanto, se temos a certeza que as línguas dos caçadores-coletores têm uma estrutura diferente das línguas dos povos agricultores, podemos também nos indagar se alguns grupos linguísticos isolados não seriam línguas de povos caçadores-coletores convertidos à agricultura por contato com uma vaga de colonização agrária, sem serem, para tanto, inteiramente integrados linguisticamente.

Em resumo, a revolução agrícola neolítica, como as outras revoluções agrícolas da história, não foi somente uma vasta mudança de sistema econômico preparado por toda uma série de mudanças técnicas. Ela também foi necessariamente condicionada por uma profunda revolução social e cultural.

O foco irradiante chinês

Os primeiros assentamentos de vilas de cultivadores neolíticos sedentários da China pertenciam à civilização dita de Yang Shao, caracterizada por suas cerâmicas coloridas. Esses assentamentos estavam localizados no coração do dispositivo mesolítico chinês, sobre altos terraços de solos siltosos (*loess*) pouco irrigados do médio rio Amarelo (Huanghe). Os mais antigos dentre esses assentamentos remontam há 8.500 anos e se encontram no Henan, onde poderia, então, situar-se o centro irradiante original do norte da China. Segundo J. R. Harlan (op. cit.), este teria em seguida se expandido ao noroeste, no Shanxi (sítios Yang Shao que datam de 7.000 anos antes da presente Era à oeste, no Gansu (6.500 anos) e ao sudoeste, no Hebei (6.000 anos). O milheto (italiano ou de pássaros), alguns legumes (couve, nabo), o rami (próximo à urtiga, cujas longas fibras fornecem matéria têxtil), assim como a amoreira para a criação do bicho da seda participam do complexo cultural bem-limitado dessas regiões de origem. A presença de ossos de animais domésticos nos sítios neolíticos chineses antigos testemunham o desenvolvimento da criação. Mas pode-se pensar que alguns desses animais (galinha, porco, boi) foram domesticados ali mesmo (A. Gautier, 1990), fato que parece improvável em relação a outros (carneiro, cavalo etc.).

Estendendo-se a leste, nas regiões mais irrigadas (chuvosas) e, sobretudo, nos vales baixos dos rios Amarelo e Azul (Yangzi), esse complexo cultural se enriquece pela presença de duas plantas cultivadas muito importantes, como a soja vinda do nordeste e o arroz vindo do sudeste. É nessa zona de extensão do sudeste que emergiu, no sétimo milênio antes de nossa era, a cultura dita de Long Shan, caracterizada por suas cerâmicas negras e pela predominância do cultivo do arroz. Notemos, entretanto, que a hipótese segundo a qual o arroz teria sido domesticado de maneira independente em várias regiões do sudeste asiático atrai igualmente a atenção de numerosos pesquisadores (J. R. Harlan, op. cit.).

O foco irradiante centro-americano

Uma primeira área de origem da agricultura neolítica americana teria se constituído progressivamente no sul do México entre 9.000 e 4.000 anos antes da presente Era. Conforme J. R. Harlan, no começo desse período, pequenos grupos de caçadores-coletores nômades teriam começado a se reunir na estação úmida para praticar a colheita e, sem dúvida, de modo complementar, a cultura da pimenta e do abacate. Muito mais tarde, há aproximadamente 7.000 anos, esses vilarejos temporários de cultivadores sazonais já eram muito mais importantes. Aí, os cultivos primaveris e estivais de milho precoce, de abóbora e de abobrinha eram igualmente praticados, bem como, mais tarde, há aproximadamente 5.000 anos, o cultivo do feijão. Todavia, essas populações continuavam nômades na baixa estação e tentavam obter, pela caça e pela coleta, uma parte ainda importante de sua subsistência. Há 3.500 anos, o algodão começou a ser cultivado e, de modo menos importante, o sapotizeiro e o amaranto.

A partir dessa época, os cultivadores americanos dispuseram de um cereal, o milho, e de uma leguminosa alimentar, o feijão, que lhes permitiu suprir suas necessidades calóricas e proteicas e de uma planta têxtil, o algodão. Foi tão somente nesse momento que a agricultura se tornou o modo de exploração do meio, que sem ser exclusiva, foi pelo menos nitidamente predominante. As populações se tornaram então sedentárias nos vilarejos, transformando-se em permanentes, no vale de Tehuacan e de vários outros sítios (Tamaulipas, Oaxaca etc.). Notemos, ainda, que os únicos animais domesticados no México foram o peru e o pato da Barbaria, e que esta domesticação interveio muito tardiamente, há cerca de 2.000 anos.

Pode-se notar que em cada um desses três grandes centros irradiantes — os centros do oriente-próximo, chinês e centro americano —, foi domesticado um grupo de plantas ao mesmo tempo suficiente para cobrir as necessidades essenciais de uma população e adaptável a territórios extensos. Esse *complexo cultural* compreendia, em todo caso, pelo menos um cereal fornecedor de glucídios, uma leguminosa portadora de proteínas e uma planta provedora de fibras têxteis.

O foco irradiante neo-guineense

O cultivo do taro e de outras plantas originárias do sudeste asiático e da Oceania parece ter começado nas montanhas da Papua-Nova Guiné há aproximadamente 10.000 anos. Porém essa datação é muito aproximativa, pois essas plantas não deixaram praticamente nenhum traço arqueológico. Em um primeiro momento, elas teriam sido protegidas e talvez mesmo plantadas em seus lugares de crescimento natural, espalhadas nessa região densamente arborizada.

Depois, há mais ou menos 9.000 anos, essas culturas teriam sido reagrupadas em hortas previamente desmatadas e cercadas. Talvez, como argumentam alguns estudiosos, para protegê-las dos porcos domesticados localmente, mas sem nenhuma dúvida, para defendê-las dos javalis que não precisavam ser domesticados para atacarem um campo de tubérculos. Segundo A. Gautier (op. cit.), o porco doméstico proveniente do continente asiático somente teria chegado à Nova-Guiné por volta de 5.000 anos antes da presente Era e teria cruzado com os javalis selvagens ou em vias de domesticação. Há 7.000 anos antes da presente Era, as hortas de taro teriam se estendido às zonas pantanosas, instalando-se sobre as plataformas previamente desmatadas e drenadas (J. P. White, 1994).

Centros de pouca ou nula irradiação

O centro irradiante sul-americano

Na América do Sul, as pesquisas arqueológicas não permitiram localizar claramente um centro de origem da agricultura. Todavia, a domesticação de certas plantas, feijões de Lima, batata, oca (um pequeno tubérculo), quinoa (uma espécie da família das chenopodiáceas), tremoço, assim como a da cobaia, ou porco-da-Índia, da lhama e da alpaca, no norte dos Andes, datam de 6.000 anos. Nessas paragens, então, a domesticação teria começado antes que a agricultura de origem centro-americana pudesse ter chegado lá e, portanto, certamente de maneira independente. É possivelmente verdade que esta agricultura sul-americana tenha se irradiado por um espaço andino significativo quando foi englobada (aproximadamente há 3.500 anos) pela onda de agricultura à base de milho vinda do centro irradiante centro-americano.

História das agriculturas no mundo

O centro irradiante norte-americano

Na América do Norte, pesquisas recentes revelaram a existência de um centro de origem situado entre os Apalaches e a grande pradaria continental (D. H. Thomas, 1994). Entre 4.000 e 3.000 anos antes do presente, o sabugueiro dos pântanos, a abóbora, o girassol e a anserina (*falso morangueiro*) foram ali domesticados. Todavia, nessa época, esses cultivos sazonais, praticados nas margens dos lagos e dos rios regularmente limpos pelas cheias de primavera, desempenhavam somente um papel complementar para populações que exploravam simultaneamente os importantes recursos do meio aquático e, permanecendo nômades, praticavam a caça e a colheita no resto do ano.

A conversão dessas sociedades ainda predadoras, mas que praticavam esporadicamente a agricultura, em sociedades de cultivadores sedentários ocorreu bem mais tarde, entre 250 anos a.C. e no ano 200 de nossa Era, com a domesticação de três plantas de grão capazes de garantir o essencial da ração alimentar: o sempre-noiva, a cevadilha e um tipo de milheto. Ao final dessa longa transição, a agricultura norte-americana dispunha de sete plantas cultivadas, que forneciam mais ou menos dois terços da alimentação dos cultivadores sedentários, que dispunham de machados, foices, moendas, cerâmicas e silos. Mais tarde, o milho oriundo do centro irradiante centro-americano chegou naquela região do mundo, e, alguns séculos mais tarde, alcançou o primeiro lugar dentre as plantas cultivadas na América do norte.

Um incerto centro irradiante tailandês

Na Tailândia foram identificados indícios pouco provados de cultivos com derrubada-queimada datados do sétimo milênio antes de nossa era. Houve quem quisesse ver nessa região um possível centro de origem da agricultura neolítica. Mas parece que os primeiros traços indiscutíveis de agricultura (arroz, suínos, bovinos e aves) nessa região datam de menos de 5.000 anos antes da presente Era, e que eles eram provenientes simplesmente da agricultura que se estendeu nesta época por todo o leste asiático vindos do norte e do centro da China (P. Bellwood, 1994).

Mas se não faltam anúncios malfundamentados de descobertas de novos centros de origem, é também necessário notar que certos centros de origem da agricultura neolítica, atualmente bem-confirmados, eles foram revelados por descobertas recentes. O centro norte-americano, por exemplo, era ainda desconhecido há uma dezena de anos. Não é portanto impossível que se descubra um dia algum outro centro de origem, no oeste africano ou no sudeste asiático, por exemplo. É provável que as regiões do globo nas quais os grupos humanos começaram, na época neolítica, a praticar a protoagricultura sejam mais numerosos que pareçam hoje. Podemos supor que esses atrativos da revolução neolítica, considerados apressadamente e submersos pela maré agrícola proveniente de um dos grandes centros irradiantes, não tivessem tido tempo de vingar.

Seja como for, os grupos humanos isolados que adotaram esse novo modo de subsistência não parecem, até o momento, ser muito numerosos ou extensos.

2 ÁREAS DE EXTENSÃO

Nos centros de origem, além das hortas e das zonas de inundação pelas cheias — certamente as primeiras terras cultivadas —, os cultivos neolíticos de derrubada-queimada se estenderam até os terrenos arborizados. O desmatamento que seguiu, embora tenha podido em certos casos favorecer o desenvolvimento de criações de animais herbívoros, mais fácil em terreno descoberto, parece ter conduzido a uma regressão tão importante dos cultivos que as populações dessas zonas tiveram que deslocar o desflorestamento para novas áreas. (G. O. Rollefson, 1994).

Fora dos centros de origem, os cultivadores migrantes encontraram então dois grandes tipos de formações vegetais mais ou menos virgens: de um lado as formações herbáceas, por vezes arborizadas ou arbustivas, mas em todo caso abertas (do norte ao sul: tundra, estepes de altitude, planícies continentais, estepes áridas, savanas tropicais); de outro lado formações arborizadas fechadas, mais ou menos densas (do norte ao sul: taiga, florestas mistas de coníferas e de folhosas, florestas folhosas temperadas e mediterrâneas, florestas tropicais caducifólias de estação seca, florestas equatoriais perenifólias).

Munidos de seus machados de pedra polida, os cultivadores estavam aptos a estender às florestas mais fáceis de desmatar e os cultivos mais férteis de derrubada-queimada que sabiam praticar. Porém, enquanto esses meios se mantivessem arborizados e fechados, a criação ocuparia apenas um espaço reduzido. Os sistemas de cultivo de derrubada-queimada, que estudaremos no capítulo seguinte, se estenderam então amplamente pelas florestas temperadas e tropicais, deixando de lado a taiga pouco fértil e a floresta equatorial, demasiado difícil de desmatar para os meios da época.

Ao contrário, nas formações herbáceas abertas, facilmente penetráveis e imediatamente exploráveis pelos herbívoros domésticos, as criações pastoris nômades ou seminômades podiam facilmente estender-se de área em área. Como os agricultores neolíticos não dispunham de instrumentos de trabalho do solo que lhes permitisse dominar facilmente o tapete herbáceo denso de uma pradaria ou de uma savana e, como as estepes descontínuas eram pouco férteis, os cultivos só podiam representar nesses sistemas um papel secundário. Nessas circunstâncias se constituíram as sociedades de pastores de bovídeos das savanas saharianas — antes de sua desertificação —, as sociedades de criadores de yacs das estepes de altitude da Ásia central, as sociedades de criação de cavalos das pradarias e das estepes euro-asiáticas, as sociedades de criadores de renas da tundra, os criadores de cabras e de ovelhas dos campos e das formações herbáceas com presença de arbustos das altitudes mediterrâneas e próximo-orientais, as sociedades de criadores de lhamas e de alpacas dos Andes etc.

Desde o neolítico operou-se uma primeira grande diferenciação geográfica entre sociedades de cultivadores e sociedades de criadores. Isso, entretanto, não significou uma separação absoluta entre culturas e criação. Ao contrário, raros foram os sistemas de cultivo que não comportavam algumas criações e raras foram as sociedades pastoris que não praticavam alguns cultivos. Aliás, veremos que os sistemas agrários posteriores frequentemente associaram culturas e criações, e isso cada vez mais estreitamente.

Quatro grandes áreas de extensão

Em alguns milênios, quatro grandes áreas de extensão de agricultura neolítica foram instaladas a partir de quatro principais centros irradiantes. A agricultura neolítica de *origem próximo-oriental* se estendeu passo a passo em todas as direções, a contar de 9.000 anos antes da presente Era. No oitavo milênio, ela alcançou o conjunto do Oriente Próximo e as margens orientais do Mediterrâneo. Nos quarto e quinto milênios, ela propagou-se até as margens ocidentais do Mediterrâneo e, através do vale do Danúbio, penetrou na Europa central e, em seguida, no noroeste europeu. Ao mesmo tempo, estendeu-se à leste, até a Índia, e ao sul até a África central, contornando a grande floresta equatorial. Nos quarto e terceiro milênios antes de nossa Era, ela progrediu ainda à leste, ao longo da estreita banda de floresta fechada que bordeja o sul da taiga, até o Extremo Oriente, onde então entrou em contato com a agricultura de origem chinesa. Na África, continuou a se propagar para o sul até uma época recente.

No IX milênio antes de nossa era, a agricultura de *origem chinesa*, à base de milheto, não ocupava mais que o médio e o baixo vales do rio Amarelo. No VIII milênio, após ter adotado o cultivo do arroz, ela se estendeu até o rio Azul (P. Bellwood, op. cit., 1994) e, há 6.000 anos, tinha alcançado a Manchúria, a Coreia, o Japão, a Ásia central, o sudeste da Ásia onde se combinou com a agricultura de origem neo-guineense, e a Ásia do Sul (Índia), onde ela encontrou a agricultura de origem próximo-oriental.

A agricultura de *origem centro-americana*, à base de milho, só começou a estender-se fora de seu centro de origem apenas no sexto milênio antes da presente Era, para alcançar os continentes sul-americano e norte-americano. Progredindo rumo ao sul, ela atingiu os Andes e a costa peruana há 3.500 anos, e o Chile há 2.000 anos aproximadamente. Nesse ínterim, ela fundiu-se com a agricultura oriunda do centro sul-americano. Posteriormente, essa agricultura neolítica americana ainda progrediu até os primeiros séculos de nossa era para o leste e o sudeste, contornando a grande floresta amazônica, sem atingir a extremidade sul do continente. Progredindo para o norte, ela atingiu o sul da Califórnia e o médio Mississipi no princípio de nossa Era, e fundiu-se com a agricultura oriunda do centro norte-americano. A partir de então, ela continuou a se estender rumo ao norte subindo o vale do Ohio, e chegando mais ou menos no ano 1000 às margens dos Grandes Lagos e de Saint-Laurent, deixando de lado as grandes pradarias do centro e do oeste, assim como as Montanhas Rochosas e o Grande Norte.

Quanto à agricultura de *origem neo-guineense* à base de taro, ela se dispersou pouco a pouco pelas ilhas indonésias e pacíficas até o princípio de nossa Era. No curso dessa rota, enriqueceu-se com plantas (milheto, inhame, banana) e animais domésticos originários da Ásia. Muito mais tarde, a batata doce, vinda da América do Sul, substituiu amplamente o taro e o inhame em muitas dessas ilhas (J. Barrau, 1965).

A expansão da agricultura neolítica fora dos centros de origem aparece, portanto, como um fenômeno lento, que se prolongou durante milênios. Assim, a agricultura de origem próximo-oriental levou mais ou menos 4.000 anos para chegar às margens do Atlântico e do Báltico, e mais de 6.000 anos para chegar ao Extremo Oriente e ao sul da África. Sua velocidade média de progressão foi da ordem de 1 km por ano.

Todavia, vastas regiões do globo não foram atingidas por essa primeira leva de expansão da agricultura. No século XV, na época dos Grandes Descobrimentos, regiões como a Austrália, o sul da África e da América do Sul, o noroeste da América do Norte e o Grande Norte da América e da Eurásia não estavam ainda incluídas nesta expansão. No entanto, as grandes florestas equatoriais, amazônica, centro africana e asiática e as grandes pradarias dos dois continentes americanos também ficaram à parte desse vasto movimento. Em seguida, as colônias de povoamento branco e as economias de *plantation* ocuparam amplas frações dessas terras virgens. Mas, ainda hoje, a agricultura não é universal: os meios dificilmente penetráveis ou pouco férteis como os desertos áridos, os desertos frios polares ou de altitude, a taiga e uma parte das florestas equatoriais ainda permanecem incultas, e algumas vezes exploradas por povos caçadores-coletores (*boshimans* do Kalahari, esquimós da Groelândia, pigmeus das florestas da África central, negritos das florestas do sudeste asiático, e índios da Amazônia etc.).

Modalidades de propagação da agricultura neolítica

Podemos considerar duas modalidades de propagação da agricultura neolítica. Na primeira, essa propagação resultaria da colonização progressiva, pelas sociedades agrárias provenientes dos centros irradiantes, de territórios anteriormente vazios ou ocupados por caçadores-coletores. Na segunda, ela resultaria da transmissão progressiva das ferramentas, das espécies domesticadas, dos saberes e do *savoir-faire* agrícola à sociedades de caçadores-coletores preexistentes, que teriam, desse modo, se convertido à agricultura.

A maior parte das observações arqueológicas mostra que as áreas de extensão foram geralmente colonizadas passo a passo por sociedades agrárias pioneiras previamente constituídas. Por exemplo, os agricultores ditos danubianos penetraram no leste e oeste europeus, servindo-se dos principais cursos de água, em particular o Danúbio e seus afluentes. Equipados com utensílios de pedra polida e com espécies domésticas de origem próximo-oriental, eles colonizaram primeiro as margens desses cursos d'água antes de se aventurarem a penetrar nas planícies e planaltos menos acessíveis. Nessas regiões, como na maior parte das áreas de extensão, não se encontram traços de uma transformação progressiva das sociedades de caçadores-coletores preexistentes. Frequentemente, todos os traços arqueológicos de uma sociedade neolítica agrária plenamente constituída se superpõem sem transição nos níveis paleolíticos ou mesolíticos anteriores. Com apoio dessa tese de colonização, podemos observar que os Pigmeus, que cotejavam há milênios os cultivadores e os criadores não se converteram à agricultura enquanto dispuseram de territórios bastante vastos para alimentar-se dos produtos da caça e da coleta. Ao contrário, quando seus territórios se reduziram pelo fato do avanço dos cultivadores desmatadores, eles adotaram pouco a pouco o modo de vida agrícola. Em Ruanda e em Burundi, por exemplo, os pigmeus batwas, quando não dispuseram de mais nenhum território de caça, converteram-se à agricultura e ao artesanato.

Na realidade, a colonização agrária não é a antinomia da conversão por contato, pelo contrário. Com efeito, durante séculos, os agricultores imigrantes não ocuparam a totalidade dos territórios que eles colonizaram e por isso cotejaram povos de caçadores-coletores com os quais inevitavelmente desenvolveram trocas técnicas e culturais. Conforme o caso, os caçadores-coletores pouco numerosos foram assimilados biológica e culturalmente ou então, ao longo do processo, converteram-se à agricultura. Esta cooperação poderia, aliás, explicar em parte as modificações dos instrumentos, do hábitat e da cerâmica, na medida que a agricultura progredia em novos territórios (P. Rolley-Conwy, 1994).

De qualquer maneira, o processo de conversão progressiva por contato é, do ponto de vista arqueológico, difícil de apreender. No caso do Japão, todavia, parece que os povos de caçadores-coletores se puseram a cultivar plantas domesticadas em outros sítios. Assim, segundo G. Barnes (1994), os Jomons da costa oeste do Japão, sedentarizados há 12.000 anos antes da presente Era, que dispunham de instrumentos neolíticos diversificados e da cerâmica, explorando por predação uma larga gama de recursos florestais e marinhos, teriam começado, há aproximadamente 5.500 anos antes da presente Era, a cultivar diversos tipos de sementes (milheto, trigo mourisco/ sarraceno), cucurbitáceas (abóbora, melão, pepino, melancia...) e ervilhas domésticas provenientes da China. Só muito mais tarde, há 2.500 anos antes da presente Era, os cultivadores vindos da China teriam colonizado as ilhas japonesas promovendo ali a rizicultura. Mas o caso do Japão é certamente muito particular: a existência de uma sociedade neolítica muito avançada, sem dúvida favoreceu muito seu começo de conversão à agricultura e, por outro lado, sua situação insular certamente retardou a chegada da onda de colonização agrária vinda da China, deixando, assim, as populações locais tiveram tempo para adotar espécies domesticadas no continente.

Absorção dos centros pouco irradiantes

Como vimos, as ondas de colonização agrária oriundas dos grandes centros irradiantes encontraram e absorveram em sua passagem outros centros. Não se sabe muito sobre a maneira pela qual os centros neo-guineense e sul-americano foram englobados nas áreas de extensão das agriculturas neolíticas chinesa e centro-americana. Contrariamente, trabalhos recentes mostram como o centro norte-americano foi absorvido pela agricultura à base de milho oriunda da América Central. Próximo do ano 200 de nossa era, uma variedade de milho de doze fileiras, oriunda do centro centro-americano, foi introduzida na região do médio Mississipi, onde já se cultivava outras sete plantas domesticadas. Enquanto que o cultivo dessas plantas de origem local se desenvolvia cada vez mais rapidamente, o cultivo dessa variedade de milho de origem meridional teve, até o ano 800, um sucesso muito limitado, pois ela era pouco adaptada à região. Depois do ano 800, em contrapartida, uma variedade de milho de oito fileiras, de ciclo vegetativo curto, adaptada ao clima local mais frio, fez sua aparição. Sua cultura se impôs então rapidamente e se estendeu ao norte até os Grandes Lagos. Por volta do ano 1.000, o milho, mais adaptado e mais produtivo, tinha amplamente suplantado as espécies domesticadas na América do Norte (D. H. Thomas, 1994). No século XVI, quando da chegada dos europeus, as espécies domésticas de origem centro-americana (milho, tabaco, feijão, abóbora) eram cultivadas até o Saint-Laurent.

Áreas secundárias de domesticação

Durante sua progressão, as sociedades agrárias neolíticas encontraram também novas espécies selvagens exploráveis, podendo por sua vez serem domesticadas. Enquanto que certas regiões do mundo forneceram muito poucas espécies domésticas (na Europa, por exemplo, somente o centeio e a aveia foram domesticados), outras regiões, ao contrário, forneceram muito, a ponto de constituir, a partir dos centros de origem, verdadeiras *áreas secundárias de domesticação*. Trata-se principalmente:

- do Norte, do Oeste e do centro-oeste do continente sul-americano, onde foram domesticados o amendoim, a mandioca, o algodão de fibra longa (*Gossypium barbadense*), o pimentão, o feijão de Lima, a batata-doce, o abacaxi etc.;
- da África tropical ao Norte do Equador, de onde provieram o sorgo, o milheto, o arroz africano, o voandzu (ervilha bambara), o quiabo, o inhame africano, o dendê etc.;
- do sudeste da Ásia, são provenientes a fava, o taro, o inhame chinês, o rami, a lichia, a bananeira, a cana-de-açúcar, as cítricas etc. (J. R. Harlan, 1972). No que diz respeito aos animais, muitas espécies foram domesticadas muito precocemente nos centros de origem: boi, ovelha, cabra, porco, pombo no Oriente Próximo; galinha, porco, boi e talvez também o cachorro na China; o peru, o pato da Barbaria na América Central, a lhama, a alpaca e as cobaias na América do Sul. Mas também outras espécies foram domesticadas nas áreas de extensão: o zebu no Baluquistão e, há mais de 8.000 anos, o cavalo nas grandes pradarias continentais da Europa oriental e o asno no Egito (há 5.500 anos antes da presente Era), o dromedário na Arábia (5.000 anos), o camelo no Irã (4.500 anos), o búfalo na Índia (2.750 anos), a galinha de Angola no Mediterrâneo (2.500 anos), o iaque no Tibete, o gaur (búfalo selvagem) na Indochina e a rena na Sibéria (2.000 anos). Quanto ao coelho, sua domesticação na Europa ocidental teria ocorrido na Idade Média (A. Gautier, op. cit.).

3 DOMESTICAÇÃO E DOMESTICABILIDADE

A origem da agricultura, e mais particularmente a das plantas e animais domésticos, por muito tempo fez parte desses fenômenos misteriosos que ultrapassam o entendimento humano. Daí recorrer-se, para explicá-los, à "causas" transcendentes, de ordem mágica, miraculosa ou divina, abundantes nos mitos fundadores das sociedades de cultivadores e de criadores, cujos traços ainda encontramos no pensamento científico moderno (J. Cauvin, 1994). Ora, as pesquisas arqueológicas e biológicas das últimas décadas mostram claramente que a domesticação é um processo de transformação biológica, que resulta de maneira quase automática das atividades de protocultura e de protocriação, quando aplicadas a certas espécies selvagens e que se explica por mecanismos genéticos perfeitamente compreensíveis.

Os sinais arqueológicos dos primórdios do cultivo e da criação são difíceis de observar e interpretar, pois é necessário tempo antes que as plantas que se começa a cultivar e os animais que se começa a criar percam suas características selvagens originais e adquiram características domésticas manifestas. Para identificar os inícios do cultivo de uma espécie vegetal ainda selvagem, somos limitados a medir o aumento do número de seus grãos nos locais de habitação, a concentração de seu pólen em certos solos onde supúnhamos que estivessem cultivados, ou ainda a procurar a presença dos grãos e do pólen dessa espécie fora de sua área de origem (J. R. Harlan, 1987).

Quanto aos animais, pode-se medir de maneira análoga o aumento dos restos de ossadas próximos aos locais de moradia, mas esse aumento pode também provir de uma intensificação da caça. Uma distribuição dos ossos por idade e por sexo conforme a exploração de um rebanho criado para a produção de carne já é mais convincente, embora possa também testemunhar uma caça mais seletiva. As mudanças morfológicas como a redução do tamanho e o aumento de sua variabilidade, certas manifestações patológicas (anomalias da dentição, fraturas) e presença de esqueletos inteiros de animais (enquanto os esqueletos de animais de caça estão frequentemente incompletos: algumas partes eram amputadas no local do abate) são outros indícios de uma provável domesticação. Finalmente, a presença de material de criação (pedras para auxiliar na ferradura dos animais), traços de curral de gado etc., a presença de animais fora de sua área de origem e a forma nitidamente domesticada dos restos de ossadas (redução do tamanho, deformações dos ossos...) são os únicos sinais verdadeiramente indubitáveis, sobretudo quando eles estão combinados com a domesticação animal (A. Gautier, obra citada).

Escolher, cultivar e criar

Para compreender bem como foram constituídas as espécies domésticas, lembremos que, por milhões de anos, os hominídeos se contentaram em explorar pela predação, as populações vegetais e os animais selvagens, pertencentes a espécies escolhidas entre milhares de outras por sua utilidade e facilidade de exploração. No neolítico, grupos humanos sedentários começaram a mudar essa maneira de agir. Eles selecionavam pequenas coleções de indivíduos que pertenciam a uma ou outra dessas espécies para submetê-las a condições de crescimento e de reprodução novas, *artificiais*, resultantes de práticas da protoagricultura. Desde que foram cultivadas ou criadas, assim, essas frações de população particularmente escolhidas e particularmente exploradas, e as linhagens que lhes sucederam, levaram uma existência separada, diferentes daquela de seus congêneres selvagens.

Após várias gerações, as linhagens de algumas dessas espécies submetidas à protoagricultura perderam algumas de suas características genéticas, morfológicas e comportamentais selvagens originais, pouco compatíveis com seu novo modo de vida. Ao mesmo tempo elas adquiriam outros caracteres que, embora pouco vantajosos e transmissíveis, foram desde então conservados. A partir desse momento, mesmo se elas continuassem a assemelhar-se de mil maneiras a seus ancestrais e às populações selvagens persistentes, as novas formas "domésticas" assim obtidas se distinguiam por um pequeno número de caracteres, formando o que se convencionou a chamar de "síndrome de domesticação". Mas vejamos mais precisamente por quais mecanismos essa transformação pôde ocorrer.

A domesticação dos cereais

Toda população de uma espécie de cereal selvagem é heterogênea. Por exemplo, certos grãos caídos no solo germinam desde a primeira estação muito úmida e muito quente, enquanto que outras começam a vingar duas ou três estações mais tarde. Esse atraso em germinar (dormência) é condicionado por substâncias inibidoras da germinação, geralmente contidas nas pequenas folhas (glumas e glumelas) que envolvem as sementes. Enquanto que uma população se reproduz espontaneamente, essas disposições, variáveis de uma planta a outra, contribuem para repartir a germinação das sementes por várias estações consecutivas mais ou menos favoráveis, aumentando assim as chances de reprodução e de multiplicação da espécie. Ao contrário, desde que são cultivadas, quer dizer, semeadas em conjunto na primeira estação das chuvas e colhidas em conjunto durante a colheita seguinte, somente os grãos sem dormência podem ser colhidos e semeados mais tarde novamente. A semeadura e a colheita de maneira agrupadas de uma população de cereal inicialmente selvagem tendem assim a eliminar as linhagens de grãos com dormência cobertos por glumas e glumelas espessas.

Além disso, os primeiros grãos que germinam e produzem as plântulas mais vigorosas ganham na competição acirrada entre as plantas congêneres de uma mesma parcela semeada, e obtêm, por essa razão, uma descendência mais numerosa que as outras. Ora, as plântulas mais precocemente vigorosas provêm geralmente das sementes maiores cuja albumina, rica em açúcares rapidamente mobilizáveis, é relativamente mais desenvolvida que o germe, mais ricas em proteínas e em ácidos graxos. A semeadura agrupada tende, portanto, a selecionar linhagens de germinação rápida, de grandes grãos ricos em açúcares e relativamente pobres em proteínas e em gorduras.

Assim sendo, a colheita, quando realizada de uma só vez, no momento da maturidade do maior número de grãos, tende a eliminar as linhagens de maturidade tardia, cujos grãos colhidos demasiadamente cedo são infecundos. Consequentemente, as formas que possuem um grande número de inflorescências na maturidade muito escalonada tendem a ser eliminadas. Além do mais, a colheita agrupada tende a eliminar as formas cujas espigas ou espiguetas são suportadas por caules frágeis e cujos grãos, muito facilmente destacáveis, caem precocemente no solo e escapam, assim, à colheita.

Dessa forma, toda uma série de características — dormência, invólucros espessos, grãos pequenos, inflorescências numerosas e pequenas, caules frágeis, debulhagem fácil etc. — que favorecem a reprodução e a difusão espontânea das populações selvagens tornam-se antiperformantes nas condições de reprodução impostas pelas práticas de cultivo humanas e tendem, por essa razão, a ser eliminada. As características inversas — não dormência, invólucros reduzidos, grãos grandes e ricos em açúcares e pobres em proteínas e em gordura, espigas ou inflorescências únicas ou pouco numerosas, de grande porte e ricas em grãos, caules e caules embrionários resistentes, debulhagem difícil etc. — multiplicam as chances de desenvolvimento das linhagens cultivadas, suas chances de colheita na maturidade e de reprodução por semeadura.

Esse conjunto de características genéticas, morfológicas e comportamentais vantajosas — que constitui a síndrome de domesticação típica da maior parte das populações de cereais cultivados — é, assim, o produto de um mecanismo quase automático da seleção que se opera em linhagens de cereais originalmente selvagens, desde que sejam cultivadas durante várias gerações sucessivas.

Genes pouco numerosos e transmissíveis em bloco

Segundo J. Pernès (1983), a aptidão de um cereal para ser domesticado, que denominamos *domesticabilidade*, resulta de disposições genéticas e de reprodução particulares. Para o milho e para o milheto africano, os genes que comandam a síndrome de domesticação são pouco numerosos, agrupados em um mesmo cromossoma, logo, transmissíveis "em bloco", facilitando muito a passagem da forma selvagem à forma doméstica. Entretanto, como o milho, o sorgo, o milheto, o trigo, a cevada e o arroz se reproduzem preferencialmente por autofecundação (fecundação de cada planta pelo seu próprio pólen), os riscos de hibridação com as formas selvagens se reduzem, enquanto que o isolamento e a conservação dos caracteres domésticos adquiridos são facilitados.

Porém, mesmo se a seleção dos caracteres domésticos for automática, a observação, a escolha e a ação conscientes do cultivador podem ser exercidas de maneira útil para preservar e difundir as vantagens manifestas adquiridas pela seleção. Na verdade, quando uma população vegetal submetida à protocultura leva, em algumas gerações, ao aparecimento de uma síndrome de domesticação, o cultivador está então apto a escolher as linhagens visivelmente mais vantajosas, para torná-las semeá-las preferencialmente, e eliminar, assim, seus congêneres selvagens e os híbridos. Se a aparição da síndrome de domesticação for involuntária, muda-se completamente a escolha, a preservação e a difusão das espécies e das linhagens mais favoravelmente afetadas por esta síndrome. Ainda hoje, nas regiões do Sahel onde o sorgo foi domesticado e onde coexistem sorgos selvagens e cultivados, os cultivadores continuam a buscar as jovens plantas híbridas. Pode parecer curioso o fato de que os agrônomos indianos de um centro de pesquisa encarregados de "conservar os recursos genéticos" do sorgo cultivado tenham simplesmente "esquecido" de eliminar os híbridos presentes em suas coleções e desta maneira presenciado sua rápida degradação. (J. Pernès, artigo citado).

Dessa análise pode-se deduzir que a domesticação não pôde ocorrer enquanto as sementes semeadas provinham em sua grande maioria da coleta. Para que a domesticação acontecesse, seria preciso que as sementes oriundas da protocultura se tornassem dominantes e fossem semeadas novamente por várias gerações seguidas. É, portanto, improvável que a domesticação tenha podido se produzir nos centros de origem, enquanto os cereais selvagens, facilmente coletáveis, fossem superabundantes em relação às necessidades da população.

A domesticação das outras plantas

Outras plantas de sementes

Nas plantas com grãos distintas dos cereais, a forma geral do processo de domesticação é bastante semelhante. Por exemplo, enquanto as populações de leguminosas selvagens dispõem geralmente de vagens que se abrem facilmente quando maduras para facilitar a disseminação das sementes, e de sementes com dormência de germinação diferida, as populações domesticadas perderam essas características. Podemos constatar também que com a domesticação surge uma tendência à constituição de inflorescências menos numerosas, maiores, com sementes numerosas e com maturação uniforme.

Plantas de multiplicação vegetativa

Nas plantas de multiplicação vegetativa que os cultivadores reproduzem por estaquia de um fragmento do caule (mandioca) ou enterrando um fragmento de tubérculo (batata, inhame), por plantio de um pedaço de rizoma ou rebento lateral (bananeira), cada planta cultivada herda de forma idêntica os caracteres genéticos da planta-mãe. De tal maneira que é comum supor que as qualidades aparentes de uma planta-mãe selvagem, escolhida por ter dado bons e belos tubérculos, frutos ou raízes, as transmitam integralmente aos seus descendentes cultivados.

Ora, não é tão simples assim. Certas plantas proporcionam boas colheitas devido as suas características genéticas próprias, e essa qualidade é, desde então, transmissível. No entanto, outras plantas que não possuem essas características genéticas vantajosas dão resultados tão bons ou ainda melhores quando se desenvolvem em condições microlocais muito favoráveis de solo, de exposição à luz, de umidade ou ausência de concorrência. Ao contrário, plantas geneticamente vantajosas podem encontrar-se em condições desfavoráveis que as impedem de manifestar suas qualidades intrínsecas. Foi, portanto, preciso tempo e atenção para separar as plantas geneticamente vantajosas das plantas simplesmente favorecidas por suas condições de desenvolvimento.

Plantas favorecidas não domesticadas

Pode-se também favorecer uma espécie sem necessariamente cultivá-la. Certas espécies úteis em muitos aspectos são apenas preservadas. A palmeira para extração de óleo, por exemplo, de nascimento espontâneo nas bordas da floresta equatorial, é *poupada* no momento dos desmatamentos. O baobá, cujos frutos e folhas são consumidos e a casca fornece fibras, o karité, cujo fruto fornece a manteiga do mesmo nome são *protegidas* da superexploração. Outras espécies, como a *Acácia albida*, árvore forrageira de entressafra e que contribui amplamente à reprodução da fertilidade de muitos solos agrícolas do Sahel, não são apenas protegidas, mas *propagadas* fora de suas áreas naturais. Entretanto, todas as espécies favorecidas de uma maneira ou de outra pelo homem não adquirem necessariamente características domesticadas particulares.

A domesticação dos animais

O princípio da protocriação dos animais consiste em subtrair uma população animal selvagem de seu modo de vida natural para *poupá-la*, *protegê-la* e *propagá-la* visando explorá-la mais cômoda e intensamente. A cada geração, essa população se encontrará submetida a condições de vida e de reprodução distintas das populações que permaneceram selvagens. Essas novas condições tendem a eliminar certas características genéticas, comportamentais e morfológicas e a selecionar outras, sejam elas as características preexistentes nas populações selvagens de origem, ou surgidas por mutação durante o processo de domesticação. Os mecanismos que comandam esta evolução equivalem aos que regem as plantas. No entanto, é preciso considerar que nos animais, não se descobriu um conjunto de genes ligados, selecionáveis em bloco, que determinassem uma "síndrome de domesticação". Isso não impede que exista, também, na maior parte dos animais primitivamente domesticados, um conjunto de características típicas que os distinguem de seus congêneres selvagens.

Assim, nas condições da protocriação, os animais mais temerosos que recusam alimentar-se ou reproduzir-se em cativeiro ficam sem descendência. Os animais agressivos, violentos, perigosos são geralmente eliminados pelos criadores que abatem também, de preferência para consumi-los, particularmente, os animais de maior porte. O manejo em grandes rebanhos permite a sobrevivência dos animais mais vulneráveis que são, assim, mais bem-protegidos, ao passo que teriam sido eliminados caso vivessem em pequenos grupos em estado selvagem. Castrando, ou mantendo uma parte dos machos afastados das fêmeas no período do cio, os criadores permitiram aos animais pouco vigorosos e pouco ativos de participar da reprodução. Enfim, os animais de criação sofrem com frequência escassez e carências às quais os animais de pequeno porte resistem melhor do que os grandes. Finalmente, de geração em geração, a protocriação, tende, portanto, geralmente, a selecionar animais pouco sensíveis, pouco nervosos, pouco vigorosos e de pequeno porte, isto é, todos os caracteres típicos das espécies animais domésticas primitivas. (A. Gautier, op. cit.).

Se então as plantas domésticas aparecem logo de início, como "melhoradas" em relação às suas ancestrais selvagens (grãos mais numerosos e maiores etc.), os animais domésticos primitivos, por sua vez, aparecem como "degradados". Mas, quer pareçam "melhoradas" ou "degradadas", as espécies domesticadas são bem mais adaptadas às novas condições de vida que lhes foi criada do que suas ancestrais selvagens. Assim, são mais vantajosas para o cultivador e para o criador. Sejam quais forem essas vantagens, ocorre que, no conjunto, elas foram obtidas involuntariamente. Uma espécie domesticada é, de fato, o produto final, desconhecido e inconcebível inicialmente, de um processo de seleção comandado por toda uma série de atos de cultivo e de criação, em que cada um visava, a muito curto prazo, algo completamente diferente desse resultado distante e absolutamente imprevisível.

Acrescentemos, para terminar, que se muitas espécies vegetais foram protocultivadas sem jamais terem sido domesticadas, muitas espécies animais foram capturadas e submetidas a diversas práticas de criação sem, no entanto, terem sido domesticadas. Essas práticas não deixaram vestígios, exceto em registros históricos. Assim, no antigo Egito, por exemplo, por muito tempo cevaram pelicanos, garças reais e mantiveram em cativeiro as hienas, as gazelas e os *oryx* (antílope dos desertos com chifres muito longos e pontudos semelhante a uma gazela) sem que isso chegasse a domesticá-los. É necessário dizer que nem todas as espécies animais eram domesticáveis. As espécies que não se reproduzem em cativeiro, as pouco precoces, cujos filhotes exigem longos anos de cuidados, e as espécies frágeis, bizarras ou violentas não se prestam à domesticação. As espécies pouco sociáveis, que vivem em famílias restritas e que marcam o seu território também não são de fácil manejo.

CONCLUSÃO

Como escreveu J. R. Harlan (1972), "a agricultura nunca foi descoberta ou inventada". No estado atual dos conhecimentos, ela aparece como o resultado de um longo processo de evolução que afetou muitas sociedades de *Homo sapiens sapiens* no fim da Pré-história, na época neolítica. As sociedades de predadores que se transformaram em sociedades de agricultores estavam dentre as mais avançadas da época. Elas dispunham de instrumentos sofisticados de pedra, exploravam os recursos vegetais bastante abundantes para lhes permitir viver de forma sedentária agrupadas em vilarejos, praticando, sem dúvida, o culto a seus ancestrais. Enfim, considerando J. Cauvin (1994), elas já veneravam também algumas divindades.

As condições técnicas, ecológicas e culturais bem particulares nas quais emergiram as primeiras sociedades agrárias da história só foram reunidas há muito pouco tempo, e somente em algumas regiões privilegiadas do planeta. Compreende-se então porque a revolução agrícola neolítica não poderia ter acontecido no tempo do *Homo erectus*, ou dos primeiros *Homo sapiens*, ou em todas as regiões do mundo ao mesmo tempo. A agricultura neolítica expandiu-se a seguir num mundo em vias de *neolitização* desenvolvido de modo muito desigual, frequentemente por colonização agrária direta, ou pela conversão, passo a passo, de sociedades de caçadores-coletores. Estas sociedades, diga-se de passagem, eram muito avançadas.

Essa expansão agrícola neolítica permitiu, com certeza, um forte crescimento da população mundial, mas, ao contrário, ela não foi, em geral, uma resposta à crise da predação nas sociedades de caçadores-coletores nômades já existentes. Ao contrário, nos centros de origem da agricultura neolítica, é provável que as populações sedentárias agrupadas em vilarejos em forte expansão, cada um deles explorando um território definido, tenham se chocado, num determinado momento, com os limites de explorabilidade desse território por simples predação. A partir desse momento, o tempo necessário para colher e caçar as espécies selvagens superexploradas tornou-se superior ao tempo necessário para cultivá-las e criá-las. Entretanto, e como as condições técnicas (utensílios) e etológicas (sedentarismo) já se encontravam reunidas, a protocultura e a protocriação tornaram-se, então, nesses lugares, mais vantajosas que a simples predação. Restava, todavia, a essas sociedades, gerar a última e a mais difícil das condições necessárias ao desenvolvimento da agricultura. Tratava-se de uma verdadeira revolução social e cultural que, por mais necessária que nos pareça *a posteriori*, continua sem explicação e irredutível a essa necessidade.

Quanto à domesticação, mesmo que não haja dúvida de que os primeiros agricultores soubessem reconhecer e preservar as linhagens de plantas e de animais que lhes traziam vantagens evidentes, ela surgia como um resultado final não premeditado, inconcebível a priori, das práticas da protocultura e da protocriação aplicadas a populações de espécies selvagens particularmente exploradas, algumas das quais se revelaram progressivamente "domesticáveis".

Partindo dos conhecimentos atuais, já ricos, mas ainda lacunares, confusos e contraditórios, tentamos produzir uma representação compreensível da revolução agrícola neolítica, com seus centros de origem, suas áreas de extensão, suas áreas secundárias de domesticação, seus mecanismos de domesticação de plantas e de animais. Assim concebida, essa imensa aventura da humanidade aparece nos seus primórdios, muito mais como o produto de uma história técnica e cultural que alcançou certo estágio e prosseguiu com novos meios, sob determinadas condições geográficas e ecológicas, do que como o resultado de uma revelação, de um acaso feliz, ou de um livre arbítrio humano exercendo-se fora dessas condições e dessas possibilidades historicamente constituídas e geograficamente definidas.

Essa reconstituição da revolução agrícola neolítica apoia-se nos traços das atividades humanas pacientemente recolhidas, ordenadas e interpretadas pelos arqueólogos. Esses traços testemunham principalmente as mudanças que intervieram na vida material dos homens da época. A ausência de uma fonte escrita torna praticamente impossível o conhecimento de seus pensamentos. Entretanto, está fora de dúvida que estas mudanças foram acompanhadas, para os homens que as viveram, de uma transformação em sua relação com o mundo e com eles próprios. A revolução agrícola neolítica certamente exigiu dos homens que a fizeram — mesmo que isso seja impossível de compreender e reconstituir — uma infinidade de invenções, de escolhas, de iniciativas e de reflexões em todas as áreas da vida material e social, mas também nos domínios do pensamento, das crenças, da moral, da linguagem e de outros meios de expressão.

Capítulo 3
Os sistemas de cultivo de derrubada-queimada em meios arborizados
O desmatamento e a formação dos sistemas agrários pós--florestais

1. Formação dos sistemas de cultivo de derrubada-queimada
2. Organização e funcionamento
3. Dinâmica dos sistemas de cultivo de derrubada-queimada
4. Surgimento e diferenciação dos sistemas agrários pós--florestais
5. Problemas de desenvolvimento dos atuais sistemas agrários florestais

> *O homem, que desdenha aquilo que se formou sem sua intervenção, acredita [...] estar valorizando [o planeta] destruindo a acumulação lenta da riqueza vegetal produzida pela colaboração mil vezes secular da atmosfera e do globo terrestre. A grande floresta [...] tropical [...], este imenso laboratório de climas, este cinturão vegetal de veludo úmido e morno de onde se alçam, em movimentos harmoniosos, espirais ritmadas de ondas atmosféricas, será esta floresta transformada sabiamente, explorada com o respeito do homem e da natureza, considerando as relações entre o solo e a atmosfera? Ou bem ceder-se-á à tentação ao impulso de violentar a terra, atacando pelas vias rápidas a floresta tropical? Neste caso, saibamos que será a própria humanidade que estará exposta ao perigo, [...] pelo desequilíbrio da atmosfera e pela introdução da instabilidade dos climas no mundo inteiro.*
>
> F. Shrader, *Atlas de géographie historique*, 1896.

Os cultivos de derrubada-queimada são praticados em meios arbóreos variados: floresta densa, floresta secundária, capoeira, savana arborizada etc. São praticados em terrenos previamente desmatados por uma roçada, ou seja, por um abate seguido de queimada, mas sem destocagem. As parcelas desmatadas são cultivadas apenas durante um, dois ou no máximo três anos, raramente mais que isso, e depois são abandonadas ao pousio florestal por um ou vários decênios, até serem novamente desmatadas e cultivadas. Os sistemas de cultivo de derrubada-queimada em meio arborizado, que podemos também chamar de *sistemas agrários florestais*, são sistemas em que cultivos temporários se alternam com um pousio florestal de longa duração, para assim formar uma rotação cuja duração varia de 10 a 50 anos.

Esses sistemas originaram-se na época neolítica. Desde então se expandiram pela maior parte das florestas e outros meios arborizados cultiváveis do planeta, onde perduraram por milhares de anos. Em cada região do mundo, essa *dinâmica pioneira* se fez acompanhar de um forte crescimento demográfico e continuou enquanto restaram áreas arborizadas acessíveis, ainda não desmatadas. Na medida em que todas essas reservas virgens foram sendo ocupadas pelo homem e a densidade da população continuando a aumentar, a frequência e a intensidade dos desmatamentos aumentaram, iniciando-se uma *dinâmica de desmatamento* (ou de desflorestamento) das terras cultivadas com o sistema de derrubada-queimada, o que acabou tornando impossível a continuidade deste modo de cultivo. Ao desmatamento geralmente traduziu-se por uma degradação da fertilidade, pelo aparecimento de processos erosivos mais ou menos graves conforme o biótopo, e uma mudança do clima capaz de levar até mesmo à desertificação.

A dupla crise-ecológica e de subsistência que daí resultou só foi superada pelo desenvolvimento de novos *sistemas agrários "pós-florestais"* muito diferenciados. Estes são os sistemas hidráulicos nas regiões áridas, sistemas com alqueive nas regiões temperadas, sistemas de savana nas regiões tropicais, sistemas de rizicultura aquática nas regiões de monção, sistemas de pastoralismo em formações herbáceas secundárias resultantes do desmatamento etc.

Porém, ainda hoje diversas formas de cultivos de derrubada-queimada continuam a existir e a estender-se pelas florestas tropicais da África, da Ásia e da América do Sul, recebendo denominações bastante variadas: *tavy* em Madagascar, *ladang* na Indonésia, *ray* na Península Indochinesa, *kaingin* nas Filipinas, *milpa* na América central, *lougan* na África etc.[1] Em todas essas regiões, o desflorestamento progride rapidamente devido à explosão demográfica, mas também devido à exploração da madeira tropical e à expansão de plantações e áreas de criação. A questão da sobrevivência e da transformação dos sistemas de cultivo de derrubada-queimada é, portanto, ainda hoje uma questão urgente.

Este capítulo tem como objetivo responder às seguintes questões:

---

[1] No Brasil, esse sistema de cultivo é chamado de agricultura de queimada, de coivara, de toco etc. (N.T.)

De onde são originários os sistemas de cultivo de derrubada-queimada e como se formaram? Por detrás da diversidade de suas formas quais são as características essenciais de organização e de funcionamento que fundamentam sua unidade?

Quais são as razões e a extensão, por um lado, de sua expansão pioneira e, de outro, sua extinção por meio do desmatamento? E quais foram, nas diferentes partes do mundo, as consequências desse desmatamento?

Enfim, quais são os problemas dos cultivadores florestais hoje e em que medida o conhecimento dos sistemas de cultivo de derrubada-queimada pôde evitar graves erros na formulação de projetos e políticas que lhe dizem respeito?

1 FORMAÇÃO DOS SISTEMAS DE CULTIVO DE DERRUBADA-QUEIMADA

Uma origem muito antiga

Se hoje é universalmente admitido que os sistemas de cultivo de derrubada-queimada apareceram e se expandiram pelo mundo desde a época neolítica, esse gênero de agricultura não foi, no entanto, o primeiro a ser praticado. Os resultados dos trabalhos arqueológicos fazem pensar que os primeiros cultivos neolíticos estavam instalados em espécies de hortas próximas às moradias, já desmatadas, fertilizadas pelos dejetos domésticos, ou sobre terrenos recentemente aluvionados pelas cheias dos rios. Mas como as zonas privilegiadas eram, por natureza, muito restritas, quando as atividades de cultivo e de criação ganharam amplitude, elas necessariamente se estenderam pelas formações arborizadas e herbáceas vizinhas.

Armados com machados de pedra polida relativamente eficientes para cortar arbustos e árvores, mas contando apenas com o bastão plantador munido de lâmina como instrumento de trabalho para solo, os agricultores neolíticos estavam de fato mais bem aparelhados para desmatar e cultivar uma floresta que para desmatar e cultivar um tapete herbáceo denso. É por isso que as populações neolíticas que ocuparam as regiões arborizadas desenvolveram amplamente os cultivos, enquanto que aquelas que se espalharam pelas pradarias, savanas e estepes desenvolveram sobretudo a criação animal.

Sabe-se pouca coisa sobre a maneira como eram praticados os cultivos de derrubada-queimada naquela época longínqua. Não existe testemunho escrito relativo a esse tema, pois as primeiras civilizações que utilizaram a escrita se desenvolveram no princípio da idade dos metais, muitos milhares de anos depois dos primórdios da agricultura e em regiões onde os sistemas de cultivo de derrubada-queimada estavam em vias de desaparecimento. Entretanto, no momento da colonização, certos povos cultivadores da América, do sudeste da Ásia e da Polinésia ainda utilizavam machados de pedra polida. Mas se suas práticas agrícolas foram muitas vezes relatadas, elas foram modificadas também pelo uso dos metais antes mesmo de se tornar objeto de um estudo sistemático. Existem ainda nas florestas de Papua-Nova-Guiné alguns cultivadores que utilizam esse tipo de instrumento (Ch. Jeunesse, P. Pétrequin, 1996) e certamente seria muito interessante estudar a sua agricultura antes que fosse tarde. Enfim, as experiências de cultivo de derrubada-queimada realizadas por certos arqueólogos usando um instrumento de pedra polida são sem dúvida alguma interessantes, mas são igualmente limitadas para delas tirarmos hipóteses sólidas sobre a maneira pela qual procediam realmente os cultivadores da época neolítica.

Assim, somente o estudo dos cultivos de derrubada-queimada tal qual se praticam hoje nas florestas e nas savanas arborizadas, com um instrumento metálico, representa uma base de análise comparativa suficiente para compreender como os sistemas de cultivo de derrubada-queimada puderam se constituir, se estender tão amplamente, e durar por tanto tempo.

O cultivo em meio arborizado

Derrubada, queimada e preparação do solo

Para instalar cultivos em um meio arborizado pouco denso é preciso primeiro encontrar um bom espaço de solo exposto ao sol, destruindo total ou parte da vegetação espontânea. Assim, quando deparam com uma floresta primária poderosa, os cultivadores florestais munidos de machados e de facões se empenham em abrir uma clareira parcial: cortam somente a vegetação que cresce abaixo das árvores e fáceis de abater. Nos meios arborizados menos pujantes, o desmatamento se acentua a tal ponto que quase a totalidade da madeira de pé pode ser abatida, sendo que apenas algumas árvores úteis são conservadas. Em todo caso, quer seja parcial ou completo o abate não é um desmatamento integral, porque não inclui arrancar os cepos (ou seja, a destoca) nem uma limpeza sistemática do solo.

Após o abate, o terreno estará entulhado em sua superfície com folhagens e ramagens e troncos mortos a serem eliminados antes de semear ou de plantar. O procedimento mais comum consiste em deixar secar esse material vegetal, depois queimá-lo pouco antes das chuvas e procedendo a semeadura de forma que os cultivos se beneficiem ao máximo dos minerais nutritivos contidos nas cinzas. Em certas sociedades de cultivadores fracamente equipados, as queimadas são seguidas diretamente pelas operações de semeadura ou de plantação, sem preparo específico do solo. As

História das agriculturas no mundo

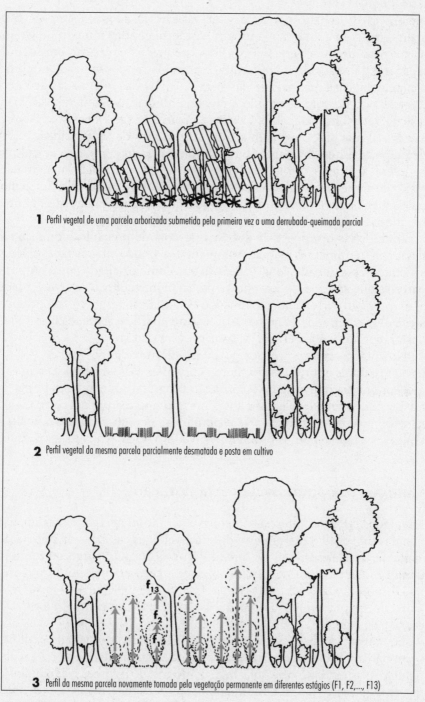

1 Perfil vegetal de uma parcela arborizada submetida pela primeira vez a uma derrubada-queimada parcial

2 Perfil vegetal da mesma parcela parcialmente desmatada e posta em cultivo

3 Perfil da mesma parcela novamente tomada pela vegetação permanente em diferentes estágios (F1, F2,..., F13)

Figura 3.1. Perfis vegetais de uma parcela arborizada e cultivada com sistema de derrubada--queimada

sementes, os brotos ou as estacas são assim colocados em simples covas abertas no solo com a ajuda de um bastão plantador munido de lâmina (cajado) ou de uma pequena pá. Essas pequenas covas são em seguida tapadas e compactadas para facilitar a germinação dos grãos ou o rebrote das plantas. Mas, na maioria das vezes, depois das queimadas acontece um trabalho do solo destinado a favorecer o desenvolvimento das plantas cultivadas. Esse trabalho, executado com a enxada, consiste em abrir, revolver e misturar o solo em alguns centímetros de profundidade, a fim de preparar o que chamamos um leito de semeadura, ou leito de cultivo. Para semear cereais, o solo revolvido é deixado de modo a formar um leito plano de semeadura, de espessura uniforme. Mas para plantar tubérculos ou estacas, os horizontes superficiais do solo são em seguida reunidos quer em montículos arredondados, quer em camalhões alongados.

Todas essas operações de desmatamento e de preparação do solo são feitas com ferramentas manuais rudimentares, pouco diferenciadas e pouco eficientes. Esse trabalho longo e penoso tem como resultado único propiciar parcelas que são apenas temporal e parcialmente cultiváveis. Na verdade, as árvores não derrubadas, os troncos e as raízes não arrancados continuam a entulhar o terreno, de maneira tal que a superfície semeada e colhida é bastante inferior à superfície da parcela desmatada.

No entanto, muitos troncos de árvores derrubadas continuam vivos, a partir dos quais os brotos se formam rapidamente e se misturam às árvores que continuaram de pé para reconstituir progressivamente uma formação arborizada secundária. Enfim, antes mesmo que a arborização tenha começado a se reconstituir, ervas espontâneas do sub-bosque aproveitam também a clareira para se proliferar e invadir o solo destinado aos cultivos.

Cultivos temporários de curta duração

Em alguns sistemas, pratica-se apenas um cultivo após o desmatamento que deverá suprir a maior parte das necessidades calóricas da população. Trata-se frequentemente de cereais como o arroz, o sorgo ou o milho, de um tubérculo como o inhame, uma raiz como a mandioca ou o taro, que fornecerão uma alimentação de base, rica em glicídios. O restante da alimentação provém das hortas ou das atividades de criação, de caça, de pesca e de coleta.

Em outros sistemas, o cultivo principal é seguido de um ou dois cultivos secundários: leguminosas ricas em proteínas e em lipídeos como a ervilha, o feijão, o amendoim ou a soja, bem como frutas, legumes e condimentos diversos que servem para fazer molhos, como o tomate, o quiabo, a berinjela e a pimenta. O cultivo principal é instalado imediatamente após o desmatamento e a preparação do solo, de modo que propicie as melhores condições de fertilidade. Os cultivos secundários, menos exigentes, menos essenciais e menos produtivos vêm em seguida e são frequentemente praticados em *associação*. São justapostos e se sucedem de modo a satisfazer as necessidades alimentares escalonadas e variadas, explorando metodicamente o resto de fertilidade do solo cultivado. Pode acontecer que um segundo cultivo de cereal, de tubérculos ou de raízes suceda ao primeiro, ou ainda que esses cultivos se misturem aos cultivos secundários. Entre os Baoulés do centro sul da Costa do Marfim, por exemplo, os cultivos associados de milho, de taro, de amendoim, de tomate, de berinjela e de quiabo ocupam em um segundo ano, os canteiros cultivados com inhame do ano precedente. Enfim, ocorre por vezes que se aproveite o último ano de cultivo para implantar uma planta plurianual como a banana plantano (pecova, da terra, do mato) que brotará no meio da vegetação selvagem e que fornecerá, no momento certo, alguma colheita complementar (M. Mazoyer, 1972).

Os cultivos de derrubada-queimada são cultivos temporários que em geral duram apenas um, dois ou no máximo três anos, raramente de maior duração.

Um pousio arbóreo de longa duração

Após esse curto período de cultivo, a parcela é abandonada à um pousio arbóreo de longa duração, antes de ser novamente desmatada e posta em cultivo. Conforme o sistema, a duração desse pousio varia entre dez e várias dezenas de anos:

- quando um pousio dura de trinta a cinquenta anos, um bosque secundário poderoso tem tempo de se reconstituir e como o ecossistema florestal permanece predominante, pode-se então falar de floresta cultivada e de sistema agrário florestal;
- quando o pousio dura menos de vinte anos, ele não ultrapassa o estágio floresta secundária baixa, e é preciso desmatar mais completamente as parcelas destinadas ao cultivo para obter um elevado volume de cinzas e assim obter bons rendimentos.
- quando o período de pousio não dura mais de dez anos, a vegetação permanece no estado de uma vegetação arbustiva de pequeno porte, e, nesse caso, já não se pode falar de sistema agrário florestal;
- enfim, quando a duração do pousio cai para seis ou sete anos, a vegetação herbácea se torna predominante e os cultivos são postos em rotação com um pousio herbáceo que não pode mais ser desmatado com o sistema de derrubada-queimada; estamos então diante de um sistema agrário pós-florestal.

Os cultivos de derrubada-queimada são, portanto, temporários e de curta duração, alternando-se com um longo período de pousio arbóreo para formar uma rotação que possa variar, conforme o sistema, entre dez e cinquenta anos. Mas apesar de serem temporários, esses cultivos devem assegurar de ano em ano uma produção regular. Todos os anos, cada família de agricultor deve desmatar uma superfície arborizada suficiente para ali praticar o cultivo principal que corresponda às suas necessidades; a cada ano, esse cultivo muda de lugar e da mesma forma os cultivos secundários que lhes sucedem também se deslocam. É por isso que se diz que os cultivos *temporários* são também *itinerantes*.

Não se deve deduzir daí que os cultivadores de derrubada-queimada sejam nômades. Ao contrário, são geralmente sedentários que vivem agrupados em vilarejos e cujos cultivos se deslocam num raio de alguns quilômetros em torno das habitações. Cada vilarejo deve, portanto, dispor a cada momento de uma quantidade de reservas de pousios antigos e extensos o bastante para ali instalar os cultivos de todas as famílias do vilarejo; o que quer dizer que se deve dispor, ao lado das superfícies cultivadas, de superfícies mais ou menos equivalentes de pousio de todas as idades, que serão desmatadas umas após as outras ao longo dos anos seguintes. Todavia, uma vez desmatadas, certas florestas tropicais frágeis dificilmente são reconstituídas e, após alguns anos de cultivo, a savana herbácea se instala permanentemente. Nesse caso, após ter desmatado e cultivado pelo maior tempo possível todas as florestas da vizinhança, transformado-as em savanas, a população deve se deslocar para fundar um novo vilarejo em uma zona ainda suficientemente arborizada. Dessa forma, segundo P. Gourou (1984), os vilarejos de alguns povos de montanha do norte do Laos e do Vietnam se deslocam a cada dez ou vinte anos. Mas esse gênero de sistema, que se pode a rigor qualificar de "nômade", é bastante raro.

2 ORGANIZAÇÃO E FUNCIONAMENTO

O ecossistema cultivado

Além dos terrenos arborizados periodicamente desmatados, o ecossistema cultivado é formado por hortas-pomares contíguos às habitações, e contém geralmente criações com animais de grande e pequeno porte. Frequentemente o território da cada vilarejo apresenta também alguns terrenos arborizados "virgens", cultiváveis ou não, ainda não desmatados.

Os terrenos arborizados periodicamente cultivados

Para compreender perfeitamente como os cultivos e os pousios de todas as idades se repartem no tempo e no espaço, consideremos o caso de uma família que se instala num vilarejo de cultivadores florestais para aí praticar cultivos temporários de dois anos, alternados com um pousio arbóreo de treze anos, formando, assim, uma rotação de quinze anos.

Rotações e afolhamentos[2]

O quadro da página seguinte mostra como, ao longo dos anos, essa rotação se desenvolve em cada nova parcela desmatada:

- no primeiro ano, a família recém-instalada desmata uma primeira parcela p1 para aí desenvolver o cultivo do primeiro ano c1;
- no segundo ano, ela desmata uma segunda parcela p2 para desenvolver o cultivo c1, enquanto no lote p1 desmatado no ano anterior, ela desenvolve o cultivo do segundo ano c2.
- no terceiro ano, ela desmata uma terceira parcela p3, para ali desenvolver o cultivo c1, desenvolve o cultivo c2 sobre a parcela p2 e abandona a parcela p1 ao pousio de primeiro ano f1;
- e assim sucessivamente até o décimo quinto ano, durante o qual ela desmata a décima quinta parcela p15 para aí desenvolver o cultivo c1; ela desenvolve então o cultivo c2 na parcela p14 e abandona a parcela p13 ao pousio de primeiro ano f1;

Ao cabo de quinze anos, a primeira parcela desmatada p1 terá, então, visto suceder-se, na ordem, dois anos de cultivo c1 e c2 e treze anos de pousio f1, f2...f13. No décimo sexto ano, essa parcela p1 será novamente desmatada e por ela passará a mesma sucessão de cultivos e de pousios. A repetição periódica (aqui a cada quinze anos) sobre uma mesma parcela da mesma sucessão de cultivos e de pousios constitui o que chamamos uma *rotação*.

O quadro mostra também como ao cabo de quinze anos, um *afolhamento* completo de cultivos e de pousios de todas as idades se constitui. Quando no décimo quinto ano, as quinze parcelas anteriormente desmatadas (p1, p2..., p15) são respectivamente ocupadas por pousios cada vez mais jovens (f13, f12..., f1) e pelo dois cultivos c2 e c1. Chama-se *afolhamento* essa repartição no espaço, entre as diferentes parcelas, de todos os tipos de pousios e de cultivos que formam a rotação. No ano seguinte, o afolhamento será sempre composto dos mesmos tipos de pousios e de cultivos, mas cada

---

[2] Do francês "assolement". Divisão das terras de um estabelecimento agrícola em tantas partes, chamadas de "folhas", quantos são os cultivos principais. Na prática, confunde-se seguidamente "afolhamento" com rotação de cultivos, que é a ordem de sucessão dos cultivos em uma "folha" (*Larousse Agricole*, 1981). Em decorrência da inexistência de uma denominação consensual em termos agronômicos no Brasil, optou-se pela utilização do termo agronômico de origem portuguesa "afolhamento". (N.T.)

Rotação de 15 anos (c1, c2, f1, f2...f 13)
e afolhamento de 15 parcelas (p1, p2,...p15)

Parcelas

Anos	p_1	p_2	p_3	p_4	p_5	p_6	p_7	p_8	p_9	p_{10}	p_{11}	p_{12}	p_{13}	p_{14}	p_{15}
1	c_1														
2	c_2	c_1													
3	f_1	c_2	c_1												
4	f_2	f_1	c_2	c_1											
5	f_3	f_2	f_1	c_2	c_1										
6	f_4	f_3	f_2	f_1	c_2	c_1									
7	f_5	f_4	f_3	f_2	f_1	c_2	c_1								
8	f_6	f_5	f_4	f_3	f_2	f_1	c_2	c_1							
9	f_7	f_6	f_5	f_4	f_3	f_2	f_1	c_2	c_1						
10	f_8	f_7	f_6	f_5	f_4	f_3	f_2	f_1	c_2	c_1					
11	f_9	f_8	f_7	f_6	f_5	f_4	f_3	f_2	f_1	c_2	c_1				
12	f_{10}	f_9	f_8	f_7	f_6	f_5	f_4	f_3	f_2	f_1	c_2	c_1			
13	f_{11}	f_{10}	f_9	f_8	f_7	f_6	f_5	f_4	f_3	f_2	f_1	c_2	c_1		
14	f_{12}	f_{11}	f_{10}	f_9	f_8	f_7	f_6	f_5	f_4	f_3	f_2	f_1	c_2	c_1	
15	f_{13}	f_{12}	f_{11}	f_{10}	f_9	f_8	f_7	f_6	f_5	f_4	f_3	f_2	f_1	c_2	c_1
16	c_1	f_{13}	f_{12}	f_{11}	f_{10}	f_9	f_8	f_7	f_6	f_5	f_4	f_3	f_2	f_1	c_2
17	c_2	c_1	f_{13}	f_{12}	f_{11}	f_{10}	f_9	f_8	f_7	f_6	f_5	f_4	f_3	f_2	f_1
18	f_1	c_2	c_1	f_{13}	f_{12}	f_{11}	f_{10}	f_9	f_8	f_7	f_6	f_5	f_4	f_3	f_2
19	f_2	f_1	c_2	c_1	f_{13}	f_{12}	f_{11}	f_{10}	f_9	f_8	f_7	f_6	f_5	f_4	f_3
20	f_3	f_2	f_1	c_2	c_1	f_{13}	f_{12}	f_{11}	f_{10}	f_9	f_8	f_7	f_6	f_5	f_4
21	f_4	f_3	f_2	f_1	c_2	c_1	f_{13}	f_{12}	f_{11}	f_{10}	f_9	f_8	f_7	f_6	f_5
22	f_5	f_4	f_3	f_2	f_1	c_2	c_1	f_{13}	f_{12}	f_{11}	f_{10}	f_9	f_8	f_7	f_6
23	f_6	f_5	f_4	f_3	f_2	f_1	c_2	c_1	f_{13}	f_{12}	f_{11}	f_{10}	f_9	f_8	f_7
24	f_7	f_6	f_5	f_4	f_3	f_2	f_1	c_2	c_1	f_{13}	f_{12}	f_{11}	f_{10}	f_9	f_8
25	f_8	f_7	f_6	f_5	f_4	f_3	f_2	f_1	c_2	c_1	f_{13}	f_{12}	f_{11}	f_{10}	f_9
26	f_9	f_8	f_7	f_6	f_5	f_4	f_3	f_2	f_1	c_2	c_1	f_{13}	f_{12}	f_{11}	f_{10}
27	f_{10}	f_9	f_8	f_7	f_6	f_5	f_4	f_3	f_2	f_1	c_2	c_1	f_{13}	f_{12}	f_{11}
28	f_{11}	f_{10}	f_9	f_8	f_7	f_6	f_5	f_4	f_3	f_2	f_1	c_2	c_1	f_{13}	f_{12}
29	f_{12}	f_{11}	f_{10}	f_9	f_8	f_7	f_6	f_5	f_4	f_3	f_2	f_1	c_2	c_1	f_{13}
30	f_{13}	f_{12}	f_{11}	f_{10}	f_9	f_8	f_7	f_6	f_5	f_4	f_3	f_2	f_1	c_2	c_1

um desses tipos terá se deslocado para ocupar a parcela desmatada um ano mais tarde.

No entanto, cada família também pode a cada ano desmatar mais do que uma parcela, e em um vilarejo composto por muitas famílias praticando a mesma rotação, um grande número de parcelas são desmatadas a cada ano, conhecendo cada uma delas a mesma sucessão de cultivos ou de pousios. É chamada *folha* o conjunto de parcelas que se encontram num dado momento no mesmo estágio de cultivo ou de pousio. Assim, existe a *folha* de cultivo principal c1, a *folha* c2, ou da *folha* de pousio f1, ou f2.

Nos sistemas em que as terras cultiváveis são abundantes, as parcelas a desmatar são atribuídas às famílias sem restrição de superfície, e sem considerar quem as havia cultivado anteriormente. Essas parcelas são, então, dispersas e de forma variável. Acrescentemos que quando a rotação é longa, a escolha das parcelas a desmatar depende mais do estado de desenvolvimento do pousio arbóreo que de sua idade exata; nesse caso, a duração do pousio não é rigorosamente constante, varia de alguns anos para mais ou para menos em relação a sua duração média.

Afolhamento regulado

Quando não há reserva de terras inutilizadas, pode acontecer que a rotação e o *afolhamento* sejam rigorosamente organizados. Isso acontece em certos vilarejos de cultivadores da mandioca no sudoeste de Brazzaville, que pudemos estudar. Sendo de doze anos a rotação praticada, todo o espaço que cerca a vila é subdividido em doze *folhas* iguais: dez *folhas* de pousios (f1,f2,...f10) e duas *folhas* de mandioca, uma de primeiro ano e outra de segundo ano (m1 e m2). Essas *folhas* são de um só indivíduo que utiliza a terra, dispostas lado a lado obedecendo a uma ordem segundo a qual são desmatadas e cultivadas, de maneira que o plano de *afolhamento* seja diretamente visível sobre o terreno. A cada ano, a *folha* com pousio mais antiga (f10) é subdividida em parcelas justapostas e quadrangulares e repartidas entre as famílias para serem desmatadas e cultivadas com a mandioca.

Num sistema desse gênero, os cultivadores do vilarejo são obrigados a seguir uma rotação e um *afolhamento* comum a todos: fala-se de rotação obrigatória e *afolhamento* regulado. P. Gourou (op. cit.), citando R. Champsolaix, remete a um caso ainda mais surpreendente deste gênero de *afolhamento* regulado. Um vilarejo *ma* das montanhas do Vietnam do Sul dispunha, aproximadamente na metade do século, de um território de 2.250 ha, dos quais 700 ha de blocos da granito e de pântanos, e de 1.550 ha de floresta cultivável dividida em 38 *folhas* de 40 ha mais ou menos cada uma. Cada ano todas as parcelas desmatadas pelos habitantes do vilarejo eram agrupadas em uma dessas *folhas*, e ano a ano, os cultivos se deslocavam de modo a voltar ao cabo de 38 anos ao ponto de partida.

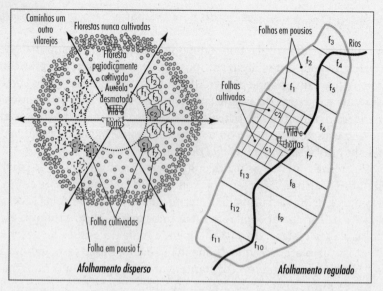

Figura 3.2. Esquemas de organização de uma pequena região de cultivadores florestais

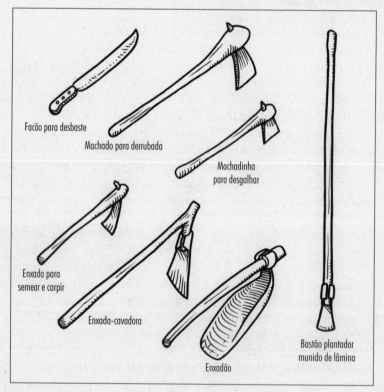

Figura 3.3. Tipos de instrumentos dos cultivadores florestais hoje

A renovação da fertilidade

As florestas e os outros meios arborizados cultiváveis do planeta são mais ou menos férteis conforme o clima, a geomorfologia, o solo, conforme a natureza e o potencial de crescimento da vegetação arbórea. No entanto, sejam quais forem as diferenças quando se cultiva pela primeira vez uma floresta virgem com um sistema de derrubada-queimada, a fertilidade do solo nesse lugar é a mais elevada possível. Com efeito, esse solo cultivado pela primeira vez continua a se beneficiar dos aportes em elementos minerais provenientes da solubilização da rocha-mãe, da fixação de nitrogênio do ar e da mineralização de uma fração de húmus florestal. Além disso, ele se beneficia de aportes excepcionais muito elevados provenientes em grande parte das cinzas decorrentes das queimadas e, por outra parte, da mineralização acelerada de uma fração suplementar do húmus. Essa mineralização acelerada é provocada pelo aquecimento e aeração dos horizontes superficiais do solo, resultantes do desmatamento e da preparação do leito de cultivo.

O primeiro cultivo praticado nos primeiros meses após a derrubada-queimada enraíza-se em um solo particularmente fértil e produz uma colheita abundante, exportando por esse mesmo meio uma parte dos minerais disponíveis. Além disso, o solo cultivado perde uma parte de seus minerais por lixiviação e desnitrificação. Dessa forma os aportes de minerais resultantes da derrubada-queimada tendem a se esgotar, e os rendimentos dos cultivos seguintes caem muito rapidamente. Nos meios menos férteis, a ideia de um segundo cultivo é abandonada, pois o rendimento seria muito baixo. Nos meios mais férteis, os cultivos podem se prolongar por mais tempo, mas eles passam a sofrer com a concorrência da vegetação espontânea: as árvores e os arbustos não destruídos, assim como as ervas selvagens que invadem as clareiras, mergulham suas raízes no solo cultivado e absorvem uma parte crescente dos elementos minerais nutritivos. Para reduzir essa concorrência, os cultivadores arrancam as ervas indesejáveis e destroem suas raízes por meio de capinas com o uso de enxadas. Essas capinas revolvem o solo e arejam os horizontes superficiais do solo cultivado, o que acelera um pouco mais o processo de decomposição e de mineralização da matéria orgânica, e ainda contribui para enriquecer momentaneamente o solo em minerais. Além de fragmentar o solo, as capinas freiam a ascensão capilar e a evaporação da água mantida ainda no solo à disposição das plantas. Por todas essas razões, capinas repetidas permitem aos cultivos secundários, que sucedem ao cultivo principal, tirar melhor partido do saldo de fertilidade do solo cultivado. Mas, após alguns anos, os rendimentos, em baixa, acabam se tornando insuficientes, enquanto que as ervas indesejáveis abundam de tal forma que capinar se torna impossível. Então o terreno é abandonado ao pousio, até o próximo cultivo.

Um sistema de cultivo de derrubada-queimada somente pode se perenizar se, de desmatamento em desmatamento, os excepcionais aportes de elementos minerais, provenientes das cinzas e da mineralização acelerada do húmus se mantiverem em um nível suficiente para assegurar boas colheitas. Para tal é preciso que o pousio arbóreo em rotação tenha uma duração suficiente para produzir um volume de biomassa pronta para corte e queimada suficiente para fornecer a quantidade de cinzas necessária; é preciso também que ela dure tempo suficiente para produzir um leito de troncos e de folhas mortas, suficientemente abundante afim de reconstituir a reserva de húmus do solo, que é consumida pela mineralização acelerada que se segue a cada desmatamento.

Em regra, quando o pousio dura mais de vinte anos, a vegetação que vem a se reconstituir ali é muito vigorosa e a fertilidade do solo após a derrubada-queimada, é elevada. Basta, então, desmatar parcialmente uma superfície bastante reduzida para suprir às necessidades de uma família. Quando o pousio não dura mais que dez anos, a vegetação que se reconstitui entre dois desmatamentos é muito pobre, o leito de folhas/madeira e as cinzas são menos abundantes, a fertilidade do solo é menos elevada, as ervas indesejáveis proliferam e, para obter o mesmo volume de produção, é preciso desmatar uma área mais extensa.

A floresta virgem residual

Ao lado desse meio arborizado, periodicamente cultivado, que forma geralmente uma auréola de alguns quilômetros de raio em volta de cada vilarejo de cultivadores florestais, são encontrados frequentemente restos mais ou menos importantes de floresta virgem jamais desmatada. Trata-se essencialmente de porções de florestas incultiváveis ou difíceis a cultivar, situadas em baixios de vales demasiado úmidos ou em solos muito acidentados, esqueléticos ou pouco férteis. Trata-se também, quando a população de um vilarejo é ainda pouco numerosa, de reservas de florestas com terras cultiváveis ainda não utilizadas, que estão dispostas mais ou menos regularmente em círculo na periferia do território do vilarejo.

Hortas e pomares pertencentes às habitações

Fora do meio arborizado quer seja cultivado ou não, o ecossistema comporta igualmente pequenas parcelas vizinhas às habitações, cercadas e cultivadas de maneira contínua, ou seja, sem alternância com períodos de pousio. São as hortas ou hortas-pomares, em geral completamente desmatadas e livres de cepos cuja fertilidade é renovada pelos dejetos domésticos, por árvores frutíferas e às vezes também por dejetos animais transportados e espalhados pela mão do homem. Essas hortas-pomares são ocupadas por cultivos anuais como o milho, a batata doce, o amendoim, o tomate, ou bienais como a mandioca. Encontramos aí, também, cultivos plurianuais como a bananeira ou a cana-de-açúcar, e árvores alimentícias diversas como o abacateiro, a fruta-pão (*Artocarpus* spp.), a mangueira, cítricos diversos etc.

A criação

Um meio florestal denso como a floresta tropical úmida é pouco hospitaleiro aos animais domésticos. Esse meio pouco penetrável e às vezes perigoso oferece, com efeito, recursos forrageiros limitados aos herbívoros (vacas, ovelhas, cabras, asnos e cavalos) e a outros animais (porcos e aves), de maneira que estes são dependentes dos magros excedentes agrícolas e dos subprodutos dos cultivos destinados à alimentação humana. Entretanto, ocorre também que enquanto o meio cultivado continua muito arborizado, os animais quase não podem prestar serviço à agricultura: as parcelas desmatadas, entulhadas de troncos e raízes, não são adequadas à utilização de instrumentos de trabalho puxados por animais. Quanto à reprodução da fertilidade das terras cultivadas, ela não necessita do empenho de animais porque está assegurada pela existência do pousio arbóreo de longa duração. Os animais representam até mesmo uma ameaça para os cultivos, pois eles são atraídos pelas parcelas cultivadas onde fazem estragos, uma vez que a duração dos cultivos é muito curta para que as parcelas dispersas possam ser cercadas com eficácia.

Muitas florestas cultivadas com derrubada-queimada são, todavia, mais hospitaleiras para os animais que a floresta densa das regiões tropicais úmidas: as florestas das regiões tropicais numa única estação de chuvas servem de pasto de reserva na estação seca. Antigamente, as florestas das regiões temperadas eram também utilizadas como pasto para o gado, quando este faltava, no auge do verão e no inverno serviam também para engordar os porcos que se nutriam dos frutos dos carvalhos e das faias no outono.

Ocorre que os animais de criação, principalmente o herbívoro, se desenvolve melhor quando uma parte do ecossistema foi desmatada. Assim, muitos vilarejos de cultivadores florestais dispunham de um tipo de auréola inteiramente desmatada de savana herbácea que se intercalava entre as habitações cercadas por seus jardins fechados e a floresta cultivada.

As performances dos sistemas de cultivo de derrubada-queimada

As performances dos sistemas de cultivo de derrubada-queimada variam muito em função da duração da rotação e da importância da biomassa do ecossistema cultivado. Por performance entendemos o volume da produção por unidade de superfície (o rendimento por hectare ou por quilômetro quadrado) e o volume da produção por trabalhador (produtividade do trabalho).

Para ilustrar isso, consideremos, por exemplo, uma importante floresta tropical cuja biomassa *aérea* original elevava-se antes de qualquer desmatamento acima de 500 toneladas por hectare, e que se encontrava num primeiro tempo desmatada e cultivada a cada cinquenta anos. Suponhamos que após cada desmatamento a biomassa tenha se reduzido a 50% da biomassa original (ou seja, 250 ton/ha), e que após 50 anos de pousio se reconstituiu em 90% dessa última, (450 ton/ha). Assim, cada derrubada-queimada reduz em cinzas mais ou menos 200 toneladas de biomassa aérea por hectare desmatado. A biomassa das parcelas cultivadas ou em pousio oscila então em torno de uma média da ordem de 350 toneladas por ha (70% da biomassa original). Nessas condições, os solos cultivados, muito bem alimentados em matérias orgânicas e minerais, permitem obter rendimentos muito elevados. Mas como a superfície efetivamente semeada, entre os cepos e as árvores que continuaram de pé, não ultrapassa a metade da superfície submetida ao desmatamento, o rendimento *aparente* não excede a 1.000 kg de grão por hectare submetido ao desmatamento, enquanto o rendimento *real* pode atingir 2.000 kg por hectare, efetivamente semeado. O que é bastante elevado, se considerarmos o fato de que isso aconteceu sem a ajuda de fertilizantes externos.

Conforme foi visto, em tal sistema é preciso dispor de 50 ha de cultivos e de pousios de todas as idades para cada hectare desmatado. O rendimento real de 2.000 kg por hectare semeado e o rendimento aparente de 1.000 kg por hectare desmatado corresponde a um rendimento *territorial* de 1.000 kg para 50 ha de floresta periodicamente cultivada, ou seja, 20 kg por hectare, ou ainda 2.000 kg por quilômetro quadrado. Admitindo que as necessidades de base da população se elevam a 200 kg por pessoa e por ano, deduz-se que a densidade máxima da população permitida por esse sistema é da ordem de 10 habitantes por quilômetro quadrado. Sobre esses 1.550 ha de floresta cultivada a cada 38 anos, o vilarejo *ma* — sobre o qual já falamos — produzia cada ano 30.000 kg de arroz descascado o que permitia nutrir 150 habitantes do vilarejo (P. Gourou, op. cit.). Isso correspondia precisamente a uma densidade populacional de 10 habitantes por quilômetro quadrado de floresta cultivável.

Consideremos agora que essa mesma floresta tropical, originalmente rica, seja desmatada a cada 25 anos; a biomassa oscila entre 30 e 60% da

História das agriculturas no mundo

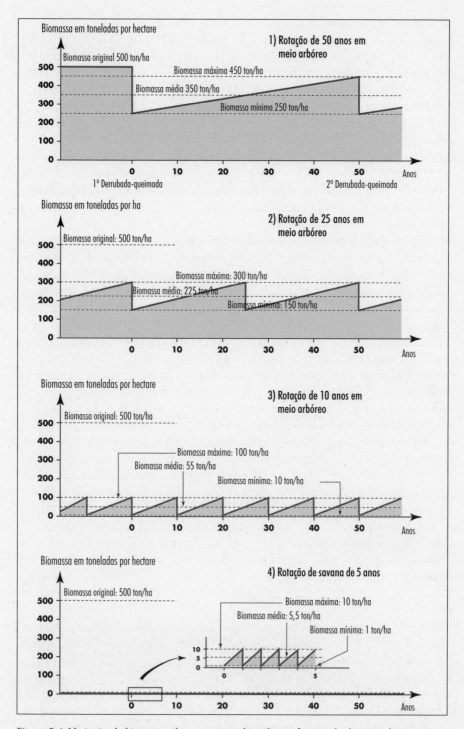

Figura 3.4. Variação da biomassa de um meio cultivado em função da duração da rotação

biomassa original (ou seja, entre 150 e 300 ton/ha), a biomassa destruída a cada derrubada-queimada é de 150 toneladas por hectare. A biomassa média não ultrapassa 225 toneladas por hectare (ou seja 45% da biomassa original). A queimada, produzindo menos cinzas que no caso precedente, tem como consequência uma queda no rendimento real, de 2.000 kg para 1.400 kg por hectare efetivamente semeado.

Para manter um rendimento aparente de 1.000 kg (por hectare submetido ao desmatamento), é preciso aumentar a superfície desmatada e semeada, o que equivaleria levar a abater não 50, mas 70% da vegetação. Com um rendimento territorial de 1.000 kg para cada 25 ha de floresta periodicamente cultivada, ou seja, 4.000 kg por quilômetro quadrado, a densidade máxima de população permitida pelo sistema é de 20 habitantes por quilômetro quadrado de floresta cultivável.

Consideremos enfim que essa floresta, anteriormente de porte elevado e pujante, agora se encontra reduzida a um estrato arbustivo desmatado e cultivado a cada dez anos. Para obter um rendimento aparente tão elevado quanto possível, faz-se um corte raso que destrói quase inteiramente a biomassa arbustiva, e em seguida semeia-se entre os troncos a quase totalidade do terreno. A biomassa total desta pequena floresta periodicamente cultivada oscila entre uma dezena a uma centena de toneladas por hectare, e a biomassa reduzida a cinzas a cada desmatamento é da ordem de 90 toneladas. O rendimento real cai para 800 kg, o que corresponde a um rendimento territorial de 700 kg para cada 10 ha de *afolhamento* e permite suprir as necessidades de base de uma população da ordem de 35 habitantes por quilômetro quadrado de floresta cultivável.

Se a densidade populacional ultrapassa esse nível, a frequência dos desmatamentos aumenta ainda mais, e a duração do pousio cai para menos de 5 ou 6 anos, e até a pequena floresta tampouco terá mais tempo para se reconstituir. O pousio permanece então como um estrato herbáceo e a biomassa oscilará em menos de uma tonelada por hectare na estação morta, a uma dezena de toneladas no máximo em plena estação. Os cultivos de derrubada-queimada tornam-se impraticáveis, mas podem ser substituídos por cultivos temporários em alternância com um pousio herbáceo de média duração, à condição, todavia, que se disponha de instrumentos necessários para desmatar uma superfície com vegetação herbácea, e de novos métodos de renovação da fertilidade.

Como mostra essa análise, quanto mais a densidade da população não ultrapassar um certo patamar, que varia conforme o meio, menos os cultivos de derrubada-queimada levarão em geral à destruição de biomassa arborizada ou à redução importante da fertilidade. Esses cultivos, por sua natureza, não são promotores de desmatamentos ou de degradações. Ao contrário, quando a densidade da população ultrapassar nitidamente esse patamar, chega-se necessariamente ao desmatamento e à impossibilidade de continuar a praticar esse gênero de cultivo. Assim, enquanto as sociedades de cultivadores de derrubada-queimada em expansão demográfica dispuserem de reservas florestais virgens, elas as conquistarão passo a passo, de forma a manter a densidade da população nos limites que permitam uma adequada reconstituição da biomassa e da fertilidade. E é graças a essa dinâmica pioneira, não desflorestadora, que esses sistemas de cultivo puderam perdurar por tanto tempo na maior parte das regiões do mundo. Mas esgotando-se as reservas florestais virgens, o prosseguimento da expansão demográfica se traduz necessariamente por um aumento da densidade populacional, o que conduz rapidamente ao desflorestamento.

A organização social

Os vilarejos de cultivadores florestais são compostos por "famílias", aparentadas ou não, que constituem, por sua vez, unidades de produção e consumo. Excetuando-se os terrenos construídos, hortas e pomares cercados contíguos às moradias e as eventuais plantações perenes — objeto do direito de uso constante assimilado a um tipo de propriedade privada —, o território do vilarejo é aberto ao direito de uso de todas as famílias. Enquanto o território do vilarejo for pouco povoado e as terras a desmatar forem superabundantes, esse direito de uso é facilmente cedido a eventuais recém-chegados. Cada família recebe a cada ano, pela autoridade competente (chefe da terra, conselho etc.), parcelas arborizadas cultiváveis correspondentes às suas necessidades. O direito de uso (privado) de uma família sobre as parcelas que lhes são atribuídas, direito de desmatar, de cultivar e de colher os frutos de seu trabalho, termina com a primeira colheita. Então, a terra deixada em pousio arbóreo de longa duração retorna ao domínio comum.

Esse direito de uso temporário tende a se tornar um direito de uso permanente quando as plantações perenes (café, cacau, seringueira etc.) são instauradas ou quando, devido ao crescimento da população ou da degradação de uma parte das terras, a duração do pousio se reduz a tal ponto que a exploração de um terreno por uma mesma família tende a se perenizar. Mas, então, não se trata mais de cultivos temporários alternados com um pousio arbóreo de longa duração. Acrescentemos que quando uma boa parte das terras é submetida a um direito de uso permanente, e que os pousios temporariamente cultiváveis escasseiam, o direito de cultivar cada parcela de terreno é cada vez mais racionado e estritamente devolvido a essa ou aquela família, de maneira que a cessão desse direito a um terceiro se traduz por um prejuízo que exige uma compensação. Era exigido o pagamento de um taxa fundiária: uma "renda" se a cessão desse direito de uso for temporária; ou uma "venda" se a cessão for definitiva.

Tornando-se mercadoria, essa terra se transforma também em objeto de apropriação publicamente reconhecido.

Mas a garantia de acesso às terras para desmatamento não é o único dispositivo que permite manter a segurança alimentar de cada unidade de produção-consumo. Num sistema de cultivo manual pouco produtivo, conta também o fato de que, em cada uma dessas unidades, a relação entre o número de pessoas em idade de trabalhar e o número de bocas a alimentar não se reduza abaixo de um certo limite, da ordem de 1 por 3 ou 1 por 4. Sendo essa exigência mais fácil de realizar em uma família numerosa que em uma família pequena, as sociedades de cultivadores florestais eram, ainda recentemente, organizadas em unidades que reúnem várias famílias. Além do mais, a regulamentação das trocas entre pessoas por ocasião dos casamentos e a adoção de jovens estrangeiros contribuem para manter esse equilíbrio em cada unidade. E, finalmente, a prática em comum de trabalhos pesados (desmatamento, capinas etc.), o cultivo de campos comuns e a constituição de reservas alimentares dos vilarejos têm como fim compensar eventuais desequilíbrios.

No entanto, nos sistemas de cultivo de derrubada-queimada, a baixa produtividade do trabalho agrícola reduz as possibilidades de diferenciação social: artesãos, comerciantes, guerreiros continuam a participar das tarefas agrícolas. As funções políticas e religiosas são cumpridas por um reduzido número de pessoas, cujo nível de consumo não é mais elevado do que o dos outros habitantes do vilarejo.

3 DINÂMICA DOS SISTEMAS DE CULTIVO DE DERRUBADA-QUEIMADA

A dinâmica pioneira

Oriundos dos centros de origem da revolução agrícola neolítica entre 10.000 e 5.000 anos atrás, os sistemas de cultivo de derrubada-queimada estenderam-se progressivamente à maior parte dos meios arborizados cultiváveis do planeta. As densidades de população que podiam suportar esses sistemas eram muitas vezes mais elevadas que as densidades permitidas pelos sistemas de predação praticados nos mesmos terrenos. Durante milênios, a progressão geográfica desses sistemas serviu, assim, de suporte para a formidável expansão geográfica que ocorreu nos primórdios da idade neolítica e o aparecimento das primeiras sociedades agrárias pós-florestais da Alta Antiguidade. Entre 10.000 e 5.000 atrás, lembremos, a população mundial passou de 5 para 50 milhões de habitantes aproximadamente. Esse movimento pioneiro continuou em todos os lugares onde restavam reservas florestais não desmatadas e, ainda hoje, continua pelas fronteiras das últimas florestas "virgens" da Amazônia, da África e da Ásia.

Se é difícil conhecer com precisão como era organizada antigamente essa dinâmica pioneira, sabe-se, em contrapartida, como esse processo ocorre atualmente. Na proximidade de um campo pioneiro de reservas florestais virgens abundantes, podemos constatar que os vilarejos de cultivadores de derrubada-queimada instalam-se geralmente a uma boa distância uns dos outros (5 a 6 km, ou seja, uma hora de marcha), o que lhes permite dispor de uma superfície com pousio cultivável com mais ou menos 30 km². Isso supondo que todo o território com pousio seja cultivável. Entretanto, essas populações conhecem hoje taxas de crescimento demográfico elevadas, da ordem de 3% ao ano. A cada geração o efetivo populacional dobra, ou seja, a cada vinte ou trinta anos. Ora, apesar disso, desde que existem florestas virgens, constata-se que a população dos vilarejos raramente ultrapassa mil habitantes. Isso se explica pelo fato de que a partir desta população, a densidade demográfica ultrapassa trinta habitantes por quilômetro quadrado de floresta cultivável e que, à medida em que a rotação diminui, os pousios de maior duração, que proporcionam maiores rendimentos tornam-se raros. Uma fração da população do vilarejo começa então a desmatar e a cultivar novas terras mais férteis na floresta virgem próxima, situada além da frente pioneira. Constroem-se novos abrigos e, depois de um certo tempo, ela se instala e funda uma nova vila de algumas dezenas e depois de algumas centenas de habitantes provenientes do vilarejo antigo, fato que reduz consideravelmente a população deste último. A população de cada um dos vilarejos pode então aumentar novamente durante alguns decênios, até atingir um tamanho máximo da ordem de mil habitantes. Depois disso, ela se subdivide mais uma vez.

Assim, a população dos vilarejos de cultivadores florestais oscila geralmente entre um mínimo de algumas centenas de habitantes e um máximo da ordem de um milhar, de tal forma que a densidade da população varia entre uma dezena e três dezenas de habitantes por quilômetro quadrado de floresta cultivável. O mecanismo de subdivisão-migração dos vilarejos serve de regulador: é ele que mantém a densidade da população e a duração do pousio dentro dos limites mais apropriados ao bom funcionamento dos sistemas de cultivo de derrubada-queimada e sua continuidade. Quando uma parte do território do vilarejo não é cultivável, pois os solos são pedregosos ou demasiadamente encharcados etc., os vilarejos costumam ser mais afastados uns dos outros, ou menores, e a densidade da população é, portanto, menor.

Esse movimento de divisão e de migração dos vilarejos para além da frente pioneira tende a se acelerar na medida que se intensifica o crescimento da população. Desde a metade do século XX, o crescimento demográfico tornou-se tão forte nas frentes pioneiras da África, da Ásia e da América do Sul que a maior parte dos vilarejos teve que se subdividir e migrar pelo menos uma vez por geração. Ora, como tal mudança exige a cada vez alguns anos de preparação no vilarejo de origem e alguns anos para a instalação no novo vilarejo, a população acaba não tendo muita estabilidade. E nessas condições, a duração do pousio varia sem cessar, sem que nenhuma rotação de duração definida possa se instaurar, o que não facilita a compreensão desses sistemas. Ao contrário, antigamente, no tempo em que a população tinha taxas de crescimento inferiores a 1% ao ano e levava uma ou mais centenas de anos para duplicar, esse movimento de subdivisão-migração era produzido menos de uma vez a cada século. A frente pioneira progredia mais ou menos 1 km por ano, e os sistemas de cultivo de derrubada-queimada podiam se perpetuar por centenas de anos, sofrendo poucas modificações. Na escala de uma geração, eles apareciam aos olhos daqueles que os praticavam como relativamente estáveis.

O desflorestamento

Rápido ou lento, o movimento pioneiro dos cultivos de derrubada-queimada chocava-se necessariamente a cada dia com uma fronteira intransponível: uma fronteira natural como um oceano, uma floresta incultivável como a taiga, uma formação herbácea ou uma barreira montanhosa. Podia ser também uma fronteira política, como o limite territorial de outra população, de um Estado ou de uma reserva natural. Em todo caso, a partir do momento em que não houvesse mais floresta virgem acessível, e se a população continuasse a aumentar como durante a fase pioneira, o excedente de população não podia mais ser absorvido pelo processo de subdvisão-migração. Então, a densidade da população aumentava e consequentemente era preciso estender a cada ano a superfície desmatada, fato que levava necessariamente a derrubada de pousios cada vez mais jovens. Para compensar a redução do rendimento real que resultava disso era preciso realizar desmatamentos cada vez mais completos, cortando árvores que até então vinham sendo poupadas, de forma a estender a superfície efetivamente semeada. Chegava-se, assim, rapidamente à necessidade de proceder ao corte raso da vegetação cada vez mais frequentemente e, para compensar a redução dos rendimentos nada mais restava senão estender ainda mais a superfície submetida cada ano ao desmatamento. A partir desse momento, a duração do pousio diminuía rapidamente e o desmatamento se acelerava fortemente.

Essa aceleração do desflorestamento, que acontece no momento em que a densidade da população ultrapassa um certo limite, permite compreender como as florestas tropicais ainda virgens na metade do século, e colonizadas por populações que a cada geração dobrava estão hoje praticamente destruídas. Em tais circunstâncias, a fase de desflorestamento se encaixava muito próxima da fase pioneira, a ponto de se confundir com ela. É por isso que muitos observadores achavam que os sistemas de cultivo de derrubada-queimada eram por natureza "desflorestantes". Com a exceção dos meios arborizados instáveis, muito frágeis para se reconstituir após o desmatamento, o sistema de derrubada-queimada não era tão agressivo assim. Em geral, é o aumento da densidade da população e a redução da idade do pousio resultante que constituía a verdadeira causa do desflorestamento.

Mas esse duplo processo de concentração da população e de desmatamento não se produzia apenas quando os limites geográficos dos sistemas de cultivo de derrubada-queimada eram alcançados. Ocorria igualmente em regiões antigamente colonizadas e cultivadas, que se encontram muito afastadas da frente pioneira para que o processo de subdivisão-migração pudesse acontecer: para escapar do desmatamento e de suas consequências, para alcançar alguma nova "terra prometida" situada a centenas de km, as populações superpovoadas deviam então organizar expedições longínquas cada vez mais arriscadas que, por fim, se tornavam impossíveis. Nessas regiões conquistadas no passado e cultivadas, o aumento da população conduzia, cedo ou tarde, a um desmatamento mais ou menos completo.

Assim, os sistemas de cultivo de derrubada-queimada continuaram a se estender durante os milênios, há milhares de km dos centros de origem da agricultura neolítica, enquanto o desflorestamento começara desde muito tempo atrás nesses mesmos centros e nas regiões vizinhas mais antigamente cultivadas. Depois, o desmatamento se estendeu passo a passo em todas as direções, seguindo de muito longe e com séculos de atraso, a progressão das frentes pioneiras.

Mas a proximidade do centro de origem não era a única variável determinante da antiguidade do desmatamento em diferentes regiões do mundo. A natureza do povoamento vegetal original representava também um papel importante: a frente pioneira conseguia progredir mais facilmente em uma formação vegetal regional quando esta era mais penetrável e mais fácil de se explorar. Quanto ao desmatamento que acontecia em seguida, a pouca resistência do ecossistema ao machado e ao fogo determinava a precocidade deste desmatamento. Foi assim que, na área de extensão da agricultura oriunda do centro de origem próximo-oriental, os primeiros meios desmatados foram florestas abertas e savanas arborizadas mais penetráveis e frágeis, que se estendiam sobre a zona subtropical quente e pouco irrigada da África sahariana e do Oriente-Próximo arábico-persa. Nessas regiões, o desmatamento começou desde o sétimo milênio antes do presente, e contribuiu sem dúvida para o ressecamento do clima que levou, no quinto milênio, à desertificação de uma boa parte dessas regiões.

Menos frágeis que as precedentes, as florestas folhosas das regiões temperadas quentes do entorno mediterrâneo resistiram por mais tempo.

Todavia, a destruição dessas florestas começou muito cedo, mais de 2.000 anos a.C., nas margens orientais do Mediterrâneo, e se estendeu progressivamente no oeste, no sul europeu e no norte africano, até os últimos séculos antes de Cristo. Foi nessa época que começaram a degradação e a destruição de áreas inteiras das florestas da Europa Central, mais vigorosas e resistentes que as florestas mediterrâneas. O desmatamento dessa zona aconteceu até os primeiros séculos d.C. Durante esse tempo, o desmatamento se estendeu também ao sul do Saara. Desde o princípio de nossa era, as florestas caducifólias da zona tropical com uma única estação de chuvas começaram a ser savanizadas, e essa savanização continuou até um passado recente. Quanto às florestas perenifólias da zona equatorial úmida, elas começaram a recuar muito mais recentemente, e nos dias de hoje, uma parte delas ainda existe.

As consequências do desmatamento

O desmatamento acarreta, em geral, não somente uma redução da fertilidade do solo mas, além disso, o aparecimento ou o agravamento da erosão e, em certos casos, um ressecamento do clima. Esses fenômenos são muito variáveis, mais ou menos marcados e mais ou menos graves conforme o meio.

A redução da fertilidade

Vimos que, de maneira geral, a passagem do pousio arborizado de longa duração a um pousio herbáceo de média ou curta duração tem como primeira consequência o desaparecimento ou a redução de cinzas obtidas após as queimadas, e também uma redução da camada de folhas mortas e, consequentemente, do teor em húmus do solo. Essa redução acarreta uma queda da capacidade de estocagem de água e sais minerais do solo, e uma diminuição da quantidade de minerais provenientes da mineralização do húmus. A redução da fertilidade resultante varia muito conforme o clima. Após o desmatamento, a taxa de húmus residual é mais baixa se o clima for mais quente: em regiões temperadas frias é possível se manter a 1 ou 2%, enquanto nas regiões quentes cai para menos de 1%.

Além do mais, em alguns climas quentes de estação seca acentuada, nos solos nus e excessivamente aquecidos, os coloides argilosos se desidratam, o que reduz ainda mais a capacidade de estocagem em minerais fertilizantes desses solos. Essa desidratação leva igualmente a um endurecimento do solo pouco favorável ao enraizamento das plantas cultivadas. Enfim, em certos terrenos desmatados, como a água não é mais absorvida pelas raízes das árvores, um lençol se forma nas profundezas. Na estação seca, esse lençol sobe por capilaridade, carregando para a superfície óxidos de ferro que se cristalizam em contato com o ar no momento da evaporação. Com isso cimentam todos os materiais endurecidos do solo formando uma espécie de carapaça. Essas carapaças, ou couraças lateríticas, são absolutamente estéreis (Ph. Duchaufour et al., 1994).

A erosão

Num meio desmatado, as águas da chuva tocam diretamente o solo sem que sua queda tenha sido amortecida pela vegetação. Além do mais, o escoamento pela superfície do solo encontra geralmente menos obstáculos. Nessas condições, o escoamento das águas aumenta e se acelera, enquanto sua infiltração diminui. Nas regiões acidentadas que recebem fortes chuvas, o escoamento ganha uma amplidão tamanha que é capaz de provocar cheias catastróficas, que arrancam o solo e transportam enormes massas de terra que acabam por se acumular nos vales baixos e nos deltas. Todavia, a erosão não causa apenas efeitos destruidores e negativos. Ali onde ela acontece, o desencape dos horizontes lixiviados e empobrecidos do solo acaba por rejuvenescê-lo. No entanto, os depósitos de aluviões e de coluviões que se formam na base das encostas e nos vales podem contribuir para ampliar e enriquecer as terras cultiváveis.

As primeiras manifestações desse tipo de mudança do regime de escoamento das águas apareceram nos vales do Tigre e do Eufrates, nas proximidades do centro irradiador do próximo oriente, no sexto milênio, em seguida ao desflorestamento de suas bacias hidrográficas. Um regime de cheias violentas se estabeleceu nesta época, apesar da pluviometria não ter aumentado. Houve um verdadeiro "dilúvio" que se prolongou durante mais de mil anos. Nas regiões temperadas quentes do entorno mediterrâneo, onde a cobertura vegetal era frágil e as chuvas, sem serem muito importantes, eram muito violentas, pois se concentravam em alguns meses, a amplitude desses fenômenos era bem conhecida. O desnudamento das encostas e a formação de solos esqueléticos, os estragos causados pelas cheias, a formação dos sulcos da erosão, o aprofundamento dos vales de montante, o assoreamento dos vales de jusante e dos deltas, e o aterramento dos golfos continuam desde a Antiguidade. Desse modo, muitos dos antigos portos do entorno mediterrâneo encontram-se atualmente no interior das terras... Nessas regiões, a erosão e a degradação da fertilidade se combinam para tornar não cultiváveis as partes maiores expostas ou as mais frágeis dos terrenos desmatados, que são então utilizados como pastagem. Somente as zonas que conservam um solo bastante profundo, rico e úmido continuam sendo cultivadas (ver Capítulo 6).

Os antigos tinham uma consciência aguda desse desastre ecológico. Assim, na *Critias*, Platão estabelece uma comparação entre o mundo rural que circundava a Atenas de sua época (século V a.C) e esse mesmo lugar, mais ou menos mítico, 9.000 anos atrás. Essa comparação ilustra bem os fenômenos que acabamos de evocar:

> Naquele tempo, a terra de nossas paragens ultrapassava em fertilidade todas as outras, de modo que era capaz de alimentar um exército numeroso dispensado dos trabalhos da terra. [...] Mas numerosos e grandes dilúvios ocorreram durante esses 9.000 anos, e a terra que rolava dos lugares elevados não se expandia como em outros lugares para formar um aterro notável, mas, rolando continuamente, ela desaparecia no fundo do mar. Desde então [...] tudo o que a terra tinha de rico e de cultivável escorreu por todos os lados e, do território da Ática, nada mais resta hoje senão seu corpo descarnado. Naquele tempo, as montanhas da Ática, que agora só podem nutrir abelhas, eram cobertas por florestas profundas. Havia então belas árvores, cultivos e prodigiosas pastagens para os rebanhos. A cada ano, o país aproveitava ao máximo a água que provinha de Zeus, pois, ao invés de deixá-la se perder escorrendo rumo ao mar como hoje, ela possuía boas terras que a recolhia e a conservava em seu seio. Esta água que ela havia absorvido e trazido dos lugares elevados rumos às profundezas, proporcionava um curso inesgotável às fontes e aos rios.

Luminoso!
Nas regiões temperadas frias, onde as chuvas são melhor distribuídas ao longo do ano e onde a cobertura vegetal e os solos apresentam maior relevância, esses fenômenos de erosão são realmente muito menos pronunciados. Ao contrário, nas regiões tropicais com uma única estação de chuvas, quando o terreno é acidentado, pode-se observar fenômenos de erosão análogos àqueles das regiões mediterrâneas. Nas regiões tropicais úmidas, como as regiões de monções que recebem vários metros de água por ano, o desmatamento das encostas reforça mais os fenômenos de erosão já gigantescos, o que explica a geomorfologia particularíssima dessas áreas. Os rios de grande vazão dessas regiões transportam quantidades imensas de sedimentos e materiais aluvionais que se acumulam em dezenas de metros nos largos vales com fundo plano e nos vastos deltas com baixa declividade. Vales e deltas submergem durante uma boa parte do ano e constituem terrenos privilegiados para a rizicultura aquática.

O ressecamento do clima

Finalmente, ao se estender sobre extensos territórios, o desmatamento tem, como importante consequência, uma tendência de ressecar o clima. Com efeito, destruindo biomassas vegetais de várias centenas de toneladas por hectare, faz com que desapareça ao mesmo tempo os enormes estoques de água que se encontravam contidos na vegetação e nas camadas superiores do solo. Essa massa de água, que representa várias vezes a biomassa seca em si, pode atingir milhares de toneladas por ha. De maneira que desmatar equivale a secar um lençol de água de várias dezenas de centímetros de espessura.

Após o desmatamento, as reservas de água do solo e da vegetação, que se reconstituíam a cada estação das chuvas se reduziam intensamente. Esgotavam-se então mais rapidamente e a evapo-transpiração se interrompia mais cedo no princípio da estação seca. Dessa maneira, o solo ressecava e as camadas baixas da atmosfera não eram nem umidificadas, nem refrescadas. Assim, os sistemas de nuvens que transitam nessa estação do ano sobre as regiões não encontram mais a frente atmosférica fria e úmida que antigamente desencadeava algumas chuvas tardias. Por consequência, a redução da pluviometria e a estação seca se acentuam e se prolongam.

A diminuição da pluviometria e o prolongamento da estação seca tinham consequências muito variáveis conforme a natureza do clima inicial. Em zona equatorial com elevada pluviometria, recebendo mais de 2.000 milímetros de água por ano, a redução da pluviometria tinha pouca repercussão. Ao contrário, em zona tropical com baixa pluviometria (menos de 800 milímetros de água por ano) e no decorrer da estação seca, a redução da pluviometria e o encurtamento do período dos cultivos afetam sensivelmente os rendimentos. O ressecamento relativo do ecossistema tinha também consequências negativas nas zonas temperadas quentes (clima mediterrâneo), e consequências reais, ainda que menos marcantes, nas zonas temperadas frias.

Mas era nas zonas subtropicais quentes com baixa pluviometria, que recebiam menos de 500 milímetros de água por ano e com uma longa estação seca que as consequências do ressecamento do solo e do clima eram sem dúvida mais graves. Nessas zonas, após o desmatamento, a pluviometria podia se reduzir para menos de 250 milímetros por ano. A estação de menor demanda de trabalho, o inverno (*estação morta*), estendia-se, então, ao ano inteiro e era a desertificação, um tipo de catástrofe ecológica, como aquelas que parecem ter-se produzido por razões desse gênero no Saara, na Arábia, na Pérsia e em muitas outras regiões do mundo, há alguns milhares de anos.

Acrescentemos ainda que o desmatamento não se traduz somente por uma redução da pluviometria local; ele pode também ocasionar uma redução das precipitações nas regiões afastadas dessas zonas desmatadas. Dessa forma, os sistemas de nuvens vindos do Atlântico e que transitam sobre uma floresta quente e úmida, como a floresta da Guiné, são a princípio alimentadas pela evaporação do oceano, mas também pela evapo-

-transpiração das reservas de água do solo e da vegetação florestal. Após a destruição da floresta, as águas da chuva não são mais estocadas, elas escorrem rapidamente para o mar e não realimentam mais as formações de nuvens de passagem. Como consequência, a pluviometria baixa na mesma quantidade nas regiões habitualmente regadas por essas nuvens. É assim que podemos pensar que a redução da pluviometria registrada nas regiões do Sudão e do Sahel ao longo dos últimos decênios resulta não tanto do seu próprio desmatamento, que é geralmente mais antigo, mas do recuo recente da floresta equatorial da África do oeste.

4 SURGIMENTO E DIFERENCIAÇÃO DOS SISTEMAS AGRÁRIOS PÓS-FLORESTAIS

Os sistemas de cultivo de derrubada-queimada estiveram, assim, entre os mais extensos e mais duráveis que já existiram. Após penetrar nas florestas e nos meios arbóreos cultiváveis, esses sistemas perpetuaram-se durante séculos, até que o aumento da população e a repetição muito frequente dos cultivos tivessem acarretado a destruição do florestamento. Esse processo de desmatamento, que gradativamente atingiu a maior parte dos meios ancestralmente florestados e cultivados do planeta, foi, sem sombra de dúvida, a maior transformação ecológica da história.

Destruindo paulatinamente, em escala continental, megatoneladas de biomassa, reservas de água e de húmus, o desmatamento criou condições ecológicas inéditas, muito diversificadas, que abriram espaço a toda uma gama de sistemas agrários pós-florestais, bastante diferenciados uns dos outros que são os sistemas hidráulicos das regiões áridas e os das regiões de monções, os sistemas com alqueive e criação associada das regiões temperadas, ou os sistemas agrários muito variados das savanas tropicais, e que permitiu também a ampliação dos sistemas de pastoralismo. Mas o sucesso dos sistemas agrários pós-florestais não foi imediato.

A exploração eficiente e sustentável dos variados ecossistemas provenientes do desmatamento exigiu, em cada região do mundo, o desenvolvimento de novos instrumentos, novos modos de desmatamento e de renovação da fertilidade e, é claro, de novos procedimentos nos cultivos e nas criações de animais, apropriados às novas condições ecológicas e características de cada um dos grandes sistemas agrários em gestação.

Esboçaremos, doravante, o surgimento e a evolução desses grandes sistemas agrários pós-florestais, insistindo um pouco mais naqueles que não serão estudados mais a fundo na sequência deste livro. São eles: os sistemas de cultivo das savanas tropicais e os sistemas de rizicultura aquática das regiões de monções.

História das agriculturas no mundo

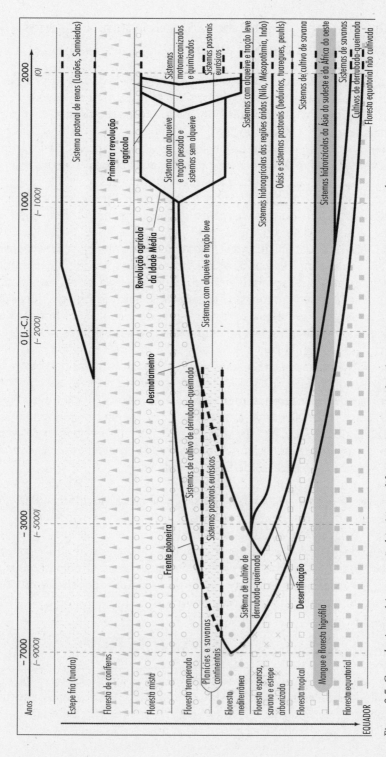

Figura 3.5. Genealogia agrária: sucessão histórica e diferenciação geográfica dos sistemas agrários da Eurásia e da África oriundos do centro próximo-oriental

157

Marcel Mazoyer • Laurence Roudart

A desertificação e a formação dos sistemas agrários hidráulicos das regiões áridas

Nas regiões áridas, ou aridificadas em consequência de seu próprio desmatamento ou do desmatamento das regiões periféricas, a vegetação torna-se rara, o solo desprovido de matéria orgânica se torna esquelético, e os cultivos pluviais se tornam impraticáveis. Só continuam cultiváveis as zonas beneficiadas por um aporte exterior de água. Essas zonas privilegiadas formam oásis verdejantes mais ou menos extensos, abastecidos em água seja pelos grandes rios que se alimentam nas regiões chuvosas afastadas, seja pelos cursos de água que descem das montanhas vizinhas que recebem uma maior pluviometria, ou pelo ressurgimento de lençóis subterrâneos abastecidos em água pelo exterior ou, ainda, pelos lençóis fósseis. Cultivar esses oásis e vales não era tarefa fácil: exigia frequentemente manejos hidráulicos prévios, às vezes simples, mas às vezes também gigantescos. É nesse tipo de ambiente que, desde a mais alta Antiguidade, as novas formas de agricultura não pluvial (cultivo em áreas de inundação e cultivos irrigados), baseados em tais manejos, geraram as primeiras grandes civilizações hidroagrícolas da história. Assim, no sexto milênio, os povos cultivadores e criadores do Saara, da Arábia e da Pérsia, expulsos pela seca que começava a se abater nessas vastas paragens, recuaram rumo aos vales aluviais baixos do Indo, do Tigre, do Eufrates e do Nilo. Vindos de todas as regiões, esses povos tão diversos, que desde tempos imemoriais levavam seu gado para pastar nesses vales, começaram a cultivar as margens. Em seguida foi preciso realizar os ordenamentos necessários para proteger esses cultivos das cheias intempestivas, assegurar uma provisão de água suficiente ou, em caso contrário, para evacuar todo excesso de água prejudicial.

Todos tipos de obras hidráulicas, desde diques, canais de armazenamento e de drenagem, bacias, eclusas, barragens-elevatórias, barragens--reservatórios, sem contar os poços, as galerias e todos os tipos de máquinas para a elevação do nível da água concorreram para esse necessário controle da água. Essas vastas estruturas foram realizadas e distribuídas conforme a morfologia e o regime hidrológico de cada vale, e também conforme a época, foram realizados e distribuídos de distintos modos e deram origem a uma arquitetura hidráulica bem particular.

Cultivos com águas de cheia e cultivos irrigados

Num vale submerso vários meses por uma cheia importante, como o vale do Nilo, o problema essencial estava, como veremos no capítulo seguinte, em confinar as águas da cheia durante um tempo suficiente em quadros preparados para esse fim, e em seguida evacuar essas águas em tempo hábil para praticar ali *cultivos de vazante* e, finalmente, proteger os cultivos contra um eventual retorno da cheia tardia. Contrariamente, nos vales que não eram regularmente inundados pelas cheias, os *cultivos de vazante* não eram possíveis; o problema essencial estava em saber utilizar a água do rio ou dos aquíferos subterrâneos para praticar os *cultivos irrigados,* protegendo-os, caso necessário, das cheias ocasionais. Todavia, a maior parte dos vales comportava ao mesmo tempo partes adequadas para os *cultivos de vazante* e outras partes preparadas para os *cultivos irrigados*. Assim, no vale do Nilo, o sistema de quadros irrigados e de cultivos de vazante, a princípio predominantes, coexistiu durante 5.000 anos com os sistemas de cultivos irrigados; mas este se ampliou progressivamente e terminou por se generalizar no século XX, após a construção da barragens-reservatórios de Assuan (ver Capítulo 4).

Como veremos no Capítulo 5, o desenvolvimento das grandes civilizações agrárias hidráulicas da América, em particular o das civilizações pré--incaicas e incaica dos oásis da costa peruana desértica e dos vales áridos dos Andes, apresentam algumas analogias com aquele das civilizações hidráulicas do Oriente-Próximo. Nos Andes, bem como no Oriente próximo, foram preciso séculos para agilizar uma organização social e política capaz de realizar essas obras, mantê-las e também assegurar a gestão coordenada da água. Certas convergências entre essas civilizações, que se constituíram independentemente umas das outras e a milhares de quilômetros e séculos de distância, não deixam de ser surpreendentes.

O desmatamento e o desenvolvimento dos sistemas de cultivo com alqueive e criação animal associada das regiões temperadas

Nas regiões temperadas quentes do entorno mediterrâneo, o desmatamento levou à formação de campos, de estepes e charnecas mais ou menos densas. Os terrenos acidentados submetidos a uma erosão intensa se tornaram incultiváveis e foram então destinados à pastos, enquanto que os cultivos de cereais foram concentrados nas zonas baixas, beneficiando-se de um aluvionamento e de um coluvionamento mais significativo. Desde então, esses cultivos alternaram com um pousio herbáceo de curta duração, o alqueive, para formar uma rotação geralmente bienal.

Mas, para conduzir esse gênero de rotação, era preciso dispor de instrumentos que permitissem desmatar o tapete herbáceo do alqueive, e de um novo modo de renovação da fertilidade. A questão do desmatamento foi resolvida pela adoção de novas ferramentas manuais, a pá e a enxada, e de um instrumento leve de tração animal, o arado escarificador, que foram copiados das antigas civilizações hidráulicas do Oriente Próximo (ver Capítulo 6). Já a reprodução da fertilidade foi assegurada pelo desenvolvimento de uma criação pastoril que explorava as pastagens periféricas, e cujos dejetos eram em parte depositados sobre o alqueive. Assim se constituíram nas regiões temperadas quentes, os sistemas com alqueive e com criação associada ao cultivo com tração animal leve (Capítulo 6); sistemas cujas performances, limitadas pelo ressecamento do clima e pela erosão, foram melhorados de diversas maneiras: pelo aterro das encostas que permitiu aumentar a superfície das terras cultiváveis, fortemente reduzidas pela erosão; pela arboricultura, pois as árvores que se enraízam profundamente sofrem menos com a seca do que as plantas anuais; e também, por meio do desenvolvimento da irrigação. Os sistemas com alqueive e cultivo com tração animal leve se estenderam também rumo as regiões temperadas frias após o seu desmatamento. Nessas regiões, que sofrem menos com a seca e a erosão, as performances desses sistemas são, no entanto, fortemente limitadas pelo frio, pela interrupção do crescimento da vegetação e pela falta de forragem no inverno, consequentemente, pelo enfraquecimento do rebanho e da insuficiência de estrume animal resultante. Esse problema só foi resolvido na Idade Média, pelo desenvolvimento do cultivo com tração animal pesada (Capítulo 7).

A savanização e a formação dos sistemas de cultivo com enxada, com ou sem associação de criação animal das regiões tropicais

Nas regiões intertropicais, o desmatamento conduziu ao desenvolvimento de formações vegetais predominantemente herbáceas, coexistindo às vezes com vestígios dos meios arbóreos. Essas formações herbáceas, que vão da savana com extrato herbáceo elevado à estepe descontínua, podem ser pontilhadas por moitas, arbustos e algumas árvores. A continuidade da agricultura nesses novos meios supõe, nesse caso também, que o duplo problema do desmatamento do tapete herbáceo e da renovação da fertilidade das terras cultivadas esteja resolvido. Nessas regiões de "savana", palavra empregada em seu sentido amplo, esses problemas foram superados pelo desenvolvimento de uma grande variedade de sistemas de cultivo com enxada, que podemos classificar em alguns grandes tipos:

– sistemas de cultivo com enxada, sem criação animal, com *amontoa*, *camalhões* e, eventualmente, *amontoa-queima controlada*;
– sistemas de cultivo com enxada, sem alqueive, com criação animal associada, das regiões tropicais de altitude;
– sistemas de cultivo com alqueive e criação animal associada das regiões do Sudão e do Sahel;
– sistemas que associam cultivo, criação e arboricultura forrageira;
– sistemas mistos de savana e de florestas.

Sistemas de cultivo com enxada, sem criação animal: amontoa[3], camalhões[4] e amontoa-queima controlada[5]

Existem savanas equatoriais praticamente desprovidas de gado, por exemplo, as vastas savanas da África Central que são separadas das grandes regiões de criação da África de Oeste e de Leste por um cinturão florestal dificilmente transponível. O enxadão metálico permite destruir o tapete radicular denso dessas savanas com estrato herbáceo alto, após as queimadas no final da estação seca. Então é possível praticar cultivos temporários alternando-os com um pousio herbáceo de média duração (quatro a sete anos). Mas os solos dessas savanas com elevada pluviometria são frequentemente pouco férteis, devido à mineralização rápida da matéria orgânica, as queimadas de mato e o lixiviamento intenso que ocorre nesses solos. O pouco de matéria orgânica bruta não ainda mineralizada e os poucos minerais fertilizantes não lixiviados contidos nesses solos se encontram concentrados em uma camada superficial de alguns centímetros que cobre espessas camadas de solo compostas de areias estéreis.

Para cultivar com sucesso as savanas pouco férteis, os cultivadores dos planaltos do Congo e do Zaire cortam a camada superior do solo em blocos bastante finos, que são reunidos e empilhados em montículos de mais ou menos meio metro de altura por um metro de largura. O espaço de cultivo assim construído concentra então numa pequena superfície de terra toda a fertilidade superficial de uma porção muito mais vasta de savana que teve o seu solo "desencapado". Esse espaço de cultivo é bem adaptado a uma espécie de ciclo longo, relativamente pouco exigente, como a mandioca, que pode, assim, usufruir por dois ou três anos da decomposição da matéria orgânica. Mas para cultivar plantas de ciclo curto mais exigentes, como o milho ou a batata, mobiliza-se rapidamente uma parte dos minerais contidos na matéria orgânica procedendo a *amontoa-queima controlada* desses montículos, ou seja, deixando-os queimar lentamente em fogo coberto. A

---

[3] Do francês "buttage". Operação que consiste em agrupar a terra superficial para constituir um montículo circular ou alongado no qual se irá plantar. Não se deve confundir com a operação mais moderna de mesmo nome, que consiste em amontoado de terra superficial. (N.T.)

[4] Do francês "billonage". Operação que consiste em agrupar a terra superficial para constituir uma elevação linear, taipas ou camalhões de tura, em que se irá plantar. Não se deve confundir com a operação mais moderna que consiste no trabalho do solo de maneira a formar uma elevação que facilite a drenagem dos solos.

[5] Do francês "ecobuage". Operação agrícola que consiste em agrupar e em seguida quebrar, de maneira lenta e gradual, a camada superficial do solo e de sua cobertura vegetal de uma parcela em pousio com o fim de produzir cinzas que servirão de fertilizantes minerais. O monte, rico em cinzas, pode ser diretamente cultivado ou dispersado para fertilizar a parcela. (N.T.)

"queima controlada", que foi antigamente praticada na Europa (F. Sigaut, 1975), é realizada hoje em diversas regiões de savana da África e da Ásia (P. Gourou, 1970, 1984). Além disso, certas populações humanas dos planaltos do Congo, como os koukouyas que praticam ao mesmo tempo a *amontoa*, a construção de *camalhões* e a *amontoa-queima controlada* sofisticaram ao extremo essa técnica, chegando mesmo a reconstituir pequenas ilhotas florestais para aí praticar, por derrubada-queimada cultivos especiais como o café, o cacau, a palmeira à óleo etc. Para isso, a cada trinta ou quarenta anos, eles deslocam seus vilarejos, abandonando o cinturão de hortas e pomares envelhecidos com solos bastante enriquecidos, e sobre o qual uma floresta secundária pode se desenvolver (Cl. Serre-Duhem, 1995). Esses sábios artifícios permitem aos koukouya perpetuar a exploração de uma savana bem pouco fértil.

Se existem savanas sem gado, a maior parte das savanas intertropicais são, todavia, exploradas como pastagem. Nesse caso, os dejetos animais são geralmente utilizados para assegurar a renovação da fertilidade das terras cultivadas. Essa associação entre agricultura e criação pode se organizar de maneiras bem diferentes conforme as regiões.

Sistemas de cultivo com enxada, sem alqueive, com criação animal pastoril associada, savanas tropicais de altitude

Um primeiro sistema é aquele praticado nas savanas de altitude da África dos Grandes Lagos (Ruanda, Burundi etc.). Nessas regiões acidentadas, as moradias estão dispersas nas colinas. Cada moradia é cercada, e o gado que pasta durante o dia na savana periférica é confinado à noite e onde ele deposita uma parte de seus dejetos. Os cultivos com enxada são agrupados em parcelas localizadas em um nível inferior aos cercados com gado e se sucedem quase ininterruptamente durante a longa estação das chuvas. A mandioca, a batata-doce e a banana continuam a ocupar o terreno durante a curta estação seca. Não é realizada, portanto, a prática do alqueive para permitir a deposição direta dos dejetos dos animais sobre as terras cultivadas, como nos sistemas com alqueive das regiões temperadas. Os cultivos, todavia, se beneficiam diretamente dos dejetos animais, pois são levados pelo escoamento superficial das águas de chuvas proveniente do alto dos cercados, ou então são diariamente coletados e transportados para os cultivos nas mãos ou em cestos. Essa reciclagem rápida dos dejetos animais é adequada ao clima, à topografia e à falta de meios de transporte.

É de se duvidar que a estocagem de dejetos animais misturados a resíduos de cultivos em canteiros de compostagem, tal qual foi às vezes imposto pelos serviços de difusão e extensão rural, inspirado nos modelos europeus, seja mais eficiente. Com efeito, submetidos a essa condição do clima e a esse sistema de cultivo e tendo em vista que os resíduos do cultivo são rapidamente decompostos e reciclados pelos cultivos locais, estocar esses resíduos em canteiros de compostagem somente ocasiona perdas por lixiviação e por desnitrificação, e um acréscimo de trabalho muito importante: as ferramentas, a topografia e o clima de Ruanda e do Burundi não são como os encontrados no noroeste da Europa! Na mesma linha de ideias, compreende-se porque as tentativas de introduzir o arado nesses sistemas, onde os cultivos se encadeiam ou se sucedem de maneira muito parecida em todas as pequenas parcelas, não tenham vingado. Entretanto, a carroça, que os artesãos e os camponeses não possuem os meios de fabricar ou de comprar, proporcionaria um grande serviço para o transporte de madeira, forragem ou mesmo para as colheitas. Para se convencer disso basta apenas constatar a precariedade dos instrumentos de trabalho (carrinhos-de-mão e biciclos com rodas de madeira produzidos com os meios rudimentares disponíveis) com que são efetuados os transportes locais de produtos agrícolas, sem contar o transporte realizado por pessoas, ainda muito usado.

Finalmente, nessas regiões densamente povoadas, quando os homens e as moradias se multiplicam, observa-se que os cultivos se estendem em detrimento das pastagens e do gado, enquanto que o desenvolvimento de plantas perenes como a bananeira e outros meios nutricionais e forrageiros permitem manter a produção e assegurar a renovação da fertilidade das terras cultivadas. Surgem, assim, novos sistemas que associam cultivos anuais e arboricultura. Esses tipos de hortas-pomares, cujo equivalente são encontradas em outras regiões tropicais muito povoadas (no Haiti, no Yucatão, no sudeste da Ásia) e outrora nas regiões mediterrâneas, constituem de fato um ecossistema arborizado, inteiramente doméstico e produtivo, dotado da mesma faculdade de reprodução e fertilidade que uma floresta.

Sistemas de cultivo com alqueive e criação associada das regiões do Sudão e do Sahel

Um segundo sistema de cultivo com criação associada é o das regiões do Sudão e do Sahel, que contam com uma estação de chuvas e uma estação seca bem definidas, e no qual o desmatamento levou à formação de savanas e estepes incultiváveis nos solos mais erodidos e degradados, que só podem servir agora como pastagem. Os cultivos se concentraram em solos mais profundos, nos quais as moradias se achavam agrupadas. Nessas regiões, a estação seca, relativamente longa, impõe uma interrupção do cultivo por muitos meses. Nesse período, os animais do vilarejo, aos quais se juntam eventualmente rebanhos transumantes de pastores vindos do Norte, eram conduzidos diariamente para as pastagens próximas, e todas as noites eram reunidos nas parcelas em alqueive, onde depositavam seus dejetos. No entanto, durante a estação de cultivo, a maior parte dos animais era mantida afastada em pastagens à parte. Aqueles que ficavam pastando nas vizinhanças eram confinados à noite perto das casas: a terra desses cercados destinados aos animais, misturada aos dejetos dos animais, era então transportada para as parcelas cultivadas mais próximas.

Lembremos que esses sistemas de cultivo com alqueive e criação animal associada se parecem muito com seus homólogos das regiões temperadas. Porém, aqui, a rotação é anual e o alqueive de estação seca dura somente pouco mais de seis meses, enquanto em zona temperada as rotações (bienais ou trienais) comportam um grande período de alqueive cuja idade é superior a um ano. Isso pode explicar-se pelo fato de que, na zona sudaniana e saheliana, um alqueive de longa duração (dezoito meses) seria pouco eficaz. Na verdade, os dejetos de animais recolhidos no início de um período de alqueive tão longo seriam rapidamente mineralizados devido ao calor, e os minerais solúveis seriam lixiviados por ocasião da estação das chuvas, intercalando-se entre duas épocas de cultivo.

Sistemas associando cultivo, criação e arboricultura forrageira

No entanto, na zona do Sahel, as pastagens de estação seca são frequentemente insuficientes para alimentar o gado e para adubar as terras de cultivo. Um terceiro sistema consiste então em preservar ou plantar nessas terras árvores ditas "de parque", que, ao absorver os minerais em profundidade, produzem uma biomassa suplementar que contribui para a renovação da fertilidade. Várias espécies de árvores podem ser utilizadas, mas a mais interessante é, sem dúvida, a *Acácia albida*, uma leguminosa que enriquece o solo com nitrogênio e que produz de forma muito oportuna uma forragem abundante na estação seca. Essa árvore providencial prefere os solos de aluviões profundos e bem drenados dos antigos vales e das dunas fósseis. Muitas vezes fazendo parte de uma vegetação espontânea e assim protegida, outras vezes introduzida voluntariamente, a *Acácia albida* é parte integrante de toda uma série de sistemas que associam cultivo, criação pastoril e arboricultura forrageira, que se estendem sobre as margens sahelianas do deserto desde o Senegal até o Sudão.

Sistemas mistos de savana e floresta

Nas savanas arborizadas que apresentam faixas de florestas residuais cultiváveis, por exemplo, na região do pool no Congo, encontram-se geralmente sistemas mistos, ou mais exatamente combinados. Estes comportam ao mesmo tempo cultivos com a enxada, com ou sem criação animal nas áreas de vegetação herbácea, e cultivos com derrubada-queimada em áreas arborizadas.

O desenvolvimento dos sistemas de rizicultura aquática

Nas regiões tropicais úmidas, que recebem vários metros de água por ano, vales e baixios são periodicamente submersos pelas cheias dos rios, pelo escoamento superficial das águas ou mesmo diretamente pelas chuvas. É nesse tipo de meio que o arroz aquático — arroz que se desenvolve em áreas inundadas — começou a ser cultivado, há mais de 6.000 anos, em várias regiões da Ásia das monções, da Índia e da China meridional. O cultivo do arroz de origem asiática (*Oryza sativa*) se estendeu a seguir ao conjunto das regiões tropicais e subtropicais da Ásia, depois pelas regiões temperadas quentes da Ásia, da Europa e da América. No entanto, há 3.500 anos aproximadamente, uma outra espécie de arroz de origem africana (*Oryza glaberina*) foi domesticada no delta central do Niger. Numerosas variedades dessa espécie foram cultivadas nos vales do Niger, do Senegal, da Gâmbia, da Casamança e na costa da Guiné (A. Angladette, 1966).

Além do mais, uma rizicultura não aquática, dita rizicultura "de sequeiro", desenvolve-se igualmente nas regiões tropicais com pluviometria suficientemente elevada, mas não ultrapassando o estágio de cultivo de derrubada-queimada e é de importância secundária. O arroz aquático, ao contrário, graças à progressão das infraestruturas hidráulicas, das práticas de cultivo e das variedades, conheceu um imenso desenvolvimento que fez dele, ao lado do trigo e do milho, um dos três cereais mais consumidos no mundo: um terço da humanidade se alimenta dele cada dia.

Superfícies aquáticas naturais

Num primeiro momento, o arroz aquático foi cultivado nas zonas naturalmente submersas vários meses por ano. Esse tipo de arroz flutuante é particularmente bem adaptado a essas superfícies aquáticas, cujo nível da água não controlado varia muito. Com efeito, seu caule pode alongar-se vários centímetros por dia enquanto o nível das águas sobe até atingir quatro ou cinco metros de altura, esse caule pode se dobrar por ocasião da vazão da cheia.

Quadros rizícolas

Além das áreas aquáticas naturais, a extensão da rizicultura aquática passou em seguida pela estruturação de superfícies aquáticas artificiais, graças à construção de pequenas bacias, ou quadros rizícolas, constituídas por uma parcela de terra relativamente plana cercada por pequenos diques (taipas) feitos de terra com algumas dezenas de centímetros de altura.

Além dos simples quadros isolados, o ordenamento de um terreno mais extenso tomou a forma de um quadriculado de diques separando quadros contíguos, de fundo naturalmente plano ou aplainado, distribuídos de acordo com as curvas de nível. Essas estruturas foram inicialmente construídas em terrenos elevados, de drenagem fácil (como encostas e interflúvios), nas regiões em que as águas da chuva fossem suficientes para encher essas estruturas para o período de um cultivo de arroz. Nessas zonas de pluviometria mais elevada, a rizicultura aquática podia ser um cultivo pluvial (não irrigado). Para controlar o nível da água nos quadros, bastava evacuar o excesso de água de quadro em quadro, de cima para baixo, construindo nos diques fendas na altura desejada. O excesso de água era eventualmente devolvido aos canais coletores, sendo drenado a um escoadouro natural. A partir de então se pôde cultivar o arroz não-flutuante, pouco tolerante às variações do nível da água.

Terraceamento de encostas

A extensão da rizicultura em quadros nas encostas acidentadas e nas vertentes dos vales altos passou pela construção de terraços em forma de escada, podendo se estender em longas curvas de nível. Esse tipo de estrutura monumental, absolutamente espetacular, ganhou aos poucos as regiões montanhosas das Filipinas, da Indonésia, da China e do Vietnã etc.

Ordenamento dos vales e dos deltas inundáveis

A conquista dos vales baixos e dos deltas exigiu um gênero completamente diferente de arquitetura hidráulica. Nesses terrenos relativamente planos e frequentemente inundados, antes mesmo de se estabelecer um quadrilhamento de quadros rizícolas, foi preciso proteger contra as cheias esses espaços a cultivar, construindo diques elevados envolvendo o leito do rio e suas ramificações. Foi preciso igualmente cavar uma rede de longos e largos canais com baixa inclinação, para evacuar em tempo útil a água excedente. Enfim, por vezes, foi necessário edificar, na parte baixa dos deltas, defronte ao mar e ao longo dos braços do rio, diques de proteção contra as marés. O ordenamento integral desses vastos conjuntos geomorfológicos tomou muito tempo. Começou nas zonas mais fáceis de proteger e drenar, situadas a montante e na periferia desses vales, e depois se estendeu em faixas sucessivas às partes mais baixas.

Nos vales baixos, os quadros rizícolas podiam ser alimentados pelas águas da chuva e pela distribuição, mais ou menos bem controlada, das cheias. As partes mais baixas, insuficientemente drenadas, eram cultivadas apenas nas estações que as águas apresentavam um nível mais baixo, enquanto as partes mais elevadas, insuficientemente irrigadas, eram cultivadas apenas na estação das chuvas e das cheias. Apenas as zonas intermediárias, muito bem alimentadas em águas na baixa estação e bem drenadas na alta, podiam comportar duas colheitas de arroz por ano. Isso quer dizer que o desenvolvimento dos sistemas de duas ou três colheitas por ano foi a princípio condicionado, nesses vales mais baixos, pelos avanços das obras de irrigação e de drenagem, que permitiam controlar o nível das águas em todas as estações.

Irrigação, extensão da rizicultura e multiplicação das colheitas

Todavia, a irrigação não somente permitiu multiplicar as colheitas nas regiões tropicais com elevada pluviometria mas permitiu também estender a rizicultura pelas regiões subtropicais e temperadas quentes (mediterrâneas), em que chuvas e cheias eram insuficientes para praticar a rizicultura aquática.

Nos vales e nos deltas a irrigação não era muito fácil pois, na baixa estação, as águas dos rios e dos canais se encontravam geralmente em um nível inferior àquele dos quadros rizícolas. Era preciso então elevar a água por meio de dispositivos elevatórios acionados pelo homem, por animais ou motores, o que custava caro, ou então construir uma vasta rede de irrigação partindo de uma grande distância da montante, e conduzindo a água rumo aos quadros rizícolas graças a canais mais elevados em relação à planície de cultivo de arroz, ou as vezes atualmente isso pode ser feito por meio de condutos sob pressão.

Cada uma à sua maneira, essas etapas de desenvolvimento da irrigação permitiram estender a rizicultura aquática à áreas e climas cada vez mais variados e vastos, além de prolongar as estações de cultivo e de multiplicar as colheitas.

Transplantação, tração animal, seleção e multiplicação das colheitas

Contudo, muitos outros progressos participaram desse formidável desenvolvimento da rizicultura aquática: o transplante do arroz previamente semeado e cultivado em viveiros de pequena dimensão, encurtou o tempo de ocupação do arrozal e facilitou o aumento do número de colheitas anuais.

A utilização da tração animal e posteriormente da tração motorizada para lavrar, misturar e aplainar o solo antes da transplantação contribuiu também para que se ganhasse um tempo precioso. Enfim, a seleção de variedades que não fossem foto-periódicas (ou seja, pouco sensíveis à duração relativa do dia e da noite, e logo cultiváveis em todas as estações e em latitudes variadas), e de variedades de ciclo vegetativo muito curto, permitiu efetuar mais de três cultivos de arroz por ano.

Da superfície de água natural aos vastos ordenamentos dos vales e dos deltas, toda uma gama de sistemas hidráulicos nasceram combinando diversamente quadros rizícolas, terraços, diques, eclusas, barragens de derivação, barragens-reservatórios, canais de irrigação e de drenagem. Os grandes conjuntos hidráulicos das regiões rizícolas têm uma arquitetura diferente daquela dos grandes vales das regiões áridas, mas possuem a mesma envergadura e deles surgiram formas de organização social e política comparáveis (ver Capítulos 4 e 5).

Notemos, contudo, que as grandes civilizações hidrorizícolas da Ásia das monções começaram a se desenvolver mais de dois milênios depois das civilizações hidroagrícolas dos vales do Indo, do Tigre, do Eufrates e do Nilo. Na China, as primeiras cidades-estados hidráulicas teriam aparecido dois mil anos antes de Cristo. Nas regiões do médio rio Amarelo, situadas próximas ao centro de origem chinês. Essas cidades foram unificadas num primeiro embrião de império sob a dinastia Shang (séculos XVII-XI a.C.). Porém, os historiadores somente falam de uma verdadeira civilização hidrorizícola a partir do período seguinte (séculos XI-III a.C.), durante os quais uma dezena de reinados hidráulicos e construtores de muralhas teriam se constituído e combatido até que o mais poderoso dentre eles, o reino dos Quing (de 249 a 206 a.C.) impôs sua supremacia e sua administração a toda a China, da Grande Muralha até o Cantão.

Na Índia, o arroz era cultivado a leste 2.000 anos a.C., mas a primeira civilização hidroagrícola do vale médio do Gange só surgiu 800 anos a.C. A emergência dessa civilização foi seguida pela penetração ariana que começara vários séculos antes, mais ou menos 1.500 anos a.C. Vindos do norte do Irã onde seus rebanhos exploravam as estepes pouco produtivas e pouco propícias ao cultivo, as tribos de pastores arianos invadiram precedentemente o vale do Indo onde acredita-se terem provocado a destruição das grandes cidades hidráulicas que ali existiam (Mohendjo-Daro e Harappã). Depois, passando pelo Pendjab, colonizaram em ondas sucessivas as grandes florestas quase intactas do vale do Gange e do noroeste da Índia, ainda ocupadas por comunidades de caçadores e pescadores que às vezes praticavam cultivos temporários com o sistema de derrubada-queimada. Assim procedendo, os imigrantes tiveram que abandonar o nomadismo pastoril, se sedentarizar, adotar o complexo cultural da floresta tropical úmida (dentre eles *Oryza sativa*), e estender durante vários séculos seus desmatamentos antes de dar fim ao ecossistema arborizado. Logo após se formaram os primeiros sistemas agrários pós-florestais e as primeiras cidades-reinos hidráulicas do vale do Gange. No sexto século antes de Cristo, um desses reinos, (o Moghada) começou a submeter e a unificar seus vizinhos para formar, no quarto século antes de Cristo, um império que ocupou todo o vale do Gange e dois séculos mais tarde, se estendia do Indo até o golfo de Bengala, e do Himalaia aos três quartos da península do Deccam.

Durante o primeiro milênio d.C, toda uma série de outras cidades estados hidráulicas e rizícolas se constituíram, de maneira autônoma ou por dispersão, na península indo-chinesa, no Japão, na Indonésia até Madagascar. Se a China exerceu uma influência técnica e comercial sobre muitas dessas civilizações, a Índia lhes forneceu com frequência certos elementos de sua cultura (escrita, religião, arte, política e administração).

5 PROBLEMAS DE DESENVOLVIMENTO DOS ATUAIS SISTEMAS AGRÁRIOS FLORESTAIS

Na maior parte das regiões do mundo outrora arborizadas, os sistemas de cultivo de derrubada-queimada cederam lugar, depois de muito tempo, a outros tipos de sistemas: sistemas hidroagrícolas das regiões áridas, sistemas com alqueive em associação a criação animal das regiões temperadas, sistemas de cultivo com enxada com ou sem criação animal das regiões tropicais, sistema hidrorrizícolas das regiões tropicais úmidas etc.

Todavia, os sistemas de cultivo de derrubada-queimada continuam a existir nas florestas intertropicais ainda em nossos dias. No entanto, devido à insuficiência de seu instrumentos e de sua produtividade, esses sistemas estão hoje ameaçados pela concorrência econômica das agriculturas mais poderosas. Além do mais, sua existência é questionada pelos avanços rápidos do desflorestamento. A questão de sua sobrevivência e de seu aperfeiçoamento, e a questão do desenvolvimento de sistemas pós-florestais capazes de substituí-los é colocada de maneira urgente. Os conhecimentos adquiridos neste capítulo nos permitem analisar os problemas atuais dos sistemas florestais, e de conceber estratégias de desenvolvimento a eles convenientes.

Problemas atuais

Subequipamento

A primeira deficiência desses sistemas reside no caráter rudimentar pouco diversificado e pouco potente de suas ferramentas que consistem, para cada cultivador, em um machado, um facão e algumas enxadas, valendo esse conjunto menos que 40 dólares. Esse nível de ferramentas não permite cultivar mais que um hectare por trabalhador e, apesar da fertilidade dos solos florestais, a produtividade do trabalho ultrapassa raramente uma centena de quilos de equivalente-cereal por trabalhador e por ano, ou seja, um pouco mais que as necessidades de uma família de quatro ou cinco pessoas. Os cultivadores florestais dispõem, então, de um acréscimo comercializável e de uma renda monetária reduzidos. Ora, um conjunto de ferramentas e utensílios manuais reforçados, compostos de machados, machadinhas, foices, serras, enxadas, enxadas leves, plantadeiras, secadores, descascadores etc., permitiria dobrar a produtividade do trabalho dos cultivadores florestais, ou mesmo ampliar de cinco a dez vezes. Um tal investimento está fora do alcance da maioria desses cultivadores (M. Mazoyer et al., 1986). Mas esses sistemas possuem ainda muitas outras deficiências.

Dispersão

Assim, a frequente dispersão das parcelas cultivadas que obriga os produtores a longos deslocamentos quotidianos é um outro fator limitador da produtividade do trabalho, pois que o caráter temporário dos cultivos proíbe praticamente a construção de estradas e caminhos estáveis e transitáveis. Além disso, devido ao fato da população estar esparsa, assim como a produção, o custo das infraestruturas e dos transportes que servem essas regiões é muito elevado. Não é possível então promover produções comercializáveis pesadas, volumosas, perecíveis, nem, tampouco, implantar grandes unidades de transformação cujo raio de coleta seja muito amplo. Nesse caso também é contra indicado desenvolver, como se faz frequentemente, serviços técnicos, serviços de armazenamento e de coleta especializados e concentrados, cujo pessoal e veículos perdem grande parte do tempo em deslocamentos. Mas é ainda pior tentar escapar aos inconvenientes da dispersão reagrupando autoritariamente os vilarejos ao longo de vias de transporte, o que provoca o desmatamento das margens e do entorno dessas vias.

Dificuldades de mecanização e de quimificação

Porém, os cultivos florestais se adaptam muito mal à adoção dos meios de desenvolvimento agrícolas mais convencionais e mais tentadores para os "agentes de desenvolvimento", que são a mecanização e o uso de adubos. A utilização de implementos tracionados por animais, ou motorizados, é quase impossível, a menos que se proceda a retirada dos troncos e cepos, e então se destrua a floresta e o próprio cultivo florestal. As experiências de motomecanização dos cultivos após desmatamento integral, com tratores de esteira com lâminas frontais tipo *buldozer*, da floresta tropical fracassaram. Esse tipo de desmatamento expõe em parte os horizontes superficiais do solo, principalmente os mais férteis, para juntá-los em vastos montes que permanecem incultos, enquanto que, após alguns anos de cultivo extremamente caro, a magra fertilidade residual das terras desmatadas mecanicamente desaparece e uma savana quase estéril se instala em permanência. Quanto aos adubos minerais, eles são geralmente pouco rentáveis. Com efeito, seu custo de abastecimento é elevado, e eles são rapidamente lixiviados após sua distribuição e espalhamento no solo, e sua ação é pouco marcante em solos constantemente alimentados em minerais pela decomposição do húmus florestal.

Desflorestamento

A essas deficiências e dificuldades de melhoria somam-se a ameaça de desflorestamento a mais ou menos curto prazo. Os desmatamentos mecânicos, a extensão das grandes plantações e dos estabelecimentos de criação, a superexploração das madeiras tropicais reduzem cada vez mais o espaço vital dos cultivadores florestais. Ao mesmo tempo, conforme mostramos anteriormente, a explosão demográfica acarreta em menos de uma geração a savanização acelerada das florestas por eles cultivadas.

Estratégias de desenvolvimento

A salvaguarda e a perpetuação dos sistemas de cultivo de derrubada-queimada supõem em princípio a proteção das regiões florestais de agricultura camponesa do avanço crescente das empresas de cultivo, de criação e de exploração de madeira que são estranhas à região. O aperfeiçoamento daqueles sistemas supõe, em seguida, que se reduza também sua própria pressão sobre os recursos florestais, e que se melhore significativamente a produtividade e os rendimentos dos cultivadores florestais.

Melhoria das ferramentas, plantações perenes e hortas-pomares

Nessas condições, as orientações de desenvolvimento que se impõem, em curto prazo, consistem em ajudar os cultivadores florestais a adquirir ferramentas manuais mais eficazes, por meio de empréstimos, de subsídios ou, melhor ainda, de doações em espécie. O aperfeiçoamento das ferramentas condiciona o desenvolvimento de plantações comerciais (café, cacau, palmeira para extração de óleo etc.) densas e bem cuidadas, preferíveis às plantações ditas "extensivas", que ocupam vastas áreas. Bem servidas por pequenos estabelecimentos familiares ou dos vilarejos, mas também por serviços comerciais e de vulgarização polivalentes, essas plantações podem trazer aos camponeses a renda monetária que eles necessitam.

Todavia, a mais longo prazo, o deflorestamento é sem dúvida inevitável e convém desde agora orientar a pesquisa-desenvolvimento para a definição de novas formas de cultivo e de criação apropriadas, capazes de substituir os cultivos com derrubada-queimada quando estes falharem. As formas de agricultura e de criação que já foram comprovadas em circunstâncias similares em regiões do mundo comparáveis, e sobre as quais a pesquisa-desenvolvimento deve se apoiar se organizam em torno de três grandes eixos. O primeiro eixo consiste em substituir progressivamente a floresta em via de destruição por plantações produtivas e por hortas-pomares inteiramente artificializadas, como as que se desenvolvem no sudeste da Ásia, na América Central e no Caribe.

Associação agricultura-criação

A segunda via baseia-se no desenvolvimento de sistemas de savana que associam estreitamente cultivos com criações de pequeno e grande porte. Esses animais consomem os subprodutos dos cultivos, pastando nos estágios herbáceos das partes desmatadas e não cultivadas do ecossistema, contribuindo para a renovação da fertilidade das terras cultivadas e participando dos trabalhos agrícolas.

Hidroagricultura e aquacultura

O terceiro caminho consiste em preparar as planícies aluvionais mal drenadas, úmidas e pouco permeáveis dos vales — até então pouco ou nunca exploradas —, a fim de aí praticar diferentes formas de hidroagricultura e eventualmente de aquacultura. Num primeiro momento, esses novos sistemas completarão a produção de víveres oriundos dos cultivos florestais em declínio e, caso os baixios aproveitáveis forem muito extensos, poderão substituir inteiramente os cultivos florestais. Um baixio preparado para a rizicultura aquática e a piscicultura pode alimentar várias centenas de habitantes por quilômetro quadrado, ou seja, fazendo um cálculo pessimista, dez vezes maior que os cultivos de derrubada-queimada.

Preservação e melhoria a curto prazo dos sistemas florestais

Como vimos, os sistemas de cultivo de derrubada-queimada não são perfeitos. Somente quando os novos sistemas forem postos em prática que o cultivo com tração animal, a mecanização e a motorização poderão se desenvolver. Enquanto isso não ocorre, é preferível evitar mudanças técnicas arriscadas. Porém não podemos esquecer que o desenvolvimento dos sistemas pós-florestais levará algum tempo para se realizar; exigirá trabalho, equipamentos e investimentos importantes. Essa transformação agrícola, portanto, somente será possível se os sistemas de cultivo de derrubada--queimada forem desde agora protegidos da destruição muito rápida e se, além disso, forem suficientemente reforçados. A melhoria a curto prazo das ferramentas, da produtividade e dos rendimentos dos cultivadores florestais condiciona, a longo prazo, o desenvolvimento de sistemas pós-florestais duráveis e perfeitos.

Capítulo 4
A evolução dos sistemas agrários hidráulicos do vale do Nilo

1. O ecossistema original e os primeiros ocupantes do vale
2. Os sistemas de bacias e de cultivos de vazante de inverno
3. Os sistemas de cultivos irrigados

> *Ao mesmo tempo que descobria e melhorava suas técnicas agrícolas, o homem precisou dominar a água, combater seu excesso, tão prejudicial quanto a sua falta, fazer recuar tanto os pântanos quanto o deserto, cavando e mantendo canais de drenagem ou de irrigação. Em suma, conquistar a terra a fim de forçá-la a uma fertilidade disciplinada. [...] No Egito e na Mesopotâmia três fatores impuseram sua força: as condições naturais, sem dúvida, mas utilizadas por uma organização coletiva em estreita ligação com a religião. Como esses dois últimos fatores, ambos humanos, apareceram e como se generalizaram a ponto de adquirir tal força? Aí reside o grande mistério, que provavelmente nunca será desvendado, pois o nascimento de uma religião jamais se resume à convicção de uma utilidade material. E esta convicção não basta para constatar a aceitação duradoura, pelas multidões, de uma obrigação às vezes tão pesada.*
>
> André Aymard, *L'Orient et la Grèce antique.*

Há 8.500 anos, um dos mais antigos centros de origem da agricultura neolítica, o centro próximo-oriental — compreendido pela Síria e a Palestina — já estava formado, e a maior parte das plantas cultivadas (Einkorn cultivado *Triticum monococcum*, trigo, cevada, lentilha, ervilha, linho), bem como os animais de criação (cabra, porco, ovelha e boi) oriundos desse centro já estavam domesticados. Partindo daí, e durante milênios, as populações de cultivadores e de criadores neolíticos propagaram em todas as direções, e passo a passo, essas espécies domésticas, nos meios mais propícios. Mais tarde, no próprio centro próximo-oriental ou na sua área de extensão vieram unir-se a elas novas espécies domesticadas (o asno, no Oriente Próximo, aveia e centeio na Europa, sorgo, milheto africano, ervilha bambara, inhame, arroz... na África Tropical etc.).

Assim, há 5.000 anos, quando a agricultura neolítica de origem próximo-oriental atingia apenas o Atlântico, o mar do Norte, o Báltico, a Sibéria, o vale do Ganges e a grande floresta equatorial africana, as regiões mais próximas desse centro, na Ásia ocidental, na Europa oriental e na África setentrional, já estavam há muito tempo cultivadas e percorridas pelos rebanhos. Isso acontecia a tal ponto que as regiões saarianas e arábico-persa menos irrigadas, originalmente ocupadas por florestas abertas, savanas ou estepes arborizadas, já tinham sido desmatadas e, em consequência, já se encontravam, sem dúvida, em vias de ressecamento.

Nessas regiões aridificadas, os cultivos pluviais se tornaram progressivamente impossíveis de serem praticados e as atividades pastoris regrediram intensamente. Cultivadores e criadores recuaram pouco a pouco para as regiões periféricas que continuavam mais úmidas, ou para as zonas privilegiadas mais bem-abastecidas em água pelos lençóis freáticos ou pelos rios que nasciam muito longe dali. Nesses oásis verdejantes perdidos no meio do deserto, eles desenvolveram formas variadas de hidroagricultura: cultivos em áreas inundadas, cultivos regados ou irrigados, cultivos em áreas com afloramento de lençol freático. Os maiores entre esses oásis eram formados pelos vales do Tigre, do Eufrates, do Nilo e do Indo, vales nos quais a extensão dos cultivos exigiu a implantação de vastas infraestruturas hidráulicas. Foi nesse contexto que nasceram as primeiras grandes civilizações hidroagrícolas da alta Antiguidade.

O objetivo deste capítulo é retraçar, a título de exemplo, o surgimento e o desenvolvimento dos sistemas hidroagrícolas no vale do Nilo, do sexto milênio antes de nossa Era até nossos dias. Pode-se dizer, grosso modo, que se desenvolveram, avizinharam e se sucederam neste vale dois grandes tipos de sistemas: os sistemas de cultivo de vazante de inverno e os sistemas de cultivos irrigados em diferentes estações.

Os sistemas de cultivos de vazante de inverno

Antigamente, o Nilo — rio de origem equatorial, mas amplamente alimentado pelas chuvas tropicais do hemisfério norte — transbordava a cada ano entre julho e outubro. A inundação cobria durante várias semanas a maior parte do vale e do delta, com exceção das elevações e dos promontórios naturais. A altura da água, variável conforme o lugar e a importância da cheia, podia atingir vários metros. Os cultivos de vazante eram feitos após o recuo das águas, quando os solos estavam embebidos e enriquecidos pelos depósitos de aluviões, e a colheita acontecia na primavera. Os cultivos de cereais (trigo, aveia, milheto, no sul) e de linho, exigentes em elementos minerais, alternavam-se com os cultivos de leguminosas alimentares (ervilha, lentilha), ou forrageiras (trevo de Alexandria), que enriqueciam o solo.

A partir do sexto milênio anterior ao presente os sistemas de cultivo de vazante de inverno estenderam-se em várias etapas, ao ritmo da organização das bacias de vazante. Na época dos primeiros vilarejos, supunha-se que, na falta dessa organização, somente as margens da zona inundada fossem cultivadas após o recuo das águas. Num segundo momento, as bacias elementares de vazante foram formadas, com a construção de diques simples que fechavam as depressões naturais, independentes umas das outras, margeando a zona inundável. Esses diques permitiam, primeiro, reter a água das cheias nessas depressões tanto tempo quanto fosse necessário para umidificar e para aluvionar o solo e, a seguir, para proteger os fundos das bacias assim organizadas e cultivadas contra eventuais retornos das cheias. Num terceiro momento, a construção de *cadeias transversais de bacias*, escalonadas desde as ribanceiras do rio até as margens do deserto, depois, a construção de *cadeias longitudinais de bacias*, escalonadas de cima para baixo, permitiram organizar os trechos do vale (na verdade, meios--trechos), cada vez mais extensos.

Por fim, a edificação progressiva de grandes diques protetores, ao longo do rio, e de grandes canais adutores ou evacuadores que religavam pouco a pouco as cadeias de bacias do alto vale, do médio vale e do delta, permitiam repartir de forma equânime as cheias insuficientes e também amortecer as cheias excessivas distribuindo-as tão amplamente quanto possível. Grandes canais adutores permitiam, entre outros, estender as águas da cheia sobre "novas terras" raramente ou até mesmo nunca atingidas pela inundação natural. Essas grandes obras hidráulicas conduziam não a uma reestruturação integral do vale e do delta e a uma gestão unificada da cheia, mas a um conjunto de reformas locais e regionais cada vez mais perfeitamente ligadas entre si e a uma gestão coordenada da cheia, graças a regras de uso da água e de um sistema de comando centralizado e hierarquizado.

Ainda que se trate apenas de uma hipótese, não comprovada, tampouco partilhada por todos os egiptólogos, é tentador pensar que as grandes etapas do desenvolvimento desses trabalhos hidráulicos e da gestão coordenada da cheia sobre frações cada vez mais extensas do vale coincidiram com as etapas do desenvolvimento de formas de organização social e política cada vez mais poderosas. Estas foram capazes de estender seu poder hidráulico sobre os seguintes territórios: vilarejos enfileirados ao longo do vale e nas margens do delta no princípio do sexto milênio antes do presente; cidades-Estado que dominavam um pequeno trecho de vale, e depois as cidades-Estado mais poderosas que dominavam toda uma planície aluvial localizada entre duas passagens estreitas do vale, mais ou menos na metade desse milênio.

Elas também foram capazes de estender seu poder hidráulico sobre os grandes reinos unificadores de numerosas cidades e que dominavam várias planícies aluviais, em seguida, a dois reinos — o do Alto Egito que correspondia ao vale propriamente dito, e o do Baixo Egito, que correspondia ao

Marcel Mazoyer • Laurence Roudart

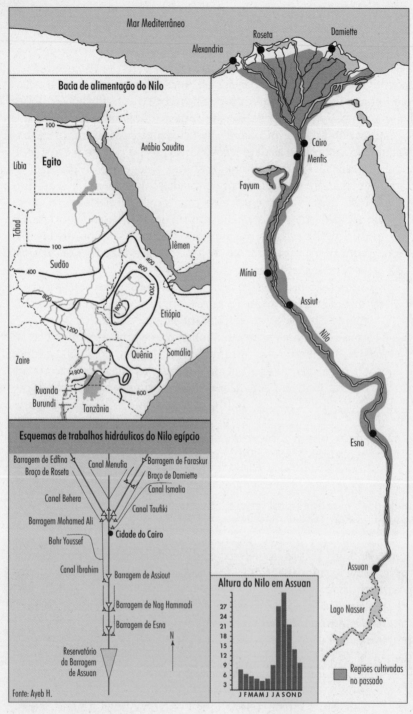

Figura 4.1. O Egito e o Nilo

delta — na segunda metade desse mesmo sexto milênio. Finalmente, há pouco mais de 5.000 anos, a formação do Estado faraônico unindo esses dois reinos. Posteriormente, nos próximos 3.000 anos, mais ou menos 200 faraós pertencentes a trinta dinastias reinarão mais ou menos plenamente sobre esses Dois Reinos, sendo que os períodos de prosperidade (Antigo Império, Médio Império e Novo Império) coincidirão com uma forte concentração do poder, e os períodos de decadência (Períodos Intermediários e Época Baixa) coincidirão, ao contrário, com o declínio e queda do poder central.

Seja como for, os três antigos sistemas de cultivos de vazante de inverno estavam calcados sobre trabalhos hidráulicos *coletivos*, compostos pelos conjuntos de bacias, de diques e de canais, realizados, mantidos e utilizados sob a égide da autoridade hidráulica dominante que, conforme a época, atuava na escala do vilarejo, da cidade local ou do reino. Os sistemas de cultivos de vazante eram praticados por uma classe camponesa populosa, agrupada em vilarejos situados sobre os promontórios, as terras altas e os diques. Essa classe camponesa cultivava as parcelas de terra que lhes eram concedidas. Ela estava sujeita a penosos trabalhos ou corveias nos domínios do Estado, do Templo e dos altos dignitários. Os produtos dessas terras e os impostos *em espécies* eram utilizados para subvencionar as necessidades do Faraó, de seu palácio, da administração, do clero, dos soldados, dos trabalhadores e dos artesãos do Estado, e para construir palácios, templos, túmulos e pirâmides. Mas, em larga escala, estes também eram destinados a formar os estoques de segurança para enfrentar as irregularidades da cheia e da colheita, a estender e manter os trabalhos hidráulicos e as outras obras de utilidade pública.

Os sistemas de cultivos irrigados em diferentes estações

Os cultivos inundados, ou irrigados, pela água extraída do leito do rio, nos charcos e nas outras águas de superfície, temporárias ou permanentes, ou ainda extraída de lençóis freáticos pouco profundos, são tão antigos quanto os cultivos de vazante. No tempo dos primeiros vilarejos, das cidades-Estado e dos primeiros faraós, a rega manual, utilizando baldes de terracota, se estendia no máximo à vizinhança imediata dos pontos de água. Porém, a partir do século XIV a.C., os cultivos irrigados puderam ganhar terreno graças à adoção do *chadouf*[1], originário da Mesopotâmia. Porém esses cultivos,

---

[1] Do francês "puits à balancier". Dispositivo para elevar a água constituído de uma alavanca, sob a forma de uma vara articulada, perto do centro de uma trave ou de um outro meio de suporte, como um basculante. Na extremidade dessa alavanca está fixado um peso que serve de contrapeso a uma caçamba ou vasilhame suspenso em uma corda ou haste, preso ao outro braço da alavanca. Basculando-se a vara, o vasilhame cheio sobe até a altura desejada, onde é esvaziado por uma inclinação lateral. Equipamento também denominado *Counterpoise lift, shaduf, shadouf, denkli, lat, khetara, kerkaz, kheeraz, guenina*. (N.T.)

desenvolveram-se, sobretudo, depois da conquista grega (333 a.C.), graças ao uso de novas máquinas de bombeamento e elevação de águas muito mais eficientes. Exemplo disso é *o parafuso de Arquimedes e a roda elevatória com vasilhas em terracota* que, na antiguidade, eram geralmente acionadas pela mão de obra servil. Na Idade Média, na época árabe, principalmente, os cultivos irrigados puderam ainda progredir graças à utilização crescente da tração animal, dos moinhos de vento e dos moinhos de água para acionar estas máquinas, principalmente as *rodas elevatórias com vasilhas*.

Diferentemente dos cultivos de vazante, sempre praticados no inverno, os cultivos irrigados podiam ser praticados em diferentes estações conforme a situação: no fim do inverno e na primavera *entre duas cheias*, nas zonas baixas inundáveis; no verão e no outono durante a cheia em terras elevadas; em todas estações (as chamadas irrigações perenes) nas zonas protegidas da cheia pelas elevações de terras naturais ou artificiais. Até o fim do século XVIII, os sistemas de cultivos se mantiveram por meio dos investimentos privados (poços, máquinas de extração e elevação de água). Nessas condições, mantiveram-se restritos ao baixo delta, nos baixios próximos aos poços de superfície ou dos lençóis freáticos e margens baixas do rio, e sua extensão não ultrapassou os 20% da superfície total cultivada.

A contar do século XIX, os cultivos irrigados começaram a beneficiar-se, por outro lado, do planejamento hidráulico público. O ordenamento de perímetros irrigáveis em todas as estações permitia praticar cultivos como a cana-de-açúcar (um cultivo plurianual) e, sobretudo, o algodão (cultivo que ocupava o solo do fim do inverno ao outono); estes são dois cultivos tropicais de exportação, fontes de lucro, de divisas e de matéria-prima para a indústria, que inspiraram as políticas de reorganização do vale com a finalidade de expandir a irrigação. Na primeira metade do século XIX, o replanejamento por irrigação dos antigos canais de distribuição de cheias não teve mais êxito. Mas no fim desse século, a construção nos braços do delta de *barragens-elevatórias* do nível de água permitiu estender a irrigação à quase totalidade do delta.

Na primeira metade do século XX, com a construção das barragens-reservatórios de Assuan (a primeira barragem, em 1905), situadas na região superior do rio, e das barragens elevatórias do Médio e do Alto Egito, a irrigação pôde estender-se por todo o vale. Finalmente, na segunda metade do século XX, a construção da alta barragem de Assuan permitiu ampliar a área cultivável, generalizar a irrigação em todas as estações e desenvolver um duplo, e até mesmo um triplo, cultivo anual, assim como as plantações perenes. Numerosa e talentosa, a classe camponesa egípcia soube tirar partido dessas novas possibilidades, adotando adubos, tratamentos fito-sanitários e, em menor escala, a moto-mecanização, para desenvolver sistemas de produção complexos, aliando as produções cerealíferas, forrageiras e animais, hortícolas e frutíferas.

Com alguma distância das civilizações do norte do Mediterrâneo, e mais de 2.000 anos antes de seu surgimento, como e por que alguns milhões de camponeses e de funcionários, confinados em um microcosmo explorável graças a grandes quantidades de obras, montaram uma sucessão de sistemas hidroagrícolas e formas de organizações sociais e políticas de originalidade e riquezas tão inesgotáveis? Essas são questões que privilegiaremos e tentaremos responder neste capítulo.

1 O ECOSSISTEMA ORIGINAL E OS PRIMEIROS OCUPANTES DO VALE

A formação do deserto egípcio

Fora do vale do Nilo, o Egito é hoje um deserto pontilhado por alguns oásis. Mas há 10.000 anos, os dois planaltos e os relevos que emolduravam o vale eram ainda ocupados por uma savana arbustiva, composta de gramíneas variadas e arbustos espinhosos, enquanto que o vale e o delta, além dos pântanos povoados por papiros, bambuzais e outras plantas aquáticas, eram ocupados por um tipo de floresta de galeria de tamariz, acácias, tamareiras, palmeiras do Egito da Arábia, de sicômoros (figueiras de madeira leve e imperecível) e de terebintos (pistacheiras produtoras de resina). A partir do sexto milênio antes de nossa Era, o clima secou e tornou-se francamente desértico em meados do quinto milênio. Hoje, no Alto Egito (do Sudão até a ponta de divisão das águas do Nilo em um delta), o clima é muito quente e muito seco. Assuan, por exemplo, só recebe 3 milímetros de chuva por ano e as temperaturas mensais variam de 15° a 33°C. No delta, chove muito mais (24 milímetros de chuva por ano no Cairo e 190 milímetros em Alexandria), e as temperaturas são mais baixas. A tendência mediterrânea do clima é reforçada perto do litoral.

Um longo oásis de inverno produzido pelas cheias de verão

No meio do deserto egípcio, o vale aparece como um oásis filiforme de mais de 1.200 km de extensão. O Nilo que nasce no Burundi, ao sul do equador, há 6.700 km da sua embocadura, recebe afluentes das regiões equatoriais e das regiões tropicais. São águas de origem tropical, provenientes especialmente da Etiópia (Nilo Azul, Atbara e Sobat), que fornecem o essencial do escoamento do rio e que, até a construção da alta barragem de Assuan no século XX, originavam seu regime de cheia de verão. A cheia começava em meados de julho e atingia seu ápice em setembro. Todo o vale estava então submerso por uma água avermelhada rica em lodo retirado da bacia de alimentação do rio. No outono, as águas do Nilo Branco provenientes das regiões equatoriais avançavam e mantinham o escoamento do rio. A partir de meados de novembro, o rio voltava ao seu leito menor e o débito baixava continuamente até maio, que era o mês das águas mais baixas. O Nilo é um rio que deságua aproximadamente 80 bilhões de metros cúbicos de água por ano em média, mas esse volume é muito variável de um ano para outro (de 44 a 129 bilhões de metros cúbicos). Numa cheia média, o nível do rio em Assuan se situava (antes da construção da barragem) a uma altura de 9 metros acima de seu nível na estiagem; a cheia se estendia mais amplamente no delta, onde a variação do nível de água não ultrapassava 3 ou 4 metros. Essa cheia alimentava o lençol freático, embebia os solos de água e depositava a cada ano uma fina camada de lodo. A sedimentação milenar desse lodo depositado, a razão de 1 milímetro de depósito por ano em média, formou uma planície aluvial ligeiramente convexa, cuja largura ia de algumas centenas de metros a uma dezena de quilômetros conforme o local, e cuja textura dos solos apresentava-se mais fina na medida em que se distanciava-se do leito do rio e que se aproximava-se do delta. Assim, no delta, que se expande com 250 km de largura, os sedimentos aluvionais trazidos pelos diferentes braços do rio são frequentemente muito argilosos. A acumulação de materiais mais grosseiros nas margens do rio formaram dois diques longitudinais. Ainda que apresentando uma fraca declividade, o *declive transversal* do leito do vale, de uma parte a outra do rio a partir dos diques existentes em sua margem, é geralmente superior ao *declive longitudinal*.

Após a vazão das cheias, a vegetação abundava durante alguns meses, mas depois, na primavera, a redução do lençol freático e o ressecamento do solo estendiam-se a quase-totalidade do vale, exceto nas partes baixas do delta, ou em alguns baixios pantanosos, em algumas depressões com acúmulo de água permanentes, assim como no leito menor e nos braços ainda não secos do rio.

O refluxo rumo ao vale dos cultivadores e dos criadores neolíticos

No fim do paleolítico, o vale era frequentado por populações de coletores de plantas rizomatosas como o junco redondo e o junco dos pântanos, por pescadores (bordalos, tilápias) e às vezes também por caçadores Uros, antílopes, gazelas, hipopótamos, onagros, javalis, pássaros aquáticos etc.

Na época neolítica, entre 10.000 e 5.500 anos antes de nossa Era, o Egito atravessava um período ainda relativamente úmido, mas já entrecortado por fases áridas. Foi no curso desse período que apareceram os primeiros pastores e os primeiros cultivadores. Os traços mais antigos de cultivos de cereais no Egito remontam há 8.000 anos antes de nossa Era; trata-se de cevada, trigo amidoreiro e trigo Einkorn cultivado, que tinham sido domesticados no centro de origem próximo-oriental há 8.400 anos antes de nossa Era (A. Gautier, 1990). Foram encontradas nos planaltos, em sítios datados de 9.800 a 9.000 anos antes de nossa Era, algumas ossadas de bovinos cujo porte pequeno faz pensar que poderiam ser bovinos domésticos. Alguns estudiosos deduziram daí que poderia existir um centro africano de domesticação de bovinos (F. G. Klein, 1994), um centro que seria então mais antigo que o centro próximo-oriental. Mas a existência desse centro não é confirmada e é bem possível que essas ossadas tenham pertencido a bovinos selvagens de pequeno porte, adaptados a um meio semiárido, que se deslocavam de oásis em oásis e transumavam eventualmente na estação seca para as margens do Nilo. Seja como for, a contar de 8.000 anos antes de nossa Era, a frequentação de pequenos grupos de criadores e eventualmente agricultores, em nomadismo entre os vales e os planaltos egípcios é confirmada (F. Wendorf e Coll, 1994).

Bem mais tarde, a partir de 5.500 anos antes de nossa Era, começou o refluxo rumo ao vale de populações saarianas e próximo-orientais, expulsas de todas as partes pela desertificação: criadores (de pele escura) de bovinos de chifres curtos vindos do sudeste, criadores (de pele clara) de bovinos de chifres longos vindos do leste e criadores de ovinos e caprinos vindos do norte estavam na origem do estabelecimento, nos flancos do vale e nas margens do planalto, de vilarejos cada vez mais numerosos (G. Burenhult, 1994). Foram esses habitantes dos vilarejos que começaram a desmatar, arranjar e praticar a cultivo no vale, destruindo assim pouco a pouco a floresta-galeria original. Enfim, por volta de 4.500 anos antes de nossa Era, os planaltos se tornaram flagrantemente desérticos e nunca mais foram ocupados por nenhuma população permanente.

2 OS SISTEMAS DE BACIAS E DE CULTIVOS DE VAZANTE DE INVERNO

Os agricultores neolíticos, refugiados no entorno do vale e não podendo mais cultivar os planaltos desérticos, confrontaram-se com um meio muito particular. Três grandes estações ritmavam a vida dos habitantes: a estação da cheia ou da inundação (*akhet*) que submergia, embebia de água e aluvionava durante algumas semanas — entre julho e outubro — toda ou uma parte das terras da planície aluvional (as terras negras ou *khemet*) propícias aos cultivos. A estação da pós-cheia, da renovação ou do ressurgimento das terras (*peret*), estação dos cultivos de vazante de "inverno" que ocupavam o terreno de novembro até a "primavera"; enfim, a estação seca (*shenou*), que findava com a chegada da cheia seguinte, em meados de julho.

Os antigos sistemas de cultivos de vazante de inverno inscreviam-se no ciclo hidrológico sazonal do vale do Nilo. No final de outubro, após o recuo da cheia, o lençol freático subjacente ao vale, plenamente recarregado, aflorava à superfície do solo até às fronteiras do deserto. Os solos ficavam lamacentos, e era preciso esperar alguns dias antes de poder semeá-los. Do final de outubro até a cheia seguinte, este lençol era aprovisionado apenas pelas águas baixas que escoavam no leito menor do rio e de seus braços, seu nível abaixava progressivamente até o ponto de não poder mais alimentar com água os cultivos. Disso resultava no final do inverno ou no princípio da primavera, uma interrupção da vegetação que era mais precoce no Alto Egito que no Baixo Egito. Depois, da primavera até a cheia seguinte, o solo se ressecava e rachava a ponto de ocorrer uma espécie de lavração natural.

O ordenamento por etapas dos sistemas de bacia de vazante

Os primeiros vilarejos e as primeiras bacias de vazante

Para escapar à cheia, os primeiros vilarejos — formados por pequenas choupanas de barro seco — eram situados na orla do deserto, ou no próprio vale, mas sobre elevações de terra naturais. No período da cheia, esses vilarejos surgiam como ilhotas emergindo do vale inundado, sumariamente protegidos por aterros artificiais, eram às vezes levados, corpos e bens, pelas grandes cheias.

Dispondo do complexo cultural de origem próximo-oriental (cevada de inverno, trigo amidoreiro (*Triticum dicoccum*), trigo Einkorn (*Triticum monococcum*), lentilha, ervilha, linho, ervilhaca, cizirão) e de utensílios neolíticos correspondentes (machados de pedra polida, foices de corte e foices de micrólitos, mós e moendas, olaria), os agricultores começaram a praticar cultivos de vazante de inverno nas bordas da zona inundada, margeando o deserto e os relevos do vale. Com a semeadura acontecendo logo após a vazante, as plantas se desenvolviam ao longo dos meses de inverno utilizando as reservas de água do solo. Salvo raras exceções, esses cultivos não eram irrigados e não exigiam outros trabalhos além da vigilância dos campos, para protegê-los dos pássaros. A colheita acontecia entre março e maio.

Segundo G. Hamdan (1961), esses cultivos foram praticados em um primeiro momento sem preparo prévio, exceto alguns desmatamentos nos limites da floresta-galeria. Essa maneira de agir apresentava muitos inconvenientes: nas partes elevadas situadas nas bordas da zona inundável, o aluvionamento era pouco significativo e a água da enchente baixava rapidamente. Já nas partes baixas, a retirada das águas era tardia e havia os riscos bem reais de retorno da cheia após a semeadura. Foi para se proteger desses refluxos de cheia e para assegurar o armazenamento de água e de sedimentos de aluviões suficientes nas partes elevadas que, provavelmente desde o princípio do sexto milênio antes de nossa Era, os aldeões preparavam as primeiras bacias de vazante.

Essas bacias eram formadas por pequenas depressões naturais situadas nos limites da zona inundável: alargamentos localizados do vale, represas formadas na saída de antigos afluentes secos do Nilo, escavações ao pé das elevações naturais de terras. Essas depressões eram facilmente organizadas e preparadas: um simples dique em terra permitia fechá-las e separá-las da zona inundável, e assim controlar a cheia e a vazante na pequena bacia assim constituída. No verão, os diques eram parcialmente abertos através de uma ou várias aberturas a fim de deixar entrar a água das cheias nas bacias, em seguida essas brechas eram fechadas a fim de reter a cheia o tempo necessário para permitir o depósito de lodo, a saturação do solo com água e o abastecimento do lençol. No outono, novas aberturas eram feitas para evacuar as águas da cheia em tempo hábil, depois os diques eram novamente fechados, para proteger a semeadura contra qualquer retorno intempestivo da cheia.

As cidades-Estado e a preparação em bacias de pequenos trechos do vale

Pode-se pensar que a estruturação mais extensa de partes do vale em bacias tenha começado na metade do sexto milênio, sob a égide das primeiras cidades-Estado. Pequenos trechos do vale, ou melhor, meios-trechos de vale, situados de ambos os lados do rio, teriam sido organizados em uma sucessão de bacias mais ou menos quadrangulares, separadas por diques e escalonadas conforme o declive do terreno. Esses trechos de vale assim organizados podiam ser protegidos das fortes cheias por um dique longitudinal que permitia elevar os diques naturais existentes nas margens e, se necessário, por um dique transversal reforçado, situado na montante.

Cadeias de bacias transversais

Essas sucessões, ou encadeamento de bacias podiam ser transversais. Nesse caso, as bacias se sucediam, abaixando-se, desde os diques existentes na margem e os espessos solos lodosos do centro do vale até as margens do deserto. Aberturas feitas nos diques de margem desembocavam diretamente na primeira bacia mais elevada, que assim podia alimentar com água da cheia as bacias que se sucediam em nível inferior. Mas a ordem segundo a qual as bacias eram preenchidas não era aleatória: começando sempre pela primeira, mais central, que funcionava como bacia de decantação. Nela os lodos se acumulavam a ponto de transbordar no tempo de cheias menores. Para evitar essa deterioração do sistema hidráulico, era necessário encher as bacias afastadas, começando pela última (G. Alleaume, 1994). Porém, a fertilização por meio do lodo e o soerguimento das bacias mais afastadas tinham seus limites: com o tempo, a totalidade da cadeia de bacias podia elevar-se a ponto de limitar a sua utilização durante cheias excepcionalmente volumosas, provocando assim uma crise no sistema hidroagrícola.

A organização das bacias e o modo de repartição da cheia não definiam apenas a distribuição anual da água, mas também comandavam a repartição espacial do lodo e, em longo prazo, sua acumulação diferenciada e a arquitetura aluvial do vale.

Cadeias de bacias longitudinais

Para alimentar em água as bacias aterradas por depósitos aluvionais, mesmo em época de cheias fracas, foi preciso desviar a água do rio muito mais acima, na montante, e levá-la para as bacias por meio de longos canais de condução de cheia. Esses canais partiam dos diques das margens e os pontos de captação de água do rio se encontravam abaixo do nível das cheias mais baixas. Cada um desses canais alimentava uma cadeia longitudinal de bacias escalonadas de cima para baixo. Nos lugares onde o vale era largo e côncavo, essas bacias eram às vezes subdivididas transversalmente. A fraca inclinação dos canais permitia estender a área inundada tão longe quanto possível. No entanto, essa inclinação deveria ser suficientemente importante para garantir um escoamento bastante rápido da água a fim de evitar o entupimento dos canais pelos sedimentos e pela lama. (G. Hamdan, op. cit.).

Quando da subida da cheia, os canais vertiam a água para as bacias onde ela atingia, nos anos propícios, uma altura de 1,2 a 1,5m. Essa água era retida durante quarenta ou sessenta dias e depois, em meados de outubro, os diques eram abertos e a água escorria para um canal evacuador de cheia ou um coletor natural antes de se juntar novamente ao leito do rio. Como regra, o enchimento das bacias começava pela jusante. Todavia, quando a cheia era fraca, enchiam-se primeiro as bacias situadas na montante, esvaziando-se em sucessivas bacias inferiores. Desse modo, a água da cheia servia então várias vezes.

O desenvolvimento progressivo desses diferentes sistemas de bacias permitiu estender as superfícies cultivadas para a maior parte das terras compreendidas entre os as saliências da margem do rio e as margens do deserto, exceto os pântanos não drenados e os locais permanentes de água.

História das agriculturas no mundo

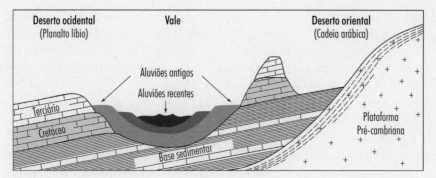

Figura 4.2. Corte geomorfológico do vale do Nilo

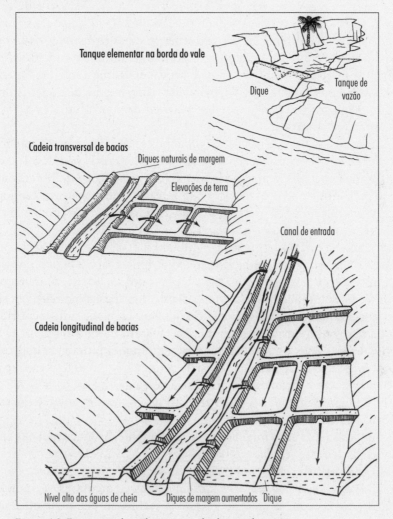

Figura 4.3. Esquemas de ordenamento das bacias de vazão

Graças a esses ordenamentos, a população pôde aumentar e os vilarejos, construídos sobre as elevações de terra naturais e sobre os diques artificiais, se multiplicaram na parte central de vale. Mas essa progressão não foi certamente contínua: as fases de expansão foram entrecortadas por crises hidráulicas e demográficas de grande amplitude.

Se a formação das primeiras bacias isoladas umas das outras estava ao alcance das comunidades camponesas dos vilarejos, o mesmo não acontecia com a formação sistemática de um segmento do vale. Esse gênero de formação exigia a mobilização de numerosos trabalhadores provindos de vilarejos afastados entre si, um abastecimento dos canteiros de obras em víveres e instrumentos, ou seja, um certo planejamento dos trabalhos, o que supunha a existência de uma instância central de decisão e de coordenação. Teria sido essa necessidade que conduziu, ao longo da segunda metade do sexto milênio, à constituição de cidades-Estado, cada uma delas dominando as comunidades camponesas e administrando o sistema hidroagrícola de um trecho do vale? É provável. A questão é, no entanto, saber como essas cidades-Estado, dispondo não somente de poder político militar e religioso, mas também de competência e poderio hidráulicos foram capazes de constituir-se.

Podemos imaginar que os vilarejos vizinhos se agruparam e concordaram em edificar, em pequena escala, sistemas hidroagrícolas complexos, e que as categorias sociais encarregadas de exercer as funções de organização desses trabalhos se arrogaram pouco a pouco o poder político, monopolizando o conhecimento hidráulico. Mas podemos também imaginar que tais vilarejos ou federações de vilarejos foram conquistados militarmente e submetidos a um poder político e militar exterior que se apropriou das competências hidráulicas preexistentes. Em todo caso, é pouco provável que um poder político já constituído tenha podido, por si só, inventar e impor técnicas hidráulicas às comunidades camponesas, por sua vez sem experiência no assunto. De que ciência inata ou revelada uma tecnocracia poderia aproveitar ensinamentos que não fossem da própria prática? No entanto, é certo que, uma vez constituído, um poder hidráulico pode progressivamente adquirir uma experiência acumulativa quanto à concepção das obras, a organização de sua construção e da gestão da água, e que sua capacidade em comandar o ordenamento de conjuntos hidráulicos cada vez mais vastos vai aumentando.

Assim, desde o sexto milênio antes do presente, as comunidades camponesas, as federações de comunidades e os principados pré-dinásticos sem dúvida contribuíram com o ajuste da organização econômica, política, militar e religiosa, as técnicas hidroagrícolas elementares, os métodos administrativos e, quem sabe, até mesmo a escrita, amplamente utilizados na época faraônica.

O estado faraônico unificado

Pouco a pouco, as cidades-Estado mais bem-organizadas e mais poderosas enfileiradas ao longo do vale conquistaram e submeteram as mais fracas. Essa concentração levou à constituição dos Dois Reinos, nos últimos séculos do sexto milênio antes de nossa Era: o Alto Egito, ou reino do Sul, correspondendo ao vale propriamente dito e ao Baixo Egito, ou reino do Norte, correspondendo ao delta. Esse reagrupamento das cidades-Estado em vastos reinos dava às instituições hidráulicas maiores capacidades de investimento e de trabalho e novas possibilidades de ordenamento muito mais amplas. Elas adquiriam a possibilidade de unir, numa grande extensão, os diques que protegiam cada trecho do vale, elevando-os localmente caso necessário, de forma a garantir ao conjunto uma melhor defesa contra as fortes cheias. Adquiriam também a possibilidade também de unir os exutórios naturais e os canais evacuadores de cheia para assim drenar mais completamente e mais rapidamente cada trecho do vale. Adquiria a possibilidade de aumentar a segurança do abastecimento e capacidade dos canais de manejo da cheia, reconduzindo as captações de água na montante ou distribuindo-as na jusante. Acontecia que, quando a cheia era fraca, a utilização não restritiva da água no Alto Egito podia lesar gravemente o Baixo Egito e, quando forte, uma fraca ou insuficiente retenção no Alto Egito podia provocar inundações dramáticas no Baixo Egito. Isso explica a superioridade estratégica do reino do sul que, 5.200 anos antes de nossa Era, impôs seu centro ao reino do norte.

Três ou quatro gerações mais tarde, Menes, rei legendário do Egito unificado, fundou a primeira das trinta dinastias faraônicas que iram dominar sobre os Dois Reinos durante três milênios. Ele instalou sua capital em Menfis, ponto de articulação entre o Alto e o Baixo Egito. Supõe-se que essa unificação política permitiu equilibrar melhor em caso de necessidade, a repartição da água entre o norte e o sul.

Os sistemas de cultivo de vazante de inverno

Não se dispõe de uma descrição metódica dos sistemas de cultivos de vazante de inverno nos tempos faraônicos. Mas as informações fragmentárias relativas a esse passado longínquo e a perpetuação, até o princípio do século XX, de sistemas hidroagrícolas desse tipo, bem-estudadas por engenheiros do século XIX, permitem expor, a título de hipótese, os princípios de organização e de funcionamento desses antigos sistemas.

Nas bacias enchidas com as águas das cheia uma após a outra a partir da metade de julho, que ficavam submersas em mais de um metro de água durante quase dois meses e eram esvaziadas ao final de outubro, era possível plantar toda uma série de cultivos de vazante de inverno como cereais (cevada de inverno de seis fileiras, trigo amidoreiro, Einkorn cultivado), leguminosas alimentares (lentilha, ervilha), leguminosas forrageiras (ervilhaca, cizirão) e uma planta têxtil (o linho). A esses cultivos foram acrescentadas mais tarde outras plantas de tipo forrageiro (trevo de Alexandria, alfafa etc.).

Em fins de outubro ou princípios de novembro, após a vazante, começava o ano agrícola. Se o solo ainda estivesse úmido, a semeadura era realizada sem preparo do solo. Todavia, como nesse clima a camada superficial do solo se ressecava e endurecia muito rapidamente, as últimas parcelas semeadas deviam primeiramente ser revolvidas com a pá, e os torrões mais grossos deviam ser quebrados com uma marreta. Os grãos, semeados à lanço, eram recobertos com terra passando um galho ramificado puxado à mão, ou por uma ou duas passagens de *arado escarificador*. Para facilitar a germinação dos grãos, o solo já semeado era compactado pelo pisoteio do gado, ou eventualmente rolando sobre ela um tronco de palmeira. O arado escarificador, herança da Mesopotâmia, é um instrumento escarificador que, diferentemente do arado (charrua), não revolve o solo (ver Capítulo 6). Até 4.000 anos antes de nossa Era, tratava-se de um simples instrumento de madeira puxado à mão. Posteriormente, os arados escarificadores foram atrelados a animais de tração (bois, vacas e asnos) e sua ponta era eventualmente guarnecida com um sílex. Terminada a semeadura, os cultivos de vazante eram geralmente abandonados até a colheita. Podia ocorrer, porém, que esses cultivos recebessem uma irrigação complementar, devido às suas necessidades particulares (cultivos implantados tardiamente, cultivos de ciclo longo como o trevo de Alexandria...) ou ainda devido à insuficiência do período de submersão da parcela.

Conforme o cultivo e a latitude, as colheitas aconteciam entre março e maio, ou usando uma pequena foice para os cereais, ou simplesmente arrancando a produção, como no caso do linho. Os caules de cereais eram cortados em sua parte superior pelos ceifeiros, seguidos de perto pelas colhedoras que catavam as espigas e as acomodavam em grandes cestos, que eram em seguida transportados em lombo de burro até as áreas de debulha próximas do vilarejo. A debulha era realizada utilizando-se longas varas (palmas, por exemplo) ou por pisoteamento de animais (bois e asnos), ou ainda, mais tarde, pela passagem repetida de uma máquina de debulha, constituída por uma armação de madeira munida de dentes ou rodas de pedra. O grão era separado da palha com a ajuda de forquilhas, peneirado e depois armazenado no vilarejo em altos silos cilíndricos de barro ou de esteiras de palha. Após a colheita, a parcela era liberada para o pastejo de cabras e ovelhas até a cheia seguinte.

Se as pastagens naturais situadas nos baixios, nas margens do rio e vizinhas aos pântanos foram relativamente abundantes no início, pouco a pouco acabaram sendo reduzidas pela progressão das infraestruturas e dos

História das agriculturas no mundo

Figura 4.4. Equipamentos e cenas de práticas agrícolas no Egito antigo

cultivos, a ponto de se tornarem insuficientes. As rotações dos cultivos de vazante de inverno deviam, portanto, permitir alimentar perenemente, e de maneira relativamente equilibrada, não somente as pessoas mas também os animais. Assim, ao lado dos cereais, leguminosas e linho, cujo produto principal era destinado aos homens e o sub-produto (palhas e folhagens) consumido pelos animais, as rotações permitiam também um espaço para as leguminosas forrageiras. Nessas condições, uma prática conveniente, ainda amplamente realizada nas épocas recentes consistia em estabelecer diferentes rotações bienais do tipo:

	Ano 1			Ano 2		
novembro	maio	julho	outubro	novembro	maio	julho outubro
Cereais de inverno	Pequeno alqueive	cheia		Leguminosas alimentares	Pequeno alqueive	cheia
cevada				Lentilha		
trigo				Ervilha		
planta têxtil linho				leguminosas forrageiras trevo cizirão		

A presença de leguminosas nessas rotações permitia suprir o principal fator limitante dos rendimentos de cereais: a ausência de nitrogênio. Na verdade, os sedimentos e as águas da cheia não proporcionavam muito mais que 20 kg de nitrogênio por hectare ao ano (T. Ruf, 1988), enquanto um cultivo de trevo de Alexandria aportava ao solo de 40 a 80 kg de nitrogênio de origem atmosférica. Mais tarde, as leguminosas forrageiras e os resíduos das leguminosas alimentares foram utilizados na alimentação de animais confinados, cujos dejetos eram misturados à terra e em seguida transportados em lombo de burro às terras de cultivo. Além disso, os outros resíduos de cultivo, em particular as palhas de cereais, eram pastejadas imediatamente após a colheita e os dejetos animais eram diretamente restituídos ao solo. De qualquer maneira, nesse sistema desprovido de utensílios eficazes para enterrar as leguminosas e os resíduos de cultivo, apenas os animais eram capazes de transformar essas matérias vegetais em adubos imediatamente utilizáveis.

Essas rotações bienais que alternavam cereais "exigentes" e leguminosas "enriquecedoras" estão no âmago da tradição agronômica de origem egípcia que será veiculada na Europa pelos agrônomos gregos, latinos, árabes e, enfim, pelos partidários da "nova agricultura" nos séculos XVI, XVII e XVIII. Essas rotações prefiguram as rotações intensivas que se desenvolverão na

Europa ocidental quando da "primeira" revolução agrícola do século XVI ao XIX (ver Capítulo 8).

A alimentação do povo egípcio era essencialmente baseada em cereais, trigo e cevada, consumidos na forma de pão, bolos ou cerveja, e nos legumes secos, lentilhas, ervilhas e, mais tarde, favas originárias da Índia. Também incluía peixe, frutos (uvas, figos e tâmaras), legumes e diversos tipos de óleo vegetal (óleo de rícino, de oliva e mais tarde de gergelim e cártamo). O vinho e a carne eram reservados às categorias privilegiadas da população.

As performances do sistema

Admitindo que aproximadamente os dois terços da superfície de cultivos de vazante eram destinados aos cereais e às leguminosas alimentares (deduzindo os cultivos forrageiros, têxteis e outros), e que o rendimento médio em grão desses cultivos fosse da ordem de 1.000 kg por hectare, podemos estimar que a produção alimentar era de 600 a 700 kg por hectare em rotação, ou seja, de 60.000 a 70.000 kg de equivalente-grão por quilômetro quadrado preparado e cultivado na vazante de inverno. À razão de 200 kg por pessoa por ano, tal volume permitia suprir as necessidades de base de uma população de mais de 300 habitantes por quilômetro de terra cultivado. Essa densidade que era, no mínimo, dez vezes mais elevada que a dos sistemas de cultivo de derrubada-queimada e que a dos sistemas de cultivo com pousio da Antiguidade mediterrânea e europeia. Assim, com 1,5 milhão de hectares (ou seja, 15.000 km^2) estruturados em bacias, o vale podia alimentar, no melhor dos casos, de 4 a 5 milhões de habitantes. Essa estimativa corresponde ao máximo da população que teria atingido o Egito nos seus períodos de maior prosperidade (J. Vercoutter, 1987). Além disso, com as leguminosas forrageiras e os resíduos de cultivo, podia-se alimentar em 2 ha em rotação um bovino, ou dois asnos, ou ainda de cinco a seis ruminantes de pequeno porte, e às vezes um porco. O vale podia então alimentar mais de um milhão de cabeças de animais de todos os tipos que participavam de maneira muito útil na reprodução da fertilidade.

Mas por mais bem-concebidos e realizados que fossem, os sistemas de bacias e de cultivos de vazante estavam, porém, encerrados nos limites relativamente restritos ao espaço inundável, organizados com métodos e técnicas de administração do momento, permanecendo à mercê da irregularidade das cheias. Uma cheia fraca trazia uma redução da superfície cultivada e da colheita. No entanto, uma cheia forte podia, ao contrário, arruinar as construções hidráulicas. E o retorno de uma cheia tardia podia devastar os cultivos antes da colheita. Na ausência de estoques de segurança, sem uma hidráulica bem-concebida, bem-realizada, bem-conservada e rapidamente reconstruída em caso de destruição, sem uma boa gestão da água, sem tudo isso, a poderosa civilização egípcia não teria podido constituir-se nem sobreviver por ela própria. De fato, pelas suas funções de administração hidráulica, de coleta e redistribuição de estoques, o Estado faraônico era efetivamente o responsável pela segurança alimentar do país.

Organização social e papel do Estado faraônico

Faraó, escribas, sacerdotes e camponeses

Os documentos antigos (papiros, afrescos de túmulos, gravuras etc.) sobre o Egito faraônico testemunham essencialmente sobre a vida e as preocupações materiais e espirituais de uma pequena fração dessa sociedade, incluindo o faraó, sua corte, a administração e o clero. Raras são as indicações sobre o quotidiano dessa maioria da população que são principalmente camponeses, incluindo também os artesãos, os soldados e alguns escravos.

Proprietário eminente de toda a terra do Egito, da água do Nilo, de todos os seres vivos e de todos os bens que estes possuíam, o Faraó era o mestre absoluto, por direito divino, de todo o país. Proclamado filho de Rá (o Deus Sol) desde a quinta dinastia, ele era o executor terrestre da vontade divina, o organizador e garantir da cheia, da produção e da vida. Cercado de sua numerosa parentela e de sua clientela, vivia faustuosamente em seu palácio na capital. Chefe supremo do exército e do clero, dispondo em última instância de tudo e de todos, o Faraó governava, auxiliado por um "vizir" que se apoiava sobre uma administração numerosa, especializada e hierarquizada e sobre um exército de escribas.

Esse "vizir" — espécie de Primeiro Ministro por delegação —, era o mestre dos celeiros (reservas de víveres), dos tesouros (reservas de metais, de tecidos e outros gêneros) e das corveias reais, organizador de obras de vulto, responsável pelas unidades produtivas e expedições longínquas de abastecimento em diversos materiais (pedra, madeira, minerais, produtos tropicais etc.) distribuidor das reservas, grão mestre da justiça. Ele exercia essas altas funções por intermédio dos serviços especializados da administração central, de seus encarregados de missão e das administrações provinciais. Formados em escolas onde aprendiam a ler, contar, escrever, inventariar e a redigir, esses escribas eram os agentes essenciais dessa administração onipotente. Encarregados de transcrever as ordens vindas do alto e de manter o poder central informado das atividades em todo o império estavam presentes em todos os lugares, registrando todas as operações agrimensoras, de registro de colheitas, de recenseamento de bens, da população e do gado, de cálculo e de pagamento de impostos, registros contratos, processos etc.

Remunerados *em espécie*, conforme o produto do imposto, ou pelos produtos das terras das quais recebiam usufruto — a moeda não era utilizada no Egito antigo —, os funcionários e os escribas eram invejados pelo resto da população. Exercendo suas funções apenas sob o controle de sua própria hierarquia, tinham a oportunidade de cometer numerosos e graves abusos (exações fiscais, repressões), de que são testemunhas as advertências reais escritas, renovadas repetidamente e relativamente ineficazes a eles destinadas.

O clero constituía outra categoria privilegiada, dispensada do trabalho manual. Dotado de um pessoal numeroso e hierarquizado, dispunha de sua própria administração, de suas próprias escolas, de seus próprias oficinas artesanais, e explorava por meio de pesadas corveias camponesas as terras que lhes eram concedidas em usufruto pelo Faraó. O clero era dotado de um poder imenso, rivalizando muitas vezes com a administração.

Na verdade, sacerdotes e funcionários pertenciam às mesmas categorias sociais, sendo que as mesmas pessoas podiam ocupar sucessivamente altas funções nesses dois corpos constituídos que contribuíam, cada qual à sua maneira, para o funcionamento do sistema social: como a administração poderia impor um trabalho tão pesado à população sem a preciosa conivência da religião mantida pelo clero? E inversamente, como o clero poderia impor trabalhos pesados em suas propriedades e manter-se em momentos de revolta sem a ajuda do aparelho repressivo do Estado?

A maioria da população era composta por famílias camponesas, agrupadas em grandes vilarejos, pouco ou nada diferenciados entre si. Cada família dispunha de uma moradia miserável de barro construída manualmente, de um pequeno lote de terra na bacia, de um utensílio neolítico um pouco melhorado (foices, cestas para o transporte, enxadas, cerâmica e por vezes o arado escarificador), de aves e, no melhor dos casos, de alguns animais, (vaca, asno, cabras, ovelhas). Uma parte das terras era reservada ao faraó e à administração, e outra parte ainda era dada em usufruto ao clero e aos altos funcionários. Mas, com o tempo, devido ao fato de que as funções administrativas tendiam a tornar-se hereditárias, o usufruto das terras assim concedidas se transformou, de fato, mas não de direito, em um tipo de posse privada transmitida por herança. Notemos igualmente que a partir da 13ª dinastia, os soldados, fossem egípcios ou estrangeiros, beneficiaram-se da atribuição lotes de terra cultivável as quais não se vinculava nenhuma outra taxa a não ser o serviço militar. Esses lotes eram transmissíveis à geração seguinte, desde que um dos filhos se alistasse como soldado. Assim se constituiu, pouco a pouco, uma casta guerreira que explorava de maneira hereditária uma parte das terras do Egito.

Existiam também nos vilarejos artesãos (marceneiros, oleiros, cesteiros, tecelãos, pedreiros, carregadores de água, barbeiros, embalsamadores etc.) que partilhavam o destino miserável dos camponeses. Os operários especializados que trabalhavam nos canteiros de obra dos templos, dos palácios, dos túmulos e das pirâmides, ou nas oficinas reais ou eclesiásticas (arquitetos, talhadores de pedra, gesseiros, escultores, pintores, ceramistas, ebanistas, ourives etc.) tinham uma sorte um pouco melhor.

Tributo em espécie e tributo em trabalho

A classe camponesa era submetida a um tributo pesadíssimo em trabalho, na forma de corveias destinadas a cultivar os domínios reais, do clero e dos altos dignitários, e a realizar grandes obras. As corveias não agrícolas ocupavam de maneira sistemática todo o tempo ocioso do calendário dos trabalhos agrícolas. Desse modo, a estação da cheia era aproveitada para organizar o transporte, por meio de barcos, do material pesado (madeira, pedras de corte etc.) de um lado a outro do vale e em expedições longínquas (para a Núbia, por exemplo). Quanto à estação seca, que precedia à cheia, ela era, sobretudo, destinada à manutenção e extensão das obras hidráulicas.

O imposto *em espécie* (imposto *per capita*, imposto por cabeça de gado, imposto proporcional à colheita, taxas diversas) era coletado sob o rígido controle dos escribas e armazenados nos numerosos celeiros do Estado. Essas reservas constituíam o essencial do "Tesouro real", departamento administrativo importante que mantinha uma contabilidade precisa dos estoques disponíveis, de suas origens e de seus destinos. Tratava-se naturalmente de alimentar não só Faraó, sua parentela, sua clientela e os seus domésticos reunidos na corte mas também o exército, a administração e os artesãos que eram remunerados *em espécie*. As reservas alimentícias também eram utilizadas e renovadas para suprir as necessidades dos anos ruins e para alimentar as multidões de camponeses deportados para os canteiros de construção e manutenção das obras hidráulicas, vias de transporte, obras de defesa ou obras suntuosas.

Ao todo, impostos e trabalhos eram tão pesados que não deixavam nenhuma sobra aos camponeses, *nenhuma possibilidade de enriquecer e de investir a título privado para melhorar seus meios de produção*.

Uma sociedade estatal e tributária

Alguns escravos estrangeiros (líbios, núbios, sírios), prisioneiros de guerra ou cativos, entregues como tributo pelos reinos submissos ao Egito, asseguravam as tarefas mais ingratas como as de mineiros ou de trabalhadores nas pedreiras, ou se engajavam como mercenários. Mas nem por isso podemos dizer que a antiga economia egípcia era baseada na escravidão. Os escravos representavam uma ínfima fração da população e, em princípio, nenhum desses escravos era egípcio.

Se é verdade que as formas variadas de servidão, impostas aos camponeses da vizinhança por esse ou aquele alto funcionário, desenvolvida em certos períodos, a antiga sociedade egípcia não era, como a da Europa medieval, uma sociedade de servos pertencentes a senhores que lhes devia, *a título pessoal*, uma parte de suas colheitas e corveias em trabalho. Tratava-se, isso sim, de uma sociedade despótica, burocrática e clerical baseada numa economia camponesa pouco diferenciada, submetida ao pagamento de pesados tributos em trabalho. Era, de certa forma, uma sociedade estatal e tributária.

O papel do Estado

Além do poder religioso que controlava mais ou menos bem, o estado faraônico concentrava os poderes de polícia, de justiça, de administração e de poder militar. Ele garantia também, como vimos, funções técnicas e econômicas extensas: concebia, organizava e supervisionava a extensão e a manutenção das infraestruturas hidráulicas e de transporte, tendo o cuidado de estender a superfície cultivável e de aumentar a população abrangida pelas corveias. Além do mais, ele geria estoques alimentares muito importantes, provindo de seus domínios e dos impostos *em espécie*, que lhe permitiam, ao mesmo tempo, controlar a divisão do produto agrícola entre as diferentes categorias sociais e a manter a segurança alimentar de todos, em caso de necessidade.

Dispondo de multidões de trabalhadores sob o regime de corveias e de uma administração experiente dominando a logística e a organização dos canteiros de obras, o Estado faraônico construiu obras grandiosas. Essas são obras hidráulicas como os grandes diques de proteção ao longo do Nilo, como o famoso canal dos Faraós que ligava o delta ao mar Vermelho, ou como o canal que permitia desviar uma parte da cheia para a depressão do Fayum e ali expandir cultivos; ou ainda obras de defesa como o "muro do Regente", que protegia o delta dos invasores que vinham do leste; sem falar nas obras suntuosas como as pirâmides, os templos ou os palácios. Para ilustrar o caráter propriamente "faraônico" desses grandes trabalhos, citemos S. Sauneron (1960) que destaca um comentário de Heródoto sobre a construção de uma das pirâmides:

> Uns tiveram como tarefa arrastar até o Nilo pedras extraídas de pedreiras que se encontram na cadeia de montanhas arábicas; outras equipes foram designadas para receber essas pedras, transportadas por barco à outra margem do rio, e a arrastá-las até o planalto líbio. Havia permanentemente nos canteiros de obras 100.000 operários substituídos a cada três meses. Dez anos de esforços foram necessários para construir a via pela qual arrastavam-se as pedras... A pirâmide em si levou vinte anos para ser construída.

Além do mais, o Estado detinha o monopólio do comércio exterior. Devido ao desmatamento do vale, o Egito importava da Fenícia a madeira para vigas, para construção civil e naval (pinheiros e cedros do Líbano). Também importava do mundo Egeu e do Sinai minerais de ferro, prata e cobre, especialmente destinados à fabricação de objetos de luxo. Muito pouco era destinado à melhoria das ferramentas. Da África vinha o marfim, a obsidiana, o ouro, o gado e os animais exóticos, enquanto que as gemas, as essências e os perfumes provinham da Arábia. A partir do século VIII a.C. o Egito importou regularmente da Grécia vinho, azeite, cerâmica e produtos metalúrgicos. Em troca, fornecia trigo, que a Grécia precisava enormemente, e alguns objetos de arte e de artesanato. No contato entre o Mediterrâneo e o Nilo — grande via aquática interior —, o delta estava na intercessão dessas trocas. Alguns mercadores "sírios" se instalaram ali e serviam de intermediários entre o Estado egípcio e as potências estrangeiras. Nessa ocasião as moedas metálicas foram introduzidas no Egito, mas seu uso foi limitado até à conquista grega (333 a.C).

Um Estado "despótico oriental"

Montesquieu foi o primeiro a identificar esse tipo de organização social e política, a que chamou de "despotismo asiático", pois ele correspondia às descrições que os viajantes e os comerciantes faziam dos Estados do Oriente Próximo, da Índia e da China. Os traços essenciais por ele encontrados foram atualizados por economistas clássicos (A. Smith, J. Mill, R. Jones, J. Stuart Mill e K. Marx), e K. Wittfogel, que discorreu magistralmente em sua obra *Le Despotisme oriental*. É provável que as sociedades hidráulicas sumérica, faraônicas, do Indo e do Ganges, chinesa, vietnamita, de Bangkok, de Sukothaï, Inca, Malgaxe... partilharam uma estrutura e um funcionamento sociopolítico próximos daqueles que acabamos de esboçar. Podemos notar, todavia, que este gênero de organização não tem nada de particularmente *asiático ou oriental*, já que o encontramos tanto na África e na América como também na Ásia. No entanto, é bem verdade que esta organização era bem--adaptada às necessidades de gestão dos vastos sistemas hidráulicos, aos quais se achava frequentemente associada. Essa relação, contudo, não era obrigatória. Um sistema hidroagrícola podia funcionar sem estado despótico e tributário. Exemplo disso é a impressionante democracia hidráulica das *huertas* valencianas, na Espanha. Também o demonstra a organização por linhagem dos orizicultores diolas (etnias do sul do Senegal) de Casamancia.

Inversamente, esse gênero de Estado parece realmente ter existido antigamente, fora das áreas de grande hidráulica, como em Cnossos, em Creta e Micenas, no Peloponeso (segundo milênio a.C.). Aí talvez se praticasse uma agricultura hidráulica de pequena dimensão. Ele parece também ter existido em Sardes[2], na Lídia (princípio do primeiro milênio a.C.), onde as funções econômicas do Estado se prolongavam no controle da extração, da transformação e da circulação do ouro: Crésio, rei da Lídia, ficou célebre pela sua riqueza, que provinha do tributo imposto às comunidades dos vilarejos, da exploração dos domínios do Estado e do ouro retirado das areias do rio Pactole, que banhava a cidade de Sardes, e das minas da montanha lídia (A. Aymard, 1980). Talvez essas sociedades tivessem sido influenciadas pelos grandes impérios hidráulicos do Oriente Próximo. Entretanto, podemos supor que elas foram inteiramente constituídas pela conquista e a dominação das comunidades camponesas pouco diferenciadas por alguma *cheferia*[3] tribal mais evoluída.

Sucessão de fases de apogeu e de decadência

Os momentos mais resplandecentes da civilização faraônica correspondem aos períodos em que esse gênero de poder era melhor organizado (Antigo Império, Médio Império, Novo Império). Considerando as técnicas hidráulicas e os métodos administrativos de cada uma dessas épocas, o manejo eficiente do rio, a extensão das superfícies ordenadas e cultivadas e o controle das irregularidades das cheias faziam com que a produção agrícola e a produção das corveias chegassem ao seu zênite. Durante esses períodos faustosos, os invasores eram mantidos fora dos limites do vale, e alguns faraós conseguiram até mesmo estender o império até a Núbia, a Líbia e a Síria. O Egito era uma potência cuja riqueza impressionava todos os países vizinhos e cuja influência se exercia em todo o Mediterrâneo oriental.

Mas essas fases de prosperidade alternavam-se com períodos de crise e de decadência. Com efeito, a extensão das bacias, dos cultivos e da população chocavam-se inevitavelmente com os limites relativamente inadaptáveis do espaço organizado e explorável com as técnicas e os métodos do momento. Então, a produção atingia um tipo de limite. A população continuava a crescer, a fome surgia e a manutenção da cobrança de impostos provocava todo tipo de resistências e revoltas.

Uma outra hipótese, de grande importância, parece surgir dos destacados trabalhos de G. Alleaume (obra citada): cada fase de prosperidade teria sido fruto do desdobramento de um novo sistema hidráulico, cujo próprio funcionamento teria levado, a muito longo prazo, a uma crise ecológica. O declínio que se manifestava ao final de uma fase de expansão não teria resultado apenas dos limites da extensão do sistema hidráulico vigente, mas

---

[2] Antiga cidade da Ásia Menor, capital do reino da Lídia.
[3] Unidade territorial sobre a qual se exerce a autoridade de um chefe tradicional. Cf. Le Nouveau Petit Robert. Dictionnaire de la Langue Française, 2006.

de uma verdadeira crise de funcionamento e de sua consequente regressão. Uma crise que só poderia ser vencida por uma "revolução hidráulica", ou seja, pelo desdobramento de um novo sistema hidráulico que corrigisse as disfunções do sistema precedente e permitisse superá-las. Conforme as épocas, esse mau funcionamento hidráulico podia ser originário, como vimos, de um desequilíbrio topográfico decorrente, da deposição diferenciada de sedimentos, que pouco a pouco colocavam as bacias de pouca inclinação fora do alcance das águas das cheias ou de uma demasiada extensão das bacias em relação às capacidades de armazenamento de água dos canais existentes, ou, de um assoreamento incontrolável dos canais de vazão da cheia. Ou, também de uma superelevação geral das bacias aluvionais e de uma excessiva escavação do leito do rio represado. Esse tipo de crise parece ter afetado mais o Alto Egito que o delta.

Com a crise hidráulica, começava um desses períodos de decadência, caracterizado pelo enfraquecimento das regras de funcionamento do sistema social e da disciplina administrativa (Primeiro, Segundo e Terceiro Períodos intermediários, e a Época Baixa). O imposto, cada vez mais difícil de ser aumentado, se tornava insuficiente para garantir o padrão de vida do Estado e do clero, sendo cada vez mais desviado para fins privados. O enfraquecimento do poder central levava à formação de verdadeiros principados locais governados por senhores da guerra, mais preocupados com pilhagens do que com a hidráulica agrícola. As forças centrífugas prevaleciam sobre a centralização, e operava-se, assim, um tipo de volta à fragmentação pré-dinástica em múltiplas cidades-estado. Essa desagregação, favorecida pela geografia de um vale que se estendia por mais de 1.200 km, conduzia à degradação das grandes obras hidráulicas, ao recuo da gestão coordenada das cheias, à baixa da produção agrícola, à redução das reservas de segurança, à fome, às epidemias, à guerra e à derrocada demográfica. As incursões líbias, beduínas, sudanesas podiam então se transformar em invasões e em ocupações permanentes. As guerras entre principados se multiplicavam, e os reagrupamentos se operavam entre eles até que uma outra dinastia, capaz de reorganizar o Estado unitário e de renovar a hidráulica do vale, se instalasse novamente.

Portanto, aos períodos de prosperidade (Antigo Império, Médio Império e Novo Império) sucederam-se fases de caos e de decadência (Primeiro, Segundo e Terceiro Períodos intermediários e Época Baixa da vigésima sexta dinastia até a conquista macedônica). O declínio da Época Baixa abriu caminho a toda uma série de invasões "orientais" (hebreus, assírios, persas). E, pela primeira vez, os invasores vindos do norte, os gregos, misturaram-se a essa turbulência e acabaram vencendo: Alexandre da Macedônia conquistou o Egito em 333 a.C., inaugurando um período de dominação helênica que se prolongou até o ano 30 a.C., data em que o Egito foi integrado ao Império romano. Após a queda de Roma, o Egito passou para a influência de Bizâncio, capital do Império romano do Oriente.

Em 333 a.C., portanto, o Egito vivia há séculos, uma fase de decadência. Contudo isso não bastou para explicar a conquista tão fácil de uma grande civilização. Talvez o caráter hierarquizado, centralizado, totalitário, personalizado e divinizado do poder faraônico fizesse desse país um tipo de colosso do qual bastava conquistar a cabeça para governar o corpo. Mas é preciso dizer que por 3.000 anos o Egito — que não tinha nada a temer das civilizações ainda embrionárias do norte do Mediterrâneo —, continuasse sendo uma sociedade pouco militarizada. E desde que as cidades gregas, militares e conquistadoras, adquiriram uma experiência suficiente em expedições coloniais, o Egito, que fornecia a essas cidades os grãos que lhes faltava de forma crônica, tornou-se para elas uma presa fácil. Os colonizadores vindos do norte apropriaram-se do poder faraônico, ocuparam postos chave da administração e reproduziram os métodos de governo egípcios, aperfeiçoando-os. Em muitas domínios eles também trouxeram novidades e exerceram, particularmente sobre a agricultura irrigada, uma influência certeira.

3 OS SISTEMAS DE CULTIVOS IRRIGADOS

Um sistema marginal na Alta Antiguidade

A partir da conquista grega, os sistemas de bacias e de cultivos de vazante de inverno dominavam ainda amplamente o conjunto do vale. Mas esses sistemas não excluíam a irrigação. Certamente, se cultivos como o trigo, a cevada e a lentilha não recebiam nenhuma rega nos anos de intensa cheia, outros cultivos que se prolongavam até o princípio da primavera como o cizirão, a ervilha, o grão-de-bico e o linho recebiam frequentemente uma irrigação complementar antes da colheita. E nos anos de cheia menos intensa, todos os cultivos de inverno, incluídos os cereais e as lentilhas, eram na medida do possível, prolongados e ampliados graças à irrigação.

Além disso, com exceção das bacias ordenadas, existiam no vale, no delta e na depressão do Fayum lugares privilegiados, situados na proximidade das águas de superfície (charcos, banhados e pântanos) ou de lençóis freáticos pouco profundos, que podiam ser irrigados como a água de poços e pela rega manual com o auxílio de vasilhames de barro. Conforme a situação, esses terrenos eram irrigáveis em todas as estações (irrigação dita "perene") ou somente em certas estações. Os cultivos irrigados em todas as estações podiam ser praticados em solos pouco ou nunca inundáveis, pois eram protegidos da cheia pelo relevo ou pelas elevações de terra naturais ou artificiais, e próximos de uma superfície permanente de água, como o lago Moeris na depressão do Fayum, ou como certos pântanos do delta. Tratava-se de plantações perenes como a vinha, a tamareira, a figueira e outras árvores frutíferas, e de sucessões aproximadas de dois ou três cultivos sazonais: cereais, cebola, alho, pepino, funcho, alface, alho poró, cominho, coentro etc. Cultivos irrigados de "fim do inverno e de primavera" podiam também ser praticados entre a vazão e a cheia seguintes, em solos inundáveis não organizados em bacias, baixios localizados e terras baixas do delta, próximos de um local de água superficial ou de um lençol freático que permanecia após a cheia. Ou, ainda, nas margens baixas do rio e de seus braços, compreendidas entre o leito menor e os diques de terra laterais. Enfim, cultivos irrigados "de verão e de outono" podiam ser praticados durante a cheia, sobre os promontórios e os diques de terras naturais, sobre os diques artificiais e sobre as margens que dominavam o vale inundado.

Para renovar a fertilidade das terras irrigadas, em particular daquelas que se encontravam ao abrigo da cheia e não recebiam os sedimentos aluvionais, era preciso levar até elas uma grande quantidade de dejetos animais e o lodo proveniente da limpeza dos fossos. Na falta de meios de transporte pesados, essa exigência limitava seu desenvolvimento. Além disso, até a conquista grega, a extensão dos cultivos irrigados se manteve limitada devido à fragilidade dos meios de obtenção da água, que se reduziam *aos vasilhames de terracota*, transportadas às vezes aos pares com a ajuda de varas curvas com *cesto de duas cordas*, manejado por duas pessoas, que permitia elevar a água a uma altura de cinquenta centímetros, e *poços com balancim* (ou *chadouf*). Esse tipo de poço originado da Mesopotâmia e usado no Egito a partir do século XVI a.C. permitia elevar a água a uma altura de 1 a 3 metros e regar quotidianamente um décimo de hectare aproximadamente.

O desenvolvimento dos cultivos irrigados dos fundos dos vales e das margens dos rios

As novas máquinas de elevação de água

Os gregos trouxeram ao Egito novas máquinas para elevar água: o *tambor*, ou *parafuso de Arquimedes*, movido por uma manivela e que permitia elevar a água de 0,80 metros aproximadamente e regar um terço de hectare por dia; a *saqiyeh*, um tipo de roda de vasos verticais, movida por uma engrenagem horizontal empurrada por um homem ou por um animal, e que permitia retirar a água de uma profundidade de até quatro ou cinco metros (e até uma dezena de metros se fosse acrescentado na parte inferior um tipo de escada de corda amarrada a vasilhames) e irrigar diariamente de 0,4 a 2 ha conforme a profundidade da água (G. Hamdan, op. cit.). Para retirar águas mais profundas, era preciso instalar, em escada, várias máquinas elevatórias que elevavam a água de patamar em patamar.

História das agriculturas no mundo

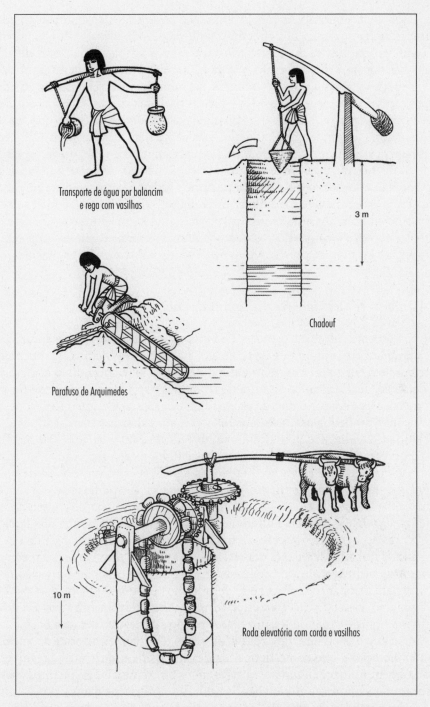

Figura 4.5. Material para a rega e máquinas elevatórias de água e de irrigação no Egito antigo e medieval

Sob o domínio dos gregos, romanos e bizantinos, a organização administrativa, calcada nos modelos faraônicos, foi ainda algumas vezes aperfeiçoada. Visava aumentar constantemente a capacidade de produção da agricultura egípcia, graças a uma hidráulica extensa e bem-mantida. Pretendia também extrair ao máximo as riquezas exportáveis para maior proveito dos colonizadores. Numerosas estradas com estalagens foram construídas para encaminhar os produtos, agrícolas ou de outro tipo, para Alexandria, de onde eram enviados por navio para a metrópole. O Egito foi um dos celeiros de trigo de Roma: "quem governasse o Egito governava Roma". A terra cultivável continuou em sua maioria submetida ao antigo regime de tributos *em espécie* e em trabalho. Todavia, a propriedade privada da terra se desenvolveu, o soberano vendia seus domínios quando necessitava de dinheiro. Assim, foram constituídas grandes propriedades privadas, pertencentes a funcionários, a colonos estrangeiros etc., em partes irrigadas, utilizando a mão de obra servil.

As novas fontes de energia: animal, eólica e hidráulica

Após ter conquistado o Egito em 640, os árabes continuaram a taxar pesadamente os camponeses egípcios e desviaram para Medina um enorme tributo em trigo anteriormente dirigido à Bizâncio (e antes disso à Roma). Contudo, devido à ruína dos impérios romanos do Ocidente e do Oriente, as fontes europeias e orientais de escravidão se esgotaram, enquanto as fontes africanas, ainda malestabelecidas, não podiam garantir a sua substituição. Na Idade Média, nos períodos árabe (640-1250) e mameluco (1250-1517), o emprego das energias animais, eólicas e hidráulicas progrediu.

As máquinas de elevação do nível da água, especialmente as *rodas munidas de vasilhas* ganharam em eficiência graças ao aperfeiçoamento dos mecanismos de multiplicação das forças e da transmissão do movimento (engrenagens de diâmetro diferentes situadas em planos perpendiculares) e graças ao desenvolvimento da tração animal, que substituiu vantajosamente o trabalho servil. Na depressão do Fayum, o desnível de 70 metros permitiu utilizar a força da corrente proveniente do canal de derivação do Nilo para acionar toda uma série de moinhos escalonados nos flancos da depressão. Essa eficiência, acrescida dos meios de elevação da água, permitiu melhorar e expandir a irrigação. A tração animal também foi utilizada para acionar as prensas de azeite e de vinho e diferentes tipos de moinho. A exploração — tal como depósitos de adubos de sedimentos orgânicos de origem humana, animal e vegetal, ricos em minerais fertilizantes, que foram depositados e mineralizados durante milhares de anos nos locais dos antigos vilarejos do vale (chamadas *koms* ou *tells*), conheceu um certo desenvolvimento em proveito das terras irrigadas privadas, de deposições de sedimentos aluvionais. Porém, o cultivo com arado, o transporte a dorso de animal, o transporte por homens e o trabalho manual continuaram amplamente predominantes até o século XX.

Os novos cultivos irrigados: arroz, cana-de-açúcar, algodão e milho

Os árabes introduziram também novas espécies cultiváveis originárias da Ásia: cultivos anuais, o arroz pluvial, em particular, e, sobretudo, cultivos plurianuais como a cana-de-açúcar e o indigueiro (ou anileiro), que só podiam ser cultivados no vale se fossem irrigados. A cana-de-açúcar conheceu um grande desenvolvimento nos séculos XII e XIII e, com o arroz, ocupou o primeiro lugar entre os cultivos irrigados. Depois dos Grandes Descobrimentos, os viajantes árabes introduziram também no Egito plantas como o tabaco, o algodão e o milho, trazidos da América pelos Espanhóis e pelos portugueses.

A extensão dos sistemas de cultivo irrigados no século XIX

Com a expedição napoleônica (1798-1801), mais de 2.000 anos depois dos gregos, a Europa fez nova irrupção no Egito. Interrompeu um longo período de dominação otomana durante a qual, por falta de manutenção, as infraestruturas hidráulicas se degradaram, a superfície cultivada, a produção agrícola, a população e o comércio minguaram. Em contrapartida, os impostos fixados para o campesinato quadruplicaram no mesmo período. Em 1800, o Egito, decadente e esmagado por impostos, contava com pouco mais de 2,5 milhões de habitantes.

Mohamed Ali — novo Pachá de um Egito totalmente submisso à tutela otomana — governou de 1806 a 1847. Seu objetivo era modernizar o país, dotando-o de indústrias e de um exército bem-equipado, capazes de resistir às expedições coloniais europeias. Com esse objetivo, M. Ali reestruturou a administração e dirigiu a economia egípcia para o caminho do "capitalismo de Estado", do dirigismo e do protecionismo: monopólio da terra, fazendas do Estado submetidas aos planos de produção da administração, entregas com preço fixo às lojas do governo, monopólio do Estado na indústria, em particular na indústria têxtil, e redução das atividades privadas correspondentes etc.

Nesse contexto, a política agrícola visava a princípio restaurar a base cerealífera do país a fim de reerguer sua população. Mas além desse objetivo, ela também visava produzir um excedente de grão exportável e desenvolver os cultivos irrigados voltados para a exportação, como a cana-de-açúcar e, sobretudo, o algodão, a fim de obter as divisas necessárias para o financiamento da modernização. A política hidráulica de Mohamed Ali era formada por dois eixos. O primeiro consistia em reabilitar e melhorar o antigo sistema de bacias de vazante, o que correspondia à função hidráulica do Estado há 5.000 anos, enquanto o segundo eixo consistia em empreender planejamentos destinados a expandir os cultivos irrigados. O primeiro objetivo era relativamente novo para o Estado egípcio, posto que os investimentos para irrigação continuavam até então sendo de ordem privada.

Após as primeiras tentativas de extensão da irrigação nos anos 1810-1820 até a construção da alta barragem de Assuan (1960-1970), o desenvolvimento dos cultivos irrigados e o recuo concomitante dos cultivos de vazante foram condicionados pelos avanços sucessivos de novas formas de ordenamento hidráulico:

- de 1810 a 1843, tentou-se, sem grande sucesso, utilizar para a irrigação os antigos canais de distribuição da cheia;
- de 1843 a 1891, construi-se as barragens-elevatórias do nível de água nos braços do delta;
- de 1902 a 1970, edificou-se outras barragens elevatórias no Médio e no Alto Egito, assim como as barragens-reservatório de Assuan que dominaram todo o vale.

1810-1843: a tentativa de utilização para irrigação dos antigos canais de distribuição da cheia

De 1810 a 1825, para tentar expandir a irrigação, procedeu-se principalmente a um aprofundamento dos canais de distribuição da cheia e ao remodelamento dos antigos ordenamentos no delta. Como vimos, esses canais de distribuição partiam dos diques naturais existentes nas margens, captavam a água a um nível pouco inferior ao das cheias mais baixas, e cada um deles dominava e abastecia uma cadeia de algumas bacias escalonadas de cima para baixo. Nos períodos das águas baixas, o Nilo corria, portanto, a um nível inferior ao das captações de água e também dos canais. A fim de utilizar esses canais para irrigação no período de águas baixas, foi preciso escavá-los por vários metros (de três a seis metros), de forma que suas captações de água se encontrassem abaixo do nível de estiagem do Nilo e que assim fossem descendo suavemente até o limite das terras acessíveis à irrigação. Entretanto, dessa forma, a água circulava a um nível frequentemente inferior ao das bacias, de maneira que para elevá-las foi necessário instalar numerosas e dispendiosas máquinas elevatórias de água e gastar muita energia para obter um resultado ínfimo e limitado. Como os canais possuíam inclinação pouco acentuada, a velocidade da vazão da água era reduzida, o que favorecia ao mesmo tempo seu assoreamento com silt. Além do mais, para passar à irrigação, era preciso remodelar as bacias, nivelar alguns diques, aplainar as terras a irrigar etc. Esses equipamentos para irrigação eram pouco rentáveis e, para compensar a insuficiência dos investimentos privados, o Estado teve que mandar instalar entre 1805 e 1838 nada menos que 38.000 *rodas elevatórias com vasilhas*.

Pequenas barragens elevatórias e o assoreamento dos canais

A fim de limitar as despesas da elevação da água, a etapa seguinte da reorganização da infraestrutura consistiu (a partir de 1825) em elevar o nível de água nestes canais de irrigação, fracionando-os em uma sucessão de pequenas barragens elevatórias. Mas esse dispositivo retardou ainda o escoamento da água e acentuou o assoreamento dos canais, tornando cada vez mais difícil a sua manutenção. Era preciso a cada ano mobilizar centenas de milhares de corveias durante dois ou quatro meses, para desassorear e realizar as obras de aterramento. O Egito, pouco povoado na época, devia arcar ainda com um aumento da demanda de mão de obra, devido à nova política: 100.000 conscritos eram mobilizados a cada ano e as manufaturas em plena expansão absorviam cada vez mais trabalhadores de origem rural. No entanto, o calendário de trabalho dos cultivos irrigados, mais sobrecarregado que o dos cultivos de vazante, deixava pouco tempo para as corveias da entressafra. Faltavam braços no país, a tal ponto que uma parte das terras do Alto Egito acabou não sendo mais cultivada. Era preciso mudar o método.

1843-1891: a era das barragens elevatórias no Baixo Egito

Os inconvenientes da hidráulica de irrigação dos anos 1810-1840 e os limites para a sua expansão eram devidos ao fato que as tomadas de água do Nilo eram demasiado baixas em período de estiagem. Para evitar escavar mais profundamente, obstruir e desassorear continuamente os canais que não tinham sido concebidos com esse fim, e para evitar a elevação da água de irrigação com grandes gastos, foi necessário reerguer o nível das represas de água e dos canais condutores. Foi preciso, então, construir barragens elevatórias sobre o leito do próprio rio, o que era evidentemente muito mais difícil que fazer uma barragem em um simples canal de irrigação. A operação era, no entanto, mais fácil no delta, onde a diferença entre o nível em período de estiagem e o nível em período de cheia era de três a quatro metros somente, enquanto que essa diferença ia até nove metros no alto Egito.

A construção de uma primeira barragem no braço do Damiette, imediatamente abaixo da bifurcação, teve sucesso limitado. Feita sobre um fundo pouco estável, essa pequena barragem de 1,5 metros de altura era insuficiente para ampliar significativamente a irrigação. Na sequência, em 1843, uma barragem elevatória de 4 metros de altura, a barragem Mohamed Ali, situada em Saïda, há 20 km ao norte do Cairo, foi construída na cabeça do delta, acima da bifurcação (J. Barois, 1887). Sua superfície de água dominava um vasto perímetro irrigável cobrindo a quase totalidade das terras do delta. Inaugurada em 1861, teve que ser remanejada e inteiramente reconstruída para entrar em funcionamento apenas em 1891. Dez anos mais tarde, para remediar as insuficiências da barragem de Saïda, duas barragens complementares (Benha em 1901 e Zifta em 1902) tiveram que ser construídas sobre o braço do Damiette.

Graças a essas barragens, a superfície irrigável foi aumentada em mais de 1.400.000 ha. Ao abrigo da cheia, os terrenos preparados para irrigação puderam ser cultivados em todas as estações do ano. Fora a cana-de-açúcar e as hortas-pomares ainda pouco extensas, essa superfície foi primeiro destinada aos cultivos irrigados de verão, principalmente ao algodão, mas também aos cereais (arroz no centro do delta, milho e sorgo) que começaram a substituir a cevada e o trigo na alimentação. Ali eram igualmente encontrados cultivos de outono (milho, legumes) e os antigos cultivos de inverno (trigo, cevada, lentilha, fava, trevo de Alexandria). Todavia, o duplo e, *a fortiori*, o triplo cultivo anual ainda permaneciam limitados. Quanto ao antigo sistema de bacias e dos cultivos de vazante de inverno, ele ainda ocupava 800.000 ha. Ao final desses reordenamentos, no princípio do século XX, o Egito contava com 2,2 milhões de hectares de terras cultiváveis, dentre os quais mais de 1,4 milhão de hectares irrigáveis.

Todavia, o rendimento médio dos cereais não ultrapassava 1.000 kg por hectare. Apesar do gado ser pouco numeroso — os efetivos de bovinos, búfalos, asnos, ovinos e caprinos compreendiam de 0,5 a 1 milhão de cabeças por espécie, ou seja, uma "capacidade de suporte" total inferior a 0,5 "unidades animais" (U.A.) por hectare (T. Ruf, op. cit.) —, a adubação orgânica era pouco abundante e os adubos minerais eram ainda pouco utilizados. O Egito podia então alimentar uma dezena de milhões de habitantes, o que correspondia a uma densidade de população de mais de 450 habitantes por km^2 de terra cultivável. Isso era quase o dobro do que obtinham antigamente os cultivos de vazante de inverno. Mas o Egito, que tinha servido durante 2.000 anos de celeiro de trigo a seus sucessivos ocupantes, em detrimento de sua população e de seu próprio desenvolvimento, tornara-se mais próximo das bases de aprovisionamento da Europa em produtos tropicais como arroz, açúcar-de-cana e principalmente algodão.

O fracasso do capitalismo de Estado e o desenvolvimento dos grandes domínios algodoeiros

No século XIX, os benefícios da modernização foram, sem dúvida, comprometidos pelas dificuldades e os fracassos da nova hidráulica, e pelas insuficiências da gestão. Mas, sobretudo, a pressão dos europeus, hostis ao protecionismo e à estatização da economia, acentuou-se: em 1838, o Egito aceitou, por meio do tratado de Londres, reduzir seu exército e submeter-se ao acordo anglo-otomano de livre-comércio e de desmantelamento dos monopólios do Estado. Porém, a política de modernização do país continuou. Outras grandes obras foram empreendidas como o canal de Suez — construído entre 1859 e 1869, no qual o Egito mantinha 44% das quotas —: pontes, estradas de ferro, telégrafo, instituições escolares e universitárias. No entanto, essa política ambiciosa ultrapassava as capacidades de financiamento do país.

As dificuldades financeiras precipitaram a mudança do regime fundiário. Ainda em meados do século XIX, quase todas as terras eram concedidas pelo Estado e submetidas ao tributo *em espécie* (fixado em um quarto da colheita), sem contar as corveias impostas aos camponeses. Após 1850, as terras foram repartidas em quasi-propriedades privadas entre as famílias camponesas que pudessem arcar com cinco anos consecutivos de pagamento de tributo. Mas esse tributo aumentou pouco a pouco até atingir a metade da colheita, e as famílias que não podiam quitar a dívida tiveram que renunciar às suas terras. Essas terras retornaram ao domínio público e foram atribuídas ao soberano, à sua família ou a altos funcionários. Em 1874, o Estado começou a vender as concessões camponesas das quais detinha ainda a propriedade eminente, em troca do pagamento em espécie do equivalente de seis anos de tributo. Essa medida, conjugada com a venda em leilão das terras do Estado (1878), favoreceu o desenvolvimento rápido de uma nova classe de grandes proprietários, que adaptaram suas propriedades ao cultivo do algodão. Com efeito, a Guerra de Secessão (1861-1865), reduzindo fortemente a oferta de algodão americano, abriu um grande mercado à produção egípcia e provocou uma forte alta de preços.

Muito endividado, à beira da falência, o Egito foi obrigado a alienar suas partes do canal de Suez à Inglaterra e, em 1876, as potências europeias credoras lhe impuseram a criação de uma "caixa da dívida pública", encarregada de controlar as receitas do Estado e sua destinação prioritária ao pagamento da dívida. No ano seguinte foi instaurado um "conselho de ministros", triunvirato composto por um inglês, um francês e um egípcio, mas esse conselho teve uma existência muito breve. Pouco tempo depois, em 1882, a Inglaterra, tendo conseguido afastar a França, ocupou militarmente o Egito e lhe impôs uma intensa especialização na produção de algodão destinado à indústria têxtil inglesa. Com isso as manufaturas locais se fragilizaram pouco a pouco. Os grandes centros agroexportadores estenderam-se. A classe camponesa arruinada e destituída de seus bens, além de aumentar as fileiras dos trabalhadores das grandes plantações, da indústria leve e dos outros setores da atividade urbana, passam também a compor as filas do desemprego.

As barragens-reservatório e a generalização da irrigação no século XX

No fim do século XIX, todas as disponibilidades de água no momento da estiagem eram já utilizadas para a irrigação. Todavia, os interesses algodoeiros continuavam a pressionar de forma a expandir a área irrigada. Era preciso então mobilizar outras fontes. Uma nova era hidráulica, a das barragens-reservatório, foi assim inaugurada no princípio do século XX. Essas barragens, capazes de estocar a água da cheia para liberá-la em períodos de baixa vazão, foram construídas a montante, sobre o leito principal do rio, perto de Assuan, a uma altitude que domina amplamente todo o vale inundável. Isso permitiu expandir a irrigação na montante do delta, no médio e no alto vale.

1902: primeira barragem-reservatório de Assuan, barragens elevatórias e extensão da irrigação no Alto Egito

A primeira barragem de Assuan, construída em 1902, tinha capacidade de 1 bilhão de metros cúbicos. Implantada em 1912 e em 1914, sua capacidade foi sucessivamente ampliada, alcançando 2,4 até 5,6 bilhões de metros cúbicos. Sua função não era estocar toda a cheia de verão, que atingia várias dezenas de bilhões de metros cúbicos, e, sim, constituir, modestamente, uma reserva de água que era liberada no leito do rio conforme as necessidades de irrigação dos perímetros ordenados a jusante. Para melhor abastecer esses perímetros, várias barragens elevatórias foram construídas ao longo do médio e do alto vale, sob o mesmo princípio que aquele do delta. A primeira, edificada em Assiout em 1902, alimentava um antigo canal de derivação (canal Ibrahimieh, feito em 1873 para abastecer um perímetro irrigado da margem esquerda e a depressão do Fayum). A segunda foi construída bem mais na montante, em Esna, em 1906, e a terceira foi construída a meia distancia entre as duas primeiras, em Nag Hamadi, em 1930.

Graças a essas obras, a superfície das terras irrigadas atingiu 2 milhões de hectares, enquanto que as bacias de cultivo de vazante reabilitadas ocupavam apenas 0,34 milhões de hectares. No entanto, as rotações de dois cultivos irrigados por ano levaram algum tempo para ampliar-se, pois exigiam muito trabalho, gado e despesas prévias. Na verdade, o duplo cultivo anual só se fixou realmente a partir dos anos 1950.

A reforma agrária e o capitalismo do Estado nasseriano

Em 1950, às vésperas da reforma agrária nasseriana, um terço das terras cultiváveis estava nas mãos de 0,4% de proprietários (grandes proprietários possuindo cada um mais de 21 ha), enquanto no outro extremo 94% dos proprietários (possuindo cada um deles menos de 2,1 ha) detinham apenas um terço das terras. É preciso acrescentar ainda que a metade das famílias camponesas não tinha acesso a terra, quer sob a forma de propriedade ou de locação. A situação social agrária do Egito era caracterizada pela preponderância dos "camponeses sem terra" e de estabelecimentos camponeses muito pequenos para ocupar e para manter uma família — os assim chamados *minifúndios* —, e pela existência de uma minoria de grandes estabelecimentos agrícolas. Para tanto, essas grandes propriedades não eram, como nos países da América Latina, grandes domínios latifundiários de vários milhares de hectares, e não englobavam a maioria das terras. A miséria era imensa e a ração alimentar média era inferior a 2.000 calorias por pessoa e por dia.

A reforma agrária se desenvolveu em três tempos. Em 1952, a propriedade foi limitada a 84 ha por pessoa. Em 1961 ela foi limitada a 42 ha. E finalmente, em 1969, a 21 ha. Mas a aplicação da reforma foi muito incompleta: no final das contas, somente 400.000 ha foram redistribuídos a 340.000 famílias, ou seja, menos de 10% das famílias necessitadas. É preciso destacar, no entanto, que a reforma instaurou também um estatuto de arrendamento e parceria, nitidamente mais vantajoso para os camponeses.

A política nasseriana, como a de Mohamed Ali, era uma política nacionalista que visava sem dúvida acelerar a modernização e a industrialização do Egito. Tendo constatado a insuficiência do investimento privado, essa política engajou novamente a economia egípcia na via do capitalismo de Estado e do dirigismo, e dessa vez sob a forma de "socialismo científico". A partir de 1961, as nacionalizações se multiplicaram e os monopólios do Estado foram reconstituídos. No campo, a administração implementou as "cooperativas" encarregadas de garantir o abastecimento dos estabelecimentos agrícolas em adubos, em sementes melhoradas e em produtos de tratamento a preços reduzidos (pois eram subvencionados), encarregados também de conceder crédito agrícola com taxas de juros menores. A seguir, foram progressivamente dotados de material agrícola moderno (moto-bombas, tratores, instrumentos de trabalho do solo, pulverizadores, debulhadoras etc.) e funcionaram como centros de locação de máquinas e de prestação de trabalhos agrícolas a um bom preço para os agricultores.

Marcel Mazoyer • Laurence Roudart

Além do mais, as cooperativas eram a "correia de transmissão" dos planos de produção do governo. Os agricultores, em particular os beneficiários da reforma agrária, deviam destinar uma parte definida de suas terras aos cultivos industriais (algodão no delta, cana-de-açúcar no médio e no alto vale) ou aos cultivos alimentícios básicos (arroz, trigo, milho, fava, lentilha e mesmo cebola e alho), e eram submetidos a um regime de entregas obrigatórias, a preço baixo, ao comércio atacadista e às indústrias do Estado. Todas essas medidas visavam garantir o abastecimento da indústria em matérias-primas agrícolas e a reduzir o custo da reprodução alimentar da mão de obra. Era uma verdadeira política de transferência de renda da agricultura para outros setores da economia, em particular, para a indústria nacional.

Em certos casos, as cooperativas chegaram até a organizar para todos os agricultores de um mesmo vilarejo, um sistema de afolhamento regulado e de rotação obrigatória: rotação trienal no cultivo de algodão no delta, rotação quinquenal ou sextenal no cultivo de cana-de-açúcar no vale, por exemplo. Portanto, não se tratava de cooperativas de produção (do tipo *kolkhoze*): cada família camponesa cultivava parcelas e criava seus animais por sua própria conta, dispunha livremente das quantidades produzidas além das quotas de entrega obrigatória, assim como das produções de leguminosas, de frutíferas e animais que não eram controlados e que ela vendia no mercado livre. Mesmo se a eficiência da gestão administrativa pouco democrática dessas cooperativas fosse muito discutida, não resta dúvida de que elas se encarregavam do abastecimento de adubos, de sementes e de produtos de tratamento e que ainda distribuíam aos camponeses o crédito agrícola com taxas de juros menores. Nesse sentido, a produção agrícola cresceu. Se podemos, portanto, elogiar uma nova fase de capitalismo de Estado no Egito na época nasseriana, estava-se todavia longe de uma estatização quase completa da economia, como na União Soviética. Embora submissa ao dirigismo do Estado nasseriano, a agricultura, o artesanato, o pequeno e médio comércio e muitos serviços permaneciam amplamente privados.

Todavia, com a política de abertura e de liberalização estabelecida em 1973, os monopólios de Estado, o papel das cooperativas, os cultivos obrigatórios e mesmo a reforma agrária foram progressivamente questionados. O capital privado egípcio ou estrangeiro assumiu um amplo espaço na economia, inclusive na agricultura onde grandes áreas de cultivos de legumes e frutas e até mesmo nas áreas de criação de animais se estabeleceram sobre as novas terras irrigadas conquistadas no deserto. Contudo, na metade dos anos 1990, uma boa parte das empresas do Estado e das cooperativas ainda estavam em atividade, e mesmo se o arrendamento e a parceria tendessem a tornar-se precários e muito dispendiosos, os pequenos meeiros do vale e do delta permaneciam no local.

Além disso, a época nasseriana deixou como herança à agricultura egípcia uma obra com dimensões propriamente faraônicas — a alta barragem de

Assuan — que veio coroar a substituição já bem-avançada do antigo sistema de bacias e de cultivos de vazante de inverno pelo sistema dos cultivos irrigados em todas as estações do ano.

A alta barragem de Assuan e a generalização dos cultivos irrigados em todas as estações do ano

A alta barragem de Assuan, construída entre 1957 e 1970 há alguns quilômetros na montante da primeira represa, retém 169 bilhões de metros cúbicos, dos quais 30 bilhões são destinados a estocar o lodo e 48 bilhões estão previstos para atender às cheias excepcionais. Restam 90 bilhões de metros cúbicos, que corresponde a aproximadamente à vazão média anual assegurada pelo rio, dos quais 15 bilhões aproximadamente se perdem por evaporação no reservatório a montante da barragem. Dos 74,5 bilhões de metros cúbicos efetivamente disponíveis em Assuan, o Egito recebe 55,5 bilhões de metros cúbicos (o Sudão recebe o resto), aos quais se somam 3 bilhões de metros cúbicos bombeados do lençol freático e 2,3 bilhões de metros cúbicos de água de drenagem reutilizada, ou seja, um total disponível de 60,8 bilhões de metros cúbicos. Destes, 3,7 bilhões se destinam ao consumo humano, 2,9 bilhões à indústria e 39 bilhões de metros cúbicos à irrigação. O restante da água se perde por evaporação, por drenagem, ou deságua no mar sem ter sido utilizada.

Teoricamente, portanto, pouca água doravante atinge o mar sem ser utilizada. Não há mais cheia do Nilo e o rio se tornou apenas a espinha dorsal de um sistema generalizado de irrigação por canais. Somente algumas zonas muito reduzidas e descontínuas do alto vale permanecem submissas ao regime da cheia. O preenchimento progressivo do reservatório nos anos 1960 e no princípio dos anos 1970 permitiu finalizar a extensão da irrigação em todas as estações do ano sobre os 2,4 milhões de hectares de terras cultivadas anteriormente e permitiu ainda implantar no deserto em torno de 400.000 ha de terras suplementares irrigadas. Mas a superfície cultivável conquistada de um lado, pela extensão das "novas terras" irrigadas é em grande parte perdida junto às antigas terras férteis do vale e, sobretudo do delta, devido a expansão crescente das cidades, das fábricas, dos depósitos de materiais, pelas olarias e pelas infraestruturas.

Os cultivos perenes. O duplo e o triplo cultivo anual

Hoje, as terras irrigadas dispõem em média de 14.500 metros cúbicos de água por hectare e por ano, ocupando 2.700.000 ha, dos quais mais de 300.000 ha são destinados aos cultivos perenes (cana-de-açúcar no Alto Egito, vinhas e pomares) e dos quais 2.400.000 ha podem sustentar dois e, às vezes, até três cultivos por ano.

As sucessões mais utilizadas apresentam dois cultivos por ano e compreendem de um lado os antigos cultivos de inverno (trevo, trigo, cevada, fava, lentilha, linho...), que ocupam, dentro de proporções variáveis, conforme as regiões e os estabelecimentos agrícolas, a maior parte da superfície cultivada nesta estação do ano. Entretanto, essas sucessões incluem cultivos de verão (milho para forragem e milho grão distribuídos no conjunto do delta, sorgo no alto vale, arroz ou algodão no centro do delta).

O algodão é um cultivo dito "exigente", que se presta dificilmente ao duplo cultivo anual, pois ocupa a parcela durante oito meses, de março a outubro, deixando pouco tempo para a realização com êxito de outro cultivo de inverno. É possível, no máximo, cultivar trevo por três ou quatro meses, antes do algodão, pois o trevo propicia um ou dois cortes de forragem, enquanto que um trevo de seis meses propicia de quatro a seis cortes.

As sucessões de dois cultivos irrigados por ano se apresentam então sob duas formas, caso incluam ou não o algodão:

Sucessão anual de tipo 1: sem algodão		
novembro	maio	outubro
cereal de inverno: *trigo, cevada* ou leguminosas alimentares: Fava ou lentilha ou leguminosas forrageiras: Trevo (4 a 6 cortes) ou têxtil: *Linho*		cereal de verão: *arroz (centro do delta)* ou milho *(margens do delta e baixo médio vale)* ou sorgo *(alto médio vale)*

Sucessão anual de tipo 2: com algodão		
novembro	março	outubro
Trevo (1 a 2 cortes)		algodão

No entanto, o algodão é um cultivo arriscado, por razões comerciais (as cotações do algodão são muito instáveis) e por razões agronômicas (não é raro que as lagartas da folha e da cápsula destruam a colheita). É também um cultivo que esgota o solo e é muito exigente em trabalho. Por todas essas razões, um ano com algodão (sucessão de tipo 2) deve ser alternado com, no mínimo, um ano sem algodão incluindo um cultivo de leguminosa alimentar ou forrageira (sucessão de tipo 1). Nessas circunstâncias, o algodão é geralmente incluído numa rotação bienal ou numa rotação trienal da seguinte maneira:

Rotação bianual			
novembro	outubro	novembro	outubro
Sucessão anual de tipo 1 *sem algodão*		Sucessão anual de tipo 2 *com algodão*	

Rotação trianual					
nov.	out.	nov.	out.	nov.	out.
Sucessão anual de tipo 1 *com algodão*		Sucessão anual de tipo 2 *com algodão*		Sucessão anual de tipo 1 *sem algodão*	

As sucessões de duplo cultivo anual, com ou sem algodão, são as mais utilizadas: elas ocupam 70% aproximadamente da superfície irrigada. Porém, cada vez mais são encontradas sucessões de triplo cultivo anual, nas quais os cultivos de ciclo curto de diversos tipos (milho de outono, batata, feijão, tomate, berinjela, abóbora, pepino, melancia, melão, cebola, alho, alface etc.) intercalam-se entre os cultivos de base (trevo de Alexandria, trigo, fava no inverno, milho, arroz, algodão no verão), ou vêm mesmo, por vezes, substituí-los.

Aumento da produção, da população e a dependência alimentar

No total, o Egito conta hoje com perto de 2,3 milhões de hectares cultivados em cereais, cujo rendimento médio ultrapassa a 5.500 kg por hectare. A produção, que é de aproximadamente 13 milhões de toneladas, não é suficiente para suprir as necessidades de uma população que ultrapassa hoje 55 milhões de habitantes. Na verdade, em 40 anos, de 1950 a 1990, a ração alimentar média aumentou em mais da metade, passando de menos de 2.000 a mais de 3.300 calorias por pessoa e por dia, um nível médio que dissimula, aliás, as enormes disparidades. Com exceção do arroz, o Egito é um forte importador de cereais: importa mais da metade de seu consumo de trigo e 10% de milho. Importa também óleos vegetais, açúcar e, em menor escala, produtos animais. No total, as exportações agrícolas (algodão, cítricos, batata) estão longe de compensar as importações, representando menos de 10% em valor.

Uma poliprodução vegetal e animal intensiva, porém pouco mecanizada

Com cerca de 5 milhões de ativos agrícolas, a superfície por ativo caiu para *menos de meio hectare*, o que não somente favoreceu o desenvolvimento do duplo ou triplo cultivo anual mas também as produções de legumes, frutas e animais, exigentes em mão de obra e de alto valor agregado por hectare. Atualmente, o primeiro ramo de atividade do campesinato egípcio é constituído por produções forrageiras e animais. Os cultivos forrageiros irrigados (trevo e milho forrageiro) representam um quarto da superfície de colheitas. No entanto, o subproduto dos outros cultivos (palhas, folhas e caules secos de espécies herbáceas, bagaços e talos de cana e outros resíduos de cultivos) são quase inteiramente consumidos pelos animais. Não há, portanto, praticamente nenhum resíduo de origem vegetal que não seja transformado. A agricultura egípcia alimenta deste modo um rebanho quatro vezes mais importante que o existente em fins do século XIX (6 milhões de bovinos e búfalos, 2,5 milhões de asnos, 10 milhões de ovinos e caprinos, 0,13 milhões de dromedários, sem contar alguns milhares de cavalos e mulas, o que corresponde a uma carga animal nitidamente superior a duas unidades animais por hectare.

Além dos produtos que fornecem (carne, leite, lã, peles), esses numerosos animais produzem em grande quantidade dejetos que são recolhidos em um leito de lodo ao qual são misturados antes de retornarem as parcelas cultivadas. Da mesma forma que a irrigação perene, a multiplicação dos cultivos e das práticas culturais aceleram fortemente a rapidez da decomposição de húmus e tendem a empobrecer o solo. A abundância do estrume animal permite manter em bom nível o teor em matéria orgânica dos solos arenosos e siltosos do vale e melhorar sua estrutura. No mais, uma boa parte dos minerais fertilizantes incorporados à biomassa cultivada são reciclados em cada estação do ano por meio das forragens e do adubo de origem animal. Mas isso não é suficiente para explicar o elevado nível dos rendimentos atingidos hoje pela agricultura egípcia. Com efeito, os aportes de minerais fertilizantes, por solubilização dos solos siltosos locais e pela fixação do nitrogênio do ar, não permitiriam sequer atingir os 1.000 kg de rendimento em grãos dos cultivos de vazante de outrora: faltariam ainda os aportes anuais provenientes dos depositos aluviais que se acumulam doravante atras da alta barragem de Assuan. De fato, os rendimentos elevados de hoje resultam principalmente do uso de grandes doses de adubos minerais (ureia, amono-nitratos, superfosfatos) e também, por uma parte considerável, dos alimentos do gado importados, cujos minerais estão, em boa parte, contidos no estrume animal.

Porém, é bem real o avanço da moto-mecanização (bombeamento de água, trabalho do solo, debulha), graças às cooperativas e às empresas de prestação de serviços agrícolas. Porém, devido à exiguidade da grande maioria das propriedades agrícolas, a maior parte dos trabalhos (semeadura, capina, aplicação de estrume, de adubos e de produtos de tratamento, colheitas, alimentação dos animais, ordenha etc.) são efetuados manualmente. O transporte interno nas propriedades (forragens, estrumes, colheitas, entre outros), são frequentemente efetuados em lombo de burro, ou com a ajuda de charretes. Assim, embora os rendimentos por hectare da agricultura irrigada egípcia sejam hoje da mesma ordem de grandeza que os dos países temperados desenvolvidos, a produtividade e a renda do trabalho permanecem incomparavelmente menores.

As outras consequências ecológicas da instalação da alta barragem de Assuan

A salinização

Nos antigos sistemas de bacias de cultivo de vazante, ocorria uma grande lixiviação do solo a cada ano no momento da cheia, o que vem a explicar porque esses sistemas puderam se manter durante cerca 5.000 anos sem salinizar o solo. Mas com a generalização da irrigação, a salinização — flagelo dos sistemas de cultivos irrigados das regiões áridas —, que destruiu numerosos perímetros irrigados e que talvez tenha mesmo levado à decadência de civilizações hidráulicas inteiras (Mesopotâmia, Indus), avança no vale do Nilo.

Na verdade, sob o clima muito árido e quente do Egito, a evaporação é muito intensa, sobretudo na primavera e no verão. Nesse contexto, uma fração importante das águas retidas em Assuan e em outros reservatórios, assim como uma fração das águas do Nilo e dos grandes canais de irrigação evaporam-se a cada ano. Ora, essas águas, coletadas por escoamento na bacia de alimentação do Nilo, já contêm uma quantidade bastante importante de sais em solução que, devido à evaporação, se concentram também nas águas restantes. O teor de sal das águas que servem para irrigar as terras cultivadas é, portanto, bastante elevado. Essas terras são geralmente irrigadas pelo escoamento o ano inteiro (exceto durante algumas semanas de inverno quando são reservadas à desassoreamento dos canais), os turnos de água se repetem em períodos de quatro a vinte dias conforme o cultivo e a estação do ano. Uma fração da água de irrigação e os sais que ela contém é absorvida pelos cultivos, mas outra fração importante desta água se evapora, de forma que o teor em sais da água que penetra o solo (a solução do solo) aumenta ainda mais. Todavia, na maior parte das regiões do Egito de hoje, o teor em sais dessas águas não atinge o nível de toxicidade que impediria certos cultivos, pois a irrigação por escoamento de água é frequentemente superabundante, e nos solos permeáveis arenosos ou siltosos bem-drenados, o excesso de água (não evaporado e não absorvido pelas plantas) infiltra-se em profundidade, diluindo e carregando até o lençol freático uma parte desses sais concentrados na solução do solo.

Entretanto, a presença permanente de grandes quantidades de água ao longo de todo o vale provoca em certas zonas infiltrações importantes e uma elevação geral do nível dos lençóis freáticos, elevação que é particularmente nítida na proximidade dos reservatórios e dos grandes canais de irrigação.

Nessas zonas, assim como nos baixios maldrenados, a ascensão capilar das águas a partir dos lençóis freáticos próximos da superfície alimenta durante uma boa parte do ano uma forte evaporação. Essa ascensão traz consigo os sais contidos na solução do solo e a concentração da solução do solo aumenta proporcionalmente na medida da evaporação. E se esse movimento ascendente não é inteiramente compensado por um movimento inverso de drenagem dos sais, por infiltração das águas de irrigação, esses sais se concentram cada vez mais e, às vezes, acabam mesmo por cristalizar-se na superfície do solo. Esse fenômeno é agravado nas zonas com *deficit* hídrico, em que a água de irrigação é utilizada várias vezes: reutiliza-se as águas residuais não drenadas — particularmente carregadas em sal devido à evaporação sofrida na utilização anterior. A salinidade do solo é também mais frequente e mais grave no norte do delta, no qual o lençol freático se torna salobro, pois recebe as águas provenientes do Mediterrâneo e das lagunas costeiras.

Lembremo-nos de que, mesmo que a salinização dos solos egípcios atinja raramente o patamar de toxicidade impedindo certos cultivos, essa salinidade é bastante elevada, consistindo no principal fator limitante da fertilidade de muitos solos. Dessa forma, o teor em sal dos solos medíocres se situa geralmente em torno de 0,8%, a dos solos médios em torno de 0,5%, enquanto a dos solos bons possui um teor médio de sal de aproximadamente 0,3%. Todavia, a sensibilidade dos cultivos à salinidade é muito variável. Dessa forma, o arroz apuético, ainda que relativamente sensível à salinidade, pode ser cultivado em princípio em solos com elevada salinidade, pois está coberto durante vários meses por grandes quantidades de água de irrigação que diluem a solução do solo. Devido a isso, nas zonas salgadas do delta, o cultivo do arroz praticado a cada dois ou três anos é considerado um cultivo com ação dessalinizadora, que serve para viabilizar outros cultivos relativamente sensíveis ao sal.

Entretanto, a elevação do lençol freático, mesmo desprovido de sal, para muito perto da superfície do solo é também bastante prejudicial ao desenvolvimento dos cultivos, em particular para as plantas de enraizamento profundo como o algodoeiro. Desde o fim do século XIX, várias zonas do delta foram atingidas pela elevação do lençol e às vezes também pela salinização. Esses transtornos também aconteceram no médio Egito, em terras vizinhas aos grandes canais de irrigação de Ismailia e Ibrahimya. Para resolver esses problemas, foi preciso implantar redes de drenagem que permitissem diminuir o nível do lençol freático para mais de um metro de profundidade. Além disso, nas zonas baixas, sem o escoamento natural do baixo delta, foi preciso voltar a elevar por bombeamento as águas de drenagem para conseguir escoá-las para o mar. Em certas situações, tornou-se necessário, para conseguir reduzir o nível do lençol freático, suprimir ou diminuir o nível de certos canais de irrigação muito elevados, mesmo com o inconveniente de ter em seguida que bombear água para realizar a irrigação.

Com a generalização da irrigação em todas as estações, os problemas de saturação na água e de salinização dos solos se multiplicaram, a tal ponto que em 1973 a fertilidade de dois terços das terras cultivadas encontrava-se afetada de maneira significativa. Mesmo se, desde então, os três quartos dessas terras tenham sido drenados, restava muito a fazer em matéria de irrigação e de drenagem para reduzir o desperdício de água, baixar o nível dos lençóis freáticos, reduzir a evaporação e evitar a salinização: extensão, densificação e, se possível, o recobrimento das redes de drenagem; cobertura, concretagem e impermeabilização dos grandes canais; distribuição da água por canos etc.

Outras consequências

Os lodos e sedimentos aluviais que se acumulavam atrás da barragem não proporcionam mais sua contribuição à reprodução da fertilidade das terras cultivadas, cujas necessidades em estrume aumentaram devido ao desenvolvimento do duplo e do triplo cultivo anual. No entanto, a contribuição fertilizante do lodo era menos importante do que se pensa geralmente, e foi mais que compensada pelo uso crescente dos adubos minerais, e pelo desenvolvimento das leguminosas forrageiras e da criação animal. Além do mais, o ambiente constantemente quente e úmido no vale favoreceu a proliferação de insetos e de outros parasitas das plantas. Mas mesmo assim os produtos de tratamento fitossanitários permitiram controlar este fenômeno. Além do sal, um grave problema resultante da multiplicação dos cultivos irrigados, do uso de adubos e dos pesticidas reside a partir de então na concentração excessiva de nitratos e de resíduos de pesticidas em certas zonas e em certos produtos de consumo. Enfim, na ausência de cheia e de aluvionamento, as terras do delta cessaram de avançar para o mar, começando elas próprias a serem atingidas pela erosão marinha.

Em última análise, contudo, o principal perigo que corre a agricultura irrigada egípcia — baseada num enorme dispositivo hidráulico, cuja função se resume em armazenar as águas das cheias e a redistribuí-las em todas as estações e em todos os lugares em função das necessidades elétricas, urbanas e agrícolas do país — é finalmente, como sempre, a insuficiência das cheias. Foi assim que, a partir de 1979 e durante uma parte dos anos 1980, uma sucessão de três cheias insuficientes acarretou uma enorme redução das reservas de água do lago Nasser. Em julho de 1988, o estoque de água útil caíra para 10 bilhões de metros cúbicos. Caso não houvesse acontecido o retorno providencial das boas cheias a partir do verão de 1988, a agricultura egípcia teria sido, por um algum tempo, praticamente aniquilada. Por maiores que sejam as obras humanas, haverá sempre a necessidade de se fazer, na montante ou na jusante destas, obras ainda maiores.

Marcel Mazoyer • Laurence Roudart

CONCLUSÃO

Encerrada no coração de um imenso deserto, nos limites estreitos das terras ordenáveis e cultiváveis de um estreito vale e de um delta submerso a cada verão pela cheia do Nilo, a civilização egípcia sempre se baseou na agricultura hidráulica. Durante mais de 5.000 anos, os sistemas de bacias e de cultivos de vazante de inverno permaneceram predominantes, coexistindo com os sistemas de cultivos irrigados em diferentes estações do ano.

A civilização egípcia antiga era fruto do trabalho ininterruptamente renovado de um campesinato miserável e pouco diferenciado — dotado de utensílios manuais insignificantes e por muito tempo neolíticos —, submetido a uma organização política, administrativa e religiosa centralizada e hierarquizada que impunha, a custa de tributos e corveias, a construção e a manutenção de gigantescas obras coletivas, utilitárias ou suntuosas. Até o século XIX, o Egito conheceu uma sucessão de épocas prósperas, caracterizadas pela centralização, a progressão hidroagrícola e o crescimento demográfico, alternando com períodos decadentes, marcados pela ruína política, a regressão hidroagrícola e a desintegração populacional, que oscilou desse modo, aproximadamente, entre 2 e 5 milhões de habitantes.

Após vários choques exteriores (invasões grega, romana, árabe, otomana e europeia), os cultivos irrigados se beneficiaram de novos meios para retirar a água, e então progrediram. Mas os antigos sistemas de bacias e de cultivos de vazante de inverno foram desestabilizados apenas no fim do século XIX, depois que o Estado egípcio adotou a moderna hidráulica de irrigação para estender a todo o vale cultivos irrigados em todas as estações do ano.

Desde então se desenvolveu uma agricultura baseada na propriedade privada da terra, aberta ao comércio, feita de uma multidão de pequenos e, frequentemente, minúsculos estabelecimentos familiares e de uma minoria de grandes propriedades assalariadas. Continuando a praticar uma polipodução vegetal e animal em princípio destinada ao autoconsumo, a maioria dos estabelecimentos agrícolas foi mais particularmente orientada a praticar o cultivo irrigado para a exportação — sendo que o algodão está em primeiro lugar, mas também a cana-de-açúcar e o arroz. Recentemente, para atender as demandas crescentes das cidades, muitos estabelecimentos agrícolas se voltaram para a produção de legumes, frutas, laticínios e carne, exportando, inclusive, certas frutas e legumes.

No século XX, a extensão da irrigação em todas as estações do ano ao conjunto do vale, além da influência das antigas bacias de vazante e a passagem ao duplo, e até mesmo ao triplo cultivo anual, permitiu triplicar a superfície de colheita a cada ano. O uso combinado de adubos minerais, com variedades de alto rendimento e de pesticidas permitiu, conforme os cultivos, triplicar, quadruplicar e, às vezes, até a quintuplicar os rendimentos.

Mas a população que se limitava ainda a 5 milhões de habitantes em 1850 mais que decuplou (em 1992 ultrapassava os 55 milhões de habitantes, e continuou a crescer a um ritmo superior a 2% ao ano) e, devido ao aumento do padrão de vida e de uma política decisiva de baixos preços agrícolas e de gêneros alimentícios, o consumo por habitante aumentou para mais da metade desde 1950. Como consequência, o Egito mergulhou em uma dependência alimentar crescente e, apesar das exportações de algodão, de frutas e de legumes, o país veio a conhecer, no fim dos anos 70, um importante *deficit* comercial agrícola.

O Egito é um bom exemplo dessas grandes civilizações hidráulicas da alta Antiguidade que foram edificadas no coração das regiões desertificadas próximo-orientais mais de 2.000 anos antes das primeiras civilizações europeias. No entanto, desde os seus primórdios, essas civilizações hidráulicas dispunham somente de ferramentas neolíticas rudimentares e desconheciam o ferro e a roda.

Ainda que o Egito antigo tivesse conhecido, no curso de sua longa história, progressos hidráulicos, políticos e cultivos notáveis, ele permaneceu também por muito tempo dependente de um sistema hidráulico, social e político que, após cada crise e após repetidos choques exteriores, sempre teve tendência a reconstituir- se. Mas seria arriscado ver nesse imobilismo mais aparente que real a causa da fraqueza da herança econômica do Egito contemporâneo. Não poderíamos esquecer que o Egito foi colonizado durante mais de dois milênios, durante os quais uma boa parte da sua produção agrícola teria sido retirada pelos sucessivos ocupantes, em detrimento de sua população e de seu próprio desenvolvimento.

O Egito só começou a ultrapassar sua antiga "fronteira hidráulica" a partir da metade do século XIX, substituindo progressivamente os sistemas de bacias de cultivos de vazante de inverno, até então predominantes, por sistemas de cultivos irrigados em todas as estações, estendendo a propriedade privada do solo, e desenvolvendo a produção mercantil e as trocas com o Ocidente. No século XX — em algumas gerações —, desde que lhes fossem dados os meios, a classe agrária egípcia soube tirar partido da hidráulica de irrigação, desenvolver as combinações de cultivos e de criação eminentemente complexas e adaptáveis, e fazer uso de variedades melhoradas, de insumos e de produtos de tratamento fitosanitário em um nível comparável ao dos países desenvolvidos.

Não obstante, o Egito continua sendo um desses países pouco industrializados, em que a expansão do emprego não agrícola é insuficiente, tendo em vista o êxodo agrícola e a explosão demográfica; é um país atingido pelo desemprego, pela emigração, onde o excesso de mão de obra agrícola reduz ainda mais a superfície cultivada por trabalhador e limita os avanços da mecanização, da produtividade e da renda do trabalho agrícola.

Capítulo 5
O sistema agrário inca
Um sistema agrário de montanha, composto por subsistemas escalonados complementares

1. Contexto histórico
2. Produção e trocas agrícolas no Império inca
3. Organização social e papel do Estado
4. Destruição da sociedade inca
5. Implantação de uma economia colonial satélite

> *Aqueles que para lá se dirigiram e que se diziam cristãos primaram por duas maneiras rotineiras de extirpar e riscar da face da terra essas infelizes nações. Uma, fazendo-lhes guerras injustas, cruéis, sangrentas e tirânicas. A outra, depois de ter matado todos aqueles que podiam desejar a liberdade, esperá-la ou com ela sonhar, ou querer sair dos tormentos que lhes eram infligidos, [...] oprimindo-os na mais dura, horrível e brutal servidão jamais imposta a homens ou feras [...].*
>
> *Se os cristãos mataram tanto e destruíram tantas almas de tal qualidade, foi unicamente com a intenção de se apropriar de seu ouro, de inflar-se de riquezas em pouco tempo e de galgar altas posições desproporcionais às suas pessoas. Devido à sua cupidez e ambição insaciáveis, sem igual no mundo, e porque essas terras eram felizes e ricas, e os povos que ali viviam, humildes pacientes e tão facilmente submissos, não tiveram por eles nem respeito, nem consideração, nem estima.*
>
> Bartolomé de las Casas. *Rápido relato da destruição das Índias* (1552).

Às vésperas da colonização espanhola, o império inca ocupava vastos territórios que pertencem hoje ao Equador, ao Peru, à Bolívia e ao Chile. Esse império estendia-se ao longo da costa desértica do Pacífico, na montanha andina semiárida e fria de altitude e na sua vertente amazônica quente, úmida e arborizada. Era o herdeiro das cidades-estado e das civilizações hidroagrícolas que começaram a se desenvolver mil anos antes de nossa Era, nos oásis da costa desértica e nos vales áridos da Cordilheira dos Andes.

O universo agrário inca formava um arquipélago heterogêneo, fragmentado e disperso de oásis costeiros, de vales andinos irrigados, de campos e pastagens de altitude e de clareiras de cultivos florestais amazônicos, separadas por vastas extensões áridas, frias, ou arborizadas, quase vazias de presença humana. Como muitos sistemas de montanha, o sistema agrário inca era composto por subsistemas complementares e cada um deles explorava uma zona ecológica particular.

A fim de aumentar sua população, poder e riqueza, o Estado inca ampliava continuamente os cultivos irrigados e tirava pleno partido da diversidade dos recursos dos territórios que havia conquistado e unificado. Para isso, formava importantes reservas de víveres, realizava grandes obras hidráulicas, criava estradas, organizava os transportes e as trocas entre as diferentes regiões, apoiando-se em uma organização administrativa e religiosa hierarquizada e em um vasto sistema de corveias[1] impostas às comunidades camponesas pouco diferenciadas. Tal qual o Estado faraônico e outros estados hidráulicos do Antigo Mundo (Mesopotâmia, rio Indu, China, Vietnam etc.), esse Estado nascido nos princípios da idade do bronze americana exerceu um tipo de economia centralmente administrada, a que chamamos normalmente de "despotismo oriental" (Wittfogel, 1964).

Massacrando, contaminando com doenças importadas, escravizando, mas principalmente desmantelando e desencaminhando a estrutura social e administrativa do império inca com o objetivo principal de pilhar e explorar o ouro e a prata, a colonização provocou a ruína da economia e levou a padecer de fome e doenças, em meio século, quatro quintos da população. Isso mostra o reverso dessa situação, ainda que paradoxalmente: o Estado inca supria as funções econômicas essenciais para este gênero de sociedade. A atuação de uma economia colonial satélite e posteriormente de uma economia exportadora de matérias-primas minerais e agrícolas, fundamentada nas grandes propriedades especializadas (os *latifúndios*) e na marginalização da classe camponesa, conduziu o Peru, como a maior parte dos países da América Latina, a um tipo de impasse econômico e político que dura até os dias de hoje.

O estudo do sistema agrário inca se justifica porque se trata de um tipo de arquétipo de sistema de montanha, composto por subsistemas escalonados e complementares. Além disso, ainda que esse sistema tenha sido quase aniquilado pela colonização, seu estudo testemunha a excepcional contribuição dos índios da América à herança agrária da humanidade, uma contribuição que se pode medir em número e em importância econômica das plantas que foram por eles domesticadas, como o milho, a batata, a mandioca, o feijão, o algodão, o tabaco, o tomate etc. Enfim, o sistema inca é um exemplo americano de sistema hidroagrícola pós-florestal de região árida, muito diferente do sistema hidroagrícola egípcio, mas que apresenta,

---

[1] Do francês "corvée": trabalho gratuito que os servos deviam ao senhor. (*Le Petit Robert de la langue française,* 2006). (N.T.).

como este, há milhares de anos e de quilômetros de distância, convergência de organização social e políticas surpreendentes.

1 CONTEXTO HISTÓRICO

Vimos no Capítulo 2 que a manipulação e a domesticação das plantas teriam começado na América, de forma independente, em três regiões: ao sul do México, há aproximadamente 9.000 anos (centro irradiador centro-americano), nos Andes peruanos, há 6.000 anos (centro sul-americano) e no médio Mississipi há 4.000 anos (centro norte-americano). A vaga agrícola neolítica – aproximadamente 4.500 anos – oriunda do centro mexicano alcançou a América do Sul e depois se estendeu, englobando em sua passagem o centro peruano. Os cultivos de vazante progrediram assim até as formações arborizadas mais acessíveis e mais fáceis de cultivar, deixando de lado as florestas mais densas, as mais difíceis de desmatar, em particular a grande floresta amazônica.

Dessa maneira, na América Central e na cordilheira dos Andes, assim como no Oriente Médio, no Saara e no Irã, o processo de desmatamento começou na época neolítica e trouxe consigo a erosão, a degradação da fertilidade dos solos e a aridez do clima. Certas regiões desérticas da América se constituíram ou cresceram nessa época? É uma questão à qual não podemos responder com certeza. Notemos, todavia, que uma parte dos Andes, hoje recoberta de magras formações herbáceas, era, na sua origem, parcialmente cobertas por formações arbustivas ou arbóreas, e que, como no Oriente Médio, as primeiras civilizações hidroagrícolas da América apareceram após alguns séculos de agricultura neolítica.

Na América Central, a civilização olmeca se desenvolveu a partir de 1500 anos a.C. A ela se deve, sem dúvida alguma, os primeiros sistemas de irrigação, as primeiras cidades sagradas, as primeiras pirâmides e as primeiras formas de escrita do Novo Mundo. Partindo das planícies litorâneas do fundo do golfo do México, essa civilização estendeu sua influência para o oeste (planalto central), para o sul (costa Pacífica) e para o leste (Guatemala, Honduras, Nicarágua etc.). Após o desmantelamento do Império olmeca, 300 anos a.C. e depois de um longo período de florescimento das culturas regionais, duas grandes civilizações surgiram e impuseram-se: a oeste, Teotihuacan – metrópole do Planalto central, cuja influência durou alguns séculos (de 300 a 600 anos d.C.) – e a leste, as cidades maias – cuja influência mais durável (de 300 a 900 anos a.C.) se desenvolveu por toda a zona sul do México, até o Yucatán e a Guatemala. Desde o século IX de nossa Era, grupos de caçadores-coletores nômades, vindos das planícies semidesérticas do norte do México, começaram a se infiltrar no planalto central e nos territórios das antigas cidades maias. A última delas – surgida com as vagas migratórias –, a pequena tribo asteca, esteve na origem de uma civilização absolutamente brilhante. Sua economia, baseada na agricultura, no artesanato e no comércio, era próspera.

A alimentação era baseada principalmente no milho e no feijão, e acessoriamente na abóbora e na pimenta. A criação de animais, pouco importante, limitava-se aos perus e aos cachorros que eram engordados para serem comidos. O Estado asteca, cuja capital, México (Tenochtitlan), considerada pelos espanhóis em sua chegada em 1519 como a "mais bela cidade do mundo", fixava pesados impostos *in natura* sobre os povos que lhes eram submissos, na forma de produtos alimentares, ouro, cacau, algodão e tecidos de algodão etc.

As primeiras cidades-Estado hidroagrícolas da América do Sul

Na América do Sul, as primeiras civilizações hidroagrícolas se constituíram um pouco mais tarde, a partir do ano 1000 a.C., nos Andes e na planície costeira desértica que margeava o oceano Pacífico. A população se concentrava nos fundos dos vales e na desembocadura das torrentes que desciam dos altos Andes.

A primeira dessas civilizações nasceu na região de Chavin, no patamar andino compreendido entre 2.000 m e 3.500 m de altitude. Tratava-se de uma civilização de camponeses cultivadores de milho, notável por seus grandes edifícios em pedra, por suas esculturas em alto-relevo e por sua cerâmica. Todo um rol de sociedades agrárias que praticavam a agricultura em terrenos irrigados, centrados nas cidades-estado populosas e faustuosas, estabeleceram-se depois (de 300 a.C a 700 d.C.) ao longo da costa Pacífica: Salinar, Vicus e Mochica, ao norte; Lima, no centro; Nazca, ao sul etc. As grandes civilizações agrárias hidráulicas dos altos vales andinos menos áridos se desenvolveram entre o 700 d.C. e 1000 d.C., séculos depois, evidentemente, dos primeiros desmatamentos, e se tornaram rapidamente expansionistas. Tihuanaco, às margens do lago Titicaca, estendeu momentaneamente sua influência sobre a região de Ayacucho e, a partir de então, para o sudoeste da cordilheira. A partir do ano 1200, o reino *chimu*, poderoso Estado militar, dominou uma vasta zona da costa norte. Em todas as civilizações, as cidades e as artes (têxtil, cerâmica, arquitetura, metalurgia, ourivesaria etc.) conheceram impressionante desenvolvimento.

A formação do império inca

O esplendor da tribo inca, que se iniciou cerca do ano 1200, se inscreveu nesse vasto movimento de emergência e de reagrupamento em impérios das civilizações agrícolas hidráulicas da América do Sul. Durante dois séculos, essa tribo ocupou apenas um modesto território nos arredores de Cuzco, e somente no início do século XV os Incas conquistaram e unificaram, sob sua égide, o maior, mais fértil e mais bem estruturado dos altos vales

História das agriculturas no mundo

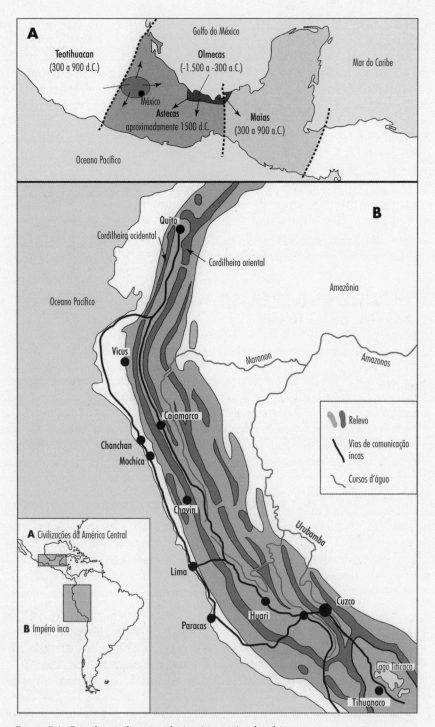

Figura 5.1. Grandes civilizações da América pré-colombiana

andinos: o vale do Urubamba, alto afluente do Amazonas, que se tornou então o Vale Sagrado dos Incas.

Em seguida, depois de vencer em 1440 a confederação militar Chanca, sua vizinha e rival na disputa pelo controle de uma parte do Peru, os Incas conquistaram as tribos e as cidades-estado dos Andes e da costa pacífica para constituir, finalmente, um vasto império, o Império "das quatro direções" (Tohuantsuyn), centrado em torno da capital Cuzco ("o umbigo"). No princípio do século XVI, esse império se estendia rumo ao norte até Quito, no Equador, rumo ao sul até o Chile e os pampas argentinos, rumo a oeste até o oceano Pacífico, e rumo ao leste até os confins da grande floresta amazônica. Cobria um território cujo comprimento atingia quase 4.000 km e a largura entre 300 km e 400 km, e que congregava aproximadamente setenta etnias. Esse império era unificado por uma organização econômica, social e política que reproduzia em larga escala o modelo posto em ação pelos Incas no Vale Sagrado e nas duas vertentes vizinhas dos Andes.

2 PRODUÇÃO E TROCAS AGRÍCOLAS NO IMPÉRIO INCA

Zonas bioclimáticas muito variadas

No Peru, o meio natural apresenta de leste a oeste três grandes zonas: a planície costeira pacífica, o maciço montanhoso dos Andes e a planície amazônica. A planície costeira é um deserto, semeado de oásis que se situam na desembocadura das torrentes andinas. De maio a dezembro, a presença de um anticiclone, conjugado com a subida das águas frias pelo efeito da corrente marinha de Humboldt, está na origem de um clima ao mesmo tempo árido e nebuloso: névoas que se dissipam apenas de janeiro a abril, quando o anticiclone se afasta do litoral.

O maciço montanhoso dos Andes, que ocupa um quarto do território peruano, é composto de duas cordilheiras de orientação nordeste/sudeste. Essas cordilheiras de elevada altitude emolduram um conjunto contrastado de planaltos de altitude frios e secos, com vales incrustados cujas encostas são mais ou menos abruptas, e com planícies aluviais de altitude que constituem o *altiplano*.

Distinguem-se no interior desse maciço vários níveis:

- o nível *quéchua*, que inclui os fundos do vale e suas encostas até 3.600 m de altitude e a zona *suni*, que vai de 3.600 m a 4.200 m de altitude, duas zonas cuja vegetação espontânea atual, pouco abundante e fortemente degradada se reduz às formações herbáceas e arbustivas esparsas;
- o nível *puna*, entre 4.200 m e 4.500 m de altitude, é coberta por prados e estepes;
- acima de 4.500 m de altitude, os desertos frios e as geleiras ocupam as encostas e os picos, que chegam a 6.000 m.

Nos Andes predomina um clima tropical de altitude semiárido, que comporta uma estação seca e fria de maio a setembro ou "estação morta" e uma estação mais quente e mais úmida de novembro a março. As temperaturas médias, em geral baixas, diminuem com a altitude (13 °C a 3.000 m; 5 °C a 4.000 m) enquanto a insolação e as precipitações aumentam (600 mm nos vales e 1.000 mm na zona *puna*). As variações diárias de temperatura são muito importantes. Todas as noites em junho e julho ocorrem geadas, podendo ainda ocorrer esporadicamente em março e em novembro. Além da geada, a seca constitui outro fator limitante para a agricultura: apenas quatro meses por ano, de dezembro a março, não ocorre *deficit* hídrico. Além disso, as condições meteorológicas são muito variadas em função da topografia e da orientação das encostas.

Do outro lado dos Andes, a planície amazônica representa mais da metade da superfície total do Peru, e é dominada pela densa floresta equatorial. Descendo da cordilheira oriental em direção à planície amazônica, as vertentes e encostas cobrem-se de uma vegetação primeiramente herbácea, depois arbustiva e arbórea, cada vez mais variada e mais densa. O clima é constantemente quente (temperaturas médias ultrapassando os 23 °C) e úmido (a pluviometria é superior aos 1.500 mm por ano). O excesso de água, que empapa os solos, é o principal fator que limita sua utilização agrícola.

Assim, no Peru, seja na costa desértica, nos Andes, seja na Amazônia, raras são as terras que reúnem todas as condições de temperatura, de abastecimento de água e de declividade para serem cultivadas. Consequentemente, o território agrícola torna-se muito fragmentado e disperso no seio de vastas extensões incultas. Os oásis da costa são separados um dos outros por dezenas de quilômetros de deserto. Os médios vales e os vales de altitude cultivados dos Andes, eventualmente irrigados, são entrecortados por imensas encostas áridas ou semiáridas, por pastagens e por desertos frios de altitude. Na vertente oriental, os vilarejos de cultivadores se enfileiram ao longo dos cursos d'água que se perdem na vasta floresta amazônica. Trata-se, portanto, de um universo agrário descontínuo, um arquipélago composto de ilhas e ilhotas povoadas e cultivadas, dispersas ao longo da costa e dos cursos d'água andinos e amazônicos. Enfim, esses territórios agrícolas, muito heterogêneos, são providos de climas contrastantes e de condições meteorológicas instáveis, que tornam os rendimentos dos cultivos muito aleatórios.

Sistemas agrários pré-incaicos diferenciados, escalonados e descontínuos

Desde o período pré-incaico, os povos cultivadores disseminados nesse universo descontínuo se adaptaram às dificuldades particulares desse ambiente.

A fim de reduzir os riscos de colheitas fracas ou nulas, eles multiplicavam as parcelas cultivadas nas condições mais variadas e diversificavam os cultivos e as variedades em uma mesma parcela. Os *ayllus* – grupos de população com tendência endógama, que se atribuíam um ancestral comum e composto por famílias elementares – já exploravam vários territórios situados em diferentes níveis ecológicos de altitude de maneira a tirar partido de suas possibilidades de produção complementares. As unidades territoriais que federavam vários *ayllus*, geralmente constituídos em torno de um núcleo central andino, estendiam seus cultivos sobre vários estratos ecológicos, dos oásis às clareiras amazônicas passando pelo *puna* (Dollfus, 1980).

Na época das primeiras cidades-estado da costa do Pacífico e dos Andes, os sistemas agrários diferenciados já ocupavam diferentes zonas bioclimáticas:

- os sistemas de cultivo irrigados à base de milho, de feijão e de algodão, nos oásis da planície costeira;
- os sistemas de cultivo irrigados à base de milho, de feijão, de tremoço e de quinoa (um tipo de cereal da família das *quenopodiáceas*, que os espanhóis nomearam "pequeno arroz"), na zona *quéchua*;
- os sistemas de cultivo à base de batata, na zona *suni*;
- os sistemas de criação pastoral, na zona *puna*;
- os sistemas de cultivo de derrubada-queimada, de mandioca, de milho e de coca, na vertente arborizada amazônica.

Esses sistemas agrários diferenciados e escalonados, disseminados em vastos espaços, pouco ou nada povoados, eram interligados pelo comércio de produtos agrícolas e de produtos de origem mineral. Essas trocas, que já haviam começado a se desenvolver bem antes da conquista inca, permitiam explorar, em certa medida, as complementaridades existentes entre as diferentes zonas; depois, foram favorecidas pelas conquistas, pelas confederações tribais e pelos primeiros impérios (Tihuanaco, Chimu). As civilizações pré-incaicas tinham também desenvolvido técnicas de ordenamento espacial, irrigação e adubação muito elaboradas: longos canais de várias dezenas de quilômetros abasteciam de água os oásis costeiros, enquanto os vales andinos eram organizados em terraços, irrigados ou não, situados em zonas com elevada altitude. A organização coletiva dos trabalhos hidráulicos e agrícolas, a gestão da água e das trocas eram atribuições de uma casta, de origem sacerdotal ou guerreira, que retirava uma parte da produção agrícola camponesa para seu próprio sustento.

O Império inca apoiou-se fortemente na herança dessas civilizações antigas e reativou a organização da produção e do comércio agrícola. Desde suas primeiras conquistas, o Estado inca possuía grandes vantagens sobre seus vizinhos. Controlava, na verdade, a zona mais extensa e fácil de cul-

História das agriculturas no mundo

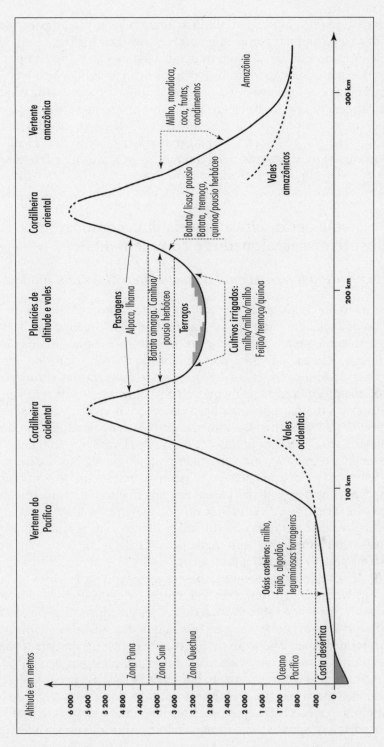

Figura 5.2. Corte esquemático dos sistemas de cultivo e de criação da costa do Pacífico, dos Andes e da vertente amazônica na época inca

tivar situada nos altos vales andinos, tirando vantagem, a partir deles, de várias zonas andinas complementares relativamente próximas: o fundo do vale, irrigado e cultivado com milho, a zona da batata, a zona pastoril de altitude por onde passavam os rebanhos de lhamas e alpacas e a vertente amazônica que lhe dava acesso à coca, ao milho de entressafra (produzido na entressafra dos Andes) e aos metais preciosos, entre eles o ouro. Com os animais, a coca e o ouro, o Estado inca dispunha de moedas de câmbio incomparáveis. Todas essas vantagens explicam como esse Estado pôde, muito mais que outros, realizar a conquista e unificação econômica e política do vasto legado das sociedades pré-incaicas.

O sistema agrário inca: um sistema composto por subsistemas escalonados e complementares

Uma divisão inter-regional do trabalho real, porém limitada

Por meio do controle do conjunto das zonas agroecológicas e do monopólio do comércio entre elas, o Estado inca pôde organizá-las de maneira sistemática e levar adiante a especialização de cada uma das regiões, reforçando assim a divisão inter-regional do trabalho por todo o império. Todavia, naquela época, os transportes de mercadorias eram efetuados unicamente em lombo de lhamas ou pelos homens. Cada território devia conservar uma base de autoabastecimento em víveres tão vasta quanto possível e a especialização somente poderia ser parcial. Ela era referente apenas a uma ou várias produções mais especificamente adaptadas à zona e somente o *excedente* era exportado para outras regiões. Desse modo, o sistema agrário de cada zona, obrigatoriamente muito diversificado a fim de atender às necessidades locais, era, no entanto, relativamente especializado e participava do comércio no seio do império. Os sistemas agrários específicos de cada zona constituíam, portanto, outros tantos subsistemas locais complementares, que participavam de um conjunto mais vasto: o sistema agrário imperial inca.

As informações disponíveis sobre a sociedade agrária inca certamente são insuficientes para descrever com precisão a agricultura de cada uma das zonas. Mas a longa sobrevivência dos traços principais da geografia agrária e das práticas agrícolas antigas – ainda que dissimuladas, deformadas ou transformadas pela colonização – forneceram elementos suficientes para completar essas informações e para tentarmos representar, nas suas linhas gerais, a organização e o funcionamento desses sistemas. Esse sistema singular, até mesmo original, constituía, entretanto, uma espécie de arquétipo de sistema composto por subsistemas complementares, unificados por um Estado todo--poderoso que reinava sobre comunidades camponesas pouco diferenciadas.

Antes de apresentar a organização social e o papel do Estado, esboçaremos cada um dos sistemas regionais que compunham o universo agrário inca.

O sistema de cultivo irrigado dos oásis da planície costeira

Na planície desértica, somente os oásis estabelecidos e preparados para a irrigação eram cultivados. Situavam-se sobre os cones de dejeção das torrentes andinas, nas depressões vizinhas e na desembocadura dos canais que desciam da cordilheira. O volume d'água levado pelos canais era às vezes controlado por um sistema de reservatórios e de eclusas, e quando chegava à planície, a água era distribuída por uma rede de canais pavimentados (Karsten, 1993).

Os principais cultivos alimentícios eram o milho e o feijão. O cultivo do algodão de fibra longa era o que dava originalidade ao sistema de cultivo de oásis, e o excedente era exportado para outras regiões do império. Cultiva-se também a mandioca, o amendoim, a abóbora, a pimenta, assim como leguminosas forrageiras (*Desmodium, Centrosema*) que, juntamente com os resíduos dos cultivos, constituíam o único meio de alimentar os animais. Na verdade, esses oásis eram cercados pelo deserto, e, assim como no vale do Nilo, uma leguminosa forrageira presente nas rotações de cultivos era uma prática antiga. Quanto aos animais, podia-se contar apenas a presença das lhamas das caravanas de passagem, que asseguravam o transporte de mercadorias entre a região e o resto do império. A zona era deficitária em produtos animais, importados dos altos Andes. Os vilarejos de pescadores estabelecidos na costa forneciam também peixe seco em troca de produtos agrícolas, completando, assim, o regime alimentar da população dos oásis.

As leguminosas forrageiras e o feijão contribuíam para a renovação da fertilidade em nitrogênio dos solos cultivados. Mas os seus aportes não eram suficientes, pois, ao contrário das águas das cheias, ricas em lodo e sedimentos carregadas pelo Nilo, as águas de irrigação, que provinham das neves e dos glaciários andinos, possuíam fraco teor de sais minerais. Certamente isso preservou o solo dos oásis da salinização, mas significou também que as águas de irrigação são pouco fertilizantes. Assim, explora-se há muito tempo os depósitos de *guano*, ricos em nitratos e em fosfatos do litoral. O guano – produto decomposto e mineralizado pelos dejetos e pelos esqueletos de milhões de aves marinhas que se acumularam durante séculos sobre a costa pacífica – serve de adubo nos oásis e nos vales andinos, para onde era transportado em lombo de lhama. Podemos comparar esta prática de exploração de "minas de adubos" na época faraônica, como os *tells* do vale do Nilo, montículos que resultavam da acumulação milenar de dejetos domésticos sobre os locais dos antigos vilarejos.

233

Marcel Mazoyer • Laurence Roudart

O sistema irrigado de cultivo de milho associado à criação animal na zona quéchua

A zona *quéchua*, constituída pelos fundos do vale e suas encostas situadas até 3.600 m de altitude, concentrava o essencial da população do império. O ecossistema comportava: terras irrigadas, organizadas em terraços onde era cultivado o milho; terras cultivadas não irrigadas, eventualmente organizadas também em terraços; e formações herbáceas e arbustivas espontâneas, exploradas como pastagem, e terras sem utilização.

A organização dos vales irrigados situa-se entre as grandes realizações da civilização inca. De maneira geral, a irrigação por gravidade de um trecho do vale baseia-se em uma estrutura que compreende pelo menos uma captação de água situada no leito do rio, na montante do perímetro irrigável. Dessa captação de água partia um canal de derivação primário que circulava nos flancos das encostas, cujo declive não acentuado permitia conservar a altura e controlar uma fração da encosta. A encosta estava organizada em terraços feitos de muros de pedras: quanto mais acentuado o declive natural da parcela, mais elevada eram os muros e mais estreitos os terraços. Construir terraços nas encostas permitia lutar contra a erosão, obter um solo profundo, disposto em faixas planas e cultiváveis, e enriquecido por elementos finos (argilas, ácidos húmicos, elementos minerais) arrastados pela lixiviação oblíqua das parcelas localizadas mais a montante. Canais secundários, inseridos no canal de derivação primário, conduziam a água de um terraço para o outro. Em seguida, a água circulava por toda a extensão dos terraços, antes de finalmente ser distribuída por uma rede de canais terciários nas parcelas cultivadas. O ordenamento do conjunto de um segmento de vale compreendido entre duas passagens estreitas pode comportar várias redes de irrigação elementares, comandadas cada uma por uma via de captação de água.

Nas construções incas, reservatórios de água bastante reduzidos (as grandes barragens – reservatórios não existiam) encontravam-se no mesmo nível de captação de água ou nas partes elevadas desse dispositivo. Permitiam estocar água para irrigação. As construções mais abruptas e impressionantes localizavam-se nas vizinhanças dos setores de defesa e das fortalezas em áreas de elevada altitude como as de *Machu Picchu,* onde a altura dos muros, construído com pedras secas cortadas e ajustadas, por vezes de dimensões ciclópicas, alcançava dois ou três metros. Tais construções foram concebidas com o objetivo de assegurar um mínimo de produção agrícola para resistir a um estado de sítio. Os vales largos e planos, ao contrário, exigiam menos trabalho na implantação dos terraços e da alvenaria. Era o caso do *Vale Sagrado*, no centro do Império Inca, com seus amplos terraços e muros com baixa altura, para onde o rio era canalizado por meio de diques.

Todas essas obras de envergadura eram destinadas principalmente ao cultivo do milho, cujo excedente era exportado para outras zonas. O milho era consumido cozido, grelhado ou em sêmola, ou ainda na forma de bebida fermentada, a *chicha*. Era cultivado todo ano, eventualmente em associação com o feijão, o tremoço, a quinoa ou as leguminosas forrageiras. Nas terras de cultivo não irrigadas, eram cultivados tubérculos como a oca ou a batata, o tremoço e a quinoa, em rotação com um pousio herbáceo de média duração. A abóbora também era cultivada, mas o algodão, que exigia calor, estava excluído das regiões de altitude.

As encostas não ordenadas e com elevada altitude eram utilizadas como pastagem para as lhamas locais e para as lhamas das caravanas de passagem. Entretanto, essas pastagens eram pobres e insuficientes, daí o cultivo de leguminosas forrageiras, a colheita sistemática de caules e de folhas de milho, e a transumância de uma parte do rebanho rumo às planícies e às estepes de altitude da zona *puna*. Como nos oásis, os cultivos de leguminosas contribuíam com a reprodução da fertilidade. Além disso, fora dos períodos de cultivo, as lhamas que pastavam de dia nas áreas de pastejo eram reunidas à noite nas parcelas em pousio. Esses animais transferiam, com seus dejetos, uma parte da matéria orgânica pastejada para as terras cultivadas. No total, esses acréscimos de fertilizantes foram muito importantes e, conforme alguns cronistas espanhóis, teriam permitido obter rendimentos de milho irrigado da ordem de duas toneladas por hectare.

Os produtos animais da zona *quéchua* provinham dos rebanhos locais de lhamas e também da criação de galináceos e de porcos da índia, assim como da caça. Os vilarejos de pescadores instalados às margens do lago Titicaca obtinham também peixe fresco ou seco.

Os sistemas de cultivo de batata associados à criação animal na zona suni

Na zona *suni*, compreendida entre 3.600 m a 4.200 m de altitude aproximadamente, com um clima mais fresco e maior precipitação pluviométrica, o ecossistema comportava terras cultivadas não irrigadas, pastagens e terras sem utilização. A batata constituía o principal cultivo e, para ser conservada, era transformada em *chuno*. Era desidratada, exposta à alternância da friagem noturna e raios solares diurnos. Assim era possível conservá-la por dois a três anos e transportá-la facilmente para outras regiões. Dezenas de variedades de batata foram domesticadas nesta região, alimentando o resto do mundo em clones originais. A batata era colocada como primeiro cultivo em diversas rotações variando com a altitude. Nas altitudes menos elevadas, eram encontradas rotações do gênero batata/tremoço/quinoa/

pousio herbáceo de alguns anos, ou então batata/lisas (espécie de tubérculo)/pousio herbáceo. Nas altitudes mais elevadas, encontrava-se a rotação batata amarga/canihua (um vegetal da família das quenopodiáceas, semelhante a um ceral)/pousio herbáceo de alguns anos.

O pousio herbáceo assegurava uma função sanitária de eliminação dos quistos de nematoides, que parasitam a batata. Participava também, pela produção de biomassa, da reprodução da fertilidade. Além disso, esse pousio e os pequenos alqueives de entressafra podiam ser estrumados pelos rebanhos de lhamas que consumiam a vegetação espontânea em parcelas próximas. Uma vez secos, os dejetos de lhamas serviam também de combustível nas zonas de altitude desprovidas de madeira. Após sete anos (ou mais) de pousio, a preparação do solo objetivando implantar um novo cultivo de batata necessitava de um verdadeiro trabalho do solo, isto é, um revolvimento da camada superficial do solo a fim de destruir o tapete de ervas espontâneas do pousio, e com isso preparar o solo para permitir o enraizamento das plantas de batata.

O preparo do solo com a *taclla*

Para extirpar esse tapete herbáceo, o camponês andino não possuía nem pá, nem enxadão, nem arado escarificador, nem arado (charrua). Ele dispunha apenas de um tipo de bastão ou cajado muito aperfeiçoado, a *taclla (chaki-taqlla)*, que, utilizado de maneira muito engenhosa, lhe permitia realizar a aração do solo. A *taclla* apresenta como elemento principal uma lâmina longa, espessa e estreita que, na época inca, era de pedra polida ou, mais raramente, de bronze. Conforme nossas observações, essa lâmina, hoje em ferro, era solidamente ligada a um grande cabo de madeira, de mais ou menos um metro e dispunha de um punho que facilitava o manuseio. Diferentemente de uma lâmina de pá, a lâmina da *taclla* não apresenta apoio que permitisse exercer uma pressão do pé para enterrá-la no solo. Ao contrário, o cabo da *taclla* possuía em sua base uma espécie de pequena barra de madeira solidamente fixada que servia de estribo; a lâmina da *taclla* podia ser enterrada profundamente no solo fazendo-se pressão com o pé. Como essa lâmina era muito estreita para erguer e revolver grandes torrões de terra, as *tacllas* eram manejadas em cadência por equipes de três, quatro ou cinco trabalhadores, que, lado a lado, enterravam no solo as lâminas de suas *tacllas* de forma a recortar e a levantar em conjunto um grande torrão. Em seguida, uma quarta pessoa (mulher ou mais frequentemente uma criança) invertia o torrão enterrando a vegetação espontânea e a matéria orgânica da superfície. Igualmente, ela quebrava os torrões para arejar o solo, arrancava as ervas adventícias e recolhia as pedras que eventualmente surgissem. O preparo do solo com o auxílio da *taclla* com lâmina de ferro é ainda hoje muito utilizado.

Os sistemas pastoris da puna

Acima das zonas de cultura de batata e das pastagens próximas que lhe são associadas, os prados e as estepes da zona *puna*, acima de 4.200 m de altitude eram exploradas por rebanhos de lhamas e de alpacas. A zona *puna* alimentava outras regiões do império em lhamas de carga, em lã, peles, carne seca e estrume animal. A lhama, ou *guanaco* domesticado, é um camelídeo que valoriza as pastagens de altitude de baixa qualidade. Ainda que sua capacidade de carga seja fraca (20 kg a 30 kg por animal no máximo), sua grande resistência faz dele um excelente meio de transporte nas zonas difíceis, pois a lhama pode passar vários dias sem comer ou beber. Ao contrário do seu leite, sua carne é consumível; sua pele é trabalhada e utilizada para diversos fins. A alpaca, ou vicunha domesticada, é um outro camelídeo que fornece uma lã longa e fina, de alta qualidade.

Os sistemas de cultivo em meio arbóreo da vertente amazônica

Na vertente amazônica da cordilheira, a floresta abriga vilarejos de cultivadores que praticam o sistema de derrubada-queimada, cultivando principalmente milho, mandioca e coca, droga para mascar ou fazer infusões. Essa zona exportava para o resto do império o milho de entressafra, um complemento alimentar considerável na zona andina para garantir as necessidades da população em período da pouca oferta, além de folhas de coca, de frutos, grãos e plumas ornamentais. A planície amazônica, arborizada e frequentemente pantanosa, era pouco povoada e pouco explorada.

As trocas entre zonas

Em resumo, cada zona do império dispunha de uma base alimentar autônoma: milho e feijão nos oásis da planície costeira e nos vales irrigados, batata e carne nas zonas de elevada altitude, o milho e a mandioca na vertente amazônica. Entretanto, cada região fornecia às demais produtos para os quais apresentava vantagens bioclimáticas. Assim, os oásis costeiros forneciam o algodão e o *guano*, e os vales irrigados da zona *quéchua* dos Andes, que constituíam o coração do dispositivo agrário inca, alimentavam em milho uma ampla fração da população, as cidades e as minas do *altiplano*. A zona *suni* fornecia batata em forma de *chuno (chuño)*. As pastagens de altitude da zona *puna* serviam de base de abastecimento para outras regiões em animais de carga e de corte, em lã, couro e peles. Quanto a Amazônia, fornecia seus produtos oriundos da coleta, a folha de coca e o milho de entressafra.

Marcel Mazoyer • Laurence Roudart

Figura 5.3. Cenas de trabalho nos campos dos indígenas do Peru, de acordo com um calendário cristão do início do período colonial

Ferramentas e produtividade do trabalho

Os instrumentos de trabalho agrícola de que a sociedade inca dispunha eram rudimentares e pouco potentes: bastão cavador melhorado *(taclla)*, clava de madeira para partir os torrões, pequenas enxadas para capinar, para cavar sulcos ou canais, faca de colheita, cestos para transporte manual, albardas para transporte em lombo de lhama, cerâmicas diversas etc. Essas ferramentas correspondiam de fato ao fim da época neolítica e aos princípios da idade do bronze. A sociedade inca ignorava a roda, a atrelagem e o ferro. Com esse tipo de ferramentas, a produtividade do trabalho agrícola era pouco elevada: a superfície cultivada por trabalhador era inferior a um hectare em cultivo pluvial, e inferior a meio hectare em cultivo irrigado. Quanto aos rendimentos, não ultrapassavam duas toneladas em cultivo irrigado e estrumado. Além do mais, devido à insuficiência dos meios de transporte, as comunidades camponesas eram obrigadas a dedicar muito tempo ao transporte manual, como ainda hoje se vê nas estradas, nos caminhos rurais e nas cidades dos Andes. Por todas essas razões, a produção agrícola não podia exceder às necessidades dos produtores e de suas famílias, e o excedente que podia ser retirado em proveito das categorias da população que não participavam diretamente da produção agrícola era, *a priori*, globalmente pequena.

3 ORGANIZAÇÃO SOCIAL E PAPEL DO ESTADO

As categorias sociais

A imensa maioria da sociedade inca era formada por comunidades camponesas (os *ayllus*) pouco ou quase nada diferenciadas entre si. No topo da sociedade e do Estado se encontrava o *Inca*, herdeiro macho de um clã patrilinear considerado como descendente do Deus-sol. O Inca era o filho mais velho da união do soberano que o precedia com sua própria irmã ou meia-irmã. A poligamia era uma prática ampla (o último Inca chegou a possuir mais de 700 esposas, todas oriundas das linhagens nobres de Cuzco ou das províncias). Dessa forma sua influência e alianças eram ampliadas, e a hegemonia se conservava. A nobreza era constituída por descendentes do Inca, de sua numerosa parentela que vivia em Cuzco, de outras linhagens nobres da tribo inca e das tribos das províncias, assim como linhagens tornadas nobres em função de serviços prestados. Os membros do clero e da administração formavam duas classes privilegiadas, dispensadas do trabalho manual e do pagamento do tributo. Os cargos de maior relevância desses dois corpos constituídos eram ocupados pela alta nobreza, enquanto os cargos de escalões inferiores eram ocupados por pessoas da camada popular. Todos – do grande sacerdote ao último oficiante, do Inca ao menor funcionário local, a administração e o clero – eram estritamente centralizados e hierarquizados.

Para suprir as necessidades da administração, a população, contabilizada segundo o sistema decimal, era repartida em grupos de 10, 50, 100, 500, 1.000, 10.000 e 40.000 famílias – um *ayllu* era composto por 100 famílias aproximadamente – e o *status* de um funcionário, chamado *curaca*, dependia do tamanho do grupo pelo qual ele era responsável. Os *curacas* organizavam e controlavam rigorosamente o trabalho da população, velando pelo seu bem-estar, fazendo justiça e informando regularmente as autoridades centrais do Estado sobre acontecimentos e pessoas que eram de sua alçada. Os artesãos constituíam uma outra categoria social, compreendendo vários corpos de ofícios (talhador de pedra, ceramistas, metalúrgicos etc.) exclusivamente a serviço do Estado. Embora os membros dessa classe fossem oriundos da classe camponesa, da qual saíam para serem formados em Cuzco, eles não deviam, contudo, ser confundidos com a massa de trabalhadores braçais, posta provisoriamente a serviço do Estado pelas comunidades camponesas para executar tarefas pouco qualificadas.

A repartição das terras e do gado

Toda a terra do império pertencia formalmente ao Inca, que possuía a "propriedade eminente". Salvo exceção, as terras cultivadas não estavam em regime de propriedade privada, e podia-se considerar, simplificando, que elas eram divididas em três frações. Primeiramente, as terras camponesas eram distribuídas entre os grupos familiares em função do número de braços e bocas a alimentar e reajustadas, caso necessário. Assim, cada casal recebia em usufruto um *toupou,* ou seja, uma superfície necessária à sua subsistência, à qual se acrescentava um toupou por filho e meio-toupou por filha. A dimensão do *toupou* variava conforme a qualidade das terras entre um terço de hectare e um hectare, de forma que uma família cultivava geralmente de 1 a 2 ha, raramente mais do que isso. Em uma outra parte das terras, as do Deus-Sol, as colheitas eram reservadas ao clero. Enfim, a produção das terras do Inca era destinada à manutenção do imperador e de sua família, e também à manutenção do restante da nobreza, da administração, dos artesãos, dos mineiros, dos caravaneiros, do exército em campanha e dos camponeses que efetuavam corveias. Ele também era destinado a garantir a segurança alimentar da população: farinhas de milho e de quinoa, *chuno* e carnes secas eram estocadas em grandes entrepostos e redistribuídos em caso de penúria local ou geral.

O Inca era também proprietário formal de todos os rebanhos do império, que eram divididos em três grupos: rebanhos do inca, rebanhos do clero e rebanhos das comunidades camponesas. Uma parte desses últimos era de propriedade coletiva, e a outra parte era formada por rebanhos das famílias: cada família camponesa podia possuir alguns animais, além de sua casa e do quinhão de terra que a cercava. Os animais constituíam a única forma possível de acumulação de riqueza pelos camponeses, sendo que o tamanho dos rebanhos privados podia chegar até uma centena de cabeças e, às vezes, até mais.

Todas as terras de uma zona eram cultivadas conforme um calendário agrícola estabelecido pela administração. Os campos do Inca, do Deus-Sol e, eventualmente, o dos *curacas* locais eram cultivados por mutirões de camponeses. O gado do Inca e do Clero era guardado por trabalhadores braçais, e a lã era fiada e tecida também por eles ou pelas mulheres nas oficinas de tecelagem, a serviço do Estado ou do Clero.

As corveias coletivas

Mas a *mita*, tributo em trabalho imposto aos camponeses, não se limitava às tarefas agrícolas diretamente produtivas, e era geralmente destinada à realização de grandes trabalhos organizados pela administração durante a estação do ano sem trabalho agrícola. Uma parte importante desses trabalhos era destinada à construção e à manutenção das redes hidráulicas, dos terraços, das estradas, estações de etapa, entrepostos, todos trabalhos indiretos, mas claramente produtivos. A outra parte consistia em construir obras militares e cidades. Enfim, alguns desses trabalhos eram consagrados à edificação de palácios, de templos e de mausoléus, que apresentavam um caráter absolutamente suntuoso. Essas grandes obras implicavam deslocamentos temporários da população, que era então alimentada a partir das reservas estocadas nos numerosos celeiros do Estado. Enfim, outros serviços temporários específicos eram exigidos dos camponeses, como atividades no exército, transporte de mercadorias, trabalho nas terras de pessoas doentes, idosas, enfermas ou órfãs, colheita de algodão na costa, ou de coca na Amazônia etc. Todos esses trabalhos pesados eram impostos coletivamente ao conjunto da comunidade camponesa, e os *curacas* locais administravam a sua distribuição.

Os servos do Estado

Porém, as comunidades camponesas forneciam à administração dos servidores permanentes, os *yanaconas* – espécie de servos utilizados pelo Inca como empregados domésticos, pastores ou trabalhadores – pelos nobres e por certos *curacas*. Essa forma de trabalho servil era pouco difundida as vésperas da colonização, mas, depois, desenvolveu-se muito (Wachtel, 1971).

A importância do tributo em trabalho

Tendo em vista a fragilidade dos utensílios e da produtividade do trabalho, bem como a importância das corveias, todos os indivíduos sadios (homens, mulheres, crianças, velhos) deviam participar, conforme suas possibilidades, das tarefas agrícolas e domésticas. Para tal, a população masculina era repartida em dez classes de idade. Segundo Ph.Wolff (*Histoire générale du travail*), distinguiam-se assim as seguintes categorias: os lactantes, crianças de 1 a 5 anos que brincavam, crianças de 5 a 9 anos empregadas em funções acessórias; crianças de 9 a 12 anos encarregadas de espantar os pássaros nos campos de cultivo; adolescentes de 12 a 18 anos que conduziam ou aprendiam a trabalhar com as lhamas; jovens entre 18 e 25 anos que auxiliavam os pais em todos os trabalhos; adultos de 25 a 50 anos que trabalhavam, submissos aos trabalhos braçais e ao alistamento militar; homens de 50 a 60 anos que ainda prestavam serviços; "idosos quase imobilizados", de mais de 60 anos, que realizavam trabalhos de menor monta e davam conselhos. Uma décima categoria compreendia os doentes e os enfermos, incapazes de trabalhar. A mesma divisão em classes de idade existia para as mulheres.

No entanto, como as terras atribuídas às famílias camponesas eram suficientes apenas para alimentá-las, diferentemente do sistema tributário faraônico, o sistema tributário inca não se baseava, com exceção de colheitas excepcionais que permitissem expandir as reservas, em um tributo em espécie, ou seja, em uma cobrança de uma parte da colheita familiar. O sistema tributário inca era inteiramente baseado no tributo em trabalho, ou seja, na utilização, por meio das corveias, de todo o excedente de força de trabalho das famílias camponesas (Wachtel, op. cit.).

Nesse sistema, os camponeses não tinham nenhuma possibilidade de consumir além da satisfação de suas necessidades essenciais, tampouco nenhuma possibilidade de adquirir bens duráveis de qualquer natureza. As famílias e as comunidades camponesas eram mantidas em uma situação de total despojamento e dali não poderia surgir nem empreendimento, nem equipamento importante. Todos os meios de investimento estavam nas mãos do Estado, e a produção agrícola progredia ao ritmo do desenvolvimento dos meios de produção coletivos como as organizações hidráulicas, e muito pouco com o progresso dos instrumentos de produção individuais.

Em tal sociedade, para aumentar o volume do excedente destinado ao consumo das classes privilegiadas, o Estado devia reservar uma parte suficiente desse excedente para ampliar a base produtiva do sistema, conquistando novos territórios e neles construindo novas redes de irrigação. Isso exigia mobilizar maciçamente as forças camponesas, em particular durante a entressafra, a fim de não prejudicar os trabalhos agrícolas diretamente produtivos. Para tanto, era preciso que a disciplina de trabalho camponês, a competência, a diligência e a honestidade da administração fossem firmemente mantidas, e que os consumos exagerados das categorias privilegiadas da sociedade não amputassem os recursos necessários à expansão, ou mesmo às simples reprodução do sistema.

O papel do Estado

Além das funções políticas, militares e administrativas, que cabem habitualmente ao Estado, o Estado inca assegurava, como os outros Estados "hidráulicos" (faraônico, sumério, chinês, vietnamita etc.), amplas funções técnicas e econômicas. Em particular, comandava diretamente os trabalhos de organização hidráulica e as trocas entre as diferentes zonas do império.

É conhecida a dificuldade em organizar na sua integralidade uma bacia fluvial para ampliar tanto quanto possível os cultivos irrigados, considerando a disponibilidade dos recursos hídricos e das terras irrigáveis e minimizando as obras e os nivelamentos. Para tanto, era preciso, de uma forma ou de outra, conceber um planejamento capaz de manejar da melhor forma possível as diferentes sessões hidráulicas de uma mesma bacia. Era preciso prever a retomada ou a reestruturação de obras anteriores e levar adiante a realização deste conjunto, o que poderia durar anos, ou mesmo dezenas de anos, em etapas sucessivas, bem integradas; por último, era necessário proceder aos ajustes necessários. Enfim, era preciso garantir a repartição da água no tempo e no espaço, em função das necessidades dos cultivos irrigados das diferentes partes da bacia, operação cada vez mais delicada, na medida em que se aproximava da organização global das terras e da total utilização dos recursos hídricos. Esses problemas eram de difícil solução e estavam bem longe de serem completamente resolvidos, até mesmo na maior parte das infraestruturas implantadas modernamente, apesar dos métodos e dos meios de cálculo aperfeiçoados de que dispomos. Além disso, quando um vale era pouco extenso, somente uma autoridade hidráulica unificada e experiente poderia concretizar o planejamento de tarefas, como a organização do trabalho e a gestão da água. Era impossível uma coordenação hidroagrícola do conjunto se a autoridade ao longo de um mesmo vale permanecesse fragmentada.

Uma administração sábia – composta de arquitetos, agrônomos, especialistas em engenharia civil e militar, hidráulica etc., formados na universidade de Cuzco – garantia todas as tarefas de concepção e de condução das obras. Ela também organizava o comércio entre regiões distantes e diferentes do império, reforçando, assim, a integração econômica e a unidade política. Para tal, a administração utilizava os grandes rebanhos de lhamas do Inca e uma vasta rede de estradas pavimentadas, bem-conservadas e sinalizadas com estações-etapa que eram, ao mesmo tempo, entrepostos de víveres, roupas, calçados e armas. Dois grandes eixos de estradas – costeiro e pelo topo das montanhas – atravessavam o império em todo o seu comprimento e se comunicavam por múltiplos eixos transversais que interligavam todas as zonas andinas. Além dessas trocas organizadas pelo Estado, as mercadorias eram trocadas entre os camponeses de maneira direta, nos mercados rurais que animavam a vida local. Não havia nem mercador, nem moeda: pequenos machados de cobre ou conchas serviam de troco nas transações.

Para conduzir todas essas atividades e controlar todas essas riquezas, a administração dispunha de contadores que recenseavam, arrolavam, registravam e mantinham atualizadas as listas de trabalhadores, de estoques de mercadorias, de terras e de corveias. A sociedade inca não conhecia a escrita, mas utilizava um sistema de contagem por cordões com nós, o *kipou*. Diferentes conforme a região e as atividades, os *kipous* eram verdadeiros registros contábeis. Eram encaminhados das províncias até Cuzco, e mantinham o poder central constante e precisamente informado do estado da economia em todo o império. Exagerando um pouco, poder-se-ia dizer que a economia agrária inca, assim como a economia faraônica, se não era planejada, era ao menos centralmente administrada. Apesar do caráter rudimentar das ferramentas e das grandes dificuldades de exploração do meio andino, a sociedade inca desenvolveu, sob a condução do Estado e apoiando-se na herança das sociedades pré-incaicas, uma poderosa civilização.

E, por fim, as funções do Estado estendiam-se também sobre as áreas cultural e religiosa. Assim, na medida em que progredia militarmente, o Estado inca impunha o *quéchua* como língua oficial da administração e do clero. Os funcionários encarregados de ensinar eram enviados aos lugares mais remotos e, por ocasião da conquista espanhola, ou seja, apenas um século após o princípio da construção desse vasto império, um terço de sua população falava *quéchua*. Apesar de haver uma certa tolerância em relação a outras crenças religiosas, todas as tribos submissas deveriam dobrar-se ao culto incaico do Deus-Sol, culto em que o trabalho agrícola era sagrado. O próprio Inca e sua família davam o exemplo cultivando solenemente, em trajes de festa, os campos do Deus-Sol.

Nas províncias conquistadas, as elites locais eram submetidas à influência dos nobres e dos funcionários incas que ali se instalavam a fim de exercer um melhor controle sobre elas. Mas as populações conservavam algumas de suas tradições, de forma que o império apresentava, apesar de tudo, uma grande diversidade cultural. Todavia, as resistências dos povos conquistados eram numerosas e expressivas. Em caso de revolta, as populações podiam ser deslocadas em massa a centenas ou milhares de quilômetros, e substituídas por populações incas ou semelhantes. Esses deslocamentos de população visavam também à sua melhor distribuição em relação aos recursos e às necessidades de mão de obra das diferentes regiões.

4 DESTRUIÇÃO DA SOCIEDADE INCA

Em 1527, quando o conquistador espanhol Pizarro, financiado por um rico mercador estabelecido no México, desembarcou pela primeira vez com sua tropa ao norte do império inca, seu objetivo, como o dos outros conquistadores, era descobrir e explorar as riquezas minerais dos novos territórios, a começar pelo ouro e pela prata que diziam ser muito abundantes. Aliás, com esse objetivo, a Coroa espanhola atribuía aos conquistadores um título de exclusividade (a *capitulation*) sobre as novas paragens que tivessem dominado. Na terceira expedição, em 1531, Pizarro, com sua tropa de 182 homens, destruiu em algumas semanas a organização política e militar inca. A rápida vitória pareceu tão extraordinária que explicações, também extraordinárias, foram evocadas para tentar entendê-la: erro dos incas, que teriam confundido os espanhóis com hipotéticos mensageiros do deus criador do mundo; surpresa, hesitação e sentimento de superioridade dos herdeiros de uma dinastia invencível há mais de um século. É bem possível que circunstâncias dessa natureza tenham facilitado a derrota inca.

Ocorre, no entanto, que, na época, nenhuma sociedade da América, da África ou da Ásia pôde resistir à cavalaria encouraçada nem às armas de fogo europeias, das quais eram desprovidas. Contrariamente aos espanhóis, os incas não possuíam espadas de aço temperado, couraças, cavalos, mosquetes ou canhões. Eles ignoravam todos esses meios de guerra. A fácil conquista do Peru é explicada pela incomparável superioridade do armamento espanhol. Ela teria ocorrido de todo modo, quaisquer que fossem as circunstâncias políticas e morais reinantes na sociedade inca naquele momento.

Mas também é preciso dizer que os conquistadores espanhóis se beneficiaram da cumplicidade de certas tribos indígenas que jamais haviam aceitado a dominação inca. Existiam também as rivalidades entre os partidários do herdeiro legítimo do Inca e os partidários de seu irmão. Além disso, conforme esclarece o padre espanhol Bartolomé de Las Casas (1983) os conquistadores deram provas de uma perfídia e de uma violência inédita. Dissimulando encontros pacíficos, organizaram várias armadilhas para massacrar a nobreza. O próprio Inca foi capturado e executado, apesar de seu povo ter pago um resgate considerável em objetos de ouro e prata. Tais massacres teriam bastado para derrotar até mais de um Estado. Infelizmente, não foram exclusivos da colonização espanhola do Peru. Ao contrário, é notável como a conhecida "lenda negra" denunciando as atrocidades dessa colonização, revelada por Bartolomé de Las Casas e por outros, tenha podido expressar-se com tanto vigor e ser compreendida na sociedade espanhola da época. Outras colonizações igualmente destrutivas não suscitaram em sua época, tanta surpresa. Enfim, podemos constatar que, como no Egito, por ocasião da conquista grega, bastou que os invasores espanhóis entrassem e assumissem o comando deste gênero de sociedade "piramidal" para subjugá-la de forma duradoura.

5 IMPLANTAÇÃO DE UMA ECONOMIA COLONIAL SATÉLITE

A exploração mineira da colônia

Aos olhos da maioria, os conquistadores eram aventureiros que fugiam da degradação ou da miséria de suas condições de vida na Espanha. É claro que funcionários enviados pela Coroa real e pelos religiosos participaram da colonização, mas constituíam minorias face aos nobres arruinados e seus homens de confiança. Motivados pela atração do dinheiro, eles tomavam emprestado a banqueiros europeus os capitais necessários para a viagem e instalação no Novo Mundo. Pressionados por dívidas, ávidos por riquezas e destituídos de escrúpulos, os conquistadores começaram pilhando os tesouros da sociedade inca e violando túmulos. Em seguida, organizaram a colônia a fim de explorar as minas de ouro e de prata dos altos Andes.

O vice-reinado de Nova Castilha foi fundado em 1535. Para melhor conduzir suas atividades de exportação de produtos das minas e suas relações com a Espanha, o poder colonial instalou sua capital em Lima, perto da costa, e não em Cuzco, no coração do antigo dispositivo econômico inca. As terras do Inca foram entregues à Coroa de Espanha, as terras do Deus-Sol foram alocadas à Igreja, enquanto as comunidades indígenas conservavam em princípio o usufruto das terras que exploravam anteriormente. O território e a população foram divididos em feudos, as *encomiendas*, cujo comando e exploração foram concedidos durante uma ou duas gerações a conquistadores ou a dignitários incas que se aliaram novamente aos espanhóis, os *encomenderos*. Os outros feudos eram regidos diretamente por representantes do poder real espanhol ou por religiosos.

Reservando para si uma boa parte das terras, os *encomenderos* expulsaram para terras marginais as populações indígenas que lhes eram submissas. Gozando de direito absoluto de vida e de morte sobre essas populações, eles as exploraram sem clemência, desviando para seu próprio proveito as antigas instituições incas. Em nome da *mita*, os *encomenderos* exigiram dos camponeses indígenas corveias sob a forma de trabalhos consideráveis para a exploração de suas terras e de suas manufaturas, bem como longos períodos de trabalho forçado nas minas. Além disso, requisitaram uma parte dos produtos agrícolas das comunidades indígenas, a fim de abastecer os centros urbanos, os trabalhadores das minas e das manufaturas.

Os antigos *curacas* eram encarregados pelos *encomenderos* de repartir entre os membros das comunidades indígenas as antecipações e retiradas *in natura* e as corveias. Enquanto essas ainda eram suportáveis nos feudos da Coroa e do clero, nos feudos privados se tornaram tão excessivas que numerosos camponeses indígenas se viram na situação de alistar-se como *yanaconas*, preferindo, de certa maneira, a servidão individual à servidão coletiva.

De certa forma, a conquista do Novo Mundo prolongava a Reconquista sobre os árabes da península Ibérica. Essa empresa fabulosa associava o capital mercantil emergente, o poder real, a Igreja, uma parte da nobreza marginalizada e seus homens de confiança. A descoberta de territórios, de riquezas e de populações desarmadas o suficiente para serem subjugadas permitiu que as formas de exploração servis em via de desaparecimento no oeste da Europa fossem reproduzidas nas colônias.

Se relíquias da administração e das outras instituições incas conservaram por vezes algum traço aparente, elas foram de fato utilizadas pelo sistema colonial para seus próprios fins, em detrimento de suas antigas funções. Assim, a manutenção das redes hidráulicas e das outras infraestruturas foi negligenciada, os estoques de segurança não foram renovados, o comércio entre as zonas se desorganizaram. Como consequência, a produção agrícola da colônia caiu por terra, a miséria e a fome se multiplicaram, a população enfraquecida se tornou presa fácil de doenças, especialmente das doenças importadas da Europa (varíola, rubéola, lepra etc.) para as quais ela não estava imunizada. Segundo N. Wechtel, a população do antigo império inca reduziu-se de dez milhões de habitantes em 1530 para aproximadamente 2,5 milhões em 1560. Em 1590, a população não era superior a 1,4 milhões de habitantes e se manteve praticamente nesse nível até o início do século XIX. Foi preciso esperar o raiar do século XX para que essa população recuperasse novamente o nível anterior à conquista. Como a drástica redução da população ameaçava o futuro da colônia, escravos foram trazidos da África a partir do século XVI. Sem dúvida alguma, os massacres, os maus-tratos e as doenças tiveram papel importante nessa hecatombe. Esse desastre arruinou principalmente a produção agrícola, devido à destruição do sistema econômico, social e político inca. Isso prova, pela negativa, que esse sistema – que visava a aumentar o poder do Inca – devia também, para alcançar o objetivo, cumprir funções necessárias que garantissem o desenvolvimento da produção e da população como um todo. Por razões morais, e também econômicas, os religiosos, encabeçados por Bartolomé de Las Casas, e os oficiais reais, como Garci Diez, em seus relatórios escritos enviados à Coroa espanhola, condenaram o regime das *encomiendas*, sendo que alguns deles chegaram a preconizar a restauração de certas instituições incaicas. Para pôr um freio nas extorsões dos *encomenderos*, retomar as terras de propriedade real e fazer prevalecer sua autoridade na colônia, a Coroa espanhola precisou armar uma verdadeira guerra de reconquista, que só terminou no final do século XVI. Em seguida, o poder real encarregou-se de desmantelar as *encomiendas* (as últimas desapareceram apenas no início do século XVIII) e reproduzir na colônia as estruturas agrárias da metrópole.

A formação das grandes propriedades e a marginalização dos camponeses indígenas

A partir de 1570 foram criadas as primeiras *haciendas*, grandes propriedades cujo regime jurídico era baseado na propriedade privada do solo e do subsolo. Esse movimento foi acompanhado da política dita das *reduções*, que consistia em reagrupar o que restou da população indígena em vilarejos e restringir suas terras de cultivo. Nisso também foi incluída a política de *composição*, que consistia em legalizar, por meio do pagamento de uma soma de dinheiro ao Tesouro real, as apropriações ilegítimas feitas pelos *encomenderos* das terras pertencentes às comunidades indígenas e ao poder real. Na maior parte das vezes, as *haciendas* foram constituídas a partir de antigas *encomiendas* e de terras a elas vizinhas, de origem indígena ou da realeza. Os proprietários eram antigos *encomenderos*, funcionários, militares espanhóis, antigos *curacas* indígenas, bem como a Igreja, que era beneficiada por numerosas doações e que se tornou a primeira proprietária fundiária da colônia.

As *haciendas* eram então exploradas por uma mão de obra indígena servil, à qual eram concedidos pequenos lotes de terra para sua subsistência. O resto da população indígena vivia nas *reducciones,* onde era submetida ao pagamento de tributos *in natura* e de um tributo em trabalho (nas minas). Pouco a pouco, o tributo *in natura* foi convertido em imposto em prata destinado ao Tesouro real. Os indígenas precisaram então empregar-se como operários diaristas ou sazonais nas grandes propriedades, a fim de conseguir a prata necessária para o pagamento de impostos. Porém, para muitos deles, o endividamento junto aos proprietários culminou em uma nova forma de servidão.

Uma economia agrícola subequipada, exportadora de bens primários

Os espanhóis introduziram no Peru novas plantas, como a fava, leguminosa alimentar que foi inserida nas rotações à base de batata, trigo, pouco exigente em trabalho, que em parte substituiu a própria batata e também a cevada, a aveia, o centeio, a alfafa, a videira, a oliveira, entre outras árvores frutíferas, e a cana-de-açúcar. Introduziram também animais provenientes da Europa, como bois, ovelhas, porcos, aves, cavalos, asnos e mulas, e alguns instrumentos de trabalho: foices, enxadas, pás, arados escarificadores, charretes, moinhos de cereais, moendas de cana-de-açúcar, materiais de fiação e tecelagem. Esses materiais permitiram remediar parcialmente a falta de mão de obra e aumentar a produtividade do trabalho agrícola nas *haciendas*.

Como em meados do século XVI a revolução agrícola da Idade Média estava apenas iniciando no norte da península Ibérica, os colonizadores espanhóis não transferiram inicialmente nem a foice, nem o arado tipo charrua. Assim, ainda hoje os camponeses andinos se encontram quase sempre desprovidos desse tipo de instrumentos, e frequentemente trabalham com a enxada, a *taclla* e o arado escarificador.

A produção agrícola das *haciendas* foi inicialmente destinada ao mercado colonial urbano. No entanto, em decorrência da limitação desse mercado, as grandes empresas vão direcionar rapidamente suas atividades para a exportação. A economia colonial peruana se tornará assim satelitizada e submetida à evolução do mercado da metrópole. Um após o outro, os recursos minerais (cobre, zinco, chumbo, salitre e *guano*) e os recursos agrícolas (cana-de-açúcar, algodão, gado, tabaco, coca, borracha, quinquina, café) das diferentes regiões foram mobilizados para exportação. Novas especializações regionais se formaram: criação de ovinos nos Andes; produção de açúcar nos oásis costeiros do sul e de algodão no norte; tabaco nos vales andinos; coca, borracha, quinquina e café na Amazônia. Diferentemente das especializações agrícolas regionais do sistema inca, que eram apenas parciais e participavam do equilíbrio agroalimentar do país, as novas especializações regionais assumiram, na maioria das vezes, a forma de monoproduções agroexportadoras tão extensas quanto possíveis, contribuindo para o abastecimento agroalimentar dos países desenvolvidos da Europa e da América do Norte, e consequentemente reduzindo o espaço de subsistência dos camponeses indígenas.

A independência e a sujeição econômica

Assim como nos demais países da América Latina, os grandes proprietários e os beneficiários do comércio de importação-exportação constituíram uma oligarquia fundiária, mercantil e financeira. No Peru, essa oligarquia obteve independência em 1821 e tomou as rédeas do poder com o apoio do exército.

Entretanto, as riquezas do Peru tornaram a atrair a cobiça da Espanha que tentará recuperar sua antiga colônia (1863), e mais tarde também o Chile (1880), que anexou toda a parte meridional do país onde se encontrava a maior parte das riquezas em *guano*. Essas riquezas estiveram também na origem de uma política ruinosa de modernização (obras públicas descomunais e na maior parte improdutivas) que conduziram o país ao endividamento, forçando-o a hipotecar seus recursos para, finalmente, submeter-se ao controle financeiro estrangeiro. Essa é uma situação comparável à que sofreu o Egito no fim do século XIX (ver Capítulo 4). Em 1890 o Reino Unido e os outros países credores criaram a Peruvian Corporation que se outorgou, por um período de setenta anos, o controle das estradas de ferro peruanas, o direito de explorar as minas de *guano,* os poços de petróleo, e a livre exploração de sete portos peruanos, em pagamento de uma dívida de 50 milhões de libras.

Independente politicamente, pelo menos formalmente, o Peru perdeu assim, por muitas décadas, sua independência econômica.

Persistência do latifúndio e do minifúndio

Para remediar o problema da falta de mão de obra resultante da catástrofe que se abateu sobre a população indígena, o Peru, como a maior parte das colônias tropicais da América, recorreu à importação de escravos de origem africana. Mas na costa pacífica, afastada das grandes correntes do tráfego negreiro, essas importações nunca foram muito significativas (100.000 escravos em três séculos). Abolida de fato após a Independência do Peru, em 1821, a escravidão só foi abolida de direito na segunda metade do século XIX. Os grandes domínios açucareiros e algodoeiros dos oásis da costa recorreram, então, a uma mão de obra de baixo custo, principalmente de origem chinesa.

As grandes propriedades de criação extensiva nos Andes utilizaram a mão de obra quase servil pouco ou nada remunerada, oriunda das comunidades camponesas confinadas em pequenos territórios. Assim, as *haciendas*, que nunca cessaram de avançar sobre as terras das comunidades indígenas, continuaram a se estender em detrimento da propriedade camponesa, após sua instauração no princípio do século XIX. Dessa forma, tanto no Peru como na maior parte dos países da América Latina, foi ainda reforçada uma repartição da propriedade tipicamente latiminifundiária. De um lado, um pequeno número de *latifúndios*, imensos domínios que contavam com milhares, dezenas de milhares, até mesmo centenas de milhares de hectares, e detinham mais de três quartos das terras. De outro lado, milhões de *minifúndos*, ou seja, estabelecimentos camponeses muito pequenos para permitir a sobrevivência de uma família, dispondo de menos de 10% das terras, sem contar os camponeses sem-terra cada vez mais numerosos, à procura de empregos cada vez mais precários.

Além disso, enquanto a agricultura camponesa permanecia tributária, na maioria das vezes, ao cultivo manual, as grandes propriedades de açúcar e de algodão da costa aproveitaram a conjuntura favorável dos anos 1950 e 1960 para ter acesso à motorização e à mecanização. Suprimindo nove décimos dos empregos agrícolas, a motomecanização foi a causa da situação insustentável dos "camponeses" sem terra e dos minifundiários que forneciam até então a mão de obra desse setor. Em certa medida, a Amazônia serviu como destino para esses camponeses em situação material desesperadora que, com imensas dificuldades, para ali se deslocaram a fim de cultivar a coca.

Nos interstícios do sistema latifundiário, começou a se formar um campesinato médio, proprietário de equipamentos leves e algumas cabeças de gado. Porém, esse campesinato por muito tempo chocou-se com a estreiteza do mercado interno e com a concorrência dos produtos agrícolas de base provenientes das agriculturas mais bem-equipadas e mais produtivas. Com a explosão urbana, esse campesinato voltou-se para a produção de produtos frescos e perecíveis: perímetros de produção de frutas, de hortigranjeiros e de leite se constituíram na vizinhança das cidades e nos vales próximos, os mais acessíveis pelas estradas.

Por não ter deixado o espaço necessário para prosperar, o Peru acompanhou o empobrecimento da classe camponesa, que tomou o caminho das cidades, para ali amargar desemprego e conhecer a explosão demográfica, corolário habitual da pobreza em massa do século XX. As reformas agrárias da segunda metade do século XX vieram muito tarde para conter esse movimento.

CONCLUSÃO

No princípio dos anos 1990, segundo a Organização das Nações Unidas para a agricultura e alimentação (FAO), o Peru situava-se entre os 22 países em desenvolvimento cujas disponibilidades alimentares eram inferiores a 2.100 calorias diárias por pessoa. Mais de um quarto da população em idade de trabalhar estava desempregada. Uma ínfima minoria (2% da população) dispunha de um terço da renda nacional. Mais de 10 milhões de pessoas, de um total de 23 milhões, viviam na extrema pobreza e eram subalimentadas. A grande maioria dos pobres, 70% aproximadamente, vivia no campo, e mais particularmente nos Andes. Não obstante, a pobreza está igualmente bastante presente nas cidades, a contar primeiramente por Lima, uma metrópole de 8 milhões de habitantes entre os quais se constata a existência de centenas de milhares de pobres e dezenas de milhares de crianças abandonadas.

Como a maior parte dos países da América Latina afligidos pelo latiminifundismo e pelo comércio desequilibrado com os países desenvolvidos, o Peru e os outros países andinos encontram-se em uma espécie de impasse econômico e social, que as políticas de privilégios, ordinariamente praticadas, não conseguem superar.

É incalculável o custo em sofrimento pela destruição das "Índias ocidentais" e o preço a ser pago diariamente pelos povos andinos para viver numa sociedade desfigurada e corroída por tantos males. É inimaginável o que a humanidade perdeu com esse cataclismo histórico, que a privou das riquezas culturais que poderiam ter sido trazidos pelo desenvolvimento de uma civilização tão original. Ainda está longe de ser mensurável o que custará às próprias populações andinas e ao mundo em termos de discernimento, coragem política, trabalho e dinheiro para reconstruir nos Andes uma sociedade de feições humanas. O certo é que os custos coletivos da colonização e de suas consequências serão, no fim das contas, infinitamente maiores que os benefícios, incluindo aqueles, indevidos, que alguns porventura obtiveram.

Capítulo 6
Os sistemas agrários com alqueive e cultivo com tração leve das regiões temperadas
A revolução agrícola da Antiguidade

1. Origem dos sistemas com alqueive das regiões temperadas
2. Estrutura e funcionamento dos sistemas de cultivo com alqueive e tração leve
3. A questão agrária e alimentar na Antiguidade

> *Não gerarão filhos além do que lhes permitirem os recursos, para assim se preservarem da penúria e da guerra [...]. A verdadeira cidade é uma cidade sã (servindo-se apenas do estritamente necessário). Consideremos, porém, uma cidade afetada pela febre (populosa e faustosa), [...] ser-nos-ia preciso avançar sobre uma parte do país de nossos vizinhos, se quisermos ter um território extenso o suficiente para dar pastagem a nossos rebanhos e para ampliarmos nossas lavouras; quanto aos vizinhos, deveriam por sua vez avançar sobre o nosso país caso se deixassem levar pela ideia de um enriquecimento ilimitado, transgredindo os limites do necessário. [...] Descobrimos assim a origem da guerra: o desejo de transgredir os limites do necessário é a fonte de todos os males que atingem as cidades, males públicos e também privados.*
>
> Sócrates (Platão, A república)

Os sistemas com alqueive e tração leve das regiões temperadas tiveram origem nos sistemas de cultivo temporários de derrubada-queimada que ocupavam o meio arborizado dessas regiões desde a época neolítica. Desenvolveram-se nas paragens temperadas quentes do entorno mediterrâneo e depois nas regiões temperadas frias da Europa, na medida em que eram desmatadas. Esse desmatamento se estendeu progressivamente de leste a oeste e de norte a sul, na idade dos metais, aproximadamente 2500 a.C. e os primeiros séculos da era cristã. O desenvolvimento dos sistemas com alqueive antecedeu em aproximadamente dois mil anos o sistema hidroagrícola das regiões áridas (Mesopotâmia, vales do Nilo e do Indo). Nas regiões temperadas quentes, a predominância dos sistemas com alqueive não excluía a presença, ainda que limitada, de sistemas hidroagrícolas.

Praticados em meios com importante pluviometria, o que permitia o cultivo *pluvial dos cereais*, e suficientemente desmatados, para deixar espaço ao desenvolvimento de *criação pastoral*, esses sistemas se baseavam na associação dessas duas atividades. Os cultivos de cereais estavam concentrados nas *terras cultiváveis* mais férteis (o *ager*) e ali eram alternados com um pousio herbáceo, o alqueive, formando uma rotação de curta duração, geralmente bienal. O gado circulava pelas pastagens periféricas (o *saltus*) relativamente extensas e tinha um papel importante no trabalho agrícola e na reprodução da fertilidade das terras cultiváveis. Fornecia energia necessária para tracionar o arado (arado escarificador antigo) e para o transporte sobre *albarda* (arreio colocado sobre o lombo do animal para transportar carga). O arado antigo e a albarda são os dois instrumentos de trabalho característicos do cultivo com tração leve. Além disso, pastando de dia nos *saltus* e confinado à noite nos alqueives, o gado assegurava por meio de seus dejetos, certa transferência de fertilidade das áreas de pasto para as terras cultiváveis.

Todavia, apesar do papel decisivo que os animais representavam, as performances dos sistemas com alqueive e cultivo por tração leve continuavam muito limitadas, devido à insuficiência dos instrumentos de plantio e de transporte. Na verdade, o arado escarificador, que rasgava o solo sem revolvê-lo, não era ideal. Esse trabalho devia ser completado manualmente com a pá ou o enxadão. Porém, trabalhar braçalmente a terra, além de ser um trabalho lento e penoso, seu rendimento era tão baixo que não compensaria estendê-lo à totalidade das áreas com alqueives. Por esse motivo, o solo era geralmente malpreparado antes da semeadura.

Porém, o transporte animal sobre albarda não permitia transferir grandes quantidades de matéria orgânica (forragem, esterco etc.) do *saltus* para o *ager*, e como as transferências de fertilidade por simples confinamento noturno eram pouco eficientes, as terras cerealíferas eram insuficientemente estercadas.

Pouco extensas, malpreparadas e insuficientemente estercadas, essas terras cultivadas tinham, então, um rendimento e uma produção global baixos. Como a superfície cultivada por trabalhador era limitada pela rudimentariedade dos equipamentos, a produtividade do trabalho era suficiente apenas para suprir as necessidades da população. Essas fracas performances estão na origem da crise de subsistência crônica das sociedades mediterrâneas e europeias da Antiguidade – uma crise que nos parece inseparável do desenvolvimento da guerra, da formação das cidades-estado, da militarização, da colonização e da escravidão que marcaram essas sociedades até o fim do primeiro milênio da era cristã.

Assim, apenas depois do ano 1000 essas insuficiências foram sanadas. Nas regiões temperadas frias, o cultivo com tração leve foi substituído pelo cultivo com tração pesada (com arado tipo charrua e carreta), enquanto nas regiões temperadas quentes, o cultivo com tração leve se perpetuou durante séculos, desenvolvendo uma série de melhorias apropriadas a essas regiões, como o aplainamento de encostas, irrigação, arboricultura, cultivos associados que já eram praticados desde a Antiguidade. Ainda hoje, os sistemas com alqueive e cultivo com tração leve perduram sob diversas formas em várias regiões no norte e nordeste da África, no Oriente Médio, na Ásia e na América Latina.

Esse capítulo visa a explicar a revolução agrícola da Antiguidade, ou seja, descobrir como e por que, nas regiões temperadas, o desflorestamento conduziu ao desenvolvimento dos sistemas com alqueive e tração leve, com pastagem e criação associadas. Tem também como objetivo explicitar a estrutura e o funcionamento desses sistemas, ou seja, o tipo de ferramentas, de práticas produtivas e de ecossistema cultivado que os caracterizam, assim como as performances que deles resultam. Enfim, tenta relacionar a crise agrária e alimentar das sociedades da Antiguidade com certos traços de sua organização social e de sua prática política.

1 ORIGEM DOS SISTEMAS COM ALQUEIVE DAS REGIÕES TEMPERADAS

Nas regiões semiáridas próximas do Crescente fértil, o desmatamento e a desertificação antecedem o sexto milênio antes do presente (BP). No entanto, nas regiões de clima temperado do entorno mediterrâneo e da Europa, as florestas originais, mais densas e menos frágeis, resistiram por muito mais tempo ao machado e ao fogo. Os sistemas de cultivo de derrubada-queimada se perpetuaram nessas regiões por um período muito mais longo. Todavia, desde a idade do bronze, aproximadamente 2500 a.C, o desflorestamento já estava bem avançado nas margens orientais do Mediterrâneo e, durante os dois mil anos que se seguiram, ganhou de leste a oeste o conjunto das regiões temperadas quentes do entorno mediterrâneo. Em seguida, o desflorestamento se estendeu progressivamente para as regiões temperadas frias da metade norte da Europa, até os primeiros séculos da era cristã. Sabe-se que os sistemas de cultivo com uso do arado e com alqueive bienal e criação pastoril associados se tornaram predominantes nas regiões temperadas desde a Antiguidade. Mas pouco se sabe sobre o desenvolvimento progressivo desse universo em vias de desflorestamento.

É precisamente a passagem dos sistemas de cultivo de derrubada-queimada aos sistemas de cultivo com alqueive que queremos tentar reconstituir aqui, explicando como e por que os novos elementos constitutivos do ecossistema cultivado (o *alger* e o *saltus*) se individualizaram; como os novos instrumentos (o arado escarificador, a pá e o enxadão) apareceram; por que se tornaram comuns e por que a rotação bienal com alqueive se tornou predominante. Trataremos em princípio do caso das regiões temperadas quentes, antes de examinar brevemente o caso das regiões temperadas frias.

O caso das regiões temperadas quentes

O clima mediterrâneo é um clima temperado quente e seco no verão, com inverno curto e pouco frio e pluviometria reduzida, concentrada sobretudo no outono, ainda que chova tanto no inverno quanto na primavera. Nesse clima, o período de repouso vegetal se situa no verão, mas uma diminuição do desenvolvimento da vegetação ocorre também no inverno. O estrato arborizado é tipicamente constituído por carvalhos, combinados com outras espécies como pinheiros e áceres. As azinheiras que resistem melhor à seca, se adaptam a diferentes terrenos, inclusive os terrenos calcários, enquanto o sobreiro (carvalho-cortiça) é mais frequente nos terrenos siliciosos. O substrato arbustivo é composto por pistacheiras, alfarrobeiras, loureiros, zimbros e o sub-bosque é formado por urzes, alfazemas/lavandas, estevas etc.

A formação de um novo ecossistema cultivado pós-florestal

Uma vez consumidas pelo machado e pelo fogo e, em seguida, submetidas a períodos de cultivo frequentemente repetidos, as florestas desse tipo evoluem para formações vegetais degradadas, macegais típicos das regiões temperadas quentes, os *maqui* e a *garriga* ou *charneca*.[1] O *maqui* é uma formação fechada, espessa, em solo silicioso, composta por arbustos e árvores de pequeno porte, enquanto a *charneca* é uma formação vegetal aberta, em terreno calcário. De fato, a *charneca* é um tipo de estepe arbustiva descontínua que ocorre em manchas de solos castanhos, solos vermelhos e de rendzinas pouco espessas, e em que parcelas de terreno esquelético e desprovido de vegetação se apresentam na forma de lajes ou montes de entulho de rocha. Nas zonas pouco acidentadas submetidas à erosão, *maqui* e *charnecas* se tornam cada vez menos propícias ao cultivo. São na maioria

---

[1] No original em francês, *garrigue*. (N.T.)

das vezes reservadas à pastagem de herbívoros domésticos e submetidas periodicamente ao fogo, que, apesar de favorecer o rebrote da vegetação espontânea na primavera e no outono, torna difícil a regeneração das árvores. Essas formações herbáceas e macegosas, destinadas à pastagem, ao fogo e à erosão, formaram o que em latim se chama *saltus*, primeiro elemento constitutivo do novo ecossistema cultivado pós-florestal.

Ao lado do *saltus,* geralmente acidentado e erodido, ocorrem os vales, os baixios, as bacias, as dolinas, enfim, todas as depressões do terreno, provocadas por um processo de aluvionamento e de coluvionamento acumulados. Esses terrenos, que apresentam solos mais profundos, incessantemente renovados e enriquecidos, são reservados para o cultivo de cereais. Como frequentemente são pouco extensos, os cultivos devem se repetir nesses terrenos na mesma intensidade do crescimento da população. Ao final dessa evolução, cada período de cultivo de cereal é alternado com um período de vegetação herbácea de curta duração, que dura menos de um ano, com o qual forma uma rotação bienal. A vegetação herbácea é pastejada pelos animais domésticos, adubada com seus dejetos e também lavrada. Por isso, a prática foi chamada de alqueive[2]. O termo provém do galo-romano *gascaria*, que significava "terra lavrada não semeada". Em francês, o verbo "jacherer", ainda que em desuso, significa "lavrar". As terras cerealíferas cultiváveis, compostas por um conjunto de campos contíguos e quadrangulares, formaram o que se chama em latim *ager*, segundo elemento constitutivo do novo ecossistema cultivado.

Mas existem terrenos arborizados pouco propícios aos cultivos porque estão situados em altitude, são muito acidentados, pedregosos, porosos, úmidos, compactados ou simplesmente estão muito afastados das moradias. Nesses terrenos, a floresta original não foi submetida à derrubada-queimada e persistiu, ainda que tivesse sido mais ou menos degradada pelo corte de madeira. Assim, juntamente com o *saltus* e com o a*ger*, certas frações do território conservaram um povoamento de grandes árvores muito importantes, merecendo o nome de floresta, ou bosque, conforme sua superfície: pequena, média ou grande. Designou-se em latim o termo genérico de *silva* para o conjunto destes terrenos que constituíam o terceiro elemento do novo ecossistema cultivado. *Silva* e *saltus* não eram sempre bem distintos um do outro: tanto o *saltus* que permanecia atravancado de árvores como o *silva* parcialmente desmatado era percorrido pelo rebanho.

Enfim, herdeiros das cercas utlizadas nos cultivos permanentes contíguos às habitações – que já existiam no tempo dos cultivos de derrubada-queimada – as hortas-pomares formam o *hortus*, quarto elemento deste ecossistema.

---

[2] Do francês *jachère*. (N.T.)

Silva residual, *saltus* pastejado, *ager* destinado ao cultivo dos cereais em rotação com o alqueive herbáceo de curta duração e *hortus*, essas eram as quatro partes constituintes do novo ecossistema cultivado resultante do processo de desmatamento das regiões temperadas. Todavia, para que o cultivo dos cereais fosse possível em tais condições, era preciso resolver previamente um duplo problema: o controle da vegetação herbácea do alqueive e a renovação da fertilidade das terras cerealíferas.

A *adoção de novos utensílios*

Se por um lado o machado e fogo são elementos apropriados para desmatar uma floresta ou um pousio arbóreo, eles são inoperantes, por outro lado, para controlar o tapete de ervas espontâneas de um alqueive. Para isso é preciso empregar outros equipamentos. Foi assim que os agricultores da Antiguidade utilizaram equipamentos manuais, *a pá e o enxadão*, e um equipamento tracionado por animais, o *arado escarificador*. A pá e o enxadão permitiam, tanto um como outro, lavrar o solo, ou seja, revolvê-lo e, portanto, enterrar e destruir em larga escala a vegetação herbácea espontânea do alqueive. Mas como esse trabalho longo e penoso não podia ser efetuado na totalidade das áreas em alqueive, deveria ser completado pela passagem do arado escarificador. O arado escarificador, concebido em sua origem para enterrar os grãos após a semeadura, é um equipamento de tração animal (boi, asno ou mula) munido de uma simples ponta, endurecida a fogo ou com o ferro, que rasga o solo sem revolvê-lo; assim, ele não destrói completamente as ervas indesejadas. Mas como o trabalho do solo é relativamente rápido, pode-se repeti-lo várias vezes.

Na verdade, o arado escarificador, a pá e o enxadão não foram inventados para responder às necessidades dos novos sistemas com alqueive: eles foram tomados emprestados aos sistemas hidroagrícolas da Mesopotâmia, onde estavam em uso há muito tempo, pelos agricultores das regiões vizinhas atingidos pelo desflorestamento. O arado escarificador apareceu, na verdade, na Baixa Mesopotâmia e se espalhou pelo Oriente Médio no IV milênio a.C. Em seguida, chegou ao vale do Nilo, ao entorno mediterrâneo e à Europa, onde sua presença é atestada desde o terceiro milênio, em várias regiões, por meio de gravuras em pedra, modelos em terracota e traços de sulcos excepcionalmente preservados e datados, em sepulturas, por exemplo (Guilaine, 1994). A presença do arado escarificador, que não se pode ser utilizado em um terreno muito arborizado, faz pensar que ao menos uma parte das terras cultivadas era desflorestada e que um embrião de *ager* já existia, naquela época, pelo menos em algumas regiões.

História das agriculturas no mundo

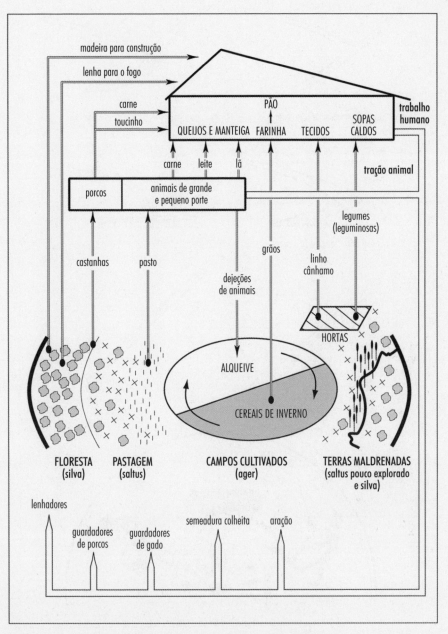

Figura 6.1. Esquema de organização e de funcionamento do ecossistema nos sistemas por pousio e cultura atrelada leve, com criação e pastagem associadas

Marcel Mazoyer • Laurence Roudart

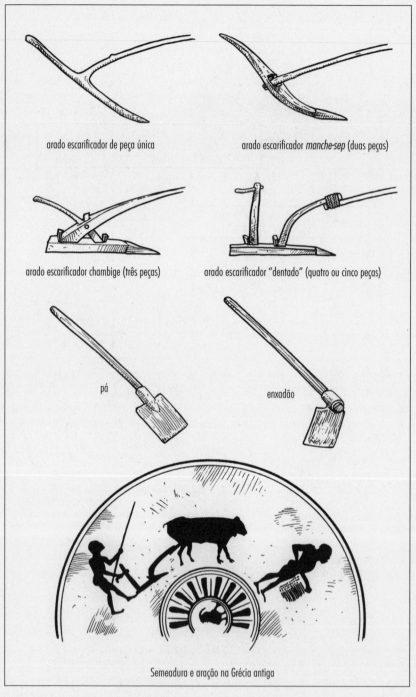

Figura 6.2. Instrumentos de trabalho do solo e de semeadura nos sistemas com alqueive e tração leve

Um novo modo de renovação da fertilidade

Diferentemente dos pousios florestais de longa duração e dos pousios herbáceos de média duração que existiam ainda nos primeiros tempos do desmatamento, o pousio herbáceo de mais de um ano produz muito pouca biomassa para que possa representar um papel importante na renovação da fertilidade das terras cultivadas. Em clima temperado quente é preciso, na verdade, pelo menos três anos para reconstituir um tapete herbáceo relativamente denso.

O *saltus*, por sua vez – tipo de pousio permanente em grandes extensões – produz bastante biomassa para reproduzir a fertilidade das terras cultivadas, desde que encontre um meio de transferir para o *ager* uma parte da biomassa produzida por este próprio *saltus*. Essa transferência não era tarefa simples quando carretas e carroças eram raras, como na Antiguidade. Esse trabalho, então, era essencialmente realizado pelos rebanhos de herbívoros domésticos, graças a uma conduta apropriada dos cultivos, das pastagens e das criações: os animais eram conduzidos logo cedo para o *saltus* próximo do vilarejo a fim de pastar durante o dia todo; depois, os animais eram reconduzidos as áreas em alqueive no *ager* à noite para que durante esse período ali depositassem seus dejetos. Dessa maneira uma parte da biomassa pastada no *saltus* era depositada (na forma de dejetos) nos alqueives, enquanto as transferências inversas da biomassa, dos alqueives para o *saltus* eram bastante reduzidas.

Porém, nas regiões mediterrâneas, a fraquíssima produção de forragem durante o verão limitava o tamanho dos rebanhos, e assim era bem difícil dispor de um gado numeroso para consumir toda a produção de biomassa do outono e da primavera, limitando, neste caso, a transferência de biomassa e de fertilidade do *saltus* para o *ager* . Diversos procedimentos de manejo do gado e de gestão das pastagens permitiam maximizar em todas as estações o número de animais que pastavam no *saltus* próximo, garantindo as transferências de fertilidade pelo confinamento noturno. Um desses procedimentos consistia em agrupar a parição dos animais no fim do inverno e no fim do verão, a fim de aumentar o número de animais pastando nas estações de forte crescimento da vegetação herbácea, ou seja, no outono e na primavera. Porém, o procedimento mais importante era, sem dúvida, a transumância, que consistia em deslocar momentaneamente uma parte do rebanho em excesso para longínquas pastagens de verão (situadas em regiões de maior altitude ou mais ao norte) de modo a dispor, durante o restante do ano, de um rebanho mais numeroso para consumir toda a produção herbácea das pastagens próximas. Enfim, como o clima mediterrâneo é seco na estação quente, é difícil conservar no campo, sem muitas perdas, uma parte da erva superabundante da primavera; por isso, era possível separar nessa estação uma parte das pastagens próximas do vilarejo e das terras em cultivo, para que durante o verão os animais pastassem a erva que se mantinha consumível.

No entanto, o modo de transferência da fertilidade por confinamento noturno era muito pouco eficaz, e assim era preciso dispor de uma grande extensão de *saltus* e de um rebanho numeroso para conseguir adubar, ainda que mal, uma pequena superfície *de ager*.

Ainda que o confinamento noturno fosse o modo de estrumação característico dos sistemas de cultivo com tração leve da Antiguidade, isso não significa que se ignorasse a vantagem do esterco produzido pelos animais em estábulo. Essas vantagens eram de fato conhecidas desde a alta Antiguidade (Jardé, 1979), mas, na falta de carretas e charretes, as quantidades de feno e de estrume que podiam ser transportadas pela mão do homem ou em lombo de animal eram muito reduzidas, e o estrume obtido nos estábulos era frequentemente reservado às hortas. Não eram ignoradas as vantagens das rotações alternando cereais e leguminosas, mas, mesmo assim, veremos, que a obrigação de realizar o alqueive era, no sistema de cultivo com tração leve, praticamente incontornável.

O caso das regiões temperadas frias

Nas regiões de clima temperado frio da Europa central, o repouso vegetativo e a queda das folhas acontecem no inverno, assim como ocorre um certo atraso no brotar da vegetação no verão. A floresta climácica composta por folhosas, comporta também três estratos de vegetação: o estrato arborizado com carvalhos, faias, carpas pode erguer-se a 30 m ou 40 m; o substrato arbustivo é composto por aveleiras, salgueiros, azevinho, cornizo etc. O sub-bosque arbustivo tem composição variada. A biomassa total dessa floresta, que pode atingir 400 t/ha de matéria seca, é uma das mais elevadas que existe. Portanto, é mais densa, mais vigorosa, mais resistente ao machado e ao fogo que a floresta das regiões temperadas quentes.

Todavia, o aumento da população no final do neolítico e no princípio da idade do bronze e, em consequência, a repetição cada vez mais frequente dos cultivos com o sistema de derrubada-queimada também provocaram o desflorestamento. Nessas regiões, como no entorno da região mediterrânea, um *silva*, um *saltus* e um *ager* se formaram, mas em proporções relativas muito variáveis de uma região para outra.

Nas grandes planícies siltosas e nos amplos vales aluvionais, de solo rico, profundo e não muito pesado, todo terreno é potencialmente cultivável com o equipamento de tração leve. Todavia, é preciso preservar uma superfície suficiente de *silva* para suprir as necessidades em madeira da população, uma superfície que devia ser importante, principalmente se o inverno se anunciasse rigoroso. Era preciso destinar também uma superfície suficiente para o *saltus*, a fim de alimentar um rebanho numeroso para estrumar convenientemente as terras de cereais do *ager*, e, na falta de meios mais eficazes para recolher o feno, essa superfície deveria ser extensa – pelo menos com extensão proporcional ao período de suspensão do crescimento da vegetação durante o inverno, que é bastante longo e rigoroso. Assim, mesmo quando não existiam terras impróprias para o cultivo, o novo ecossistema cultivado devia comportar uma parte de *silva* e uma parte de *saltus* proporcionais às necessidades em lenha e em forragem.

Em outras regiões, ao contrário, parcelas do terreno originalmente arborizadas e cultivadas com o sistema de derrubada-queimada tornavam-se impróprias para o cultivo após o desmatamento. Tratava-se particularmente de terrenos siliciosos pobres em minerais fertilizantes, que se revestiam de uma cobertura vegetal arbustiva com dominância de juncos marinhos e de urzes ou ainda solos de rendzina, sobre calcário duro, dos mais esqueléticos e mais rasos, que se cobriam com um tapete herbáceo ralo e "landes" calcícolas. Esses terrenos eram explorados como *saltus*, enquanto o *ager* devia estar concentrado nos terrenos com ocorrência de solo siltosos, nos coluviões dos sopés das encostas e nos aluviões dos vales.

Em certas regiões, finalmente a *silva* continuou a predominar, pois o terreno não era cultivável com os meios de cultivo de tração leve: era o caso das florestas nórdicas, das florestas de altitude, das florestas em áreas acidentadas, pedregosas, excessivamente drenadas, úmidas, compactadas etc. Assim sendo, permaneceram, à margem das regiões humanizadas, cultiváveis com os meios adaptados à época, vastos maciços arborizados, muito pouco povoados, "desertos", cujo cultivo somente foi praticado na Idade Média, com os meios propícios da tração pesada (ver Capítulo 7).

O caso das regiões temperadas não arborizadas

Originalmente, existia também na zona temperada uma formação climácica herbácea, mais ou menos arbustiva, nas quais a floresta não pudera se desenvolver. Algumas ocorriam em solos com uma baixíssima fertilidade, como os matagais, os tapetes herbáceos e as estepes de latitude situadas acima da floresta de coníferas, os matagais sobre solos podzólicos das regiões atlânticas bem-irrigadas, os matagais sobre solos arenosos porosos ou sobre solos esqueléticos etc. Impróprias para o cultivo, essas formações herbáceas constituíam desde a origem um tipo de *saltus* natural, explorável pelos rebanhos locais ou em deslocamento.

Outras formações herbáceas climácicas ocorriam em solos muito férteis, como nas grandes planícies das regiões de clima continental (vale do Danú-

Marcel Mazoyer • Laurence Roudart

Figura 6.3. Materiais de colheita, de transporte e de transformação dos cereais nos sistemas de cultivo com alqueive e tração leve

bio, Ucrânia etc.) Nessas regiões, o calor e a seca de verão provocavam uma interrupção bem marcante no crescimento da vegetação, o que impedia o desenvolvimento das árvores, mas calor e seca favoreciam também a evaporação e a ascensão capilar da solução do solo. Opondo-se à lixivização dos elementos finos e à drenagem dos sais minerais solúveis, esse mecanismo conduzia à formação de solos negros (*tchernozems*), um dos solos existentes mais férteis. Essas pradarias continentais foram por muito tempo domínio reservado das sociedades pastoris europeias ou vindas da Ásia. Foram cultivadas intensivamente quando as populações, que se tornaram mais numerosas, dispuseram de instrumentos de trabalho do solo que permitiram controlar a totalidade do denso tapete herbáceo (pá, enxadão e arado escarificador).

A revolução agrícola antiga

Conforme a análise precedente, o desenvolvimento dos sistemas com alqueive e tração leve aparece como uma resposta apropriada aos problemas que o desflorestamento trouxe para a maior parte das regiões temperadas quentes e frias. Mas essa "resposta" revelou-se bastante complexa: a separação do *ager* e do *saltus*, a implantação da rotação de curta duração com alqueive herbáceo, o desenvolvimento dos novos instrumentos agrícolas, a condução do rebanho no *saltus* e nos alqueives para a transferir o máximo de fertilidade possível em proveito das terras cerealíferas, foram novas disposições, novos meios e novas maneiras de atuar, cujos ajustes gerais e particulares em cada localidade levaram muito tempo. O desenvolvimento dos sistemas com alqueive e tração leve não foi o resultado automático e imediato do desflorestamento, mas o produto de uma verdadeira revolução agrícola, a revolução agrícola antiga que exigiu uma capitalização muito importante em meios de produção (em equipamentos e em animais), e que levou necessariamente um longo período de tempo para concretizar-se.

Vários indícios fazem pensar que as consequências negativas do desflorestamento se fizeram sentir durante séculos antes do desenvolvimento dos novos sistemas. Desde o neolítico, a erosão, o ressecamento das parcelas, a dificuldade em desmatar uma vegetação cada vez menos arborizada e cada vez mais arbustiva/herbácea, e a redução dos rendimentos parecem estar na origem do abandono das regiões desflorestadas e na migração de povos inteiros à procura de terras ainda arborizadas para a prática do sistema de derrubada-queimada. Embora difíceis de delimitar com precisão, esses fenômenos parecem estar já muito bem-confirmados. Assim, conforme Guilaine (op. cit., p.129-130), muitas regiões mediterrâneas (Palestina, Anatólia, Chipre, Malta) conheceram, durante o neolítico, uma sucessão de períodos de povoamento, seguidos de períodos de abandono e de repovoamento. Como os primeiros cultivadores praticavam a derrubada-queimada, pode-se pensar que o aumento da população levou ao progressivo desflorestamento e posterior abandono dessas regiões. Após a reconstituição de floresta secundária, essas mesmas regiões puderam novamente ser cultivadas e colonizadas, em seguida desmatadas... E assim sucessivamente.

Aliás, conforme G. Bailloud (p.170-172), no final do neolítico e no início da idade do bronze, entre 1800 e 1250 BP, regiões da Europa central foram também atingidas por este gênero de êxodo, em particular aquelas que tinham sido as mais precocemente cultivadas e desflorestadas, ou seja, planícies siltosas e os vales aluvionais mais férteis. Essas regiões foram parcialmente abandonadas em favor das regiões de montanha, a princípio menos favoráveis e que, por isso, eram menos povoadas e dispunham ainda de reservas florestais cultiváveis muito abundantes. Ora, no fim da idade do bronze, por volta do ano 1000 a.C., essas regiões férteis, sem dúvida alguma, conheceram a revolução agrícola antiga: tão logo disponíveis, os sistemas de cultivo com alqueive e tração leve tornavam essas regiões novamente exploráveis – regiões que haviam sido tão desmatadas que não podiam mais ser exploradas pelo sistema de derrubada-queimada.

Ao final desse longo período de desmatamento e de transição, nos últimos séculos a.C., os sistemas com alqueive e tração leve eram utilizados do norte da África à Escandinávia, e do Atlântico até o Aral e as margens orientais do Mediterrâneo. É claro que sistemas de cultivo de derrubada-queimada estavam presentes em algumas regiões ainda arborizadas, que os sistemas pastorais ocupavam algumas regiões desflorestadas desprovidas de terras cultiváveis, e que regiões inteiras, arborizadas ou não, eram ainda mais ou menos desertas, pois eram muito frias, acidentadas, rochosas, ou ainda muito pantanosas. Em outras palavras: eram regiões inóspitas. Assim, durante a idade do ferro, os novos sistemas com alqueive predominavam nessa imensa área de extensão e, durante mais de um milênio, esses sistemas forneceram o essencial para a subsistência das sociedades do entorno mediterrâneo e da Europa, além de dar o tom à economia agrícola dessa parte do mundo.

2 ESTRUTURA E FUNCIONAMENTO DOS SISTEMAS DE CULTIVO COM ALQUEIVE E TRAÇÃO LEVE

Naturalmente, sistemas tão extensos e sustentáveis não são homogêneos. De uma região a outra e mesmo de uma localidade a outra, de uma época a outra, esses sistemas assumem formas variadas: as proporções e a disposição do *ager* e do *saltus* assim como da *silva*, as espécies de cereais cultivados, a rotação dos cultivos, a configuração das ferramentas e o calendário agrícola mudam. Porém, quaisquer que sejam as variações, *o ager, o saltus, a silva, a alternância cereal-pousio, o arado escarificador, a pá, o enxadão, a foice, a preparação das terras de cultivo com lavração manual ou escarificação e as transferências de fertilidade do saltus para o ager através dos dejetos animais* constituem elementos comuns, característicos de todos esses sistemas.

As parcelas de cultivo com cereais (o *ager*)

O *ager* tem como função essencial produzir cereais que fornecerão mais que os três quartos de ração calórica da população. É composto por parcelas nas quais a quase totalidade das árvores e dos arbustos foi destruída pela repetição cada vez mais frequente de derrubadas e de queimadas e de operações de trabalho do solo. Essas parcelas são destocadas, ou seja, desprovidas de restos de troncos e raízes de árvores, e podem assim ser comodamente trabalhadas com o arado escarificador, a pá ou o enxadão. O *ager* pode ser mantido ainda com árvores ou arbustos, preservados propositalmente ou cultivados devido à sua utilidade: arbustos de frutos consumíveis pelo homem ou pelo gado, como carvalhos, castanheiras, alfarrobeiras e oliveiras: árvores forrageiras como os freixos, ou simplesmente árvores úteis pela sombra, madeira e lenha e pela matéria orgânica que restituem ao solo. Essas árvores podem ser encontradas em pleno campo, bem "colocadas" de maneira que não atrapalham a manobra do arado escarificador ou então à margem da parcela.

O parcelamento

Diferentemente das parcelas exploradas pelo sistema de cultivo de derrubada-queimada, geralmente dispersas, multiformes e temporariamente ocupadas, as parcelas que compõem o *ager* são permanentes, quadrangulares e contíguas. Nas parcelas com solos leves, fáceis de trabalhar, dois animais atrelados e pareados eram suficientes para puxar o arado escarificador, de forma que a atrelagem podia facilmente virar ao final da parcela; por isso não eram necessárias parcelas de longo comprimento para evitar manobras difíceis. Porém, como uma segunda passagem do arado escarificador, cruzando em ângulo reto com a primeira passagem era frequentemente praticada, as parcelas não poderiam ser muito estreitas. Assim, o sistema de cultivo com tração leve se tornava apropriado, em terras fáceis de trabalhar, às parcelas de tamanho reduzido, pouco alongadas ou mesmo com um formato quase quadrado. Por outro lado, nos terrenos pesados que exigiam a atrelagem de dois ou mais pares de bois, que deslocavam-se nas voltas com dificuldade, os campos deveriam ser maiores.

Disposição dos territórios dos vilarejos[3] *e repartição do* habitat

No sistema de cultivo com tração leve, a precariedade dos meios de transporte obrigava a implantar as moradias o mais próximo possível das terras cultivadas. Nas regiões pouco acidentadas e de fertilidade relativamente uniforme, o *ager* era comodamente agrupado em auréola, em torno da cada vilarejo, e os

---

[3] Do francês *finage*. (N.T.)

terrenos periféricos eram reservados ao *saltus* e à *silva*. Para evitar transportes e deslocamentos trabalhosos, os vilarejos não reuniam mais do que algumas centenas de pessoas. Quando o território do vilarejo era entrecortado por terrenos inundáveis, escarpados ou muito pouco férteis, o *ager* era então composto por um conjunto fracionado de pedaços de terras lavráveis, no meio das quais se encontrava o vilarejo. E, quando o *ager* era composto por frações exíguas, separadas umas das outras por vastas extensões não cultiváveis, o *habitat* tendia a se dispersar em pequenas aglomerações, ou em estabelecimentos isolados. Sem dúvida, o *habitat* considerava a posição dos pontos de água, mas a disposição das casas no espaço era antes de tudo determinada pela repartição de terrenos cultiváveis. Aliás, os planaltos sem pontos de água foram ocupados por estabelecimentos agrícolas que dispunham de um *impluvium* (bacias de recepção de águas de chuva) e de um reservatório de água.

Em todo sistema agrário, a repartição do *habitat* que tendia a se implantar era, em regra, muito funcional. Por essa razão, a concentração das moradias em locais estratégicos, ou os reagrupamentos forçados de população operados pelas autoridades para melhor controlar seus dependentes, acabavam por aumentar consideravelmente o tempo e a energia que deveriam ser destinados aos deslocamentos e aos transportes. A produtividade do trabalho também se reduzia, o que podia conduzir à crise do sistema e à fome. Esse gênero de agrupamento, muitas vezes organizado pelas autoridades para maior comodidade administrativa, não tinha relação com nenhuma operação de desenvolvimento.

Rotações e afolhamentos cerealíferos com alqueive

Nos sistemas de cultivo com alqueive e tração leve, a rotação bienal, que era a mais utilizada, comportava apenas um cultivo de cereal alternado com apenas um "ano" de alqueive herbáceo. Tratava-se geralmente de um cultivo de cereal de inverno, semeado no outono e colhido no verão do ano seguinte. Esse cereal ocupava a parcela durante nove meses aproximadamente. Em geral, cultivava-se trigo nas boas terras, centeio nas terras menos férteis, ou uma mistura dos dois, que se chamava mistura ou *méteil*; poderia se cultivar também cevada ou aveia de inverno. Após a colheita, o alqueive era realizado durante quinze meses, do fim do verão até o outono do ano seguinte. Podemos representar essa rotação bienal da seguinte maneira:

Rotação de 2 anos	
Primeiro Ano	Segundo Ano
agosto.....................outubro	novembro................... julho
alqueive	**cereal de inverno**
◄——— 15 meses ———►	◄——— 9 meses ———►

Do outono até o meio do verão, podia-se ver lado a lado a primeira folha, constituída do conjunto das parcelas ocupadas pelos cereais de inverno, e a segunda folha, constituída do primeiro grupo das parcelas ocupadas pelo alqueive. No ano seguinte, a primeira folha era ocupada pelo alqueive, e a segunda, pelos cereais de inverno. Do fim do verão à semeadura de outono, as duas folhas ficavam em alqueive.

Uma parte da folha cultivada podia ser reservada aos cereais de primavera: cevada de primavera, aveia, milheto ou até mesmo cultivos de leguminosas como a ervilha ou a lentilha. Esses cultivos também eram praticados quando as semeaduras no outono não tinham sido possíveis ou não davam bons resultados. A rotação bienal com um cereal de primavera que durava apenas três ou quatro meses demandava um longo alqueive de 20 a 21 meses:

Rotação de 2 anos	
Primeiro Ano	Segundo Ano
agosto.....................março	abril................... julho
alqueive	**cereal de primavera**
←———— 20 a 21 meses ————→	←———— 3 a 4 meses ————→

Com o objetivo de limitar os riscos de colheitas insuficientes, recorrentes nesses sistemas pouco produtivos, os agricultores de tempos em tempos lançavam mão da diversidade das espécies de grãos cultiváveis e diversas variedades de cada espécie, bem como da dispersão de suas parcelas cultivadas dentre os diferentes terrenos que compunham o *ager*.

Enfim, veremos que existiam também rotações nas quais o alqueive, ou mais exatamente o pousio herbáceo, durava dois anos ou mesmo mais, e que existiam outras rotações nas quais o alqueive durava menos de um ano – um cultivo de cereal de primavera alternando a cada ano com um pequeno alqueive de outono e de inverno. Mas para compreender as razões dessas variações, é preciso analisar meticulosamente as práticas agrícolas realizadas nesses sistemas e as funções do alqueive.

O alqueive e suas funções

Conforme dissemos, o alqueive é o estado de uma terra de cultivo em rotação, não semeada durante vários meses, submetida ao pastoreio dos animais domésticos e, por definição, uma terra arada. Mas é impróprio, diga-se de passagem, empregar o termo alqueive para designar um pousio arbóreo de média ou de longa duração desmatado com o sistema de derrubada-queimada, ou para falar de uma pastagem natural em rotação e ainda não lavrada.

O alqueive começa no verão após a colheita e se perpetua até a semeadura seguinte. Essa terra não semeada é chamada "inculta", "vacante", "vaga" ou, ainda, "vazia". Todavia, longe de ser deserta, é uma terra onde dominam os colmos de cereais e as ervas adventícias residuais durante os meses que se seguem à colheita, uma terra onde em seguida se desenvolve uma vegetação espontânea de plantas anuais, que se reproduzem por sementes, e de plantas perenes plurianuais, que se reproduzem de maneira vegetativa. O alqueive é, portanto, um pousio herbáceo de curta duração, mas que não é deixado ao abandono: ele é explorado como pastagem, submetido a uma ou duas passadas de arado escarificador e, quando possível, uma ou duas vezes é preparado por uma verdadeira lavração a braço, com a pá ou com a enxada.

Dessa forma, a ideia muito divulgada segundo a qual o alqueive seria um período de "repouso" do solo que lhe permitiria "reconstituir suas forças" após um período de cultivo é simplesmente absurda: o solo não tem força, não se cansa e tampouco descansa. E ainda que assim fosse, o alqueive – invadido por ervas adventícias, submetido ao pastoreio e às múltiplas operações de trabalho do solo (aração e lavração com a pá e enxada) – não encontraria repouso!

Outro erro é considerar que o alqueive tenha uma função de reprodução da fertilidade análoga ao do pousio arbóreo de longa duração dos sistemas de cultivo de derrubada-queimada. Certamente não se deve negligenciar a biomassa produzida pelo alqueive em terras férteis, que poderia ser suficiente, se a deixassem se desenvolver plenamente, para assegurar rendimentos aceitáveis. Mas, em pouco mais de um ano, a vegetação do alqueive não teria tempo de se implantar corretamente, se considerarmos que a escarificação interrompe várias vezes o seu desenvolvimento. De qualquer maneira, nas terras pouco férteis, essa produção de biomassa seria insuficiente para obter rendimentos satisfatórios.

Um terceiro erro consiste em pensar que fazendo os animais pastejarem sobre o alqueive, estar-se-ia melhorando a fertilidade das terras em cultivo. Essa ideia também é errada, pois, se os animais se alimentaram apenas da vegetação existente no alqueive, seus dejetos não podem fornecer outras matérias orgânicas e minerais senão aquelas que acabaram de obter do próprio alqueive. Esses dejetos contêm menos matéria orgânica e mineral, pois os animais retiram esse conteúdo para seu próprio crescimento e não o devolvem. E, na falta de algumas precauções elementares, os dejetos animais podem conter ainda menos matéria orgânica e mineral: basta para isso, após os animais terem se alimentado em parcelas em alqueive, levá-los para pastejar em outra parcela.

E, enfim, outro erro consiste em acreditar que no clima mediterrâneo, quente e seco no verão, seja possível estocar no solo uma boa parte da água da chuva durante o ano em alqueive, a fim de ser aproveitada no cultivo do ano seguinte. Na verdade, uma parte importante das águas pluviais – de outono, de inverno e de primavera – não é estocada: ela pode, conforme o lugar, deslocar-se por escoamento, estagnar na superfície e evaporar-se, ou então infiltrar-se em profundidade. A água estocada no solo e no subsolo imediato torna-se fortemente reduzida durante o verão devido à evaporação direta na superfície do solo e à transpiração da vegetação espontânea do alqueive. Então, é claro que uma simples aração de primavera ou de verão não destrói a capilaridade do solo, a ponto de impedir a evaporação, nem destrói suficientemente as ervas espontâneas do alqueive para impedir a transpiração. Consequentemente, no clima quente e seco no verão, as terras em alqueive estão geralmente muito ressecadas às vésperas das primeiras chuvas e da semeadura de outono e a proporção, em proveito do cultivo de inverno, da água armazenada no solo antes do verão encontra-se muito reduzida.

Assim, a utilidade do alqueive é outra: o período de alqueive é sistematicamente utilizado para realizar uma série de operações combinadas de cultivo e de criação, destinadas a colocar o solo em estado de produzir uma nova colheita. Essas operações têm duas funções. A primeira consiste em renovar a fertilidade do solo, levando-lhe matéria orgânica; a segunda consiste em livrá-lo das ervas adventícias, que tendem a se proliferar durante todo o tempo de alqueive.

A renovação da fertilidade

Mesmo quando bem-organizada, a transferência de fertilidade do *saltus* para o *ager* por meio dos dejetos dos animais acarreta muitas perdas. Na verdade, uma parte da biomassa consumida no *saltus* retorna a esse mesmo *saltus* ou se perde ao longo dos caminhos, enquanto uma parte da biomassa consumida no alqueive sofre uma transferência inversa, do alqueive para o *saltus*. No total, a transferência bruta de biomassa em proveito do *ager* representa apenas uma fração da biomassa quotidianamente consumida no *saltus* e, feitas as contas, o rendimento desse modo de transferência da fertilidade é fraco. Em consequência, para obter o máximo de estrume possível, é preciso que o confinamento noturno aconteça todos os dias do ano, e que o grande alqueive dure pelo menos doze meses. É preciso também dispor de um *saltus* bastante extenso e de um rebanho numeroso para fertilizar, na maioria das vezes, mal, um *ager* bastante reduzido. É preciso, enfim, organizar inteligentemente o vaivém quotidiano dos rebanhos de animais entre o *saltus* e o *ager*.

Além disso, é preciso lembrar que nas regiões temperadas frias as disponibilidades forrageiras da baixa-estação são muito mais reduzidas do que aquelas da estação quente, quando ocorre a safra. Na falta de meios para cortar, transportar e estocar o feno em quantidade, a fim de alimentar o rebanho no inverno, e sem poder praticar nesse tipo de região uma transumância invernal para climas mais clementes, o tamanho do rebanho encontra-se muito limitado e a maior parte da produção forrageira da primavera e do princípio do verão não é consumida. Nessas condições, as transferências de biomassa e de fertilidade do *saltus* para o *ager* são particularmente fracas. Assim, nas regiões temperadas frias, a superfície de *saltus* necessária para alimentar o rebanho animal e para estrumar, por confinamento noturno, um hectare de *ager* é muito elevada, mais elevada que nas regiões temperadas quentes, onde a transumância permite maximizar o tamanho do rebanho e as transferências de fertilidade.

Todavia, em certas regiões de charnecas para ovelhas ("landes à moutons"), onde um minúsculo *ager* se perde num imenso *saltus*, o alqueive de longa duração (de mais de um ano) não é necessário: seis a sete meses de alqueive são suficientes para fertilizar as terras lavráveis. Assim se pode explicar, por exemplo, a antiga rotação anual nas charnecas de Gasconha, uma rotação na qual um cereal de primavera – como o milheto, e mais tarde o milho–, alternava-se com um pequeno alqueive de outono e de inverno, da seguinte maneira:

Rotação de 1 ano	
setembro .... março	abril .... agosto
pequeno alqueive	**milheto**
←——— 7 meses ———→	←——— 5 meses ———→

No entanto, o alqueive também não deveria durar muito tempo, senão os dejetos depositados no solo no princípio do período de alqueive, ao estarem expostos por longo tempo às intempéries, seriam mineralizados e, depois, drenados pelas águas de infiltração ou desnitrificadas antes do começo do período de cultivo.

Por essa razão, o grande alqueive não durava mais do que quinze meses, alternando com um cereal de inverno de nove meses, ou não mais de vinte meses, quando alternava com um cereal de primavera de quatro meses.

Todavia, existem sistemas nos quais um pousio herbáceo de alguns anos se alternava com um, ou às vezes dois, anos de cereal. A vegetação deste pousio não era trabalhada durante os primeiros anos, e tinha tempo de se implantar. Uma pastagem natural pode então aí se desenvolver plenamente e acumular biomassa e fertilidade, servindo ao mesmo tempo de pastagem ao rebanho, e como apenas uma aração não seria suficiente para controlar esta vegetação, uma verdadeira lavração (braçal ou com um arado charrua, caso houvesse) era necessária no ano que precedia ao cultivo. Obtinha-se então uma rotação do seguinte tipo:

Rotação de 5 anos				
Ano 1	Ano 2	Ano 3	Ano 4	Ano 5
agosto ..../............/............/............outubro/novembro............julho					
pastagem natural			**cereal de inverno**	
←——— 4 anos e 3 meses ———→			←——— 9 meses ———→	

Tais sistemas, muito comuns nas regiões de montanha com elevada pluviometria, mais favoráveis às pastagens que aos cereais, podem ser considerados uma variante dos sistemas com alqueive. Mas quando o pousio se prolonga por dez anos ou mais, e a vegetação arbustiva se desenvolve a ponto de exigir um desmatamento com machado e fogo, não se trata mais de sistemas de cultivo com alqueive, mas de sistemas de derrubada-queimada (ver Capítulo 3).

Lavração e aração

Em rotação bienal, se a vegetação do alqueive não dispuser de tempo suficiente para se desenvolver plenamente, ela terá contudo tempo suficiente para se proliferar e ocupar as terras destinadas ao cultivo de cereais a ponto de aniquilar toda esperança de colheita. Assim, desde que o clima se apresentasse suficientemente quente e úmido, os grãos de ervas adventícias, disseminados antes da colheita ou trazidos do *saltus* para o alqueive com as dejeções animais, germinavam e as plantas perenes retomavam seu crescimento. Para evitar que os campos de cereais fossem invadidos por ervas adventícias, era preciso limitar o desenvolvimento dessa vegetação espontânea e destruí-la ao máximo antes do período de cultivo. Para isso, os alqueives eram submetidos metodicamente ao pastoreio e a várias operações de trabalho do solo.

A mais eficaz dessas operações é a lavração. O termo lavração, *strictu sensu*, consiste em cortar o solo do alqueive em leivas ou torrões de terra retangulares, revolvendo-as; assim, enterram-se as camadas superficiais do solo com o que elas contêm, ou seja, o tapete radicular, e com o que as cobre, ou seja, a parte aérea da vegetação, os grãos de ervas adventícias, os resíduos orgânicos e o esterco, caso exista.

No sistema de cultivo com tração leve, não existem equipamentos capazes de lavrar verdadeiramente a terra: o arado charrua é ainda ausente e, como vimos, o arado escarificador não revolve o solo. A lavração é realizada pelo braço do homem, com um grande enxadão, ou com uma pá. Esses dois instrumentos de "lavração a braço" são compostos por uma lâmina de aproximadamente 20 cm de largura, e de um cabo de madeira de mais de 1 m. Na melhor das hipóteses, a lâmina é em aço temperado e é fixada ao cabo por meio de uma argola metálica. Em solos pedregosos, usam-se os enxadões e pás de dois ou três dentes. A pá, cuja lâmina se encontra no mesmo plano que o cabo, é fincada no solo por pressão do pé, enquanto a enxada, cuja lâmina é perpendicular ao cabo, é balançada de alto a baixo e penetra o solo por percussão. Tanto em um caso como no outro, o cabo sofre apenas pressões laterais fracas. Em contrapartida, esse mesmo cabo é muito solicitado no momento de arrancar e revolver os torrões, pois serve de braço de alavanca. A inserção da lâmina no cabo, muito exigido, devia ser solidamente soldada. Para economizar o metal, por muito tempo foram utilizadas, em solos mais leves, pás com lâmina de madeira, cujas bordas apenas eram em ferro; nesse caso, o cabo e a lâmina eram feitos de uma só peça de madeira espessa e dura, o que permitia evitar o difícil problema da inserção da lâmina no cabo.

Um longo cabo e uma longa e larga lâmina bem sólida fazem da pá e do enxadão verdadeiras ferramentas para lavrar a terra. Não podemos confundi-los com uma gama de "quase-enxadas",[4] como as *dabas* utilizadas nos sistemas de floresta e de savana do oeste da África, cuja lâmina é fixa ao cabo, frequentemente curto, por meio de uma simples ligadura ou por uma ponta metálica diretamente fixada no ponto mais espesso do terminal do cabo. De acordo com a forma, essas *dabas* podiam servir para capinar superficialmente o solo e extirpar as ervas adventícias, ou ainda para raspar e reunir em montículos os horizontes superficiais do solo; porém, não permitiam lavrar substancialmente, ou seja, romper, revolver e estrumar em profundidade um tapete radicular denso.

Após lavrar manualmente o solo, os torrões são fracionados com a lâmina da pá ou quebrados com a cabeça do enxadão. As raízes e os rizomas são separados da terra, arrancados, sacudidos, postos para secar e, para mais segurança, queimados. Limpo, preparado e aerado, o solo está pronto para receber a plântula ou a semente. A lavração braçal é um trabalho muito demorado e extenuante, mais pesado que a colheita ou a guarda do rebanho, que era considerado antigamente o arquétipo do trabalho penoso. Aliás, as palavras lavrar e labor provêm ambas de um mesmo termo latino *labor*, que significava precisamente "trabalho de lavoura penoso". Como não era possível lavrar a braço todas as terras para semear, era preciso necessariamente realizar um trabalho do solo mais expeditivo: a aração (do latim *arare*), termo inusitado que empregaremos propositalmente para distinguir claramente essa operação de uma lavração.

O arado escarificador, em sua forma mais elementar, é um equipamento composto por uma grande forquilha de madeira. Um dos braços serve para a atrelagem (o "apo"), e o outro braço, mais curto e endurecido a fogo, serve para escarificar o solo; dele sobressai uma haste (a rabiça), que serve de guidão ao condutor do equipamento. Os arados escarificadores mais elaborados são compostos por várias peças de madeira: uma peça de trabalho horizontal, o cepo ou coluna, que acaba em uma ponta reforçada de sílex ou por uma pequena ponteira simétrica em ferro e que rompe o solo. O cepo pode ser diretamente fixo na base da vara (o "apo") ao qual são atrelados os animais de tração, mas pode também ser ligado a ela por uma peça de madeira curva, chamada de rabiça. O guidão fixado ao cepo é geralmente seguro por apenas uma mão. A ligação entre a rabiça e o cepo pode ser reforçada por um esteio de madeira dura.

---

[4] Do francês *quasi-houes*. (N.T.)

Certos arados escarificadores comportam relhas fixas na forma de "V" no cepo, que afastam a terra de um lado e de outro do sulco na medida em que se avança. Esses arados escarificadores realizam uma quase-lavração. Os arados escarificadores mais aperfeiçoados dispõem até de rodado, pequeno carrinho de duas rodas sobre o qual descansa a rabiça e que orienta o equipamento nas terras pesadas (como o arado tipo charrua, ver Capítulo 7). Eles dispõem também, às vezes, de dois guidões. É preciso finalmente salientar que certos arados escarificadores têm um cepo vertical que pode ser facilmente retirado do solo em caso de obstáculo, o que é necessário em terrenos rochosos ou desmatados de forma incompleta, entulhada de troncos e grandes raízes. Esse tipo de arado "salta-toco", ainda em uso no norte e leste da Europa no princípio do século XX (Sigaud, 1975), não parece ter sido utilizado na Alta Antiguidade, onde, todavia ele teria sido bem útil. Como vimos, o arado escarificador não é um instrumento tão simples e nem tão fácil de ser fabricado como se acredita. Hesíodo (*Os trabalhos e os dias*, 500 a.C.) ressalta o cuidado que é preciso ter na escolha da madeira necessária para fabricar um bom arado escarificador: loureiro ou olmo para o apo, porque são as madeiras que menos perfuram, carvalho para cepo e carvalho verde para a rabiça, porque é a madeira que "resiste melhor".

Quando o arado escarificador avança no trabalho do solo, sua ponta rasga, abre e esboroa o solo. Ele retira a vegetação, desenraíza e destrói uma parte dela. Assim, após uma aração, podemos retirar as ervas adventícias, uma parte das raízes e dos rizomas, fazê-los secar e queimá-los. Para limitar a reinfestação de ervas adventícias no alqueive, geralmente se realizam arações (ou "capinas") de fim de verão ou de primavera, favorecendo a brotação das ervas adventícias que, em seguida, são pastejadas para não frutificarem nem se multiplicarem. A alternância racional da aração e do pastoreio dos alqueives é, portanto, um procedimento de luta contra as ervas adventícias.

Passa-se também o arado escarificador uma primeira vez antes da semeadura, a fim de preparar um leito de sementes relativamente limpo, desterrado e arejado, e depois o arado escarificador é utilizado uma segunda vez para cobrir os grãos. Mas, ao mesmo tempo, a aração também prepara o terreno para os grãos de ervas adventícias que não foram enterradas mais profundamente. Os cereais semeados em um alqueive preparado com o arado escarificador, sem lavração a braço, são, portanto, frequentemente invadidos pelas ervas adventícias, que devem ser arrancadas à mão até a colheita. Por essa razão, antigamente, os cereais podiam ser considerados como plantas mondadas.[5] A prática da aração múltipla (geralmente três) é citada por numerosos autores gregos e latinos antigos (Hesíodo, Xenofonte,

---

[5] Do francês *plantes sarclées*. Apesar da inexpressiva utilização deste termo no vocabulário agronômico brasileiro moderno, optou-se pela utilização do termo "plantas mondadas" para designar as plantas cultivadas que, no decorrer do seu ciclo vegetativo, prestam-se à destruição manual ou mecânica de ervas adventícias intercalares. (N.T.)

Teofrasto, Varão, Colúmela), e ainda hoje é praticada no entorno mediterrâneo e na América Latina.

Nos sistemas de cultivo com alqueive e tração leve, o *ager*, essencialmente destinado ao cultivo dos cereais, tem como função satisfazer as necessidades alimentares de base da população, que se alimenta principalmente de massas, pães, sêmolas, cozidos etc. Certamente podemos substituir em parte os cereais por outros cultivos (leguminosas, têxteis), mas como a produção de grãos não é ainda suficiente, tal substituição não pode ser muito significativa e o *ager* não consegue satisfazer todas as necessidades. Na verdade, nesses sistemas, os outros cultivos, exceto os cereais, são na maioria das vezes realizados nas hortas e pomares próximos das moradias, constituindo o *hortus*.

Hortas, vinhedos e pomares (o *hortus*)

A horta é uma parcela de pequeno porte, protegida dos animais por uma cerca, cultivada todos os anos, sem alqueive nem pousio, e enriquecida por dejetos domésticos, cinzas das fogueiras e dejetos animais. Essa horta era herdeira daquelas que já existiam nos sistemas florestais. Na Antiguidade e na Idade Média, eram cultivadas, separadamente ou em associação, leguminosas alimentares (ervilha, lentilha), hortaliças (cebola, alho, funcho, repolho, rábano etc.), plantas têxteis (linho e, depois, cânhamo), plantas oleaginosas (papoula, colza) e plantas forrageiras (trevo, ervilhaca e, mais tarde, alfafa). Cultivavam-se igualmente árvores frutíferas e eventualmente a vinha.

O *saltus* e outras pastagens

Em algumas regiões, vimos que o *saltus* é oriundo diretamente de uma formação herbácea original. Mas na maioria dos casos, tratava-se, ao contrário, de uma formação secundária à dominante herbácea, resultante do desmatamento progressivo da floresta primitiva. Se abandonado à própria sorte, o *saltus* evoluiria até constituir uma formação arbórea secundária. Perpetuava-se como formação herbácea apenas enquanto era explorado e mantido constantemente pelo pastoreio de um rebanho animal bastante numeroso para impedir o retorno vigoroso da vegetação lenhosa. Além disso, os pastores desmatavam com fogo as formações de matagais que tendiam a fechar o terreno, de modo a mantê-lo aberto para os animais, a eliminar a vegetação ressecada e a favorecer o rebrote da erva fresca. Destruíam também com a enxada e a foice as plantas não consumidas pelo gado e que tendiam a se desenvolver, em detrimento da vegetação útil.

Porém, o gado não pastava somente no *saltus* mas também por todas as razões que enumeramos, nos alqueives. Quando os campos eram suficientemente grandes, o pastoreio dos alqueives podia ser organizado por guarda ou com a ajuda de cercas permanentes ou móveis, feitas de arbustos ou paliçadas de madeira. Mas quando as parcelas eram muito pequenas para que fossem cercadas, o pastoreio das parcelas em alqueive, misturadas às parcelas cultivadas com cereais, tornava-se muito difícil. Duas soluções eram possíveis: uma individual, que consistia em atar cada animal, com uma corda curta, a uma estaca que era deslocada de tempos em tempos; outra, coletiva, que consistia em organizar o afolhamento em escala no vilarejo todo e instaurar o livre pastejo sobre todos os alqueives reagrupados.

Afolhamento regulado e o livre pastejo

Para isso, era preciso dividir todas as terras cultiváveis do vilarejo em duas grandes folhas iguais, repartir as terras de cada agricultor pela metade entre essas duas folhas e obrigar todos os agricultores a cultivar ao mesmo tempo seus cereais na mesma folha, deixando todas suas terras em alqueive sobre a outra folha, e vice-versa no ano seguinte. Esse era o princípio do *afolhamento regulado*. Dessa maneira, uma vez passado o tempo da colheita e da respiga,[6] a folha em alqueive poderia ser aberta ao rebanho de todos sem acarretar prejuízo. Esse princípio do *livre pastejo* era compatível com as parcelas pequenas, muito próximas entre si e não cercadas. Afolhamento regulado e livre pastejo coincidiam frequentemente com o regime dos campos abertos. Mas é preciso salientar que essa conduta coordenada dos cultivos e das criações não se refere a uma agricultura cooperativa ou coletiva: os afolhamentos regulados e o livre pastejo não impediam que cada agricultor explorasse em proveito próprio suas "próprias" parcelas e animais. Aliás, na Europa, do final da Antiguidade até a supressão dos alqueives no século XVIII e XIX, os donos da terra e os proprietários de grandes rebanhos se encarregavam de fazer respeitar o livre pastejo em proveito próprio, não raro com o apoio de camponeses donos de pouco gado que encontravam em tal estratégia um meio de estercar suas terras por meio dos animais alheios.

Às vezes, pergunta-se como todos os agricultores de um vilarejo puderam entrar em acordo para organizar um sistema desta natureza. Isso seria esquecer que na Europa esse modo de condução dos cultivos e das criações pré-existia nas grandes propriedades da Antiguidade e nas reservas senhoriais da Idade Média. Tal conduta foi naturalmente imposta aos servos no momento do fracionamento de grandes domínios do final da Antiguidade, e também

---

[6] Do francês *glanage*. A respiga consiste na recolha das espigas e dos grãos de cereais que permanecem nas lavouras após a ceifa e a colheita. (N.T.)

imposta aos agricultores quando as reservas senhoriais do fim da Idade Média foram colocadas para venda ou locação por lotes. Seria esquecer ainda que os aldeões que praticavam os seus cultivos com o sistema de derrubada-queimada em meio arborizado eram capazes de adotar um afolhamento regulado plurianual muito mais complexo que o afolhamento bienal (ver Capítulo 3).

Pode-se ver na prática do livre pastejo a sobrevivência dos antigos sistemas de cultivo de derrubada-queimada nos quais, uma vez terminada a colheita, as parcelas abandonadas em pousio caíam em domínio público: ali cada um podia colher e caçar ou deixar vagar seu gado. Da mesma forma, com o livre pastejo, o alqueive era aberto à respiga e ao gado alheio: ela unia dessa forma, ainda que temporariamente, o domínio indiviso aberto a todos, dos quais o *saltus* e a *silva* também faziam parte, pelo menos na sua origem.

Enfim, além dos alqueives e do *saltus*, a pastagem estendia-se também à *silva*. Os herbívoros encontravam ali algum alimento suplementar, quando faltava pasto no verão devido à seca ou, no inverno, devido ao frio ou à neve. A *silva* era também frequentada no outono pelos rebanhos de porcos que ali engordavam com faias, castanhas e outros frutos.

A floresta (a *silva*)

Durante a Antiguidade e a Alta Idade Média, a floresta ocupava ainda um lugar importante. Além de áreas residuais mais ou menos degradadas da floresta original, poupadas da destruição por serem impróprias ao cultivo, ou então preservadas para fornecer madeira ou constituir reservas de caça, existiam também florestas secundárias que se reconstituíam após os desmatamentos excessivos dos períodos de forte povoamento.

Original ou secundária, a floresta representava sempre um papel muito importante na vida dos homens. Sua principal função era fornecer à população lenha e madeiramento para a construção: lenha para cozinhar, para se aquecer, para assar o pão etc., madeira para fabricar utensílios, material agrícola e também aos tamancos, as estacas, os tonéis, os baús e outros móveis, assim como para o madeiramento usado na construção de casas. Além da madeira, eram tirados da floresta muitos outros produtos: a caça ainda fornecia uma parte considerável do abastecimento de carne. A colheita de bagas, de frutos, de raízes, de cogumelos, de mel etc., completava e alterava a monotonia de um regime alimentar essencialmente constituído de cereais. A floresta era também, como vimos, um importante lugar de pastagem.

Nos primeiros tempos dos sistemas com alqueive, a madeira, ainda superabundante em relação às necessidades da população, era um recurso comum (sem apropriação individual) e que todos podiam usar sem restrição. A floresta era, então, explorada de forma seletiva, escolhendo-se as árvores abatidas, deixando-se as demais para crescimento. Nela recolhia-

-se a madeira morta e cortavam-se as árvores em função de necessidades diversas, madeiras de espécies e diâmetros variáveis, deixando de lado as árvores muito pequenas ou muito grandes ou ainda as espécies inadequadas. Nesse modo de exploração, as madeiras se renovavam, na maioria das vezes, pela brotação a partir de troncos recentemente cortados e também pela germinação das sementes. Em clima temperado, era preciso vinte anos pelo menos para a regeneração das árvores produtoras de lenha de alguns centímetros de diâmetro, e cinquenta anos ou mais para se obter pequenas árvores de 15 cm a 20 cm de diâmetro, destinadas à construção. As árvores de grande porte, de várias dezenas de centímetros de diâmetro, tinham, em geral, aproximadamente cem anos ou mais. Difíceis de derrubar e cortar, eram abatidas apenas para suprir necessidades excepcionais de madeira para construção civil ou de embarcações.

O modo de exploração pouco rigoroso e efetivo das florestas era cômodo e sem inconveniente, enquanto as necessidades da população, pouco numerosas, se mantivessem inferiores às possibilidades de renovação da floresta. Porém, a situação inversa apresentava vários inconvenientes. Na verdade, na medida em que a população crescia, o *ager* e o *saltus* estendiam-se, e a floresta original diminuía, enquanto as necessidades em madeira aumentavam. A superexploração da madeira das florestas começou quando a população passou a retirar a cada ano mais madeira do que a floresta produzia: as árvores eram cortadas cada vez mais jovens e, portanto, cada vez menores, ao que se seguia o corte das reservas de árvores de grande porte até que, finalmente, a floresta era reduzida a uma mata de corte, que definhava cada vez mais, produzindo cada vez menos madeira. Esse fenômeno aconteceu primeiramente nas regiões férteis mais povoadas, nos setores próximos das habitações e ao longo das vias de comunicação. Nos arredores dos vilarejos, o limite entre o *saltus* ainda arborizado e a *silva*, cada vez mais desmatada se tornou francamente indistinto. Para lutar contra tal tendência, as florestas foram colocadas sob preservação: os cortes de madeira e o pastoreio foram proibidos ou estritamente regulamentados. A floresta, então, passou do estatuto de recurso natural considerado inesgotável e explorado livremente, ao de recurso manifestamente limitado, explorado de maneira racionada, racional e tido, por isso, como renovável (ver Capítulo 7).

As performances e os limites dos sistemas com alqueive e tração leve

Os rendimentos

Os documentos antigos relativos à produção de cereais na Antiguidade são frequentemente incertos, heterogêneos e, às vezes, até fantasiosos. Alguns autores chegam a avançar rendimentos de uma lavoura em centenas de vezes superiores aos da semente! Conforme mostra A. Jardé (1979), que se dedicou a uma análise minuciosa das fontes, é difícil fazer estimativas razoáveis no que diz respeito aos rendimentos, aos volumes de produção, às proporções relativas do *ager* e do *saltus* e à densidade da população.

Para tentar compor uma opinião, o autor se refere notadamente aos rendimentos levantados por Mathieu de Dombasle para o norte da França do princípio do século XIX, rendimentos que são um pouco superiores a 1.000 kg/ha. Daí ele deduz que os rendimentos na Grécia antiga podiam ser em média da ordem de 750 kg/ha para o trigo, de 1.350 kg/ha para a cevada, o que é certamente muito exagerado. Isso seria esquecer que na verdade entre a Antiguidade e o século XIX, a revolução agrícola da Idade Média (ver Capítulo 7) permitiu dobrar os rendimentos cerealíferos na metade norte da Europa. Aliás, G. Duby (1975) estima que por volta do ano 1000, ou seja, antes dessa grande revolução agrícola, o rendimento dos cereais na Europa era inferior em mais da metade àqueles levantados por A. Jardé.

As estimativas de Jardé foram revisadas por vários autores, em particular por P. Garnsey (1996) que reteve para a campanha ateniense rendimentos brutos da ordem de 700 kg/ha de trigo e de 900 kg/ha de cevada, o que ainda nos parece exagerado. Na realidade, no século XIX, os rendimentos cerealíferos médios nas regiões da Europa meridional, onde persistiam os sistemas com alqueive e tração leve não atingiam esse nível. A observação de alguns sistemas desse tipo, que funcionavam ainda nos anos 1960 sem insumos minerais, mostrava que o rendimento bruto em grãos não ultrapassava mais que 500 kg/ha, o que corresponde a um rendimento líquido consumível (semente e perdas deduzidas após a colheita) de aproximadamente 300 kg/ha semeado. É razoável pensar que o rendimento líquido médio dos cereais na Antiguidade não ultrapassasse essa estimativa, e por isso o manteremos nos cálculos que seguirão. Sem esquecer, é claro, que de uma região a outra e de um ano para o outro, os rendimentos podiam variar do simples ao dobro e até mais.

A *produtividade do trabalho*

Consideremos que os rendimentos líquidos (sementes e perdas deduzidas) médios dos cereais nesses sistemas fossem da ordem de 300 kg/ha e que, munido de instrumentos relativamente pouco eficazes de cultivo com tração leve (pá, enxada, arado escarificador, cargueiros, foice), um ativo agrícola e seus ajudantes familiares pudessem cultivar de 6 a 7 ha de *ager*, ou seja, em rotação bienal, de 3 ha a 3,5 ha de cereais. Nessas condições, a produtividade cerealífera líquida atingiria exatamente 900 kg a 1.100 kg por ativo, ou seja, o mínimo para alimentar uma família de cinco pessoas. Com certeza, existiam territórios que proporcionavam melhores rendimentos, mas existiam também muitas regiões que proporcionavam rendimentos inferiores. Enfim, devido ao superpovoamento ou à desigualdade na repartição da terra, um grande número de pequenos agricultores não possuía terra, material agrícola e gado suficientes para obter tais resultados. Desde então, é compreensível que fosse geralmente muito difícil, nesse gênero de sistema, obter um excedente que permitisse alimentar uma população não agrícola mesmo sendo essa população pouco numerosa.

Capacidade de produção do sistema e densidade populacional

Consideremos que para produzir os 1.000 kg de grãos necessários para suprir as necessidades de uma família de cinco pessoas, fosse preciso dispor de pelo menos 6 ha de *ager*. Também podemos admitir que para obter um rendimento cerealífero bruto de 500 kg/ha (300 kg líquido), era preciso, num sistema com confinamento noturno, aproximadamente uma unidade de animal de grande porte (bovino) ou, o que dava no mesmo, 5 a 6 cabeças de animais de pequeno porte (ovino, caprino) para adubar um hectare semeado. Assim, uma unidade de gado de grande porte consome, aproximadamente, 6 t de matéria seca por ano e produz 15 t de dejetos, dos quais um terço aproximadamente, num sistema como esse, é transferido para os alqueives. Ora, numa região mediterrânea, de clima temperado quente e com pluviometria média, era preciso aproximadamente 3 ha de *saltus* para alimentar uma cabeça de animal de grande porte e, logo, para estrumar um hectare de alqueive. Para estrumar 3 ha de cereais necessários para uma família (ou seja, 6 ha de *ager*), era preciso dispor de 9 ha de *saltus*. Enfim, podemos considerar que nesse tipo de região, era preciso contar com 0,2 ha de floresta por pessoa para satisfazer as necessidades em madeira da população. Ao todo, para suprir as necessidades de cinco pessoas, era preciso dispor de 16 ha (6 ha de *ager*, 9 ha de *saltus*, 1 ha de *silva*), o que correspondia a uma densidade de população de 30 hab./km². Na base dessa estimativa, na Antiguidade, as localidades rurais em torno de Atenas podiam alimentar com seus próprios meios (sem importações permanentes) uma população de aproximadamente 70.000 pessoas (2.400 km² × 30 hab./km² = 72.000 hab). Considerando hipóteses de rendimentos mais elevados, P. Garnsey (op. cit.) chega a considerar uma possibilidade de autoabastecimento mais importante, da ordem de 132.000 pessoas.

Em um clima mediterrâneo, muito mais seco, onde os rendimentos das pastagens e das florestas são reduzidos pela metade, para suprir as necessidades de cinco pessoas, era preciso dispor de uma superfície de 26 ha (6 ha de *ager*, 18 ha de *saltus* e 2 ha de *silva*), o que corresponde a uma densidade populacional de 23 hab./km².

Numa região mais setentrional de clima temperado frio, os rendimentos das pastagens e das florestas eram, sem dúvida, mais elevados que no primeiro caso, mas essa vantagem aparente era anulada pelo rigor e pela duração do inverno. Nesse caso, as necessidades de madeira para aquecimento eram muito mais elevadas, o que exigia uma disponibilidade de aproximadamente 0,7 ha de florestas por pessoa. Além disso, como a produção forrageira era muito baixa no inverno, era preciso, se não se colhesse o feno, 8 ha de *saltus* para manter uma cabeça de animal de grande porte. No total, para suprir as necessidades de cinco habitantes era preciso dispor de 33,5 ha (6 ha de *ager*, 24 ha de *saltus* e 3,5 ha de *silva*), o que correspondia a uma densidade de população de aproximadamente 15 hab/km².

Nas regiões de clima temperado nitidamente mais frio, situadas em zonas de maior altitude ou no norte da Europa, onde os rendimentos das pastagens e das florestas representavam menos da metade daqueles do caso precedente, as superfícies de *saltus* e de *silva* deviam ser duas vezes maiores. Para suprir as necessidades de cinco habitantes, era preciso então dispor de 61 ha (6 ha de *ager*, 48 ha de *saltus* e 7 ha de *silva*), o que correspondia a uma densidade de população da ordem de 8 hab/km². Enfim, conforme dissemos, muitas regiões demasiado frias ou pouco férteis eram inexploradas com atividades de cultivo com tração leve.

Assim, até o ano 1000, o território francês em seus limites atuais não contava com muito mais de quinze milhões de hectares de terras cultiváveis, sendo em rotação bienal, 7,5 milhões de hectares de cereais. Com um rendimento líquido da ordem de 300 kg/ha, esses 7,5 milhões de hectares permitiam obter aproximadamente 250.000 t de grão, ou seja, o suficiente para manter as necessidades de base de pouco mais de 10 milhões de habitantes.

Os limites dos sistemas de cultivo com alqueive e tração leve

Esses cálculos rápidos, por mais aproximativos que sejam, mostram que a capacidade de produção dos sistemas com alqueive e tração leve era bastante limitada, talvez até mesmo mais limitada que a dos sistemas de cultivo de derrubada-queimada que os precederam. No mais otimista dos casos – o do clima temperado quente "médio" do entorno imediato do Mediterrâneo –, esses sistemas não podiam suportar densidades de população superiores a 30 hab/km². Onde quer que se vá pelo sul ao encontro de climas cada vez mais secos, ou para o norte nas regiões de clima temperado cada vez mais frio, as performances desses sistemas diminuem e as densidades máximas de população caem rapidamente abaixo de 20 hab/km². Além de um certo patamar de seca ou de frio, esses sistemas se tornam impraticáveis, o que acaba determinando os limites de sua área de extensão. Assim, nas regiões mais meridionais do norte da África, os sistemas cerealíferos com alqueive cedem lugar aos sistemas pastorais e aos cultivos de oásis, enquanto as regiões frias de montanha e do norte da Europa, incultiváveis com o sistema de cultivo com alqueive e tração leve, permaneceram arborizadas até a revolução agrícola da Idade Média.

Da análise precedente podemos concluir que os sistemas com alqueive e tração leve, que sucederam os sistemas de cultivo de derrubada-queimada, em crise, nas regiões temperadas em vias de desmatamento, não eram mais produtivos que aqueles. Não acabaram verdadeiramente com a crise iniciada ao final da época neolítica. Essa crise não cessou de manifestar-se, ao longo da Antiguidade, por uma falta crônica de terras e víveres, e pela dificuldade constante em propiciar um excedente necessário para alimentar a população não agrícola e para abastecer as cidades que nasciam. Essa crise crônica constitui o pano de fundo da questão agrária e alimentar durante toda a Antiguidade.

3 A QUESTÃO AGRÁRIA E ALIMENTAR NA ANTIGUIDADE

A guerra permanente e a formação das cidades-Estado militarizadas

O desflorestamento e o desenvolvimento dos sistemas com alqueive começaram no Oriente Médio há 2.000 a.C., para estender-se em seguida de leste a oeste e do sul ao norte, no entorno mediterrâneo e na Europa. Ora, é surpreendente constatarmos que nessa parte do mundo, palácios, cidades, Estados e impérios se desenvolveram paralelamente a essa vasta perturbação agroecológica. Os primeiros palácios de Creta (Cnossos) e do Peloponeso (Micenas), as primeiras cidades-estado da Ásia menor (Hatousa, na Anatólia) apareceram entre 2.000 a.C. e 1.500 a.C. Entre 1.000 a.C. e 500 a.C. foram formadas as cidades fenícias (Tiro, Sidon) e gregas (Atenas, Esparta etc.) bem como as cidades de suas colônias ocidentais: colônias fenícias do norte da África (Cartago), colônias gregas da Sicília e do sul da Itália (Siracusa, Tarento), colônias etruscas da Itália central (Volsini, Populônia, Volterra). Entre o ano 500 a.C. e o princípio da era cristã, Roma resplandeceu e constituiu um vasto império do perímetro mediterrâneo e europeu. Enfim, a partir do século V da era cristã, os reinos e os impérios germânicos, eslavos e escandinavos se formaram mais ao norte.

Marcel Mazoyer • Laurence Roudart

A colonização

Em todas essas sociedades, a crise do desflorestamento, a falta de terras cultiváveis e a falta de víveres se faziam sentir duramente. Estavam na origem das migrações dos povos à procura de novas terras para colonizar, expedições de pilhagem e guerras quase permanentes que levaram à militarização crescente das sociedades mediterrâneas e europeias da Antiguidade. Os locais de defesa naturais foram tomados por muralhas e cidades, abrigando e refugiando a população rural em caso de invasão. Na Grécia, por exemplo, no período arcaico, multiplicaram-se as guerras entre linhagens e tribos para pilhar colheitas, tomar terras e reduzir à servidão populações vizinhas, o que conduziu os chefes mais poderosos a se constituírem em aristocracias que concentraram nas mãos a maior parte das terras, as armas metálicas mais custosas e eficazes, os cavalos e os carros de combate. Essa aristocracia fundiária e militarizada encontrava-se na chefia da cidade fortificada e do Estado nascente. As cidades-estado militarizadas mais poderosas puderam prolongar suas expedições de pilhagem às cidades vizinhas, colonizando-as e resolvendo assim seus problemas de abastecimento impondo-lhes um tributo, ou ocupando-as e explorando suas terras. Como escreve P. Garnsey (op. cit.):

> os romanos alimentavam seus famintos graças às colheitas de seus vizinhos e cultivavam terras cedidas por seus inimigos conquistados. Os vencidos eram também obrigados a fornecer reservas (e mão de obra) a fim de permitir as etapas ulteriores da conquista. Com o tempo, os romanos pilharam e exploraram os recursos dos países de além-mar. Foi sobre o excedente extraído dos Estados-súditos que os soldados romanos e os civis não produtivos se alimentavam.

Todavia, a partir do momento em que as cidades-Estado permanentes, relativamente importantes, foram constituídas, uma fração importante da população (nobres, guerreiros, magistrados, artesãos, comerciantes, servidores etc.) foi retirada do trabalho agrícola. Ora, como vimos, a produtividade agrícola da época era geralmente suficiente apenas para alimentar os agricultores e suas famílias. Desde então, para abastecer-se, a cidade antiga dominante e em crescimento tinha não apenas necessidade de colônias, de cada vez mais colônias, mas também necessidade de escravos.

Escravidão "necessária"?

Conforme ressalta Meillassoux (1986), o escravo, a quem a reprodução era geralmente proibida, não tinha família a seu encargo. Suas necessidades se reduziam a sua própria ração de manutenção e, nessas condições, o escravo trabalhando na produção agrícola podia garantir um "excedente" exatamente no qual um homem livre, chefe de família, não poderia fazê-lo. E, claro, esse "excedente" era quase ilusório, pois foram na verdade as sociedades periféricas, submetidas à pilhagem de sua própria mão de obra, que produziram essa força de trabalho capturada e reduzida à escravidão. Para a cidade escravista, o custo de renovação do escravo se limitava ao custo de sua captura e de seu comércio e, quanto maior a superioridade militar da cidade conquistadora, mais fácil a captura, além do fato de que o custo de manutenção se reduzia apenas à sua alimentação e à sua vigilância.

Essa análise é bem diferente daquela feita por Engels (1983), segundo a qual a escravidão teria se desenvolvido historicamente a partir do momento em que a produção de um ativo tornando-se superior às suas próprias necessidades, era mais vantajoso manter cativos de guerra como escravos em vez de exterminá-los como antigamente. Esse ponto de vista não é mais defensável. Na verdade, para que uma sociedade, qualquer que fosse, pudesse se reproduzir, segundo seus próprios meios, era necessário que a produção de um ativo fosse superior às suas próprias necessidades, ainda que fosse para alimentar suas crianças, seus doentes, os inválidos momentâneos etc. (ver Capítulo 1, item 4). Essa regra vale para todas as sociedades, inclusive aquelas anteriores ao desenvolvimento da escravidão.

Para nós, o desenvolvimento da escravidão antiga no Ocidente, e sua perpetuação durante mais de um milênio pode ser explicada de outra forma. A escravidão, que se tornou "necessária" quando do surgimento da cidade antiga, devia-se ao fato de que a produtividade agrícola da época era muito insuficiente para garantir simultaneamente a renovação das gerações e excedentes capazes de abastecer a cidade. O que tornava, portanto, a escravidão possível, além da superioridade militar da cidade escravista, era a existência na periferia desta, de povos menos poderosos constituindo uma vasta reserva de mão de obra. Esse era, aliás, o ponto de vista dos Antigos sobre a questão:

> a utilidade de animais domésticos e de escravos era mais ou menos a mesma; tanto uns como os outros nos ajudam por meio de sua força física a satisfazer as necessidades da existência [...]. A escravidão é portanto um modo de aquisição natural que faz parte da economia doméstica. Nessa, tudo está feito ou deve ser criado, sob pena de não conseguirmos os meios de subsistência indispensáveis à associação do Estado e aquela da família [...]. Assim, a guerra é de certa maneira um meio natural, já que compreende esta caça que se deve fazer às bestas selvagens e aos escravos que, nascidos para obedecer, recusam a submeter-se [...]. (Aristóteles, *Política*)

De resto, a escravidão por motivo de dívida sempre foi precedida pelo desenvolvimento da escravidão pela guerra. Na verdade, desde que a cidade antiga e os grupos sociais improdutivos se constituíram, desde que o imposto adquiriu uma certa importância, muitos agricultores que, já anteriormente, mal conseguiam suprir suas próprias necessidades e a de suas famílias, precisaram entrar na engrenagem de um endividamento crescente, que levou muitos deles a perder ao mesmo tempo seus bens e sua independência. O mecanismo dessa servidão por dívida é bem-conhecido: um camponês autossuficiente, que devia vender uma parte muito importante de sua colheita para pagar o imposto, era obrigado a endividar-se para adquirir os alimentos necessários, até a colheita seguinte, período em que os grãos apresentavam um valor elevado. Para reembolsar sua dívida, deveria vender a preço baixo uma parte dessa colheita. Isso o levava a pedir dinheiro emprestado por alguns meses a uma taxa de juros bastante elevada. De ano em ano, cada vez mais empobrecido pelos juros de sua dívida, o agricultor devia se endividar cada vez mais pesadamente, hipotecando partes cada vez maiores de sua terra, de seu trabalho futuro e de sua família. Chegava um momento em que o valor de sua colheita anual se tornava inferior ao montante de sua dívida, e ele se via forçado a entregar ao seu credor todos os seus meios de produção hipotecados, inclusive ele mesmo e sua família. Dessa maneira, ele se encontrava reduzido a um estado de servidão por dívida em proveito de seu credor, que se torna proprietário de suas terras, de sua pessoa e de sua família.

Nas sociedades antigas, a amplitude que esse mecanismo ganhou, a abundância de todas as formas de servidão e o desenvolvimento ulterior da guerra escravista mostram bem que, nas condições da época, a escravidão tornara-se, como disse Aristóteles, uma necessidade "natural" para suprir, ao mesmo tempo, as necessidades da família e as do Estado.

O caso da Grécia

Nas sociedades "ocidentais" do entorno mediterrâneo e da Europa, as terras cultiváveis não eram, como nas sociedades hidráulicas "orientais" (Egito, Mesopotâmia, Indo), o fruto de grandes obras realizadas sob a égide de um soberano todo-poderoso, que concedia terras a particulares ou a comunidades vizinhas pouco diferenciadas. No "Ocidente", as terras cultiváveis do *ager* eram objeto de apropriação ou usufruto privado, geralmente bastante desiguais.

Colonização e servidão

Dessa maneira, desde o século VIII a.C., em muitas regiões gregas, a concentração de terras nas mãos de uma minoria de grandes proprietários ampliou-se, sobretudo nas regiões férteis. Vítimas dessa concentração, mas também talvez de um certo superpovoamento, muitos agricultores foram confinados em lotes muito pequenos ou expulsos para as zonas mais inóspitas e aqueles – cada vez mais numerosos – incapazes de pagar o impostos e obrigados a endividar-se não tiveram outra escolha senão a servidão por dívida ou a emigração. A colonização grega para o oeste (Itália do Sul, Sicília), depois para o leste (Ásia Menor, Ponto Euxino) e ao sul (norte da África) foi se organizando. Dela participou a aristocracia, os artesãos, os comerciantes e os camponeses arruinados, mercenários ou servos.

Essa colonização foi a princípio agrária, exercida nas planícies geralmente mais extensas, mais férteis e menos superpovoadas que as da Grécia. Era baseada, em grande medida, na exploração de uma mão de obra local ou imigrante reduzida a diversas formas de servidão, proporcionando excedentes que contribuíam ao abastecimento da metrópole.

Reforma agrária e democracia

No entanto, a ruína e a servidão de uma parte da classe camponesa empobreceram os campos, reduziram a demanda de produtos artesanais e enfraqueceram a atividade econômica geral. O agravamento constante das desigualdades alimentou movimentos revolucionários que exigiam, de maneira recorrente ao longo da Antiguidade, a abolição de dívidas e a partilha das terras. Esses movimentos trouxeram ao poder ou legisladores reformistas democraticamente eleitos, ou tiranos que se impuseram pela violência.

Assim, em Atenas, no início do século VI a.C, o legislador Sólon exonerou os camponeses servos de seus pesados encargos e proibiu a servidão por dívida e a venda de crianças como escravos. Todo cidadão ateniense foi tido como livre aos olhos do Estado. Sólon tomou também uma série de medidas para distribuir as terras indivisas do *saltus* e para repartir mais justamente os impostos e as obrigações de diferentes categorias de cidadãos em função dos bens de cada um. Mas essas reformas descontentaram a oligarquia, que as achava muito radicais, e os camponeses, que reclamavam a redistribuição de terras. Em 524, Pisístrato, representando uma facção aristocrática que havia tomado o comando do movimento dos "Diácrios" (movimento de camponeses expropriados e expulsos para as montanhas inférteis da periferia da Ática, principalmente no planalto da Diácria) tomou Atenas e o poder. Impôs, então, reformas radicais. Distribuiu os domínios confiscados pela aristocracia e as terras em pousio, constituindo, assim, uma classe vigorosa de pequenos e médios camponeses, aos quais encorajou a investir em plantações de vinha e árvores frutíferas com créditos do Estado, com baixas taxas de juros. Ao contrário de Sólon, que representava o povo das cidades, Pisístrato apoiou-se nos camponeses empobrecidos e marginalizados e, redistribuindo terras em proveito dos camponeses, realizou uma das primeiras reformas agrárias da história. Todavia, se as reformas de Sólon e de Pisístrato, e depois as de Clísteno, fundaram a democracia e protegeram os cidadãos atenienses da servidão, elas, contudo, não aboliram a escravidão dos estrangeiros, nem na metrópole, nem nas colônias (Glotz, 1948).

A questão do abastecimento da cidade

Em sequência às reformas do século VI, a economia rural refloresceu na Ática. Foi a idade de ouro dos pequenos e médios proprietários independentes, que produziam o próprio grão, vendiam os produtos de suas vinhas e de seus pomares, trabalhavam em família e com alguns escravos, viviam frugalmente e limitavam a descendência a um ou dois filhos. Xenofonte, em *A Economia*, exalta esse ideal de vida. Todavia, essa agricultura produzia poucos excedentes, e diversos sinais mostram claramente que a penúria crônica de grãos continuava. A restrição dos nascimentos era uma regra; o aborto e o infanticídio, frequentes: os recém-nascidos, principalmente as mulheres, eram "expostos" na via pública, e assim abandonados aos caçadores de escravos e, frequentemente, à morte. O regime alimentar continuava muito moderado, a fome não era rara, assim como as epidemias (peste) e as doenças endêmicas (paludismo, tuberculose).

Certamente, do século VI a.C. ao século IV a.C., a população ateniense, da cidade e do campo, teria mais que dobrado, passando de uma centena de milhar de habitantes a mais de 200 mil. No entanto, é preciso dizer que no século V, a cidade ateniense, mestra dos mares, certamente importava pelo menos a metade de seu trigo de Ponto Euxino, sobretudo, e também, mais tarde, da Sicília, do sul da Itália, do Egito e da Trácia (Finley, 1975; Garnsey, op. cit.). Já no século IV, tendo a cidade perdido o domínio dos mares, o seu abastecimento tornou-se uma preocupação constante do governo: a lei proibiu, sob pena de morte, as exportações de trigo, e que qualquer habitante financiasse navios que não transportasse trigo a Atenas, obrigando os mercadores a entregarem à cidade pelo menos dois terços de seus carregamentos de trigo. Os preços do grão, da farinha e do pão foram fixados pelas autoridades; as compras de cereais pelos mercadores e seus lucros foram limitados, a fim de evitar o açambarcamento, a especulação e a penúria. Magistrados (sitofílacos) foram designados especialmente para verificar a aplicação de todos os regulamentos. Mas mesmo em Atenas estas disposições legais não duraram muito. E na maioria das cidades gregas não dominantes, a segurança alimentar da população não era responsabilidade das autoridades: era deixada aos bons cuidados das benesses ostentadoras dos ricos (evergetismo) que, se por um lado aliviavam a fome de alguns famintos, por outro não conseguiam resolver esse problema de fundo.

História das agriculturas no mundo

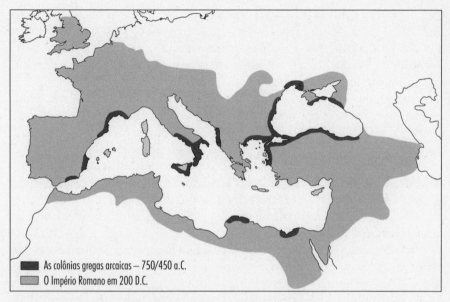

■ As colônias gregas arcaicas — 750/450 a.C.
■ O Império Romano em 200 D.C.

Figura 6.4 Mapa das colônias gregas e do Império Romano

A crise e a queda de Atenas

Desde o fim do século V a.C., a situação do campo ateniense se degradou novamente. Na verdade, pelo jogo de divisões sucessórias, os estabelecimentos agrícolas se tornaram cada vez menores: o tamanho da maioria dentre eles era compreendida entre 2 e 4 ha, ou seja, uma dimensão bem inferior ao mínimo necessário para alimentar uma família. O endividamento e a ruína estenderam-se e chegaram, por um lado, a formar massas indigentes prontas a se engajar como mercenários – inclusive a serviço do próprio inimigo – e, por outro lado, a desenvolver a grande propriedade. As guerras civis recomeçaram e mesmo com o governo recusando as reformas, elas continuaram até a conquista macedônica. A colonização dos territórios do leste, sob a égide de Alexandre da Macedônia, permitiu um ganho passageiro de prosperidade. Em seguida, Atenas foi esvaziada e entrou em uma fase de grave crise no final do século II a.C, uma crise que se agravou até a conquista romana.

O caso da Itália

Colonização

A cidade romana empreendeu, em uma escala cada vez maior ampla, um processo de colonização essencialmente motivado pela pilhagem, o confisco de terras cultiváveis e a captura de mão de obra escrava. A princípio limitada à Itália, a colonização romana se estendeu, após a vitória sobre sua rival cartaginesa, a todo o entorno mediterrâneo, o centro-sul e o noroeste da Europa. Essas conquistas estavam na origem de uma enorme transferência de riquezas das regiões vencidas para a península italiana e para Roma, em particular: produtos agrícolas, mercadorias diversas, prata e escravos a baixo preço afluíam. Tratava-se essencialmente do butim de guerra, tributos pagos pelas regiões que se tornaram províncias romanas, produtos de exploração do *ager publicus* (conjunto de domínios privados, minas, florestas, salinas etc. confiscados pelo Estado romano nas regiões vencidas) e ganhos das sociedades e pessoas físicas que exploravam os recursos das províncias. A receita do Estado se tornou tão importante que, em 167 a.C., o governo republicano decidiu suprimir toda contribuição direta sobre os cidadãos na Itália.

Não obstante, a chegada maciça de cereais a baixo preço provenientes das colônias provocou uma forte redução dos preços agrícolas: nos dois anos que se seguiram ao fim das Guerras Púnicas, por exemplo, o preço do trigo em Roma foi dividido por quatro e depois por oito (Aymard &Auboyer, 1980). Mais tarde, a concorrência dos produtos coloniais aplicou-se ao vinho e ao azeite de oliva e também aos animais. As frutas e os legumes frescos, difíceis de transportar, continuaram protegidos dessa concorrência. Nas regiões abertas para o mar e atingidas pela concorrência dos produtos importados, os grandes proprietários converteram suas propriedades para a criação, e às vezes também para plantações frutíferas. Entre os camponeses, apenas aqueles que dispunham de capital, graças ao butim que haviam conseguido durante a guerra, puderam reconverter suas propriedades. Nessas regiões, a paisagem rural se transformou: o *saltus* e o *hortus* estenderam-se, às custas do *ager*. Para os camponeses pobres, a única e mais frequente saída era vender suas terras e unir-se à plebe romana mais ou menos ociosa. A propriedade se concentrou em um número reduzido de mãos. Nesse momento se formaram grandes domínios, os latifúndios, cultivados por escravos que chegavam em grande número e a tão baixo preço que substituíam os assalariados e os rendeiros livres. Todavia, nas regiões férteis como a Planícies do Pó, onde a cultura cerealífera era bastante produtiva, e nas regiões interiores, aonde os cereais importados não chegavam, a importância do cultivo de cereais não diminuiu.

As leis agrárias

Essa evolução, que agravava a dependência alimentar de Roma em relação a suas colônias e que inflava a plebe romana, não deixou de inquietar certos senadores. No princípio do século II a.C., o Senado decidiu atribuir aos cidadãos romanos, ou aos aliados latinos despojados, lotes de terras tomadas do *ager publicus*, de modo a reforçar a classe dos pequenos e médios proprietários em forte regressão. Mas essa medida não foi aplicada, pois confrontava os interesses dos grandes proprietários, das sociedades de publicanos (encarregados pelo Estado de assegurar diversas funções administrativas e gerar bens e fundos públicos) e dos próprios senadores que, além dos domínios que já possuíam em propriedade plena, eram os beneficiários privilegiados de vastas porções do *ager publicus*.

Essa ideia ganhou força e, em 133 a.C., Tibério Graco, tribuno do povo, colocou em votação pela Assembleia uma lei agrária. O objetivo dessa lei era reconstituir uma camada numerosa de explorações agrícolas familiares, suscetíveis de restaurar a economia dos campos italianos e devolver ao Estado uma base social mais ampla. Com essa finalidade, a lei limitou primeiramente em 125 ha por chefe de família, mais 62,5 ha por criança, a superfície do *ager publicus* que uma família poderia possuir. Além desse teto, as terras públicas deviam voltar ao Estado. Em contrapartida, a lei agrária concedia aos ocupantes do *ager publicus* a total propriedade das terras que conservavam. Enfim, o Estado deveria redistribuir ao maior número de cidadãos desprovidos as terras assim recuperadas, em lotes de 7,5 ha, inalienáveis e submetidos ao pagamento de prestações regulares, o que garantia que essas terras fossem efetivamente cultivadas.

Essa lei suscitou uma forte oposição da nobreza senatorial, que usou de todo seu poder para tentar suspendê-la e depois para frear sua aplicação e limitá-la às regiões marginais. Tibério Graco foi assassinado no mesmo ano em que a lei foi votada, mas a bandeira da reforma foi retomada por seu irmão Caio Graco, também assassinado alguns anos depois.

Apesar dessa oposição, a lei agrária, expressão da vontade popular, foi parcialmente aplicada e em seguida sofreu numerosas modificações. O Estado cedeu uma compensação financeira aos concessionários que vendessem partes do *ager publicus*. As terras foram redistribuídas em lotes de 50 ha, em vez de 7,5 ha, e os novos agricultores não foram mais obrigados a pagar as prestações. Enfim, a lei foi aplicada principalmente nas províncias conquistadas, traduzindo-se pela fundação de verdadeiras colônias agrárias romanas. Mas a principal mudança adveio do fato que, pouco a pouco, os lotes só foram atribuídos a veteranos de guerra. Foi somente no consulado de César (59 a.C.) que as atribuições de terras a cidadãos pobres recomeçaram. Apesar dessas modificações sucessivas, a "reforma dos Graco", do nome de seus inspiradores, se solidificou ao cabo de um século, por meio da reconstituição de uma classe de pequenos e médios proprietários camponeses, explorando algumas dezenas de hectares, residindo em seus domínios e conhecendo uma prosperidade relativa graças à vinha e à oliveira. Mas, no fim das contas, essas reformas tiveram alcance limitado: as grandes propriedades não só não desapareceram como aumentaram sua parte sobre o *ager publicus* dado generosamente aos latifundiários, em prejuízo da parte do *ager publicus* retomado pelo Estado.

As leis frumentárias

A aplicação das leis agrárias foi, portanto, insuficiente para impedir o êxodo rural e o crescimento da plebe romana. Até a metade do século II a.C., essa plebe era ainda relativamente pouco numerosa e as refeições ofertadas pelas grandes famílias romanas às suas clientelas eram suficientes para alimentá-la. Aliás, o Estado também oferecia grandes banquetes públicos, mas, como a plebe aumentou, essas prodigalidades dos ricos não foram mais suficientes para alimentar os pobres. Em 123 a.C., Caio Graco colocou em votação uma "lei frumentária" segundo a qual o Estado deveria vender aos cidadãos uma certa quantia de cereais a preço bem-reduzido. Essa lei, posteriormente, foi modificada várias vezes, assumindo um sentido mais restritivo (menos beneficiários, preços mais elevados) ou, então, ao contrário, mais liberal, conforme a relação de força entre o Senado e o povo romano. Atingiu um máximo de liberalidade com a lei Claudia em 58 a.C., que estendeu a distribuição pública dos cereais aos cidadãos pobres. O número de beneficiários passou o limite de 300.000, o que fez supor que para cada milhão (aproximadamente) de pessoas que moravam em Roma, mais da metade vivia dessas distribuições. Sob o regime ditatorial de César, esse número foi reduzido à metade.

A crise militar e econômica

Porém, nem as leis agrárias nem as leis frumentárias, que visavam a reduzir a crise social dos campos e da cidade reerguendo os médios agricultores e alimentando o povo de Roma, não podiam resolver o impasse militar e, consequentemente, econômico, no qual se afundava o Império. A cada triunfo, o Império atingia limites não ultrapassáveis: devido ao afastamento e o prolongamento de suas linhas de fronte; à multiplicação e ao reforço dos povos que combatia, o Império romano não podia mais se estender e conquistar riquezas, terras novas e homens jovens, cada vez mais necessários ao Estado e à economia romana. Atacado de todos os lados – inclusive internamente pelos povos famintos e pelas revoltas de escravos – e ameaçado pelo povo da cidade, o Estado romano encontrava-se depauperado pelo custo crescente da guerra, da manutenção da ordem e das políticas públicas, enquanto suas receitas eram cada vez mais limitadas. Como paliativo para seu *deficit*, o Estado recorreu à alteração da moeda: mantendo o mesmo valor fixado, o peso e o teor em metal precioso das moedas baixaram.

A crise militar e orçamentária do Estado explica, em parte, a crise da economia. A guerra, trazendo cada vez menos escravos, encareceu e fez faltar mão de obra. A multiplicação das perturbações acentuou o declínio da produção agrícola e artesanal. Privados de mão de obra escrava de baixo preço, a agricultura da península italiana mergulhou na crise, os domínios se mantiveram em pousio e o abastecimento do país em cereais dependia cada vez mais de importações provenientes dos impérios orientais. Penúrias não eram raras. Confrontados com essa evolução desastrosa, alguns imperadores tentaram freá-la. Domiciano proibiu plantar novas vinhas na Itália e obrigou a arrancar a metade das vinhas existentes nas províncias; sob o império de Trajano, caixas de crédito agrícola, que mesclavam fundos públicos e fundos privados, fizeram empréstimos a juros baixos aos agricultores que voltaram a investir. Adriano concedeu condições cada vez mais liberais àqueles que aceitassem valorizar uma parte, ainda que pequena, do domínio imperial. Privilégios foram concedidos às corporações de artesãos que contribuíam para a alimentação de Roma (padeiros, açougueiros, transportadores marítimos de trigo etc.) em troca de serviços prestados.

Essas medidas disparatadas e de aplicação desigual estavam longe de estancar a queda da produção agrícola e o aumento das tensões sociais. Desde o fim do Alto Império, as primeiras invasões bárbaras conjugaram-se à fome e às guerras civis para disseminar por todo o Império o terror, as epidemias, a desolação e a morte. A isso se seguiu uma queda dramática da produção, da população e das receitas fiscais, enquanto o Estado tinha necessidade de recursos suplementares para banir os bárbaros e tentar manter a ordem interna. A inflação se tornou galopante, resultante ao mesmo tempo da insuficiência da produção e da criação desenfreada de moeda desvalorizada. Desconcertado por esse fenômeno ainda desconhecido na época, o Estado tentou intervir diretamente na economia: em 301, o imperador Diocleciano assinou o "Edito do Maximum" que fixava um teto para mil gêneros e previa a pena de morte para qualquer um que pagasse ou exigisse um preço superior, assim como para todo especulador que escondesse estoques. Essa tentativa de controle de preços num território tão extenso quanto o do Império foi um fracasso total. Na verdade, esse édito, que não previa claramente as variações regionais necessárias de preço resultantes dos custos de transporte, acabou por dissimular produtos e encarecê-los. A partir de 304, o próprio Estado comprava no Egito mercadorias pagando dez vezes mais caro que o preço-teto fixado pelo édito. Entre 294 e 344, o preço do trigo egípcio foi multiplicado por quase 6.700! O mesmo tipo de édito, assinado em 362 pelo imperador Juliano, também fracassou. Enfim, até o final do Império, a estabilidade dos preços nunca mais foi realmente estabelecida (Aymard & Auboyer, 1980).

Antigamente, o Estado romano fazia a guerra, mantinha a ordem, construía infraestruturas necessárias para as forças armadas e para o comércio, e praticava geralmente uma política econômica que consistia em deixar agir os agentes privados, como agricultores, artesãos, comerciantes, sociedades de publicanos etc. Porém, por meio das leis agrárias e frumentárias, o Estado interveio na economia agrícola e na distribuição de produtos alimentares. Porém, no final do Baixo Império, para tentar remediar as penúrias cada vez mais numerosas e graves, o Estado romano interveio ainda mais pesadamente no comércio e, diretamente, tomou as rédeas de uma parte crescente da produção: administração direta, monopólios de Estado, entregas obrigatórias, impostos diversos, fornecimento a preços fixos etc. suplantaram qualquer outra forma de economia.

O surgimento da servidão

Para remediar a falta de mão de obra, o Estado tentou encorajar a difusão de meios técnicos mais produtivos (ceifa gaulesa, moinhos de água etc.), e a "servidão" se tornou lei. Com efeito, o colonato deixou de ser, como no tempo do Alto Império, um contrato livremente estabelecido e rescindido. A partir de então, os colonos passaram a ser ligados juridicamente à terra que exploravam, e até mesmo ligados ao proprietário da terra por um laço de dependência pessoal própria da servidão (no sentido moderno da palavra).

Nos estertores do Império, os grandes proprietários se refugiaram cada vez mais em suas vilegiaturas no campo, ao abrigo das massas urbanas que lhes pareciam cada vez mais exigentes e ameaçadoras. Organizando em razão da própria defesa de seus domínios face aos ataques das legiões em debandada, dos bandos de bárbaros e de ladrões, eles se liberaram progressivamente da autoridade em declínio do poder central e instauraram suas próprias leis. Recolheram escravos e camponeses em fuga que, para encontrar um modo de existir e se beneficiar de sua proteção, colocaram-se sob sua autoridade. O proprietário atribuía, então, a cada família um lote de terra que ela podia explorar, mediante o pagamento de uma parte da colheita e com a prestação de trabalhos importantes destinados a cultivar as terras reservadas ao mestre do domínio. Na medida em que não podiam mais escapar ao seu novo mestre, esses agricultores dependentes, chefes de família, já não se distinguiam mais dos antigos escravos, ou seja, tinham se tornado servos.

Com a servidão, a renovação da mão de obra dos grandes domínios não ocorria mais pela compra de homens e mulheres roubados de povos vizinhos, mas era feita pelas próprias famílias servas que geravam e criavam crianças. Crianças que nasciam servas e que assim permaneciam, assim como os seus descendentes.

O Estado romano, provedor de terras, de escravos, de subsistência e outras riquezas, terminando por sucumbir, Roma e as outras cidades do

Império definharam. Um senhorio militar e fundiário de várias origens (romano, germânico, gaulês etc.) começou a organizar, em seus próprios "feudos", a produção e a proteção das subsistências e dos homens. Mas essa nova ordem política, econômica e social dos campos, baseada na "reserva dominial" e nas "tenências camponesas" servis ou livres, levou séculos para impor-se no Ocidente. Séculos durante os quais os grupos armados de todos os tipos continuaram a percorrer a Europa, pilhando, destruindo, dizimando o gado e os homens, mesmo quando a formação dos reinos germânicos e nórdicos (os reinos bárbaros) e o renascimento de um Império cristão do Ocidente (império Carolíngio) impuseram passageiramente uma certa ordem. Vários séculos durante os quais a escravidão (escravos capturados e vendidos) certamente conheceu altos e baixos, mas mesmo assim continuou a existir.

Segundo Marc Bloch (1947), a escravidão deixou de existir no Ocidente a partir do momento em que a guerra não permitiu mais a renovação, por meio da captura, do estoque de escravos (cativos vendidos) e de servos (instalados e chefes de família) sobre os quais se baseava a economia antiga. Isso explicaria o esgotamento progressivo desse estoque, que aumentou com a alforria, que se tornou mais intensa e comum por volta do ano 1000. Podemos concluir que a guerra escravista passou a não ser mais rentável para o Ocidente? Difícil dizer.

De nossa parte achamos que, na economia agrária da alta Idade Média, a criação de filhos pelas famílias servas não era suficiente para renovar inteiramente a população agrícola ativa, pois a produtividade dos sistemas com alqueive e tração leve era, sem dúvida, insuficiente para simultaneamente garantir a reprodução da família camponesa e manter o tributo *in natura* (parte da colheita) e em trabalho braçal (corveias na reserva dominial). Porém, a partir do ano 1000, conforme veremos no próximo capítulo, vastos investimentos produtivos (novos instrumentos, rebanho vivo, desmatamento, moinhos etc.) se tornaram possíveis e vieram tirar a economia agrária do Ocidente de sua indigência antiga. Com a revolução agrícola da Idade Média, a produção e a população tomaram um novo impulso, a produtividade do trabalho agrícola aumentou, o que fez com que as antigas formas de servilismo (escravidão, servidão) fossem cada vez menos "necessárias". No Ocidente pelo menos... Parece-nos plausível pensar que a guerra escravista, cada vez menos rentável, tenha ficado ainda menos rentável que os novos investimentos produtivos.

Capítulo 7
Os sistemas agrários com alqueive e cultivo com tração pesada das regiões temperadas frias
A revolução agrícola da Idade Média no nordeste da Europa

Primeira parte
1. Gênese do cultivo com tração pesada
2. Estrutura e funcionamento dos sistemas com alqueive e tração pesada

Segunda parte
3. A revolução agrícola da Idade Média
4. Causas e consequências da revolução agrícola: a expansão demográfica, econômica, urbana e cultural
5. A crise dos sistemas com pousio e tração pesada e seus reflexos

> *Então, a arte urbana – a arte das catedrais – extraiu dos campos vizinhos o principal alimento de seu crescimento, e foram os esforços de inumeráveis pioneiros, desmatadores, plantadores de cepos, construtores de valas e de diques que, no êxito de uma imensa conquista agrícola, levaram à sua realização. Tendo como cenário novas colheitas e jovens vinhedos, ergueram-se as torres de Laon: esculpida na pedra, a figura dos bois de trabalho as coroa; nos capitéis de todas as catedrais florescem ramos de videiras. As fachadas de Amiens e de Paris representam o ciclo das estações através da imagem dos trabalhos do campo. Justa celebração: esse cultivador que afia sua foice, esse vinhateiro que talha, capina, ou faz suas mudas, com o trabalho fizeram com que da terra brotasse o monumento.*
> *Ele é o fruto do feudo, ou seja, de seu trabalho.*
>
> Georges Duby, *Le temps des cathédrales.*

Os sistemas com alqueive e tração animal pesada são provenientes dos sistemas com alqueive e tração animal leve. Como esses últimos, eles se baseavam na associação da cerealicultura pluvial e da criação de animais: os cereais ocupavam as terras lavráveis em alternância com o alqueive para formar uma rotação de curta duração, enquanto o rebanho obtinha sua subsistência das pastagens naturais periféricas e desempenhava assim um papel capital nos trabalhos dos campos e na renovação da fertilidade das terras cerealíferas. Entretanto, o cultivo com tração animal pesada distingue-se nitidamente do cultivo com tração animal leve pelo uso, no primeiro caso, de meios de transporte e de trabalho do solo muito mais potentes: as *carretas com rodas* substituem o transporte no lombo de animal, e o *arado charrua*, ao contrário do arado escarificador, permitia realizar uma verdadeira *lavração* do solo.

Nas regiões temperadas frias, esses novos materiais permitem ampliar as práticas de cultivo e de criação até então limitadas, a saber, o uso do *feno*, da *estabulação* do gado durante a estação fria e o emprego da estrumação. O desenvolvimento dessas práticas deu origem a um novo ecossistema cultivado, que comportava mais campos para ceifa e terras cultiváveis lavráveis mais extensas, mais bem estrumadas, geralmente cultivadas em *rotação trienal*. Dessa forma aparece um novo sistema agrário que, apesar do custo elevado dos materiais de cultivo com tração pesada, se propagou amplamente nas regiões temperadas frias e permitiu um aumento considerável da produção e da produtividade agrícolas. Nas regiões mediterrâneas, ao contrário onde a falta de forragem durante o inverno não era um fator limitante, o cultivo com tração pesada era muito menos rentável. Essas regiões seguiram, então, outras vias de melhoria mais apropriadas, como a arboricultura, o nivelamento das encostas e a irrigação.

A foice, as carretas, o arado charrua, o feno, a estabulação, o estrume e toda uma série de meios e de práticas complementares eram conhecidos no Ocidente desde a Antiguidade ou da alta Idade Média. Mas foi apenas na Idade Média central – dos séculos XI ao XIII – que os sistemas com alqueive e tração pesados tiveram amplo desenvolvimento no norte da Europa. Em seguida, foram transferidos pela colonização europeia para as regiões temperadas das duas Américas, da África do Sul, da Austrália e da Nova Zelândia.

Graças ao desenvolvimento do cultivo com tração pesada, a revolução agrícola da Idade Média conduziu a economia rural do Ocidente ao limiar dos tempos modernos. Durante três séculos, essa revolução agrícola alimentou uma expansão demográfica, econômica e urbana sem precedentes. Essa expansão acabou com a terrível crise do século XIV, durante a qual pereceu mais da metade da população europeia. Após um século de crise e perturbações, a reconstrução ocorreu no final dos séculos XV e XVI. Logo após, a crise recrudesceu e se prolongou, até que uma nova revolução agrícola, apoiada no cultivo com alqueive, se desenvolveu nos séculos XVII, XVIII e XIX. Apesar dessas evoluções, o uso do cultivo com tração pesada se prolongou para além da Idade Média: com ou sem alqueive, o uso de carroças e dos arados charruas com tração animal perpetuaram-se no Ocidente até a motorização do século XX.

Ainda hoje, à condição de ser utilizado parcimoniosamente, o cultivo com tração pesada pode prestar grandes serviços em muitas regiões da África, da Ásia e da América Latina, onde formas de cultivo manual e de cultivo com tração leve pouco eficientes continuam existindo. Por essa razão este capítulo visa a descobrir a origem dos instrumentos do cultivo com tração pesada, as condições de desenvolvimento das práticas do cultivo e de criação correspondentes, bem como o ecossistema cultivado nascido dessas práticas. Visa também a explicar a estrutura, o funcionamento e as performances dos novos sistemas, compreendendo as consequências de seu desenvolvimento, bem como seus limites históricos e geográficos.

Primeira parte

1 GÊNESE DO CULTIVO COM TRAÇÃO PESADA

As insuficiências dos sistemas com alqueive e tração animal leve

No capítulo anterior, vimos que a eficiência dos sistemas de cultivo com alqueive e tração leve era limitada pela fragilidade dos meios de lavrar e de transporte. A lavração manual, com uso de pá ou enxadão, tomava muito tempo e era tão penosa que se tornava impossível estendê-la para a totalidade dos alqueives, embora a aração produza uma quase lavração muito imperfeita. Resulta daí a má preparação do solo antes da semeadura. Por outro lado, o transporte de carga em lombo de animal não permitia transferir grandes quantidades de matéria orgânica (forragem, cama e esterco) das pastagens até as terras cultivadas. Ora, as transferências de fertilidade por simples confinamento noturno eram pouco eficientes, pois uma grande parte de dejetos animais se perdia no percurso e ao longo dos caminhos e os dejetos depositados nos alqueives eram frequentemente mal misturados. Finalmente, no cultivo com tração leve, a reprodução da fertilidade das terras cultivadas era mal garantida.

Além disso, nas regiões temperadas frias, o tamanho dos rebanhos era fortemente limitado pela pouca disponibilidade forrageira durante a estação fria. A cada outono, devia-se abater a maior parte dos animais recém-nascidos na primavera e os animais de descarte, para conservar somente um pequeno número de reprodutores durante o inverno. Porém, para alimentar um rebanho, ainda que reduzido, era preciso dispor de uma grande extensão de pastagens, de modo que, na estação quente, a maior parte da produção de ervas dessas vastas pastagens estando perdida, não contribuía com a reprodução da fertilidade das terras cultivadas. No final das contas, nesse gênero de sistema, os cultivos de cereais deviam ser pouco extensos, mal adubados, mal preparados, mal estrumados e de fraco rendimento.

As inovações da Antiguidade e da Alta Idade Média

O alfanje e o feno

Para remediar o *deficit* forrageiro de inverno e, portanto, aumentar a carga animal e as transferências de fertilidade, pensou-se, desde a Antiguidade, em colher uma parte da forragem excedente fazendo-a secar ao sol, no verão, para obter o feno, procedendo à sua conservação para colocá-la à disposição do rebanho durante o inverno. Inicialmente, no entanto, além da foice de cereais, de baixo rendimento, não existia equipamento para cortar a erva. Por essa razão, o uso do feno continuou muito limitado até a invenção e a difusão do alfanje, manejado com os dois braços.

O alfanje apareceu na Gália no último século antes de Cristo e seu uso se estendeu pouco a pouco pela metade norte da Europa durante o primeiro milênio a.C. Como nessa época ainda não se utilizava o alfanje para cortar cereais, podemos deduzir que a ceifa e o uso de feno no inverno ganharam espaço. Na verdade, o rendimento trazido pelo alfanje é bem superior ao da foicinha de cereais. Mas como sua fabricação exigia um bom domínio do trabalho com o ferro, ela permaneceu, até cerca do ano 1000, como instrumento raro e caro. Na Idade Média central, ao contrário, os progressos da metalurgia e do artesanato rural permitiram estender amplamente o seu uso.

Contudo, não bastava estar munido de um alfanje para desenvolver a utilização do feno. Foi preciso para isso que as pastagens reservadas a esse fim fossem protegidas do gado até o momento da ceifa. Ora, na época antiga e durante a Alta Idade Média os campos para a ceifa do feno, retirados por meio do cercamento, do direito de livre pastejo que se exercia no *saltus*, eram raros. Frequentemente era necessário recolher o feno em distantes clareiras com vegetação herbácea, abertas no meio da floresta, os "nichos de feno", ao abrigo da passagem dos rebanhos. Na falta de meios de transporte suficientemente eficazes, esse feno era armazenado no próprio local. Na falta de instalações para abrigá-lo, era empilhado em volta de longas varas, formando medas com formas cônicas ao longo das quais as águas da chuva podiam escorrer sem molhá-lo demasiadamente. Chegado o inverno, o gado era conduzido a essas clareiras para nelas se alimentar.

Graças ao alfanje, os estoques de feno cresceram, o rebanho aumentou, bem como o volume de dejetos animais transferidos para os alqueives. Porém, para que a transferência de fertilidade ocorresse também durante o inverno, era preciso que o rebanho, que havia passado o dia nas clareiras de feno, voltasse para passar a noite nos alqueives. Essa era, sem dúvida, a razão da proibição do "pernoite", assinalada por G. e C. Bertrand em *L'histoire de la France rurale* (v.I), estipulando que o gado não deveria passar a noite nas clareiras ou nos bosques vizinhos. A ida e a volta quotidianas do gado entre os alqueives e as reservas de feno eram, todavia, longas e penosas, devido à distância das clareiras e às intempéries invernais. Assim, muito tempo, energia e dejetos animais se perdiam no caminho, de modo que esse sistema incômodo apresentava um alcance limitado.

Transportes pesados, estabulação e esterco

Para escapar das dificuldades do deslocamento quotidiano durante o inverno, foram construídos, perto dos locais de moradia, galpões destinados a abrigar os animais (estábulos, estrebarias, currais) e as reservas de feno (granjas ou celeiros). Graças a essas instalações, o rebanho podia passar toda a estação fria estabulado, o que permitia recolher a totalidade das dejeções, noturnas e diurnas. Como esses dejetos eram úmidos e pouco manejáveis, eles passaram a ser misturados com uma base composta de folhas ou palhas de cereais, produzindo um tipo de composto, o *esterco* ou estrume facilmente manipulável com o gadanho e também transportável.

O uso do esterco constituía um modo de transferência da fertilidade dos tapetes herbáceos para as terras de cultivo, algo bem mais eficiente que o confinamento noturno. Na realidade, não apenas todos os dejetos animais, noturnos e diurnos eram recolhidos durante o inverno (enquanto no sistema anterior o confinamento só acontecia à noite), como ainda eram enriquecidos com matérias vegetais recolhidas na floresta ou nos pousios, matérias que serviam de cama para o gado e que contribuíam, da mesma forma que as dejeções animais, para as transferências de fertilidade em proveito das terras de cultivo. Notemos que, ao contrário, as palhas de cereais utilizadas como cama não acrescentavam nada a essas transferências de fertilidade porque provinham das próprias terras cerealíferas. O esterco apresentava, além do mais, a vantagem de poder ser conservado e aplicado no momento mais favorável.

Entretanto, para que a estabulação pudesse se desenvolver, era preciso também resolver os problemas de transporte de feno, das camas e do esterco. No total, para que um bovino passasse o inverno no estábulo, era preciso transportar por vários quilômetros 8 t a 16 t de matérias diversas: 2 t a 4 t de feno, 1 t a 2 t de camas e 5 t a 10 t de esterco.

A solução para esses problemas de transporte de produtos pesados e incômodos veio com a utilização, no trabalho dos campos, de carroças com rodas puxadas por bois, cavalos, mulas ou asnos. Usados na Mesopotâmia no IV milênio antes da nossa era, os veículos com rodas, de origem oriental, começaram a ser difundidos no Oriente Médio e na Europa no III milênio. No entanto, durante toda a Antiguidade e a alta Idade Média, esses equipamentos tinham um custo elevado e, mesmo se notamos algumas raras utilizações agrícolas, seu uso se limitava principalmente aos carros de combate ou de desfile e aos carros de transporte de pessoas e de mercadorias de muito valor.

Além disso, os modos romanos de encilhamento, que perduraram na Europa até o fim da alta Idade Média, eram pouco eficientes: o tirante para os cavalos e a canga (ou jugo) de garrote para os bovinos "estrangulavam" os animais a ponto de ser preciso uma quadra (quatro cavalos) para puxar um carro de combate e dois, ou mais, pares de bois para puxar um carroção de transporte ou um arado. Além de serem difíceis de manejar, esses arreamentos tinham um custo elevado. Por todas essas razões, o emprego de carretas e carroças na agricultura permanecia muito restrito na época. Ninguém melhor que Hesíodo (*Os trabalhos e os dias*) para falar da dificuldade que existia em possuir esse tipo de material: "O homem, rico de ilusões, fala em construir uma carroça. Pobre tolo! Ele não sabe que há cem peças em uma carroça e que antes de qualquer coisa precisa ter o cuidado de juntar todas elas em sua casa".

O arado charrua e a grade

Para proporcionar resultados plenamente satisfatórios, o esterco, obtido pelo uso do feno e pela estabulação durante a estação fria, devia ser cuidadosamente enterrado em toda a superfície das terras a semear. Ora, nem a aração, que não revirava o solo, nem a lavração a braço, que só podia ser realizada numa pequena parte dos alqueives, permitiam concluir completamente esse trabalho e em tempo hábil. Para resolver o problema, era preciso dispor de um equipamento novo, o arado *charrua*, capaz de realizar um verdadeiro e rápido trabalho de lavração, todos os anos, enterrando dezenas de toneladas de esterco em toda a extensão dos alqueives.

O arado charrua apareceu, de modo independente, em vários lugares da metade norte da Europa, no princípio da era cristã. Recebeu nomes diferentes, conforme o lugar: *carruca* na Gália, *pflug* na Alemanha. A charrua é uma ferramenta complexa, composta por vários instrumentos: o *facão* (também chamado de sega) que corta o solo verticalmente; a *relha*, triangular e assimétrica, que corta o solo horizontalmente. A relha e o facão são posicionados de tal maneira que só os dois conseguem cortar uma faixa de terra contínua, com uma seção retangular, na medida em que a máquina avança. A *aiveca* ou orelha prolonga a relha e revira a faixa de terra cortada no sulco aberto pela passagem precedente; enquanto a relha e o *facão* são feitos de ferro, a aiveca pode ser fabricada com uma simples prancha de madeira. Nas charruas aperfeiçoadas mais recentes, a aiveca também é em ferro e, para revirar o solo, é encurvada para fora. Movimentando a terra apenas de um lado, a charrua é um instrumento assimétrico, difícil de ser mantido alinhado devido às forças laterais que se exercem na aiveca.

História das agriculturas no mundo

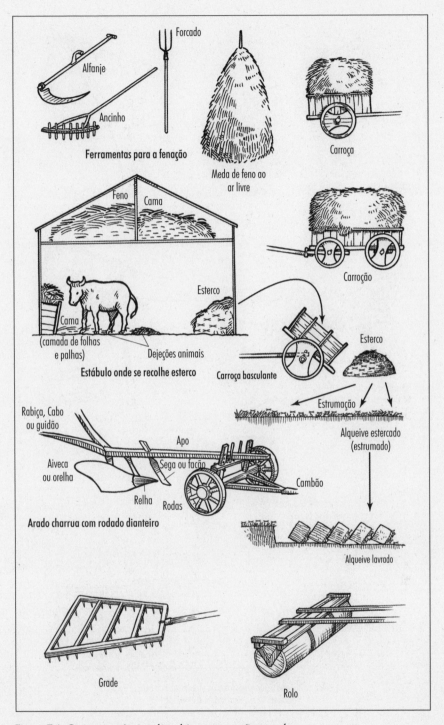

Figura 7.1. O sistema técnico do cultivo com tração pesada

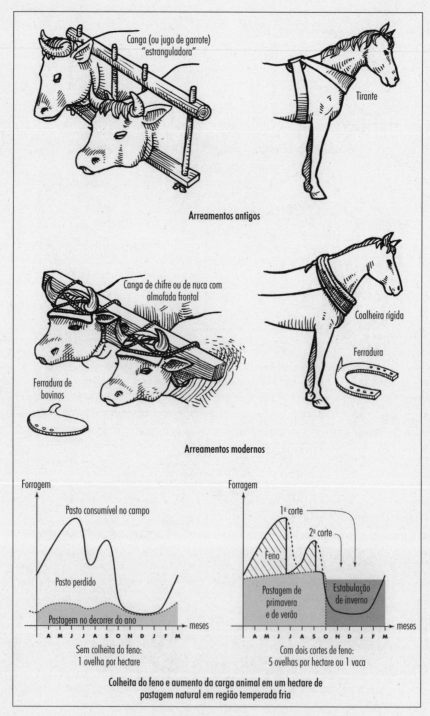

Figura 7.1. (continuação) O sistema técnico do cultivo com tração pesada

Enquanto um único cabo em geral é suficiente para conduzir o arado, na charrua são necessários dois, solidamente fixados pelas mãos, para manter a linha de trabalho reta. Pressões verticais são exercidas igualmente sobre a aiveca, que tanto podem fazer descer a relha como forçá-la a subir. Por isso, os cabos são necessários para manter constante a profundidade da lavração.

Porém, em terras pouco pesadas ou pedregosas, os cabos não são suficientes para orientar a charrua. É preciso ainda dispor de um *rodado dianteiro*. Um rodado dianteiro clássico é uma pequena carreta de duas rodas, sobre as quais está o timão (ou *apo*) da charrua.

Uma das rodas avança no sulco precedente, orientando assim o avanço da máquina. A outra roda avança sobre a terra a ser lavrada. Daí a importância em traçar corretamente a linha reta do primeiro sulco. O timão da charrua repousa numa haste transversal móvel, cuja regulagem vertical permite definir a profundidade do sulco da lavra, e está posta entre dois orifícios, cuja regulagem lateral permite fixar a largura de lavração. Tendo feito essas regulagens elementares, resta ao lavrador adaptar seu trabalho à natureza do solo e às suas variações, utilizando para tanto as rabiças do arado charrua. Nas terras mais fáceis de trabalhar, as rodas podem ser substituídas por uma só, ou por um simples tamanco ou patim de madeira que, deslizando no fundo do sulco anterior, serve de guia para a charrua. Nas terras arenosas ou siltosas, muito leves, podia-se até deixar de lado o rodado dianteiro e às vezes também a sega.

Centenas de tentativas e ajustes repetidos foram feitos antes que todas essas peças se encontrassem unidas de maneira coerente numa mesma máquina. Existe, aliás, representações antigas de charruas incompletas ou disformes. Essas charruas poderiam ter existido, mas é também possível que no início esse novo instrumento revolucionário, pouco divulgado, mal conhecido e um pouco mítico tenha gerado algumas representações fantasiosas.

Se, por um lado, a lavração com o arado charrua é relativamente rápida, por outro lado, ela não é tão perfeita quanto a lavração a braço, com a pá ou o enxadão. Na verdade, a charrua geralmente deixa o terreno coberto por grandes torrões e por ervas indesejadas mal extirpadas. É por isso que se deve completar o trabalho da charrua com um esfacelamento dos torrões e uma capina manual, ou por passagens cruzadas com o arado escarificador, ou ainda, de modo mais eficiente, pela passagem de um novo instrumento, *a grade*. Puxada por animais, a grade é constituída por uma armação de madeira na qual são fixadas longas pontas, ou dentes, que escarificam o solo, destorroam e afinam a terra, arrancando as ervas adventícias residuais. Ela é também utilizada para preparar o leito de semeadura, e, depois desta, para enterrar os grãos. Condicionando a eficiência plena da charrua, a grade é parte integrante do sistema técnico de tração animal pesado. Surgida no Ocidente no século IX, foi difundida com a charrua ao longo da Idade Média central. Ao fim dessa época, os dentes das grades eram cada vez mais frequentemente fabricados em ferro, enquanto anteriormente eram feitos com madeira. A tapeçaria de Bayeux, que data do século XI, é uma das primeiras representações onde se pode ver uma mula e um cavalo, encilhados com coleiras de espádua, puxando uma charrua e uma grade.

Novos modos de arreamento e ferragem dos animais de tração

Para serem tracionados com toda carga através dos campos ou caminhos recentemente abertos, arados charruas e carroções exigiam uma força de tração muito elevada, muito mais forte que a fornecida pelos modos de arreamento antigo, pouquíssimo eficientes, como vimos. O êxito do cultivo com tração pesada dependeu, portanto, da difusão de novos modos de arreamento que multiplicaram a potência de tração dos animais: a coalheira (também chamada de *coleira de espádua*) de armadura rígida e acolchoada para os cavalos, os asnos e mulas e a *canga (ou jugo) de chifres* para os bovinos. Esses novos modos de arreamento, surgidos na Europa no século VIII, só se difundiram após o século X (Lefebvre Des Noëttes, 1931).

Com o cultivo com tração pesada, a contribuição dos animais de tração aos trabalhos agrícolas aumentou muito. Dia após dia, em todas as estações do ano em todos os terrenos, os animais trabalhavam, puxando a charrua e a grade, ou pesados carroções de feno, de feixes de cereais, de esterco e de lenha. Nessa condição, os cascos dos cavalos e dos bovinos se desgastavam, a menos que fossem ferrados. A ferragem dos animais de tração, com ferraduras *fixadas com pregos*, foi um procedimento que começou a ser praticado na Europa a partir do século IX, aproximadamente. Ela permitiu eliminar o último fator limitador do desenvolvimento do cultivo com tração pesada.

A criação do cavalo de tração também se desenvolveu relacionada ao uso dos novos equipamentos. A força de tração do cavalo é semelhante à do boi, mas, como ele avança uma vez e meia mais rápido, a sua capacidade de tração é superior. Além disso, ele pode trabalhar, diariamente, duas horas mais que o boi. Por essa razão, a criação do cavalo de tração ganhou importância na Idade Média em certas regiões da Europa, apesar de seu custo elevado, já que um cavalo custava de três a quatro vezes mais que um boi (Gimpel, 1975). Todavia, na maior parte das regiões, continuou-se a utilizar os bois devido a seu menor custo, sua rusticidade e porque, nas zonas em desmatamento, eles convinham melhor ao trabalho de um solo ainda recoberto de troncos. Entretanto, lembremos que nos pequenos estabelecimentos agrícolas os animais de tração eram comumente as vacas, pois elas eram ainda mais baratas que os bois, e, além disso, forneciam leite e crias. Finalmente, os asnos e as mulas, muito usados nas regiões meridionaïs para o cultivo com *tração leve*, também não eram raros nas regiões setentrionais para o cultivo com tração pesada.

Dessa forma, no curso do primeiro milênio de nossa era, o conjunto de equipamentos de cultivo com tração pesada (sejam os conhecidos há mais tempo, como a carroça e o carroção, sejam os relativamente novos, como a carroça basculante – um tipo de carroça com caçamba basculante, bastante cômoda para descarregar o esterco), o arado charrua, a grade, a coleira de espádua, o jugo de chifres e a ferragem dos animais de tração começaram a ser utilizados na agricultura da metade norte da Europa. Esses equipamentos permitiram desenvolver práticas de cultivo e de criação até então limitadas (fenação, estabulação de inverno, produção e uso do esterco, lavração, gradagem), que remediavam, cada um à sua maneira, as graves insuficiências dos sistemas de cultivo com alqueive e tração leve nas regiões temperadas frias (baixa carga animal, estrumação medíocre, deficiente preparo do solo). Do uso coordenado desses novos instrumentos de trabalho e do desenvolvimento combinado dessas práticas emergiram, no final do primeiro milênio, os sistemas de cultivo com alqueive e tração pesada. Em seguida, esses sistemas se difundiram na maior parte das regiões da metade norte da Europa na Idade Média central, do século XI ao século XIII.

De uma região a outra, de um século a outro, tais sistemas assumiam formas muito variadas, que jamais conheceremos completamente: as proporções e a disposição das pastagens, dos campos de ceifa das terras lavráveis, dos alqueives e dos cultivos de cereais, bem como a forma e a capacidade dos arados charrua e das carroças, ou ainda as variações nas épocas de lavração e de estrumação. No entanto, quaisquer que sejam as variações, os sistemas conservam características estruturais (ferramentas, ecossistema cultivado) e de funcionamento (modo de condução dos cultivos, das pastagens, da criação dos animais, modo de renovação da fertilidade e técnicas de desmatamento) que os distinguem sensivelmente dos sistemas com alqueive e tração leve, que os precederam, e dos sistemas sem alqueive, que os substituirão.

2 ESTRUTURA E FUNCIONAMENTO DOS SISTEMAS COM ALQUEIVE E TRAÇÃO PESADA

Vejamos mais precisamente as características de estrutura e de funcionamento, bem como as performances e os limites desses novos sistemas.

O novo sistema de equipamentos

Cada um dos novos equipamentos de cultivo com tração pesada permitia resolver um entrave limitador do desenvolvimento de práticas mais eficientes de cultivo. Porém, enquanto um equipamento for empregado isoladamente, seu alcance é reduzido. Certamente, quando uma limitação é suprimida, outra se manifesta para bloquear esse desenvolvimento, a menos que ele seja desbloqueado por outra inovação. Desse modo, o alfanje permitia expandir a prática da fenação, porém, sem o carroção, a estabulação de inverno, o aumento do rebanho e a produção de esterco, os impactos permaneciam limitados. Com o alfanje e o carroção, produziam-se grandes quantidades de esterco, mas sem o arado charrua, não se podia incorporar esse esterco em tempo hábil em grandes áreas de cultivo; sem a grade, não se podia completar o preparo do solo. Enfim, sem um arreamento melhorado e sem a ferragem dos animais de tração, o cultivo com tração pesada era, na verdade, ineficiente. Portanto, somente quando todos os novos meios estiveram reunidos e articulados em um novo sistema técnico coerente é que as novas práticas puderam se desenvolver plenamente e dar seus frutos.

Um ou dois alfanjes, uma carroça, um arado charrua, uma grade, galpões relativamente grandes para guardar o feno, a palha e um rebanho maior, tudo isso era o capital essencial do novo lavrador do século XIII, além de pequenas ferramentas, foices, enxadões e pás, cujas partes principais eram feitas com ferro. Isso representava, grosso modo, dez vezes o valor das ferramentas, dos barracões e do rebanho do seu homólogo do século X, que possuía apenas um arado escarificador, um cesto para carga, ferramentas basicamente em madeira, um humilde teto para ele e sua família e bem menos animais.

É, portanto, improvável que um estabelecimento agrícola, que realizasse o cultivo com tração leve, muito pouco produtivo, pudesse de uma só vez decuplicar seu capital adquirindo o conjunto de meios de produção para o cultivo com tração pesada. Mesmo nas grandes propriedades, esse acúmulo de meios de produção onerosos deve ter ocorrido progressivamente. Entre os camponeses dos vilarejos em vias de transformação, a ajuda mútua funcionou por muito tempo, sobretudo entre aqueles que possuíam um arado charrua e aqueles que possuíam um carroção ou ainda uma grade etc. Nessas circunstâncias, foram necessárias várias gerações para que a maioria dos estabelecimentos pudesse adotar um conjunto de equipamentos relativamente completo. Por outro lado, a generalização das novas práticas de cultivo e de criação e a implementação de um novo ecossistema cultivado não exigiam que todos os estabelecimentos de um vilarejo possuíssem os equipamentos de cultivo com tração pesada. Os lavradores que tinham esse equipamento faziam a lavração e os transportes em carroção para os pequenos agricultores que não possuíam esses equipamentos, em troca de dias de trabalho. Assim sendo, até o século XIX, a maior parte dos vilarejos do norte da Europa possuía de 10% a 30% de camponeses "braçais", que apenas dispunham de equipamentos e ferramentas manuais.

O novo ecossistema cultivado

Para caracterizar, grosso modo, o novo ecossistema cultivado, pode-se dizer que graças aos alfanjes, aos carroções e à fenação, os campos de ceifa[1] passaram a ocupar, ao lado das pastagens, uma parte importante do antigo *saltus*. Graças ao desenvolvimento da criação animal, da estabulação e da

---

[1] Do francês "près de fauche". Pode ser tambérm traduzido por "prados de ceifa".

produção de esterco e graças ao arado charrua, as terras cultiváveis eram mais extensas, mais bem adubadas, mais bem preparadas, e a rotação trienal tendia a substituir a rotação bienal. Finalmente, veremos que, com a extensão das terras cerealíferas e o aumento da produção, a população podia aumentar e, em consequência, hortas, pomares e florestas deviam responder ao aumento dessas necessidades.

Campos de ceifa extensos e um rebanho fortemente aumentado

No clima temperado frio, uma vez resolvido o problema de ceifa, de transporte e de estocagem do feno, era possível recolher e ceifar uma parte importante da forragem produzida na primavera e no princípio do verão, que nesse período do ano ultrapassava amplamente as necessidades do gado. Essas sobras seriam consumidas durante o inverno, pelos animais em estábulo. Para isso, uma parte da pastagem natural devia ser preservada e transformada em campos de ceifa, que passavam a constituir um novo elemento importante do ecossistema cultivado. A outra parte do tapete herbáceo natural era mantida como pastagem para alimentar o gado na estação quente. Além disso, nas regiões onde a estação quente se prolongava por mais tempo, os campos de ceifa podiam ser mantidos reservados durante o verão e o rebrote era ceifado em fins de setembro ou princípio de outubro. No entanto, se o primeiro corte de feno fosse suficiente, o rebrote era oferecido ao livre pastejo dos animais.

Com a estocagem do feno, a disponibilidade forrageira de inverno se tornava mais abundante e o rebanho animal podia ser aumentado. Porém, ao mesmo tempo, as necessidades do rebanho animal na estação quente aumentavam, enquanto a superfície em pastagens se encontrava reduzida em proveito dos campos de ceifa. O rebanho animal podia se expandir até o ponto em que as proporções entre as pastagens e os campos de ceifa permitissem que a totalidade da produção forrageira anual fosse utilizada. Conforme o tempo de duração do inverno e da estabulação, que variava de três a oito meses, os campos de ceifa podiam ocupar entre um quarto e dois terços das pastagens naturais. Graças a isso, a carga animal podia ser multiplicada por quatro, cinco, seis ou até mais, em relação ao que acontecia no cultivo por tração leve.

Para facilitar a fenação, e em particular o uso de grandes alfanjes, os campos de ceifa eram estabelecidos preferencialmente sobre as pastagens naturais mais produtivas, pouco acidentadas, não pedregosas ou empedradas e livres de toda vegetação arbustiva. Por outro lado, esses campos podiam ser constituídos por terras pouco apropriadas ao desenvolvimento da pastagem natural, como as terras frias onde a vegetação principiava tardiamente na primavera, ou terras úmidas, ou pantanosas, onde o gado atolava e contraía doenças. Por isso, os campos de ceifa eram frequentemente situados nos baixios mais argilosos e mais úmidos. Esses campos eram geralmente repartidos em parcelas privadas, protegidos do gado por cercas: muros de pedras secas em terras pedregosas, barreiras nas regiões arborizadas, cercas vivas por toda a extensão. Na falta de cercas, a simples vigilância protegia esses campos. Inversamente, as pastagens naturais eram frequentemente indivisíveis, submetidas ao pastoreio coletivo e ocupavam terrenos que melhor suportavam o pisoteio do gado. Esses terrenos podiam ser pouco produtivos, acidentados, pedregosos ou mesmo rochosos e podiam conter árvores, arbustos ou uma vegetação relativamente alta. Assim, ao lado dos campos de ceifa estabelecidos nos terrenos escolhidos e adequados para esse fim, as pastagens naturais se pareciam com o antigo *saltus*.

Esterco mais abundante e terras lavráveis mais extensas

O aumento do rebanho animal e o desenvolvimento da estabulação tiveram como consequência um enorme acréscimo das disponibilidades de esterco orgânico em relação aos sistemas de cultivo com tração leve. Na estação quente, os animais pastavam sempre durante o dia, sendo confinados no alqueive ou retornando ao estábulo à noite. Tanto num caso como no outro, as dejeções animais produzidas à noite eram recolhidas, de forma que as transferências de fertilidade aumentavam na mesma proporção que o tamanho do rebanho. Mas durante o inverno, essas transferências aumentavam duas vezes mais que o rebanho, pois a estabulação permanente permitia recolher a totalidade das dejeções animais, tanto de dia quanto de noite. Além disso, é sabido que esses dejetos eram misturados a matérias vegetais (restos de vegetação herbácea, ramos) provenientes em parte das pastagens naturais e da floresta. Assim, numa região onde o período de estabulação permanente durava seis meses e o uso do feno permitia quintuplicar o número de animais por hectare de pastagem, as transferências de fertilidade se tornavam, grosso modo, cinco vezes maiores no verão e dez vezes maiores no inverno. No total anual, eram 7,5 vezes mais elevadas no sistema de cultivo com tração pesada que no sistema de cultivo com tração leve.

Bem dividido, entre campo de ceifa e pastagem, um hectare de pastagem natural em uma região temperada fria podia alimentar entre meia e uma cabeça de gado de grande porte, produzindo assim entre 5 t e 10 t de esterco. Consideremos, portanto, o caso médio de um hectare de pastagem que permitisse obter 7,5 t de esterco. Se esse esterco fosse enterrado na razão de 15 t/ha de alqueive, seriam então necessários 2 ha de pastagem para estercar 1 ha de alqueive, ou seja, em rotação bienal, 2 ha de pastagem para estercar 2 ha de terras lavráveis e, em rotação trienal, 2 ha de pastagem para estercar 3 ha de terras lavráveis. No sistema de cultivo com tração pesada, as terras lavradas podiam ocupar então uma superfície igual ou superior às pastagens, enquanto no sistema de cultivo com tração leve a superfície das terras lavradas permanecia necessariamente muito inferior à das pastagens (ver Capítulo 6).

História das agriculturas no mundo

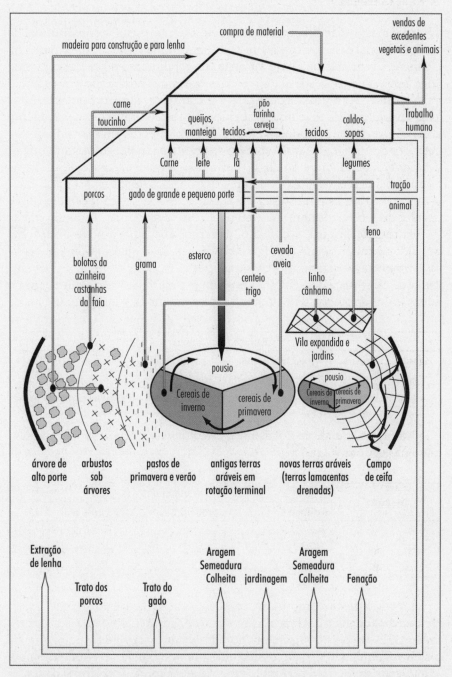

Figura 7.2 Esquema da organização e do funcionamento do ecossistema cultivado nos sistemas de alqueive e de cultivo de tração pesada

A rotação trienal

O crescimento das disponibilidades de esterco incita a substituição da rotação bienal pela rotação trienal. Assim, um maior aporte de esterco no alqueive significava um forte aumento do rendimento do cereal cultivado logo após o período em alqueive. Mas o esterco produzido em estábulo possuía um efeito prolongado, pois era composto por matérias orgânicas cuja mineralização, em clima temperado frio, estava longe de acabar em um ano. Um segundo período de cultivo de cereais podia tirar partido desses resíduos de fertilidade, que sem isso se perderia, ou por drenagem, ou por desnitrificação, durante um longo período de alqueive. A rotação trienal se tornou, dessa maneira, não somente possível, mas desejável. Isso acontecia quando os aportes em esterco eram suficientemente grandes para que o resíduo de fertilidade permitisse cultivar com vantagem um segundo cereal.

Em rotação trienal, o cereal de inverno, que durava nove meses, era seguido de um pequeno alqueive de oito meses, ao qual sucedia um cereal de primavera de quatro meses (ou de três meses, daí o nome de "trimestre" que cabia perfeitamente). Enfim, um grande alqueive de quinze meses completava a rotação, que pode ser representada da seguinte maneira:

Rotação de 3 anos			
agosto.......outubro	novembro.......julho	agosto.......março	abril.......julho
grande alqueive	*cereal de inverno*	*pequeno alqueive*	*cereal de primavera*
← 15 meses →	← 9 meses →	← 8 meses →	← 4 meses →

O afolhamento correspondente a esta nova rotação podia ser representado da seguinte maneira:

Rotação	Afolhamento		
	Folha nº1	Folha nº2	Folha nº3
1º ano	grande alqueive	cereal de inverno	cereal de primavera
2º ano	cereal de inverno	cereal de primavera	grande alqueive
3º ano	cereal de primavera	grande alqueive	cereal de inverno

A rotação trienal comportava, como na rotação bienal, um grande alqueive que durava mais de doze meses e que deixava tempo para praticar pelo menos três lavrações: a primeira no outono, após a colheita; a segunda na primavera, quando o esterco recolhido durante o inverno era distribuído; e a terceira no outono seguinte, antes da semeadura. Esta última lavração era completada com duas passagens de grade, uma antes e outra depois da semeadura.

O pequeno alqueive, que só durava de oito a nove meses, geralmente era lavrado apenas uma vez. Com todas essas operações, as terras eram mais bem roçadas, limpas de suas ervas adventícias, preparadas e arejadas do que no sistema de cultivo com tração leve. A rotação trienal tinha também a vantagem de repartir melhor o trabalho entre os momentos de maior sobrecarga em trabalho. Ela permitia, em primeiro lugar, repartir a semeadura em dois períodos, em vez de apenas um. Permitia também prolongar por alguns dias o período de colheita, pois a colheita de cereais de primavera começava geralmente um pouco mais cedo que a dos cereais de inverno. Outra vantagem, finalmente, era que os riscos de uma má colheita eram repartidos em dois períodos de cultivo, em vez de um único período.

Apesar disso, a rotação trienal, conhecida há muito tempo, se desenvolveu muito lentamente. Ela começou a se difundir somente no século XIII, apesar do sistema de cultivo com tração pesada estar em expansão desde o século XI. No século XIV, a rotação bienal continuava sendo a mais utilizada e no século XVII ainda estava presente em várias regiões da metade norte da Europa. Para explicar esse desenvolvimento tardio da rotação trienal, podemos pensar que ela não foi necessária enquanto uma certa densidade da população não tivesse imposto uma expansão suplementar da cerealicultura. Por outro lado, nas regiões com parcelas abertas e afolhamento regulado, a passagem do bienal para o trienal exigia reestruturar inteiramente as terras lavráveis. Era preciso dividir cada bloco (parcela de terras lavráveis de um único agricultor) em três folhas, em vez de duas, redividir cada folha em parcelas, e redistribuir estas últimas entre todos os agricultores, de forma que cada um recebesse uma área de terra equivalente à que possuía anteriormente, também repartida entre as três folhas. Tratava-se de uma operação de reordenamento complicada, que tomava necessariamente muitíssimo tempo para se generalizar.

No entanto, o motivo mais importante para esse atraso nos parece outro. Enquanto os campos de ceifa e os rebanhos não estivessem suficientemente expandidos, a quantidade de esterco disponibilizada antes do primeiro cultivo permanecia baixa e a fertilidade residual disponível no ano seguinte era insuficiente para que um segundo cultivo de cereal fosse vantajoso. Para que a rotação trienal fosse mais produtiva que rotação bienal, era preciso que o rendimento do segundo período de cultivo fosse superior à metade do rendimento da primeira (r_1 e r_2 sendo os rendimentos do primeiro e do segundo período de cultivo, é preciso que $(r_1 + r_2)/3 > r_1/2$, ou seja, $r_2 > r_1/2$).

Nos novos sistemas que se desenvolveram na Idade Média, os cereais de inverno eram sempre, como na Antiguidade, o trigo, o centeio e a cevada de inverno (ou cevada precoce). Entre os cereais de primavera, o cultivo da cevada cedeu espaço para o da aveia, que servia para alimentação dos cavalos e para a alimentação humana. Às vezes, os cereais de primavera eram substituídos por leguminosas alimentares, como a lentilha, a fava ou a ervilha. O cultivo consorciado de ervilhaca e aveia também era praticado, pois constituía uma forragem de excelente qualidade.

As parcelas em faixas

Finalmente, o uso do arado charrua impôs uma modificação no formato das parcelas. Na verdade, a charrua era um implemento agrícola comprido, pesado e de baixa maneabilidade, que circulava com dificuldade na parcela. Para facilitar a sua utilização, as pequenas parcelas de forma quase quadrada, adequadas ao cultivo com o arado escarificador, tiveram que ser substituídas por parcelas mais longilíneas. Por isso, muitas parcelas se tornaram muito estreitas, a ponto de comportar às vezes alguns sulcos que se alongavam por uma centena de metros, ou mais. Como essas parcelas na forma de longas faixas eram muito estreitas, não era possível cercá-las e, para explorá-las comodamente, era preciso submetê-las a um regime comum de afolhamento regulado e de pastejo livre.

Em resumo, com terras cerealíferas mais extensas e mais produtivas, a população cresceu, os vilarejos aumentaram e se multiplicaram, e as necessidades de outros produtos, de hortas, de pomares e florestas aumentaram proporcionalmente.

Hortas, vinhedos e pomares ampliados

Como as terras cultiváveis eram geralmente reservadas ao cultivo de cereais, todos os demais cultivos eram praticados nas hortas ou nos pequenos cercados próximos às moradias. Essas hortas, livres de vegetação arbórea, capinadas, destituídas de pedras, melhoradas, abundantemente estercadas – que eram a parte mais artificial do ecossistema cultivado –, ganharam terreno à proporção que a população aumentava, reduzindo um pouco as terras cerealíferas. Nelas encontravam-se leguminosas alimentares e outras verduras, consumidas nas sopas ou cozidos (daí o nome de "potager" – derivado de *potage*, sopa em francês – dado à horta), ou acompanhadas com pão (daí também o nome "companage" que lhes era atribuído). Nelas também eram encontradas algumas plantas aromáticas, medicinais ou mesmo ornamentais. Encontravam-se ainda nos cercados plantas têxteis (linho, cânhamo), oleaginosas e plantas próprias para pintura (pastel, ruiva dos tinteiros, urzela, lírio dos tinteiros), que foram muito valorizadas em certas regiões na Idade Média. Essas plantas só foram incluídas nos afolhamentos cerealíferos bem mais tarde, quando os sistemas cerealíferos sem alqueive se desenvolveram (ver Capítulo 8).

A vinha, sob a influência da conquista romana e da Igreja católica, ganhou terreno em toda a Europa durante a Antiguidade e sua extensão ampliou-se consideravelmente ainda na Idade Média. Ela estava em todos os vilarejos onde seu cultivo fosse possível, inclusive na parte setentrional da Europa, até o sul da Grã-Bretanha e no centro da Alemanha. A vinha podia ser encontrada na forma de trepadeira, cultivada em associação com as árvores frutíferas das hortas e dos pomares. Era também instalada em encostas inclinadas e pedregosas, bem organizada a fim de proporcionar bons vinhos. Em certas épocas, a vinha – mais rentável que os cereais – estendia-se até mesmo sobre as planícies de trigo. As autoridades tentavam, com maior ou menor sucesso, se opor a seu cultivo a fim de preservar a segurança alimentar.

Florestas reduzidas, porém organizadas

A floresta ocupava geralmente os terrenos menos propícios às atividades de cultivo e de criação. Tratava-se, conforme vimos, ou de floresta residual, ou seja, de parcelas mais ou menos degradadas da floresta original, ou de bosques secundários, espontâneos ou artificialmente reconstituídos sobre terras anteriormente desmatadas devido às necessidades de cultivo e de criação.

Na Idade Média central, a floresta foi atacada de todas as formas e sofreu terríveis estragos. Os grandes desmatamentos destruíram áreas inteiras. Devido à explosão demográfica, a retirada de madeira para lenha e para construções aumentou em todas as regiões. Além disso, a construção de novos galpões para uso agrícola, o desenvolvimento das cidades e da metalurgia utilizando a lenha e, mais tarde, o sucesso da construção naval geraram novas necessidades. Em certas regiões, a partir do século XII a madeira começou a faltar, o que levou à utilização do carvão mineral como fonte de energia. Os poderosos – se não foram os primeiros a se sensibilizar – pelo menos tentaram dispor de meios para se precaver contra a penúria de madeira. Os senhores, laicos ou eclesiásticos, começaram a reduzir os direitos de uso da população sobre a floresta de uso comum mais próxima das vilas, a fim de limitar a superexploração de qualquer tipo de bosque. Os aldeões foram proibidos de caçar e cortar árvores de grande porte. Uma parte das perchas (árvores com 10 cm a 20 cm de diâmetro na base) e das árvores de maior interesse (com os tocos conservados após o corte) teve que ser obrigatoriamente preservada para renovar as árvores de grande porte. E para evitar toda espécie de exagero, os cortes de madeira só foram autorizados anualmente em um setor bem delimitado da floresta. Desse modo, a floresta das proximidades, antigamente devastada árvore por árvore, ao sabor de cada morador, evoluiu para uma floresta explorada com árvores de grande porte, organizada em um determinado número de seções, exploradas periodicamente, uma de cada vez, a cada vinte ou trinta anos. Cada família se beneficiava então de um direito de corte limitado e controlado, conforme a seção disponível para exploração naquele ano.

Além disso, os senhores tentaram incorporar em suas reservas dominiais as florestas mais afastadas das moradias e, portanto, menos exploradas.

A exclusividade de direitos de caça e de direitos de corte de árvores de grande porte da floresta passou a ser reservada. A floresta longínqua foi organizada posteriormente como uma floresta de grande porte, explorada por clareiras e por rotação de corte a cada 100 ou 200 anos. Essas restrições e esses ordenamentos, sem dúvida, contribuíram para garantir a renovação de recursos de madeira e a possibilidade de continuidade de exploração a longo prazo. Porém, essa nova organização também agravou as privações da população em detrimento dos privilégios, muitas vezes abusivos. Mas, como a população continuava a aumentar, essas restrições de uso não puderam impedir que a floresta fosse reduzida e superexplorada no século XIII. A madeira tornou-se então muito cara e continuou sendo, em épocas ulteriores de forte povoamento, ou seja, do século XVI ao século XIX principalmente. Porém, quando a população rural diminuiu – como no século XIV, devido às fomes, às guerras e à peste – a floresta se expandiu novamente.

Assim sendo, a partir da Idade Média, a falta de madeira levou senhores e coletividades a implementarem os grandes modos de condução e de exploração racional, racionados e renováveis das florestas: a exploração seletiva de florestas de baixo porte; a exploração seletiva de floresta com árvores de grande porte; e a exploração regular de árvores de grande porte. Entretanto, isso não impediu que, em pequenas parcelas de floresta exploradas individualmente, a exploração excessiva de árvores de pequeno porte tenha se perpetuado até os dias de hoje. E, em algumas florestas de montanha afastadas das zonas habitadas, a exploração meticulosa de árvores com madeiras nobres (madeiras para instrumentos musicais, por exemplo) evoluiu para formas de "jardinagem" cuidadosa do povoamento florestal. Sob condição de ser racional, a mata explorada seletivamente e a mata "ajardinada" são modos de exploração tão razoáveis e renováveis que fazem com que os antepassados sejam, a nossos olhos, muito mais sutilmente ecológicos, mesmo se a racionalidade deles seja menos aparente.

O reforço da associação entre cultivo e criação

As práticas de cultivo e de criação que se desenvolveram na Idade Média central com o uso de equipamentos de cultivo com tração animal pesada conduziram, enfim, a um ecossistema cultivado diferente do antigo, composto por terras lavráveis aumentadas, mais bem adubadas e preparadas, de pastagens naturais reduzidas, devidamente divididas entre pastagens e campos de ceifa, e que continha um rebanho aumentado e mais bem alimentado; um ecossistema que alimentava uma população mais numerosa, que exigia mais hortas, pomares e madeira.

A reprodução de tal ecossistema estava garantida pelas novas características e modalidades de funcionamento. Tratava-se de um manejo do rebanho que não era baseado somente na pastagem natural, mas também na colheita do feno e na estabulação de inverno, além de um modo de renovação da fertilidade das terras cerealíferas que não se apoiava mais no confinamento noturno, mas no uso do esterco e, enfim, um modo de preparo dos alqueives que não se restringia à aração, mas à lavração com arado charrua e à gradagem.

Lembremos que a lavração tem como função lutar contra as ervas adventícias, enterrar as matérias orgânicas da superfície, preparar o solo para facilitar a circulação de água e a penetração das raízes, e arejar para favorecer a mineralização da matéria orgânica. A multiplicação das lavrações com o uso do arado charrua (e das gradagens) se traduz por um aumento dos rendimentos cerealíferos. Na verdade, a mineralização acelerada da matéria orgânica libera uma maior quantidade de elementos fertilizantes, e os cereais, livres da concorrência das ervas adventícias, conseguem aumentar a absorção. Vem daí o aumento dos rendimentos. Mas uma parte dos elementos minerais assim liberados se perde tanto pela drenagem como pela desnitrificação, enquanto com a mineralização acelerada do húmus, o teor do solo em matéria orgânica diminui a longo prazo. Consequentemente, a quantidade de minerais liberados a cada ano também diminui. Após alguns anos, isso leva a uma inevitável redução dos rendimentos. E todo aumento do número de lavrações para tentar manter esses rendimentos, com o tempo, fará com que eles sejam ainda mais reduzidos. Ou seja, a multiplicação de lavrações e de gradagens permite, sem dúvida, ganhos de rendimento a curto prazo, mas conduz, a longo prazo, ao empobrecimento das terras cultivadas – exceto se as perdas orgânicas e minerais suplementares que elas ocasionam forem compensadas com um acréscimo de esterco equivalente.

Em última análise, o crescimento sustentável dos rendimentos cerealíferos em um sistema de cultivo com tração animal pesada provém de um uso ampliado do esterco, ou seja, de uma transferência de fertilidade nitidamente aumentada das pastagens para as terras lavradas. O arado charrua e a grade são apenas meios para tirar pleno partido dessa fertilidade aumentada. Por isso, desde que se dispôs do arado charrua, não se cessou, ao longo da Idade Média, de lamentar a falta de campos de ceifa, de feno, de gado e de esterco. Mas é absurdo concluir, a partir dessas lamentações, como se fez muitas vezes, que a alta dos rendimentos cerealíferos nessa época nada devia ao desenvolvimento do uso do esterco, e provinha exclusivamente do uso do arado charrua e, em segundo plano, da grade.

O sentido fundamental da passagem do cultivo com tração animal leve ao cultivo com tração animal pesada é o de um reforço decisivo da associação do cultivo e da criação. Recolhendo o feno, a palha e o esterco, puxando o arado charrua e a grade, os animais participavam de maneira preponderante dos trabalhos agrícolas. Em contrapartida, pela fenação, estabulação e cuidados recebidos durante o inverno, os animais se beneficiavam de uma parte dos frutos do trabalho agrícola dos homens. Através disso, a quantidade total de trabalho investido (pelos homens e pelos animais) na manutenção e na exploração da fertilidade do ecossistema cultivado cresceu consideravelmente. Afinal de contas, foi a capacidade de produção do ecossistema cultivado (ou seja, o volume de produtos vegetais e animais consumidos pelo homem que esse ecossistema pode produzir sustentavelmente por unidade de superfície) e a produtividade do trabalho humano que aumentaram consideravelmente, devido ao uso de novos instrumentos de arreamento mais potentes e à intervenção maciça do trabalho animal. Não é de se espantar, nessas condições, que o calendário agrícola ficasse cheio de novas tarefas.

Um calendário agrícola repleto

Como os cereais sempre estão no ponto central do sistema de cultivo, lavrações, semeaduras e colheitas continuavam a ritmar as atividades de lavoura. Todavia, com a rotação trienal, o preparo das terras e as semeaduras se dividiam entre duas estações: o outono e a primavera. A colheita, por outro lado, continuava concentrada no verão. É claro que, tão logo ceifada, a colheita era levada até os celeiros para depois ser batida, o que permitia um ganho imediato de tempo. Mas como as espigas continuavam a ser cortadas com uma ferramenta de fraco desempenho – a pequena foice –, faltava tempo para a colheita nas regiões onde a rotação trienal se desenvolvia. Por isso o alfanje, mais eficiente que a pequena foice, começou a ser empregado no fim da Idade Média para a colheita de cereal. Para isso, o alfanje foi dotado de um tipo de pente ou de rodo, composto por três ou cinco longos dentes de madeira fixos paralelamente à lâmina, o que permitia erguer e depois depositar no solo, agrupados e bem alinhados, os talos e as espigas que acabavam de ser ceifados pela lâmina. Os cereais colhidos com a pequena foice eram cortados na parte superior do talo, logo abaixo da espiga, e os cereais colhidos com o alfanje eram cortados rente ao solo; dessa maneira, depois de ser batida no celeiro, a palha, que serviria de cama ao gado, estava comodamente empilhada perto das instalações de criação.

A colheita com o alfanje, a separação da espiga do talo no celeiro e a utilização da palha como cama para os animais são, portanto, práticas complementares que terminam por dar acabamento ao sistema técnico do cultivo com tração animal pesada. Mas essas práticas se desenvolverão apenas tardiamente, quando as pastagens e os campos de ceifa estiverem sendo utilizados em sua capacidade máxima, e quando as matas e as florestas, com utilização proibida, não serão mais suficientes para produzir matéria vegetal para os animais e atender ao aumento do rebanho. Em muitas regiões, isso só acontecerá no século XIX, quando as pastagens artificiais, mais produtivas que os alqueives, tiverem suplantado esses últimos (ver Capítulo 8).

De qualquer maneira, com a fenação e a estabulação do gado, são dois novos períodos de trabalho que vêm se intercalar entre as lavrações, as semeaduras e as colheitas. A fenação acontece antes da colheita, em junho e no princípio de julho. A estabulação de inverno do gado pode durar de três a oito meses, durante os quais é preciso, duas vezes por dia, recolher o esterco, colocar uma cama nova, distribuir a forragem e hidratar os animais. Além do mais, durante a estação quente, os rebanhos de herbívoros necessitavam de guarda e de vigilância contínua e, no outono, os rebanhos de suínos deviam ser conduzidos à floresta para engordar consumindo glandes (ou bolotas) dos carvalhos e os frutos das faias. Desse modo, o calendário agrícola começava a ficar bem-preenchido. Todavia, nos interstícios, era preciso, além disso, incluir uma série de atividades: no outono, realizar a vindima e vinificação; no inverno, podar as vinhas e as árvores frutíferas, consertar as cercas, limpar as fossas e os riachos, preparar a lenha para aquecimento e a madeira para construção; na primavera e no verão, cuidar das hortas e jardins, colher, caçar ou preparar armadilhas; e ainda consertar os telhados, as construções e os equipamentos, fiar, tecer, moer o grão, assar o pão, salgar ou defumar as carnes, coalhar o leite, cozinhar etc.

As grandes atividades do calendário agrícola eram frequentemente representadas nas esculturas, nos baixo-relevos, nos mosaicos e nos vitrais que ornavam as catedrais romanas e góticas, nas miniaturas, nas iluminuras que ilustravam as obras dos copistas, assim como nas pinturas e nos afrescos. No livro *Calendriers et techniques agricoles*, Perrine Mane (1983) estuda cento e vinte sete calendários datados dos séculos XII e XIII na França e na Itália. Podemos ver que os calendários das regiões setentrionais da França e da Itália concedem naquela época um amplo espaço à fenação e aos novos equipamentos pesados, os carroções e os arados charruas, enquanto os das regiões mais meridionais não fazem nenhuma alusão a eles. No século XV, em sua obra *Les très riches heures du duc de Berry*, os irmãos Limbourg ilustraram com precisão a fenação com alfanje, a colheita com a pequena foice, a lavração com o arado charrua com rodado e puxado por dois bois de canga, o carregamento de feixes de espigas em grandes carretas de quatro rodas, o transporte da vindima em carroças de duas rodas, a semeadura a lanço e a gradagem com a ajuda de um cavalo munido de uma coalheira. Mas é sem dúvida em *Les heures de la Vierge*, o calendário flamengo do século XV, que se encontram ilustrados com mais precisão as práticas, os equipamentos, os arreamentos, além das construções e até mesmo as vestimentas dos camponeses. Nota-se claramente nesse calendário que as condições de trabalho e de vida, que serão as dos camponeses do norte da Europa até princípios do século XX, já estavam implantadas naquela época.

As performances e os limites dos novos sistemas

Vimos que o cultivo com tração animal pesada exigia importantes investimentos em equipamentos, em construções, em animais e em trabalho. Ele não podia se desenvolver, a menos que gerasse ganhos de produtividade, que permitissem rentabilizar esses investimentos, e ganhos de produção, que permitissem alimentar um rebanho e uma população que cresciam. Conforme mostraremos a seguir, essa dupla condição, consolidada nas regiões temperadas frias da Europa Média, não acontecia nem nas regiões nórdicas muito frias, nem nas regiões temperadas quentes, o que explica os limites de extensão geográfica dos novos sistemas.

Rendimentos e produtividade

Admite-se, em geral, que a revolução agrícola da Idade Média tenha se traduzido por uma quase duplicação dos rendimentos cerealíferos (Duby, 1977). Particularmente, estimamos que com o cultivo com tração leve o rendimento médio dos cereais em rotação bienal era da ordem de 500 kg/ha brutos, ou seja, 300 kg líquidos deduzindo sementes e perdas (ver Capítulo 6). Para continuarmos em coerência com esta estimativa, entendemos que, no cultivo com tração pesada, o rendimento dos cereais em rotação bienal pode ser da ordem de 800 kg/ha brutos, ou seja, aproximadamente 600 kg líquidos. Em rotação trienal, consideramos que os rendimentos do primeiro cultivo de cereal não mudam, ou seja, 600 kg líquidos, enquanto os do segundo cultivo caem para 400 kg. Nessas condições, para produzir os 1.000 kg mínimos necessários para suprir as necessidades de base de uma família de 5 pessoas bastava, em rotação trienal com o cultivo com tração pesada, 3 ha de terras lavráveis, enquanto era preciso de 6 ha a 7 ha em rotação bienal com o cultivo com tração leve (ver Capítulo 6). Ora, com o equipamento de cultivo com tração pesada, um ativo e seus ajudantes familiares podem explorar até 6 ha de terras lavráveis em rotação trienal, o que corresponde a uma produtividade por ativo principal da ordem de 2.000 kg (2 ha × 600 kg/hab. × 400 kg/hab. = 2.000 kg), ou seja, o dobro das necessidades de uma família desse porte. Assim, diferentemente do cultivo com tração leve, cuja produtividade era suficiente apenas para suprir as necessidades de uma família camponesa, o cultivo com tração pesada permitia obter um excedente muito importante.

Capacidade de produção dos novos sistemas e população

Mas para obter tais rendimentos (800 kg brutos para a primeira safra de cereal e 600 kg para a segunda), era preciso enterrar, antes do primeiro cultivo com cereal, quase quinze toneladas de esterco por hectare de alqueive. Ora, em regiões temperadas frias, uma unidade de gado de grande porte (2.500 unidades forrageiras) que passasse seis meses de inverno em estabulação podia produzir quase quinze toneladas de esterco desde que dispusesse da forragem de aproximadamente 1,5 ha de pastagem (se cada hectare produzisse 1.700 unidades forrageiras) dividida pela metade entre campos de ceifa e de pastagens naturais. Nessas condições, para suprir as necessidades de cinco pessoas, era preciso, portanto, em princípio, dispor de 3 ha de terras lavráveis, de 2,2 ha de pastagens naturais e de 3,5 ha de floresta (0,7 ha por pessoa), ou seja, o total de 9 ha. Isso significa uma densidade populacional de 55 hab./km² útil, ou seja, mais do triplo da densidade máxima de população que o cultivo com tração leve é capaz de proporcionar nesse tipo de região (Capítulo 6).

Naturalmente, a densidade máxima de população acessível em cultivo com tração pesada varia conforme as condições de solo e de clima. Nas regiões setentrionais mais frias e de solo muito lixiviado – ocupadas originalmente pela floresta mista de coníferas e de folhosas, onde era preciso mais madeira, e os rendimentos eram menores – essa densidade de população podia cair para menos de 30 hab./km². Por outro lado, num clima mais suave e em solos mais férteis como os *loess*, a densidade da população podia chegar a atingir 80 hab./km².

Podemos considerar que a partir da revolução agrícola da Idade Média, o território francês (nos seus limites atuais) contava com 18 milhões de hectares de terras lavráveis, divididas igualmente entre o cultivo com tração leve ao sul e o cultivo com tração pesada no norte. Com mais ou menos 9 milhões de hectares em rotação bienal, o sul da França podia produzir cada ano um pouco mais de 1,3 milhão de toneladas líquidas em grão (4,5 milhões de hectares de cereais × 300 kg); e com 9 milhões de hectares em rotação trienal aproximadamente, o norte da França podia produzir 3,0 milhões de toneladas líquidas (3 milhões de hectares de cereais de inverno × 600 kg/ha + 3 milhões de cereais de primavera × 400 kg/ha = 3,0 milhões de toneladas). No total, com 4,3 milhões de toneladas líquidas de grão, a França podia alimentar aproximadamente vinte milhões de habitantes. Isso correspondia, com pouca diferença, às estimativas de população calculadas para os séculos XIII e XVII conforme vários autores e, principalmente, P. Goubert (*Histoire économique et sociale de la France*, v.2).

A área de extensão do cultivo com tração pesada

Graças ao feno e à estabulação do gado durante o inverno, os sistemas de cultivo com tração animal pesada podem se estender pelas regiões frias situadas bem além dos limites de extensão setentrional e de altitude do cultivo por tração leve. Graças à transferência de fertilidade pelo esterco, muito mais eficiente que o confinamento noturno, o cultivo com tração pesada pode também se estender sobre solos mais frágeis, arenosos, porosos e pouco férteis. Enfim, graças ao arado charrua, o cultivo de solos pesados, até então impraticável, também se torna possível. A área de extensão do cultivo com tração pesada ultrapassa amplamente a do cultivo com tração animal leve.

No entanto, há ainda regiões nas quais o sistema com alqueive e tração pesada não são viáveis. É o caso das regiões muito frias ocupadas pela floresta de coníferas em solo podzólico, situadas bem ao norte da Europa ou de elevada altitude, onde as necessidades em lenha e em feno para o inverno são enormes e os rendimentos cerealíferos se tornam baixos e aleatórios. É óbvio que esses sistemas são impraticáveis na tundra e nas estepes áridas da Ásia central.

Por outro lado, no sul da Europa, no Oriente Médio e no norte da África, em clima temperado quente, o cultivo com tração animal pesada perdia igualmente interesse, mas por outras razões. Essas regiões não conhecem *deficit* forrageiro muito representativo durante o inverno para justificar e rentabilizar os enormes investimentos demandados pelo cultivo com tração pesada. Nos vales e nas planícies, o déficit forrageiro de verão é compensado por reservas de forragem a campo (bem conservadas nesse clima) constituídas por pastagens herbáceas/ arbustivas pouco densas (do tipo "maquis" e "garrigues") com restrições de uso na primavera. Caso necessário, deslocava-se uma parte dos rebanhos para pastejar durante o verão nas montanhas (transumância ascendente) ou nas regiões situadas muito mais ao norte. Os rebanhos da baixa Provence, por exemplo, subiam os Alpes do Sul e os rebanhos de Andaluzia subiam até os Pirineus. Inversamente, no inverno, uma parte dos rebanhos de média montanha descia para os vales baixos e planícies costeiras, de clima mais suave (transumância ascendente).

Nas altas montanhas mediterrâneas, o *deficit* forrageiro de inverno torna-se tão grave que é preciso estocar feno. Mas, como antigamente nem sempre se dispunha de carroções, esse feno era estocado nos celeiros situados nos próprios lugares de fenação, onde o gado passava uma parte do inverno.

Em algumas dessas regiões, utilizava-se também, e ainda se utiliza engenhosamente, os terrenos de encosta para resolver os problemas de transporte. Os celeiros eram construídos na metade da encosta, abaixo das pastagens onde ocorria a ceifa do feno, e acima das terras de cultivo. Dessa maneira, os grandes fardos de feno enrolados com um fio podiam ser empurrados encosta abaixo até o celeiro e o esterco podia ser descido até as terras de cultivo. Em certos vales alpinos, como o vale da Abundância e o vale de Illiez, eram utilizados surpreendentes trenós munidos de duas rodas traseiras e dois patins dianteiros, que desciam com a carga completa, deixando-a escorregar e freando-a. Os animais de tração reconduziam esses trenós vazios para o alto, fazendo-os rodar. Na falta do arado charrua, era utilizado um arado que permitia enterrar o esterco, desde que fosse conduzido conforme as curvas de nível, mantendo-o inclinado para jogar a terra para baixo.

As melhorias dos sistemas de cultivo com tração leve nas regiões temperadas quentes

Nas regiões temperadas quentes, o cultivo com tração pesada era frequentemente mais rentável. Para aumentar a fertilidade do ecossistema cultivado, empregavam-se outros métodos mais apropriados. Para aumentar as terras lavráveis, desde a Antiguidade foram construídas muretas em curvas de nível, escalonadas ao longo das encostas e atrás das quais a terra se acumulava para formar terraços cultiváveis em um solo profundo e continuamente enriquecido pelas águas de escoamento superficial e por sedimentos e materiais deslocados do *saltus* situado acima. Esses terraços, ainda visíveis em muitas regiões mediterrâneas acidentadas, estão hoje frequentemente abandonados e cobertos por capoeiras.

Para paliar a falta de água no verão, foram também desenvolvidas nessas regiões plantações perenes de arbustos e de árvores frutíferas ou forrageiras (vinha, figueira, oliveira, amendoeira, damasqueiro, castanheiro, alfarrobeira, freixo, carvalho etc.), que, graças às suas próprias reservas de água, suportam melhor a seca estival do que as plantas anuais e que, graças ao enraizamento profundo, podem atingir as reservas de água fora do alcance dos cultivos anuais. Além disso, essas plantações fornecem madeira e produzem uma cama que participa da renovação da fertilidade das terras cultivadas. As oliveiras, as castanheiras, as alfarrobeiras, os sobreiros podem formar parques arborizados acima das terras cerealíferas e das pastagens, mas podem também ser plantados como cercas ao redor das parcelas ou em uma associação muito complexa com os diversos cultivos anuais, para formar tipos de hortas-pomares escalonados e altamente produtivos (Sereni, 1964). Na região do Minho, por exemplo, no noroeste de Portugal, até pouco tempo atrás, uma parcela de um hectare – plantado com grandes freixos forrageiros regularmente podados, no qual predominavam fileiras de árvores frutíferas variadas (pessegueiros, amendoeiras...) e vinhas trepadeiras (entre as quais se cultivava em linhas alternadas o milho, o feijão e outros legumes) – alimentava uma vaca leiteira, um porco, algumas aves e uma pequena família.

É claro, o meio mais eficiente, mas também o mais caro, de corrigir a seca estival do clima mediterrâneo era a rega ou a irrigação. Quando o lençol freático era pouco profundo, a água para a rega era trazida à superfície por meio dos poços, com a ajuda de diferentes máquinas de exaurir (poços com pêndulos, polia, manivela, noria etc.). Nas zonas dominadas por rios e por riachos com volume de água suficiente, a água era levada para os terraços, os fundos de vales e planícies por canais de derivações provenientes de tomadas de água situadas bem acima. Enfim, nas zonas acidentadas desprovidas de cursos d'água, esta podia ser levada aos flancos das encostas, através de galerias que descem com inclinação suave a partir dos lençóis freáticos situados sob a montanha.

Nas regiões mediterrâneas, o nivelamento das encostas permitia estender as terras de cultivo e aumentar os rendimentos. As plantações perenes permitiam ampliar os recursos forrageiros e alimentares, e a irrigação tornava possível o cultivo em pleno verão, como o do milho ou da beterraba açucareira e até, nas zonas mais quentes, os tropicais, como o arroz, o algodão, a cana-de-açúcar e os cítricos. Por outro lado, nas regiões temperadas frias, estruturas desse tipo são geralmente menos eficientes e menos rentáveis. Por isso, tais estruturas eram encontradas nessas regiões com pouca frequência e sob formas mais discretas e menos onerosas. Assim, nas encostas das regiões montanhosas da metade norte da Europa, encontravam-se os quase terraços, formados apenas pela acumulação do solo acima das cercas vivas, dispostas em curvas de nível. As plantações de macieiras, de freixos forrageiros, de castanheiras, tampouco estavam ausentes, bem como a irrigação estival das pastagens: a rede de drenagem dos campos de ceifa, muito úmidos no final do inverno, pode ser adaptada, a custos baixos, para que seja utilizada para a irrigação durante o verão. Enfim, às vezes encontravam-se no Norte encostas muito íngremes com altos terraços vitícolas (o vinhedo suíço, por exemplo), e hortas-pomares dispostas em degraus, em numerosas cidades instaladas nas altas montanhas europeias.

Às vezes, encontram-se no Norte tipos de investimentos agrícolas característicos das regiões temperadas quentes e, inversamente, equipamentos de cultivo de tração pesada se encontram em algumas regiões meridionais. Mas, essencialmente, a revolução agrícola da Idade Média assumiu formas bem diferentes no norte e no sul da Europa.

Segunda parte

3 A REVOLUÇÃO AGRÍCOLA DA IDADE MÉDIA

Os inventários dos grandes domínios, os calendários agrícolas, os trabalhos dos historiadores, tudo indica que os instrumentos e as práticas de cultivo com tração pesada se generalizaram em grande parte das regiões da metade norte da Europa nos séculos XI, XII e XIII. Entretanto, não há informações disponíveis suficientes para reconstituir com precisão o processo de surgimento dos novos sistemas, tampouco para seguir seu progresso de ano em ano e de região em região. Conforme Perroy (1993), tais sistemas já vinham sendo praticados na época carolíngia, em alguns domínios reais e monásticos, e começaram a se desenvolver a partir do ano 950, nas paragens compreendidas entre os rios Loire e o Reno.

No século X, o cultivo com tração leve era predominante na Europa ocidental. Ora, nessa época, a população dessa região do mundo, que havia diminuído muito nos últimos tempos do Império romano e na época das grandes invasões (germânicos, hunos, árabes, *vikings*), tinha conseguido se reconstituir. Os desmatamentos reiniciaram, a lavoura e as pastagens retomaram o terreno perdido no período de fraco povoamento. Regiões que haviam sido totalmente abandonadas foram reconquistadas.

No entanto, por volta do ano 1000, os sinais se multiplicavam indicando que um superpovoamento se iniciava na Europa, em relação às capacidades de produção da agricultura do momento. Esses sinais eram visíveis no aumento do preço dos cereais. Fome e distúrbios se tornaram mais frequentes e, em muitas regiões, os estabelecimentos agrícolas que se subdividiam a cada sucessão se tornaram muito pequenos. As condições de existência dos camponeses – servos ou livres – se degradaram, e tanto os senhores como o clero passaram a enfrentar dificuldades.

Essa tensão se manteve até o século XI, mas não pareceu ter explodido em uma crise massiva e mortífera. Ao contrário, a população e a produção agrícola continuaram a aumentar lentamente, é claro, mas inelutavelmente. Esse fenômeno, que pode parecer paradoxal, pode ser explicado se levarmos em consideração o fato de que o cultivo com tração leve, ainda predominante, não podia mais progredir, enquanto os meios de cultivo com tração pesada, ajustados durante os séculos precedentes, e já presentes em vários lugares, podiam se desenvolver. Certamente, na virada do ano 1000, a Europa – superexplorada e superpovoada, em relação às capacidades de produção do cultivo com tração leve – era subexplorada e subpovoada, se levássemos em consideração os cultivos com tração pesada.

Na verdade, na metade norte da Europa, as potencialidades do cultivo com tração pesada eram imensas. Nas regiões já povoadas, a passagem do cultivo com tração leve ao cultivo com tração pesada podia permitir dobrar ou triplicar a produção e a população. Além do mais, o cultivo com tração pesada podia se desenvolver em vastas paragens, que, até então, eram pouco ou quase nada exploradas pelo cultivo com tração leve. Tratava-se de florestas e de charnecas estabelecidas sobre solos porosos e lixiviados, muito pouco férteis para serem cultivados sem esterco, ou sobre solos muito pesados para serem cultivados sem o uso do arado charrua. Tratava-se também de pântanos costeiros, pântanos de água doce e terras encharcadas do interior, difíceis de trabalhar e cultivar sem equipamento pesado. Tratava-se, enfim, de regiões particularmente frias – nas quais o feno e a estabulação eram indispensáveis para que o gado pudesse passar o inverno –, como as colinas e os altos planaltos da Europa central ou os vales e planaltos dos Alpes, do Jura e dos Cárpatos, situados entre 500 m e 1.500 m de altitude, e como as regiões setentrionais da Escandinávia, da Polônia e dos países bálticos. Todas essas regiões eram pouco ou nada habitadas. Eram chamados "desertos", mesmo se ali fossem encontrados, algumas vezes, caçadores e cultivadores de derrubada-queimada, pastores que realizavam a transumância, fugitivos e ladrões. Eram regiões pouco seguras e as vias de comunicação transitáveis davam frequentemente grandes voltas, evitando passar por elas.

A colonização dessas vastas paragens, pouco ou nada exploradas e afastadas dos centros povoados preexistentes, era um empreendimento difícil, assim como era difícil a passagem do cultivo com tração leve ao cultivo com tração pesada nas regiões habitadas, já superpovoadas.

Era mais fácil utilizar os novos equipamentos para valorizar as florestas, as charnecas, ou os pântanos situados na vizinhança das cidades preexistentes. Por isso, os novos sistemas de cultivo com tração pesada começaram a se desenvolver nas regiões já povoadas, que tinham, próximo delas, solos dificilmente exploráveis pelo sistema de cultivo com tração leve e que continuaram até aquele momento inexploradas.

Os desmatamentos de proximidade

Os desmatamentos intercalados

Os desmatamentos de proximidade começaram a partir do século X. A princípio, aconteceram em geral devido à falta de terra para os lavradores dos vilarejos. Isolados ou em pequenos grupos, munidos de machado, algumas foices, carroças e arados charruas, eles desmataram as terras inexploradas localizadas nas proximidades, pouco acessíveis, pouco férteis ou muito pesadas, a fim de valorizá-las por mais tempo, graças aos novos instrumentos de trabalho: não se tratava mais, como no passado, de praticar alguns cultivos temporários após ter roçado uma parcela arborizada ou após a limpeza de um pedaço de charneca. Tratava-se, daquele momento em diante, da implantação, o mais rapidamente possível, de campos de ceifa, de pastagens e terras lavráveis desmatadas, destocadas e adequadas ao cultivo para um longo período de tempo, das quais os lavradores necessitavam para utilizar e para rentabilizar os novos equipamentos, recentemente adquiridos, de cultivo com tração pesada. Naturalmente, esses desmatamentos de proximidade não podiam passar desapercebidos dos senhores do lugar. Estes rapidamente tiveram noção dos rendimentos suplementares que poderiam obter, encorajando os desmatadores ao propor a cobrança de taxas relativamente baixas. Foi assim que, pouco a pouco, no entorno de cada cidade, as terras inexploradas foram escasseando.

Os grandes desmatamentos de terras próximas e os novos vilarejos

Nas regiões onde territórios já povoados cotejavam as zonas quase desertas relativamente extensas, os próprios senhores começaram a organizar desmatamentos de maior amplitude, que levaram à criação de novos vilarejos.

Quando os novos territórios estavam imbricados com os antigos, os novos vilarejos acabavam se intercalando com a rede de vilarejos já existentes. Porém, quando esses territórios encontravam-se nitidamente afastados, os novos vilarejos eram estabelecidos num tipo de frente pioneira, que progredia paulatinamente sobre as terras em vias de colonização. Assim, senhores, abades e outros empreendedores do desmatamento desenvolveram métodos que foram colocados em prática em seguida, a fim de instalar empreendimentos de colonização mais vastos e ainda mais distantes.

Os grandes desmatamentos de terras virgens distantes

Na verdade, a maior parte das terras virgens longínquas e pouco habitadas não eram *terras de ninguém*. Altos planaltos, colinas, altos vales da Europa central, planícies arborizadas do norte da Europa, charnecas e pântanos de água doce ou salgada estavam sob a autoridade de poderosos senhores, príncipes, duques e condes. Esses nobres cada vez mais tomavam consciência dos enormes rendimentos que poderiam obter se esses territórios fossem povoados e explorados com os novos métodos de cultivo e criação. Mas a colonização desses "desertos" exigia recursos financeiros e capacidade de organização que ultrapassavam os disponíveis por seus donos. Para ter sucesso nesses empreendimentos, esses senhores, por mais poderosos que fossem, tiveram que fazer parcerias que contribuíram com o financiamento e com a realização dos trabalhos. Assim foram desenvolvidos os contratos de *sociedade*, entre dois senhores, ou entre um senhor e um estabelecimento religioso. Esses estabelecimentos religiosos, riquíssimos e possuidores de ramificações em vastos territórios, eram bem situados para assumir, nas regiões superpovoadas, as campanhas de divulgação e de recrutamento dos camponeses candidatos a partir e para financiar a viagem e a instalação deles nas terras a desmatar. Esses trabalhos eram organizados e dirigidos por empreendedores, que em sua maioria eram burgueses das cidades, ou caçulas de famílias nobres, fazendeiros enriquecidos, ou servos a quem seus mestres confiavam tarefas. Como pagamento de seus serviços e dos eventuais adiantamentos em dinheiro, esses empreendedores reservavam uma parte dos lucros da operação, sob a forma de terras a explorar por conta própria, ou na forma de uma fração dos lucros devidos pelos camponeses recém-instalados.

As infraestruturas nos mangues costeiros e nos mangues de água doce

Paralelamente aos grandes desmatamentos, a conquista de terras sobre o mar, ao longo das costas do Mar do Norte e do Mar Báltico, consta entre as mais espetaculares infraestruturas realizadas na Idade Média. Para favorecer esse tipo de operações, era preciso construir, em frente ao mar, um dique, que protegia das marés o perímetro a ser drenado. Era preciso ainda cercar esse perímetro com uma elevação de terra cercada por um fosso, a fim de protegê-lo das águas vindas do interior das terras. Era necessário também cavar uma rede hierarquizada de canais de drenagem para evacuar, na maré baixa, as águas de superfície excessivas, e era preciso barrar esses canais por meio de comportas, a fim de conter as subidas da água salgada na maré alta e de regular, assim, o nível dos lençóis freáticos. Era preciso ainda reparar frequentemente os diques e as faixas de terra, limpar e drenar os canais. Também era necessário ajustar um sistema de gestão coletiva da água, de modo que os usuários de um mesmo perímetro coordenassem suas ações. O arranjo e a valorização dos pântanos costeiros exigiam, portanto, investimentos consideráveis e uma ampla mobilização das forças sociais interessadas.

Em Flandres, o manejo dos primeiros *polders* foi exemplar. Os vales baixos do Reno, do Yser e do Aa eram superpovoados e frequentemente submersos pelas transgressões marinhas. Conforme G. Fourquin (p.439-44), no século XI, respondendo à pressão das populações e dos senhores locais, os condes de Flandres, mestres eminentes desse "País Baixo", empreenderam obras para drená-lo. Mandaram construir grandes diques e confiaram a valorização das terras a monastérios. Num primeiro momento, os pântanos drenados, mas ainda muito salgados, foram transformados em prados para ovelhas; depois em pradarias para bovinos, entremeado de currais e de vacarias. No século XII, quando as terras já estavam suficientemente dessalinizadas, começou-se então a utilizar o arado charrua e a cultivar cereais. Vilarejos de lavradores foram, então, ali instalados. No século XIII, a manutenção dos empreendimentos e a gestão da água foram assumidas pelas associações locais de usuários, os *wateringues*, que agiam sob o controle dos agentes dos condes de Flandres. Em dois séculos, os Países Baixos se tornaram assim um país agrícola próspero, e os flamengos acumularam uma experiência considerável no trabalho dos *polders*; experiência para a qual apelaram a maioria dos países costeiros do Atlântico, do Mar do Norte e do Báltico. No interior das terras, a drenagem dos pântanos de água doce, a construção de diques de proteção contra as cheias e a valorização dos vales inundáveis também ganharam espaço.

A conquista militar e a colonização agrícola dos países pouco povoados

Porém, as terras de colonização não eram todas virgens. As grandes planícies do nordeste da Europa, por exemplo, ainda amplamente recobertas pela floresta mista de folhosas e de coníferas, eram ocupadas por populações eslavas ou bálticas pouco densas, que ali praticavam ainda cultivos por derrubada-queimada. A colonização dessas regiões aconteceu depois da conquista militar e da consolidação do poder dos vencedores. As tarefas prévias foram confiadas pelos príncipes alemães às ordens militares ou religiosas, como a ordem dos cavaleiros teutônicos, que conquistou a Prússia oriental e os Países Bálticos, ou a dos Cavaleiros *porte-glaive*, que investiu na Courlande, região da Letônia. Essas expedições, apresentadas como cruzadas destinadas a evangelizar as populações pagãs do leste, conduziram também à subserviência ou ao extermínio delas, que foram substituídas por colonos alemães, atraídos pelas condições favoráveis de instalação prometidas pelos empreendedores. E finalmente, a valorização dessas regiões, com os poderosos meios do cultivo com tração pesada, levou à formação de uma nova e vasta bacia cerealífera, bem distribuída através de uma rede fluvial que desaguava no Báltico. Durante séculos, a produção cerealífera desta bacia foi coletada pelo grande comércio das vilas hanseáticas e exportada para a Escandinávia, Inglaterra, Países Baixos etc.

De maneira geral, nas regiões recentemente desmatadas, a produtividade agrícola era relativamente elevada, pois, não faltando terra, as propriedades agrícolas eram muito vastas para utilizar plenamente todas as potencialidades do cultivo com tração pesada. Essas regiões produziam um excedente comercializável importante que, apesar de sua distância, lhes permitia tirar proveito dos elevados preços agrícolas decorrentes do crescimento demográfico e urbano. Por isso, os novos territórios atraíam cada vez mais os detentores do poder e do dinheiro, que reservavam para si uma parte das terras desmatadas, das quais desfrutavam em regime de exploração direta, utilizando a mão de obra assalariada. Um pouco mais tarde, a partir do século XIII, esses domínios foram também arrendados para arrendatários ou para meeiros.

Mas esses territórios atraíam também as massas de camponeses fugidos da servidão, das exações, da falta de terra e da miséria que dominava as regiões então superpovoadas. Enquanto os desmatamentos eram realizados, os poderosos deviam suprir as necessidades desses camponeses, ajudá-los a se abastecer de sementes, de equipamento e de animais, fazendo-lhes também participar dos lucros da operação atribuindo-lhes, a título perpétuo, uma possessão de terra de tamanho relativamente grande, contra o pagamento de uma dívida moderada e fixa: o *censo*. Sem isso, como eram livres para ir e vir, esses camponeses ofereciam seus serviços em outras frentes de desmatamento, onde as condições fossem mais favoráveis.

Assim, na periferia do mundo antigo, onde diversas formas de servidão se perpetuavam, um mundo novo começou a se formar, com camponeses independentes, censitários, arrendatários ou meeiros aliados a seus empreendedores e seus assalariados: um mundo moderno da verdade...

Marcel Mazoyer • Laurence Roudart

A revolução agrícola nas regiões superpovoadas

Entretanto, nas regiões antigamente ocupadas e superpovoadas, a revolução agrícola encontrava muitas dificuldades. A maioria dos camponeses, submetidos às corveias, era demasiadamente pobre para adquirir os novos equipamentos. Os senhores, apesar de possuírem os meios, não tinham interesse em fazê-lo enquanto houvesse uma numerosa e dócil massa de trabalhadores para cultivar gratuitamente suas terras. Enfim, o reordenamento geral dos limites das jurisdições, necessário à implantação de campos de ceifa e à extensão das terras lavráveis, não era uma operação fácil. Por isso o cultivo com tração pesada se desenvolveu bem lentamente nas regiões que não dispunham de terras inexploradas nas imediações.

A concorrência dos novos territórios agrícolas

Portanto, como os desmatamentos ganharam terreno, as remessas de grãos, animais e outras mercadorias provenientes das novas zonas agrícolas aumentaram, ao mesmo tempo que a emigração da população para novas zonas se ampliava. Duplamente concorridos no mercado de produtos e no nascente mercado de mão de obra, os antigos territórios tiveram que se adaptar, ao mesmo tempo, aos métodos do cultivo com tração pesada e às condições sociais vigentes nas novas terras. Dessa forma, o desmatamento de certos planaltos frios e arborizados do leste da França (o planalto de Langres, por exemplo) foi realizado a partir dos vales povoados mais antigos. Porém, enquanto a valorização dos planaltos se baseou desde o princípio no cultivo com tração pesada, no trabalho assalariado e na instalação de camponeses livres, foi somente muito mais tarde que os vales, liberados do excesso de população, se converteram ao cultivo com tração pesada e aboliram a servidão.

A transformação das relações sociais

Na verdade, ao longo da revolução agrícola, as relações sociais sofreram profundas transformações, variáveis de uma região para outra, frequentemente confusas e muitas vezes contraditórias, das quais podemos tentar extrair o sentido geral.

A difusão de novos equipamentos agrícolas teve, em primeiro lugar, um efeito na organização e nas condições e trabalho do campesinato. Assim sendo, as corveias manuais muito pouco produtivas regrediram e, em muitas regiões da França e da Germânia, foram substituídas por taxas bastante elevadas. Ao contrário, as corveias de lavração com o arado charrua, de gradagem e de carreto aumentaram para os lavradores bem equipados. E, em caso de necessidade, os senhores começaram a empregar como *assalariados* os pequenos arrendatários subequipados.

O aumento da produção e dos ganhos de produtividade, resultantes do desenvolvimento do cultivo com tração pesada, levaram a um forte crescimento do excedente comercializável e da renda das propriedades, enquanto as dívidas de todos os tipos, *in natura* e em dinheiro, continuaram a ser cobradas pelos senhores aos camponeses. A partir do século XI, devido ao crescimento agrícola, novas taxas apareceram e tenderam a aumentar. Algumas delas eram de caráter econômico, como aquelas pagas pelos moradores dos vilarejos que precisavam utilizar o moinho, o forno ou a prensa construídos pelo senhor do lugar, que tinha o monopólio desse tipo de instalações. Entretanto, os senhores aproveitaram também a redução das pastagens e das florestas, resultantes da extensão dos campos de ceifa e das terras lavráveis, para aumentar as taxas de pastagem e de corte de madeira.

Outras taxas eram decorrentes do exercício do poder público, como as multas infligidas pelos senhores que possuíam o poder de fazer justiça; as taxas pagas em contrapartida da defesa do território e da ordem pública garantidas pelos poderosos; os pedágios e as taxas para o comércio; e as *fintas*, uma espécie de imposto arbitrário e irregular, instaurado em caso de necessidade. Contudo, muitos senhores não dispunham de poderes que permitissem imputar novas cobranças. Na Inglaterra, o essencial desses benefícios era dominado por um poder real forte, enquanto na França e na Germânia encontravam-se ainda amplamente nas mãos do senhorio chamado *banal*, como a alta aristocracia dos duques, dos condes e dos príncipes. Para se proteger contra a arbitrariedade senhorial, a população reivindicou – e conseguiu – que as cobranças fossem "abonadas", ou seja, convertidas em um imposto único, o *censo*, pago anualmente em dinheiro.

As condições de vida dos servos e dos camponeses livres tenderam a se igualar. Primeiro porque aquelas banalidades aplicavam-se a todos, livres e não livres, e também porque muitos servos participavam do desmatamento e recebiam, como os demais camponeses, terras com encargos reduzidos. Enfim, no século XII, a libertação de servos de corpo – propriedade pessoal e hereditária de seu senhor e dono – se multiplicou, principalmente na França. Mas se as diferenças de estatuto jurídico desapareciam, as disparidades econômicas no seio da classe camponesa se acentuavam: no século XIII, no momento em que a expansão agrícola terminava e o superpovoamento reaparecia, uma camada de ricos lavradores se formou, pretendendo ditar as leis nos vilarejos, enquanto camponeses sem terra e os trabalhadores diaristas, desprovidos de equipamento agrícola, aumentavam e encontravam-se muitas vezes excluídos do uso das pastagens comuns. A fiscalidade que incidiu sobre os pequenos camponeses e sobre os ricos, e o endividamento tendo como garantia as possessões em terra tiveram então um papel determinante na multiplicação dos camponeses sem terra (Le Goff, 1982).

Finalmente, com a revolução agrícola da Idade Média, o antigo regime agrário do grande domínio, apoiado em suas possessões de servos sujeitos à corveia, pouco a pouco cedeu lugar, no noroeste da Europa, a uma nova sociedade rural composta de ricos lavradores e de camponeses pobres, censitários, arrendatários ou meeiros, trabalhadores agrícolas sem terra, e de empreendedores agrícolas de origem burguesa ou senhorial, artesãos, comerciantes e senhores laicos ou eclesiásticos que monopolizavam as indústrias de montante (minas e siderurgia) e as indústrias de jusante (moinhos, prensas e fornos).

4 CAUSAS E CONSEQUÊNCIAS DA REVOLUÇÃO AGRÍCOLA: A EXPANSÃO DEMOGRÁFICA, ECONÔMICA, URBANA E CULTURAL

Do século XI ao XIII, a revolução agrícola traduziu-se ao mesmo tempo pelo aumento da produção, que permitiu o desenvolvimento da população, e pelo crescimento da produtividade, que permitiu melhorar a alimentação e proporcionar um aumento dos excedentes. Esse excedente condicionou o desenvolvimento das atividades não agrícolas, artesanais, industriais, comerciais, militares, intelectuais e artísticas; em contrapartida, a indústria e o artesanato forneciam à agricultura novos meios de produção mais eficientes, e a demanda crescente de produtos agrícolas proveniente desses setores de atividade estimulava o desenvolvimento da produção agrícola.

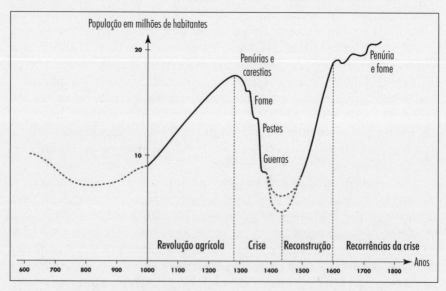

Figura 7.3. Evolução da população da França (em seus limites atuais) do ano 1000 ao ano 1750

A explosão demográfica

Perroy (1993) estima que a população da Europa ocidental tenha se multiplicado por três ou quatro na Idade Média central. Ninguém duvida que a melhoria do regime alimentar contribuiu bastante para esse acréscimo demográfico rápido. As fomes mortíferas se espaçaram e quase desapareceram, enquanto a penúria local, menos frequente, foi atenuada devido ao desenvolvimento do comércio de grãos. A alimentação, mais abundante, era também de melhor qualidade. O pão continuava sendo o alimento de base. Pão de centeio para a maior parte das pessoas e pão de trigo para os ricos, mas esse consumo era acrescido frequentemente, sobretudo nas categorias abastadas da população, de um acompanhamento composto de leguminosas (ervilha, lentilha, favas), de produtos lácteos (manteiga, queijo), de ovos, de peixe ou de carne. Mais bem alimentada, a população ficou mais resistente às doenças. A mortalidade, infantil principalmente, diminuiu. Práticas malthusianas (celibato, casamentos tardios, abortos, infanticídios...), constatadas no período de superpovoamento precedente (século X), também recuaram.

A revolução artesanal e industrial

Um novo artesanato rural

O desenvolvimento do cultivo com tração pesada foi acompanhado pelo surgimento de uma nova geração de artesãos. Em cada vilarejo era preciso, a partir de então, de um artesão carroceiro para fazer e consertar charretes, carroções, arados charrua, grades e jugos e de um ferreiro para fabricar relhas, facões e outros utensílios de ferro e para ferrar os animais de tração. Eram necessários ainda os correeiros, fabricantes de coalheiras e de arreios, além dos pedreiros e carpinteiros para construir currais, estábulos, granjas e celeiros. Num primeiro momento, os novos equipamentos foram feitos por empregados domésticos especializados dos castelos e dos estabelecimentos religiosos. Esses equipamentos eram primeiramente destinados às explorações senhoriais, e, quando a demanda aumentava, alguns instrumentos eram vendidos aos camponeses. Todavia, com a expansão agrícola, a demanda por novos equipamentos foi tanta que certos domésticos se instalaram como artesãos nos vilarejos, com a autorização de seus mestres e contra o pagamento de uma taxa. Frequentemente, eles acabavam por comprar a própria liberdade e trabalhavam então por conta própria. Essa rede de artesãos rurais estendeu-se e densificou-se proporcionalmente à expansão agrícola.

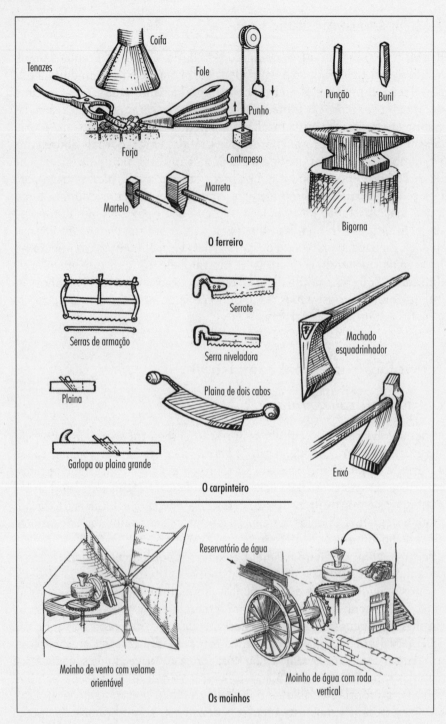

Figura 7.4. Algumas ferramentas dos novos artesãos dos vilarejos e novos moinhos

O crescimento agrícola e artesanal acarretou um aumento, nos campos, da demanda de ferro. Sem dúvida, os apetrechos metálicos de um lavrador (alfanje, foice, enxadão, pá, machado, relha, facão, aiveca eventualmente e ferragens diversas) pesavam menos que a armadura e o armamento de um cavaleiro. Mas é provável que o desgaste desses apetrechos agrícolas fosse mais rápido que o do equipamento de um guerreiro, e que, portanto, o consumo de ferro de um lavrador fosse superior ao de um cavaleiro. Além disso, os próprios artesãos rurais acumulavam em suas oficinas uma panóplia de ferramentas que utilizavam ferro e aço.

A siderurgia

Essas considerações nos levam a pensar que as necessidades de ferro decuplicaram nos campos, e que as cidades em plena expansão aumentaram tal necessidade. Estimulada por essa demanda, a produção siderúrgica aumentou, condicionando, por outro lado, a expansão agrícola e artesanal. A expansão da siderurgia foi tão forte que, a partir do século XII, as reservas florestais começaram a se esgotar no entorno das fábricas de ferro que utilizavam o carvão de madeira como combustível. A extração do mineral, feita por simples covas a céu aberto, tornou-se insuficiente. Foi preciso, então, cavar minas com poços e galerias equipadas de guindastes hidráulicos. Na época, os procedimentos de fabricação do ferro eram ainda pouco eficientes, mas progressos importantes surgiram na virada do século XIV: poderosos foles movidos por moinhos d'água permitiam aquecer os altos fornos até 1.200 °C para derreter o metal, que era martelado e convertido em ferro graças aos martelos hidráulicos, pesadas marretas acionadas por um eixo dentado, movido por um moinho. A rede de monastérios cistercienses, vasto império siderúrgico e agrícola que se estendia por toda a Europa, desempenhou um papel importante na difusão desses novos procedimentos (Gimpel, 1975).

Os moinhos

O uso dos moinhos d'água estendeu-se a outras atividades, além da siderurgia. Dos séculos X ao XIV, os moinhos se proliferaram pela Europa, particularmente na parte noroeste. Acionando guindastes, rodas, martelos-pilões, serras e foles, os moinhos serviam nos lagares de óleo, tanoarias, manufaturas de tecidos, serrarias, confecções de papel, cervejarias, e principalmente nas fábricas de farinha. Eles aliviavam os camponeses de pesadas tarefas manuais. No entanto, como esses moinhos se encontravam dispersos ao longo dos rios, distantes de muitos vilarejos, exigiam, em contrapartida, transportes mais eficazes, que se tornaram possíveis graças ao desenvolvimento do equipamento de transporte pesado. Nas regiões planas, com a falta da energia hidráulica, recorreu-se aos moinhos de vento. Os primeiros moinhos d'água, de roda horizontal ou vertical, eram bem anteriores à Idade Média e datavam de quase cem anos antes de Cristo (Amouretti, 1987). Os romanos já haviam construído algumas grandes moendas hidráulicas. No entanto, naquela época, por falta de meios de transporte suficientes e também, talvez, por causa da abundância de escravos, os moinhos d'água se difundiram menos que na Idade Média.

Os moinhos de vento são conhecidos desde o século VII a.C. De origem persa, eles foram aperfeiçoados no Ocidente, no século XII, com o uso da vela orientável. Difundiram-se nos países frios, onde os rios são gelados durante vários meses a cada ano, e nos países meridionais, onde a vazão dos cursos d'água é insuficiente ou irregular. Nessas regiões, por causa da insuficiência de meios de transporte pesado e da persistência do transporte no dorso de animais de carga, os moinhos de vento eram frequentemente mais numerosos, além de pequenos, e localizados o mais próximo possível das moradias. Essa situação se prolongou até o século XIX, e até mesmo depois.

Carroceiros e ferreiros, altos fornos e moinhos: a revolução agrícola da Idade Média foi, como bem o mostrou Grimpel (op. cit.), inseparável de uma verdadeira revolução artesanal e industrial.

A expansão comercial

O crescimento da produtividade agrícola e o impulso do artesanato e da indústria foram também concomitantes a uma vasta atividade comercial: os camponeses vendiam seus excedentes, os senhores escoavam uma parte importante dos produtos de suas reservas e as taxas *in natura* que continuavam a receber, os artesãos vendiam os produtos de seu trabalho e as regiões recém-cultivadas exportavam seus excedentes. Na medida em que as trocas ganharam importância, os comerciantes se multiplicaram, os mercados e as feiras formigaram nas cidades e vilarejos. Por isso, as necessidades de dinheiro aumentaram a tal ponto que as disponibilidades de ouro e prata se tornaram insuficientes para garantir o comércio quotidiano. Foi necessário, então, cunhar peças de menor peso, usando cada vez menos metal valioso.

O enriquecimento dos senhores laicos e religiosos, dos mercadores e dos empreendedores levou a um forte aumento da demanda de produtos de luxo: vinhos, tecidos de lã finamente trabalhados e de cores insólitas, além de especiarias, seda e outros produtos orientais. Estes, da mesma forma que algumas mercadorias mais comuns (trigo, arenque, madeira, lã), eram objeto de um comércio marítimo que se articulava em torno de duas grandes bacias: a do mar do Norte e Báltico e a bacia do Mediterrâneo. Ao sul, o comércio longínquo estava nas mãos dos mercadores italianos que dispunham de entrepostos em todo o entorno mediterrâneo. Gênova e Veneza eram os centros mais ativos. Os mercadores importavam especiarias da Ásia, pedras preciosas, marfins, perfumes, sedas, joias e outros objetos artesanais, além da pedra-ume, substância necessária para o tratamento dos tecidos em lã e das peles. Em contrapartida, exportavam principalmente grandes quantidades de lã de alta qualidade. O comércio de excedentes para a Europa provocou um fluxo de ouro e trouxe enormes lucros aos mercadores italianos que assim adquiriram meios financeiros para estender seu domínio sobre uma grande parte do comércio europeu.

O grande comércio do Norte continuou nas mãos de ricos mercadores das cidades da Hanse[2] (Colônia, Bremen, Hamburgo, Lubeck, Dantzig, Riga, Visby, Estocolmo etc.). Seus barcos transportavam trigo, peles e mel das colônias alemãs do leste até os portos da Noruega, da Inglaterra e dos Países Baixos. Os mercadores enviavam também o sal e o vinho das costas atlânticas da França para a Inglaterra, os Países Baixos e a Escandinávia; de lá, transportavam o peixe salgado para o resto da Europa. Enfim, levavam a lã das ovelhas inglesas para as indústrias têxteis de Flandres e de Artois, e distribuíam por todo entorno da Europa o tecido produzido nessas regiões (Perroy, 1993). As feiras da Champagne[3] (Provins, Troyes, Bar-sur-Aube), que se desenvolveram a partir do século XII, faziam a ponte entre esses dois mundos: os mercadores italianos trocavam com os de Hanse os produtos orientais por tecidos que eles exportavam para o Oriente.

Os dois centros comerciais da Europa ocidental não eram de mesma natureza. O do Norte – com suas trocas cruzadas de cereais, vinho, sal, peixe, lã e tecidos – era baseado na revolução agrícola, artesanal e industrial que acontecia nas regiões do entorno do Báltico, da Mancha e do mar do Norte. Seu comércio integrava os diferentes setores de atividade e as regiões, já em parte especializadas, que participavam desse desenvolvimento. O centro comercial do Sul, menos autocentrado, representava um papel intermediário entre a Europa e o Oriente.

Na medida em que o comércio com o Oriente se expandiu, a Europa se tornou mais rica em ouro, e os príncipes do Ocidente mandaram cunhar

---

[2] Associação de mercadores alemães e também de cidades do norte da Alemanha e da Europa setentrional que buscavam manter os privilégios junto aos soberanos estrangeiros e a segurança de seus comércios de terra e mar. (N.T.)

[3] As feiras de Champagne aconteceram nos séculos XII e XIII e trouxeram uma extraordinária prosperidade para a região. Situada entre Flandres e a Itália, a região da Champagne organizou seis feiras em diferentes cidades distribuídas ao longo do ano, o que formava, então, um comércio permanente. Elas foram a única praça do comércio europeu da época especializada em crédito. (N.T)

peças de metal precioso, que serviam como moeda internacional. A descoberta de minas de prata na Europa central lhes permitiu aumentar o estoque de moeda em circulação. Portanto, o crescimento do volume de transações criou a necessidade de recorrer a diversas formas de moeda escritural, praticadas pelos mercadores e banqueiros da época, para quitá-las. As feiras da Champagne tiveram, nesse aspecto, um importante papel de mercado financeiro.

O nascimento do capitalismo

A profissão de mercador, apesar de muito lucrativa, era também muito arriscada. Os comboios de mercadorias estavam à mercê dos bandidos da estrada e dos piratas do mar, dos acidentes e intempéries, enfim, infortúnios que provocavam numerosas perdas. Para se precaver, os mercadores viajavam em caravanas, financiavam várias centenas de expedições comerciais a fim de partilhar os riscos, e investiam uma parte de seus capitais em negócios menos arriscados – como oficinas industriais, minas, moinhos, negócios imobiliários, empréstimos a juros – e também, como vimos, em grandes empreitadas de desmatamento, propriedades agrícolas e propriedades de criação. Destinando fundos a essas empresas, os mercadores procuravam a rentabilidade de seus investimentos. Senhores – laicos ou eclesiásticos – usavam as mesmas estratégias. Empregavam assalariados que geralmente não participavam do financiamento dos meios de produção. Assim era nos moinhos da região de Toulouse, citados como exemplo por J. Gimpel (op. cit.). No século XII esses moinhos deram lugar à constituição das primeiras sociedades por ações conhecidas. No século seguinte, essas ações rendiam um juro do capital compreendido entre 19% e 25% por ano, e não havia um único moleiro entre os acionários. Portanto, já se tratava de verdadeiras empresas capitalistas, nas quais a busca do lucro motivava a aplicação dos capitais, e a mão de obra assalariada não participava do capital.

A urbanização

Desde o século XI, o aumento da população levou ao reforço dos centros de povoamentos preexistentes, em torno dos vilarejos, dos castelos, dos monastérios e das antigas cidades romanas. Paralelamente, os novos centros de povoamento se multiplicavam nos territórios recentemente desmatados. Na França, nomes de cidades como Villeneuve, Newville, Neubourg, Bourgneuf são frequentemente de origem medieval. No fim do século XIII, o mapa das cidades da Europa já era quase o mesmo que o do século XIX.

Entre esses burgos, alguns se encontravam particularmente em vantagem por sua localização ou no centro de uma zona agrícola muito produtiva, ou na encruzilhada de vias de comunicação. As atividades de artesanato e de comércio foram pouco a pouco substituindo a atividade agrícola, e os burgos se transformaram em cidades. Todavia, na época, a população urbanizada não ultrapassava 10% da população total, e raras eram as cidades de mais de 10.000 habitantes. A cidade de Paris – centro artesanal, comercial e cultural cujo fulgor era internacional – já contava com mais de 100.000 habitantes no fim do século XIII e era a maior cidade da Europa. Ela devia sua situação privilegiada por situar-se no coração de uma bacia cerealífera altamente produtiva e porque estava bem-servida pelo rio Sena e seus afluentes.

As franquias

Os habitantes dos burgos trabalhavam nas novas profissões "independentes" do artesanato e do comércio; mais numerosos, eles continuavam submissos aos mesmos impostos, corveias, obrigações militares e direitos de pedágio que os habitantes do campo. Desde o século XI, agrupavam-se em associações, sob a forma de guildas[4] corporativistas de artesãos ou mercadores, ou ainda sob forma de "comunas" que uniam todos os chefes de família de um burgo. Tais associações tinham o objetivo de obter do senhor da localidade uma carta de franquia, que garantisse aos habitantes a independência pessoal, liberdade de comercializar e de circular, além de impostos menores, regulares e claramente definidos. Essas cartas de franquia foram muitas vezes obtidas por meio da negociação; às vezes, por meio de revoltas, mas sempre custavam uma pesada indenização. Assim como a emancipação camponesa acompanhou o esplendor das campanhas, a emancipação "burguesa", no verdadeiro sentido da palavra, acompanhou o desenvolvimento artesanal e comercial das cidades.

Monastérios, catedrais e conventos

A partir do ano 1000, a Europa cobriu-se de igrejas e outros edifícios religiosos. As novas ordens monásticas contribuíram muito para esse vasto movimento de construção monumental. A ordem de Cluny, por exemplo, erigiu nada menos que 1.400 monastérios por toda a Europa, e a ordem de Citeaux ergueu mais de 750. Conforme Gimpel (*Les bâtisseurs de cathédrales*),

---

[4] Associação de mutualidades constituídas na Idade Média entre as corporações de operários, artesãos, negociantes ou artistas.

no espaço de três séculos, de 1050 a 1350, a França extraiu vários milhões de toneladas de pedra para edificar 80 catedrais, 500 grandes igrejas e dezenas de milhares de igrejas paroquiais. A França movimentou mais pedras nesses três séculos que o antigo Egito em qualquer período de sua história.

Na época, a Igreja tinha um papel capital de regulação do sistema social do Ocidente cristão. Fixando o calendário, os dias, as horas (de trabalho e de repouso), organizando as reuniões públicas (missas, comunhões e outras assembleias); dominando as Escrituras e sua interpretação, bem como tudo o que ali era escrito, fonte da moral pública e privada, batizando, catequizando, confessando, sagrando reis, abençoando as expedições militares; encarregada de todo o sistema educativo e do sistema hospitalar, maior proprietária de domínios e indústrias, a Igreja romana era a primeira potência econômica e política, e a verdadeira autoridade moral do Ocidente medieval (Guerreau, 1980).

Na sociedade europeia, em plena expansão, a Igreja concentrava enormes riquezas. Reunia o produto dos dízimos, assim como os impostos senhoriais sobre seus próprios domínios; os lucros de suas indústrias, além das numerosas doações que recebia dos senhores laicos e dos mercadores e, devido ao celibato do clero, a Igreja era dispensada do encargo de renovar sua própria população. Esse encargo era do resto da sociedade (senhores, comerciantes, artesãos, camponeses) que lhe fornecia homens e mulheres "feitos", e de todas as categorias sociais, dos quais ela precisava. Seu excedente aumentava consideravelmente, permitindo aos clérigos se consagrassem amplamente a tarefas não diretamente produtivas (estudo, prece, ensino, predicação, cuidados...), o que lhe dava uma capacidade de investimento incomparável, fosse produtivo (agricultura, indústria), fosse improdutivo (igrejas, abadias).

Beneficiando-se, assim, de uma parte importante do excedente da sociedade da época, a Igreja investiu na edificação de monumentos suntuosos, dedicados à glória de Deus. São Bernardo se indignava:

> Ô vaidade das vaidades, ainda mais louca que a própria vaidade! A Igreja cintila por todos os lados, mas o pobre passa fome! Os muros da Igreja estão cobertos de ouro e as crianças da Igreja estão nuas [...]. Deixam os pobres passar fome e gastam, o que lhes seria necessário, em suntuosidades inúteis.

Os edifícios religiosos se multiplicavam, suas construções rivalizavam em proezas técnicas e obras de arte estéticas, testemunhando durante mais de três séculos uma verdadeira exuberância da criação artística e arquitetônica. O estilo romano, que se expandiu no final do século XI, foi logo substituído pelo gótico. No século XIII, novas ordens monásticas, as Ordens mendicantes, se elevaram contra esta riqueza da Igreja e contra seu isolamento em relação ao resto da sociedade. Instalaram seus conventos nas cidades, pregaram a pobreza e tiveram um papel fundamental no ensino.

A renascença intelectual e as universidades

A criação das universidades e a renovação intelectual acompanharam de perto a expansão econômica e urbana. No século XI, os lugares de aprendizagem do conhecimento encontravam-se ainda nas abadias dispersas no campo. Mas, no século XII, as escolas floresceram nas cidades, e as universidades apareceram no século seguinte. Mestres e alunos redescobriram as grandes obras da Antiguidade, e o ensino abriu-se também para outros autores, árabes em particular, e a novas disciplinas como as matemáticas, a medicina, o direito, a teologia e a filosofia.

Foi nesta época que a agronomia fez sua estreia na Universidade. Walter de Henley, beneditino inglês experiente na gestão de grandes domínios agrícolas, foi convidado pela Universidade de Oxford a proferir conferência sobre esse assunto. Foi autor de um célebre livro sobre a agricultura, *Enseignement agricole* (*Ensino agrícola*), no qual tratou da boa gestão de uma propriedade, das lavrações e da distribuição de esterco, da escolha das sementes, da condução do gado etc. Na segunda metade do século XIII, outros tratados de agricultura foram escritos na Inglaterra. Aqueles redigidos em língua vulgar conheceram um vivo sucesso em toda a Europa, junto aos proprietários desejosos de melhorar a gestão de seus domínios. Mas é preciso destacar que esses manuais não precederam a revolução agrícola da Idade Média: ao contrário, eles tiraram lições da experiência acumulada no seu decorrer. Um outro tratado de agricultura, redigido pelo italiano Pietro di Crescenzi, teve grande impacto no século XIV. Ao contrário dos precedentes, esse livro se situava na tradição dos agrônomos latinos e referia-se à agricultura praticada no sul da Europa.

Assim, durante três séculos, do ano 1000 ao ano 1300, a expansão agrícola nutriu um impulso demográfico, econômico, urbano, arquitetônico e cultural que levou a sociedade europeia ao limiar dos tempos modernos. Na verdade, no século XIII, ao cabo desta "primeira Renascença", essa sociedade prefigurava em muitos aspectos aos da sociedade do século XVI.

Mas, no fim do século XIII, sinais de declínio se manifestaram: o crescimento da produção agrícola diminuiu e em seguida parou; a produção intelectual das universidades se esclerosou; o vasto movimento de construção de monumentos religiosos declinou e certas catedrais em obras permaneceram inacabadas (as flechas das torres da Notre-Dame de Paris, entre outras, não serão jamais edificadas, apesar de terem sido previstas no projeto original); as atividades artesanais e industriais regrediram; o comércio periclitou e as feiras de Champagne extinguiram-se pouco a pouco, ao mesmo tempo que a população começou a estagnar. No século XIV, a estagnação do crescimento desencadeou em uma crise imensa e multiforme, agrícola e alimentar, e também econômica, social e política.

5 A CRISE DOS SISTEMAS COM POUSIO E TRAÇÃO PESADA E SEUS REFLEXOS

No século XIV, a produção agrícola regrediu. A população esfomeada diminuiu, seguida da peste, por sua vez fazendo o seu ofício, levando com ela todo o restante da economia. No princípio do século XV, a sociedade europeia alcançou um nível de população e de atividade próximo ao encontrado no século X, nível no qual ela estagnou durante mais de um século, pois as guerras, que se multiplicaram e se eternizaram, criaram um novo obstáculo à renovação. Essa crise, que retornou no final do século XVI, quando a população se reconstituiu novamente, se prolongou até que um novo sistema agrícola mais produtivo aparecesse. Essa era, no nosso ponto de vista, a crise dos sistemas com pousio e tração pesada.

Superpovoamento, superexploração e desintegração do sistema

Desde o final do século, os sinais de superpovoamento se manifestaram em certas regiões da Europa. Em seguida esses sinais estenderam-se a outras regiões e multiplicaram-se durante as últimas décadas do século XIII. A penúria voltou, e se tornou cada vez mais frequente; a própria madeira começou a faltar – primeiramente, madeira para construção; depois a madeira para lenha necessária aos habitantes dos campos e das cidades, assim como à siderurgia. Os desmatamentos foram realizados cada vez mais longe, excessivamente longe muitas vezes, pois, no fim do século XIII, as terras recentemente desmatadas e cultivadas foram abandonadas, já que se revelavam nitidamente pouco férteis.

As práticas malthusianas já citadas e próprias aos períodos de superpovoamento anteriores (casamentos tardios, celibato, abortos, infanticídios) tornaram a se manifestar, mas não ganharam suficiente repercussão para bloquear o crescimento demográfico, que continuou a ser estimulado pelos hábitos e mentalidades adotados nos três séculos precedentes de rápido progresso da produção e da população. Dessa situação resultou uma diferença crescente entre as necessidades da população, em expansão, e a capacidade de produção dos sistemas de cultivo com tração pesada, que não podiam mais progredir. Assim, como no século X – mas com uma população pelo menos três vezes mais numerosa – a Europa ocidental tornou-se novamente, no final do século XIII, um "mundo cheio", relativamente superpovoado.

Penúria e fome

No século XIV, a penúria se agravou a ponto de se transformar em verdadeiras fomes, cada vez mais mortíferas. Em 1305, uma penúria aguda afetou o conjunto da bacia parisiense; uma outra surgiu na Alemanha em 1309-1310, alcançando depois outras regiões do oeste da Europa. Em 1315-1317, uma terrível fome, duradoura e extensa, dizimou a população em numerosas cidades e campos. Assim, sem poder aumentar a produção e sem saber como limitar o crescimento da população, a fome, num primeiro momento, se encarregou de alinhar duramente a população e suas necessidades no nível estagnante das disponibilidades alimentares.

Mas, a fome, ao se disseminar, assumiu contornos ainda mais catastróficos, como em Forez, por exemplo, onde se instalou nos anos de 1321, 1322, 1332, 1334, 1341 e 1342 (E. Fournial, 1967). Ora, quando a fome começou a se repetir em menos de cinco anos de intervalo, a população dizimada não teve tempo de se reconstituir entre uma crise e outra. Isso significou que, entre uma época de fome e outra, as disponibilidades alimentares diminuíram, já que, apesar da redução da população, a fome continuou a flagelar.

Degradação do ecossistema cultivado

A baixa da população observada no princípio do século XIV resultou, portanto, de uma queda da produção que se explica, segundo nosso ponto de vista, pela superexploração e pela degradação do ecossistema cultivado. Assim, para responder a uma demanda crescente traduzida por preços elevados, ou para escapar da penúria, qualquer camponês, rico ou pobre, tentava aumentar sua produção. Com esse objetivo, alguns estenderam os desmatamentos, invadindo terras marginais, ou, depois de alguns anos de cultivo, quando o estoque de matéria orgânica herdada da charneca ou da floresta começou a se esgotar, os rendimentos caíram abaixo do patamar aceitável. Estas terras foram então abandonadas ao pousio, e a produção foi reduzida.

A extensão dos cultivos era conseguida em detrimento das pastagens e dos campos de ceifa, o que obrigava a reduzir o tamanho dos rebanhos. Em consequência, a quantidade de esterco disponível para suprir essas terras lavráveis diminuiu, ao contrário das terras, que se tornavam cada vez mais extensas. Rapidamente, os rendimentos cerealíferos diminuem e a queda de produção resultante foi muito mais séria que os ganhos de produção provenientes da extensão da superfície semeada. Mais grave ainda, a rarefação do esterco levou, a longo prazo, a uma diminuição do teor do solo em húmus, ou a uma degradação duradoura da fertilidade das terras lavráveis e a um novo recuo da produção. Enfim, se para compensar o recuo das pastagens em proveito das terras lavráveis tenta-se ampliá-las em detrimento da floresta, agrava-se, então, a penúria da madeira.

Assim, quando a expansão dos sistemas com alqueive e cultivo com tração pesada atingiu seus limites máximos, todo aumento de produção de grão obtido pelo acréscimo da superfície cerealífera se traduziu enfim por uma penúria de forragem, pela redução do rebanho e das produções animais (além da falta de esterco), pela redução da fertilidade e, finalmente, pela queda da própria produção cerealífera, sem contar a falta de madeira.

Mais uma vez, notamos que a capacidade de produção *máxima* de um ecossistema cultivado é atingida quando certas proporções – as proporções *ideais* – entre as partes constitutivas são alcançadas. Assim, pode-se pensar que, ao final do processo de implantação da revolução agrícola da Idade Média (no momento em que a produção cerealífera e a população atingiam o seu zênite em todos os lugares), tenha-se atingido as melhores proporções entre as superfícies de cereais, os campos de ceifa, as pastagens, o tamanho dos rebanhos e os bosques e estas se encontrassem (mais ou menos) respeitadas por toda parte. Com a continuidade da expansão demográfica, a população humana, já demasiado numerosa, acarreta um aumento, além das proporções ideais, da superfície das espécies das quais essa população se alimenta (os cereais). Então, com isso, acaba-se necessariamente reduzindo a fertilidade do solo e a produção do ecossistema em questão. É nesse ponto que podemos compreender a superexploração e a crise de um ecossistema cultivado.

Ruína sanitária, demográfica e econômica

Apesar disso, a crise agroecológica do ecossistema cultivado, superexplorado e empobrecido teve, também, consequências nefastas para o estado anatômico, fisiológico e sanitário das plantas, dos animais e dos homens. As condições de vida de todas as espécies se degradam. O trigo estiola-se, o tamanho dos animais famintos diminui, as doenças das plantas e dos animais se proliferam.

Entre os homens, a desnutrição e as privações de todo tipo também acarretam graves efeitos. O vigor da população, sua capacidade de trabalho, sua resistência às doenças diminuem e, nesse terreno favorável, as epidemias, cada vez mais mortíferas, de peste, coqueluche e varíola, se multiplicam. A peste, que nunca desapareceu totalmente e que não atingia maciçamente o Ocidente desde o século VI (peste de Justiniano), retornou com força. Uma peste de origem asiática, trazida pelas caravanas da seda e pelos navios italianos que tinham comércio com o Oriente, estendeu-se a toda Europa de 1347 a 1351. Foi a grande "peste negra", golpe de misericórdia numa população já enfraquecida, que há muito já morria de fome, de frio e de diversas doenças. Dessa vez, a população desmorona: em alguns lugares a morte levou de um quinto à totalidade dos habitantes. Burgos inteiros foram riscados do mapa; cidades e regiões inteiras foram devastadas.

A derrocada demográfica se traduz, enfim, por uma depressão agrícola de grande amplitude, pelo retorno dos pousios e pelo retorno da florestas. Como consequência, houve uma desorganização e uma regressão industrial, artesanal e comercial tais que, mesmo depois da hecatombe humana, as penúrias persistiram e, após alguns anos de intervalo, o terreno favorável à doença se reinstala e a peste volta com força total. Essas epidemias de peste nunca foram, portanto, fortuitas. Elas estavam ligadas à crise dos sistemas com alqueive e cultivo com tração pesada, assim como as pestes do século VI estavam ligadas à crise dos sistemas com alqueive e cultivo com tração leve. A peste, todavia, não foi a última manifestação da crise: os transtornos sociais e as guerras se multiplicaram e, conforme afirmam Le Roy Ladurie e Morineau (1977, t.I, v.2), a guerra também "fazia parte do sistema", ou, mais exatamente, da crise do sistema.

A crise social e política, e a guerra

Pobreza rural e urbana

A penúria e a fome atingiram principalmente os pobres das cidades e do campo. Com efeito, devido às partilhas sucessórias, muitas propriedades agrícolas se tornaram muito pequenas para empregar a totalidade da mão de obra familiar e para suprir inteiramente suas necessidades. Dentro dessas condições, muitos camponeses precisavam comprar no mercado uma parte de sua alimentação. Ora, quando uma colheita era ruim, aqueles que tinham meios corriam para comprar e para estocar grãos em grande quantidade, ou para suprir as próprias necessidades ou para revendê-los mais tarde. Em contrapartida, logo após a colheita, os camponeses endividados eram obrigados a vender uma parte de sua produção por preços baixos, mesmo se a colheita tivesse sido fraca. Ao longo dos meses, os preços aumentavam até atingir o limite máximo às vésperas da colheita seguinte, subindo em algumas ocasiões mais de dez vezes o preço médio dos anos normais. O pão tornou-se inacessível aos pequenos camponeses e pobres das cidades, sempre os primeiros a serem atingidos pela fome.

Nesse contexto, em que as terras livres eram cada vez mais raras e a mão de obra muito abundante, os encargos fundiários exigidos pelos senhores pesavam cada vez mais, enquanto os salários tendiam a diminuir. Para sobreviver aos anos difíceis, os pobres do campo endividavam-se junto a seus senhores ou aos comerciantes, e, quando não tinham mais meios para reembolsá-los, não lhes restava outra saída senão vender a possessão e submeter-se à servidão por causa de dívida, ou fugir para escapar dela. A servidão tendeu a desenvolver-se novamente (ainda que de forma muito disfarçada) conforme as regiões, e um mercado fundiário, relativamente ativo, se constituiu a partir do final do século XIII. Finalmente, como não havia mais terras a desmatar para acolher os mais pobres, esses se transformaram em vagabundos que tentavam sobreviver por meio da mendicância e do roubo. Hordas de salteadores organizados se formaram: eles matavam e eram mortos.

Confrontos e revoltas

Nessa sociedade em que a produção por habitante diminuía, a partilha dos frutos do trabalho tornava-se cada vez mais difícil e conflitante. Nas cidades, a oposição entre ricos e pobres, as reivindicações salariais e contra os impostos, as rebeliões contra os especuladores e contra os usurários tornaram-se cada vez mais violentas. Atacava-se tudo o que era "estrangeiro": judeus, mercadores flamengos, italianos, hanseáticos... Nos campos onde reinava a miséria, a resistência se organizou contra as exações e as pilhagens. Em seguida os motins eclodiram, multiplicaram-se, estendendo-se e unindo-se em vastos levantes regionais, como a insurreição de Flandres marítima (1323-1328), a revolta camponesa de Ile-de-France, as revoltas dos bandos armados de Wat Tyler na Inglaterra, os Tuchins no Languedoc etc.

Os poderes locais, tanto dos senhores como os das cidades, não tinham meios de se prevenir contra agitações de tal amplitude. Assim, apelaram aos mais poderosos que eles. O esboço de uma vasta reorganização política fez com que o poder se concentrasse nas mãos de alguns grandes senhores, duques, príncipes ou reis.

A guerra

Mas esse remanejamento político em si era conflitante. Durante mais de um século, a Europa foi destruída pelas guerras. Eram guerras de príncipes contra senhores insubmissos, guerras entre príncipes por uma nova divisão do território (a guerra dos Cem Anos entre os reis da França e da Inglaterra, que começou em 1337 e só terminou em 1453), guerras de pura e simples pilhagem. Essas guerras eram o produto da crise do sistema e contribuíram para agravá-la e prolongá-la. Para financiar a guerra, a realeza aumentou os impostos diretos como a *talha* (impostos tipo derrama, para os camponeses) ou indiretos como a *gabela* (imposto do sal), que arruinaram as populações já arrasadas por todo tipo de flagelo.

A reconstrução

Em pouco mais de um século, fomes, pestes, roubos, pilhagens, revoltas, repressões e guerras provocaram uma queda dramática da população e da produção. Conforme G. Duby (1977), por volta de 1470, metade das moradias familiares existentes no princípio do século XIV tinha desaparecido na maioria das cidades da Europa. Ora, como o número de pessoas por lar também havia diminuído, pode-se pensar que no auge da situação, no primeiro quarto do século XV, a população havia diminuído em mais da metade, voltando mais ou menos ao nível que prevalecia no ano 1000.

Entretanto, no século XV, as condições econômicas eram bem diferentes daquelas vigentes no século X: as forças do cultivo com tração pesada e do artesanato, bem como da indústria, embora seriamente diminuídas, estavam presentes a partir de então, ao contrário de cinco séculos antes, quando eram quase inexistentes. Por outro lado, a massa monetária disponível aumentou expressivamente, dando lugar a uma conjuntura nitidamente inflacionária. Os salários em particular sofreram aumentos significativos, devido à falta de pessoas para o trabalho braçal; da mesma forma, o preço dos produtos que exigiam em mão de obra, como o vinho, também aumentou. Nessas condições, a incrível expansão demográfica e econômica da qual a Europa foi o cenário entre 1450 e 1550 não foi uma reprodução idêntica da expansão ocorrida na Idade Média central. No século XV, o reerguimento começou nas regiões mais férteis, ou seja, nas grandes planícies siltosas e nos ricos vales aluviais. Nelas, numa primeira etapa, a população sobrevivente cultivou as melhores terras, utilizando os meios de produção existentes. Em seguida, a ela se juntaram os camponeses provenientes das regiões marginais (montanhas médias, altos planaltos e vales, planaltos calcários de solo rasos, territórios arenosos etc.), que eram atraídos pelas boas terras não utilizadas nas regiões ricas. Assim, desenhou-se no século XV um movimento migratório que concentrou nas terras boas o que restou da população. Tratava-se de um movimento inverso do que se produziu na época dos grandes desmatamentos da Idade Média central.

Por outro lado, devido à falta de mão de obra, muitos senhores precisaram colocar seus domínios em arrendamento ou em parceria, em lotes mais ou menos extensos. Assim se constituiu uma camada relativamente abastada de grandes arrendatários e de meeiros. Em algumas décadas, as lavouras e os campos de ceifa reconquistaram os pousios das regiões mais favorecidas, que refizeram seus contingentes de homens e de animais.

Durante essa primeira fase de expansão, uma vez que as terras eram abundantes, a renda fundiária (preço de locação da terra) permaneceu muito baixa, enquanto a superfície por trabalhador e a produtividade cresceram. Consequentemente, o preço dos cereais e da carne continuou relativamente estável, apesar da abundância de moeda e do aumento dos salários. Posteriormente, a população e a demanda em grãos continuaram a aumentar, e então os preços dos cereais começaram também a subir para atingir, no início do século XVI, um nível suficiente para tornar o cultivo das terras marginais novamente vantajoso. Então, começou a reconquista e a restauração das regiões menos favorecidas, devastadas e abandonadas dois séculos antes. Portanto, as terras foram desmatadas pela segunda vez; os vilarejos, reerguidos; e, em menos de um século, essas regiões refizeram, por sua vez, seu contingente de homens e de animais.

Assim, em pouco mais de um século, a Europa restaurou sua agricultura e reconstituiu sua população que haviam sido devastadas pela crise. É claro que essa restauração agrícola sustentou um renascimento artesanal, industrial, comercial, urbano e cultural, cujas realizações desde essa época foram além daquelas experimentadas durante o século XIII. Essa retomada também embasou a formação dos Estados modernos que se desenvolveram, em detrimento dos senhorios laicos e religiosos.

As recorrências da crise

Desde o final do século XVI, entretanto, os sinais de superpovoamento reapareceram: propriedades agrícolas muito pequenas, desmatamentos que avançaram muito, redução da produtividade e dos rendimentos agrícolas, alta dos preços, penúrias, fomes, epidemias etc. A crise havia, portanto, retornado e todos esses sinais emitiam os presságios de uma evolução semelhante à do século XIV. No entanto, dessa vez os acontecimentos tiveram outra dimensão. Primeiro a peste, que já recomeçava a devastar certas cidades mediterrâneas no século XVI (Roma e Nápoles em 1512, Veneza de 1575 a 1577, Marselha em 1581), não se estendeu pelo resto da Europa. A crise, ainda que fizesse estragos, não culminou numa nova dizimação da população e da produção. Ao contrário, apesar da penúria e das fomes que duraram até o início do século XIX, a população europeia não parou de aumentar durante mais de dois séculos. Ela crescia, sem dúvida, lenta e muito desigualmente, de acordo com cada região.

O lento crescimento da população é explicado em parte por alguns progressos suplementares dos sistemas com alqueive e cultivo com tração pesada: a rotação trienal, que ainda era pouco disseminada na Idade Média, se propagou intensamente nos séculos XVII e XVIII; com o impulso de novos Estados, os pântanos interiores e os *polders* costeiros continuaram a ser objeto de ações; e enfim, o progresso da navegação e a construção de canais fizeram com que certas regiões pudessem escoar sua produção exportando mais facilmente seus excedentes dos anos de boa safra ou, ao contrário, ser abastecidas em caso de penúria. As regiões com melhores condições de acesso começaram a se especializar, o que permitia aumentar sensivelmente as produções que lhes eram mais vantajosas. Em suma, a produção do conjunto de regiões e as disponibilidades alimentares globais aumentaram.

Entretanto, os últimos progressos dos sistemas com alqueive e cultivo com tração pesada não podiam ir muito mais longe. De fato, desde então, o crescimento lento da produção e da população provinha também, de um lado, da emergência dos novos sistemas agrários sem alqueive, duas vezes mais produtivos, que haviam começado a se desenvolver no século XVI, nos Países Baixos, e nos séculos XVII e XVIII, na Inglaterra e em muitas outras regiões da Europa. Graças a essa nova revolução agrícola que nascia, as disponibilidades alimentares da Europa aumentaram o suficiente para permitir um pequeno crescimento da população. Todavia, esse aumento não foi rápido o bastante para evitar completamente a penúria e a fome, que só desapareceram totalmente no século XIX, quando essa nova revolução agrícola alcançou as outras regiões da Europa, nas quais a população pôde duplicar novamente.

CONCLUSÃO

O estudo da gênese e da crise dos sistemas com alqueive e cultivo com tração animal pesada no Ocidente medieval nos convida a tirar algumas conclusões quanto às condições de surgimento e limites de desenvolvimento de um sistema agrário.

Ninguém duvida que, sem o impulso progressivo demográfico ocorrido do século X ao século XIII, a revolução agrícola da Idade Média não teria atingido tão vasta expansão. Na verdade, enquanto os antigos sistemas de cultivo com tração leve não proporcionaram um contingente suficiente de homens e animais, a necessidade de investir em novos materiais e de se lançar, com grandes custos, em vastos desmatamentos também não se fez necessária.

Mas é claro que apenas a expansão demográfica e o cultivo com tração pesada não teriam sido suficientes para levar a tal desenvolvimento. Sem os meios materiais para mudar o sistema, que haviam sido lentamente adaptados desde o final da Antiguidade e durante a alta Idade Média, o superpovoamento relativo do ano 1000 teria conduzido, como aconteceu no século VI, à crise do antigo sistema. Uma crise que, sendo responsável pela diminuição dos recursos disponíveis por habitante, certamente não teria favorecido o desenvolvimento.

Vimos também que o aumento da população e dos meios técnicos para responder às suas necessidades não teriam sido suficientes, por si só, para que o cultivo com tração pesada prosperasse. Era preciso ainda que as forças sociais que possuíam os meios de investir no desenvolvimento tivessem interesse em fazê-lo. Na verdade, se a guerra escravista tivesse permanecido rentável – ou em todo o caso mais rentável que os novos investimentos –, o senhorio não teria engajado tão amplamente suas forças no desmatamento e em novos equipamentos agrícolas ou industriais, nem teria encontrado tantos parceiros para participar dessas empreitadas.

Nos séculos XI e XII, uma vez que a revolução agrícola fora lançada, a produção aumentou mais depressa que a população: um importante excedente agrícola comercializável apareceu, o que condicionou o desenvolvimento das cidades e das atividades não agrícolas, bem como a melhora da alimentação. Todavia, é preciso destacar que esse acréscimo representava certamente menos da metade da produção média e era muito variável. Superabundante nos anos bons em relação às necessidades da população não agrícola, ainda pouco numerosa, provocava então uma queda de preços desencorajadora para os produtores e, ao contrário, nos anos ruins, o excedente era reduzido, o que freava o desenvolvimento geral e ainda podia provocar penúrias. Embora muito substancial, o nível de excedente proporcionado pela revolução agrícola da Idade Média era ainda insuficiente para garantir a manutenção das atividades não agrícolas nos anos ruins.

Aliás, tudo indica que, desde o fim do século XIII, os sistemas com alqueive e cultivo com tração pesada tinham atingido sua extensão máxima e alcançado seu contingente máximo de homens. Ora, a forte tendência ao crescimento demográfico dos três séculos precedentes continuou no início do século XIV, provocando não apenas penúrias, mas também desmatamentos abusivos e degradação do ecossistema. A crise ecológica, sanitária, social e política resultante levou, nos séculos XIV e XV, a uma verdadeira hecatombe da população. Depois, nos séculos XVI e XVII – quando a população se reconstituiu –, a crise eclodiu, e a morte novamente se encarregou, nos anos tenebrosos, de ajustar os efetivos da população ao volume de meios de subsistência disponíveis.

Parece, contudo, que a morte pela fome, pelo frio, pelas doenças ou pelas guerras não foi o único regulador do número de homens. O controle de natalidade também foi praticado em todos os períodos de superpovoamento. Como explicam Le Roy Ladurie e Morineau (op. cit.):

> [...] seria absurdo explicar tudo pela ação da morte. A própria sociologia animal refutou por muito tempo a ideia "malthusiana" (na verdade, pseudomalthusiana) segundo a qual os efetivos de animais, em estado selvagem, são regulados unicamente pelo volume de meios de subsistência disponíveis: esses, uma vez consumidos, levam ao deslanche automático das misérias, da fome, e das epidemias *ad hoc* que

limitam, na infelicidade individual e no interesse geral, o número das partes envolvidas no grande banquete da vida. Na verdade, as espécies animais, do pinguim à centopeia, passando pelo elefante e pela baleia, têm uma política ou pelo menos uma vigilância inteligente, ainda que instintiva, da regulação dos efetivos (Wynne Edwards): ela permite ao seu grupo evoluir numericamente em torno de um *optimum* demográfico, e não de um *maximum* ou de um *pessimum*. O mesmo acontece, *a fortiori*, entre os camponeses franceses do assim chamado grande século, sem contar que entre eles esse policiamento não é puramente biológico ou inconsciente, mas culturalmente determinado.

Não poderíamos nos expressar melhor.

Finalmente, parece que a relação entre crescimento agrícola e crescimento demográfico não é simples e unívoca, mas ao contrário, uma relação contraditória e mutável, conforme as condições do desenvolvimento agrícola. Quando as condições técnicas, econômicas e sociais de desenvolvimento de um novo sistema agrícola mais produtivo que o antigo se encontram reunidas, ninguém duvida que a pressão demográfica, ainda que possa provocar dificuldades momentâneas, propulsiona o desenvolvimento desse novo sistema, como foi o caso na Europa do século X e do início do século XI. Porém, isso não significa que o crescimento da população fosse o motor principal da mudança agrícola, como alguns pensavam (Boserup, 1970). Na verdade, quando uma ou outra condição necessária ao desenvolvimento de um novo sistema agrícola não está completa, como aconteceu na Europa do século XIV, a tendência ao crescimento da população se tornou uma causa de superpovoamento, de desequilíbrio ecológico, de fome, de doença e de morte.

Não concluímos, como Malthus (1992), que, sem a limitação voluntária de nascimentos, a população aumente muito mais depressa que a produção. Na verdade, quando o conjunto das condições necessárias ao desenvolvimento rápido de um novo sistema mais produtivo encontra-se reunido, a produção agrícola pode muito bem aumentar mais rapidamente que a população (isto é, a produtividade do trabalho agrícola aumenta), e então o excedente agrícola aparece, o que permite à população aumentar, além de ainda melhorar sua alimentação e desenvolver as atividades não agrícolas e as cidades. Foi o que aconteceu durante os séculos XI e XII no noroeste da Europa, com o desenvolvimento do cultivo com tração pesada. E o que acontecerá, conforme veremos no próximo capítulo, nos séculos XVIII e XIX, com o desenvolvimento dos sistemas sem alqueive.

Capítulo 8
Os sistemas agrários sem alqueive das regiões temperadas
A primeira revolução agrícola dos tempos modernos

Primeira parte
1. O nascimento da nova agricultura
2. Organização e funcionamento dos sistemas sem alqueive
3. As consequências da primeira revolução agrícola

Segunda parte
4. As condições de desenvolvimemto da primeira revolução agrícola

> *Sem esterco não há colheita, e sem animais não há esterco de efeito imediato. Por seu lado, sem prados artificiais não há animais. Enfim, sem a supressão dos alqueives restarão poucos ou nenhum pasto artificial. Em agricultura tudo está ligado e seu sistema deve ser completo.*
>
> Instrução da Convenção Nacional, 1794.

No fim da Idade Média, a Europa já havia conhecido três revoluções agrícolas. Eram elas as revoluções agrícolas do neolítico, antiga e medieval, que geraram três grandes tipos de agricultura: os sistemas de cultivo temporário de derrubada-queimada, os sistemas com alqueive e tração leve, e os sistemas com alqueive e tração pesada. Do século XVI ao século XIX, a maioria das regiões da Europa foi palco de uma nova revolução agrícola: *a primeira revolução agrícola dos tempos modernos*, assim denominada por ter-se desenvolvido em estreita ligação com a primeira revolução industrial.

A primeira revolução agrícola gerou sistemas ditos "sem pousio", derivados de sistemas com alqueive do período precedente. Por meio dessa transformação, os alqueives, que ocupavam ainda um amplo espaço nas antigas rotações trienais e bienais, foram substituídos por pastagens artificiais de gramíneas, como o azevém, ou de leguminosas forrageiras, como o trevo e o sanfeno (esparzeta – *Onobrychis sativa*), ou ainda por "plantas mondadas", como o nabo.

Nas novas rotações, as forragens alternavam-se quase continuamente com os cereais, de modo que as terras cultiváveis passavam a produzir, reunidas, tanto a forragem quanto as pastagens e os campos de ceifa. O desenvolvimento dessas rotações caminhou lado a lado com as criações de herbívoros, que forneciam mais produtos para os animais, força de tração e esterco. O acréscimo de esterco animal conduziu, por sua vez, a um forte progresso nos rendimentos dos cereais e permitiu até a introdução de outros cultivos nas rotações, cultivos esses mais exigentes em matéria de fertilidade. Assim, na medida em que se desenvolviam, as novas rotações se enriqueciam de "plantas mondadas" alimentares – como o nabo, o repolho, a batata e o milho – ou de plantas industriais – como o linho, o cânhamo, a beterraba açucareira etc. Além disso, a melhoria da alimentação animal e da fertilização dos cultivos permitia iniciar a seleção das raças animais e as variedades de plantas mais exigentes e mais produtivas, capazes de tirar partido de tais melhorias.

Em resumo, ao cabo dessa vasta transformação, com uma lotação em gado e um volume de esterco mais ou menos duplicado, os novos sistemas produziram pelo menos duas vezes mais que os precedentes e permitiram alimentar, muito melhor que no passado, uma população total que aumentara consideravelmente. Por outro lado, como os excedentes da produção foram obtidos com muito pouco investimento e trabalho suplementar, resultaram num forte aumento da produtividade do trabalho e do excedente agrícola comercializável. Assim, a partir do fim do século XIX, mais da metade da população ativa dos países industrializados pôde consagrar-se às atividades não agrícolas, mineiras, industriais e de serviços então em pleno desenvolvimento.

Esses ganhos de produção e de produtividade puseram fim à crise dos sistemas com alqueive, que surgiu no século XIV e se prolongou até o século XVIII. Ora, os novos sistemas sem alqueive começaram a se desenvolver em Flandres a partir do século XV. Podemos nos perguntar por que, numa Europa onde, há vários séculos, se morria de fome, de frio e de doenças, esses sistemas levaram tanto tempo para se propagar. A lentidão dessa progressão não pode ser explicada por razões técnicas. Os verdadeiros obstáculos ao desenvolvimento dessa nova revolução agrícola eram outros. Na verdade, enquanto os obstáculos jurídicos, como o direito de livre pastejo nos alqueives e de afolhamento obrigatório, não fossem banidos pela instauração do direito de propriedade exclusiva e do direito de usar livremente as terras cultivadas, o cultivo dos alqueives não seria possível. Enquanto os resquícios de servidão, as obrigações e as taxas feudais não fossem abolidas, os camponeses massacrados pelos encargos não teriam a possibilidade de lançar-se num tal desenvolvimento. Enfim, a nova revolução agrícola só progrediu na medida em que o desenvolvimento industrial, comercial e urbano permitiu absorver o excedente agrícola comercializável muito importante que ela permitia produzir. Indiretamente, o desenvolvimento da nova agricultura foi também condicionado pela supressão dos obstáculos ao desenvolvimento da indústria, tais quais os monopólios feudais e corporativistas, além da supressão dos obstáculos ao desenvolvimento do comércio, como as alfândegas de província e as concessões locais.

O êxito combinado das revoluções agrícola, industrial e comercial só aconteceu nos países após um vasto conjunto de reformas que instaurava o livre uso da terra, a liberdade de empreender e comercializar, e a livre circulação de pessoas e de bens. Conduzidas pelas monarquias esclarecidas ou constitucionais, ou pelas assembleias revolucionárias, essas reformas ocorreram sob a pressão, muito desigual conforme o país, dos grupos sociais diretamente envolvidos como a burguesia, os proprietários da terra e o campesinato. Mas foram igualmente preparadas pelos espíritos esclarecidos do Século das Luzes. Testemunhas dos êxitos da agricultura sem alqueive em Flandres e na Inglaterra, agrônomos e economistas (os fisiocratas) assumiram seu papel de teóricos e propagandistas dessa nova agricultura e das reformas necessárias a sua implementação. Conselheiros dos príncipes, animadores das sociedades de sábios e das comissões governamentais especializadas, eles informaram e influenciaram uma camada muito seleta de grandes proprietários e de fazendeiros, bem como os meios intelectuais e os círculos de poder, aliás, muito reduzidos. Todavia, em vários países, como a França, a Prússia e a Dinamarca, as ideias dos agrônomos e dos fisiocratas contribuíram para acelerar a necessária conscientização política e influenciaram amplamente as tão esperadas reformas.

Ao final dessas reformas, cada país da Europa herdou uma estrutura social agrária própria. Por quase todo lado, encontravam-se grandes e pequenos proprietários, estabelecimentos em modo de exploração direta, em arrendamento ou parceria, estabelecimentos agrícolas com assalariados e estabelecimentos agrícolas familiares. Porém, de uma região para outra, as proporções entre essas diferentes categorias de propriedade variavam consideravelmente. Havia uma grande diferença entre países como a Prússia dos *junkers*, ou como a Grã-Bretanha dos *landlords* com suas grandes fazendas dotadas de mão de obra assalariada, e os países como a Dinamarca, os Países Baixos e a maior parte da França e do oeste da Alemanha, onde predominavam os estabelecimentos camponeses em modo de exploração direto (proprietários), utilizando a mão de obra familiar. Em todos esses países, empreendedores agrícolas e camponeses se engajaram na nova agricultura depois de terem sido beneficiados por reformas vigorosas, por demandas industriais e urbanas crescentes, por preços estáveis e impostos aceitáveis.

Por outro lado, nas regiões meridionais e orientais da Europa (sul de Portugal, da Espanha e da Itália, Eslováquia, Hungria, Rússia) afastadas dos grandes centros de industrialização, onde as grandes áreas latifundiárias mantinham a mão de obra agrícola num estado de quase servidão, a primeira revolução agrícola não ocorreu e essas regiões mergulharam no subdesenvolvimento e na crise.

Qual é a origem dos novos sistemas sem alqueive? Quais são as estruturas, as modalidades de funcionamento, as performances e os limites? Quais foram as condições jurídicas, econômicas, políticas, culturais e as consequências de seu desenvolvimento? Essas são as questões estudadas neste capítulo.

Primeira parte

1 O NASCIMENTO DA NOVA AGRICULTURA

Os limites dos sistemas com alqueive

Conforme verificamos, por duas vezes, do século XIII ao XVI, os sistemas com alqueive e cultivo com tração pesada revelaram seus limites. No fim do século XIII, uma vez que os grandes desmatamentos foram realizados e as melhores proporções entre as terras lavráveis, campos de ceifa, pastagens e florestas foram estabelecidas, a produção de grãos aumentou. Posteriormente, a penúria, a fome, a peste e a guerra exterminaram mais da metade da população europeia. Em seguida, no século XVI, após a restauração da economia e a reconstituição da população, a penúria e a fome reapareceram e perduraram de maneira crônica ao longo dos séculos XVII e XVIII.

É claro que, durante este último período, não faltaram tentativas para aumentar a produção de grãos, mas a maioria delas fracassou. A expansão das terras cerealíferas em detrimento das pastagens certamente permitiu obter, embora momentaneamente, um suplemento de grãos, mas levou à redução do gado e da produção de esterco, portanto, à queda dos rendimentos da produção cerealífera. Também a substituição do grande alqueive por um cultivo de cereal permitiu obter imediatamente uma colheita suplementar. No entanto, a supressão do alqueive levou à interrupção das transferências de fertilidade pelos dejetos animais em proveito das terras cerealíferas e, reduzindo o número de lavrações e de gradagens praticadas, favoreceu também a invasão das terras cerealíferas pelas ervas adventícias. Tal fato resultou em uma diminuição dos rendimentos e da produção de cereais.

Todos esses fracassos reforçaram o velho mito "agronômico", segundo o qual o alqueive permitia ao solo "repousar", o que era necessário para restaurar suas "forças". Portanto, os alqueives, que ocupavam periodicamente as terras lavráveis, ou seja, as melhores terras do ecossistema cultivado, constituíam a única margem importante possível de crescimento da produção. Mas essa nova "fronteira" agrícola só poderia ser conquistada se os novos cultivos contribuíssem, com mais eficiência que o alqueive, para a renovação da fertilidade e a luta contra as ervas adventícias. Ora, era esse exatamente o caso das plantas forrageiras "mondadas" como os nabos, que permitiam, ao mesmo tempo, alimentar efetivamente os animais, produzir mais esterco e limpar as terras, graças às capinas frequentes. Tal era também o caso das pastagens artificiais de gramíneas, de leguminosas ou as que combinavam gramíneas e leguminosas. O crescimento rápido destas últimas e a ceifa precoce limitavam a multiplicação das ervas adventícias. Era também o caso do milho originário da América, que podia ser cultivado nas regiões meridionais muito quentes e úmidas e que, além de fornecer uma colheita suplementar de grãos, apresentava dupla vantagem: produzir forragem por suas folhas e panículas macho; e ser um cultivo "mondado" com função de limpeza.

Os princípios dos sistemas sem alqueive

Na essência de seu princípio, a primeira revolução agrícola dos tempos modernos consistiu em substituir os alqueives por plantas "mondadas" forrageiras e por pastagens artificiais, para então desenvolver a criação e a produção de esterco.

Na antiga rotação trienal, substituindo o grande alqueive de quinze meses por uma pastagem artificial e o pequeno alqueive de nove meses por um cultivo de forrageira de fim de verão e de outono, obtinha-se uma nova rotação sem alqueive como nos quadros a seguir:

Antiga rotação trienal com alqueive			
Ano 1	Ano 2	Ano 3	
agosto.........outubro	novembro.........julho	agosto.........março	abril.........julho
grande alqueive	*cereal de inverno*	*pequeno alqueive*	*cereal de primavera*
← 15 meses →	← 9 meses →	← 8 meses →	← 4 meses →

Nova rotação trienal "sem alqueive"			
pastagens artificiais	*cereais de inverno*	*cultivo de forrageira "furtiva" de outono*	*cereal de primavera*

O cultivo de forrageira de fim de verão e de outono, praticado entre o período de cultivo de cereais de inverno e o de primavera, era um cultivo de ciclo curto (nabo, por exemplo) que, uma vez praticado após a ceifa, poderia proporcionar uma colheita antes do inverno. Esse cultivo – que só ocupava uma parte do tempo anteriormente atribuído ao pequeno alqueive compreendido entre os dois cultivos principais (o cereal de inverno e o de primavera) – era chamado *"furtivo"*.

A verdadeira vantagem e o sucesso das novas rotações, ao mesmo tempo forrageiras e cerealíferas, devem-se ao fato de que elas produziam praticamente tanta forragem quanto as pastagens e os campos de ceifa juntos. Dessa forma, a substituição dos alqueives pelos cultivos de forrageiras permitia dobrar a quantidade de gado, a produção de esterco, a força de tração animal, bem como todos os outros produtos provenientes da criação (lã, peles, carne, leite etc.). Enfim, nos novos sistemas sem alqueive, os rendimentos de cereais que se beneficiavam de uma adubação com esterco redobrada podiam, consequentemente, aumentar.

Uma antiga tradição agronômica

Considerando tais vantagens e constatando que a maior parte das plantas forrageiras utilizadas nas novas rotações eram conhecidas há muito tempo, é de se estranhar que, numa Europa onde não raro se morria de fome desde o século XIII, os novos sistemas só tenham se propagado muito lentamente, somente entre os séculos XV e XIX.

Além disso, as benfeitorias trazidas pelas rotações que alternavam cereais e espécies forrageiras eram conhecidas desde a alta Antiguidade. No Egito, onde as pastagens naturais eram escassas, cultivava-se o trevo a cada dois anos, alternando-o com o trigo ou a cevada. Esse cultivo, que por si só melhorava a fertilidade do solo, permitia também alimentar o gado e produzir esterco, destinado principalmente aos cultivos irrigados (ver Capítulo 4). A referida tradição, que se manteve e se desenvolveu no Egito nos períodos helênico, romano, bizantino e árabe, foi transmitida à Europa. Os antigos gregos não as ignoravam (Teofrasto); os agrônomos latinos (Colúmelo) preconizavam alternar nas melhores terras um cultivo de cereal com um cultivo de leguminosa; e, segundo Lucie Bolens (*Agronomes andalous du Moyen Age*, 1972) os agrônomos andaluzes de origem árabe se gabavam de seus méritos. Essa tradição era conhecida pelos agrônomos ocidentais da Renascença – como Torello, o veneziano, ou Olivier de Serres, o francês –, que no fim do século XVI e no início do século XVII preconizavam tais práticas. Enfim, os agrônomos do século XVIII, ingleses, franceses e outros adeptos da nova agricultura, incluíam-se também nessa tradição.

Entretanto, essa antiga tradição era certamente desconhecida nas regiões (Artois, Normandia, Inglaterra), onde, conforme G. Duby (1976), substituiu-se, desde o século XIII, uma parte dos cereais de primavera ou mesmo os cereais de inverno, por leguminosas alimentares. Provavelmente também se ignorava em algumas fazendas "manoirs" inglesas, onde, conforme M. Postan e C. Hill (*Histoire économique et sociale de la Grande-Bretagne,* 1977), começou-se, nessa mesma época, o plantio de favas e de ervilhas em substituição aos alqueives. Tal prática, vantajosa para a alimentação humana e para a fertilidade do solo, proporcionava, sem dúvida alguma, melhores resultados do que tentar repetir o cultivo de cereais. Porém, tratava-se apenas de uma tentativa, entre outras, de estender os cultivos de grãos destinados ao consumo humano para enfrentar, de imediato, as crescentes penúrias alimentares da época. É errado querer ver nisso as primícias da primeira revolução agrícola.

Aumentar a produção de forragem para aumentar a produção de grãos

Na verdade, a primeira revolução agrícola não consistiu na busca do aumento imediato da produção alimentar substituindo diretamente o alqueive por um cultivo de grãos destinados ao consumo humano, mesmo sendo este cultivo o de planta leguminosa ou de planta "mondada". Consistiu, isso sim – e aí está seu diferencial –, em buscar indiretamente o aumento dos rendimentos cerealíferos, substituindo os alqueives por cultivos de forrageiras que permitissem desenvolver a criação e a produção de esterco. De certa maneira, essa nova revolução agrícola prolonga a da Idade Média que, graças ao uso do feno, já havia passado pelo aumento da quantidade de gado e de esterco para obter o crescimento da produção de cereais. Desenvolvendo o cultivo de plantas total ou parcialmente destinadas aos animais, a primeira revolução agrícola deu um passo à frente no sentido de uma integração cada vez mais estreita do cultivo com a criação.

Sem dúvida as rotações cereais-forrageiras se perpetuaram, local ou esporadicamente, desde a Antiguidade e durante toda a alta Idade Média, mesmo se a história não o diz. Porém, essa prática se propagou de maneira intensa e durável para ser notada somente a partir do fim da Idade Média. No século XIV, os camponeses de Flandres e dos Países Baixos começaram, por meios empíricos, a reduzir progressivamente o lugar do alqueive na rotação: o grande alqueive, que alternava a cada 2 ou 3 anos com os cereais, só seria praticado a cada 4, 5 ou 6 anos para então desaparecer por completo. Ele foi substituído, conforme nos informa Le Roy Ladurie (*Histoire économique et sociale de la France*, tome I//2, 1977, v.1 e v.2), por cultivos de ervilha e de ervilhaca e posteriormente, no século XVI, pelo trevo, o nabo forrageiro e "mondado" (este último podendo ser em cultivo "furtivo" no lugar do pequeno alqueive) e por diversos cultivos industriais. No século XVI, o cultivo do milho se estendeu nos vales do Pó, do Ebro e do rio Garrone. No século XVII as rotações sem alqueive, que alternavam cereais e cultivos de forrageiras, propagaram-se na Inglaterra e no vale do Reno; e nos séculos XVIII e XIX alcançaram o restante da Europa. Em seguida, também se desenvolveram rotações muito variadas, nas quais uma parte dos alqueives eram substituídos por cultivos não forrageiros, alimentares ou industriais.

Mais produtivos em forragem, em gado, em esterco e, enfim, mais produtivos em grãos e outros produtos alimentares do que os sistemas com alqueive, os novos sistemas sem alqueive finalmente se diversificaram. Como eram organizados? Como funcionavam e quais eram as performances usadas e como explicá-las? Essas são questões que iremos abordar agora.

2 ORGANIZAÇÃO E FUNCIONAMENTO DOS SISTEMAS SEM ALQUEIVE

Um modo de renovação da fertilidade mais eficaz que o antigo sistema

Para explicar os ganhos de rendimento e de produção que se obtinha substituindo os alqueives por cultivos de forrageiras, habitualmente evoca-se, e com razão, o aumento da quantidade de esterco, a exploração mais intensa do solo por meio de novos cultivos e, em último caso, o aporte de nitrogênio pelas leguminosas, quando presentes nas novas rotações. Lembra-se também da relativa eficiência das pastagens artificiais e dos cultivos "mondados" na luta contra as ervas adventícias. Mas todas essas boas razões não explicam, no fundo, de onde provinham, a cada ano, as quantidades adicionais de minerais fertilizantes incorporados nos suplementos de produção vegetal e animal. Esses minerais foram exportados para fora do meio cultivado. Dizer que essas quantidades adicionais de minerais exportados provinham do esterco, e, portanto das novas forragens, não explica nada quanto à sua origem. As forragens, na verdade, não produziam tais minerais. Elas os absorviam da solução do solo. Ora, para que a solução do solo pudesse fornecer permanentemente essas quantidades adicionais de minerais regularmente exportados, era necessário, seja que essa solução recebesse um novo aporte de minerais fertilizantes, pela solubilização acrescida das rochas-mãe e pela fixação de nitrogênio do ar, ou seja que ela sofresse perdas menos importantes, por lixiviação e por desnitrificação. O que acontecia exatamente?

Redução da lixiviação

Num alqueive de quinze meses, trabalhado três ou quatro vezes, além de frequentemente pastado e pisoteado pelo gado, a vegetação espontânea não podia enraizar-se, densa e profundamente, e produzir uma biomassa significativa. Isso se confirmava no caso de um pequeno alqueive de oito a nove meses. A quantidade de minerais fertilizantes que esta magra vegetação espontânea absorvia e fixava era relativamente pequena. Por essa razão, uma parte importante dos minerais da solução do solo não era absorvida e fixada por esta vegetação, e encontrava-se submetida a uma drenagem intensa por ocasião das chuvas de outono, de inverno e de primavera.

Inversamente, nas novas rotações, as pastagens artificiais e as plantas "mondadas" forrageiras que substituíam o alqueive se desenvolviam rapidamente, num terreno bem-preparado para esse fim. Suas raízes estendiam-se em largura e em profundidade, exploravam intensamente a solução do solo e absorviam grandes quantidades de minerais fertilizantes, que escapavam assim à drenagem e à desnitrificação. São precisamente esses minerais subtraídos às perdas por drenagem e por desnitrificação, incorporados à biomassa das novas forragens e consumidos no estábulo por um rebanho crescente que se encontravam essencialmente no esterco suplementar assim produzido. Recolhido com cuidado, bem-conservado, enterrado convenientemente e em tempo hábil, o esterco se decompunha lentamente durante a estação quente e disponibilizava os elementos minerais de maneira fracionada, pouco sujeita às perdas e absorvida pelos cultivos à medida que as plantas cresciam.

Adubo verde

De resto, não era indispensável que o suplemento de biomassa produzido pelos novos cultivos fosse consumido pelo gado para melhorar a fertilidade do solo. Esta biomassa podia ser diretamente enterrada no solo, onde ela constituiria então o que se chama de adubo verde. Desde que fossem tomadas algumas precauções para facilitar sua decomposição (trituração e secagem prévias, enterramento em dois tempos: superficial primeiro e depois mais profundo), o adubo verde não era menos eficiente que o esterco. Ao contrário, permitia evitar as exportações de elementos minerais, pouco importantes, mas reais, que ocorriam através dos produtos da criação, bem como as perdas ocasionadas pelo transporte e pela conservação da forragem e do esterco. Todavia, quando a produção animal encontrava um mercado promissor, os cultivos forrageiros, transformados pelo rebanho, eram mais vantajosos para os agricultores que o adubo verde.

Enriquecimento do solo em húmus

Além disso, fosse proveniente do adubo verde, fosse do esterco, a quantidade suplementar de matéria orgânica enterrada cada ano levava, num prazo longo, a um aumento significativo do teor do solo em húmus: em dez ou vinte anos, esse teor podia dobrar ou triplicar. Nessas condições, a capacidade de estocagem do solo em minerais fertilizantes aumentava, a drenagem e a lixiviação se encontravam reduzidas, a estrutura do solo melhorava, sua porosidade e sua capacidade de armazenamento de água aumentavam, os micro-organismos pululavam, a solubilização das rochas-mãe e a fixação do nitrogênio do ar eram favorecidas.

Ocupação do solo duplicada, drenagem e lixiviação reduzidas, maior volume de biomassa produzida e reciclada, aumento do teor do solo em húmus e, finalmente, o forte aumento das disponibilidades minerais exportáveis pelas colheitas, tais eram, no fundo, as razões pelas quais o modo de renovação da fertilidade dos novos sistemas tornou-se mais eficiente que o antigo.

O caso das leguminosas

Enfim, é necessário acrescentar que quando as leguminosas forrageiras faziam parte das novas rotações, o que era frequente, elas ainda reforçavam muito sensivelmente a fertilidade das terras cultivadas. Com efeito, sabe-se que as leguminosas apresentam a particularidade de abrigar nas nodosidades de suas raízes bactérias fixadoras de nitrogênio (os *rhizobiums*), que absorvem o nitrogênio do ar para sintetizar os compostos nitrogenados com os quais a planta se nutre diretamente. Assim, as leguminosas, não ressentindo a falta de nitrogênio, como ocorre com os demais cultivos, podem se desenvolver mais vigorosamente, absorvendo quantidades maiores de minerais fertilizantes de todo tipo. Em resumo, a biomassa produzida era em maior quantidade e as disponibilidades minerais exportáveis pelas colheitas ainda eram acrescidas.

Além disso, quando uma leguminosa forrageira era sobressemeada em um cultivo de cereal de primavera já instalado (trevo sobressemeado em cevada, por exemplo), este cereal podia, numa certa medida, dispor do nitrogênio em contato com as raízes das leguminosas. Enfim, quando as raízes e as nodosidades de uma leguminosa se decompunham, enriqueciam ainda mais o solo em nitrogênio, de tal forma que o cultivo de cereal de inverno que seguia imediatamente ao cultivo dessa leguminosa se beneficiava deste aporte suplementar de nitrogênio.

As novas rotações sem alqueive

Rotação trienal e rotações derivadas

De fato, a maior parte dos cultivos de forrageiras intercaladas entre o cultivo de cereais é tão *enriquecedora* para o solo cultivado, que, nos bons solos mais propícios aos cultivos, nem sempre é necessário ampliar essas culturas forrageiras sobre a totalidade do alqueive para obter bons rendimentos. Neste caso, uma parte dos alqueives pode ser substituída por cultivos alimentares ou industriais *exigentes*, ou seja, aqueles que demandavam maior disponibilidade, isto é, fortemente exportadores de minerais fertilizadores. Assim, rotações muito variadas, que combinavam de modo diverso culturas forrageiras, leguminosas ou não, com os cereais e os outros cultivos alimentares e industriais, podiam desenvolver-se.

Em muitas regiões da Europa central, as novas rotações trienais eram obtidas substituindo-se o grande alqueive por um prado artificial de leguminosas – como o trevo vermelho (em solos ácidos), o sanfeno, o lótus (em solos calcários), ou a ervilhaca –, ou por uma pastagem contendo uma gramínea forrageira, como o azevém, ou ainda por uma pastagem de gramínea e de leguminosa consorciadas. Além disso, em muitas regiões, o pequeno alqueive era substituído durante alguns meses, no fim do verão e no princípio do outono, por um cultivo "furtivo" de nabo (repicado em setembro), de colza ou de repolho forrageiro. Obtinha-se assim uma nova rotação trienal do seguinte tipo:

Rotação trienal sem alqueive				
Ano 1	Ano 2	Ano 3		
ago. .... out.	nov. .... jul.	ago. .... nov.	dez. .... mar.	abr. .... jul.
trevo	trigo	nabo "furtivo"	pequeno alqueive	cevada e trevo (em sobre semeadura cevada)
←— 15 meses —→	←— 9 meses —→	←— 4 meses —→	←— 4 meses —→	←— 4 meses —→

Enquanto na antiga rotação trienal com alqueive os cultivos ocupavam o solo somente por 13 meses num total de 36 meses, ou seja, uma taxa de ocupação de 36%, na nova rotação, o solo era ocupado por 32 meses (15+9+4+4) num total de 36 meses, ou seja, uma taxa de ocupação de 89%.

Por outro lado, como indicamos anteriormente, em solos do tipo *loess* e siltosos muito férteis, bastava substituir a metade dos alqueives por cultivos de forrageiras para se obter uma quantidade de esterco importante e rendimentos em grãos da ordem de mais de 1.500 kg/ha. A outra metade dos alqueives poderia ser então dedicada às plantas "mondadas" destinadas ao consumo humano, como o nabo alimentar, o repolho, a batata, ou às plantas industriais, como a beterraba açucareira, o linho, o cânhamo e a colza.

Quando a metade da superfície do grande alqueive era substituída por uma pastagem artificial e a outra metade por uma planta "mondada", devia-se praticar a rotação de seis anos na qual os cultivos "melhoradores" e os

Marcel Mazoyer • Laurence Roudart

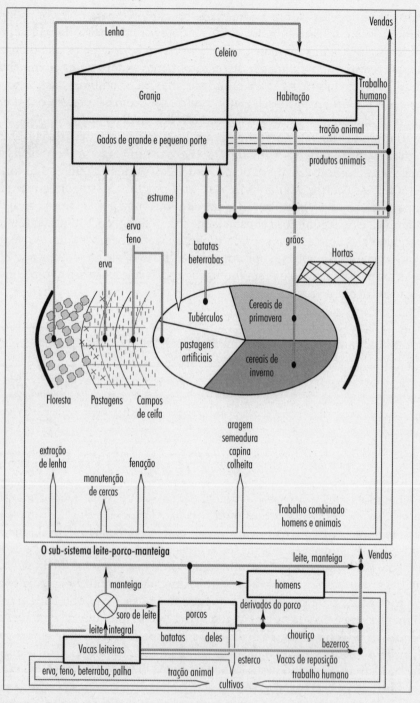

Figura 8.1. Esquema de organização e de funcionamento do ecossistema cultivado nos sistemas sem alqueive

cultivos "exigentes" se alternavam regularmente. A rotação sexenal podia ser composta da seguinte maneira:

Rotação sexenal sem alqueive					
1º ano	2º ano	3º ano	4º ano	5º ano	6º ano
trevo	trigo e nabo furtivo	cevada de primavera	batata	trigo e nabo furtivo	cevada de primavera

De forma análoga, mas em solos menos férteis, o grande alqueive podia ser substituído em dois terços ou três quartos pela pastagem artificial. Esse terço ou o quarto restante era destinado às plantas "mondadas". Dessa maneira, a prática de longas rotações, de ritmo trienal, de nove ou doze anos tornava-se propícia.

Nas zonas de altitude e nas regiões setentrionais, o frio precoce impedia a prática de cultivos "furtivos" de outono. As novas rotações de ritmo trienal, do gênero trevo-trigo-cevada, seguidas de batata-trigo-cevada eram ao mesmo tempo mais simples e menos produtivas que as precedentes.

A rotação de Norfolk

Quando o cultivo "furtivo" de nabo forrageiro de outono se tornava difícil, podia-se, todavia, cultivar nabos forrageiros de estação quente, intercalados entre o cultivo de cereal de inverno e o cultivo de cereal de primavera (Lavergne, 1882). Mas para equilibrar esta sucessão de três anos de cultivos "exigentes", era preciso também substituir o grande alqueive por um cultivo de leguminosas forrageiras "enriquecedor", como o trevo, por exemplo. Obtinha-se assim uma rotação quadrienal do seguinte tipo:

Rotação quadrienal			
1º ano	2º ano	3º ano	4º ano
trevo	cereal de inverno	nabo forrageiro da estação quente	cereal de primavera

Este gênero de rotação quadrienal se desenvolveu primeiramente no século XVII, no condado de Norfolk, na Inglaterra, relacionando a criação de ovelhas e a produção de lã para a indústria de roupas em plena expansão. Posteriormente, foi difundido em muitas outras regiões do norte da Europa. Porém, fora dessa rotação quadrienal bem-conhecida, outras rotações, combinando diversamente um ano de plantação de nabo com dois ou três anos de cereais e um ou dois anos de leguminosas forrageiras, associadas ou não a uma gramínea, foram também praticadas nos condados ingleses daquela época: rotações quinquenais do gênero trigo-nabo-cevada (dois anos de trevo e azevém); rotações de seis anos do gênero trigo-(cevada ou centeio)-nabo-cevada-(dois anos de trevo e azevém) etc. (N. Riches, 1967).

Rotação bienal e rotações derivadas

Por outro lado, na época em que a primeira revolução agrícola se desenvolveu, a antiga rotação bienal era ainda predominante na maior parte das regiões meridionais. Ali, a substituição do alqueive por pastagens artificiais de ervilhaca-aveia ou de trevo da Alexandria, por exemplo, conduziu à formação de rotações bienais sem alqueive e à introdução do arado. Em certos casos, a metade da área em alqueive foi substituída por uma pastagem artificial e a outra metade, por uma planta "mondada". Desse modo chegou-se a uma rotação quadrienal do seguinte tipo:

Rotação quadrienal			
1º ano	2º ano	3º ano	4º ano
ervilhaca-aveia	trigo de inverno	batata precoce	trigo de inverno

A antiga rotação bienal com alqueive pôde, então, também servir de base ao desenvolvimento de rotações sem alqueive de quatro, seis ou oito anos.

E, enfim, entre as leguminosas forrageiras utilizadas nas novas rotações, estavam: a alfafa, de cultivo plurianual, que podia durar dois, três ou quatro anos; o trevo branco, de cultivo plurianual associado ou não ao azevém inglês; e o trevo vermelho, de cultivo bianual associado ou não ao azevém italiano. Essas plantas levaram à prática de rotações variadas, em ruptura com as antigas sequências bienais ou trienais. A alfafa, cultivo que possui a capacidade de melhorar a terra, exigia solos profundos, não ácidos e bem-drenados, ao contrário do trevo vermelho, que suportava solos mais ácidos.

A extensão das terras lavráveis

Sabe-se que as novas rotações, apesar de variadas, comportavam sempre cultivos de forrageiras que permitiam desenvolver a criação e a produção de esterco. Muitas vezes, as novas rotações proporcionavam uma quantidade de forragem tão grande que permitia converter as pastagens naturais em terras lavráveis. Certamente, a extensão de terras lavráveis não era possível em todos os lugares: as pastagens situadas em terras muito acidentadas ou muito pedregosas e os campos de ceifa situados nas terras bastante difíceis de drenar se adaptavam mal às atividades de cultivo.

Mas nas planícies e nos planaltos recobertos por espesso manto de *loess* ou de silte, todo o antigo *saltus* era cultivável e, na medida em que as novas rotações cereais-forragem se tornassem suficientemente produtivas, as terras lavráveis podiam ocupar a totalidade do terreno. Nos solos tipo *loess* da planície da Alsácia, por exemplo, no final do século XIX e no início do século XX, os prados artificiais, os cereais, as plantas "mondadas" alimentares, industriais e forrageiras encontravam-se lado a lado e sucediam-se de modo tão próximo que antigamente considerava-se, aliás, inapropriadamente, como um modo de jardinagem. Nesse sistema, praticamente sem pastagem, os animais ficavam durante todas as estações do ano no estábulo, onde eram alimentados manualmente com forragem, de manhã e à noite, todos os dias do ano. Assim, nem uma única folha de capim ou um só excremento animal se perdia.

Em outros casos, o antigo *saltus,* pouco fértil, mas cultivável, prestava-se de forma vantajosa à implantação de pastagens artificiais plurianuais, chamadas de "temporárias", revolvidas e renovadas a cada três ou seis anos. Várias charnecas para criação de ovelhas, muito pobres, com solos arenosos-porosos e lixiviados – que se estendem na faixa oceânica do norte da Europa da Bretanha à Prússia oriental –, tornaram-se, dessa maneira, regiões de criação relativamente prósperas. Esses solos, copiosamente estrumados e enriquecidos em húmus, tornaram-se frequentemente bastante férteis, o suficiente para que se possa intercalar, entre dois períodos de cultivo de forrageiras temporárias, um ou dois anos de cultivo de cereais como a aveia ou o centeio, ou de plantas "mondadas" com a batata.

3 AS CONSEQUÊNCIAS DA PRIMEIRA REVOLUÇÃO AGRÍCOLA

Globalmente, a primeira revolução agrícola levou à duplicação da produção e da produtividade do trabalho agrícola, com um aumento muito expressivo das disponibilidades alimentares e do excedente agrícola comercializável. No final das contas, esses ganhos condicionaram um aumento da demografia, uma melhoria da alimentação e um desenvolvimento industrial e urbano sem precedentes. Mas o desenvolvimento dos sistemas sem alqueive e a multiplicação dos cultivos e dos rebanhos decorrentes exigiram, primeiramente, muito trabalho suplementar.

Um calendário agrícola sobrecarregado

Vimos que, nos sistemas com alqueive e cultivo com tração animal pesada, o calendário dos trabalhos agrícolas já se encontrava bem preenchido. Com o novo sistema, era preciso, além disso, acrescentar de uma a três colheitas de feno, bem como a semeadura, as escarificações do solo e a colheita das plantas "mondadas", fossem elas "furtivas" ou da estação principal. Era preciso também conduzir e cuidar de um rebanho duas vezes mais numeroso, carregar e distribuir o esterco, debulhar colheitas duas vezes mais pesadas, reunir os feixes e transportá-los.

Lavrar, passar a grade, semear os "trigos" de outono, colher os cultivos "intercalares", alimentar os animais durante todo o inverno, semear os "trigos" de primavera, semear as batatas e beterrabas; depois, realizar a amontoa, colher o feno, ceifar, colher, semear e capinar os cultivos "furtivos", debulhar a colheita, ceifar o excedente das pastagens – essas eram as principais tarefas, *não transferíveis*, que se impunham de estação em estação aos agricultores que praticavam os novos sistemas. Mas era preciso nesse ínterim arranjar a lenha, podar e capinar as vinhas e pomares, colher a uva, cuidar das hortas etc. Como se vê, havia muito pouco tempo para executar as múltiplas tarefas mais ou menos adiáveis, mas não menos necessárias, que eram a manutenção dos equipamentos e dos galpões, a reforma das cercas, a limpeza das fossas, a fabricação de instrumentos, a fiadura, a tecelagem, além de todos os trabalhos domésticos. Assim, o calendário de trabalho da família camponesa tendia a ficar saturado. E, como sempre na agricultura, eram os períodos de pico de trabalho mais carregados e mais difíceis que limitavam, de fato, o desenvolvimento dos novos sistemas. Tratava-se principalmente de colheitas, fenação, escarificação, lavração e de outras atividades de preparação do solo e da semeadura; enfim, de trabalhos que deviam ser executados em limites de tempo cada vez mais restritos e que chegavam às vezes até mesmo a se sobrepor.

Em geral, com a mão de obra e as atrelagens das quais dispunha previamente, um estabelecimento agrícola podia ampliar, até certo ponto, os cultivos com forrageiras e suas criações preenchendo os vazios do antigo calendário agrícola. Entretanto, à proporção em que os novos cultivos e o gado se multiplicavam, faltava cada vez mais tempo para efetuar as tarefas mais urgentes e sentia-se, cada vez mais, a necessidade de novos equipamentos mais adaptados que permitissem ganhar tempo nos períodos de pico do trabalho. Por essa razão, a partir do começo do século XIX, foram aprimoradas uma gama de novos equipamentos mecânicos de tração animal (arados charrua do tipo *brabant*, ceifadeiras...) e novas máquinas para o tratamento das colheitas (debulhadoras, separadoras, moedoras, batedeiras...). Esses equipamentos mecânicos – de fabricação industrial e com difusão nos países recentemente industrializados da Europa e de além-mar – ganharam grande difusão no fim do século XIX e no início do século XX (ver Capítulo 10).

As performances dos sistemas sem alqueive

Conforme as regiões e os estabelecimentos agrícolas, os ganhos de produção e de produtividade, que resultavam da primeira revolução agrícola, foram muito variáveis e não saberíamos dar conta de tal diversidade. Mas poderíamos tentar explicar por que as novas rotações sem alqueive geralmente permitiram obter, pelo menos, uma duplicação da produção e de produtividade.

Para esse fim, consideremos, por exemplo, um pequeno estabelecimento agrícola elementar de 5 ha, em região temperada fria, que comportasse 3 ha de terras lavráveis em rotação, com 1 ha de campo de ceifa e 1 ha de pastagem. No antigo sistema, com a rotação trienal alqueive-trigo-aveia, um estabelecimento desses mal podia alimentar um par de vacas leiteiras que fornecesse aproximadamente 15 t de esterco. Esta situação permitia produzir cerca de dez quintais de cereais (600 kg de trigo e 400 kg de cevada), ou seja, o mínimo para suprir as necessidades de uma família de 5 pessoas (ver Capítulo 7).

Com a nova rotação sem alqueive (trevo-trigo seguido de um cultivo "furtivo" de nabo-cevada), o cultivo de trevo sobressemeado à cevada proporcionava um primeiro corte de feno já no outono e dois ou três cortes no ano seguinte, o que permitia alimentar mais de uma cabeça de gado bovino suplementar. Além disso, o cultivo "furtivo" de nabo forrageiro permitia alimentar meia cabeça a mais de gado. Assim, o gado, os produtos derivados e a produção de esterco poderiam duplicar. Com 30 t de esterco (em vez de quinze) para 2 ha de cereais, obtinha-se um rendimento médio de 1 t/ha de grão (1.200 kg/ha de trigo, 800 kg de cevada), ou seja, o dobro dos resultados precedentes. Sabe-se que o rendimento de um cultivo de cereal semeado imediatamente após o cultivo de uma leguminosa aumentava ainda em aproximadamente 200 kg. Não é exagerado estimar que o novo sistema permitia duplicar tanto as produções vegetais quanto as produções animais.

Assim, no antigo sistema, com uma superfície de 5 ha, uma família de 5 pessoas era apenas autossuficiente em cereais, e não dispunha sequer de um par de vacas de leite nem de ao menos um bezerro para vender por ano. No novo sistema e com a mesma superfície, a mesma família poderia, sem meios materiais suplementares, produzir mais que o dobro e vender a metade de sua produção, além de se alimentar melhor.

A duplicação da produção exigia, no entanto, conforme vimos, um trabalho suplementar, que tinha uma origem e um custo bem diferentes, conforme a categoria do estabelecimento agrícola considerado: médio estabelecimento camponês, grande estabelecimento assalariado, pequeno estabelecimento agrícola familiar. O caso mais favorável era o dos estabelecimentos agrícolas camponeses com tamanho médio de 5 ha a 10 ha, que já possuíam uma junta de animais de tração e um equipamento de cultivo completo, empregando somente mão de obra familiar. O novo sistema podia, então, ser adotado empregando de maneira mais completa o equipamento preexistente e a mão de obra familiar e, caso necessário, colocando na lida alguns animais a mais. Em todo caso, não era necessário recorrer à mão de obra assalariada. Nessas condições, a duplicação da produção implicava poucos encargos novos e se traduzia pela quase duplicação da produtividade por unidade de mão de obra ativa.

Ao contrário, num grande estabelecimento agrícola que recorria amplamente à mão de obra assalariada sazonal, o acréscimo do volume de trabalho resultante da adoção de um novo sistema tinha um impacto quase integral no volume das despesas salariais, e o retorno econômico encontrava-se igualmente reduzido. O rendimento dos capitais investidos para realizar essa revolução agrícola (imobilização de capital em construções, equipamentos, sementes etc.) era nitidamente melhor nos estabelecimentos familiares médios, ao custo de um evidente trabalho familiar extra, do que nas grandes explorações assalariadas. As pequenas explorações – cujo rendimento era inferior às necessidades da família e que tinham, consequentemente, maior interesse em aumentar seu rebanho – nem sempre possuíam meios para fazê-lo.

Ora, às vésperas da revolução agrícola, existiam em quase toda a Europa esses diferentes tipos de estabelecimentos agrícolas, que se combinavam em proporções muito variáveis conforme a região. Assim, havia um forte contraste entre as regiões onde os estabelecimentos agrícolas familiares pequenos, médios ou grandes eram predominantes (noroeste da Europa) e aquelas regiões onde os grandes ou enormes estabelecimentos assalariados ocupavam o essencial do terreno vizinho às muitas minipropriedades, que lhes forneciam, para o dia a dia, os assalariados de que necessitavam (Europa oriental e meridional). Essas proporções entre os diferentes tipos de estabelecimentos agrícolas, essa repartição mais ou menos desigual da terra e dos outros meios de produção, essas "estruturas agrárias", como se diz, tiveram um papel capital na rapidez e nas modalidades da revolução agrícola, conforme ainda veremos.

O crescimento demográfico e a melhoria da alimentação

Distintamente das revoluções agrícolas anteriores, cujos resultados eram muito grosseiramente estimados, dispõe-se para acompanhar o desenvolvimento da primeira revolução agrícola da Idade Moderna, de registros bastante confiáveis relativos à evolução das superfícies e dos rendimentos dos cultivos, à progressão do tamanho dos rebanhos e de sua produção e ao aumento das populações rurais e urbanas.

Na França (considerada em seus limites atuais), por exemplo, em meados do século XVIII, ou seja, às vésperas da revolução agrícola, os alqueives ocupavam uma dezena de milhões de hectares de um total de 24 milhões de hectares de terras lavráveis, que se dividiam entre mais ou menos 4 milhões de hectares num total de 12 milhões em rotação trienal, relativos à metade norte do país, e 6 milhões de hectares de um total de 12 milhões em rotação bienal, referentes à metade sul. O cultivo desses alqueives começou naquela época, mas, em 1800, era restrito apenas a alguns pequenos territórios em Flandres, na Alsácia e no vale do rio Garonne. Um século mais tarde, no final do século XIX, 75% desses alqueives estavam sendo cultivados. Restavam apenas 2,5 milhões de hectares em alqueive em 1900, que desapareceram no século XX.

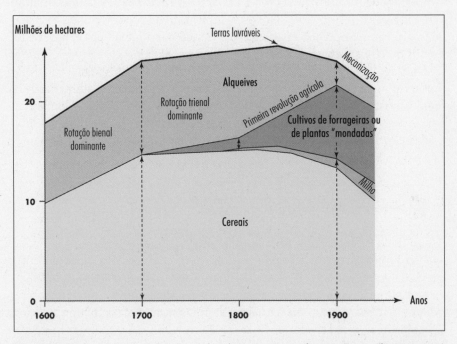

Figura 8.2. Evolução das terras lavráveis, dos alqueives e seu cultivo na França (limites atuais) de 1600 a 1940

Por outro lado, conforme assinala J.-C Toutain (1995), de 1800 a 1900, a produção cerealífera da França ultrapassou a casa dos 8 a 17 milhões de toneladas aproximadamente, ou seja, uma multiplicação por 2,1, enquanto a produção de carne foi multiplicada por 3, a produção de leite mais que dobrou. Ao mesmo tempo, a população passou de 27 a 39 milhões de habitantes, ou seja, foi multiplicada por 1,4, enquanto a fome desapareceu e a ração alimentar média subiu para algo entre 2.000 e 3.000 calorias por pessoa e por dia, ou seja, foi multiplicada por 1,5. No total, em um século, o consumo, bem como a produção, foi multiplicado por mais de dois (1,4 × 1,5 = 2,1).

Ora, em 1900, o uso de insumos minerais era ainda bastante limitado e o comércio exterior não ultrapassava 10% da produção. Pode-se deduzir daí que o crescimento de produção e de consumo no século XIX deveu-se, essencialmente, ao desenvolvimento da primeira revolução agrícola. E como, além disso, em 1900, 25% dos alqueives não haviam ainda sido cultivados, pode-se estimar que a hipótese, adiantada por nós, de uma duplicação da produção resultante da primeira revolução agrícola é, de fato, uma hipótese bastante modesta.

Finalmente, como o aumento de produção foi obtido com uma população agrícola ativa que não aumentou (Duby & Wallon, 1976, v.3, p.400), pode-se também concluir que, de 1800 a 1900, a produtividade bruta do trabalho agrícola mais que duplicou. E foi essa duplicação da produtividade agrícola que permitiu à população não agrícola francesa, naquela época, passar de menos de 10 para mais de 20 milhões de pessoas.

Uma evolução análoga da produção e da população ocorreu nos países da Europa atingidos pela revolução agrícola, começando pela Inglaterra desde o século XVIII, seguida pela França no século XIX, norte da Itália, Alemanha, países escandinavos etc. Conforme J. N. Biraben (1979), de 1750 a 1900, a população do oeste e do centro da Europa passou de aproximadamente 110 para 300 milhões de pessoas.

O progresso industrial e urbano

Assim, pela primeira vez na história, com a primeira revolução agrícola aparece uma agricultura capaz de produzir permanentemente um excedente agrícola comercializável representando mais da metade da produção total. Pela primeira vez, a agricultura do Ocidente pôde então suprir as necessidades de uma população não agrícola mais numerosa que a população agrícola em si. E as atividades de extração mineral, industriais, comerciais etc. puderam se desenvolver a ponto de ocupar mais da metade da população ativa total. Segundo P. Bairoch (1983), na agricultura antiga, o excedente agrícola não ultrapassava, em média, 25% da produção. Sujeito ainda a uma má colheita nos anos ruins, o excedente era de fato inexistente, o que se traduzia às vezes pelo surgimento de penúria e por uma suspensão das atividades não agrícolas. Ou seja, enquanto o excedente agrícola médio se mantivesse baixo e incerto, como na Idade Média, o desenvolvimento industrial continuava também, não apenas muito limitado, mas ainda bastante frágil.

Um requisito indispensável para um desenvolvimento importante e duradouro das atividades industriais e comerciais foi o aumento da produtividade agrícola e a formação de um excedente agrícola expressivo (da ordem de 50% da produção) que não se reduzisse abaixo de um certo limite, mesmo no caso de algum sobressalto ou acidente. Isso significa que a primeira revolução agrícola condicionou fortemente o impulso da primeira revolução industrial. Graças à sua produtividade elevada, a nova agricultura pôde fornecer simultaneamente e de modo duradouro à indústria nascente matérias-primas, mão de obra, víveres em quantidades suficientes e a bom preço, assim como capital. E em retorno, essa agricultura mais produtiva e grande consumidora de ferro, de ferramentas etc. tornou-se um mercado cada vez mais importante para os produtos da indústria.

Segunda parte

4 AS CONDIÇÕES DE DESENVOLVIMENTO DA PRIMEIRA REVOLUÇÃO AGRÍCOLA

Com seu ecossistema cultivado muito enriquecido, com seus novos modos de reproduzir a fertilidade e de lutar contra a vegetação espontânea, com seu desempenho cada vez mais elevado, a nova agricultura sem alqueive, por se originar da antiga, não era tão diferente desta na sua essência. A passagem de uma para outra é tipicamente uma dessas grandes mutações agrárias, uma dessas mudanças de sistema a que chamamos revolução agrícola.

Sucedendo às revoluções agrícolas do neolítico, antiga e medieval, frequentemente não reconhecidas como tais, ou simplesmente desconhecidas, esta revolução agrícola estava longe de ser a primeira da Europa, mas era a primeira dos tempos modernos. E, como coincidiu com o desenvolvimento industrial sem precedentes, que se convencionou chamar "primeira revolução industrial", nós a denominaremos "primeira revolução agrícola".

Dos séculos XVI ao XIX, essa primeira revolução agrícola estendeu-se aos Países Baixos, Inglaterra, França, Alemanha, Suíça, Áustria, Boêmia, ao norte da Itália, da Espanha e de Portugal. Em todas essas regiões, seu desenvolvimento foi condicionado por profundas reformas dos "Antigos Regimes", e estava intimamente ligado ao desenvolvimento da indústria, do comércio e das cidades. Por outro lado, ao sul da Europa (no Alentejo, na Andaluzia e no Mezzogiorno) e a leste (na Hungria, na Eslováquia, em muitas regiões da Rússia...) e por todos os lados onde as condições sociais arcaicas se perpetuavam, os alqueives perduraram até o início do século XX e a revolução industrial não aconteceu. Assim, formou-se um pronunciado contraste entre o centro de uma Europa desenvolvida, tanto no plano agrícola quanto industrial, e sua periferia meridional e oriental subdesenvolvida.

A primeira revolução agrícola foi uma mudança muito além das simples modificações culturais – que são a "supressão" dos alqueives ou sua "substituição" por um cultivo –, às quais costumam reduzi-la frequentemente. Tratou-se de um desenvolvimento agrícola complexo, inseparável do desenvolvimento dos outros setores de atividade, e cujas condições e consequências são de ordem ecológica, econômica, social, política, cultural e jurídica, bem mais que técnica. Na verdade, assim como os meios e as práticas da revolução agrícola da Idade Média eram conhecidos bem antes de se generalizarem, as rotações sem alqueive eram conhecidas na Europa muitos séculos antes do desenvolvimento da primeira revolução agrícola. Portanto, não foi por causa de obstáculos técnicos que essa revolução agrícola levou tanto tempo para se desenvolver. Foi certamente preciso tempo para organizar todos os tipos de novas rotações e de novos procedimentos, e para demonstrá-los. Mas seria absurdo pensar que foi por esse tipo de razão "técnica" que países inteiros se mantiveram afastados desse movimento durante séculos. Aliás, a Europa não demorou tanto para difundir seus próprios cultivos de trigo e de cevada – além de suas criações de bovinos, ovinos e equinos em outros continentes – nem para desenvolver nas Antilhas e na América cultivos de cana-de-açúcar e de algodão! Para impedir a primeira revolução agrícola de se desenvolver, era preciso obstáculos de outra dimensão.

As condições jurídicas

Do direito de cultivar o alqueive

O mais absoluto e frequente desses obstáculos residia no direito dito de "livre pastejo"[1] dos alqueives. Isso não era nada mais do que o direito de cada um deixar seus animais pastarem no conjunto dos alqueives da vizinhança e, em contrapartida a esse direito, cada um era obrigado a abrir seu próprio alqueive ao gado de outrem. Esse direito de uso "comum" marcava de fato o limite do direito de uso "privado" das terras cerealíferas: cada agricultor tinha o direito de trabalhar o solo, de semear e de colher seu grão em "suas" áreas de cultivo, mas uma vez terminada a colheita, essas parcelas caíam no direito comum, e cada um podia, então, levar seus rebanhos para que ali pastassem. O direito de uso do proprietário ou do arrendatário estava longe de ser um direito de uso absoluto, ou seja, um direito de usar e de abusar, privado e exclusivo.

---

[1] Do francês *Vaine pâture*.

Enquanto essas disposições prevaleceram, ninguém podia cultivar "seu" alqueive, sob pena de ver o fruto de seu trabalho pisoteado e devorado pelo gado de outrem. O único modo de escapar a isso era proibir o uso comum de suas terras, a fim de reservar para si o uso exclusivo e, com isso, a possibilidade de cultivá-las a seu bel-prazer. Essa defesa podia ser imposta pela força de um poderoso, que privava seus vizinhos de seus direitos de uso, mas podia também ser "consentida" pelos vizinhos beneficiados por esse direito às vezes mediante o pagamento de uma taxa.

Nas regiões de campos abertos, a proibição era possível para os grandes estabelecimentos agrícolas que dispunham de áreas extensas e agrupadas, o que era o caso de alguns estabelecimentos senhoriais e de algumas fazendas pacientemente aumentadas e reordenadas por ricos lavradores. Todavia, a proibição do uso dos alqueives desses grandes estabelecimentos sempre se chocou com a resistência dos beneficiários locais e – mesmo se uma vez imposta, decretada ou consentida – tal proibição se manteve por muito tempo mal aceita e para ser respeitada era necessário até mesmo cercar as terras com cercas vivas, muretas de pedras ou fossos.

Ao contrário, quando as parcelas não cercadas eram estreitas, dispersas ou sobrepostas, a proibição era difícil de ser praticada: ela exigia uma divisão prévia dos estabelecimentos a serem cercados, ou a abolição pura e simples e em bloco do direito de "livre pastejo" (em francês, "vaine pâture") sobre os alqueives de todos. Naturalmente, nas regiões com áreas de cultivo previamente cercadas, como os "bocages" do oeste da França e das regiões acidentadas da Europa média e mediterrânea, a abolição do direito de "livre pastejo" era de aplicação muito mais fácil.

A decisão coletiva de abolição do "livre pastejo" não era vantajosa somente para os grandes produtores, mas o era também para todos os lavradores que desfrutassem de equipamento, gado e terra para se engajar na nova agricultura. Por outro lado, ela encontrava frequente oposição nos pequenos produtores, mal providos em gado, que deviam contar com os animais de outrem para estercar suas terras, assim como a oposição dos grandes criadores de gado pouco ou nada dotados em terra e, portanto, grandes devoradores de pasto comum, e também dos camponeses sem terra que dispunham de um pequeno rebanho.

Abolição de outras obrigações coletivas

A obrigação de deixar os alqueives à disposição de todos não era a única sujeição coletiva que interditava o pleno e livre uso privado da terra. O direito de "livre pastejo", na verdade, estendia-se também às plantações frutíferas (olivais, amendoais etc.), e às vezes até às vinhas. Frequentemente, ele se estendia ainda sobre os campos de ceifa após o primeiro corte de feno, o que impedia os proprietários desses campos de proceder a um segundo corte. Além disso, nas regiões de afolhamento ordenado, a obrigação de cultivar os cereais a cada dois anos em rotação bienal, ou a cada dois nos três anos em rotação trienal, restringia também a livre escolha dos cultivos. Aliás, tal obrigação foi mantida bem depois de se começar a cultivar os alqueives, em particular nas regiões com áreas de cultivo em faixas onde as parcelas eram estreitas. Nessas parcelas, onde o trabalho do solo podia ser realizado com apenas alguns sulcos, as operações agrícolas deveriam ser sincronizadas e coordenadas. Tal fato explica, pelo menos em parte, a persistência dos ritmos binários ou ternários das novas rotações.

Portanto, desde o fim da Idade Média, um vasto movimento se esboçou em várias regiões da Europa contra o "livre pastejo" em todas as suas formas e, mais amplamente, contra toda servidão coletiva que se opusesse ao livre uso das terras cultivadas e ao direito de cercá-las. Este movimento em favor do direito de usar e de abusar dessas terras, e de excluir qualquer outro usuário, no fundo, não foi nada mais que um momento particularmente forte nesse vasto movimento multissecular que viu a propriedade privada do solo surgir, desenvolver-se e, finalmente, triunfar sobre a antiga "propriedade comum" indivisa, o que significa, de fato, a ausência de propriedade.

O recuo da indivisão e o desenvolvimento da propriedade privada

O movimento de apropriação fundiária começou na época neolítica, com a construção das primeiras moradias permanentes e com o cercamento das primeiras hortas e quintais privados. Nos sistemas de cultivo temporário com derrubada-queimada, o direito de cultivar uma parcela arborizada era um direito de uso provisório: todos os pousios e as florestas situadas no entorno de uma comunidade de vizinhança constituíam seu bem comum. No início dos sistemas com alqueive, encontrava-se, no fundo, o mesmo gênero de disposições fundiárias: a *silva* e o *saltus* eram ainda um tipo de pousio permanente aberto a todos, onde cada um podia conduzir seus animais, colher, cortar lenha, caçar. O alqueive, esse "pousio" de curta duração submetido à respiga e ao "livre pastejo" após a colheita, retornava também ao domínio comum, da mesma forma que os pousios arbóreos de longa duração praticados nos antigos sistemas de cultivo com derrubada-queimada.

No entanto, na alta Antiguidade mediterrânea, desde a formação das cidades-Estado, as comunidades da vizinhança foram muitas vezes desapropriadas de todo ou parte de seus direitos indivisíveis (Guiraud, 1893). Institucionalizada dessa maneira, a propriedade privada da terra estendeu-se, por meio da conquista, a uma boa parte da Europa e do norte da África. Entretanto, por maior que possa ter sido esse primeiro desenvolvimento da propriedade fundiária, ele estava longe de abranger todo o Ocidente. Muitas comunidades celtas, germânicas, escandinavas e eslavas permaneceram à parte, ainda que esse processo de apropriação privada dos antigos direitos comuns começassem a aparecer entre elas também. Além disso, no próprio interior do Império romano, em particular nas regiões pobres e naquelas que foram ocupadas pouco tempo, os direitos comunitários continuaram valendo com muita intensidade. Em seguida, as grandes invasões vindas do norte e do leste eliminaram o direito romano de propriedade e impuseram diversas formas de direito comunitário, inclusive nos países do sul da Europa e também do norte da África.

Como consequência, na Idade Média, as regiões nas quais o direito costumeiro conservava traços do direito romano eram bastante raras e, mesmo nessas regiões, os servos e os camponeses livres se beneficiavam de direitos de pastagem e de coleta de lenha nas terras indivisas, e as propriedades privadas, excluindo toda servidão coletiva, estavam longe de ocupar todo o terreno. Em certas comunidades eslavas e germânicas, a indivisão original das terras cerealíferas se perpetuou até o início do século XX: essas comunidades procediam ainda à redistribuição periódica das terras lavráveis entre as famílias, em função de seu tamanho, ainda que o direito de uso dado a cada família fosse temporário.

Conclui-se desta longa história que, desde o neolítico, a "propriedade" do solo se estendeu progressivamente pelas diferentes categorias de terreno *à proporção que se artificializavam*. Em primeiro lugar foram os terrenos preparados; depois hortas e cercados cultivados ano a ano, terras desmatadas gerando colheita, campos de ceifa preparados, terras cultivadas entre dois períodos de pousio ou de alqueive, terras cultivadas continuamente, pastagens melhoradas, florestas ordenadas e cuidadas. Quanto aos antigos direitos de uso comum (caça, colheita, respiga, "livre pastejo", direito ao corte de lenha nas florestas),[2] sempre prevaleceram nos territórios onde continuaram a se desenvolver espontaneamente, *sem trabalho particular*, a lenha, as pastagens naturais, o rebroto do alqueive, a caça etc.

Propriedade e modo de exploração

Vista por esse ângulo, a posse privada do solo aparece, em princípio, como um meio de recolher os frutos do trabalho que ali era investido. Assim, para o camponês, o acesso à propriedade era um meio seguro de garantir o benefício de seu próprio trabalho, mas o açambarcamento do solo por alguns era também um meio de se apropriar de uma parte dos frutos do trabalho de outrem, pois a afirmação do direito de propriedade fundava

---

[2] Do francês *Affouage*.

também o direito dos grandes e dos menores proprietários de alugar suas terras, mediante pagamento, ou a arrendatários ou a meeiros.

De modo geral, o arrendatário possuía seu equipamento, seu gado e todo o capital necessário para exploração. Ele alugava do proprietário apenas a terra e os imóveis, cujos usos exigiriam uma renda fundiária em geral fixa, frequentemente em dinheiro, mas que também poderia ser em produtos; uma renda da terra que variava em função da qualidade das terras e do excedente que se podia obter. Já o meeiro, este, só possuía uma pequena parte do capital de exploração: o proprietário lhe fornecia não só a terra e os imóveis, mas também uma parte do capital, assim como uma parte das despesas correntes da exploração. A renda paga pelo meeiro compreendia então, além da renda fundiária, o pagamento do direito de uso do capital fornecido pelo proprietário, incluindo os juros. Essa renda, ao mesmo tempo fundiária e financeira, era geralmente paga em produtos e proporcional à colheita.

A renda fundiária, no sentido estrito, provinha então do direito de propriedade da terra, e era consequentemente de natureza diferente das taxas feudais, que compreendiam tributos em produtos (parte da colheita) ou em trabalho (corveias) que o senhor impunha ao camponês servo, devido a uma relação de força de ordem política e militar. A renda fundiária, em contrapartida, resultava de uma relação de propriedade entre arrendador e arrendatário, uma relação assimétrica e desigual sem dúvida, mas essencialmente comercial. Sob nosso ponto de vista, a renda fundiária não era, pois, a herdeira, como alguns pensam, de uma dita "renda feudal", mesmo se em alguns países (Inglaterra, Prússia...), após a dissolução do regime feudal, os proprietários descendessem mais frequentemente de senhores que de servos.

Naturalmente, o próprio proprietário podia também explorar diretamente suas próprias terras, utilizando a mão de obra de sua própria família ou utilizando a mão de obra de famílias camponesas desprovidas de terra e de capital de exploração, sob forma de assalariamento permanente ou temporário. Quer as terras fossem exploradas em regime de propriedade, quer em arrendamento ou meação, o importante para o desenvolvimento da nova agricultura era que o uso dessas terras, doravante propriedades privadas, fosse liberado de todo entrave e que o proprietário pudesse se beneficiar dessas novas possibilidades. Tal era, no fundo, a razão pela qual o progresso da propriedade privada condicionou tão fortemente o desenvolvimento da primeira revolução agrícola, assim como os progressos precedentes do direito de uso da terra tinham condicionado o desenvolvimento das revoluções anteriores desde o neolítico.

Individualismo e cooperação

Na verdade, a única maneira de contornar essa passagem "obrigatória" pela propriedade privada para desenvolver a nova agricultura teria sido valorizar de maneira cooperativa (ou seja, através de investimentos, trabalho e benefícios compartilhados) todos os bens fundiários indivisos e subutilizados dos aldeões. Isso teria sido possível se tivesse existido no mundo rural do Ocidente uma verdadeira tradição cooperativa. Ora, contrariamente a um mito ingenuamente cultivado (o famoso "comunismo primitivo" das comunidades camponesas), a exploração pelos aldeões de bens indivisos não era coletiva, mas essencialmente individual e, além disso, muito desigual. As pastagens e os alqueives submetidos ao "livre pastejo" eram explorados por cada um proporcionalmente à sua riqueza em capital vivo e o benefício não era de nenhum modo compartilhado. Por outro lado, esse individualismo agrário bem enraizado também não era associado a um tipo de "luta de cada um contra todos", tampouco excluía certa solidariedade (direito de respiga, entreajuda...), ou algumas atividades em comum (debulha, manutenção de estradas, frutíferas, pastores compartilhados...), quando eram úteis e não contradiziam o interesse de cada um.

De toda forma, no fim da Idade Média, na maior parte das regiões da Europa, os antigos direitos de uso e a indivisão das terras em comum[3] constituíam então obstáculos efetivos ao desenvolvimento da primeira revolução agrícola. As primeiras reações contra esses usos começaram, na maior parte, desde essa época, e continuaram durante os séculos seguintes. Conforme as datas e modalidades variáveis segundo os países, chegaram normalmente à abolição do direito de "livre pastejo" e das outras obrigações coletivas, ao direito de cercar e de cultivar (ou de deixar cultivar) *livremente* suas próprias terras, ou seja, à instauração de um verdadeiro direito de propriedade privada das terras agrícolas. Além disso, uma grande parte das florestas e das pastagens indivisas foram compartilhadas. De modo geral, esse movimento se traduziu em um imenso avanço da propriedade privada da terra.

As condições econômicas da primeira revolução agrícola

Mas se o duplo movimento de recuo das obrigações coletivas e de progressão da propriedade e do direito de uso privado do solo era uma condição necessária ao desenvolvimento da nova agricultura, isso estava longe de ser uma condição suficiente. Na verdade, como mostra Marc Bloch (1976), em certas regiões meridionais como a região da Provence, onde o direito romano havia deixado algumas marcas, o movimento de apropriação começara muito precocemente, ainda na Idade Média, e, no entanto, ali a agricultura somente se transformou profundamente no século XIX.

---

[3] Do fr. *Communaux*, terras pertencentes à unidade administrativa que se chamava *la comune*, sem divisões, que podiam ser exploradas livremente por qualquer habitante. (N.T.)

Inversamente, desde o século XVI, na Normandia e em certos condados ingleses onde a indústria de tecidos estava em plena expansão, as tentativas fortuitas de desmembrar as terras e cercá-las para evitar o "livre pastejo" sobre os alqueives e de substituí-los por cultivos de forrageiras se multiplicaram, no esforço de derrubar os antigos direitos de uso ainda em vigor. Essas ações partiram de alguns senhores e de uma camada de agricultores abastados, ao mesmo tempo cultivadores de cereais e criadores de ovelhas, bem-posicionados para tirar proveito da nova agricultura, aproveitando ao mesmo tempo a demanda de lã vinda das fábricas e a demanda de pão vinda da população trabalhadora emergente. Nesse tipo de região, foi sob a pressão do desenvolvimento agrícola e industrial que os antigos costumes regrediram. Pode-se até pensar que, quando as condições de mercado muito favoráveis à revolução agrícola se apresentavam, seu desenvolvimento se iniciava, e isto apesar dos obstáculos jurídicos cuja queda precipitava.

Assim, o aumento da demanda de produtos agrícolas, em decorrência da industrialização e da urbanização, aparece como um elemento *motor* do vasto movimento de desenvolvimento que é a primeira revolução agrícola, enquanto as condições jurídicas, por mais necessárias que fossem, não são nada mais que a *supressão de obstáculos* institucionais e consuetudinários desse desenvolvimento.

Primeira revolução agrícola e primeira revolução industrial

A primeira revolução agrícola foi, na verdade, um vasto movimento de desenvolvimento que favoreceu a duplicação da produção e da produtividade agrícolas. E mesmo se a melhoria da alimentação camponesa tenha absorvido uma parte desses ganhos, resta que a metade da produção agrícola total podia, doravante, constituir um excedente comercializável. Portanto, a revolução agrícola só poderia se desenvolver plenamente caso esse excedente encontrasse uma demanda efetiva adequada, proveniente de uma população não agrícola tão expressiva quanto a própria população agrícola.

Assim sendo, pela primeira vez na história do Ocidente, uma sociedade composta por mais da metade de trabalhadores, de artesãos, de comerciantes, de empregados, de arrendatários etc. tornava-se não somente possível, mas necessária para absorver os excedentes da produção provenientes da nova agricultura. Foi por essa razão que, nos séculos XVI e XVII, a revolução agrícola se desenvolveu em torno dos centros de produção de tecidos de Flandres e da Inglaterra. No século XVIII, ela continuou a se estender pela Inglaterra, ao mesmo tempo que a primeira revolução industrial alcançava as regiões mineiras e siderúrgicas, e começou a se propagar na França, na Alemanha e nos países escandinavos. Enfim, no século XIX, desenvolveu-se plenamente em todas as regiões industrializadas do noroeste da Europa. A primeira revolução agrícola e primeira revolução industrial progrediram juntas. Marcharam no mesmo passo, pois na sua essência estavam ligadas.

Além disso, certas indústrias de transformação utilizavam matérias-primas de origem agrícola. Assim o desenvolvimento da criação de ovelhas, baseada nas novas rotações forrageiras, forneceu quantidades crescentes de lã necessárias à expansão da indústria de tecido em Flandres e na Inglaterra. Da mesma forma, o cultivo da beterraba açucareira estava na origem de uma importante indústria rural, que adquiriu força nas planícies da média Europa. Essas produções agrícolas e industriais originaram a riqueza e as grandes capacidades de investimentos dessas regiões.

Muitos outros cultivos industriais tiveram um papel semelhante, ainda que menos importante, como o linho e o cânhamo, para a fabricação de tecido no norte da França e da Alemanha; o lúpulo e a cevada nas cervejarias em todo o norte da Europa; a batata para a fabricação de álcool e de fécula na Prússia; as plantas para tintura, como o pastel e a garança, que cresceram na mesma proporção das indústrias têxteis. Em muitas regiões, o crescimento desse tipo de cadeia produtiva e de transformação agrícola e industrial teve um papel decisivo no desenvolvimento da revolução agrícola.

Não teria havido portanto revolução agrícola sem possibilidade de vender a bons preços os excedentes de produtos vegetais e animais que ela permitia produzir. Mas também não teria havido revolução agrícola sem agricultores-criadores que possuíssem a capacidade de investir para dobrar o seu rebanho, erigir novas construções, edificar cercas e, se necessário, comprar alguns materiais e pagar a mão de obra suplementar.

As condições sociais da revolução agrícola

A *possibilidade de investir*

Na maior parte dos países do noroeste da Europa (Países Baixos, Alemanha do Oeste, França), a revolução agrícola foi principalmente obra de camponeses médios, que utilizaram essencialmente a mão de obra familiar e, pouco ou nenhuma, mão de obra assalariada. Mas foi também obra de uma parte dos proprietários agrícolas da Europa: grandes lavradores que trabalhavam com sua família e além dela empregavam alguns assalariados, a pequena nobreza rural, a *gentry* inglesa, *junkers* da Prússia etc.

Todavia, essa revolução era de difícil alcance para os pequenos agricultores mal providos de material, de terra e de rebanhos, demasiado pobres para investir, e que frequentemente foram afastados do processo e submetidos ou ao trabalho assalariado ou ao êxodo. Esse foi o caso particular de pequenos camponeses minifundiários da Europa oriental e meridional, marginalizados pelas grandes propriedades latifundiárias. Porém, nessas mesmas regiões, os mestres absentistas dos grandes latifúndios, que tinham a possibilidade de investir de forma mais rentável fora da agricultura, também não realizaram a revolução agrícola. Vejamos mais precisamente em que condições sociais particulares a primeira revolução agrícola ocorreu na Inglaterra, na França e em outros países da Europa.

O caso da Inglaterra

Cercamentos e grandes domínios

Na Inglaterra, desde o século XVI, para tirar proveito da demanda crescente de lã por parte da indústria têxtil, os senhores da terra tinham começado a cercar as terras de percurso até o gado da vizinhança, a fim de reservar para si o uso exclusivo delas. Foi quando se chocaram com a resistência dos habitantes, e os conflitos e as negociações que partiram daí levaram a uma partilha, vantajosa para o senhor, entre as pastagens desde doravante cercadas do domínio senhorial e as pastagens que continuavam sendo comuns.

Porém os senhores haviam começado a transformar uma parte de suas terras lavráveis em pastagens para ovelhas e a substituir seus alqueives por cultivos de forrageiras de nabo ou de trevo, privando mais uma vez os aldeões de seu direito de "livre pastejo" nos alqueives. Para fazer com que essa decisão unilateral fosse respeitada, foi-lhes preciso tornar a reordenar suas próprias parcelas, frequentemente imbricadas nas parcelas dos pequenos agricultores, e depois cercá-las. Quase sempre, os senhores aproveitavam a ocasião para se apropriar das melhores terras, e muitos pequenos agricultores, marginalizados, acabaram sendo finalmente expulsos. Como as cercas não paravam nos limites da reserva dominial, muitos camponeses foram privados de suas terras através de todo tipo de estratagemas: a não renovação dos contratos de arrendamento com duração limitada, a retomada das terras nos casos de falecimento ou mutações, evicções abusivas etc. (M. Postan & Ch. Hill, *Histoire économique et sociale de la Grande Bretagne*, v.1). Este movimento de cercamento foi retomado com força total no século XVIII, no auge da revolução agrícola e industrial, dessa vez com o apoio do Parlamento composto majoritariamente por proprietários de terras. De 1700 a 1845, nada menos que 4.000 atos de cercamento, autorizando os senhores a dividir as terras utilizadas em comum, a reagrupar suas terras e a cercá-las, foram editados pelo Parlamento, que nomeou comissários encarregados de proceder à partilha das terras. Esses comissários frequentemente atribuíam aos pequenos camponeses as piores terras.

Assim desapareceu a maior parte do pequeno campesinato inglês (os *yeomen*), reduzido ao regime de assalariamento agrícola, à mendicância, ao êxodo para as cidades, ao regime salarial industrial ou à emigração para as colônias de povoamento. Na metade do século XIX, devido a esse vasto movimento de apropriação e de concentração fundiária, uma grande parte da terra se encontrava nas mãos de um número reduzido de grandes proprietários (os *landlords*): 2.000 dentre eles possuíam vastas propriedades que iam de 100.000 ha a 400.000 ha, que no total equivaliam a um terço do país, e onde existiam cerca de 200.000 explorações do tipo de residências senhoriais.

As *Corn Laws*

Por outro lado, os *landlords* modificaram, em benefício próprio, as leis sobre os cereais – as famosas *Corn Laws* concebidas no princípio da Idade Média – que limitavam as exportações para evitar a penúria e as especulações no período de elevação dos preços. A partir de 1660, as *Corn Laws* foram utilizadas com fins protecionistas: as importações foram submetidas a direitos de aduana, e, a partir de 1815, as importações de cereais chegaram até a ser proibidas sempre que o preço atingia um certo limite inferior. Isso permitiu manter o preço interno dos cereais a um nível elevado e, por consequência, aumentar os impostos agrícolas e as rendas fundiárias embolsadas pelos proprietários fundiários (Tracy, 1986).

Certos *landlords* cuidavam diretamente de seus domínios, usando assalariados agrícolas para trabalhar a terra sob a direção de capatazes e intendentes, também assalariados. A vida desses *landlords* era frequentemente dividida entre a sua exploração ("*manoir*") e a cidade, onde investiam uma parte de sua renda em negócios imobiliários, em extração mineral, negócios industriais, comerciais e bancários. Todavia, a maior parte dessas grandes propriedades era alugada a alto preço a arrendatários. Na metade do século XIX, quase dois terços desses arrendatários eram pequenos patrões, que empregavam em média quatro operários assalariados. O terço restante era constituído por estabelecimentos familiares que não empregavam mão de obra assalariada. Não se poderia portanto reduzir, como se fez frequentemente, a estrutura social da agricultura inglesa à trilogia: grande proprietário de terra, empreendedor capitalista e assalariados.

Assim, na Inglaterra, a dissolução do antigo regime agrário, com suas reservas senhoriais, suas posses camponesas e seus direitos de uso comum, assim como o amadurecimento da propriedade privada e do direito de cercar conduziram, certamente, em muitas regiões, à predominância da grande propriedade de origem senhorial, do arrendamento e do trabalho assalariado e à eliminação da maioria dos pequenos camponeses. Todavia, os estabelecimentos familiares ainda eram numerosos. Quanto àqueles que empregavam assalariados, eram não raro de tamanho modesto e não tinham elementos em comum com os enormes domínios agrícolas que empregavam centenas de assalariados ou quase servos, como se via na Europa oriental e meridional.

O caso da França

A predominância do campesinato

Na França, ao contrário da Inglaterra, a dissolução do antigo regime agrário conduziu, em muitas regiões, ao predomínio da pequena e média exploração camponesa e ao recuo da grande exploração agrícola de origem senhorial.

Mais que qualquer outro, o senhorio francês fora abalado pelas razões que citamos. Muitos senhores tinham abandonado seus domínios para se unir à corte de algum príncipe; numerosas propriedades senhoriais haviam mudado de dono e a propriedade burguesa progredira no entorno das cidades. Apenas a propriedade eclesiástica resistira a essas transformações. Para repovoar seus feudos, desertificados – devido à fome, à peste e às guerras –, os senhores haviam concedido aos seus arrendatários condições cada vez mais liberais e, na ausência de mão de obra, haviam alugado parte e até mesmo a totalidade de seus próprios domínios. Os laços de dependência entre senhores e rendeiros enfraqueceram-se: a servidão e as corveias desapareceram completamente pouco depois. Mas os rendeiros, principalmente, comportavam-se cada vez mais como semiproprietários de suas concessões, passíveis de serem herdadas e de serem vendidas, alugadas e hipotecadas livremente. Em caso de venda, os senhores recebiam apenas modestas taxas de transferência, e seus direitos de preempção eram apenas uma ameaça para dissuadir os vendedores de declarar fraudulentamente um preço de venda inferior ao preço real.

O estatuto dos camponeses franceses no século XVIII aparece então como um dos mais favoráveis da Europa, mesmo se vários dentre eles estivessem ainda sujeitos a pagar taxas – entre elas o cento e o dízimo – e se alguns camponeses devessem ainda executar algumas corveias. Tudo o que subsistia em privilégio para uns, em sujeição e taxas para outros, foi abolido pelas Assembleias revolucionárias. Os direitos pessoais foram suprimidos desde a noite do 4 de agosto de 1789. Contrariamente, os direitos reais permanentes devidos pelos camponeses-rendeiros ao senhor do lugar (o cento e outras taxas feudais) foram mantidos, mas declarados resgatáveis em vinte anuidades. Essa medida foi vigorosamente contestada pelos camponeses que, após gerações, se consideravam proprietários de suas concessões[4] e viam, nesses serviços e nessas cobranças, marcas de

---

[4] Do francês *tenure*, que é o estatuto de aquisição de uma terra para desmatar obtida sob forma de uma taxa paga ao senhor feudal por um plebeu, sem origens nobres.

sujeição e servidão. Aliás, se essas taxas se tornavam insignificantes em alguns lugares, elas podiam também, em outros, atingir um terço do valor de locação das terras. Enfim, foram finalmente abolidas sem resgate pela Convenção de julho de 1793. Por meio desse ato revolucionário, a Convenção fazia do rendeiro submetido ao senhor feudal um camponês livre e quase proprietário de suas terras, excetuando-se as servidões coletivas.

Por outro lado, nacionalizando os bens da Igreja e dos nobres emigrados e vendendo-os a burgueses e a camponeses, a Revolução desmantelou profundamente a grande propriedade dos senhores laicos e eclesiásticos, reforçando a média propriedade. Ainda que essas medidas respondessem a outros imperativos políticos, elas culminaram de fato em uma transferência de propriedade bastante importante para que se possa considerá-la uma sorte de reforma agrária.

Aliás, ao longo da Revolução, a oposição dos camponeses à grande propriedade não cessou de manifestar-se. Na obra que publicou em 1789 (*De la religion nationale*), o abade Fauchet diz o seguinte:

> Um dos mais bizarros erros dos economistas é considerar que as pequenas propriedades em geral são menos úteis e menos produtivas que as grandes, devido à raridade dos insumos, e à falta de facilidades para explorá-las. Ilusão inconcebível! Sobre isso escreveram volumes e mais volumes que não convenceram ninguém, porque os princípios do bom-senso e a evidência dos fatos estão contra eles. Uma vaca é suficiente para adubar um pequeno campo, e os bois do vizinho o lavram mediante pequena retribuição. Não temam que reste uma moita, um charco, um ângulo de terra sequer sem valor. Vejam o pequeno domínio de um proprietário agrícola, como suas construções são bem mantidas e sem grande despesa, porque ele as repara na medida em que a menor necessidade o exige: vejam seu gado como prospera; seus produtos leiteiros, com que arte ele os prepara e os torna comercializáveis; seus campos pouco vastos, é certo, mas com que zêlo são roçados, adubados, semeados, mondados de ervas daninhas e tornados aptos para todas as produções sucessivas que se pode esperar! Ao contrário, olhem nas vastas terras do rico; em que ruína está a maioria dos prédios de cada estabelecimento arrendado; os rebanhos negligenciados; imensos espaços de terrenos incultos; parcelas de terra cultivadas e entremeadas de charnecas; as lavrações são malfeitas; perdas incalculáveis de todo gênero; reparos caríssimos só são feitos quando tudo está em ruínas exigindo enormes despesas (apud Barny, 1988).

Todavia, a redistribuição fundiária levada a termo pelas assembleias revolucionárias beneficiou muito mais os burgueses e os camponeses ricos que os pequenos camponeses e camponeses sem terra. Ela estava, ainda, longe da reforma agrária muito mais democrática, radical e igualitária, por assim dizer, preconizada pelos "babuvistas" (nome de seu inspirador Gracchus Babeuf). A "lei agrária" proposta por esses últimos fora rejeitada pela convenção, e

Gracchus Babeuf foi assassinado, como também ocorrera com seus ilustres homônimos e precursores romanos, os irmãos Graco (ver Capítulo 6).

O direito de cercar e o "livre pastejo"

Por outro lado, as assembleias revolucionárias estavam muito voltadas às ideias de progresso da agricultura e da economia. Preconizaram a nova agricultura, encorajaram os cultivos de forrageiras para desenvolver a criação e o uso do esterco e incitaram o desenvolvimento de plantas "mondadas" alimentares, como a batata, para responder às necessidades imediatas da população. O Comitê de Salvação Pública enviou aos campos até mesmo agentes encarregados de fazer propaganda, organizar demonstrações e distribuir sementes e plantas para os novos cultivos, gerando assim, pela primeira vez, em toda a França, um verdadeiro programa de desenvolvimento e de extensão agrícolas.

As assembleias revolucionárias denunciaram o "livre pastejo" e o alqueive obrigatório como costumes "bárbaros", leis "tirânicas" e servidões "feudais". A Assembleia constituinte também proclamou e ampliou a todo o território francês o direito absoluto de cercar. Daí, a Assembleia instaurou para cada um o direito de cultivar o alqueive como bem entendesse, por sua própria conta, protegido pelas cercas.

Todavia, ainda que todos os governos sucessivos estivessem atentos, nenhuma lei geral jamais aboliu o direito de "livre pastejo", dos rebrotos de pastagem e dos alqueives. Era certo que o "livre pastejo" continuava proibido, de fato e de direito, onde havia uma propriedade individual confirmada pelas cercas. Mas em todos os locais, excluindo essas propriedades, a decisão de abolir continuava da alçada de cada comunidade. Foi preciso esperar a Terceira República para que o "livre pastejo" fosse suprimido em princípio, com cada comunidade preservando, porém, o direito de solicitar a sua permanência. Assim, ao longo do século XIX, o "livre pastejo" recuou, mas foi atravessando dificuldades, e, em certas comunidades, persistiu até o princípio do século XX, o que certamente retardou a generalização dos novos sistemas.

A difícil divisão das terras em comum

Por mais que fossem convencidas das virtudes da nova agricultura e da propriedade privada, as assembleias revolucionárias não eliminaram completamente a persistência da propriedade em comum que compreendia o "livre pastejo" e as terras comunais. Ao contrário, num primeiro tempo, como senhores e habitantes dos vilarejos disputavam frequentemente as florestas e as pastagens em "comum", a Constituinte chegou a consolidar, de certa maneira, a propriedade em comum estabelecendo claramente que essas florestas e essas pastagens pertenciam ao vilarejo, e não ao senhor.

Todavia, a questão da partilha das terras em comum estava na ordem do dia e era muito disputada. Tratava-se, na verdade, de saber se essas terras em comum seriam repartidas entre todos os detentores de direito, ou em partes iguais, ou na proporção do tamanho de sua exploração e de seu rebanho, ou ainda se seriam vendidas por lotes como bens nacionais. Em 1792, uma lei que tornou obrigatória a divisão das pastagens em comum até chegou a ser votada, mas, a partir do ano seguinte, ela foi substituída por uma outra menos impositiva, segundo a qual a partilha era facultativa e poderia ser decidida por apenas um terço da população.

Em 1803, durante o Império, as partilhas foram suspensas. A privatização das terras em comum foi em seguida retomada, não mais sob a forma de uma partilha entre os que tinham direito, mas pela venda a particulares. Apesar dessas disposições, algumas terras comuns se perpetuaram até nossos dias, como foi o caso de algumas pastagens próximas às vizinhanças e, sobretudo, de pastagens afastadas, de montanha ou em vales baixos, que são ainda utilizadas por ocasião das transumâncias ascendentes ou descendentes. As florestas indivisas também permaneceram como propriedade das unidades administrativas (comunas), mas o seu uso em comum foi fortemente limitado e submetido ao regime florestal imposto pelo Estado. Essa restrição dos direitos de uso da floresta, que se estendeu também às pastagens em via de reflorestamento, provocou no fim do século XIX, em algumas regiões, verdadeiras guerrilhas camponesas (dos Pastores, nos Pireneus, e a guerra das Senhoritas, em Ariège).

Assim sendo, na França, ao contrário do que ocorreu na Inglaterra, a Revolução fez com que a grande propriedade senhorial, eclesiástica e laica recuasse, deixando maior espaço à pequena e média propriedade camponesa. No entanto, em certas regiões, a grande propriedade conservou um lugar bastante privilegiado. Tanto em um caso como em outro, os pequenos camponeses e os camponeses sem terra se beneficiaram pouco do reordenamento fundiário. Tanto na França como na Inglaterra, a revolução agrícola beneficiou principalmente os estabelecimentos familiares médios ou grandes e os estabelecimentos patronais com assalariados. Na França, porém, e aí está a segunda grande diferença que a distingue da Inglaterra, os estabelecimentos familiares sem assalariados eram amplamente majoritárias.

Outros países da Europa

Na média Europa (Alemanha, Áustria, Boêmia, Suíça...), na Escandinávia, no norte da Itália, da Espanha, a primeira revolução agrícola se desenvolveu também a partir do fim do século XVIII, acompanhando passo a passo a emancipação dos camponeses, a resolução de questões fundiárias e o desenvolvimento industrial. Na maior parte desses países, a revolução agrícola foi obra, como na França, de camponeses médios ou ricos. Todavia, não faltaram regiões onde um patronato agrícola utilizando assalariados representou igualmente um papel importante. Na Prússia, os *junkers*, ao mesmo tempo grandes proprietários e empreendedores, puderam tirar partido, em parte, do mercado do Oeste europeu em expansão e, por outro lado, da mão de obra mal paga quase servil da Europa oriental: desde o fim do século XIX, alguns transformaram seus domínios em verdadeiros complexos agroindustriais nos quais se fabricavam açúcar de beterraba, álcool, fécula de batata etc.

Assim em toda Europa industrializada do Noroeste, os proprietários agrícolas patronais e os agricultores familiares, médios ou ricos, proprietários ou arrendatários, demonstraram a capacidade em desenvolver vigorosamente a revolução agrícola. Pequenos e médios camponeses conseguiram até impulsionar a revolução agrícola nas regiões afastadas ou de difícil acesso das montanhas médias, bem como nos Alpes, nos Apeninos e nos Pireneus, desenvolvendo produções de qualidade, que poderiam ser conservadas e transportadas, como certos queijos de longa conservação, e carnes secas e defumadas, destilados etc.

Latifúndio e subdesenvolvimento

Por outro lado, nas regiões afastadas dos grandes núcleos de industrialização, na Europa oriental e meridional (Hungria, Eslováquia, Rússia, Alentejo, Andaluzia e Mezzogiorno), os grandes domínios subequipados, que empregavam uma mão de obra pouco ou nada remunerada, em plena metade do século XX, continuavam a praticar rotações com alqueive. Esta incapacidade de realizar a revolução agrícola foi muitas vezes atribuída ao arcaísmo de herança técnica e social dessas regiões, que pouco ou quase nada conheceram da revolução agrícola e industrial da Idade Média e nas quais persistiam as formas mais ou menos atenuadas de servidão. Também era causa paralisante de todo progresso o absenteísmo dos latifundiários, mais inclinados a gastar suas rendas nas metrópoles, nos cassinos e nas cidades balneários da moda, do que a fazer investimentos.

Mas as razões pelas quais as regiões latifundiárias periféricas não realizaram a primeira revolução agrícola eram mais de ordem socioeconômicas que sociopsicológicas. No princípio, porque essas regiões – muito afastadas dos grandes centros de consumo criados com a primeira revolução industrial – deviam arcar com os altos custos de comercialização de seus produtos, o que proporcionalmente reduzia os benefícios que os latifundiários poderiam ter tirado de seus investimentos agrícolas. Também era levado em conta o fato de que esses latifundiários – socialmente próximos da grande burguesia das regiões centrais – tinham a possibilidade de investir em todos os tipos de negócios industriais, comerciais, bancários ou coloniais, que lhes eram muito mais rentáveis do que o cultivo dos alqueives. Assim se constituiu na Europa oriental e meridional uma vasta periferia latifundiária desprovida de mercado interno e subindustrializada. Em resumo, uma periferia subdesenvolvida, cujas rendas eram baseadas na sub-remuneração de uma mão de obra servil, firmemente mantida à distância da indústria das regiões centrais e de seus salários relativamente mais altos.

As condições políticas e culturais

Em todos os lugares onde se desenvolveu, a primeira revolução agrícola aparece estreitamente associada à revolução industrial. Ao lado das condições diretamente necessárias ao seu próprio desenvolvimento (abolição das servidões coletivas, desenvolvimento da propriedade privada, expansão do mercado e possibilidades de investimentos agrícolas rentáveis), deve-se levar em consideração o conjunto das condições políticas e culturais que permitiram, propriamente, o desenvolvimento da revolução industrial e as imensas transformações econômicas e sociais ligadas a ela.

A indústria inglesa, por exemplo, não poderia ter se desenvolvido e triunfado sobre o artesanato se tivesse que respeitar os velhos regulamentos da profissão, obrigando os patrões a utilizar trabalhadores profissionais plenamente qualificados e lhes garantir, previamente, um aprendizado longo e completo. Na verdade, na Inglaterra, esses regulamentos caíram em desuso bem antes de sua abolição legal, no início do século XIX. Na França, o sistema das corporações impunha também um longo aprendizado, limitando o acesso ao mercado profissional, restringindo as inovações, o comércio e a concorrência e tornando-se, assim, um pesado obstáculo ao desenvolvimento industrial. Em 1776, Turgot tentou abolir esse sistema muito contestado, mas o poder real, fraco, recuou, separou-se de seu ministro reformador e restabeleceu o antigo sistema. Como aconteceu no caso de muitas outras reformas, foi preciso esperar a Revolução para estabelecer firmemente a liberdade de investir, de trabalhar, de comercializar e de circular.

Finalmente, o que estava em jogo por detrás das questões jurídicas referentes ao direito do trabalho, dos negócios e da propriedade era a liberdade de empreender, não somente para os camponeses e para os patrões da agricultura, mas também para os patrões da indústria e do comércio. A instauração da liberdade de empreender constituiu, então, a mais essencial ruptura com os entraves e as incapacidades dos antigos regimes que, por sua vez, continuaram prisioneiros das forças sociais conservadoras nas quais se apoiavam e de um modo de governo que se tornou ineficaz. De fato, somente os poderes de novo tipo – os despotismos esclarecidos, as monarquias constitucionais, as repúblicas –, fortalecidos pela aliança com as forças do progresso, se revelaram capazes de impor tal ruptura revolucionária.

Essas convulsões políticas, que atingiram a Europa do século XVII ao século XIX, foram preparadas pelas novas ideias que se desenvolveram e foram propagadas desde o Renascimento em todos os domínios: arte, filosofia, religião, política, economia, ciência e técnica. Entre essas ideias novas, algumas originaram doutrinas – movimentos de opinião e movimentos sociais poderosos – que se tornaram verdadeiras forças políticas. E é entre essas doutrinas que se faz necessário colocar a "nova agricultura" e a "fisiocracia", que, sem dúvida, tiveram pouca influência direta sobre a maneira de cultivar dos agricultores, mas que, ao contrário, inspiraram amplamente a obra legislativa e a política agrícola dos governos reformadores ou revolucionários.

Os adeptos da "nova agricultura"

A agricultura sem alqueive era, de fato, praticada desde o século XV em Flandres, em Brabant, em Artois, sem que houvesse agrônomos para suscitá-la. Apenas alguns embaixadores ingleses encarregados de espionagem econômica dos Países Baixos, seus principais concorrentes da época, escreveram alguns relatórios sobre o assunto. Certamente, Olivier de Serres (1600) havia conseguido sucesso a partir de suas próprias tentativas de cultivo de leguminosas forrageiras em seu domínio em Pradel (França), entretanto, parece ter ignorado completamente a imensa revolução agrícola que nascia nos Países Baixos. Foi preciso esperar o século XVIII para que os agrônomos ingleses e franceses começassem a formular os princípios da nova agricultura e a fazer publicidade dela, com alguns erros, diga-se de passagem.

Assim, em 1731, enquanto as rotações inglesas – que combinavam diversamente os cultivos de trevo, de trigo, de cevada e de nabo – já eram praticadas havia muitos decênios, Jethro Tull (homem de leis tornado *gentleman farmer* e que se acreditava versado em progresso agrícola) chegou a proclamar a inutilidade do esterco e da rotação dos cultivos (*The New Horse-hoeing Husbandry,* 1731). Entretanto, ele preconizou o uso de semeadores, de semeaduras em linha, a boa economia das sementes e a multiplicação dos trabalhos do solo e das escarificações com enxada tracionada. Na verdade, Tull pensava que as plantas se nutriam devido ao contato direto de suas raízes com as partículas do solo, e que seria portanto suficiente pulverizá-lo e aerá-lo constantemente para aumentar sua superfície de contato com as raízes e facilitar a penetração. Dessa forma, Tull obteve, com efeito, por vários anos seguidos bons rendimentos, e acreditou que seu sucesso devia-se à escarificação, à gradagem, à lavração e à limpeza das terras, mas também à redução da ascensão capilar e da evaporação da água, à mineralização acelerada do húmus e por uma exploração mais intensa da solução do solo.

Porém, após alguns anos de práticas culturais desse tipo, os rendimentos diminuíram e J. Tull sofreu alguns reveses. Ele ignorava, certamente, que a multiplicação das operações do trabalho do solo, muito eficaz para explorar a fertilidade orgânica e mineral, conduzia necessariamente a um esgotamento se esta exploração não fosse compensada com aportes de esterco suplementares, como o demonstraram mais tarde as experiências de seus compatriotas Home e Dickson. Ora, as novas rotações com cultivos de forrageiras permitiam precisamente obter o esterco suplementar e, finalmente, a nova agricultura que triunfou na Inglaterra na segunda metade do século XVIII combinava, ao mesmo tempo, os métodos de exploração mais intensos da fertilidade do solo, pregados por Tull, e os métodos de renovação crescente da fertilidade, pregados por Home e por Dickson.

Na França, Duhamel du Monceau foi o primeiro a formular claramente os princípios dessa nova agricultura:

> Lavrações repetidas aumentam os rendimentos e permitem cultivar rábanos e outras plantas mondadas. Mas é necessário compensar: para suprimir os alqueives, são necessários adubos; logo, é preciso gado; e, enfim, para alimentar o gado, são necessários mais campos. Como faltam pastos naturais, é preciso criar pastos artificiais. (*Traité de la culture des terres,* 1750-1760)

Proprietário e agricultor, tradutor e comentador de Tull, promotor de métodos de agricultura ingleses, Duhamel du Monceau foi, sem dúvida, o agrônomo mais influente de seu tempo. Membro da academia de Ciências, da qual também foi diretor, suas atividades estendiam-se por vários domínios: doenças e crescimento das plantas, botânica, arboricultura, meteorologia, química, madeira para marinha, construção naval etc.

A doutrina fisiocrática

Partidários da nova agricultura, os fisiocratas acrescentaram uma análise econômica e propuseram uma política para desenvolvê-la. Como mostra Augé-Laribé (1955), as ideias fisiocráticas em matéria de política econômica nasceram *"de uma reação contra o industrialismo e o mercantilismo de Colbert"*. Elas participavam também do fascínio pelas coisas da natureza, pela vida campestre e pastoral que excitava a elite francesa do século XVIII, e de um forte crescimento do interesse pela agricultura que havia sido esquecida pelos governantes, desde Henri IV e Sully.

Um século após a proclamação, por Sully, da sua célebre fórmula, *"Lavrações e pastagens são as duas tetas das quais a França se alimenta, as verdadeiras minas de tesouros do Peru"*, de Boisguillebert foi, sem dúvida, o primeiro a reafirmar que a "fonte de renda dos povos é a venda de gêneros excedentes da fonte, o que faz com que todas as rendas da indústria aumentem e diminuam a proporção dessa venda". Outro precursor, Vauban, engenheiro militar e grande mestre dos trabalhos de fortificação do reino, foi o iniciador das primeiras pesquisas e estatísticas sobre a produção e as rendas agrícolas. Denunciou a fiscalização excessiva e desordenada como a causa da crise agrícola e propôs um sistema de imposto unificado sobre a renda (*La Dîme royale*, 1707), que foi rejeitado pelo Parlamento. Vários outros autores contribuíram para esboçar, desenvolver e propagar ideias fisiocráticas (Melon, Cantillon, de Vivens, o marquês de Mirabeau etc.). No entanto, quem é reconhecido como responsável por formular a doutrina fisiocrática de maneira mais completa é François Quesnay. Mestre cirurgião, primeiro médico do rei, Quesnay iniciou tardiamente os estudos de agricultura, de fiscalidade e de economia. Foi autor dos artigos "Fermier" (Arrendatário) e "Grain" (Grão) da *Encyclopédie* e do célebre *Tableau économique* (1758), primeiro esboço de contas nacionais e de uma teoria do imposto. Foi também, às vésperas da Revolução, o chefe máximo do grupo dos "Economistas", um grupo influente nos círculos políticos, na França e no exterior.

Para ilustrar o pensamento de F. Quesnay, citemos alguns trechos de suas *Maximes générales du gouvernement économique du royaume agricole* (*Máximas gerais do governo econômico do reino agrícola*):

> [...] a terra é a única fonte de riquezas, e é a agricultura que as multiplica; a propriedade é o fundamento essencial da ordem econômica da sociedade [...]. Que uma nação [...] possuidora de um grande território a cultivar e da facilidade de exercer um grande comércio de produtos regionais, não empregue demasiadamente dinheiro e homens em manufaturas e comércio de luxo, em prejuízo dos trabalhos e das despesas da agricultura; pois, acima de tudo, o reino deve ser bem povoado de ricos cultivadores [...]. Que cada um seja livre para cultivar em sua terra as produções que lhe sugerem seu interesse, suas capacidades e a natureza do solo, para dele tirar o maior proveito possível [...]. Que se favoreça a multiplicação dos animais [...], pois são eles que fornecem às terras os adubos que produzem ricas colheitas. [...] Que as terras empregadas no cultivo dos grãos sejam reunidas, tanto quanto possível, em grandes fazendas exploradas por ricos lavradores. Que não se impeça o comércio exterior dos gêneros regionais, pois maior o escoamento, maior será a reprodução [...]. Que não se acredite que o barato seja proveitoso ao povo pobre [...], pois os baixos preços dos gêneros resultam na baixa do salário do povo [...]. Que se mantenha a inteira liberdade de comércio [...], pois a política do comércio interior e exterior mais segura, mais exata, mais proveitosa à nação e ao Estado consiste na plena liberdade de concorrência.

Os fisiocratas estavam rompendo com o mercantilismo, e, nesse sentido, consideravam que a verdadeira riqueza de uma nação baseava-se nos produtos extraídos de seu solo e de sua redistribuição no interior da sociedade, e não na acumulação de moeda metálica por meio de uma troca desigual com outras nações e especialmente com as colônias. Foram, de certa maneira, os precursores da economia política clássica.

Os fisiocratas viam nos preços agrícolas elevados a fonte da riqueza dos proprietários e arrendatários, a condição para os investimentos e o progresso agrícola fortemente reforçado, servindo de base a uma fiscalização vantajosa, mas também a fonte de salários elevados e de um poder de compra proporcional a esses preços. Sem cair neste fundamentalismo agrário, que negava às atividades não agrícolas a faculdade de produzir riquezas (e tudo isso às vésperas de revolução industrial!), podia-se entender que efetivamente toda atividade, agrícola ou não, e a ociosidade, não podiam existir em uma sociedade, exceto na condição principal de ser alimentada pelos produtos da terra: o desenvolvimento das atividades não agrícolas só era possível na proporção do "excedente" produzido pelos agricultores, além da satisfação de suas próprias necessidades. Os fisiocratas perceberam igualmente com clareza as vantagens que a propriedade, a livre disposição dos bens produtivos e a livre circulação interior e exterior das mercadorias poderiam apresentar como estimulantes da produção.

Todavia, esses adeptos da "via inglesa" eram também os defensores da grande propriedade e da grande exploração agrícola com assalariados, além de desconhecerem e desprezarem as possibilidades de desenvolvimento da via camponesa familiar, que ia justamente levar esse desenvolvimento à França e às regiões do nordeste da Europa continental, bem como às colônias de povoamento de origem europeia da América do Norte, da Austrália e da Nova Zelândia. Esse erro pode explicar por que perderam influência nesses países, enquanto continuavam, ao contrário, a ser escutados pelos príncipes esclarecidos, carentes de reformas nos países de grandes propriedades do leste e do sul da Europa.

Sem dúvida nenhuma, agrônomos e economistas contribuíram na difusão de novas ideias, e inspiraram leis que facilitaram amplamente o desenvolvimento da revolução agrícola. Mas é preciso destacar que suas concepções não precederam a prática social: em muitos lugares os agricultores tinham cercado seus campos, cultivado os alqueives e avançado sobre as terras indivisas dos vilarejos, e os poderes locais tinham abolido o direito do "livre pastejo" e as outras servidões coletivas, décadas – ou mesmo séculos – antes da formulação das novas doutrinas.

A genialidade dos novos agrônomos não foi, portanto, produzir teorias normativas *a priori* (aliás, a partir de qual ciência previamente constituída teriam podido fazê-lo?), mas expressar simultaneamente em suas análises e em suas propostas as experiências e as necessidades da sociedade da época.

Assim fazendo, esboçaram uma análise científica, agronômica, econômica e social da agricultura, de suas transformações e de seu lugar na economia, além de uma análise das políticas e de outros meios que permitiam influenciar o desenvolvimento agrícola. Lançaram dessa forma as bases de uma verdadeira economia política da agricultura. Esses agrônomos economistas, que participavam do vasto movimento intelectual das Luzes, contribuíram assim para preparar o terreno aos políticos reformistas e revolucionários que, em seguida, facilitaram o desenvolvimento da economia de mercado e do capitalismo.

No entanto, por mais que fossem necessárias ao desenvolvimento da revolução agrícola, as condições técnicas, jurídicas, econômicas, políticas e ideológicas desta revolução não foram suas verdadeiras causas. No fundo, a revolução agrícola foi o meio mais eficaz, naquela época e naquela parte do mundo, de continuar o desenvolvimento das criações e dos cultivos empreendidos há séculos; nada mais que um momento particular desse vasto movimento econômico de acúmulo do capital, de aumento de produção, das trocas e da população, cuja "causa", se quisermos empregar este termo, foi necessariamente de ordem econômica e social também. Esta "causa", ou antes, este "motor" da revolução agrícola reside, no fundo, na dinâmica econômica e social particular da espécie humana, uma espécie que trabalha, que desenvolve sem descanso seus meios e seus métodos de produção, que multiplica as plantas e os animais domésticos que ela explora cada vez mais, a fim de se reproduzir e melhorar sem cessar suas condições de vida. Assim, tudo o que consideramos até então "condições" de desenvolvimento da revolução agrícola não são, na verdade, as "causas motoras" desse desenvolvimento, mas os "meios" materiais, organizacionais ou ideais que milhões de homens se atribuíram, num momento de sua história, conscientemente ou não, para prosseguir nessa imensa aventura.

O milagre consiste no fato de que esse novo conjunto de novidades – que expressa de maneira confusa e às vezes contraditória as aspirações da sociedade ocidental da época – tenha finalmente encontrado uma saída política que permitisse uma transformação econômica de tal envergadura.

CONCLUSÃO

No neolítico e no início da idade dos metais, o desmatamento de uma parte das florestas temperadas do entorno mediterrâneo e da Europa, através dos sistemas de derrubada e queimada, muito frequentemente repetidos, reduziu os ecossistemas cultivados dessas paragens a um estado de extrema degradação.

Os sistemas com alqueive e cultivo com tração leve da Antiguidade herdaram esses ecossistemas degradados, compostos por um mosaico de campos – em parte cultivados, em parte em alqueive – de formações herbáceas baixas e das charnecas pastejadas e de florestas residuais, cuja biomassa total não ultrapassava certamente os 10% ou 20% da biomassa original. Todavia, na falta de ferramentas suficientemente poderosas, o cultivo com tração leve deixou de lado vastas extensões arborizadas, situadas nas regiões mais frias ou em solos muito pesados, muito úmidos ou muito pouco férteis, assim como os pântanos e outras terras inundáveis.

Durante a Idade Média, com o cultivo por meio da tração pesada, esses ecossistemas quase virgens foram por sua vez desmatados, e novos ecossistemas cultiváveis se desenvolveram na metade norte da Europa. Com seus campos permanentes de ceifa, seu gado e suas colheitas aumentados, esses novos ecossistemas eram mais ricos que os da Antiguidade. E, na mesma época, os ecossistemas cultivados das regiões meridionais enriqueceram-se também graças à arboricultura, aos aterros das encostas e à irrigação. Porém, não obstante esses avanços da biomassa cultivada, a biomassa global da Europa ocidental diminuíra novamente graças aos grandes desmatamentos da Idade Média.

Assim, após a alta Antiguidade e até o início dos tempos modernos, todos os avanços da produção agrícola e da população europeia se expressaram por um recuo do conjunto da biomassa total. Durante todo este tempo, essa biomassa só aumentou relativamente por ocasião dos períodos de crise e de redução drástica da população.

Com a primeira revolução agrícola, ao contrário, pela primeira vez na história agrária da Europa ocidental, a população e a biomassa aumentaram ao mesmo tempo: enriquecida pelos novos cultivos e pelas generosas colheitas, a biomassa do ecossistema cultivado duplicou. Certamente, essa biomassa era muito inferior à da floresta original, mas a produção anual de biomassa vegetal dos novos ecossistemas era, por outro lado, muito elevada. Além disso, era inteiramente útil: uma parte importante (forragens e subprodutos) era consumida pelo rebanho e reciclada através do esterco e, por isso, a outra parte, diretamente consumida pelo homem, foi significativamente aumentada. As amplas possibilidades de exportações minerais pelas colheitas explicavam-se finalmente pela taxa de ocupação do solo mais elevada e por uma reciclagem mais expressiva das matérias orgânicas e minerais, que se opunham eficazmente às perdas minerais por drenagem e por desnitrificação.

Na maior parte dos países temperados em via de industrialização, os ganhos de produção obtidos pela primeira revolução agrícola foram mais rápidos que o crescimento da população. Traduziram-se primeiramente pelo desaparecimento das penúrias e da fome; em seguida, por uma melhoria durável da alimentação. Enfim, chegaram à formação de excedentes comercializáveis crescentes, capazes de abastecer populações não agrícolas e urbanas em plena expansão, podendo representar mais da metade da população total.

A revolução agrícola condicionou ao progresso da Revolução Industrial; entretanto, não se pode duvidar de que, sem industrialização e sem urbanização de grande amplitude, a primeira revolução agrícola não teria podido se desenvolver plenamente. Enfim, nem uma, nem outra dessas revoluções poderiam ter nascido sem as profundas transformações jurídicas, sociais, políticas e culturais que puseram fim ao Antigo Regime.

Assim nasceu um novo sistema econômico e social, cujo capitalismo industrial, agrícola, comercial e bancário constituiu, sem dúvida alguma, a novidade mais notável. Todavia, as empresas estritamente capitalistas, que utilizavam assalariados, estavam longe de ocupar todo o espaço. Muito pelo contrário. Na maioria dos países industrializados, a economia camponesa familiar continuou sendo nitidamente predominante e, mesmo na Inglaterra e na Prússia, não desapareceu. Além do mais, em todas as outras áreas do artesanato, do comércio, dos transportes etc. a empresa familiar sem assalariados continuou a ocupar um lugar importante.

Capítulo 9
A mecanização do cultivo com tração animal e a revolução dos transportes
A primeira crise mundial de superprodução agrícola

1. A mecanização do cultivo com tração animal e do tratamento das colheitas
2. A máquina a vapor e a revolução dos transportes
3. A concorrência, a superprodução e a crise

> *Eis que sobre seu campo passam agora não somente as forças naturais, mas as forças econômicas, as forças sociais, as forças humanas [...]. De colheita em colheita, seu trabalho de lavrar continua sendo o mesmo, o preço do seu trigo cai quase constantemente [...]. Há quase meio século, nas grandes planícies da Índia, da Rússia, do Oeste americano, outros homens trabalham, por menor custo, e toda esta produção, repentinamente reunida pela velocidade dos grandes navios, pesa constantemente sobre ele. Eis, portanto, que os povos e os continentes longínquos surgem agora da bruma, como duras e maciças realidades, e é talvez da quantidade de trigo semeado por um fazendeiro do Oeste americano, do salário distribuído aos pobres trabalhadores da agricultura da Índia, e ainda das leis alfandegárias, econômicas e financeiras promulgadas em todas as partes do mundo de que dependerá o preço de seu trigo, o preço de seu trabalho, talvez de sua liberdade e sua prosperidade.*
>
> (Jean Jaurès, discurso na Câmara dos Deputados, 1897)

Do século XVI ao XIX, o desenvolvimento dos sistemas agrários sem alqueive permitiu que a produção e a produtividade do trabalho agrícola duplicassem na maioria das regiões temperadas da Europa e de além-mar. Essa nova revolução agrícola, a primeira dos tempos modernos, permitiu, ao mesmo tempo, um aumento importante da população, uma melhoria significativa da alimentação, um desenvolvimento sem precedentes das atividades industriais, extrativas e comerciais e uma urbanização de grande amplitude.

Entretanto, por mais eficientes que esses sistemas sem alqueive fossem, eram limitados em produtividade devido ao aspecto rudimentar das ferramentas e dos meios de transporte herdados da Idade Média. Certamente, o equipamento de cultivo com tração pesada (alfanjes, charretes, arados charruas...) era suficiente para permitir, até certo ponto, o desenvolvimento dos novos sistemas. Porém, rapidamente, com esse material antigo, pouquíssimo eficiente, o calendário agrícola alcançou o ponto de saturação, fato que limitou a superfície máxima cultivada por trabalhador e, consequentemente, a produtividade do trabalho dos novos sistemas.

Por outro lado, se charretes, carretas, forragem e esterco permitiam aproveitar ao máximo as possibilidades locais de renovação da fertilidade dos novos ecossistemas cultivados sem alqueive, por outro lado a ineficiência e o custo elevado dos transportes terrestres com charretes, carretas e os transportes marítimos por barcos a vela reduziam a um mínimo o emprego de corretivos e de adubos de origem distante. Ora, nessa altura do desenvolvimento da agricultura dos países temperados, corretivos e adubos tornaram-se o meio mais direto de aumentar o nível de fertilidade das terras cultivadas. Enfim, por outro lado, esta insuficiência dos meios de transporte limitava em muito as possibilidades de escoamento para longas distâncias dos crescentes excedentes comercializáveis provenientes da revolução agrícola.

Contudo, a partir do fim do século XVIII, a indústria, que até então produzia sobretudo bens de consumo, começou também a produzir novas máquinas e, com o uso da máquina a vapor, a mecanização industrial ganhou importância. Um subsetor industrial produzindo bens de produção se desenvolveu então e, no século XIX, a indústria siderúrgica em plena expansão produziu todos os tipos de novas máquinas, em primeiro lugar para a indústria, mas também para a agricultura e os transportes. Assim, desde a primeira metade do século XIX, a indústria começou a produzir uma gama de novos equipamentos de tração – como os arados charruas, os arados *brabants*[1] e grades metálicas, semeadeiras, ceifadeiras e colhedoras, trilhadeiras de carrossel –, bem como todos os tipos de pequenas máquinas para utilização nos estabelecimentos agrícolas – como os limpadores de grãos ("tararas"), os picadores de palha, os picadores de raízes, os moedores, as batedeiras e malaxadores de leite, os batedores a manivela etc. Mais eficientes que seus ancestrais, tais equipamentos propiciavam um ganho de tempo precioso, em particular nos períodos de trabalho mais intensos do calendário agrícola. Pouco a pouco formaram um novo sistema de utensílios coerentes, que permitiram duplicar a superfície por trabalhador e a produtividade do trabalho nos sistemas sem alqueive. Na segunda metade do século XIX e no início do século XX, esses equipamentos foram fabricados em quantidade e amplamente, em primeiro lugar nos Estados

---

[1] *Brabant:* charrua originada da região belga de Brabant.

Unidos, e posteriormente nas outras colônias de origem europeia das regiões temperadas (Canadá, Argentina, Austrália, Nova Zelândia, África do Sul etc.) e na Europa.

Paralelamente, com as estradas de ferro e os barcos a vapor, a indústria revolucionou os transportes transcontinentais e transoceânicos. Assim, novos territórios cada vez mais extensos tornaram-se disponíveis às colônias agrícolas de origem europeia, enquanto os mercados europeus eram postos ao alcance de suas exportações. Ao mesmo tempo, rompia-se o isolamento das regiões agrícolas da Europa, o que permitia seu abastecimento em corretivos e adubos, além do escoamento de seus produtos.

O objetivo deste capítulo é retraçar a gênese, compreender as razões de ser e a coerência desse novo sistema de equipamentos: a tração animal mecanizada. É também importante compreender como os efeitos da mecanização dos transportes terrestres e marítimos, somados aos da mecanização por tração animal conduziram, desde o fim do século XIX, a um considerável acréscimo do excedente comercializável e à primeira crise mundial de superprodução agrícola. Enfim, este capítulo indicará brevemente como alguns países europeus (Reino Unido, Dinamarca França, Alemanha...) reagiram a essa severa concorrência e como foram levados a adotar políticas comerciais bastante diferentes, em função de suas condições geográficas, de suas empresas coloniais e de seu nível de desenvolvimento.

1 A MECANIZAÇÃO DO CULTIVO COM TRAÇÃO ANIMAL E DO TRATAMENTO DAS COLHEITAS

Como vimos (Capítulo 8), os sistemas sem alqueive se desenvolveram, em princípio, nas regiões bem-servidas em equipamentos de cultivo com tração animal pesada, sem exigir novos equipamentos. Nas regiões de cultivo com tração animal leve, ao contrário, o avanço desses sistemas frequentemente necessitou da adoção da charrete para colher o feno, e do arado charrua para revolver convenientemente e em tempo hábil as pastagens artificiais.

No entanto, além desses primeiros desenvolvimentos, à proporção que as pastagens artificiais, as plantas "mondadas" forrageiras (alimentares ou industriais) e as criações, que exigiam cuidados, ganharam importância em trabalho, o calendário dos trabalhos agrícolas foi preenchido e a sobrecarga de trabalho nos períodos de pico acentuou-se. Certos progressos referentes às ferramentas permitiram então resolver tais problemas: ferragem reforçada de todos os equipamentos, fabricação de enxadas, de cultivadores-enleiradeiras tracionadas para as plantas "mondadas", arados charruas mais potentes para revolver o solo em profundidade etc. Até aqui, os equipamentos agrícolas continuavam a ser fabricados pelos carpinteiros e pelos ferreiros dos vilarejos, que podiam confeccionar, por um preço razoável, ferramentas "sob medida", adaptadas aos animais de tração e às terras de cada agricultor, utilizando madeiras e ferros velhos fornecidos pelos próprios clientes.

Nos grandes e médios estabelecimentos, no entanto, nunca sobrava tempo para efetuar os trabalhos pesados, como as lavrações e as semeaduras, a fenação, a colheita, a trilha e a separação dos grãos, o preparo do alimento do gado etc. Por isso, desde o fim do século XVIII e ao longo do século XIX, agricultores, artesãos, agrônomos e industriais rivalizaram entre si em engenhosidade, na transformação dos equipamentos existentes e na fabricação de novos, mais eficientes... Naturalmente, entre as abundantes novidades dessa época, só tiveram êxito aquelas que permitiam remediar eficazmente os limites do sistema e que, por isso, podiam ser rentáveis. A história registrou apenas estas, entre tantas outras invenções que não vingaram.

Os novos equipamentos mecânicos

Enquanto as manufaturas continuaram apenas copiando o equipamento agrícola de origem artesanal e trazendo inovações passíveis de serem facilmente copiadas pelos artesãos, elas puderam se apropriar somente de uma parte limitada do mercado. Para ir além, a indústria teve que conceber e agilizar equipamentos inéditos, que permitissem economias de mão de obra ou ganhos de produção bastante vantajosos para justificar a substituição dos equipamentos artesanais pelos equipamentos mais caros. Isso se deu com a aparição escalonada, ao longo do século XIX, de toda uma gama de novas máquinas de tração animal: charruas inteiramente metálicas, arados *brabants*, semeadoras mecânicas, ceifadeiras, condicionadores de feno, colhedoras-juntadoras, colhedoras-enfardadeiras, capinadeiras, enleiradeiras, trilhadeiras etc. e de todos os outros tipos de máquinas manuais para o tratamento e realização das colheitas.

Equipamento de trabalho do solo e de semeadura

Arados charruas metálicos e arados *brabants*

A charrua de madeira com poucas peças em ferro, herdada da Idade Média, foi um dos primeiros instrumentos a serem aperfeiçoados. Na França, a charrua *Dombasle*, metade em madeira, metade em ferro, dotada de dispositivos de regulagem precisos, teve algum êxito desde o início do século XIX. Na mesma época, nos Estados Unidos, a charrua inteiramente metálica, aperfeiçoada por John Deere e fabricada industrialmente, foi vendida às centenas de milhares de exemplares. Porém, o mais surpreendente desses novos equipamentos de trabalho do solo, aquele cujo alcance foi o mais considerável na Europa, foi sem dúvida o arado *brabant* duplo reversível, uma máquina que permitia realizar de modo rápido e adequado a lavração, já que nos novos sistemas sem alqueive as lavrações deviam ser efetuadas adequadamente e em tempo recorde.

O arado *brabant* reversível era uma máquina toda em ferro (ferro fundido e aço), puxada por um elemento anterior com um rodado, e composta por dois conjuntos de corte completos (aiveca, relha e sega), simétricos em relação a um plano horizontal. Essas duas charruas podiam rodar em torno de um eixo constituído pelo apo, de tal forma que uma jogava a terra para a esquerda na ida, e a outra a revolvia pela direita na volta. Esse dispositivo era particularmente útil nas terras em declive, pois permitia lavrar revolvendo a terra para baixo tanto na ida quanto na volta. Ao contrário, com um arado charrua simples, que revolvia a terra apenas para um lado, só era possível lavrar na ida e era preciso voltar "vazio" (pois não era possível jogar a terra para o alto). Além do mais, como o *brabant* possuía dispositivos mecânicos precisos e estáveis de regulagem de profundidade, de largura e de inclinação da lavra, não era necessário ser mantido pela mão do trabalhador, diferentemente da charrua comum. Por isso, apenas um homem conduzindo sua atrelagem podia lavrar com um arado *brabant*, ao passo que eram necessários dois para conduzir um arado charrua. Por essa razão, o *brabant* reversível era particularmente vantajoso em terras em declive, onde praticamente dividia por dois o tempo de trabalho dos animais e por quatro, o dos homens. Em terreno plano, ao contrário, a vantagem do *brabant* duplo reversível era menos evidente, pois a charrua simples podia trabalhar tanto na ida quanto na volta se fosse praticada uma lavração em bandas, circulando em torno do primeiro sulco. No entanto, conduzido por um só homem, o *brabant* permitia economizar um trabalhador. Enfim, o *brabant*, que era muito curto e de fácil manejo, dava melhor as voltas nas extremidades dos campos do que as antigas charruas. Com isso ele pôde adaptar-se às parcelas pouco alongadas das regiões com vegetação de "bocage" (parcelas separadas por cercas vivas) e solos acidentados, onde a grande charrua apenas conseguira penetrar.

Grades, rolos e semeadores

Muitos outros equipamentos metálicos, que permitiam ganhar tempo na preparação do solo e das semeaduras, vieram unir-se ao arado *brabant*: diversos tipos de grades articuladas e de cultivadores com trabalho de profundidade regulável substituíram a antiga grade; os rolos lisos em ferro fundido e os rolos ondulados, em metal ondulado ou sulcado, substituíram os rolos de madeira com encaixes de ferro; e os semeadores mecânicos destronaram os semeadores a lanço, símbolos da antiga agricultura.

Marcel Mazoyer • Laurence Roudart

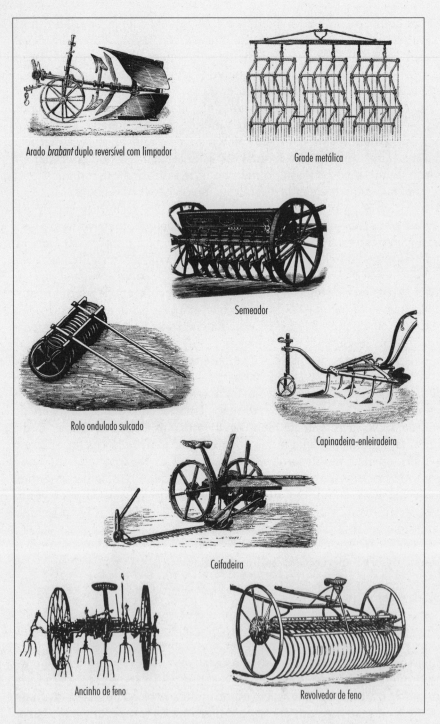

Figura 9.1. Os equipamentos mecânicos a tração animal, a vapor e manuais

História das agriculturas no mundo

Figura 9.1. (continuação) Os equipamentos mecânicos a tração animal, a vapor e manuais

Capinadeiras e enleiradeiras

Por fim, as plantas "mondadas" de verão ou de outono, muito exigentes em trabalho de preparo do solo, não poderiam ter se desenvolvido plenamente sem a ajuda das capinadeiras e enleiradeiras de tração animal, que substituíram enxadas e enxadões manuais. A capinadeira mecânica era um instrumento munido de pequenas lâminas, ou de dentes, montadas em uma estrutura em forma de losango ou triângulo de afastamento variável. Puxada por um ou dois animais, ela arrancava ou cortava as raízes e as ervas adventícias, fragmentava e aerava o solo, freava a subida capilar e a evaporação da água do solo.

Além disso, certas plantas "mondadas", como a batata, deviam ser enleiradas: era preciso, para isso, erguer a terra na base das plantas, a fim de provocar a formação de novas raízes e de impedir que raízes e tubérculos esverdeassem. A enleiradeira tracionada, que permitia realizar esse trabalho bem mais rápido que a enxada manual, parecia-se um pouco com uma pequena charrua, mas possuía um amplo apo e duas aivecas simétricas que lançam a terra de um lado e do outro do sulco que fora traçado em distância simétrica de duas fileiras de cultura.

Equipamento de fenação, de colheita, de debulha

As ceifadeiras

Outro símbolo da mecanização do cultivo com tração animal foi a ceifadeira com barra de corte lateral, que revolucionou a fenação e a colheita. Ela substituiu o alfanje para cortar o pasto e o alfanje munido de um puxador ou a pequena foice para o corte de cereais. A ceifadeira simples, cujos rendimentos eram entre dez e vinte vezes superiores aos das ferramentas manuais, era composta por uma barra de corte lateral e que se pode levantar, de mais de um metro de comprimento, erguida em um veículo de duas rodas. Essa barra de corte, formada por uma lâmina com dentes afiáveis e substituíveis, era um tipo de serra dotada de um movimento de vaivém transversal. Esse movimento era produzido por um conjunto de bielas, acionadas pelas rodas no momento do avanço da máquina, e transmitido por uma engrenagem do tipo diferencial. A barra de corte era mantida e guiada por um porta-lâminas provido de dedos que formavam um tipo de pente e que mantinha em pé talos e ervas, facilitando o corte. De seu assento, o condutor da tração podia descer e levantar a barra de corte.

É difícil hoje imaginar a quantidade de invenções, de tentativas, de erros e retificações necessários para pôr em funcionamento essa bela mecânica. Foram fabricadas ceifadeiras de lâmina circular, ceifadeiras de barra de corte frontal, empurradas (como as moedoras gaulesas) e não puxadas por animais. Também foram fabricadas ceifadeiras cuja barra de corte era situada atrás dos animais, que dessa forma pisoteavam as colheitas, e ceifadeiras cujas lâminas e dentes eram mantidos por um único elemento, de modo que era preciso substituí-lo inteiramente em caso de quebra, sem falar nas ceifadeiras sem pente etc.

Os equipamentos condicionadores de feno

Contudo, se a ceifadeira permitia dividir por dez o tempo de ceifa da erva, o pico de trabalho necessário à fenação estava longe de diminuir na mesma proporção, pois a secagem e enleiramento com o garfo e ancinho necessitavam ainda de muito tempo. Existia, portanto, uma demanda por materiais capazes de executar rapidamente essas operações. Por essa razão, os fabricantes trataram de aperfeiçoar também equipamentos para revolver e recolher o feno que completaram de modo excepcional o trabalho das ceifadeiras.

As colhedoras-juntadoras

Para o corte de cereais, a ceifadeira foi equipada com um dispositivo complementar que permitia recolher e alinhar caules e espigas em pequenos maços – não ligados entre si, e deixados nos sulcos do solo até serem arranjados – chamados molhos. Trata-se de um tipo de plataforma em tela ou em madeira, situada logo atrás da barra de corte. Um trabalhador auxiliar, sentado em um segundo banco, segura um longo ancinho e com sua ajuda recolhe sobre essa plataforma as espigas e caules cortados à proporção que a máquina avança. Quando a plataforma está carregada com um maço de espigas volumoso o suficiente para ser considerado um molho, o trabalhador, abaixando a plataforma, o deposita no solo. A seguir, os molhos são recolhidos à mão, amarrados em maços, reagrupados em pequenos feixes, carregados e armazenados em tempo bom, nos celeiros e depois batidos nas semanas seguintes à colheita. Algumas colhedoras-juntadoras mais aperfeiçoadas eram equipadas por um molinete rotativo, que executava a tarefa do trabalhador auxiliar.

As colhedoras-enfardadoras

Da mesma forma que a ceifadeira não reduzia suficientemente o pico de trabalho da fenação, a colhedora-juntadora também não reduzia o tempo de colheita. Na verdade, a confecção manual dos feixes continuava tomando muito tempo. Isso revela o quanto uma colhedora capaz de confeccionar mecanicamente os feixes era aguardada. Essa máquina prestigiosa, sem dúvida mais complexa que a simples colhedora-juntadora da qual derivava, era a colhedora-enfardadora. Assim como a colhedora-juntadora, a colhedora-enfardadora era montada sobre duas rodas que acionavam todos os mecanismos no momento em que avançava. Além da barra de corte, ela possuía um molinete de batedores rotativo e um dispositivo de confecção de fardos, o qual era composto por uma plataforma enroladora em tela e um bico-atador que atava o fio, amarrando então os fardos.

As trilhadeiras a manivela, de carrossel ou a vapor e as outras máquinas a manivela

A trilhadeira veio se unir às colhedoras juntadeiras e enfardadoras, que mudaram radicalmente as condições da colheita. A bateção no celeiro que utilizava o mangual nas regiões setentrionais e o pisoteamento das espigas ao ar livre pelos animais – que também podiam puxar um rolo ou um trenó sobre a área de bateção – nas regiões meridionais. Porém essas técnicas não eram, nem um nem outro, eficientes. Eram precisos muitos dias para encher os celeiros. Nas propriedades que puderam reduzir sua mão de obra ou aumentar de tamanho graças a uma colhedora mecânica, tornava-se impossível destinar tanto tempo à bateção, devido à sobrecarga de trabalho de fim de verão e de princípio de outono. A trilhadeira mecânica, que permitia precisamente aliviar esse período de trabalho sobrecarregado, era uma grande máquina complexa, composta por um batedor a mangual ou por tambor, de diversos outros dispositivos de triagem, de limpeza dos grãos e de evacuação do grão, da palha e dos grãos miúdos.

As primeiras trilhadeiras, postas em uso no fim do século XIX, eram acionadas por manivela. Foram em seguida substituídas por grandes trilhadeiras acionadas por animais de tração, que faziam o mecanismo rodar, ou ainda acionadas por máquinas a vapor. Pouquíssimos grandes estabelecimentos agrícolas possuíam meios para adquirir, utilizar plenamente e rentabilizar esse maquinário pesado. Mas a trilhadeira a vapor pode, no entanto, ser útil aos pequenos estabelecimentos agrícolas, graças às empresas de trilha que deslocavam suas máquinas de um estabelecimento agrícola para outro, por alguns dias ou horas, conforme a dimensão da propriedade.

Enfim, é preciso ver na difusão das pequenas máquinas rotativas a manivela – destinadas a tratar as colheitas de grão (*"tarare"*, triador...), a preparar os alimentos do gado (picador de palha, moedor de grãos...) e a assegurar a primeira transformação dos produtos animais (desnatadeira centrífuga, batedor, moedor de carne...) – uma resposta à multiplicação das tarefas resultantes do aumento e da diversificação das produções vegetais e animais.

Com arados *brabant*, grades, rolos metálicos, semeadores, capinadeiras-enleiradeiras, ceifadeiras, condicionadoras de feno, colhedoras-juntadoras, colhedoras-enfardadoras, trilhadeiras..., em resumo, com a mecanização das operações de preparo do solo, das semeaduras, da fenação, da colheita, da bateção e diversas outras demandas de trabalhos agrícolas, nasceu um novo sistema técnico de cultivo com tração pesada e de trabalho manual mecanizado. Esse sistema coerente, perfeitamente apropriado aos sistemas sem alqueive provenientes da primeira revolução agrícola, constituiu o último aperfeiçoamento do cultivo com tração animal nos países temperados industrializados. Ele permitiu reduzir pela metade, aproximadamente, a mão de obra necessária à agricultura e dobrar a superfície cultivada por ativo, bem como a produtividade do trabalho.

A difusão dos novos equipamentos agrícolas

Os agricultores americanos foram os primeiros a adotar amplamente os novos equipamentos, logo imitados pelos agricultores de outros países novos, pois tanto uns como outros eram favorecidos pela dimensão de seus estabelecimentos agrícolas e estimulados pela raridade da mão de obra. Desde a metade do século XIX, as grandes fazendas americanas, canadenses, australianas e argentinas haviam adotado esses equipamentos. Na Europa, na Inglaterra e na Prússia, particularmente, os grandes estabelecimentos assalariados começaram a se equipar desde a segunda metade do século XIX e, em consequência, reduziram o número de seus assalariados. Os estabelecimentos camponeses de mais de dez ou quinze hectares puderam, da mesma forma, mecanizar-se muito facilmente, reduzindo a mão de obra sazonal que utilizavam até então.

Os estabelecimentos camponeses médios, ao contrário, só podiam rentabilizar os novos equipamentos se reduzissem sua mão de obra familiar, ou se optassem por ampliar-se. Mas, com a falta de emprego nos grandes estabelecimentos agrícolas em vias de mecanização, a mão de obra familiar, em excesso, devia doravante partir rumo às cidades para mudar de profissão. E na falta de terras para desmatar, os estabelecimentos médios só podiam ser ampliados às custas do desaparecimento de outras. Ora, uma evolução como essa, através da ampliação de uns e do êxodo de outros, só se realizaria muito lentamente. Foi por isso que, nos países de economia camponesa da Europa, que não dispunham de terras virgens para desmatar, o processo de aquisição dos materiais mecânicos, a liberação correlativa de mão de obra de origem camponesa e a industrialização foram relativamente lentos. Em muitas regiões, a mecanização da tração animal só ocorreu realmente na primeira metade do século XX. É necessário também dizer que todas essas transformações foram ainda contidas pela Primeira Guerra Mundial e pela crise dos anos 1930.

Na França, por exemplo, o arado *brabant* duplo apareceu por volta de 1850, mas não havia mais que 200.000 para mais de 5 milhões de estabelecimentos agrícolas em 1900; foi preciso, então, esperar os anos 1950-1955 para atingir a cifra máxima de 1.450.000. As ceifadeiras de feno e as ceifadeiras-juntadoras também apareceram em 1850, mas eram apenas 50.000 em 1900, ou seja, menos de uma ceifadeira de feno para 100 estabelecimentos. Na maioria das regiões, ainda não se havia nem visto nem ouvido falar nessas máquinas. Somente em 1955, com 1.450.000 ceifadeiras para 2.200.000 estabelecimentos agrícolas, é que o máximo de difusão desse equipamento foi atingido.

As colhedoras-enfardadoras, apresentadas em 1855 por Mac Cormick na Exposição Universal de Paris, se propagaram ao mesmo tempo que as ceifadeiras, embora muito menos numerosas. As primeiras eram 30.000 no princípio do século, e 530.000 somente entre 1950 e 1955, ou seja, três vezes menos que as ceifadeiras. Na verdade, por custar muito mais que a colhedora-juntadora e exigir uma atrelagem muito mais potente, a colhedora-enfardadora não era acessível aos estabelecimentos agrícolas de menos de 10 ha. Os pequenos estabelecimentos agrícolas se mantiveram excluídos de seus benefícios, assim como as regiões muito acidentadas ou já especializadas nas produções não cerealíferas.

As trilhadeiras mecânicas se difundiram desde a metade do século XIX. Em 1850 podia-se contar entre 100.000 trilhadeiras manuais ou com tração e quase 250.000 no início do século, sendo que uma parte já funcionava com vapor. As trilhadeiras a vapor atingiram um máximo de aproximadamente 220.000 unidades em 1950-1955, e depois recuaram pouco a pouco devido à progressão das colhedoras-trilhadeiras. Em 1970 elas ainda eram 60.000 em atividade!

Num país como a França, bastante representativo da Europa continental, o processo de aquisição dos novos equipamentos ainda não havia sido concluído em 1950. Arados *brabant* e ceifadeiras só estavam presentes em dois de cada três estabelecimentos, e somente encontrava-se a colhedora-enfardadeira e a semeadora mecânica em uma de cada quatro propriedades. Carpinteiros e ferreiros tornaram-se vendedores e reparadores dessas novas máquinas, mas continuavam ainda a fabricar charretes, carretas, arados charruas e outros equipamentos, metade em madeira e metade em ferro, para os pequenos estabelecimentos agrícolas. No período de entre-guerras, e principalmente após 1945, a tração animal começou a ser banida pela motorização. A mecanização do cultivo com tração animal nunca foi completamente generalizada. Mas essa mecanização fora bastante longe para demonstrar que um campesinato de tal forma equipado, representando aproximadamente um terço da população, estava à altura de alimentar convenientemente toda uma nação que podia destinar a maior parte de suas forças a atividades não agrícolas. Dessa maneira, ao liberar ao longo da primeira metade do século XX quase metade da mão de obra anteriormente empregada na agricultura, a mecanização da tração animal e de alguns trabalhos nos estabelecimentos agrícolas acabou fornecendo os contingentes de trabalhadores necessários aos primeiros passos da segunda revolução industrial.

2 A MÁQUINA A VAPOR E A REVOLUÇÃO DOS TRANSPORTES

Além disso, desde o final do século XIX, a máquina a vapor começara a substituir a energia animal em certos trabalhos agrícolas. Em alguns grandes estabelecimentos da planície, essas máquinas potentes, instaladas nas extremidades dos campos, puxavam com cabo pesadas charruas com múltiplas aivecas, e, na primeira metade do século XX, acionavam a maior parte das trilhadeiras de cereais. Mas essas máquinas a vapor eram demasiadamente pesadas para se deslocarem por si mesmas. Elas deviam ser puxadas por bois ou por cavalos de um local de trilha para outro. Por essa razão, a utilização direta da máquina a vapor na agricultura permaneceu bastante limitada.

Em contrapartida, revolucionando os transportes terrestres e marítimos, a máquina a vapor modificou profundamente as possibilidades de abastecimento da agricultura em corretivos e em adubos de origem longínqua, bem como as possibilidades de escoamento dos produtos agrícolas básicos em mercados afastados. Essas grandes transformações provocaram, simultaneamente, a expansão da produção nos países novos, um certo aumento de rendimentos, uma ampliação da concorrência e, finalmente, a primeira crise mundial de superprodução agrícola.

O transporte dos corretivos e dos insumos

Na antiga agricultura, os elementos fertilizantes (nitrogênio, fósforo, potássio, assim como cálcio, magnésio, enxofre e os oligoelementos) necessários ao crescimento das plantas provinham essencialmente do próprio meio cultivado, pela solubilização da rocha-mãe, por fixação de nitrogênio do ar e pela mineralização do húmus. Há muito tempo, já se sabia como concentrar a fertilidade do ecossistema nas terras cultivadas, trazendo-lhes matéria mineral ou orgânica colhida em terras incultas (cinzas, folhas, terra orgânica, algas marinhas, dejetos animais, esterco etc.). Sabia-se também, desde a mais alta Antiguidade, melhorar a textura e a estrutura do solo cultivado e corrigir sua acidez por meio de corretivos (margagem, areação, calagem, resíduos domésticos etc.). E sabia-se, ainda, fertilizar o solo cultivado acrescentando adubos coletados no exterior do ecossistema cultivado (depósitos de matéria orgânica *"tells"* no vale do Nilo, o guano da costa peruana, pedreiras diversas...).

Sem dúvida, o uso das carroças e das carretas há muito permitira estender a algumas léguas de distância o abastecimento em corretivos e insumos de origem externa. Entretanto, enquanto não eram servidas pelas estradas de ferro, as regiões situadas muito longe das pedreiras e das vias navegáveis podiam pouco se beneficiar disso. Assim, o centro dos grandes maciços cristalinos europeus só pôde ser abastecido com todos os recursos em corretivos calcários, por exemplo, quando chegaram até ali as densas malhas do sistema ferroviário. Mesmo assim, o uso dos nitratos do Chile e dos guanos do Peru – que tinham começado na primeira metade do século XIX e que ainda permaneciam limitados à vizinhança dos portos e das vias fluviais – obteve um verdadeiro desenvolvimento nos finais do século XIX, graças aos barcos a vapor que permitiam importar tais matérias a custo reduzido e graças às estradas de ferro que permitiram difundi-las na maior parte das regiões da Europa.

A exploração sistemática dos materiais fosfatados (ossos de gado, espinhas de peixe, nódulos fosfatados de certas areias sedimentares, fosfatos de descalcificação das rochas calcárias (gesso), fosforitos fósseis das cavidades naturais do Planalto de Causses)[2] e seu uso como adubos também começaram nesta época. Como esses fosfatos eram muito pouco solúveis, era preciso macerá-los finamente para facilitar sua solubilização no solo, ou tratá-los com ácido sulfúrico (procedimento proposto por Liebig e explorado por Lawes) para obter os superfosfatos solúveis. As primeiras usinas de superfosfatos começaram a funcionar em 1843 na Inglaterra, em 1855 na Alemanha, em 1865 nos Estados Unidos e em 1870 na França, onde a primeira oficina de trituração de fosfatos havia sido instalada em 1856.

Finalmente, a partir de 1870, foi a vez de as minas de potássio da Alemanha serem exploradas. O potássio foi o último grande insumo mineral a ser explorado, mas isso não resultou do acaso. Na verdade, o primeiro fator limitante dos rendimentos na agricultura do século XVIII era, na maioria dos solos, o nitrogênio. O efeito benéfico bastante acentuado das leguminosas nas novas rotações bem o demonstra, da mesma forma, aliás, que o sucesso dos adubos nitrogenados, os primeiros colocados no mercado. Mas o aumento do rendimento obtido graças aos adubos nitrogenados chocou-se em seguida com um segundo fator limitante, geralmente o fósforo. Para aumentar mais ainda os rendimentos, foi então preciso acrescentar o fos-

---

[2] Planalto calcário e seco da parte meridional do Maciço Central da França. (N.T.)

fato. Enfim, a partir de um certo nível de rendimento, o adubo potássico também se fez necessário, pelo menos em alguns solos.

No fim do século XIX os adubos minerais entraram portanto em cena, mas seu uso continuava limitado. Não abrangia mais que um quarto da agricultura dos países industrializados e, nas regiões e nas propriedades que os utilizavam, as quantidades empregadas eram incomparáveis com as empregadas hoje. No total, pode-se pensar que em 1900 somente de 10% a 15% dos elementos fertilizantes exportados pelas colheitas provinham de adubos minerais, enquanto todos os demais provinham sempre do próprio ecossistema cultivado. Os adubos minerais não tinham ainda, portanto, revolucionado a agricultura.

A saída do isolamento das regiões e a especialização

Por outro lado, nos seus primórdios, a revolução agrícola não poderia se desenvolver plenamente a não ser nas regiões próximas das indústrias consumidoras de matérias-primas agrícolas e dos centros de consumo urbanos, ou nas regiões bem providas de vias aquáticas. Essas regiões tinham há muito começado a se especializar, pelo menos parcialmente, desenvolvendo mais particularmente as produções comercializáveis que lhes eram mais vantajosas. Assim, as grandes planícies do norte da Europa vendiam sobretudo seus cereais. As regiões costeiras e alguns grandes vales vendiam o vinho e seus destilados (xerez, porto, bordeaux, conhaque, vinhos do vale do Loire, do Reno, Mosela, Saône e do Ródano). A Dinamarca e os Países Baixos exportavam os produtos de suas criações de gado leiteiro e porcino, enquanto outros países costeiros do mar do Norte vendiam sobretudo lã, linho e cânhamo. As zonas periféricas urbanas produziam as mercadorias perecíveis: frutas, legumes e laticínios. As regiões de montanha exportavam o gado, a lã e os queijos típicos. Na falta de produtos comercializáveis, os rapazes e as moças dessas regiões desciam das montanhas para trabalhar nas planícies como limpa-chaminés, pedreiros, mascates, empregadas domésticas ou amas de leite...

Por toda parte, a multiprodução, principalmente destinada ao abastecimento local, era a norma. Mas, a partir de 1850, as estradas de ferro, que tiravam do isolamento uma a uma as regiões da Europa malservidas de transporte, permitiram o acesso, a custos reduzidos, ao escoamento ampliado de produtos e a todo tipo de abastecimento. Essas regiões puderam levar avante o desenvolvimento da revolução agrícola, aumentar seus excedentes comercializáveis e se especializar de maneira mais vantajosa. No entanto, o resultado da revolução agrícola e o reforço da especialização lançavam também no mercado quantidades cada vez mais significativas de mercadorias agrícolas.

A conquista dos países novos

Ao mesmo tempo, as estradas de ferro colocavam à disposição da colonização agrícola de origem europeia imensos territórios: nos Estados Unidos, no Canadá, na Austrália, na Nova Zelândia, na África do Sul, na África do Norte, na Argentina e no Sul do Brasil. Nessas regiões temperadas, os agricultores recentemente imigrados não sofriam por falta de espaço ou com sistemas antigos de servidão, tampouco penavam devido aos elevados encargos financeiros dos camponeses da velha Europa. Nessas circunstâncias, eles puderam progredir rapidamente e, desde a metade do século XIX, tornaram-se mais bem equipados, mais produtivos e seus custos de produção eram geralmente menores que os dos agricultores europeus. Além disso, como a população agrícola ativa era, sem cessar, enriquecida por recém-chegados que não tinham os encargos de uma família, esses países novos dispunham de excedentes comercializáveis de cereais, lã, carne, manteiga, óleo etc. em quantidade expressiva. Os excedentes ultrapassavam amplamente as capacidades de absorção dos mercados internos e, assim sendo, uma parte importante devia ser, portanto, exportada. Desse modo, desde que os barcos a vapor e a hélice permitiram reduzir significativamente os custos do transporte transoceânico – entre 1870 e 1900, o preço do transporte do trigo americano até a Europa foi reduzido a um terço –, os produtos agrícolas de base desses países chegaram à Europa em grande quantidade e com preços inferiores aos custos de produção de muitas regiões e estabelecimentos agrícolas europeus.

3 A CONCORRÊNCIA, A SUPERPRODUÇÃO E A CRISE

Assim, os produtos agrícolas de além-mar, cujos preços não cessavam de cair, invadiram os mercados europeus. Entre 1850 e 1900, as exportações de trigo dos Estados Unidos para a Europa foram multiplicadas em quase quarenta vezes, passando de cinco para quase duzentos milhões de alqueires, embora, no mesmo período, o preço do trigo importado tenha diminuído mais da metade. As importações de lã da Austrália, da África do Sul e da América do Sul triplicaram, e seu preço desabou, como o dos cereais. A partir de 1875, as técnicas de refrigeração permitiram também importar em quantidades crescentes a carne congelada de origem americana, australiana e argentina. A redução dos preços da carne e de outros produtos animais perecíveis foi, no entanto, mais tardia e menos pronunciada que a dos cereais e da lã.

Essas importações maciças de mercadorias agrícolas básicas provocaram, na Europa, quedas muito importantes nos preços da produção, que levaram à redução dos rendimentos agrícolas e das rendas fundiárias, à interrupção dos investimentos, à ruína dos estabelecimentos agrícolas mais frágeis nas regiões menos produtivas, ao recuo da produção e a um acréscimo do êxodo rural. Em resumo, trouxeram a crise para partes consideráveis da agricultura europeia. Confrontados com esta nova configuração da economia agrícola e alimentar internacional, os países europeus reagiram então de maneira bastante distinta uns dos outros.

O caso do Reino Unido

Alguns países escolheram favorecer a indústria, importando matérias-primas agrícolas e produtos alimentares a preços menores, o que lhes permitiu manter tão baixo quanto possível o nível dos salários e, portanto, os preços de custo e a competitividade de seus produtos manufaturados. Porém, agindo assim, eles escolheram ao mesmo tempo sacrificar uma parte de sua agricultura. Foi o caso, particularmente significativo, do Reino Unido. Na verdade, a partir do século XIX, a indústria inglesa começou a sofrer a concorrência das indústrias europeias e americanas; para manter a competitividade, o Parlamento decidiu, em 1846, abolir os *Corn Laws* (Lei dos Cereais) e suprimir progressivamente a maior parte das taxas de importação de cereais e de outros produtos agrícolas. A longa e difícil batalha política que conduziu à abolição dos *Corn Laws* muito contribuiu para confirmar a doutrina do livre comércio em boa parte da opinião e da classe política inglesas.

Desde então, as importações agrícolas a preços baixos permitiram aumentar fortemente a atividade e o emprego industriais. Por outro lado, embora a agricultura inglesa estivesse, na época, entre as mais avançadas do mundo, essas importações provocaram uma crise e um recuo consideráveis da produção agrícola: queda de mais da metade das produções de trigo, de cevada e de lã; recuo das lavouras em mais de cinco milhões de hectares em proveito das pastagens naturais e das charnecas, ou seja, do *saltus* que voltou com força; baixa de mais da terça parte dos rendimentos agrícolas e das rendas fundiárias, redução de quase 30% da população agrícola ativa, queda dos salários e êxodo rural. Ironicamente – e para justa reposição das coisas em seu lugar, dirão alguns –, os *landlords* e os patrões da agricultura inglesa tiveram que se inclinar diante dos camponeses que descendiam, em sua maioria, daqueles camponeses britânicos que seus ancestrais haviam expulsado de suas terras no tempo do "cercamento" (*enclosure*). As produções de batata, legumes e as produções de animais, além da lã, que sofriam menos concorrência, mantiveram-se, em geral, melhor do que as demais. Entretanto, como o país perdera uma grande parte dos pequenos e médios camponeses, essas produções, exigentes em trabalho, não puderam acompanhar o aumento da população e passaram então a ser importadas da Europa continental, dos Países Baixos e, em particular, da Dinamarca.

Grande pioneira da revolução agrícola, a agricultura inglesa precisou evoluir seguindo o modelo, isto é, utilizando muito espaço para poucos trabalhadores, a exemplo da agricultura dos países novos a cuja lei se submetia. Mas como seu território era muito mais limitado, se comparado à população, o Reino Unido caiu na dependência alimentar prolongada, da qual sofreu as consequências, particularmente no decorrer das duas guerras mundiais do século XX. Essa dependência alimentar ainda hoje pesa na balança de pagamentos. Enfim, ao contrário da opinião correntemente admitida sobre esse assunto, as importações agrícolas a preços baixos não pareciam ter beneficiado os consumidores britânicos: no começo do século XX, uma família operária britânica tinha, ao que parece, um consumo alimentar menor e menos diversificado que uma família francesa que possuísse a mesma renda (Tracy, 1986).

O caso da Dinamarca

Entre os países que margeavam o mar do Norte, a Dinamarca desenvolvera de maneira considerável a nova agricultura. Na verdade, neste país, as reformas do fim do século XVIII progrediram muito mais que nos demais países da Europa. Elas não somente aboliram a servidão e as corveias, como instauraram o direito de "cercamento" e consolidaram a propriedade camponesa, além de implantar uma verdadeira reforma agrária, com distribuição de alguns hectares aos camponeses sem terra. A duração dos arrendamentos havia sido prolongada para cinquenta anos e podia até ser vitalícia; um crédito do Estado havia sido instaurado e a legislação favorecia particularmente a manutenção dos estabelecimentos camponeses de porte médio, impedindo tanto a sua concentração quanto o seu fracionamento.

A instauração muito precoce, em 1814, do ensino primário obrigatório e a introdução de formações agrícolas em nível secundário e superior, bem como a organização de cooperativas de crédito, de venda e de transformação contribuíram também para reforçar essas propriedades que associavam estreitamente as produções vegetais e animais. Pastos artificiais, plantas "mondadas" e uma parte dos cereais eram eficazmente transformados pelas criações de vacas leiteiras, de aves ou de porcos, sendo que esses últimos faziam com que os subprodutos das fabricações de manteiga e de queijo fossem ainda mais valorizados. Desde a metade do século XIX, a Dinamarca exportava cereais, manteiga, queijo, porcos e outros produtos animais para o Reino Unido e a Alemanha.

Nas últimas décadas do século XIX, os mercados europeus foram invadidos por produtos agrícolas de baixo preço. Nesse momento, o problema da Dinamarca – país exportador agrícola – não era tanto se proteger, mas conseguir se manter e, se possível, desenvolver suas exportações. Medidas protecionistas não pareciam ser capazes de resolver tal problema. Na verdade, os dinamarqueses importaram grandes quantidades de cereais a preço baixo, para utilizá-los mais intensamente na alimentação animal, e substituíram uma parte de suas produções cerealíferas por produções forrageiras, melhorando a qualidade de seus produtos. Procedendo assim e como os preços dos produtos animais perecíveis baixaram muito pouco, a agricultura dinamarquesa conseguiu aumentar em proporções consideráveis suas produções e suas exportações de manteiga de porcos, de ovos etc. E mesmo se essa agricultura tivesse conhecido também dificuldades reais nos últimos anos do século XIX, o desenvolvimento das produções animais e das plantas sachadas compensou amplamente o recuo do trigo e dos ovinos, a tal ponto que a população que vivia da agricultura aumentou em mais de 10% entre 1880 e 1900. Por todas essas razões, a agricultura dinamarquesa foi considerada durante décadas, e com muita razão, como um caso exemplar de conquista técnica e social da agricultura camponesa.

A França e a Alemanha

No entanto, a maioria dos países da Europa teria sido incapaz de suportar por muito tempo, como a Inglaterra, as importações agrícolas de baixo preço ou ainda delas tirar proveito, como fez a Dinamarca. Ao contrário da Inglaterra, países como a França e a Alemanha não dispunham de potência marítima, colonial e industrial que lhes permitisse manter a segurança alimentar através de importações. Por outro lado, a população agrícola da França e da Alemanha era ainda muito numerosa (50% aproximadamente da população total), de modo que a ruína de uma boa parte dessa população teria provocado certamente um desemprego incisivo e maciço e revoltas que, para as circunstâncias da época, teriam podido tomar um rumo revolucionário. Por outro lado – como o mercado europeu era limitado –, esses países não podiam, como a Dinamarca ou os Países Baixos, aproveitar-se da nova conjuntura tornando-se grandes exportadores de produtos animais, de legumes ou de flores. Era, portanto, econômica e socialmente inevitável que a França e a Alemanha viessem, cedo ou tarde, a proteger de modo mais ou menos forte suas agriculturas.

Nesses dois países, o protecionismo agrícola apareceu bastante tardiamente. Inspirava-se, por um lado, nos *Corn Laws* ingleses e, por outro, no protecionismo industrial praticado por Napoleão, que limitou e taxou intensamente as importações dos produtos manufaturados ingleses no continente. No século XIX, e mais particularmente na ocasião da crise do fim do século, esses dois países tomaram medidas importantes para proteger suas produções cerealíferas e animais. Mas a pedido dos setores industriais, essa proteção não era extensiva aos produtos agrícolas que serviam de matéria-prima para a indústria (lã, linho, cânhamo, oleaginosas etc.).

Na França e na Alemanha, como no Reino Unido, as produções não protegidas arruinaram-se. O rebanho ovino, por exemplo, diminuiu pela metade na França e foi dividido por cinco na Alemanha entre 1870 e 1914 devido às importações maciças de lã. As produções protegidas de carne, de laticínios e de cereais, ao contrário, não somente se mantiveram, como continuaram a aumentar e, por vezes, até mesmo consideravelmente.

O protecionismo agrícola permitiu, portanto, à França e à Alemanha limitar as importações e a queda de preços dos gêneros agrícolas básicos, uma redução que, nesses países onde a revolução agrícola era menos avançada que no Reino Unido, teria levado a um êxodo agrícola muito maior, êxodo que a indústria e as colônias de povoamento não teriam podido absorver. Além disso, contrariamente à opinião corrente, a proteção parcial das agriculturas francesa e alemã não as impediu de se desenvolver. Ao contrário, graças ao comércio crescente, devido ao aumento da população, e graças à manutenção de preços agrícolas que remuneravam bem, a primeira revolução agrícola continuou a progredir e a mecanização por tração animal tomou um real impulso.

Aliás, o protecionismo agrícola foi menos poderoso do que poderíamos pensar. Na Alemanha, durante a última década do século XIX, ele foi, por várias vezes, parcialmente questionado devido à pressão dos setores industriais. Esses setores impuseram, então, toda uma série de acordos bilaterais de liberalização do comércio com diversos países europeus. Esses acordos favoreciam, ao mesmo tempo, as exportações de produtos manufaturados e a importação de produtos agrícolas a baixo preço. Na França, em plena crise do fim do século XIX, enquanto os preços mundiais do trigo desabavam quase pela metade em quinze anos, ficando bem abaixo dos custos de produção da maioria dos agricultores da Europa e mesmo da América, os direitos alfandegários sobre as importações não impediram que a pressão da concorrência externa fosse exercida, nem que os preços internos fossem reduzidos de maneira muito significativa. Foi assim que, entre 1880 e 1895, o preço do trigo na França caiu mais de 20%.

Pode-se, no entanto, pensar que os progressos da agricultura e da economia francesas na primeira metade do século XX tenham sido freados pelo protecionismo. Mas isso resulta, sem dúvida nenhuma, tanto do protecionismo industrial como do protecionismo agrícola. Na verdade, os direitos de importação sobre os produtos industriais eram muito elevados (duas a três vezes maiores que os direitos sobre as importações agrícolas), o que encarecia demais os produtos industriais comprados pelos agricultores e reduzia seus investimentos.

Em síntese, os países industrializados do continente europeu souberam limitar os danos de uma crise agrícola provocados pelos excedentes de produção resultantes das imensas conquistas das estradas de ferro e da mecanização agrícola nos países novos, e dos progressos dos transportes marítimos. Isso foi conseguido porque eles utilizaram em favor próprio as importações de cereais a baixos preços, como o fizeram a Dinamarca e os Países Baixos, ou porque se protegeram parcialmente contra a queda dos preços, como o fizeram a França e a Alemanha.

As regiões do leste e do sul da Europa

No fim do século XIX, em certas regiões periféricas relativamente subdesenvolvidas do sul e do leste da Europa – onde predominavam as grandes propriedades latifundiárias – ainda não havia sido realizada a primeira revolução agrícola e era amplamente praticada a antiga rotação com pousio. Essas regiões sofreram com o golpe certeiro da queda dos preços e a redução de seu mercado. A crise econômica do latifúndio periférico tornou-se particularmente violenta, transformando-se em crise social e política com o endurecimento das condições de trabalho, a diminuição de salários, greves, ocupações de terras, chamada à reforma agrária, repressões, revoltas...

Em todos esses países, assistiu-se, nas primeiras décadas do século XX, de um lado, a uma radicalização política dos movimentos operários e camponeses e, de outro, à radicalização das oligarquias fundiárias e patronais mais retrógradas. Esse confronto levou à ascensão de regimes totalitários "fascistas" (Itália, Hungria, Alemanha, Portugal, Espanha), ou "bolchevique" (Rússia). As tendências ditatoriais desse tipo não cessaram de se manifestar de maneira significativa nos países latifundiários da América Latina, enquanto nos países de agricultura camponesa ou patronal de média dimensão os regimes totalitários, muitas vezes impostos de fora, nunca se estabeleceram por si mesmos. Em geral, esses países mantiveram a democracia. A repartição democrática da terra parece ter sido, como na Atenas do século VI a.C., uma condição da democracia política. Isso parece tão verdadeiro que, após a Segunda Guerra Mundial, as reformas agrárias mantidas pelos aliados nos países vencidos (Japão, leste e oeste da Alemanha, Itália, Hungria, Romênia) visavam nitidamente a reduzir a influência das oligarquias que apoiaram os regimes depostos, e eram concebidas como um pré-requisito indispensável para o estabelecimento da democracia nesses países.

CONCLUSÃO

Em resumo, pode-se dizer que, a partir da metade do século XIX, a indústria dos países desenvolvidos produziu em série novas máquinas agrícolas com melhor desempenho, e novos meios de transporte capazes de abastecer a agricultura em corretivos para o solo e transportar satisfatoriamente grandes quantidades de gêneros muito pesados e volumosos. Pouco a pouco, conquistados pelas estradas de ferro transcontinentais, os imensos territórios das colônias brancas das regiões temperadas das Américas, da Austrália, da Nova Zelândia e da África do Sul passaram a produzir. Dispondo de muito espaço e poucos homens, essas colônias agrícolas adotaram rapidamente novos equipamentos mecânicos, e seus excedentes de baixo preço começaram a invadir o mercado europeu – o único grande mercado adimplente da época –, onde se acumulavam os excedentes comercializáveis saídos da primeira revolução agrícola. O excesso de oferta e a consequente queda de preços, particularmente nos produtos de fácil conservação, como os cereais, a lã, os óleos e gorduras, mergulharam na crise partes inteiras da agricultura europeia.

Praticando o livre comércio, o Reino Unido, apesar da modernidade de sua agricultura, teve então um recuo importante de seus produtos cerealíferos e laníferos e um novo êxodo rural. Esse país instalou-se assim, permanentemente, na dependência alimentar. No sentido contrário, os pequenos países como a Dinamarca e os Países-Baixos – que dispunham de um campesinato numeroso e experiente – aproveitaram-se tanto da queda dos preços dos cereais quanto da relativa boa manutenção dos preços dos produtos que pereciam rapidamente para especializar-se nas produções animais ou nas produções de legumes e flores. Ao abrigo de proteções, ao mesmo tempo seletivas e limitadas, países como a França e a Alemanha conseguiram, em certa medida, escapar da crise, concluir a primeira revolução agrícola e adotar a mecanização do cultivo por tração.

Dessa forma, ao final do século XIX, pela primeira vez, a indústria havia produzido os meios de transporte suficientemente potentes para tirar do isolamento e estabelecer a concorrência entre o antigo e o novo mundo, para utilizar maciçamente os corretivos de solo e para começar utilizar os adubos minerais de origem longínqua. Também pela primeira vez, a indústria havia iniciado a produção de máquinas capazes de aumentar significativamente a superfície cultivada por trabalhador, o que levaria os velhos países agrícolas da Europa a uma forte redução da mão de obra agrícola e ao desaparecimento de muitos pequenos estabelecimentos agrícolas.

Desde o início do século XX, a cena estava pronta, com os atores a postos para que uma nova revolução agrícola – a segunda revolução agrícola dos tempos modernos – se tornasse próspera.

Capítulo 10
A segunda revolução agrícola dos tempos modernos
Motorização, mecanização, fertilização mineral, seleção, especialização

1. Os grandes momentos do desenvolvimento da segunda revolução agrícola
2. Estrutura e funcionamento dos sistemas provenientes da segunda revolução agrícola
3. Dificuldades, inconvenientes e reveses da segunda revolução agrícola, e políticas agrícolas

> *A precisão científica é realizável em primeiro lugar nos fenômenos mais superficiais, quando se trata de contar, calcular, tocar, ver, quando há quantidades constatáveis. [...] São os procedimentos de esquematização e de abreviação, um modo de se apropriar da multiplicidade graças a um artifício de linguagem – não de "compreender", mas de nominar a fim de chegar a um entendimento. [...] O que teríamos apreendido da música, uma vez que tivéssemos calculado tudo aquilo que é calculável nela e tudo aquilo que pode ser abreviado por meio de fórmulas?*
>
> Friedrich Nietzsche. *La volonté de puissance.*

Em pouco mais de trezentos anos, dos séculos XVI ao XIX, a primeira revolução agrícola, baseada sobre a substituição do alqueive por pastagens artificiais e por plantas "mondadas" e sobre o aumento do rebanho, duplicou a produtividade agrícola nos países temperados e acompanhou no seu sucesso a primeira revolução industrial. Em seguida, ao final do século XIX e início do século XX, a indústria produziu novos meios de transporte (estradas de ferro, barcos a vapor) e novos equipamentos mecânicos para tração animal (arados charrua metálicos, arados *brabants*, semeadeiras, ceifadeiras, colhedoras), que conduziram a agricultura desses países à primeira crise "mundial" de superprodução agrícola dos anos 1890.

A segunda revolução agrícola prolongou, ao longo do século XX, essa primeira fase da mecanização. Para tal, ela apoiou-se no desenvolvimento de novos meios de produção agrícola originários da segunda revolução industrial: a *motorização* (motores a explosão ou elétricos, tratores e engenhos automotivos cada vez mais potentes), a *grande mecanização* (máquinas cada vez mais complexas e eficientes); e a *quimificação* (adubos minerais e produtos de tratamento). Ela também apoiou-se na seleção de variedades de plantas e raças de animais domésticos ao mesmo tempo adaptados a esses novos meios de produção industriais e capazes de rentabilizá-los. Paralelamente, a motorização dos transportes por meio de caminhões, estradas de ferro, barcos e por aviões retirou os estabelecimentos e as regiões agrícolas do isolamento, fato que lhes permitiu se abastecer cada vez mais facilmente de adubos de origem distante, assim como escoar maciçamente seus próprios produtos para regiões distantes.

Liberadas da necessidade de autofornecer-se em bens de consumo variados e bens de produção essenciais (força de tração, forragens, adubos, sementes, animais reprodutores, utensílios etc.), os estabelecimentos agrícolas se especializaram. Elas abandonaram a multiprodução vegetal e animal para se dedicar quase que exclusivamente a algumas produções destinadas à venda – aquelas que lhes eram mais vantajosas, tendo em vista as condições físicas e econômicas de cada região, e levando em conta também os meios e as condições de produção peculiares a cada estabelecimento. Assim, foi constituído um vasto sistema agrário multirregional, composto por subsistemas regionais especializados, complementares (regiões de grandes culturas, regiões de pradarias e de criação de gado leiteiro ou de corte, regiões vinícolas, regiões de produção de legumes, regiões frutíferas etc.). Esse sistema se intercalava com um conjunto de indústrias extrativas, mecânicas e químicas situadas a montante da produção agrícola e que lhe fornecia os meios de produção. Havia a jusante também um conjunto de indústrias e de atividades básicas que estocavam, transformavam e comercializavam seus produtos.

Além do mais, a divisão horizontal (inter-regional) e a divisão vertical (entre produção agrícola e atividades a montante e a jusante) do trabalho próprias a esse sistema desdobram-se em uma separação desenvolvida entre as tarefas de concepção, organização, difusão e de utilização dos novos meios de produção. Enfim, a separação das tarefas materiais de produção e das tarefas intelectuais refletia-se ainda nos sistemas de formação e de informação agrícola, por si mesmos especializados e hierarquizados.

Os ganhos de produtividade resultantes dessa imensa mutação são incomparáveis aos das revoluções agrícolas precedentes. No que diz respeito à produção cerealífera, por exemplo, com os rendimentos decuplicados, graças aos adubos e à seleção, e com superfícies cultivadas por trabalhador multiplicadas por mais de dez, graças à motomecanização, a produtividade bruta do trabalho agrícola mais que centuplicou. Assim, nos dias de hoje, nos países industrializados, uma população agrícola ativa reduzida a menos de 5% da população ativa total é suficiente para alimentar, melhor do que nunca, toda a população.

Engajada desde a primeira metade do século XX, a segunda revolução agrícola ganhou, em apenas algumas décadas após a Segunda Guerra Mundial, o conjunto dos países desenvolvidos e alguns setores limitados dos países em desenvolvimento. Desse modo ela foi, portanto, muito mais rápida que as revoluções agrícolas precedentes – que levaram vários séculos para se desenvolver. No entanto, ela não se fez de um dia para o outro. Muito pelo contrário, progrediu por etapas. Ao ritmo da produção ditado pela indústria de equipamentos motomecânicos cada vez mais potentes. Ao ritmo do aumento das capacidades de produção industrial de adubos, de produtos fitossanitários e alimentos para o gado, da seleção de variedades de plantas e de raças de animais capazes de valorizar quantidades crescentes de adubos e de alimentos para o rebanho. Ao ritmo, enfim, do desenvolvimento de estabelecimentos agrícolas capazes de adquirir e de rentabilizar todos esses novos meios.

Compreende-se bem por que os grandes estabelecimentos agrícolas capitalistas com assalariados puderam dispor de capitais necessários para adquirir esses novos meios de produção, e por que puderam se separar com muita facilidade de sua mão de obra para substituí-la por máquinas. Contudo, compreende-se menos facilmente como os estabelecimentos familiares, que só contavam com alguns hectares no início do século, puderam ultrapassar todas as etapas da segunda revolução agrícola para se transformar em estabelecimentos altamente capitalizados muito maiores, sendo várias dezenas de vezes mais produtivos. Aliás, até um passado recente, eram numerosos os agrônomos e os economistas que pensavam que a nova agricultura só poderia se desenvolver nos grandes estabelecimentos capitalistas ou coletivos. No entanto, a agricultura motomecanizada triunfou nos países desenvolvidos onde predominavam, e ainda predominam, os estabelecimentos camponeses familiares. Essa progressão vigorosa da segunda revolução agrícola não foi, porém, um processo de desenvolvimento geral e harmonioso. Ao contrário, na economia camponesa, tal desenvolvimento é essencialmente desigual e contraditório. Entre os múltiplos estabelecimentos agrícolas que existiam no início do século nos países desenvolvidos, apenas uma ínfima minoria conseguiu ultrapassar todas as etapas desse desenvolvimento. Ao mesmo tempo, a maioria desses mesmos estabelecimentos existentes no início do século viram-se, um dia ou outro, em dificuldades, o que lhes causou desaparecimento.

Na realidade, o estudo dos mecanismos do desenvolvimento da segunda revolução agrícola na economia camponesa mostra que, a cada etapa desse desenvolvimento, só podiam continuar a investir e progredir os estabelecimentos agrícolas que já estivessem equipados, bastante grandes e produtivos para gerar uma renda por trabalhador superior ao preço de mercado da mão de obra pouco qualificada. Esse nível de renda constituía, portanto, um patamar, o *patamar da capitalização* ou o patamar *da renovação*. Em geral, quanto mais a renda estivesse acima do patamar de renovação, mais as propriedades em desenvolvimento investiam e progrediam. Por esse motivo, o desenvolvimento dessas propriedades era, então, desigual.

O estudo desses mecanismos mostra também que os pequenos estabelecimentos agrícolas subequipados e pouco produtivos, cuja renda por trabalhador era inferior a esse patamar de renovação, não podiam investir ou renovar seu equipamento, tampouco remunerar a sua força de trabalho pelo preço de mercado. Na verdade, esses estabelecimentos que não se renovavam completamente regrediam. Mergulhavam na crise, chegando frequentemente a sobreviver à custa de pesados sacrifícios até a aposentadoria do chefe da propriedade. Chegando a esse ponto e na falta de sucessor familiar ou externo, essas propriedades eram desmembradas, suas terras e outros bens de produção ainda utilizáveis eram adquiridos pelos estabelecimentos agrícolas em desenvolvimento.

No princípio do século, a cada etapa, a linha divisória entre o desenvolvimento (desigual) de uns e a crise e a eliminação de outros deslocou-se para níveis cada vez mais elevados de capitalização, de dimensão e de produtividade. Na verdade, os ganhos de produtividade realizados pelas propriedades em desenvolvimento levaram a uma tendência secular caracterizada pela redução dos preços agrícolas, em termos reais e, consequentemente, a uma diminuição da renda dos estabelecimentos que não podiam investir e progredir o suficiente. Paralelamente, o patamar de renovação das propriedades não cessava de se elevar, devido aos ganhos de produtividade na indústria e à alta dos salários reais que resultaram. Rebaixada devido à queda dos preços agrícolas e à elevação do patamar de renovação, a grande maioria dos estabelecimentos mergulhou progressivamente na crise e desapareceu.

O estudo dos mecanismos de desenvolvimento da segunda revolução agrícola mostra ainda que existia, em cada região, um sistema de produção especializado mais eficiente que todos os outros. Esse sistema, que dependia das condições físicas e econômicas da região, era precisamente aquele que tendia a ser adotado pela maioria dos estabelecimentos agrícolas em desenvolvimento da região, o que conduzia a uma especialização regional pronunciada. Mas também existiam regiões nas quais nenhuma especialização era viável, e essas regiões estavam condenadas ao retrocesso agrícola e ao abandono.

Ao cabo de algumas décadas de revolução agrícola, é preciso reconhecer que o governo, ao custo de uma multiplicidade de estabelecimentos agrícolas dispersos em regiões muito diferentes, conduziu a economia agrícola dos países desenvolvidos a um acúmulo de capital, a uma repartição dos meios de produção, das atividades de cultivo e de criação, e a uma repartição dos homens muito eficiente. No entanto, é preciso reconhecer também os enormes inconvenientes desse modelo de desenvolvimento: as grandes desigualdades de renda do trabalho entre estabelecimentos e entre regiões; a eliminação, pelo empobrecimento, da maioria dos estabelecimentos; as enormes desigualdades nas densidades de população agrícola e rural com a concentração excessiva de atividades em algumas regiões e o abandono de regiões inteiras; poluições; desequilíbrio da oferta e da demanda, e grandes flutuações no preço dos produtos agrícolas. Foi por isso que, após ter aplicado políticas visando a encorajar o desenvolvimento da segunda revolução agrícola, a maior parte dos países desenvolvidos veio a praticar políticas destinadas a corrigir alguns desses inconvenientes.

Quais são as etapas e os mecanismos econômicos de desenvolvimento da motomecanização, do uso dos adubos e dos produtos fitossanitários, da seleção e da especialização? Como milhões de estabelecimentos camponeses dispersos, guiados essencialmente pelos preços, puderam realizar um acúmulo de capital tão gigantesco e chegar a uma repartição dos meios de produção, das produções e dos homens tão eficientemente? Quais são os reveses desse desenvolvimento e quais são as políticas susceptíveis de remediá-los? Essas são as principais questões a que tentaremos responder neste capítulo.

1 OS GRANDES MOMENTOS DO DESENVOLVIMENTO DA SEGUNDA REVOLUÇÃO AGRÍCOLA

Recentemente, encontravam-se ainda, em muitos vilarejos da Europa, velhos camponeses que haviam trabalhado toda a vida sob o signo da agricultura antiga. A cada manhã, para pôr-se em pé, frequentemente eles começavam tomando um gole de aguardente – de ameixa, de cereja, de maçã ou de pera – de fabricação própria, escolhida entre aquelas que, de maneira privilegiada, destilavam todos os anos. Mais tarde, retornavam na hora da sopa matinal, cozida na lenha, e composta de algumas fatias de pão caseiro (feito com o grão que cultivavam) e que mergulhavam em uma mistura feita com legumes retirados da própria horta. Em seguida, faziam uma refeição rápida do mesmo pão, com um pedaço de carne salgada ou com um pedaço de queijo coalho e um copo de vinho ácido local. Tudo nesse *menu*, exceto o sal, era fruto da íntima colaboração de um minúsculo território, da chuva e do sol, das plantas, dos animais e dos homens que ali viviam.

Hoje, tudo mudou. O agricultor europeu atual toma seu desjejum à inglesa, assim como seu colega americano ou o homem de negócios de Cingapura. Um desjejum à base de suco de laranja reconstituído a partir de um concentrado importado da Califórnia, leite desnatado de longa vida, pão de forma universal, manteiga dinamarquesa, ovos calibrados postos por "super-galinhas" selecionadas e alimentadas aos milhares por ração composta de mandioca da Tailândia, glúten de milho e de bolo de soja do Iowa, de alfafa desidratada da região francesa da Champagne e complementos minerais e vitamínicos conforme uma dieta calculada diariamente por um computador *on line* sobre o preço das matérias-primas, café "italiano" composto pela mistura da variedade "robusta" da Costa do Marfim e da variedade "arábica" brasileira. Enfim, ele dispõe do mundo inteiro em seu prato! Ou seja, minerais, sol, água e trabalho vindos dos quatro cantos do mundo, combinados e recombinados várias vezes, e tudo em proporções praticamente incalculáveis.

Agricultura "antiga"

No início do século XX, na Europa e nos países novos temperados, os sistemas de policultura-criação sem alqueive provenientes da primeira revolução agrícola eram predominantes. Certamente, uma parte dos estabelecimentos agrícolas já havia adotado novos materiais mecânicos com tração animal produzidos pela indústria (arados charrua metálicos, ceifadeiras, enleiradeiras, condicionadoras de feno, colhedoras, debulhadeiras), mas muitos estabelecimentos utilizavam, ainda, equipamentos de cultivo com tração animal pesada de origem medieval e de fabricação artesanal (gadanho, carretas, arados charrua). Nas regiões mediterrâneas, o antigo cultivo com tração animal leve com arado escarificador ocupava até mesmo o primeiro lugar. Enfim, na maior parte das regiões, o cultivo manual (pás, enxadas, pequenas foices) não havia desaparecido completamente.

Nos sistemas sem alqueive ainda pouco especializados, os estabelecimentos agrícolas produziam uma grande variedade de produtos destinados a satisfazer diretamente, por autoconsumo, a maior parte das necessidades da própria população agrícola. Cada estabelecimento procurava produzir seu grão, sua batata, seus legumes, seus frutos, seu porco, suas aves, seus ovos, seu leite, seu vinho, sua cidra ou sua cerveja, sua lenha etc., além de tentar confeccionar sua manteiga, seu queijo, suas carnes conservadas com sal, assar ou mandar assar seu pão, prensar seu azeite, fiar e tecer seu linho, seu cânhamo ou lã, destilar sua aguardente etc.

Nesses sistemas de poliprodução vegetal e animal, muitos produtos e subprodutos eram destinados ao autoabastecimento, ou seja, o abastecimento do estabelecimento em meios de produção: cada estabelecimento agrícola renovava a maior parte de suas sementes e de seus animais reprodutores, produzia sua forragem verde, o feno, as raízes, os tubérculos e seus grãos forrageiros, sua palha, seu esterco, sua madeira para construção e uma parte de seus utensílios.

Enfim, apesar do progresso dos transportes por via aquática e férrea, a maior parte das pequenas localidades estava ainda protegida da concorrência das regiões afastadas pelo custo elevado dos transportes terrestres por carretas e charretes. Assim, por meio da venda de variados excedentes, a poliprodução vegetal e animal assegurava igualmente um amplo abastecimento dos mercados locais.

Mesmo assim, até os estabelecimentos e as regiões malservidas pelo transporte e largamente autossuficientes não viviam em autarcia. Elas compravam ferro, sal, utensílios especiais, tecidos, miudezas e alguns produtos de luxo e pagavam impostos, rendas fundiárias e juros de empréstimos. Em contrapartida, participavam, através de suas vendas, do abastecimento das cidades e de outras regiões, e, com esse objetivo, desenvolveram em particular tal ou tal produção especialmente vantajosa para elas, haja vista suas condições físicas de produção e as condições de escoamento de suas mercadorias, devido também ao seu equipamento, seu *savoir-faire* e a reputação de seus produtos. Mas essa especialização (vitícola, cerealífera, de queijos etc.) dos estabelecimentos e das regiões era somente parcial. A poliprodução continuava a responder aqui e ali às exigências do autoconsumo e do autoabastecimento.

A produtividade do trabalho era evidentemente muito variável de uma propriedade para outra. Para os estabelecimentos que vendiam cereais, por exemplo, o excedente comercializável podia variar de algumas centenas de quilos por trabalhador em cultivo manual a mais de uma centena em cultivo com tração mecanizada.

Essa breve evocação de uma agricultura ainda viva em muitas regiões do pós-guerra permite apreciar o caminho percorrido em alguns decênios.

Agricultura "moderna"

Hoje, os estabelecimentos são, na maioria das vezes, inteiramente especializados num número muito reduzido de produções particularmente rentáveis. São equipadas com tratores pesados e grandes máquinas, fazem maciçamente apelo aos adubos minerais, aos produtos fitossanitários, aos alimentos do gado, a variedades de plantas e raças de animais altamente selecionados. Esses estabelecimentos vendem a quase totalidade de seus produtos nos mercados multirregionais e multinacionais e compram a maior parte de seus meios de produção, sendo que o autoconsumo e o autoabastecimento ocupam somente um lugar limitado. Na grande cultura cerealífera, por exemplo, a superfície cultivada por trabalhador varia entre 50 ha e 200 ha e os rendimentos dos cereais vão de 5.000 kg/ha a 10.000 kg/ha. A produção bruta por trabalhador oscila entre 250 t e 2.000 t, o que significa entre 25 e 200 vezes a produção bruta máxima por trabalhador, alcançável no início do século (10 ha × 1.000 kg/ha = 10.000 kg).

Como os pequenos e médios estabelecimentos de alguns hectares, praticando a poliprodução por tração animal e amplamente autossuficientes puderam assim se converter em pouco mais de meio século na grande produção mercantil motorizada, mecanizada e especializada? Como puderam multiplicar em tal proporção sua produtividade? De fato, por mais rápida que fosse, essa imensa revolução agrícola não tinha relação com um tipo de metamorfose que teria se produzido de uma só vez. Observando de perto, ela aparece como uma sequência de transformações graduais que se desenvolveram, uma após a outra e uma a partir da outra, ao ritmo dos avanços sucessivos da grande indústria mecânica e química, ao ritmo da seleção de plantas e de animais domésticos e ao ritmo do aumento da especialização dos estabelecimentos. Vejamos quais foram as principais etapas dessas transformações.

As etapas da motomecanização

A motomecanização agrícola começou a se desenvolver entre as duas guerras mundiais nos grandes espaços das colônias de povoamento europeu estabelecidas em diferentes regiões temperadas do mundo (Estados Unidos, Canadá, Austrália, Argentina...) e, em menor escala, nas regiões de grande cultura da Europa. Mas, é preciso destacar que, em 1945, a tração animal era ainda predominante na maior parte dos países industrializados, e a motomecanização só se expandiu verdadeiramente no conjunto desses países depois da Segunda Guerra Mundial.

Conforme as produções, a motorização e a mecanização se desenvolveram mais ou menos precocemente. Os cereais e as outras grandes culturas (colza, girassol, leguminosas de grãos...) foram as primeiras a utilizar tratores e colhedoras-trilhadeiras, e sempre deram o tom ao conjunto desse movimento. É bem verdade que elas ocupavam uma grande parte das terras lavráveis e que ofereciam assim uma ampla abertura à indústria de máquinas agrícolas. A motomecanização estendeu-se em seguida à colheita de plantas sachadas como a beterraba e a batata, cujos produtos, ricos em água e volumosos, são de menos fácil manipulação. Em seguida, ela ganhou a ordenha do gado leiteiro, a colheita das forragens, a alimentação do gado confinado e a evacuação de seus dejetos, a vinicultura e as culturas leguminosas e frutíferas.

Na grande cultura, por exemplo, podia-se distinguir cinco etapas no processo de motomecanização, de acordo com o crescimento de potência dos tratores. A primeira etapa, a que chamaremos *motomecanização I*, consistiu em substituir os animais de tração e alguns raros tratores a vapor por tratores movidos a motor por explosão de fraca potência (10 a 30 cavalos HP). Esses tratores foram, em geral, atrelados aos equipamentos mecânicos por tração animal preexistentes (arados *brabants*, ceifadoras-atadoras) e aos antigos equipamentos de transporte de origem artesanal (charretes, carretas e outros engenhos com basculantes), mas às vezes também a novos materiais mais bem adaptados à tração motorizada. A primeira vaga de motomecanização, que começara antes da Segunda Guerra Mundial, expandiu-se rapidamente no final dos anos 1940 e no princípio dos anos 1950 nos estabelecimentos de mais de 15 ha, capazes de comprar e rentabilizar um trator. Apesar de pouco potentes, esses tratores eram, todavia, mais rápidos que os animais e, sobretudo, mais resistentes; assim, uma superfície máxima por trabalhador de uma dezena de hectares em tração animal mecanizada era rentabilizada para até 20 ha ou 30 ha na grande cultura.

A segunda etapa, a que chamaremos *motomecanização II*, apoiou-se no uso de tratores de média potência (30 a 50 cavalos de força – HP), geralmente munidos de dispositivos de reerguimento que permitiam carregar algumas ferramentas (como o arado charrua), em vez de simplesmente arrastá-las, e com força capaz de acionar algumas máquinas. Essa nova geração de tratores permitiu utilizar materiais com uma capacidade de trabalho duas a três vezes mais elevada: charruas com duas aivecas, grades, semeadoras, rolos, distribuidores e enleirador-juntador de feno de 3 m a 4 metros de largura, barras de corte laterais de 2 m etc. Novas máquinas, algumas das quais combinavam várias operações, puderam ser atreladas a esses tratores: colhedoras, recolhedoras de baixa densidade para o feno e a palha, recolhedoras-enleiradeiras de beterrabas, descascadoras de batata, colhedoras de milho, encilhador etc. No entanto, como essas máquinas pesadas eram puxadas, suas peças de trabalho eram dispostas lateralmente em relação ao trator e, por isso, sua capacidade era limitada. Na Europa, os estabelecimentos motorizados da etapa precedente adotaram geralmente a motomecanização II no final dos anos 1950 e nos anos 1960. Em comparação com a motomecanização I, a motomecanização II permitiu também dobrar a superfície por trabalhador para atingir 50 ha em grande cultura.

A terceira etapa, que chamaremos *motomecanização III*, apoiava-se na utilização de tratores de 50 a 70 cavalos HP, capazes de tracionar charruas de três aivecas e de puxar instrumentos de 5 m a 6 m de largura. Apoiava-se também na utilização de grandes máquinas automotivas combinadas, como as colhedoras, cujas peças de trabalho do equipamento eram dispostas frontalmente e cuja largura de corte podia ultrapassar amplamente aquela das máquinas tracionadas. Esta terceira vaga de motomecanização se desenvolveu no fim dos anos 1960 e nos anos 1970. Ela permitiu ampliar a superfície por trabalhador em grande cultura para 70 ha ou 80 ha.

A quarta etapa, ou *motomecanização IV*, baseava-se, ao mesmo tempo, na utilização de tratores de 80 a 120 cavalos HP e, simultaneamente, permitia utilizar charruas com quatro aivecas e puxar várias máquinas – idênticas ou que realizassem algumas operações complementares –, além de se basear ainda na utilização de colhedoras cuja largura de corte atingia de 5 m a 6 m. A motomecanização IV se difundiu na Europa nos anos 1970-1980 e permitiu ultrapassar os 100 ha por trabalhador.

A quinta etapa, ou motomecanização V, baseava-se no emprego de tratores de quatro rodas motoras, de mais de 120 cavalos HP, e no emprego de equipamentos associados que permitiam, por exemplo, realizar, em uma única passada, todas as operações de preparo do solo e a semeadura de cereais. Ela desenvolveu-se primeiramente nos Estados Unidos e em outros países "novos", assim como nos grandes estabelecimentos estatais ou cooperativas da URSS e de outros países do Leste. Há alguns anos ela se difundiu pelo Oeste da Europa. Permitiu ampliar a superfície por trabalhador em grande cultura para mais de 200 ha.

Do cultivo manual dos cereais à motomecanização V, passando pelos cultivos com tração animal leve, pesada e mecanizada e pelas motomecanizações I, II, III e IV, o capital fixo por trabalhador passa de algumas centenas de francos para aproximadamente dois milhões de francos, e a superfície por trabalhador passa de 1 ha para mais de 200 ha. Paralelamente, o rendimento médio dos cereais, que era da ordem de 1.000 kg/ha em uma agricultura manual sem adubos, ultrapassava 5.000 kg/ha numa agricultura mecanizada e quimizada. Para medir a grande diferença de produtividade do trabalho entre esses dois tipos de agricultura e para constatar as etapas que foram necessárias cumprir para passar de uma a outra, podemos representar, num mesmo gráfico, as produtividades brutas (medidas em toneladas de cereal produzidas por trabalhador) e as superfícies por trabalhador correspondentes a cada um dos níveis de equipamento que distinguimos (figura 10.1).

De maneira análoga, a motomecanização progrediu por etapas para outros grandes tipos de produção especializada. Tomaremos apenas outro exemplo, o da mecanização da ordenha de vacas leiteiras, que também passou por uma sucessão de equipamentos cada vez mais potentes, o que permitiu acréscimos significativos da produtividade de trabalho: um produtor de leite podia ordenhar à mão uma dúzia de vacas, duas vezes por dia; poderia ordenhar o dobro com um equipamento de ordenha constituído por um balde ordenhador móvel; cinquenta vacas numa sala de ordenha do tipo "espiga", com tanque de leite; uma centena de vacas com uma sala de ordenha equipada com carrossel (*"rotolactor"*), e, enfim, mais de duzentos animais numa sala de ordenha inteiramente automatizada do modelo mais recente.

História das agriculturas no mundo

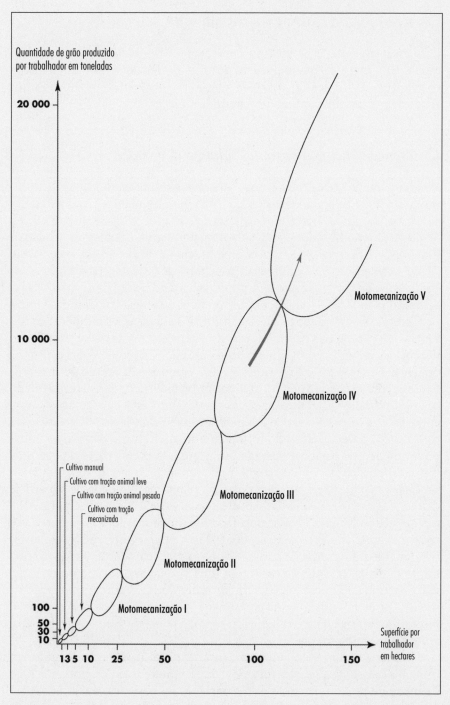

Figura 10.1. As etapas do desenvolvimento dos equipamentos e da motomecanização em cultivos de cereais

429

Os avanços da química agrícola e da seleção

Enquanto cada etapa da motomecanização se traduzia por um novo aumento da superfície, ou do número de animais de criação por trabalhador, os avanços da química agrícola e da seleção favoreceram o crescimento dos rendimentos por hectare, ou por animal.

O desenvolvimento do uso dos adubos

Desde o século XIX, lembremos, os adubos minerais (ou químicos) começaram a ser utilizados na Europa. No início do século XX, o uso deles se intensificou nos países industrializados, mas só se generalizou após a Segunda Guerra Mundial. Em 1900, o consumo mundial dos três principais minerais fertilizantes – o nitrogênio (N), o ácido fosfórico (P_2O_5) e o potássio (K_2O) – não alcançava 4 milhões de toneladas de unidades fertilizantes; em 1950, esse consumo ultrapassava pouco mais de 17 milhões de toneladas e, ao final dos anos 1980, saltou para 130 milhões de toneladas. Como já vimos, no Capítulo 8, este imenso sucesso foi possível graças à multiplicação das fontes de extração e ao desenvolvimento das indústrias de transformação ou de sínteses desses adubos. (Início do século XIX: guanos do Peru e nitratos do Chile. Fim do século XIX: superfosfatos obtidos pela reação dos fosfatos naturais com o ácido fosfórico; escórias provenientes da desfosforização do aço e das fundições fosforosas ["Escória de Thomas"]; cloreto de potássio extraído das minas de sal da Alemanha. Início do século XX: cianamida cálcica obtida pela fixação do nitrogênio do ar em forno elétrico e síntese do amoníaco do qual foi retirada em seguida a maior parte dos adubos nitrogenados, como a ureia, o sulfato de amônia e o nitrato de amônia).

Ora, a produção de biomassa de uma planta por unidade de superfície depende do teor em minerais nutritivos da solução do solo (Capítulo 1). Como mostra a figura 10.2, se partirmos de um teor nulo, o aumento deste teor se expressa, primeiramente, por fracos aumentos de produção; depois os aumentos de produção tornam-se cada vez mais fortes (mais do que proporcionais). A partir de certo teor (que corresponde ao ponto de inflexão da curva de produção), os aumentos de produção tornam-se cada vez menos fortes (menos que proporcionais), para em seguida atingirem seu limite. Finalmente, com os teores muito elevados, que se tornam tóxicos, a produção da biomassa diminui.

Na prática, num solo cultivado, o teor inicial da solução do solo em minerais nutritivos já é bastante elevado, de modo que nos situamos logo de início na zona II da curva da figura 10.2. Se, portanto, traçarmos, para um solo cultivado, a curva de rendimento de um cultivo em função da dose de adubos minerais incorporados ao solo (todos os elementos fertilizantes misturados e bem dosados), obteremos uma curva que apresenta, inicialmente, aumentos de rendimentos menos que proporcionais aos aumentos da dose de adubos, para em seguida alcançar um teto, e finalmente uma diminuição de rendimentos (figura 10.3).

O acréscimo considerável do rendimento por hectare dos cultivos no curso das últimas décadas resulta principalmente do acréscimo do uso dos adubos, ainda que a melhoria dos tratamentos e das operações mecânicas de preparação e de manutenção dos cultivos tenha sua parte nesse crescimento. Para os cereais, por exemplo, partindo de rendimentos em grãos de 1 t/ha – que se obtinha com o esterco, porém sem adubos minerais nos sistemas sem alqueive do princípio do século –, passou-se, nos anos 1950, para um rendimento médio de três toneladas com as doses de adubos, contando aproximadamente 100 kg/ha de nitrogênio (N), mais o ácido fosfórico (P_2O_5) e do potássio (K_2O) na proporção desejada. Hoje, os rendimentos se aproximam de 10.000 kg/ha de grão, para doses de adubos que podem ultrapassar 200 kg/ha de nitrogênio. Essas doses compensam amplamente não apenas as boas exportações das colheitas, mas também as perdas por drenagem no lençol freático, que podem representar várias dezenas de quilos de nitrogênio por hectare (figura 10.4).

A seleção das plantas cultivadas

No entanto, para obter tais acréscimos de rendimentos não basta utilizar quantidades tamanhas de adubos. Para isso, ainda é preciso dispor de variedades de plantas capazes de absorver e rentabilizar essas quantidades acrescidas de minerais. Não era esse o caso no início do século XX: os cereais cultivados nessa época não teriam suportado as doses de nitrogênio que hoje se utiliza. Foi então necessário proceder à seleção de variedades cada vez mais exigentes e cada vez mais reprodutivas para absorver e rentabilizar as quantidades crescentes de adubos produzidos pela indústria. Evidentemente, não houve uma mudança imediata de populações de trigo capazes de produzir 2.000 kg/ha para variedades capazes de produzir mais de 10.000 kg. Foi necessário selecionar sucessivamente diversas variedades com potencial de crescimento, que constituíram outra tantas etapas condicionando o desenvolvimento do uso de adubos. Para o trigo, por exemplo, foram selecionadas variedades com a palha cada vez mais curta e com rendimento crescente em grãos: a parte do grão em relação à biomassa aérea total passou de 35%, no caso das variedades dos anos 1920, para 50% nas variedades dos anos 1990 (figura 10.5).

Para compreender o mecanismo econômico que propiciou a adoção de variedades cada vez mais produtivas em relação à utilização de doses de adubos crescentes, representemos, num mesmo gráfico, de um lado a

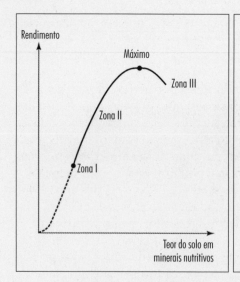

Figura 10.2. Rendimento de um cultivo em função do teor do solo em minerais

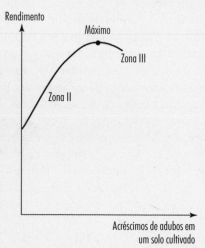

Figura 10.3. Rendimento de um cultivo em um solo cultivado em função dos acréscimos de adubos

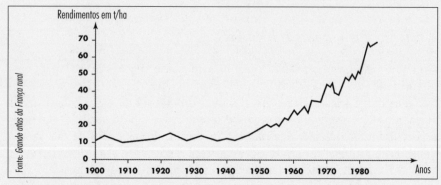

Figura 10.4. Evolução do rendimento do trigo na França desde o início do século XX

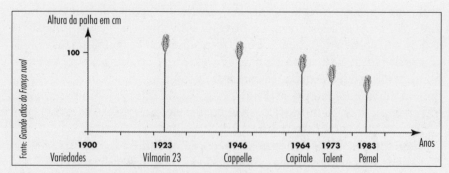

Figura 10.5. Redução da altura das espigas de trigo por seleção varietal

despesa por hectare com adubos minerais (todos os minerais somados e supostamente bem-proporcionados) e, de outro lado, o produto bruto (rendimento × preço) no hectare obtido para uma variedade dada em função da dose de adubos utilizados (figura 10.6).

Este gráfico mostra que a margem **M**, ou seja, a diferença entre o produto bruto e a despesa de adubos, varia em função da quantidade de adubos **Q** utilizada por hectare. Para uma quantidade de adubos nula, a margem tem um valor M_0; em seguida essa margem aumenta com a quantidade de adubos utilizados até atingir um máximo M_{max} que corresponde a uma quantidade de adubo "optima" Q_0; enfim, com quantidades de adubos ainda mais elevadas, a margem diminui, mesmo se o produto bruto por hectare continua a crescer até seu máximo P_{max}.

A dose de adubos "optima" Q_0, isto é, a que proporciona a *margem mais elevada* M_{max}, não se confunde, portanto, com a dose de adubos, proporcionada pelo produto bruto máximo P_{max}: em geral ela é muito inferior em relação ao produto bruto. Além do mais, é preciso destacar que, se o preço dos adubos ou do trigo varia, a dose de adubo "optima" também varia: se os preços dos adubos aumentam, a dose "optima" Q_0 e a margem máxima M_{max} diminuem, e inversamente (figura 10.7); se o preço do trigo aumenta, a dose de adubos "optima" Q_0 e a margem máxima M_{max} aumentam, e inversamente (figura 10.8).

Consideremos agora quatro variedades de trigo V^1, V^2, V^3, V^4, sucessivamente selecionadas e cada vez mais produtivas, e representemos como anteriormente, num mesmo gráfico, as curvas de produto bruto dessas quatro variedades em função de doses crescentes de adubo (figura 10.9). Este gráfico mostra que a margem máxima acessível para as três variedades, V^1, V^2 e V^3, continua crescendo ($M^1_{max} < M^2_{max} < M^3_{max}$). Ao contrário, ainda que o produto bruto máximo da variedade V^4 seja mais elevado que todos os outros, a margem máxima acessível com esta variedade (M^4_{max}) é inferior àquela obtida com a variedade V^3, pois a variedade V^4, mais produtiva, mas muito exigente, valoriza menos os adubos. Em tais condições, as variedades V^1, V^2, V^3 serão adotadas uma após a outra porque elas alcançam um benefício crescente. Ao contrário, a variedade V^4, embora mais produtiva, não será adotada, pois o benefício que ela alcançaria seria inferior àquele obtido com a variedade V^3.

Assim, o selecionador não deve forçosamente surpreender-se se a última variedade de alto rendimento que ele propõe não for adotada. Com efeito, é a rentabilidade de uma variedade que comanda sua difusão, e não seu rendimento máximo. Essa rentabilidade depende dos preços relativos do produto (o trigo) e dos insumos (os adubos). No raciocínio precedente, para simplificar, só foram consideradas as despesas com adubos. No entanto, é evidente que, na análise da rentabilidade de uma variedade, convém considerar o custo combinado de todos os insumos que determinam o rendimento (adubos, produtos fitossanitários, sementes...).

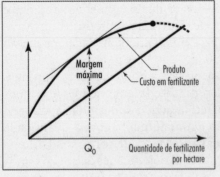

Figura 10.6. Dose ideal de fertilizante (Q_0) por hectare

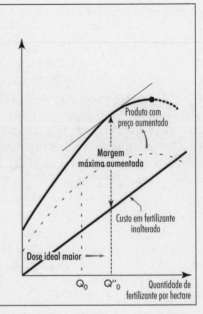

Figura 10.8. Aumento da dose ideal de fertilizante quando o preço do produto aumenta ($Q''_0 > Q_0$)

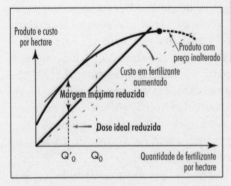

Figura 10.7. Diminuição da dose ideal de fertilizante quando o preço dos fertilizantes aumenta ($Q'_0 < Q_0$)

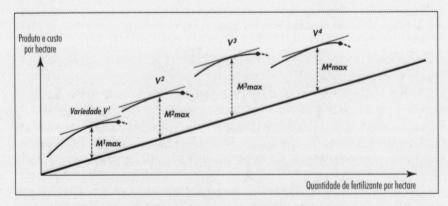

Figura 10.9. Produto bruto, despesas com fertilizantes e margens por hectare em função da dose de fertilizante utilizada por quatro variedades V^1, V^2, V^3 e V^4.

O objetivo da seleção não é somente adaptar as plantas ao uso crescente de adubos, mas também adaptá-las ao uso dos novos meios mecânicos. Assim, os cereais cultivados no início do século, com maturação relativamente escalonada e debulha difícil, eram adequados à colheita por foice ou com a colhedora-atadeira, ao transporte e à estocagem em feixes que precediam a debulha com malho. Não obstante, elas seriam muito menos adaptadas à colheita com a colhedora-trilhadeira. Foi preciso então selecionar variedades mais homogêneas quanto à data de maturação e mais fáceis para debulhar no campo, a qualquer hora do dia ou da noite. A seleção visava também a aumentar a resistência dos cultivos às pragas e a economizar os tratamentos. Enfim, acrescentemos que para muitas plantas, e em particular para as frutas e legumes, a seleção se fazia cada vez mais em função das novas exigências da indústria, da distribuição e dos consumidores, exigências que estão além das questões de rendimento e de data de maturação e que têm a ver com a dimensão, a forma, a cor e as qualidades propriamente gustativas dos produtos.

A seleção dos animais domésticos

O uso dos adubos e a seleção das plantas levaram a tal crescimento da produção de cereais (ricos em açúcar) e de leguminosas (ricas em proteínas) – bem como de outros produtos e subprodutos vegetais –, que uma parte crescente desses produtos vegetais pôde ser destinada à alimentação dos animais domésticos. Esses produtos serviram de matéria-prima a uma vasta indústria de fabricação de alimentos de alto valor nutritivo para o gado, de alimentos ditos rações (ou "concentrés"), destinados principalmente aos animais monogástricos (porcos e aves) e também aos herbívoros, particularmente ao gado leiteiro (vacas, ovelhas e cabras) e ao gado de engorda.

A grande quantidade de novos alimentos muito nutritivos, conjugada ao crescimento da produção dos prados e de outras produções forrageiras, permitiu um forte aumento dos efetivos de animais de criação, além de uma melhoria quantitativa e qualitativa de sua alimentação. Da mesma maneira que foi necessário selecionar variedades de plantas capazes de valorizar a nutrição mineral crescente, também foi necessário selecionar raças de animais capazes de consumir e de rentabilizar as rações alimentares cada vez mais nutritivas. No início do século, uma vaca que consumia aproximadamente 15 kg de feno por dia e produzia menos de 2.000 l de leite por ano, não poderia absorver a ração quotidiana de uma vaca leiteira de hoje, altamente selecionada, que produz mais de 10.000 l de leite por ano e que para isso consome por dia 5 kg de feno e mais de 15 kg de alimentos concentrados, ou seja, o dobro do que ela pode ingerir sem risco digestivo.

Como para as plantas, a seleção das raças de animais teve também como objetivo adaptá-los aos novos equipamentos mecânicos. A máquina de ordenha, por exemplo, impôs a eliminação não só das vacas cujos mamilos eram muito grandes, muito pequenos ou muito longos, muito curtos, malformados, ou seja, mal adaptados às dimensões das teteiras, mas também daquelas que retinham o leite ou contraíam doenças do úbere. A sala de ordenha impôs a eliminação das vacas muito ariscas para se dobrar à disciplina da ordenha em fila e das vacas cujo gabarito e a altura do úbere não obedeciam ao sistema standard das novas instalações.

Zoofarmácia e fitofarmácia

Entretanto, animais tão altamente selecionados e tão ricamente alimentados os representavam um capital imobilizado e um produto potencial tão importante e sobrecarregado de encargos que as perdas de animais e de produção, resultantes de doenças ou de acidentes, eram cada vez menos suportáveis. Ora, os riscos de doenças eram grandes, já que os animais se concentravam em grande número em vastos estábulos de confinamento. Isso explica por que, para reduzir as perdas, tomavam-se precauções sanitárias muito rigorosas, e por que, apesar do custo elevado, recorria-se a toda uma panóplia de tratamentos preventivos (vacinas...) e curativos (soro, antibióticos...), ou até mesmo à cirurgia em caso de necessidade (cesarianas, reduções de fraturas...).

Os cultivos anuais representam certamente um capital imobilizado menos importante que os animais ou que as plantações perenes. Entretanto, na medida em que o desenvolvimento de uma cultura progredia, as despesas com sementes, adubos, trabalho, carburantes etc. se acumulavam e acabavam frequentemente por representar mais da metade da receita esperada pela colheita. Ora, a margem entre essa receita e estes custos deveria ainda cobrir uma parte das despesas fixas do estabelecimento (amortizações dos materiais e de construções etc.). Logo, não se pode, também nesse caso, permitir perder uma parte, ainda que pequena, da colheita. Para limitar as perdas que poderiam resultar do crescimento incontrolável das ervas invasoras (adventícias), da pululação dos insetos, das infestações por fungos, bactérias ou vírus prejudiciais, era-se levado a empregar grandes quantidades de herbicidas, de inseticidas e outros pesticidas.

Enfim, para remediar outros riscos (granizos, geadas e outros males), e pelas mesmas razões, recorria-se, tanto quanto possível, aos seguros financeiros.

Os grandes momentos da especialização

Mas se a motorização revolucionou os meios de produção agrícola, ela também revolucionou os meios de transporte e as possibilidades de intercâmbio e de especialização. Tiradas do isolamento pelos meios de transportes rodoviários motorizados, até as propriedades agrícolas das regiões bem afastadas das vias aquáticas e das vias férreas puderam ser abastecidas por todo tipo de bens de consumo e de bens de produção. Dessa forma, libertaram-se da obrigação de praticar a poliprodução, necessária para satisfazer as várias necessidades do autoconsumo e do autofornecimento. Puderam assim dedicar a maior parte de suas forças a um pequeno número de produções, dentre as mais vantajosas, tendo em vista as condições ecológicas, as condições de escoamento dos produtos e do *savoir-faire* dos agricultores da região. Todavia, a especialização dos estabelecimentos agrícolas e das regiões não resultou somente, como poderíamos pensar, da melhoria dos meios de transporte e de intercâmbios, pois foi também amplamente condicionada pelo desenvolvimento da motorização, da química agrícola e da seleção.

Na verdade, com a chegada dos tratores, os estabelecimentos agrícolas foram primeiramente isentos da obrigação de produzir forragem para manter o gado de leite. Além disso, o uso dos adubos permitiu aumentar não só a produção colhida, mas também a produção de palhas, de forragem, de raízes e de outros resíduos de culturas. A partir de certo nível de utilização de adubos, os subprodutos dos cultivos se tornaram suficientemente abundantes para fornecer ao solo restituições orgânicas que permitiam aí manter um aceitável teor de húmus. Assim, os estabelecimentos encontraram-se igualmente isentos da obrigação de produzir o próprio adubo. Finalmente, o uso dos produtos fitossanitários libertou os estabelecimentos das antigas regras de rotação e de afolhamento que deveriam se respeitadas a fim de evitar a proliferação das ervas invasoras, a proliferação dos insetos e a multiplicação das enfermidades das plantas. O cultivo da colza, por exemplo, só podia ocupar a mesma parcela a cada cinco a seis anos, a fim de evitar as pragas de insetos (percevejos, carunchos, gorgulhos, pulgões...). Com os novos tratamentos, a colza atualmente pode voltar a cada três anos sobre a mesma parcela.

Desde então, as propriedades puderam se especializar intensamente e assistimos, assim, a um imenso movimento de redistribuição e de reagrupamento no espaço dos grandes cultivos, das pastagens e das criações, da viticultura, dos cultivos de legumes e de árvores frutíferas. Sem dúvida, seria enfadonho acompanhar em detalhes os movimentos cruzados de deslocamentos e relocalização de todas as atividades agrícolas, mas podemos tentar esboçar brevemente a formação de algumas grandes especializações regionais.

A formação das regiões de grandes cultivos

Isentas da obrigação de produzir gado de leite e estrume, e, portanto, isentas igualmente da obrigação de produzir forragens assim como liberadas das antigas regras de rotação e de afolhamento, os estabelecimentos das regiões relativamente planas, de solo fértil e fácil de trabalhar, abandonaram então as forragens e as criações para se dedicar às grandes culturas motorizadas. Vales aluviais, planícies e planaltos argilosos cobriram-se de rotações simplificadas exclusivamente voltadas aos cultivos de cereais (trigo-milho ou até mesmo milho sobre milho), ou combinando cereais com outras grandes culturas como a colza, o girassol, a beterraba açucareira ou a batata. Tratores e adubos permitiram converter à grande cultura certas charnecas e pastagens calcícolas (os terrenos incultos das Champagnes, por exemplo) e as pastagens implantadas sobre solos arenosos, ácidos e mal drenados (charnecas atlânticas), que, até então, eram voltados para algumas criações de ovelhas ou plantações de espécies resinosas.

Especializando-se dessa maneira, essas regiões produziram excedentes comercializáveis crescentes que puderam ser exportados para regiões menos favorecidas, a partir de então bem servidas.

A formação das regiões de criação

Com a chegada maciça e a baixo preço de cereais, de legumes secos, de óleo e de batatas provenientes das regiões precedentes, os estabelecimentos agrícolas das regiões acidentadas, chuvosas, de solo pesado ou pedregoso, mais difíceis de motorizar e mecanizar, abandonaram as produções de grandes cultivos, cada vez menos rentáveis, e passaram a se dedicar principalmente às pastagens e às criações. Foi assim que as planícies argilosas de clima ameno e úmido da fachada oceânica do noroeste da Europa se transformaram em grandes bacias leiteiras. Por sua vez, as regiões de montanha recuadas tiraram partido de suas raças de vacas leiteiras ou de raças mistas, ao mesmo tempo leiteiras e de corte (Schwitz, Brune des Alpes, Siementhal, Pie Rouge de Leste, Salers etc.), e de sua grande tradição de produção de queijos de longa maturação (*gruyère*, *comté*, *cantal*, *tomes*, *fourmes* e *bleus*), para se especializar na produção leiteira e de queijos de qualidade. Algumas regiões de montanhas médias com boas precipitações, que antes produziam bois de tração para as regiões de planície, tiraram partido de suas raças bovinas "de boa ossatura" (Limousin, Charolais, Marchigiana, Aubrac etc.) para se especializar na produção de jovens bovinos para abate, ainda "magros". As regiões periféricas baixas, com terras argilosas, pesadas e mal drenadas (Auxois, Bazois, Charolais etc.), especializaram-se em pastagens para engorda, isto é, na engorda e no abate desses mesmos bovinos de corte.

Nas regiões de montanhas secas e de planaltos calcários meridionais, voltou-se para a criação de ovelhas para carne e leite, ou ainda de fêmeas leiteiras para a fabricação de queijos especiais (*roquefort*, *pecorino* etc.).

O reforço da especialização vitícola e o deslocamento de produções de frutas e legumes

Por sua vez, os estabelecimentos das regiões mais favoráveis à viticultura abandonaram com mais frequência tanto os grandes cultivos quanto a criação, para se consagrar quase inteiramente, quer à produção de vinhos de qualidade, quer à produção em grande quantidade de vinho de mesa. Por isso, os estabelecimentos das outras regiões abandonaram pouco a pouco a produção de vinho, frequentemente de má qualidade, destinado ao consumo local, produção que era ainda muito disseminada em toda Europa mediterrânea e central no início do século.

Muitas outras especializações constituíram-se em função das condições ecológicas de cada região. Assim as produções de legumes, frutas e flores, antigamente situadas na periferia das cidades, afastaram-se graças aos transportes rápidos e refrigerados rumo às regiões de solo leve, fácil de trabalhar e cujo clima permitia o reaquecimento rápido (Vale do rio Loire, do Reno, do Garonne, do Guadalquivir etc.) e para as regiões costeiras de clima ameno (Bretanha, Flandres etc.). As produções dos legumes que desenvolvem-se no início da estação ou fora dela se desenvolveram nas regiões meridionais mais quentes e mais ensolaradas (Baixo-Ródano, *huertas* valencianas, Sicília, Andaluzia etc.), enquanto os legumes em grande escala destinados à produção de conservas ganharam as regiões de grande cultivo. As estufas e os diversos procedimentos de conservação também permitiram a autonomia, numa certa medida, dos fatores climáticos limitantes.

Localização das unidades de transformação e especialização

As grandes especializações se formaram em princípio em função das condições ecológicas regionais. Mas foram também influenciadas pelas condições econômicas locais e, principalmente, pela localização das unidades de transformação. Isso é particularmente verdadeiro para as matérias-primas agrícolas ricas em água, volumosas e perecíveis, difíceis de transportar, como a beterraba açucareira, a batata, os legumes destinados à conservação e o leite, que eram necessariamente produzidos em um raio limitado em torno das beneficiadoras de açúcar, de fécula, de conservas e de leite. Na verdade, por mais eficazes que pudessem ser, os transportes continuavam caros e, para esse tipo de produtos, reduziriam significativamente o preço pago aos produtores mais afastados das beneficiadoras.

Na montanha, onde as zonas de coleta de leite são espaçadas e descontínuas, o custo da coleta do leite aumentava muito rapidamente em função do tamanho das leiterias. Somente os pequenos estabelecimentos ou os estabelecimentos mais artesanais que fabricavam queijos famosos podiam sobreviver, e mais, à condição de que esses queijos de montanha fossem suficientemente bem valorizados para cobrir os inevitáveis aumentos de produção e de coleta do leite na montanha; isso supunha que eles fossem protegidos de toda falsificação industrial a baixos preços por um selo de qualidade ou por uma denominação controlada de origem.

As indústrias de transformação de matérias agrícolas secas (cereais, leguminosas, tortas, forragens desidratadas) são menos sensíveis aos custos de transporte que as precedentes. Observa-se, todavia, que os grandes moinhos e as indústrias de alimento para gado são próximos das regiões de produção, dos portos e das vias aquáticas, e que as criações em confinamento de porcos e aves estão frequentemente instaladas nas regiões vizinhas, para serem beneficiadas por um custo de distribuição de alimentos o mais baixo possível. Assim sendo, em uma região onde as condições físicas e econômicas da produção são relativamente homogêneas, a maior parte dos estabelecimentos agrícolas tendem a adotar as mesmas combinações de produção. Tendem até a adotar os mesmos materiais e as mesmas combinações de insumos. Em resumo, tendem a praticar sistemas de produção bastante semelhantes, com o fim de serem classificados em uma mesma categoria. É por isso que se pode falar em especialização regional.

Relatividade da especialização e diversidade

Mas se esse movimento geral de especialização regional é bem real, ele não é nem tão simples nem tão absoluto como se poderia pensar. Na verdade, ele não impede de modo nenhum que certos estabelecimentos agrícolas se afastem da especialização dominante em sua região, seja em razão de sua dimensão (os pequenos estabelecimentos, por exemplo, têm todo interesse em praticar sistemas de produção mais exigentes em trabalho), de seu equipamento ou de seu *savoir-faire* particular, seja de suas condições físicas ou econômicas microlocais particulares (topografia, qualidade da terra, microclima, clientela especial etc.). Considerações particulares que podem até determinar, como é sabido, as qualidades apreciáveis e únicas de alguns produtos, como os grandes *crus* de vinho, por exemplo.

Enfim, precisemos ainda que a especialização não é sempre tão estrita quanto se diz correntemente: a monoprodução é finalmente bastante rara. Em várias regiões, os estabelecimentos praticam sistemas de produção que poderiam ser qualificados como mistos, combinando por exemplo grandes cultivos, forragens e criações. Encontramos também regiões onde, por razões que veremos mais adiante, os estabelecimentos se repartem entre duas ou mais especializações que possuem mais ou menos a mesma rentabilidade, fato que deixa aos agricultores a possibilidade de escolher sem perdas o sistema de produção conforme seu *savoir-faire* e suas preferências.

Enfim, não esqueçamos de que existem regiões nas quais o abandono da poliprodução conduziu ao desaparecimento de todo tipo de atividade agrícola com aumento da superfície de terras incultas, baldios. De que especialização e de que escolha dos agricultores deve-se então falar?

2 ESTRUTURA E FUNCIONAMENTO DOS SISTEMAS PROVENIENTES DA SEGUNDA REVOLUÇÃO AGRÍCOLA

Além da análise do desenvolvimento da motorização, da mecanização, da fertilização mineral, da seleção e da especialização, é preciso agora tentar compreender a estrutura e os mecanismos de funcionamento e de desenvolvimento do vasto sistema agrícola, industrial e alimentar que se constituiu a partir daí; um sistema no qual a divisão social do trabalho ganhou uma dimensão verdadeiramente planetária.

A nova divisão do trabalho

Divisão horizontal

A especialização das propriedades e das regiões conduziu, no fim das contas, à separação e ao reagrupamento regional dos grandes ramos de produção vegetal e animal que se encontravam antigamente associados no nível dos estabelecimentos agrícolas ou no nível dos vilarejos. A especialização gerou sistemas agrários regionais que contribuíam cada um deles, por sua vez, com o abastecimento de um mesmo mercado nacional ou internacional. Esses sistemas regionais especializados eram na verdade subsistemas complementares, interdependentes, que traduziam na paisagem a divisão horizontal do trabalho característico do novo sistema agrícola e alimentar multirregional que se implantava.

Divisão vertical

Por outro lado, esses subsistemas abasteciam com matérias-primas agrícolas uma rede extensa de indústrias agrícolas que possuíam uma, duas e às vezes três etapas de transformação. A maioria dessas indústrias produzia *bens de consumo alimentares*: é o caso dos moinhos, das indústrias de laticínios, das indústrias de açúcar, das cervejarias, indústrias de óleo etc. Algumas produzem *bens de consumo não alimentares*: é o caso das indústrias têxteis, das indústrias do couro, da perfumaria, farmácia etc. Outras produzem bens de produção destinados à própria agricultura: é o caso particularmente importante das indústrias de alimentos para o gado. Essas fabricações industriais, das quais algumas como a têxtil, começaram a se desenvolver no princípio da primeira revolução industrial e ganharam considerável importância no século XX. Em vários casos foram substituídas por fabricações antigamente realizadas nos próprios estabelecimentos ou em pequenas unidades artesanais: é o caso, por exemplo, dos produtos de salga, dos queijos, da manteiga, das conservas, da cerveja etc. Tal tendência à industrialização se mantém atualmente na vinificação, na indústria de confeitos, nas panificadoras e pratos para consumo já preparados e cozidos.

Uma evolução análoga se produziu igualmente à montante da produção agrícola. Uma rede extensa de indústrias extrativas e de indústrias que fabricavam novos meios de produção (adubos, produtos fitossanitários, motores, máquinas, combustíveis e outros produtos de abastecimento) substituiu-se às antigas atividades que abasteceram a agricultura, fossem elas artesanais (marcenaria, fundição, selaria, construção civil etc.) ou agrícolas (produção de animais de leite, fabricação de adubo, fabricação de utensílios agrícolas etc.).

Assim, a montante e a jusante, os produtores agrícolas (e os artesãos rurais) desincumbiram-se de uma parte importante de suas atividades e das correspondentes rendas. Progressivamente, foram reduzidos a uma atividade de simples produção de matérias-primas agrícolas.

A divisão vertical do trabalho entre essas indústrias, por um lado, e a produção agrícola propriamente dita, de outro, ganhou uma tal amplitude que as indústrias, a montante e a jusante, representam hoje mais de 10% da renda nacional dos países industrializados, enquanto a produção agrícola representa em geral menos de 3%. Além disso, outras atividades de serviços (comércio, transporte, administração, assistência técnica...) são ligadas ao setor agrícola. Se for verdade que a população agrícola ativa representa menos de 5% da população ativa total, não se deve esquecer que a agricultura e o conjunto das atividades que lhes são ligadas criam duas a três vezes mais empregos. Ou seja, os ganhos de produtividade resultantes da segunda revolução agrícola são menos importantes do que parece à primeira vista, pois a agricultura de hoje foi liberada de uma grande parte das tarefas que incumbiam à agricultura de ontem, tarefas que foram transferidas à indústria e aos serviços.

Trabalho de concepção e trabalho de execução

Devido à vasta divisão vertical do trabalho, a concepção dos novos meios de produção (máquinas, adubos, produtos de fitossanitários, alimento do gado, variedade e raças selecionadas) não mais está nas mãos dos produtores agrícolas. O mesmo ocorre, ainda que em menor escala, com o modo de utilização, os procedimentos de trabalho decorrentes, bem como sua difusão. Essas diferentes funções encontram-se agora nas mãos de novas categorias de trabalhadores intelectuais, que operam nos centros públicos ou privados de pesquisa, de formação e de divulgação, são especializados por área de atividade e possuem níveis de qualificação variados. Enfim, a utilização eficaz de novos meios de produção exige ainda, da parte dos próprios produtores agrícolas, uma alta especialização e uma qualificação que deve ser constantemente atualizada. As divisões horizontal e vertical do trabalho são acrescidas de uma forte separação das tarefas de concepção e de propagação, de um lado, e, de outro, das tarefas de utilização dos novos meios de produção.

Em resumo, a divisão do trabalho se reflete na estrutura especializada e hierarquizada do sistema de formação científica, técnica e profissional agrícola. E é implícito que, devido ao número de especialidades e aos níveis de qualificação requeridos e visto a rapidez das mudanças da temática em questão, não é possível fazer previsões que contemplem uma antecipação de cinco a dez anos, e consequentemente formar o número de pessoas qualificadas necessário para cada tipo de atividade. Para responder eficientemente às necessidades de qualificação extremamente variadas, que se renovam e se ampliam continuamente, é preciso sem dúvida dispor de um sistema de formação também contínuo, flexível, que permita responder a necessidades em constante mudança. Contudo, para que esse sistema seja eficaz, é preciso inicialmente que a formação propicie, a todos os níveis de formação, bases científicas e culturais bastante amplas e de qualidade, que permitam, além da primeira especialização, adquirir rapidamente novas qualificações.

Assim, a formação científica e cultural não pode ser negligenciada, nem mesmo no nível de execução. Na verdade, a ideia segundo a qual o trabalho de concepção e o trabalho de execução seriam inteiramente separados é uma concepção ultrapassada. Nenhuma máquina, nenhum produto, nenhum procedimento pode ser concebido e implementado sem integrar – reconheçamos ou não – a experiência adquirida e a participação ativa dos próprios técnicos e dos práticos. O bom funcionamento da cadeia de inovação supõe que os pesquisadores, professores e estudantes de todos os níveis conheçam integralmente a prática, suas condições, suas barreiras e necessidades. Sem isso, muitas novidades acabam sendo inadequadas e rejeitadas e constituem um gasto formidável de recursos. Definitivamente, a ciência e a técnica "propõem", mas a prática e a economia "dispõem". Na verdade, em última instância, são os próprios agricultores que escolhem e combinam os materiais, os insumos, os cultivos e as criações que praticam; são eles que implantam os sistemas de produção mais vantajosos em função de suas condições ambientais e de preço e em função das restrições da superfície, da mão de obra e do financiamento de seus estabelecimentos. Ora, é precisamente esse trabalho de concepção que é o mais difícil e que é, por natureza, inseparável da prática.

Isso explica por que o planejamento centralizado descendente (que vai do centro planejador aos estabelecimentos agrícolas) não deu, pelo menos na agricultura, muito bons resultados (aliás, pode-se dizer o mesmo dos sistemas de vulgarização normativos que, nos países coloniais e pós-coloniais, pretendiam e ainda pretendem ditar aos produtores "independentes" seus itinerários técnicos, suas combinações de produção e seus investimentos; mas, felizmente, os agricultores pouco obedecem às imposições desse tipo quando elas se mostram muito contrárias, bem entendido, aos seus interesses). De fato, é mais difícil, ao longo de um processo de desenvolvimento rápido, redistribuir sem cessar, do modo mais vantajoso possível, os equipamentos, os insumos, os cultivos e as criações entre todas as regiões e todos os estabelecimentos de um país. E se, para facilitar a tarefa de administração central, os planejadores reduzissem ao máximo o número dos estabelecimentos, a ponto de aumentá-los além de todo bom-senso, este gigantismo só complicaria a gestão de cada estabelecimento, tornando esta última mais simplificada ainda, além de inadequada. Gigantismo, onipotência tecnocrática e insuficiência de participação dos produtores provocaram desperdícios e deficiências de todo tipo. Entretanto, a eficácia técnica dos novos meios de produção mecânicos e químicos é tão grande que não impediu que certos países de economia planejada implantassem uma agricultura de grande capacidade.

Dito isso, resta-nos compreender como, nos países industrializados de economia de mercado, uma multiplicidade de estabelecimentos agrícolas familiares, dispersas e independentes, guiadas por seu próprio interesse e por suas condições de produção e de comércio, pôde realizar a segunda revolução agrícola. Como elas puderam, a seu modo (que não é, todavia, desprovido de inconvenientes), realizar uma partilha tão eficaz dos equipamentos, dos insumos, dos cultivos e das criações?

O mecanismo de desenvolvimento da segunda revolução agrícola em economia camponesa

Quais são, portanto, os mecanismos econômicos segundo os quais toda uma pequena fração dos estabelecimentos familiares do início do século conseguiu ultrapassar todas as etapas da segunda revolução agrícola, para se transformar em estabelecimentos fortemente equipados, utilizando grandes quantidades de insumos industriais e dezenas de vezes mais produtivos? Como, em contrapartida, a maior parte dos estabelecimentos foi conduzida ao desaparecimento? Por quais mecanismos os estabelecimentos de regiões inteiras abandonaram a maioria de suas atividades para se especializar de forma tão específica? Como algumas regiões chegaram ao ponto de encerrar todas as suas atividades? Como, no jogo dos intercâmbios cruzados entre regiões, se realiza – aliás, nem sempre da melhor maneira – o equilíbrio de oferta e de procura dos produtos agrícolas e alimentares?

Para responder a essas questões, precisamos a princípio analisar as condições e as modalidades de produção econômica dos estabelecimentos camponeses engajados na segunda revolução agrícola (o leitor pouco interessado pelas equações e pelos gráficos pode consultar diretamente as conclusões desta análise na página 456).

As condições de renovação econômica de uma propriedade camponesa

Consideremos, inicialmente, um estabelecimento familiar, que se baseia em um único trabalhador inteiramente proprietário de seus meios de produção, e que não possua nenhuma transferência positiva (subsídio) ou negativa (imposto, pagamento do arrendamento, juro dos empréstimos de capitais). Neste caso particular, a renda da exploração é igual à produtividade líquida de seu trabalho.

Produtividade

No plano estritamente econômico, para que esse estabelecimento possa se renovar, é necessário e suficiente que a produção líquida por trabalhador, ou seja, a produtividade líquida do trabalho P_{nt}, seja superior ou igual à renda necessária para satisfazer às necessidades desse trabalhador e de sua família. Certamente, de um estabelecimento para outro e até mesmo de um período para outro, essas necessidades são variáveis, por razões objetivas (família mais ou menos numerosa, agricultores solteiros ou unidos a uma pessoa que dispõe de uma renda externa) e também por razões subjetivas (as necessidades variam de uma pessoa a outra). Mas a longo prazo, o nível de renda julgado satisfatório por um trabalhador agrícola tende necessariamente para a renda **R** que esse trabalhador obteria no mercado de trabalho (salário e prestações sociais) ou, na falta disso, ele mudaria um dia ou outro de atividade ou, então, se não chegar a fazê-lo, provavelmente não será substituído quando se aposentar.

Consideremos que, para um sistema de produção (ou seja, lembremos, para uma dada combinação de meios de produção e de atividades produtivas) e num sistema de preços dados, as grandezas econômicas que determinam a produtividade do trabalho agrícola nesse tipo de estabelecimento sejam:

S : a superfície explorada *por trabalhador*

p : o produto bruto médio *por hectare explorado*, referente a todas as produções.

$P_{bt} = p \times S$: o produto bruto *por trabalhador*, ou seja, a produtividade bruta do trabalho.

c : as compras correntes de bens e serviços *por hectare explorado*.
a : o custo médio *por hectare* da amortização e da manutenção dos materiais e equipamentos duráveis, *proporcionais à superfície explorada* (silos e estábulos, por exemplo).
m = p – c – a : a margem *por hectare*.
M = (p – c – a) × S : a margem *por trabalhador*.
A : o custo anual de amortização e de manutenção de materiais e equipamentos duráveis, *não proporcionais à superfície explorada*, necessários *para um trabalhador* (trator, implementos agrícolas, colhedora, hangar para equipamentos...).
S_{max} : a superfície máxima que um trabalhador pode explorar neste sistema, com este equipamento.
P_{nt} = **M – A = (p – c – a) × S – A, com S ≤ S_{max}**; P_{nt} é a produção bruta de riqueza *por trabalhador*, ou seja, a produtividade bruta do trabalho.
R : o preço de mercado da mão de obra pouco qualificada.

Limiar de renovação e limiar de sobrevivência

Se a produtividade P_{nt} for superior à renda do trabalho **R** no preço do mercado, então o estabelecimento dispõe de uma capacidade de investimento líquido por trabalhador igual a **I = P_{nt} – R**, graças à qual ele pode se desenvolver, ou seja, aumentar sua capacidade de produção e sua produtividade.

Se P_{nt} = **R**, então o estabelecimento pode renovar todos seus meios materiais e remunerar sua mão de obra ao preço de mercado, mas ele não tem a capacidade de fazer novos investimentos. O preço da força de trabalho **R** no mercado constitui um *limiar de renovação* (ou limiar de capitalização) do estabelecimento.

Se P_{nt} < **R**, o estabelecimento faz ainda menos investimentos líquidos suplementares sem poder, ao mesmo tempo, renovar inteiramente seus meios de produção e remunerar sua força de trabalho a preço de mercado. Na verdade, uma tal propriedade está *em crise* e pode sobreviver *somente* sacrificando um desses dois fatores. Todavia, esses sacrifícios possíveis não são ilimitados: para que um estabelecimento de produção possa sobreviver por algum tempo, é preciso que a produtividade do trabalho seja superior a um limiar *de sobrevivência*, ou *renda mínima* **r**, abaixo da qual o agricultor não pode mais responder às suas necessidades essenciais.

Representação gráfica

Num gráfico (figura 10.10), traçamos na abscissa a superfície por trabalhador e representemos as retas **A** (amortização e manutenção do capital necessário por trabalhador não variando com a superfície que ele cultiva), P_{bt} (produto bruto por trabalhador), **M** (margem por trabalhador), P_{nt} (produtividade líquida por trabalhador) e S_{max} (superfície máxima que pode ser explorada por um trabalhador no sistema assim definido).

O limiar de sobrevivência **r** corresponde a uma superfície mínima de sobrevivência S_{min} abaixo da qual nenhuma propriedade camponesa pode se manter, mesmo em curto prazo. O limiar da renovação **R** corresponde a uma superfície de renovação S_r acima da qual um estabelecimento pode investir e desenvolver-se, e abaixo da qual ele está em crise e só pode sobreviver por algum tempo, assim mesmo regredindo.

Num sistema de produção em que a combinação de cultivos e de criação, o tipo de equipamento e o nível das compras correntes de bens e serviços estão estritamente definidos, a produtividade líquida do trabalho é, numa primeira aproximação, uma função linear da superfície por trabalhador:

$P_{nt} = (p - c - a) \times S - A$ e é representada por uma reta.

Na verdade, como mostra a figura 10.10, quando a superfície cultivada por um trabalhador se aproxima de seu máximo S_{max}, a curva de produtividade se inclina, pois se torna cada vez mais difícil finalizar corretamente todas as tarefas produtivas, e a produtividade se ressente (ela se inclinaria de maneira análoga no caso, especificamente teórico, em que a superfície por trabalhador se aproximaria de zero, pois então o custo por hectare de diversos insumos, cujo uso comporta um mínimo irredutível, aumentaria de maneira significativa).

Além disso, para um mesmo sistema e para um mesmo nível de amortização (**A** e **a**) e de consumos intermediários (**c**), a produtividade líquida dos agricultores que praticam o mesmo sistema de produção varia em uma certa bifurcação; efetivamente, na realidade, de um estabelecimento a outro, os itinerários técnicos são mais ou menos bem concebidos e executados, e as condições do meio, do solo em particular, não são estritamente idênticas. Enfim, na prática, os estabelecimentos de uma mesma região engajados na mesma especialização nunca praticam o mesmo sistema de produção: de um estabelecimento ao outro, a combinação de culturas e de criações (logo, o produto bruto) varia um pouco, assim como variam os equipamentos e as compras correntes (logo, os custos).

No total, devido a todas essas variações, para um mesmo tipo de sistema de produção, a produtividade do trabalho inscreve-se entre duas curvas extremas: *uma (quase) reta superior*, representando a melhor produtividade do trabalho acessível para os estabelecimentos que praticam este tipo de sistema, e *uma (quase) reta inferior*, representando a produtividade mais baixa, à qual se acham reduzidos alguns estabelecimentos que também praticam esse mesmo sistema. O quadrilátero formado por essas duas retas, ou seja, pela reta da superfície máxima por trabalhador S_{max} e por aquela do limiar de sobrevivência **r,** delimita "o espaço de existência" teórico dos estabelecimentos que praticam esse tipo de sistema (figura 10.11).

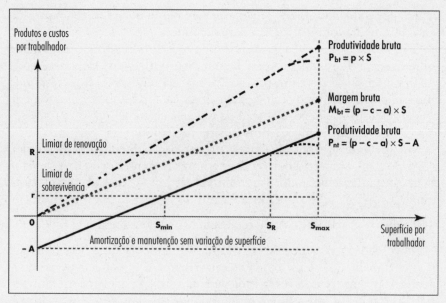

Figura 10.10. Produtividade do trabalho em função da superfície por trabalhador

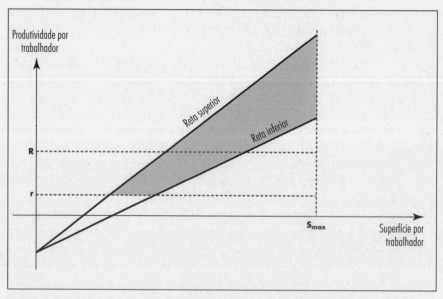

Figura 10.11. Espaço de existência teórica dos estabelecimentos que praticam um mesmo sistema de produção

O mecanismo de desenvolvimento desigual dos estabelecimentos agrícolas situados acima do limiar de renovação

O gráfico, apresentado até aqui de maneira teórica, não pode ser construído *na prática* a não ser por *enquetes aplicadas numa amostra razoável de estabelecimentos*, ou seja, neste caso uma amostra formada de estabelecimento que praticam esse mesmo tipo de sistema. Esses estabelecimentos devem ser bastante numerosos e variados para mostrar os diferentes casos existentes. Estas enquetes servem para avaliar os parâmetros particulares **S, p, c, a** e **A** que determinam a produtividade específica de cada estabelecimento. Em um gráfico análogo ao anterior (superfície por trabalhador em abscissas, produtividade em ordenadas), representa-se então por um ponto cada um dos estabelecimentos inqueridos. Obtém-se assim uma nuvem de pontos (figura 10.12). Mas o conjunto dessa nuvem de pontos não basta para definir o espaço de existência teórica dos estabelecimentos que praticam esse tipo de sistema. Para isso, é ainda necessário avaliar, por enquetes e cálculos específicos, o limiar da superfície máxima S_{max} acessível a esse tipo de sistema e o limiar de sobrevivência **r**, assim como os parâmetros **p, c, a** e **A** que determinam a reta superior e inferior de produtividade definidas acima.

Estabelecimentos agrícolas em desenvolvimento e estabelecimentos em crise

O gráfico 10.12 permite distinguir os *estabelecimentos agrícolas em desenvolvimento*, situados acima do limiar de renovação **R** dos *estabelecimentos em crise* e em sobrevivência provisória, situadas abaixo desse limiar. Nesta última categoria, encontram-se geralmente estabelecimentos familiares subdimensionados, que utilizam material vetusto, sem projeto, sem retomada do estabelecimento agrícola por algum membro da família ou por membro exterior a ela; assim, a terra e os outros meios de produção serão adquiridos por outros estabelecimentos, no todo ou em partes, quando cessar a atividade do agricultor. É preciso notar que nessa categoria não se encontra nenhum estabelecimento com assalariados, o que é compreensível: desde que produtividade dos assalariados seja inferior ao seu custo (salários e encargos aferentes), os estabelecimentos desse tipo se tornam rapidamente incapazes de remunerá-los.

Quanto aos estabelecimentos agrícolas em desenvolvimento, quanto mais sua produtividade se situar acima do limiar de renovação **R**, maior será a sua capacidade de investimento. Pode-se aliás verificar que as mais produtivas dentre elas geralmente têm projetos, um sucessor familiar ou, na falta desses, compradores externos. São esses mesmos estabelecimentos que adquirem os despojos daquelas "sem sucessor".

Níveis de equipamento distintos

Todavia, as enquetes efetuadas num dado momento e numa mesma região mostram também que os estabelecimentos que adotaram a mesma especialização possuem níveis de equipamento diferentes. Atualmente, por exemplo, no grande cultivo, encontramos quase sempre os seguintes níveis de equipamento: um nível de equipamento baixo, correspondente a uma geração de materiais antigos e obsoletos (motomecanização III); um nível de equipamento médio, correspondente à geração dos materiais menos antigos, ainda encontrados no comércio (motomecanização IV); e um nível superior, ainda pouco difundido, correspondente a materiais recentemente postos no mercado (motomecanização V). Se colocarmos em um mesmo gráfico (figura 10.13) as nuvens de pontos e os quadriláteros correspondentes a esses três níveis de equipamento, observaremos que a quase totalidade dos estabelecimentos agrícolas que praticam o sistema motomecanizado III está abaixo do limiar de renovação **R**, e encontra-se assim na incapacidade de, ao mesmo tempo, renovar seus meios de produção e remunerar sua força de trabalho a preços de mercado; no fim, essa categoria tenderá a desaparecer. Os estabelecimentos que praticam o sistema motomecanizado IV estão, em parte, abaixo do limiar **R**, e terão o mesmo destino das precedentes; outra parte está acima desse limiar, estabelecimentos que investem e se desenvolvem. Enfim, aquelas ainda pouco numerosas que praticam o sistema motomecanizado V são as mais bem equipadas, as mais amplamente dimensionadas e as mais produtivas, tendo se constituído recentemente a partir dos estabelecimentos mais eficientes da categoria precedente, e estão, salvo exceção, nitidamente acima do limiar **R**.

Essa análise comparativa permite compreender como os estabelecimentos que praticam um sistema bem eficiente num dado momento (motomecanização IV, por exemplo) são geralmente aquelas que possuem os meios de adotar um novo sistema ainda mais eficiente, que se tornou possível devido ao surgimento de uma geração de equipamentos mais potentes (motomecanização V). Ao contrário, os estabelecimentos que praticam o sistema menos eficiente (motomecanização III) não possuem os meios para ultrapassar essa nova etapa.

Mas essa análise não explica por que, desde o início do século, sistemas cada vez mais produtivos (cultivo manual, cultivo com tração animal leve, cultivo com tração animal pesada, cultivo com tração mecanizada, motomecanizações I e II) foram eliminados uns após os outros.

O mecanismo de crise e de eliminação dos estabelecimentos agrícolas situados abaixo do limiar de renovação

Na verdade, o duplo processo de desenvolvimento dos novos sistemas de produção, baseados em níveis crescentes de equipamento, e eliminação

História das agriculturas no mundo

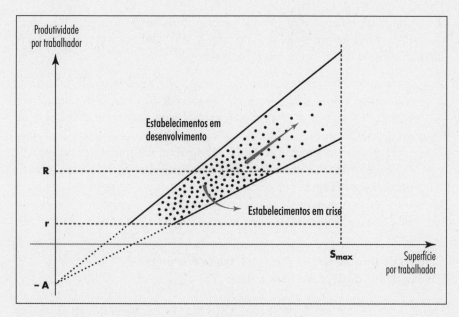

Figura 10.12. Estabelecimentos em desenvolvimento e em crise

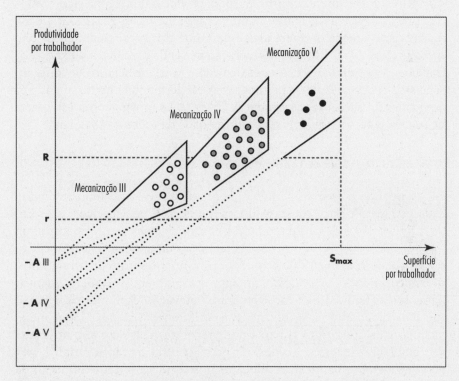

Figura 10.13. Níveis de mecanização, superfície por trabalhador e produtividade

dos antigos sistemas, baseados nos níveis inferiores de equipamento, funcionou sem interrupção desde o fim do século XIX. Para compreendê-lo, distinguiremos três momentos principais:

- o primeiro desses momentos corresponde ao desenvolvimento da mecanização do cultivo com tração animal e à eliminação do cultivo manual e do cultivo com tração animal leve, na primeira metade do século XX;
- o segundo corresponde ao desenvolvimento das motomecanizações I e II e à eliminação do cultivo com tração animal pesada, mecanizada ou não, nos anos 1960;
- o terceiro corresponde ao desenvolvimento das motomecanizações IV e V e à eliminação da motomecanização III nos anos 1980-1990.

Ganhos de produtividade para uns, baixa dos preços e baixa de produtividade para outros

Desde a primeira metade do século XX, a mecanização da tração animal se desenvolveu o suficiente nos países novos e na Europa, nas médias e nos grandes estabelecimentos agrícolas, para provocar uma baixa significativa dos preços agrícolas e, consequentemente, uma baixa da produtividade (calculada a preços de mercado) e da renda dos estabelecimentos não mecanizados. No início, esta diminuição de renda precipitou o êxodo dos trabalhadores familiares desses estabelecimentos; em seguida, levou à ausência de sucessores dessas últimas e a seu desmantelamento quando as atividades do agricultor cessaram. A figura 10.14 mostra como essa baixa de preços se repercutiu sobre a produtividade de todos os sistemas.

A elevação do limiar de renovação

Paralelamente, o desenvolvimento da segunda revolução industrial criou cada vez mais postos de trabalho na indústria e nos serviços, e os importantes ganhos de produtividade realizados nesses setores permitiram um aumento dos salários reais. Daí resultou uma elevação significativa do limiar de renovação **R**, o que contribuiu para ampliar, ainda mais, o êxodo agrícola e o desaparecimento dos pequenos estabelecimentos agrícolas. A figura 10.15 mostra como a elevação do limiar de renovação **R** se repercutiu na viabilização dos diferentes sistemas. De maneira análoga, nos anos 1960, a baixa dos preços agrícolas e a alta do limiar de renovação levaram ao desaparecimento da tração animal. E nos anos 1980-1990, os mesmos mecanismos conduziram à eliminação da motomecanização III.

História das agriculturas no mundo

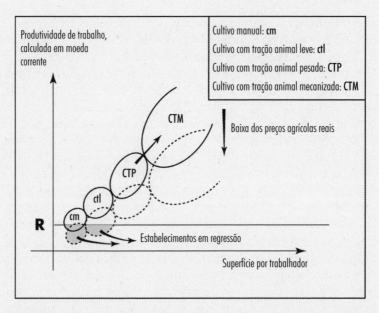

Figura 10.14. Desenvolvimento da mecanização e baixa dos preços agrícolas reais na primeira metade do século XX

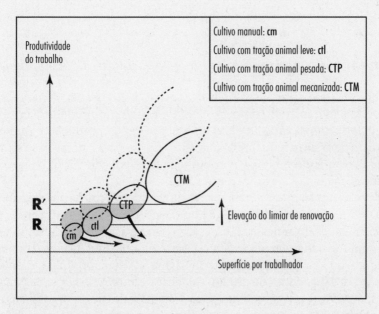

Figura 10.15. Elevação do limiar de renovação em termos reais na primeira metade do século XX

Reunindo num mesmo gráfico (figura 10.16) esses três grandes momentos do desenvolvimento da mecanização, vê-se como, desde o início do século, os sistemas cada vez mais produtivos se implantaram; vemos também como, por um lado, devido às baixas de preço sucessivas e, de outro, à elevação progressiva do limiar de renovação, a cultura manual e em seguida as culturas por tração animal leve, pesada e mecanizada e depois as motomecanizações I e II se viram uma após a outra abaixo do limiar de renovação e foram eliminadas; enfim, nos anos 1980-1990 foi a vez de a motomecanização III ser eliminada. A figura 10.16 mostra também que hoje subsistem somente os estabelecimentos que venceram, uma após a outra, todas as etapas desse desenvolvimento desde o início do século; o que quer dizer que ultrapassaram pelo menos uma dessas etapas em cada geração.

Mas este gráfico mostra igualmente que no interior de um mesmo sistema, e para uma mesma superfície por trabalhador, as diferenças de produtividade continuam importantes. Não se saberia, portanto, subestimar os ganhos de produtividade realizáveis por um agricultor, melhorando a escolha de seus meios de produção, a combinação e a gestão de suas atividades. Este gráfico mostra, enfim, que, embora a produtividade de estabelecimentos pouquíssimo equipados (motomecanização I, por exemplo) seja muito inferior ao limiar de renovação atual, ela continua, todavia, superior ao limiar de sobrevivência. Isso explica por que esse tipo de estabelecimento pode perdurar por muito tempo, principalmente num período em que as ofertas de emprego tornam-se raras e as condições de vida exteriores à agricultura, pouco atrativas.

Produtividade do trabalho, renda e capacidade de investimento

Lembremos que as análises precedentes são válidas apenas para estabelecimentos agrícolas de um tipo bem definido: propriedade com um só trabalhador proprietário integral de seus meios de produção e que não é objeto de nenhuma transferência positiva ou negativa; nesse caso simples, a renda do agricultor é igual à produtividade líquida de seu trabalho, o que facilita os cálculos e a compreensão deles.

No entanto, frequentemente, a renda de um agricultor que trabalha sozinho difere de sua produtividade líquida, pois é preciso, conforme o caso, acrescentar ou retirar desta algumas transferências: se o agricultor tiver que pagar um *arrendamento* para toda ou parte da terra que utiliza, ou os *juros* do capital que ele pediu emprestado, sua renda será amputada da mesma soma. Às desigualdades de produtividade, resultantes do *acesso* desigual aos meios de produção, acrescentam-se as desigualdades de encargos resultantes da repartição desigual da *propriedade* desses mesmos meios – desigualdades que aumentam, ainda mais, as disparidades de renda. Além disso, se um

História das agriculturas no mundo

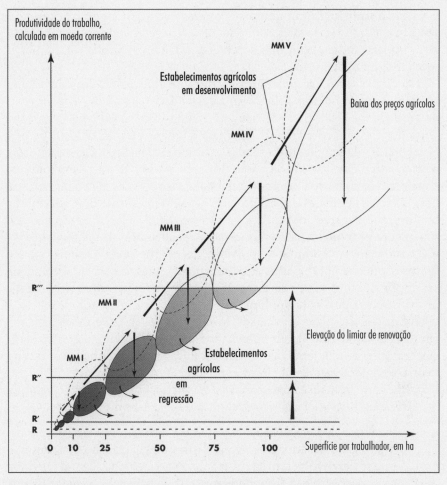

Figura 10.16. Desenvolvimento da motomecanização, ganhos de produtividade, baixa dos preços agrícolas e elevação do limiar de renovação, em termos reais, desde o início do século XX

agricultor recebe *subsídios* ou paga *impostos*, sua renda, consequentemente, aumentará ou diminuirá.

Quanto à capacidade de autoinvestimento de um agricultor que trabalha sozinho, consideramos anteriormente que ela era igual à diferença entre sua renda e o limiar de renovação **R**, definido como o preço de mercado da mão de obra pouco qualificada. Isto leva a admitir que as necessidades de consumo desse agricultor e de sua família são iguais a **R**. Ora, as necessidades de consumo variam de uma família para outra (de acordo com o número, idade e o tipo de vida de seus membros) e, além do mais, é frequente que um agricultor disponha de outras fontes de renda familiar para investir. Por isso, a capacidade de autoinvestimento é calculada a partir da renda do agricultor, retirando-se desta as necessidades de consumo do próprio agricultor e de seus dependentes e acrescentando-se a essa renda os eventuais ganhos exteriores recebidos por algum membro da família e investidos na exploração.

No caso de um estabelecimento familiar que tenha dois ou vários trabalhadores familiares solidários, a capacidade global de investimento da propriedade é calculada de maneira análoga (produção líquida do conjunto dos trabalhadores familiares, mais ou menos transferências, menos necessidades da família, mais rendas exteriores eventuais). E para apreciar convenientemente as possibilidades de desenvolvimento de tal exploração, é preciso relacionar sua capacidade global de investimentos ao número de trabalhadores familiares que ela possui. Mas agindo assim, é preciso lembrar também que as necessidades de investimento de uma propriedade não são totalmente proporcionais ao número de trabalhadores: se alguns equipamentos devem ser comprados tantas vezes quanto trabalhadores houver (tratores, por exemplo), outros equipamentos de grande capacidade podem ser comprados uma só vez para dois, três ou quatro trabalhadores (colhedora de cereais, máquina para vindima, por exemplo; ver mais adiante).

Enfim, para calcular a capacidade de investimento de um estabelecimento familiar que conte com alguns trabalhadores assalariados (familiares ou não), é necessário naturalmente deduzir da produção líquida global os encargos salariais exigidos pelo estabelecimento agrícola.

Em resumo, a análise do *desenvolvimento por etapas de sistemas de produção especializados, cada vez mais motomecanizados e eficientes* mostra que:

1 – Para uma dada especialização agrícola, existem vários sistemas de produção, baseados nos níveis de motomecanização crescentes e que se desenvolveram sucessivamente ao longo da segunda revolução agrícola. A produtividade máxima acessível varia muito de um sistema para outro, e ela é tanto maior quanto o sistema é considerado mais recente e baseado em um nível de motomecanização mais elevado.

2 – Além disso, no interior de cada um desses sistemas de produção, o nível de produtividade varia ainda em função da superfície por trabalhador, do nível de utilização dos insumos e da mais ou menos satisfatória combinação das produções e dos meios de produção.

3 – Em cada momento existe um limiar de renovação dos estabelecimentos que corresponde à renda que receberia um agricultor no mercado de trabalho. Os estabelecimentos, cuja renda por trabalhador é superior a este limiar, têm a possibilidade de investir, de adotar um nível de equipamento mais caro e mais eficiente e de crescer.

Os estabelecimentos agrícolas cuja renda por trabalhador é inferior a este limiar não podem investir, nem mesmo renovar seu equipamento e, ao mesmo tempo, remunerar a força de trabalho familiar a preço de mercado; esses estabelecimentos em crise sobrevivem geralmente até a aposentadoria do agricultor.

4 – Os estabelecimentos que investem em novos equipamentos e em níveis de consumo de insumos mais elevados, e o desenvolvimento de sistemas de produção cada vez mais produtivos, levam, a longo prazo, a uma queda dos preços agrícolas que se traduz por baixa da produtividade (calculada a preço de mercado) dos estabelecimentos agrícolas que não puderam investir.

Paralelamente, os ganhos de produtividade na indústria e nos serviços permitem um aumento dos salários reais e uma elevação do limiar de renovação dos estabelecimentos agrícolas.

Em consequência, a renda do trabalho nas pequenas propriedades subequipadas e pouco produtivas encontra-se progressivamente em retrocesso, situando-se muito abaixo do limiar de renovação e agravando assim a crise desses estabelecimentos.

5 – Deste modo, desde o início do século, os ganhos de produtividade na agricultura e na indústria levaram à eliminação progressiva dos estabelecimentos agrícolas menos equipados e menos produtivos. Por fim, só ficaram em atividade os estabelecimentos que, de geração em geração, tiveram os meios de adotar, sucessivamente, sistemas de produção mais produtivos.

Os mecanismos econômicos da especialização dos estabelecimentos agrícolas e das regiões

Para explicar agora por que, em uma mesma região, a maioria dos estabelecimentos agrícolas engajou-se em certa especialização e também por que alguns estabelecimentos praticam às vezes sistemas diferentes, podemos levar a um mesmo gráfico as produtividades de todos os sistemas de produção especializados praticados nesta região (aqui, também, o leitor pouco interessado em gráficos pode se remeter às conclusões da análise, na página 461).

Regiões cerealíferas

Consideremos em princípio uma dessas planícies siltosas, fáceis de mecanizar, da região média da Europa, de solo e clima favoráveis a cultivos e criações variadas, e na qual a maioria dos estabelecimentos desenvolveu, há um século, sistemas de produção para cereais cada vez mais eficientes. Representemos de maneira simplificada as produtividades dos sistemas a cereais praticados atualmente (figura 10.17), assim como a produtividade de outros sistemas praticáveis (que, aliás, são às vezes adotados por alguns estabelecimentos) nessa mesma região: sistemas associados de espécies forrageiras cultivadas--vacas leiteiras, sistemas de pastagem nativa-gado de corte, vitivinicultura.

Este gráfico mostra que nesse tipo de região, hoje, os sistemas especializados mais produtivos de todos são exatamente os sistemas para cereais que se baseiam nas motomecanizações IV e V. Os primeiros, que têm uma superfície por trabalhador compreendida entre 70 ha e 120 ha, se impuseram já há dois decênios, enquanto os segundos, cuja superfície por trabalhador pode ultrapassar 200 ha, começaram a se desenvolver há apenas alguns anos.

O gráfico mostra também que para estabelecimentos que não puderam crescer suficientemente e que dispõem de uma superfície por trabalhador compreendida entre 25 ha e 50 ha, os sistemas leiteiros são mais produtivos que os sistemas para cereais, o que explica a persistência dos pequenos estabelecimentos inteira ou parcialmente leiteiros nesse tipo de região.

Finalmente, o gráfico mostra que, para estabelecimentos que disporiam de apenas uma dezena de hectares por trabalhador, a produtividade vitícola é superior à de todos os outros sistemas que não são, é claro, absolutamente mais rentáveis em superfícies assim tão reduzidas. Mas a produtividade desta viticultura de planície temperada fria, que só pode produzir vinho de má qualidade e a baixo preço, se situa geralmente abaixo do limiar de renovação dos estabelecimentos; por isso, há muito tempo ela já não é mais praticada.

Regiões vitícolas

Por outro lado, nos flancos ou ao pé de certas encostas bem orientadas situadas às margens desse tipo de planície (montanhas de Reims que dominam a planície de Champagne, colinas subvosgianas que dominam a planície da Alsácia, colinas do Beaujolais, na planície de Saône etc.), a viticultura, que produz vinhos de qualidade, é muito rentável. Consideremos agora uma dessas regiões de encostas, o Beaujolais, por exemplo, nas quais a maioria das propriedades produz vinho. E representemos como anteriormente a produtividade dos sistemas vitivinícolas, assim como a dos outros sistemas praticados na região (figura 10.18).

Este gráfico mostra que, em razão da qualidade e do preço do vinho, o sistema vitícola é, de longe, o mais produtivo. Os outros sistemas praticáveis (vacas de corte, vacas leiteiras, cereais) só são adotados nesse tipo de região em terrenos não adaptados à produção de vinho de qualidade, e são, aliás, menos rentáveis que em planície.

História das agriculturas no mundo

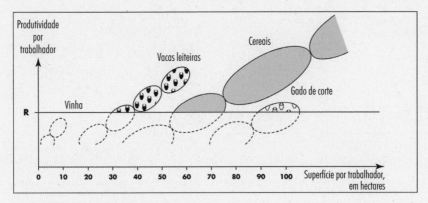

Figura 10.17. Produtividades comparadas de diferentes sistemas de produção em um planalto siltoso mediamente irrigado

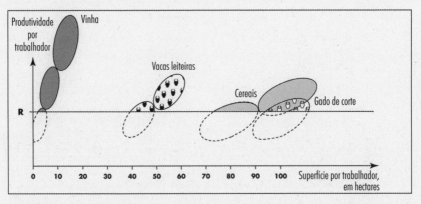

Figura 10.18. Produtividades comparadas de diferentes sistemas de produção sobre uma encosta exposta à luminosidade

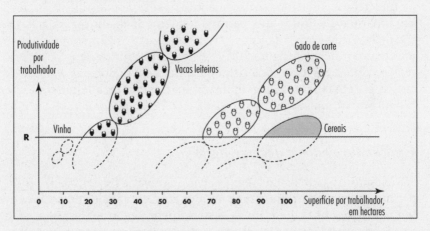

Figura 10.19. Produtividades comparadas entre diferentes sistemas de produção num vale argiloso com elevada pluviometria

459

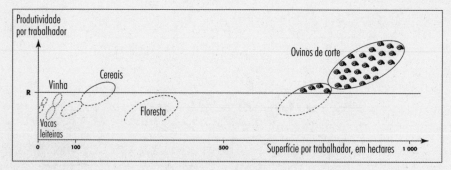

Figura 10.20. Produtividades comparadas entre diferentes sistemas de produção num planalto com baixa pluviometria

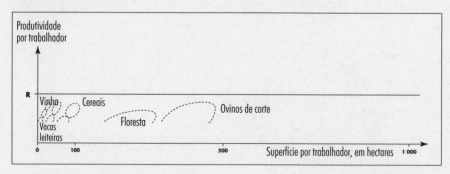

Figura 10.21. Produtividades comparadas entre diferentes sistemas de produção em uma montanha com baixa pluviometria

Regiões leiteiras

Consideremos enfim uma região atlântica de solo pesado, difícil de trabalhar, de clima suave e úmido que permite reduzir em alguns meses a estabulação de inverno, e cujos campos nativos melhorados alimentam duas vacas matrizes por hectare (figura 10.19). Este gráfico mostra que, neste tipo de região, a produtividade dos sistemas leiteiros é maior que a de todos os outros sistemas, desde que se disponha de uma raça leiteira altamente produtiva, produzindo uma média de 6.000 l de leite por vaca e por ano.

Criação de ovinos e declínio agrícola

No entanto, ao lado de tais regiões, nas quais vários sistemas de produção permitem ultrapassar o limiar de renovação dos estabelecimentos, existem também regiões nas quais um só sistema permite ultrapassar esse limiar, e ainda, em outras regiões, existem sistemas que não conseguem ultrapassar este limiar.

Por exemplo, nos planaltos calcários de solo fino das regiões meridionais da Europa pouco irrigados, onde pradarias naturais rarefeitas só conseguem alimentar apenas uma ovelha fêmea por hectare, o único sistema corrente cuja produtividade ultrapassa o limiar de renovação é a criação de ovino de corte e para lã. Mas para isso é preciso dispor de quase 1.000 ha de terreno relativamente plano e limpo, que permita que um único pastor conduza um rebanho de umas 1.000 cabeças de gado de pequeno porte (figura 10.20).

Por outro lado, em uma montanha seca e muito acidentada, coberta de vegetação arbustiva (do tipo "maquis", "garrigue"), onde um pastor não pode conduzir mais do que de 300 a 400 cabeças, nenhum sistema é viável (figura 10.21) e esse tipo de região está condenado ao declínio agrícola, a menos que tenha uma renda ligada a uma tradição de produção de queijos de ovelha particularmente remuneradora (*roquefort,* por exemplo).

Desigualdades de renda entre as regiões

A comparação dos gráficos 10.17 a 10.21 mostra que a produtividade máxima acessível nessas regiões muito distintamente especializadas varia consideravelmente de uma região para outra.

Comparando-se, no entanto, regiões que se assemelham em sua especialização, podemos constatar que a produtividade máxima acessível nessas regiões onde pratica-se os mesmos sistemas também varia muito de uma região para outra. Consideremos, por exemplo, todas as regiões nas quais o sistema especializado mais produtivo seja o tipo a cereal, e representemos num mesmo gráfico as produtividades desses sistemas cerealíferos nessas diferentes regiões (figura 10.22). Esse gráfico mostra que nas regiões mais favorecidas (planícies argilosas da média Europa), a produtividade máxima é duas vezes mais elevada que o limiar de renovação. Por outro lado, nas outras regiões (regiões secas meridionais), a produtividade máxima não atinge nem o nível do limiar de renovação, e os estabelecimentos de cereais, quando sobrevivem, tendem a desaparecer. Essas diferenças de produtividade resultam, é claro, das desigualdades de fertilidade e de rendimento de uma região para outra, mas resultam também das desigualdades de superfície máxima explorável por um trabalhador, a qual é condicionada pela topografia e pela maior ou menor facilidade de trabalho do solo. O mesmo acontece com toda especialização praticada nas diferentes regiões: a produtividade máxima acessível varia consideravelmente de uma região para outra.

Resumindo, a análise comparada da produtividade dos diferentes sistemas de produção especializados que se desenvolveram nas diferentes regiões ao longo da segunda revolução agrícola mostra que:

1 – qualquer que seja a região, a produtividade do trabalho agrícola varia de um sistema de produção especializado para outro, e existe

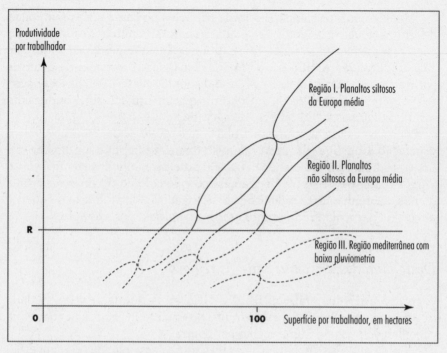

Figura 10.22. Desigualdades de produtividade entre regiões cerealíferas

geralmente um sistema especializado mais produtivo que todos os demais. É precisamente esse sistema que a maioria dos estabelecimentos dessa região tende a adotar a longo prazo, fato que acaba condicionando a superfície por trabalhador, a dimensão dos estabelecimentos e a densidade da população agrícola da região;

2 – para regiões que possuem características físicas e econômicas análogas, os sistemas especializados mais produtivos são da mesma natureza. Essas características análogas não sendo todavia idênticas, os rendimentos, as superfícies por trabalhador e os níveis de produtividade acessíveis com estes sistemas variam fortemente de uma região a outra;

3 – para regiões que possuem características físicas e econômicas muito diferentes, os sistemas de produção especializados mais produtivos são também muito diferentes uns dos outros e, evidentemente, seus níveis de produtividade também o são;

4 – existem regiões nas quais vários sistemas de produção especializados podem atingir níveis de produtividade superiores ao limiar de renovação dos estabelecimentos. Neste caso, ainda que a maioria dos estabelecimentos tenda a adotar o sistema mais produtivo, os estabelecimentos possuem um leque de escolha mais amplo. As

pequenas, em particular, podem se manter praticando sistemas de reduzida superfície por trabalhador (por exemplo, criação de animais para leite, cultura de legumes e frutos e, eventualmente, vinha);

5 – porém, também existem regiões onde um só sistema especializado (vinha, criação de ovinos extensiva, por exemplo) ultrapassa o limiar de renovação. Neste caso, a escolha dos estabelecimentos já está bem delineada;

6 – enfim, há regiões nas quais nenhum sistema de produção alcança (a preços atuais) o limiar de renovação: nessas regiões, a tendência de baixa dos preços agrícolas e o aumento do limiar de renovação já levaram, ou levarão num futuro próximo, à eliminação de todos os estabelecimentos, ao declínio agrícola e à extensão dos baldios.

A partir dessas análises, pode-se deduzir que um dado sistema de preços (dos produtos, dos equipamentos e insumos e o preço da força de trabalho) é capaz de determinar a adoção, por inúmeros estabelecimentos agrícolas dispersos, de sistemas de produção especializados mais eficazes, tendo em vista as condições físicas e econômicas nas quais se encontram.

Mas avancemos um pouco mais. Se considerarmos os estabelecimentos envolvidos na corrida à produtividade, como são todos aqueles que ultrapassarão a próxima etapa de desenvolvimento da segunda revolução agrícola, e se calcularmos, por meio de métodos adequados (Programação Linear), os sistemas de produção "optimum" para esses estabelecimentos particulares, constataremos que os sistemas de produção efetivamente praticados nesses estabelecimentos estão muito próximos daqueles que pudemos determinar pelo cálculo; sob a condição, é claro, de que esse cálculo considere precisamente as características (de meio, de dimensão, de equipamentos, de capacidade de trabalho, de *savoir-faire*, de capacidade financeira) próprias a cada estabelecimento e que considere também as antecipações de rendimento e de preço próprios a cada estabelecimento agrícola (Mazoyer, 1963). Mede-se por aí a força de determinação de um sistema de preços sobre as decisões de produção e de investimento de uma multiplicidade de produtores, até mesmo dos menores e mais dispersos dentre eles, e a capacidade de adaptação destes.

A arte do técnico de desenvolvimento não é, portanto, aconselhar os produtores sobre a melhor maneira de fazer, considerando as condições nas quais se encontram e os meios e as informações das quais dispõem. É, isso sim, guiá-los para mudar suas condições (arranjos do meio, políticas agrícolas, mercado etc.). É colocar à disposição deles novos meios de produção (equipamentos, variedades, raças e outros insumos), ajudá-los a adquiri-los (crédito), além de ajudá-los a se formar e a se informar.

Dessa análise de mecanismos de desenvolvimento e de especialização próprios à segunda revolução agrícola em agricultura camponesa, podemos concluir que a tendência de baixa dos preços agrícolas reais e o aumento do limiar de renovação dos estabelecimentos são capazes de conduzir, em longo prazo, ao desenvolvimento de sistemas de produção cada vez mais capitalizados, especializados e produtivos, eliminando uns após ou outros os sistemas mais antigos e menos produtivos. Assim o governo, por meio dos preços de uma agricultura camponesa, vai muito além das escolhas imediatas e das estratégias em médio prazo dos produtores. Chega até a comandar a acumulação e a divisão espacial e social do capital agrícola e das produções, o desaparecimento de numerosas categorias de estabelecimentos, a exclusão de regiões inteiras, o êxodo agrícola e finalmente a densidade de população agrícola em diferentes regiões. Em resumo, chega até a comandar a divisão espacial dos capitais, das produções e dos homens.

Economias e deseconomias de escala

Até então, nosso estudo dos mecanismos de desenvolvimento da segunda revolução agrícola consistiu em uma análise do desenvolvimento diferencial e da especialização dos estabelecimentos camponeses, e isso devido a uma boa razão: nos países desenvolvidos, os estabelecimentos com um ou dois trabalhadores familiares são, de longe, os mais numerosos.

Todavia, existem também nesses países, paralelos aos *estabelecimentos agrícolas camponeses* majoritários, outras categorias de estabelecimentos: *estabelecimentos patronais*, que utilizam, além da mão de obra familiar, alguns assalariados; *agrupamentos de estabelecimentos* familiares, que compram seus insumos ou vendem seus produtos conjuntamente, ou ainda utilizando materiais agrícolas comprados em comum, alguns desses agrupamentos chegam até se unir para formar uma única e mesma *unidade de produção cooperativa* ou societária. Enfim, em alguns países, existem *grandes empresas* agrícolas cooperativas, capitalistas ou estatais, que empregam um grande número de aderentes ou de assalariados. É preciso, portanto, analisar, ainda que brevemente, a incidência que pode ter a dimensão (o tamanho ou a escala) dessas unidades de produção em seus resultados econômicos e sobre sua competitividade e seu desenvolvimento.

Ainda há pouco tempo, muitos economistas pensavam que, tanto na agricultura como na grande indústria, um forte aumento do tamanho dos estabelecimentos (chegando até a milhares de hectares e centenas de trabalhadores) permitiria realizar "economias de escala" muito importantes, capazes de reduzir fortemente o custo de produção por unidade de produto (ou seja, o custo unitário de produção). Conforme esse pressuposto, as economias de escala deveriam propiciar aos grandes estabelecimentos uma forte competitividade capaz de conduzi-las, no final, ao triunfo sobre os estabelecimentos camponeses, os estabelecimentos patronais e as pequenas cooperativas. Ora, contrariamente a esse diagnóstico, as *muito grandes empresas* de produção agrícola de "porte industrial", quer fossem "cooperativas" (*kolkhozes*), capitalistas ou estatais, encontraram muitas dificuldades, conheceram fracassos e frequentemente recuaram, tanto nos países de economia planificada como nos países de economia de mercado.

De fato, os estabelecimentos agrícolas de grande porte não se desenvolveram e se mantiveram apenas nos territórios que se beneficiavam de rendas diferenciais muito elevadas (algumas vinhas de alta qualidade, por exemplo), ou ainda nos países onde o quase monopólio da terra (países latiminifundiários) protegeu os grandes domínios da concorrência da agricultura camponesa e lhes assegurou mão de obra a preços baixíssimos. Elas se desenvolveram nos países onde foram beneficiadas de todos os tipos de apoio e de privilégios por parte do Estado (ex-países socialistas, em particular). Enfim, estabelecimentos de porte industrial foram constituídos em diversos tipos de criação em confinamento, na base de fábricas de alimentação do gado, permitindo alimentar milhares de animais. Mas nesse caso, paradoxalmente, a automatização-robotização das operações técnicas referentes à criação animal permitiu a estabelecimentos de grande porte funcionar com um só trabalhador, ou mesmo com apenas um trabalhador em tempo parcial.

Do pouco sucesso geralmente obtido pelas grandes empresas agrícolas, devemos deduzir que não há ou há muito pouca economia de escala em agricultura? Não verdadeiramente. A resposta é um pouco mais complicada do que possa parecer. Na verdade, ao longo do desenvolvimento da segunda revolução agrícola, assistimos – lembremos – a um desenvolvimento contraditório das diferentes categorias de propriedades: eliminação em todo o momento das propriedades camponesas menores e menos produtivas; progressão em etapas das propriedades camponesas médias ou grandes mais eficientes, assim como estabelecimentos patronais e pequenos grupos de produtores. Enfim, postas à parte as exceções que acabamos de ver, os grandes estabelecimentos agrícolas de porte industrial conheceram muitos reveses.

Para comprovar esse desenvolvimento contrastante, as hipóteses que se impõem aos indivíduos menos prevenidos são as seguintes:

1 – na agricultura, o aumento do porte dos estabelecimentos permite certamente realizar economias importantes, mas essas economias em escala não se manifestam, a não ser até um limiar de dimensão relativamente fraco. Esse limiar é geralmente inferior a alguns trabalhadores (três a sete trabalhadores), o que, segundo os sistemas de produção especializados atuais, corresponde a uma superfície de alguns hectares (horticultura), de algumas dezenas de hectares (vinha), de algumas centenas de hectares (cultivos em grande escala) e, às vezes, de alguns milhares de hectares (criação extensiva de gado herbívoro);

2 – além desse limiar, o aumento do porte dos estabelecimentos agrícolas já não permite muito realizar economias significativas. Contrariamente, ele provoca o aparecimento de custos suplementares

e um aumento do custo total unitário de produção, o que prejudica bastante a rentabilidade dos grandes estabelecimentos.

Para verificar o fundamento dessas hipóteses, é necessário analisar mais precisamente como variam as diferentes categorias de custos de produção por unidade de produto, em função do tamanho dos estabelecimentos agrícolas que praticam um mesmo sistema de produção, em condições ecológicas e econômicas idênticas. Ou seja: é preciso analisar a variação dos custos de produção unitários em função do tamanho dos estabelecimentos.

Para isso, consideremos a princípio um estabelecimento com apenas um trabalhador que não utilize os meios de produção exteriores ao estabelecimento e que possua uma gama de materiais necessários para praticar o sistema de produção considerado. Neste caso, os custos de amortização desses equipamentos por unidade produzida (ou por hectare) vão diminuindo quando a superfície explorada por esse trabalhador aumenta; e estes custos diminuem até que a superfície máxima explorável por um só trabalhador equipado dessa forma, S_{max}, seja alcançada.

Ora, a superfície máxima é alcançada quando o pleno emprego desse trabalhador e (ou) o pleno emprego de um (ou de vários) material(is) encontram-se realizados durante um (ou vários) período(s) de trabalho sazonal intransferível: para ultrapassar a superfície máxima alcançada, seria preciso, necessariamente, apelar para a mão de obra e (ou) os equipamentos suplementares.

No caso de propriedade com um trabalhador apenas, que disponibilize de todos os materiais necessários para operar um dado sistema de produção, o custo da mão de obra e o custo de amortização dos materiais por unidade produzida são mínimos, quando a superfície por trabalhador alcança seu máximo; e, por outro lado, como já vimos, os outros custos de produção proporcionais (consumos intermediários, amortizações proporcionais...) continuam praticamente constantes por unidade produzida, o custo *total* unitário de produção sendo também mínimo quando a superfície por trabalhador é máxima.

Economias de escala efetivas

Todavia, mesmo quando a superfície máxima por trabalhador é alcançada, ocorre que, em uma propriedade de um trabalhador apenas, a maioria dos equipamentos necessários não é plenamente utilizada. É por isso que nos estabelecimentos maiores, cuja dimensão (e em consequência o número de trabalhadores) é 2, 3, 4... n vezes mais elevada, geralmente não há necessidade de dispor, para cada trabalhador, da gama completa de equipamentos necessários para praticar o sistema de produção considerado. Em grandes cultivos, por exemplo, basta uma ceifeira-debulhadora de grande capacidade para dois ou três tratoristas, e em viticultura, basta uma máquina de vindima para cinco ou seis vinhateiros. Mas há outros equipamentos de trabalho do solo, de transporte e de tratamento cujo número pode ser inferior ao número de trabalhadores.

Em uma propriedade de vários trabalhadores, o superequipamento suplementar pode ser reduzido e o custo unitário de amortização dos materiais é, por consequência, mais reduzido do que em uma propriedade de um só trabalhador que possua toda a gama de material necessário. São essas economias de capital fixo que constituem o essencial das economias de escala realizáveis em agricultura. Além disso, os grandes estabelecimentos são beneficiados por bônus (restituição) consideráveis relativos aos seus abastecimentos e por subsídios (gratificações) relativos às suas vendas, quando as quantidades compradas ou vendidas são significativas.

Não obstante, essas economias e vantagens comerciais não são exclusivamente reservadas aos grandes estabelecimentos agrícolas. Na verdade, os estabelecimentos que contam com um ou dois trabalhadores podem também realizar economias de capital fixo importantes, participando de *grupos de compra e de utilização comum dos equipamentos agrícolas* mais subutilizados e mais caros, ou então apelando para *empresas de trabalhos agrícolas*, ou ainda comprando equipamentos de ocasião... E podem também ser beneficiados por condições comerciais vantajosas participando de grupos de compra e venda. Mesmo os estabelecimentos muito pequenos chamados "de tempo parcial", que empregam menos de um trabalhador permanente, podem aproveitar essas possibilidades para obter uma produtividade por hora de trabalho efetivo bastante elevada e custos unitários de produção bastante baixos; isso explica por que os estabelecimentos deste tipo são muito numerosos nos países desenvolvidos.

As pequenas propriedades podem diminuir o equipamento excessivo – e os altos custos dele decorrentes – e se beneficiar em certa medida das vantagens comerciais ligadas ao volume de transações. É preciso, todavia, reconhecer que o agrupamento, com fins úteis, de pequenos estabelecimentos, assim como o recurso a empresas de trabalho agrícolas de serviço, nem sempre é fácil e que pode às vezes ocasionar algumas perdas: maquinário não disponível em tempo hábil, trabalho mal executado... Mas isso acontece também nos grandes estabelecimentos. Finalmente, ocorre que, muitas vezes, a forte competitividade das propriedades camponesas se baseia numa sobrecarga de trabalho familiar sub-remunerado.

As economias de escala de alcance limitado

É preciso, por outro lado, ver bem que as economias de capital fixo ligadas à dimensão dos estabelecimentos têm um alcance limitado: desde que se ultrapasse a superfície máxima explorável por uma pequena equipe de trabalhadores (três a sete trabalhadores conforme os sistemas) organizada em torno de uma combinação, bem-proporcionada, de todas as máquinas necessárias para implementar um dado sistema de produção, essas economias se tornam insignificantes. Na verdade, nos estabelecimentos muito maiores – que contam não com uma, mas com várias equipes desse tipo (ou seja, no total algumas dezenas de trabalhadores) – é necessário praticamente dispor para cada uma dessas equipes da mesma combinação bem proporcionada de todos os equipamentos necessários, o que significa que, além de alguns trabalhadores, praticamente não se faz mais economia de capital fixo.

Deseconomias de escala importantes

Acrescentemos o seguinte: em um estabelecimento baseado em uma pequena equipe de trabalhadores, não há necessidade de pessoal de comando e de vigilância que não participe diretamente do trabalho produtivo. Nesse caso, os trabalhadores – sejam familiares, sejam assalariados ou cooperados – podem perfeitamente coordenar suas tarefas, ou trabalhar sob a direção de um responsável ou de um patrão que participe ele mesmo dos trabalhos agrícolas. Por outro lado, nos estabelecimentos de grande dimensão, que comportam várias equipes de trabalho, é preciso necessariamente dispor de pessoal de chefia e de administração; na falta deles a quantidade e a qualidade do trabalho fornecido diminuem, enquanto os desperdícios de insumos e as perdas de produção proliferam. E quanto mais o estabelecimento aumenta em superfície, mais a pirâmide do pessoal que não participa diretamente das tarefas agrícolas eleva-se (diretor, chefes de serviço, contramestres, vigias, secretárias, motoristas etc.).

Acrescentamos que, quando a dimensão de uma propriedade atinge alguns milhares de hectares, o tempo gasto em deslocamento da mão de obra e das máquinas tem grande peso sobre a produtividade e sobre os custos de produção; da mesma forma, nas grandes unidades de criação, o custo de transporte e de dispersão de dejetos animais se torna proibitivo... Enfim, jamais se pode subestimar os desperdícios e as perdas que podem resultar quando o trabalho agrícola é aplicado de forma padronizada a parcelas demasiadamente grandes ou a grandes ateliês de criação de gado porque nem sempre são consideradas as variações ecológicas microlocais e as necessidades particulares de cada animal. Isto conduz aos desperdícios e redução dos ganhos.

Os muito grandes estabelecimentos agrícolas suportam, assim, necessariamente, tanto os custos de administração importantes, quanto as perdas, ou os dois ao mesmo tempo, ou seja, o bem merecido termo de deseconomia de escala.

No fim das contas, pode-se dizer que, em agricultura, as economias de escala significativas são realizáveis apenas até um limiar de dimensão bastante modesto, correspondendo a uma equipe de trabalho autônoma de algumas pessoas. Além desse limiar, as deseconomias de escala aparecem e aumentam rapidamente com a dimensão do estabelecimento. Para a maioria dos sistemas de produção agrícola praticados hoje, a dimensão mais favorável para a eficácia econômica do estabelecimento (seja ele patronal, cooperativo ou familiar) é aquela que corresponde a um pequeno número de trabalhadores (entre 3 e 7), estando bem entendido que a superfície por trabalhador está próxima de seu máximo possível S_{max} no sistema considerado.

No fundo, essa característica da economia dos estabelecimentos agrícolas se deve ao fato de que, na etapa atual de desenvolvimento do maquinismo agrícola, a maioria desses equipamentos agrícolas existentes pode ser manipulada por um só trabalhador ou por uma pequena equipe, e que não existem hoje na indústria grandes maquinários (como os altos-fornos e as cadeias de montagem) que, ao mesmo tempo, exijam e comandem o trabalho de dezenas ou até centenas de trabalhadores.

Isso não significa, porém, que os estabelecimentos que se baseiam numa pequena equipe de trabalhadores triunfarão nos países desenvolvidos ao longo dos próximos decênios. Na verdade, como vimos, a competitividade e a capacidade de resistência dos estabelecimentos individuais que contam com um só trabalhador, em tempo integral ou parcial, não devem ser subestimadas. Por outro lado, não é impossível que sistemas de máquinas agrícolas de grande capacidade se desenvolvam no futuro (baterias de máquinas automotoras teleguiadas, esteiras rolantes que carregam ferramentas, circulação sobre trilhos automatizados...). Mas é necessário lembrar que os custos de amortização do capital fixo e do trabalho agrícola por unidade de produto são desde já bastante baixos nos estabelecimentos agrícolas mais performativos; torna-se então difícil reduzi-los ainda mais. Enfim, não se pode nunca subestimar os desperdícios e as perdas que podem resultar da aplicação de um trabalho padronizado em um meio físico e em vegetais e animais cuja heterogeneidade aumenta forçosamente com a dimensão. Por mais tributária que a agricultura seja da indústria, ela não é uma indústria.

3 DIFICULDADES, INCONVENIENTES E REVESES DA SEGUNDA REVOLUÇÃO AGRÍCOLA, E POLÍTICAS AGRÍCOLAS

Os mecanismos de desenvolvimento da segunda revolução agrícola numa agricultura camponesa governada por preços aparecem como particularmente eficazes. Como já tivemos ocasião de dizer, esse tipo de desenvolvimento não é nem fácil, nem harmonioso, nem inteiramente positivo. Ele encontra muitas dificuldades, suscita inconvenientes e excessos de todos os tipos e pode até mesmo conduzir a verdadeiros reveses: desequilíbrios dos mercados e flutuações dos preços; desigualdades entre estabelecimentos e entre regiões; desenvolvimento desigual de uns, crise, pobreza e eliminação de outros; êxodo maciço, abandono de regiões inteiras e desemprego, impactos ao meio ambiente e qualidade dos produtos; empobrecimento genético de certas espécies domésticas e redução da diversidade biológica dos ecossistemas etc. É por isso que, ao longo dessa vasta transformação que os governos dos países desenvolvidos geralmente procuraram favorecer, eles também procuraram implantar políticas muito diversas, visando a suprimir essas dificuldades, limitar esses inconvenientes e evitar, ou corrigir, os excessos e os reveses.

Não estudaremos aqui em detalhe essas políticas, seus meios de ação e seus efeitos, nem os embates de influência que as modulam. Tentaremos, isso sim, mostrar que essas políticas são escolhas de sociedade, que se enraízam profundamente nas condições históricas, geopolíticas e culturais dos países, e que seu alcance vai bem além dos objetivos e dos resultados econômicos imediatos que se lhes atribuem geralmente.

Flutuações e tendência de baixa dos preços agrícolas

Primeira dificuldade de uma agricultura camponesa em desenvolvimento, os preços de mercado, que guiam a cada instante as escolhas dos produtores e que orientam a longo prazo as transformações em agricultura, são muito instáveis, se não houver uma regulação organizada de preços. Na verdade, a quantidade e o preço de uma mercadoria agrícola, sobre a qual se entendem, num dado momento, ou um produtor e um comprador, ou um grupo de produtores e um grupo de compradores confrontados em um mesmo mercado, variam de um instante para outro. Todavia, pode-se calcular o curso médio anual de um produto avaliado pelas quantidades trocadas em cada transação, em um ou vários mercados por um dia, por uma semana, por um mês ou por todo o ano agrícola. Calcula-se assim o curso médio anual de um gênero, para um país, e o curso médio mundial para todas as trocas realizadas em todos os países durante um ano. Esses cursos anuais mascaram, portanto, uma multidão de variações e, todavia, variam ainda de um ano para outro, em função das irregularidades da oferta por causa de acidentes climáticos, biológicos (doenças) ou políticos (guerras) e em função da evolução da demanda.

Todavia, essas variações não são completamente aleatórias, pois se traçarmos a curva de evolução, em moeda corrente,[1] do curso anual de um

---

[1] A evolução do preço de um produto por muitos anos não é de fácil apreciação. De fato, os preços registrados a cada ano são expressos em unidades monetárias correntes (euro, dólar etc.). Ora, o valor da unidade monetária não é constante: em geral ele diminui de um ano para outro devido à tendência de alta de preços do conjunto das mercadorias, isto é, da inflação. Para apreciar a evolução "real" do preço de um produto particular, é necessário reavaliar os preços registrados ao longo dos anos (os preços correntes) em uma unidade monetária constante, que é aquela do ano de referência escolhido. Isso leva a "desinflacionar" os preços correntes, ou seja, a corrigi-los da inflação, através de um índice de preços apropriado baseado no ano de referência. (N.A.)

gênero agrícola em um período longo de várias dezenas de anos, podemos observar movimentos de preço plurianuais, de grande amplitude. Esses movimentos são de duas ordens. Constatamos, antes de tudo, para a maior parte dos gêneros uma sucessão mais ou menos regular de períodos de altos preços e de períodos de baixos preços, cujo ritmo pode variar de alguns anos a alguns decênios conforme os produtos: dá-se a essas oscilações o nome de *ciclos*, ou de *flutuações*. Por outro lado, além dessas flutuações, constata-se em geral uma *tendência secular à baixa dos preços reais* (em moeda constante), dos produtos *agrícolas*, baixa que resulta, como se sabe, dos ganhos de produtividade devidos à revolução agrícola.

A curva do curso do trigo nos Estados Unidos desde 1860 ilustra bem esses vastos movimentos de flutuações e tendência de baixa dos preços (figura 10.23): enquanto o preço real do trigo tenha apresentado tendência a ser dividido por quase 5 em pouco mais de um século, este preço variou igualmente do simples ao dobro conforme um ritmo de 20 a 30 anos. Certamente, esse ciclo foi perturbado pelas duas guerras mundiais, que provocaram fortes altas de preço, mas também vê-se claramente que os baixos preços dos anos 1960, por exemplo, que levaram a uma redução dos estoques, foram seguidos por uma forte elevação dos cursos (acentuada pela especulação) na metade dos anos 1970, depois por uma nova e forte baixa dos preços nos anos 1980.

A amplitude e a duração das flutuações variam de acordo com o produto. O ciclo do porco, por exemplo, arquétipo dos manuais de economia agrícola, tem duração de três anos, duração esta que é condicionada pelo prazo de adaptação do efetivo do rebanho de matrizes e pelo prazo de criação dos leitões e da engorda dos porcos para embutidos. Mas um ciclo tão curto e tão regular não foge à atenção de criadores experientes que conduzem sua criação à contracorrente (no sentido contrário ao do ciclo), o que contribui para desativá-lo. Outro exemplo, o ciclo do boi, que duraria de sete a oito anos, parece igualmente se delinear. Ciclos ainda mais longos, de várias décadas, podem também afetar a vinha e as árvores frutíferas, cujos prazos de entrada em produção vão de 5 a 10 anos e cuja duração de produção ultrapassa geralmente 20 anos.

Origem e consequências das flutuações

Para explicar essas flutuações e analisar sua incidência na evolução da produção, coloquemo-nos, para começar, num *período de relativa raridade e de altos preços* de um gênero agrícola particular no mercado. E consideremos o conjunto das regiões ($R_1, R_2, ..., R_n$) que produzam pouco ou nada dessa mercadoria e que participem do abastecimento desse mercado. Sejam ($P_1, P_2, P_3 ... P_n$) as produtividades máximas acessíveis em cada uma dessas regiões, calculadas no sistema de preços do momento e classificadas por ordem decrescente. Coloquemos lado a lado em um mesmo gráfico (figura 10.24) essas produtividades bem como as quantidades (Q_1, Q_2, Q_3... Q_n) deste produto que cada uma das regiões pode produzir. Para cada uma delas, representemos lado a lado, da mesma maneira, as produtividades e as quantidades produzidas pelo estabelecimento agrícola. Tracemos, enfim, neste gráfico o limiar das renovações dos estabelecimentos S_R (válidos para todos os sistemas e para todas as regiões).

Este gráfico mostra que nas regiões R_1, R_2 e R_3, cujas produtividades máximas acessíveis P_1, P_2, P_3 são elevadas, a maioria dos estabelecimentos tem uma produtividade nitidamente superior ao limiar de renovação. Ao contrário, nas regiões R_4 e R_5, cujas produtividades máximas acessíveis são apenas superiores a este limiar, muitos estabelecimentos têm uma produtividade inferior a ele. Já as regiões R_6 e R_7, cujas produtividades máximas são inferiores a esse limiar, contam apenas com estabelecimentos que possuam sobrevida provisória.

Assim, quando um período de altos preços se instaura, um grande número de estabelecimentos agrícolas, inclusive nas regiões pouco avantajadas, se encontra nitidamente acima do limiar de renovação. Esses estabelecimentos têm interesse em aumentar mais seus investimentos produtivos e elas têm os meios de fazê-lo, mas por diversas razões (o tempo de restabelecer uma situação financeira comprometida pela baixa de preços anteriores, ou se convencer da solidez dos novos cursos...), as decisões de investimento não são imediatas e os aumentos de produção que resultarão serão ainda mais tardios. Assim, durante alguns anos, a oferta permanece relativamente fraca e os altos preços se mantém, já que a demanda de produtos agrícolas e alimentares não muda, pois ela é pouco elástica. Todavia, ao final de alguns anos, os investimentos produtivos rendem seus frutos e assim continuam até o ponto em que a oferta se torna demasiado forte, fazendo com que os preços baixem além da medida inaugurando um período de abundância relativa e de baixos preços por algum tempo.

Pensemos agora no caso em que haja relativa abundância do gênero considerado, acompanhada de baixos preços. E transportemos para um novo gráfico as produtividades máximas acessíveis (P'_1, P'_2..., P'_n) assim como as quantidades (Q'_1, Q'_2..., Q'_n) que podem produzir as **n** regiões consideradas no novo sistema de preços (figura 10.25). Este gráfico mostra que, devido aos baixos preços, um grande número de explorações desloca-se e fica abaixo do limiar de renovação; que nas regiões relativamente desvantajosas, R_4 e R_5, onde as produtividades máximas acessíveis P'_4 e P'_5 são agora inferiores ao patamar de renovação, são todos os estabelecimentos que entram em crise. O gráfico mostra ainda que as quantidades produzidas por região tendem a diminuir ($Q'_1 < Q_1$, $Q'_2 < Q_2$, $Q'_3 < Q_3$, $Q'_4 < Q_4$). Todavia, o recuo da produção não é imediato, pois os estabelecimentos em crise podem sobre-

História das agriculturas no mundo

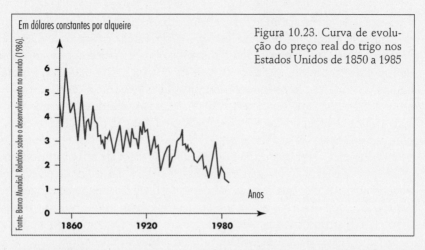

Figura 10.23. Curva de evolução do preço real do trigo nos Estados Unidos de 1850 a 1985

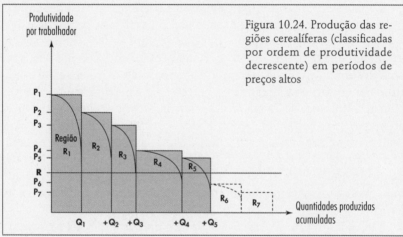

Figura 10.24. Produção das regiões cerealíferas (classificadas por ordem de produtividade decrescente) em períodos de preços altos

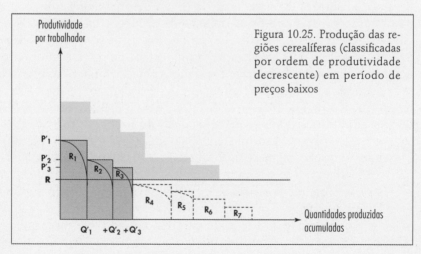

Figura 10.25. Produção das regiões cerealíferas (classificadas por ordem de produtividade decrescente) em período de preços baixos

473

viver até o desgaste completo de seus equipamentos ou até a aposentadoria do chefe do estabelecimento. Assim, a relativa abundância de oferta e os preços baixos se mantêm por alguns anos, ainda mais considerando que a demanda, geralmente muito pouco elástica, não aumenta; assim, os preços baixos desencorajam os investimentos a tal ponto que a oferta tornar-se-á ao final francamente insuficiente. Os preços subirão descomedidamente e seus efeitos sobre a produção não serão imediatos. Consequentemente, um período de relativa raridade e preços altos se instalará por algum tempo.

De maneira geral, as flutuações cíclicas de preços de um produto provêm da reação da oferta agrícola às variações de preço (elasticidade da oferta em relação aos preços), que é fraca a curto ou mesmo a médio prazo e que, ao contrário, após certo prazo, torna-se brutal e exagerada; por outro lado, a demanda de produtos agrícolas e alimentares de base é muito pouco sensível aos preços, exceto para os consumidores de baixa renda.

Concretamente, o tempo de reação da oferta agrícola às variações de preço resulta essencialmente da inércia do aparelho de produção e das defasagens entre as previsões de preços que orientam as decisões dos agricultores e o movimento real desses preços. Quando os preços sobem, é preciso tempo para decidir-se em investir, reunir os meios, colocá-los em ação e colher os frutos; inversamente, quando os preços baixam, é preciso também tempo para decidir cessar de investir nas produções referidas e terminar de recolher, ao menor custo possível, os frutos dos investimentos anteriores. Além do mais, a capacidade de investimentos dos agricultores decorre, por uma parte não desprezível, dos benefícios realizados no curso dos anos precedentes, de modo que os investimentos produtivos efetuados num dado momento dependem frequentemente muito mais dos benefícios devidos à conjuntura passada que dos benefícios esperados da futura conjuntura.

Enfim, a amplitude das flutuações de preços agrícolas se deve ao fato de que, em agricultura, a variação da oferta de uma mercadoria depende da extensão geográfica e da capacidade de produção das regiões (R_4 e R_5 em nosso exemplo) que entram em produção ou que saem por ocasião das mudanças de preço. Salvo exceção, a capacidade de produção mobilizada dessa maneira ou excluída ultrapassa amplamente a variação da oferta, que seria necessária para restabelecer um preço de equilíbrio "médio", e a superabundância ou a raridade que dela resulta leva os preços ou para o abismo ou para as alturas. É por isso que, quando as flutuações de preços agrícolas se iniciam – e para tal são suficientes algumas más ou então muito boas colheitas –, elas são relançadas com força a cada alternância do nível dos preços e tendem muito mais a se amplificar que a desaparecer; aliás, não é raro que os preços médios anuais de um gênero agrícola variem do simples ao quádruplo, a menos que sejam estabilizados por uma política adequada.

Não há dúvida que flutuações de preço tão importantes causam graves problemas tanto aos produtores quanto aos consumidores. Os períodos de altos preços são fonte de sofrimento para os consumidores mais desprovidos, e como as necessidades alimentares são essenciais e inadiáveis, esse sofrimento, que pode levar até à penúria e à fome, é incalculável e não pode ser compensado pelos baixos preços ulteriores. É por isso que a segurança alimentar não se reduz à segurança de abastecimento em qualquer outro bem de consumo não essencial. A segurança alimentar é um direito imprescritível do homem e deveria ser considerada como um imperativo público categórico.

Inversamente, os períodos de baixos preços prejudicam os produtores cujas rendas baixam exageradamente, freando o necessário desenvolvimento de alguns, arruinando os esforços de outros, agravando as dificuldades e a crise de muitos. Os baixos preços prolongados provocam a ruína intempestiva de estabelecimentos que seriam ainda viáveis sem flutuação tão ampla; aceleram o êxodo agrícola nas proporções não relacionadas com as necessidades de mão de obra em outros setores e podem assim tornar-se fonte de desemprego. Os estabelecimentos e as regiões marginais excluídas da produção durante os períodos de baixos preços agrícolas não estão mais ali para tirar partido dos períodos de altos preços que se seguem, e são os estabelecimentos e as regiões sobreviventes que aproveitam de sua eliminação, investindo e conquistando partes de mercado suplementares. Assim, as flutuações de preço agravam a crise e aceleram a exclusão dos estabelecimentos e das regiões em desvantagem, além de acentuar a concentração da produção em um número cada vez mais reduzido de estabelecimentos e de regiões.

Os mercados de produtos agrícolas de base não são, portanto, nem caóticos nem incertos: na realidade, eles são marcados por uma alternância bastante regular de períodos de abundância relativa e de baixos preços e de períodos de penúria relativa e de altos preços, assim como de uma tendência de baixa de preços reais. O que é incerto e imprevisível são as datas em que acontecerão as próximas mudanças de tendência e a amplitude de cada flutuação de preço. O que é caótico, são menos as próprias flutuações do que seus efeitos destruidores: preços tão baixos a ponto de desestruturar segmentos inteiros da produção; ou tão altos que podem dizimar e até mesmo matar parte dos consumidores.

Políticas de correção das flutuações de preços

Os mercados dos produtos agrícolas não funcionam, portanto, de maneira eficaz e harmoniosa. É por isso que, há muito tempo, políticas públicas e ações profissionais visando a reduzir as flutuações de preço e a eliminar os inconvenientes para os consumidores e os produtores foram implementadas em vários países de maneira mais ou menos acertada.

Desde a Antiguidade, Atenas e Roma procuraram proteger os consumidores da penúria, da especulação e dos altos preços proibindo as exportações, favorecendo as importações e limitando o estoque especulativo, fixando os preços do trigo, da farinha e do pão e, caso fosse preciso, subsidiando-os (ver Capítulo 6).

Na Inglaterra medieval, as leis sobre os cereais (*Corn Laws*) visavam também a limitar as altas de preços desfavoráveis aos consumidores combatendo as especulações praticadas pelas *guildas* de mercadores[2] e, se necessário, limitando as exportações. A partir de 1660, essas leis visaram também a manter um nível de preços favorável aos produtores agrícolas e aos proprietários da terra, taxando as importações tanto quanto necessário. A partir de 1815, as importações de cereais foram até mesmo proibidas, cada vez que o preço atingia um valor abaixo de um patamar fixado pela lei. Então não se tratava mais de medidas que visassem a limitar as variações de preço, mas de medidas francamente protecionistas, com vistas a manter os preços das mercadorias agrícolas no mercado interno para maior proveito dos proprietários da terra e dos patrões da agricultura inglesa. Em contrapartida, o nível elevado dos preços alimentares era desfavorável aos consumidores e aos industriais, obrigados a pagar melhores salários para que seus assalariados pudessem se alimentar. (D. Ricardo, *Princípios de economia política e tributações*, 1982). Mas conforme vimos no capítulo VIII, os *Corn Laws* foram abolidos em 1846, sob a pressão dos meios industriais.

A partir do fim do século XIX, a maior parte dos países industrializados pouco ou nada recorreu às políticas de estabilização de preços de numerosos produtos agrícolas: a gestão das importações e das exportações (contingenciamentos, taxas...), assim como a gestão dos estoques permitiram manter os preços em níveis ou em bifurcações de referência, fixados pela administração ou pelos profissionais da área. Esses meios de intervenção, eficazes para reduzir as flutuações de preço, também puderam ser utilizados com fins protecionistas.

As políticas de proteção agrícola

Como acabamos de ver, uma política de proteção agrícola pode tentar manter os preços internos acima dos fluxos mundiais, a fim de favorecer os produtores nacionais em detrimento dos produtores estrangeiros; ela pode igualmente tentar reduzir as despesas em divisas de um país, limitando suas importações; mas ela pode ainda ter todo um outro sentido.

---

[2] Termo utilizado na Idade Média significando "associação de ajuda entre comerciantes, artesãos, burgueses; associação destinada a oferecer aos seus aderentes condições comerciais particulares". Cf. *Le petit Robert: Dictionnaire de la langue française.* (N. T.)

Em um país em que a agricultura é pouco competitiva, e portanto onde as receitas em divisas e os demais recursos sejam insuficientes para pagar uma elevada fatura agrícola e alimentar, uma política de proteção contra as importações visa antes de tudo evitar o empobrecimento brutal e a eliminação dos pequenos camponeses assim como o abandono total de regiões pouco favorecidas; visa evitar um êxodo agrícola maciço que seria mais importante que a criação de empregos não agrícolas, fato que seria fonte de desemprego e de emigração; pretende ainda manter a renda agrícola bastante elevadas para permitir a uma parte que seja dos agricultores investir, progredir e recuperar o atraso de produtividade em relação a seus concorrentes estrangeiros; ela finalmente visa evitar um desequilíbrio durável da balança de pagamentos externos e o endividamento do país.

Duramente confrontados à concorrência dos países novos desde a segunda metade do século XIX, vários países europeus como a França e a Alemanha, de início independentemente uns dos outros e depois agrupados na Comunidade Econômica Europeia, praticaram durante décadas políticas protecionistas desse tipo. Mais ou menos argumentadas e ajustadas, além de serem conduzidas com uma determinação variável segundo os países e as épocas, essas políticas tiveram resultados desiguais. Mas não resta nenhuma dúvida de que elas fazem parte de um modo de regulação econômica que permitiu a esses países, apesar das duas guerras mortíferas, elevar suas agriculturas e suas economias aos primeiros postos dos países desenvolvidos.

Em certos países desenvolvidos como a Suíça e o Japão, o protecionismo agrícola foi muito mais longe. A fim de manter um nível de autoabastecimento suficiente para garantir sua segurança alimentar em qualquer circunstância e de evitar o desaparecimento da população das partes pouco favorecidas de seu território, esses países se protegeram a ponto de manter os preços agrícolas internos miutas vezes mais elevados do que os preços internacionais. Com toda certeza, preços agrícolas muito altos pressionam os produtores a utilizar mais intensamente todos os insumos que permitem aumentar os rendimentos por hectare. Mas se, por um lado, eles contribuem para manter em atividade pequenos e médios estabelecimentos pouco eficientes, em contrapartida, freiam o movimento de liberação das terras, de aumento de tamanho dos estabelecimentos e de aumento da produtividade agrícola. Enfim, como a renda dos pequenos estabelecimentos é relativamente boa, os setores não agrícolas são obrigados a praticar salários bastante altos para atrair a mão de obra de que necessitam, o que obriga muito mais estes países do que outros a investir para aumentar a produtividade.

Sem dúvida, o altíssimo nível de proteção agrícola adotado pela Suíça e pelo Japão era, a princípio, muito mais uma escolha estratégica, ligada a uma geografia agrícola pouco favorável, que uma escolha econômica. E poderíamos até ter pensado que tal política fosse frear o desenvolvimento desses países. Muito pelo contrário, é preciso, todavia, reconhecer que esse alto nível de proteção agrícola não impediu esses dois países de estar entre os mais competitivos do mundo, possuindo uma renda *per capita* entre as mais elevadas e uma taxa de desemprego dentre as mais baixas.

A especulação e a arma alimentar

Por outro lado, quando um país dispõe do monopólio de exportação de uma mercadoria agrícola essencial, ou simplesmente de uma posição dominante no mercado deste bem, ele pode utilizar seus instrumentos de gestão do comércio exterior e dos estoques para fins especulativos, ou até mesmo para exercer pressões políticas sobre países importadores dessa mercadoria essencial. Em 1973, por exemplo, os Estados Unidos, que possuíam então o monopólio das exportações de soja e de seus derivados, aproveitaram o baixo nível dos estoques para tomar medidas brutais de limitação das exportações desses produtos. Tais medidas provocaram uma forte alta de preços que favoreceu a balança comercial americana durante muitos anos.

Quanto à arma alimentar, ou seja, o poder mortal que um ou vários países exportadores de cereais podem ter de colocar sob embargo e condenar à fome um país importador muito dependente, ela não tem evidentemente nada a ver com uma política econômica. Geralmente, ela tem como meta obrigar o governo do país importador a se submeter a uma ou outra exigência política do ou dos países exportadores. Todavia, a arma alimentar tem uma influência negativa no desenvolvimento do comércio internacional dos gêneros agrícolas. Enquanto ela for uma ameaça a ser utilizada, numerosos países importadores continuarão a proteger sua agricultura de víveres a fim de manter o autoabastecimento em nível suficiente para garantir a segurança alimentar.

Mas, quaisquer que sejam as razões das políticas de regulação ou de apoio aos preços agrícolas, é muito difícil, para as instituições responsáveis, fixar e fazer evoluir estes preços de maneira que eles reflitam (em baixa) os ganhos de produtividade adquiridos e de modo que eles orientem os investimentos sem criar desequilíbrios importantes entre a oferta e a demanda de produtos ou entre a liberação de mão de obra agrícola e a criação de empregos não agrícolas. E é preciso reconhecer, além disso, que é difícil para os formuladores de política prever todos os efeitos de suas decisões; por essa razão, mesmo corrigindo os piores efeitos das flutuações, as políticas de regulação dos preços podem também ter consequências imprevisíveis, não necessariamente desejáveis. Certamente, as flutuações de preço num mercado livre apresentam muitos inconvenientes, mas preços administrados sem objetivos a longo prazo definidos e coerentes apresentam outros inconvenientes igualmente temíveis.

As políticas de aceleração do desenvolvimento da segunda revolução agrícola

Após a Segunda Guerra Mundial, a maior preocupação dos governos dos países industrializados era favorecer e acelerar uma revolução agrícola da qual se esperava que ela contribuísse para a melhoria da alimentação e do bem-estar geral, que ela liberasse o máximo possível de força de trabalho, da qual a indústria e os serviços em plena expansão tinham grande necessidade, e que a revolução agrícola oferecesse, a montante e a jusante, os mercados e as matérias-primas agrícolas necessárias ao rápido desenvolvimento industrial (Dumont, 1946).

Na época, políticos e funcionários, agrônomos e economistas preocupavam-se principalmente com a inércia dos agricultores que não adotavam com rapidez os novos meios de produção e protestavam contra a capacidade de sobrevivência do pequeno agricultor, que continuava a "bloquear" boa parte das terras. Alguns chegavam a sonhar com a constituição rápida da grande agricultura capitalista ou coletivista, muito mais capaz, segundo eles, de pôr em prática os progressos que estavam por vir no setor agrícola. Enquanto outros sonhavam até em planificar a alocação do capital, da produção e dos homens.

A maioria dos países industrializados da Europa ocidental, impactados com a agricultura americana, adotou políticas que visavam acelerar o desenvolvimento da segunda revolução agrícola (Dumont, 1949). Em suas grandes linhas, essas políticas consistiram em facilitar o escoamento dos produtos (organização de mercados transparentes, implantação de serviços interprofissionais por produto) e em garantir aos produtores preços bastante estáveis e remuneradores para estimular a produção, além de dotar os estabelecimentos capazes de se desenvolver de uma real capacidade de autoinvestimento. Para ampliar a possibilidade de investimento desses estabelecimentos, também foram criados sistemas de créditos bonificados com baixas taxas de juros para ampliar ainda mais a possibilidade de investimento dessas explorações. Além disso, para facilitar a aquisição de novos meios de produção, máquinas, adubos, produtos de tratamento, construções e ordenamentos fundiários, os estabelecimentos foram não só exonerados de taxas, mas, em alguns casos, subsidiados. Além disso, leis garantiam aos arrendatários contratos de locação de terras de longa duração regularmente renovados e, limitando o nível dos arrendamentos, condicionaram amplamente a eficiência de todas essas medidas.

Paralelamente eram reforçados ou criados desde a base dispositivos nacionais de pesquisa agronômica, amparados por institutos técnicos especializados que, por sua vez, apoiavam-se em uma extensa rede de centros locais de experimentação, de informação e de vulgarização agrícola. Sem esquecer o sistema de ensino hierarquizado e especializado correspondente.

Essas políticas de incitação ao desenvolvimento multiplicaram sem nenhuma dúvida o número dos estabelecimentos comprometidos com este tipo de desenvolvimento e aumentaram o montante de investimentos a tal ponto que muitas entre elas encontraram-se superequipadas em relação à sua superfície. Ao mesmo tempo, as políticas de desenvolvimento agrícola também procuraram aumentar o fluxo de terras liberadas, acelerando o desaparecimento dos estabelecimentos em dificuldade, além de orientar e facilitar a retomada dessas terras pelos estabelecimentos bem-sucedidos.

Para aumentar a oferta de terras, instauraram-se diversos tipos de aposentadoria para os agricultores (a indenização vitalícia existe desde 1962 na França, e desde 1972 na Comunidade Econômica Europeia) que permitiram avançar a idade de interrupção de atividade dos chefes do estabelecimento ou da propriedade, acelerando assim as liberações de terras. Por outro lado, as leis "antiacúmulo" impediam o aumento dos estabelecimentos aos agricultores que dispunham de superfície suficiente para rentabilizar os novos equipamentos e empregar plenamente a mão de obra familiar. Essas medidas permitiam reservar as terras disponíveis aos estabelecimentos médios. Enfim, os pequenos estabelecimentos, cuja superfície fosse inferior a um limiar mínimo, não tinham acesso a certas subvenções, aos créditos bonificados e às terras liberadas; particularmente, os jovens agricultores que se instalavam em superfícies muito pequenas (inferiores à "superfície mínima de instalação") não recebiam a dotação da instalação. Essas disposições tiveram como consequência a redução da demanda de terras da parte dos pequenos agricultores e facilitaram o crescimento de outros; ao excluir os pequenos estabelecimentos das ajudas ao desenvolvimento, essas medidas aceleraram seu desaparecimento e, consequentemente, a liberação da terra.

No fundo, todas essas leis facilitaram o desenvolvimento dos estabelecimentos familiares médios e grandes e impediram, em certa medida, o desenvolvimento de grandes estabelecimentos capitalistas assalariados. Por outro lado, o mínimo que podemos dizer é que essas mesmas leis não ajudaram os pequenos agricultores a se desenvolver ou até mesmo a sobreviver; mas elas não os fizeram desaparecer brutalmente. Finalmente, todas essas medidas reforçaram os mecanismos do desenvolvimento desigual entre os estabelecimentos médios e grandes, impulsionados para a frente, e os pequenos estabelecimentos, em sobrevivência pelo prazo de uma geração.

Inconvenientes e reveses do desenvolvimento

A partir do final dos anos 1960, os inconvenientes desse tipo de desenvolvimento se tornaram manifestos e cada vez menos aceitos por uma parte da opinião pública. Em particular, as desigualdades entre estabelecimentos e entre regiões tornaram-se bastante gritantes.

Desenvolvimento desigual cumulativo e crise dos estabelecimentos e das regiões desfavorecidas

Na verdade, a cada etapa desse desenvolvimento desigual, investiu-se apenas nos estabelecimentos cuja produtividade se achava acima do limiar de renovação e nelas investiu-se ainda mais visto que a produtividade era mais elevada. A cada etapa do desenvolvimento, as desigualdades iniciais foram ampliadas pelas desigualdades suplementares, que eram, por si só, função dessas desigualdades iniciais. Desse modo, os estabelecimentos e as regiões inicialmente mais favorecidas investiram e progrediram mais do que as outras, e, em cada etapa, encontraram-se sempre com mais vantagens. Por esta razão não basta falar apenas de desenvolvimento desigual entre estabelecimentos e regiões, pois é preciso falar de *desenvolvimento desigual cumulativo*.

Finalmente, ao longo desse processo, os estabelecimentos menos bem localizados, menos capitalizados, menos bem dimensionados e menos produtivos encontram-se, mais cedo ou mais tarde, na incapacidade de investir o suficiente para alcançar uma nova etapa de desenvolvimento. Se poderia dizer que eles então cessaram de estar na competição e, devido à tendência de baixa dos preços, eles ficaram relegados para baixo do limiar de renovação. Esses estabelecimentos *em crise* geralmente sobreviveram até a aposentadoria do chefe do estabelecimento, depois desapareceram. Assim, na maior parte dos países industrializados, desde o início do século, em um pouco mais de três gerações, os nove décimos dos estabelecimentos agrícolas desapareceram e, no final das contas, somente um estabelecimento familiar sobre dez foi favorecida do início ao fim por todas as etapas da segunda revolução agrícola. Em certas regiões desfavorecidas, foi a própria economia agrícola na sua totalidade que esvaneceu-se, pois todos os estabelecimentos desapareceram.

Uma repartição muito desigual dos frutos do trabalho agrícola

Na economia camponesa, a renda do trabalho e o destino do agricultor e de sua família variam enormemente de uma região para outra e de um estabelecimento para outro. Essencialmente, essas imensas desigualdades econômicas e sociais resultam da quantidade de capital, da extensão e da qualidade das terras herdadas por cada agricultor. É claro que as desigualdades dos meios herdados (e, portanto, das oportunidades) não impedem a quantidade e a qualidade do trabalho familiar, nem a pertinência das escolhas do agricultor, de ter uma incidência significativa sobre a produtividade, a renda e o futuro do estabelecimento. Desigualdades entre estabelecimentos de uma mesma região que dispõem do mesmo nível de capital e da mesma extensão de terras bem demonstram isso. Mas seria absurdo concluir a partir disso que os resultados e o desenvolvimento de cada estabelecimento sejam unicamente o fruto do trabalho, do espírito empreendedor e do "dinamismo" pessoal do agricultor. Assim como seria absurdo pensar que a estagnação e a regressão dos pequenos estabelecimentos resultam da preguiça e do conservadorismo dos pequenos agricultores. Seguindo esse raciocínio, todos os agricultores das regiões em crise em via de abandono seriam uns infelizes "atrasados"...

Na verdade, as desigualdades naturais ou adquiridas entre estabelecimentos e entre regiões são mais fortemente determinantes. Quaisquer que sejam suas qualidades, os agricultores de uma região de montanha seca e acidentada da Europa meridional não podem ter nem os resultados nem um futuro comparável ao dos agricultores das grandes planícies de solo siltoso da Europa central. E quaisquer que sejam suas qualidades, um jovem agricultor, ao retomar um estabelecimento familiar cerealífero de 60 ha, com a obrigação de reembolsar dois terços aos seus irmãos e irmãs, não pode ter nem a renda, nem a mesma vida, nem o mesmo estabelecimento para transmitir a seu sucessor como seu vizinho que herda a totalidade da propriedade de uma fazenda de trezentos hectares. Na economia camponesa, a lei de repartição dos frutos do trabalho é mais próxima da fórmula "a cada um sua herança" do que da fórmula "a cada um conforme seu trabalho". E, nessas condições, compreende-se que as desigualdades de renda do trabalho agrícola pareçam como particularmente injustas aos olhos de muita gente.

Ora, é preciso destacar, numa agricultura formada por grandes estabelecimentos capitalistas com assalariados, as desigualdades de remuneração do trabalho muito importantes entre estabelecimentos e entre regiões são inconcebíveis. Na verdade, nesse caso, o trabalho agrícola é remunerado a preço de mercado, e as diferenças de produtividade resultante de condições naturais ou econômicas mais ou menos vantajosas não se repercutem (ou repercutem muito pouco) sobre os salários; elas refletem-se, essencialmente, como explicam muito bem os teóricos clássicos da economia, sobre os arrendamentos pagos aos proprietários, que variam de acordo com a região (teoria da renda diferencial, D. Ricardo, K. Marx, Von Thünen etc.). As diferenças de produtividade, resultantes de vantagens adquiridas (nível de capital, *savoir-faire* etc.) pelas próprias empresas agrícolas, encontram-se essencialmente nos lucros mais ou menos importantes dessas empresas. Notemos, todavia, que um arrendatário que tenha realizado investimentos produtivos, apropriados ao domínio que mantém em locação, não encontra facilmente um domínio equivalente, se o seu contrato não for renovado. Dessa maneira, a menos que uma legislação particular proteja os arrendatários contra tais eventualidades, os proprietários encontram-se em situação de extrair de seus arrendatários uma parte dos lucros resultantes dos investimentos destes últimos. Assim sendo, acrescenta-se à renda diferencial, ligada às qualidades fundiárias do domínio alugado, uma renda suplementar que podemos chamar renda absoluta.

Por outro lado, para que um empreendedor capitalista mantenha sua atividade, ele deve não apenas remunerar seus assalariados e as terras que explora a preços de mercado, mas deve ainda tirar de seus capitais investidos na atividade agrícola uma taxa de lucro superior ou igual às taxas de lucro acessíveis no restante da economia, e na falta delas ele irá aplicar seu dinheiro em outra parte. Ora, esse não é necessariamente o caso de um agricultor familiar, que em geral não tem nem oportunidades de investimento, nem de emprego satisfatórias fora de seu estabelecimento, e que prefere, por conseguinte, investir para manter sua atividade e para permitir que um de seus descendentes a perpetue. Isso significa aceitar uma remuneração – de seu trabalho, de seu capital e de sua terra – inferior aos preços do mercado.

O limiar de renovação das empresas capitalistas é, portanto, mais elevado que o dos estabelecimentos familiares, e as leis do desenvolvimento da segunda revolução agrícola não são as mesmas nos dois casos: em uma agricultura capitalista, não pode haver permanentemente estabelecimentos abaixo do limiar de produtividade que permita remunerar terra, capital e força de trabalho a preços de mercado, ao passo que, em uma agricultura camponesa, um terço ou a metade dos estabelecimentos, ou até mais, encontram-se correntemente abaixo desse limiar; e esses estabelecimentos conseguem sobreviver por uma geração; chegam às vezes a se desenvolver, remunerando muito pouco, em relação aos preços de mercado, os fatores de produção que elas próprias possuem.

Outros inconvenientes: poluição, desertificação, desemprego

Outros inconvenientes vêm se agregar às grandes desigualdades de renda e de destino que se desenvolvem entre os estabelecimentos camponeses ao longo da segunda revolução agrícola: concentração *regional* dos produtos vegetais, concentração *local* de um número muito elevado de animais produzidos em confinamento, uso abusivo de adubos, de produtos fito e zoofarmacêuticos, dificuldades de manter serviços públicos suficientes e uma vida social aceitável nessas regiões onde a superfície por trabalhador ultrapassa uma centena de hectares, desertificação de regiões esvaziadas de toda atividade etc.

Enfim, desde o início dos anos 1970, o êxodo agrícola, resultante principalmente do desaparecimento dos pequenos estabelecimentos e do abandono de regiões inteiras, prosseguiu num ritmo elevado, enquanto o crescimento econômico geral enfraquecia e a criação de empregos fora da agricultura se desacelerava. Foi então que o desemprego começou a estender-se muito além das proporções que normalmente eram necessárias para assegurar a mobilidade da mão de obra.

As políticas corretivas

A partir dos anos 1970, diversas medidas foram postas em prática, visando a limitar o agravamento das desigualdades e desequilíbrios, visando evitar a poluição ou corrigir seus efeitos.

Planos-alvo de desenvolvimentos dos estabelecimentos

Entre essas medidas, os "planos de desenvolvimento", instaurados em 1972 na CEE e destinados aos pequenos e médios estabelecimentos de baixa renda, tinham como objetivo ajudá-los, por subsídios e por empréstimos bonificados, a realizar um conjunto de investimentos coerentes, necessários para elevar em quatro ou cinco anos a renda do agricultor a um nível superior ou igual à renda dita de paridade (renda regional média a que se pode ter acesso fora da agricultura). Mas tal objetivo não era realizável no caso dos estabelecimentos situados muito abaixo do limiar de renovação, bastante numerosos nas regiões desfavorecidas e em vias de abandono, que foram amplamente excluídos do benefício dessa política (Mazoyer et al., 1974).

Compensação das deficiências regionais

Por esta razão foi necessário lançar mão de ações específicas que visavam a compensar os prejuízos e os custos de exploração excessivos nas regiões que sofriam de importantes deficiências naturais e de atrasos de investimentos. As indenizações compensatórias dessas deficiências naturais foram, então, atribuídas aos agricultores dessas regiões – indenizações calculadas em função do tamanho do rebanho ou da superfície explorada e diferenciadas conforme as zonas (alta montanha, montanha, encosta, outras zonas desfavorecidas e zonas secas). Também foram criadas ajudas à mecanização e à compra de equipamentos, particularmente custosos no caso dos estabelecimentos situados em regiões acidentadas, assim como ajudas para compensar o custo excessivo da coleta do leite. A pesquisa/desenvolvimento, que até então concentrara o essencial de seus esforços sobre as necessidades das regiões favorecidas, também começa a reorientar uma parte de seus meios em proveito das agriculturas em dificuldade.

Essas medidas tiveram certamente efeitos positivos, mas se revelaram bastante tardias e insuficientes para restabelecer uma verdadeira paridade de ganhos entre as regiões, e para impedir a depressão agrícola de expandir-se. As políticas de desenvolvimento mais equilibrado, visando prevenir o desenvolvimento desigual entre os estabelecimentos e as regiões, e que começaram a ser aplicadas bem mais cedo em alguns países como a Suíça, a Áustria, os Países Baixos e em certa medida a Alemanha, deram finalmente resultados bem mais significativos.

Preservação do meio ambiente e a qualidade dos produtos

Nos anos 1980 e 1990, começaram a ser aplicadas as primeiras medidas europeias visando a preservar o meio ambiente e a qualidade dos produtos. Essencialmente, tratava-se de programas regionais e locais e de planos de desenvolvimento sustentável destinados a estabelecimentos individuais. Esses planos trouxeram aos agricultores voluntários ajudas monetárias que compensavam os prejuízos resultantes de práticas agrícolas menos poluentes ou que remuneravam certos trabalhos de manutenção da paisagem (caminhos, quebra-ventos, canais, fossos...). Regulamentações restritivas destinadas aos prédios de criação animal e de distribuição dos dejetos animais sob forma de estrume foram igualmente prescritas, e a normatização dessas instalações e dessas práticas, parcialmente subvencionadas. Enfim, os certificados de qualidade de produtos de origem protegida e diversos selos de qualidade ("label"), permitiram distinguir, valorizar e melhorar a qualidade de certos produtos. Mas não existe regulamentação geral fixando – abaixo dos limites de nocividade – as doses de adubos, de pesticidas ou o número de animais de criação agrupados em um mesmo local, como também não existe taxação dos insumos potencialmente nocivos, visando diminuir o nível (*optimum* econômico) de utilização. Apesar dessas insuficiências, pode-se pensar que uma política de conjunto visando promover uma agricultura ecológica racional e uma alimentação de qualidade, respondendo as aspirações do maior número de pessoas, está em gestação.

Excedentes e contingenciamento

Na verdade, as políticas visando acelerar o desenvolvimento da segunda revolução agrícola e a falta de medidas sistemáticas efetivamente capazes de impedir o uso excessivo de certos insumos produtivos acentuaram os desequilíbrios dos mercados dos produtos vegetais e animais. Nos anos 1970, para aproveitar os altos preços mundiais dos gêneros de base, conquistar partes de mercado suplementar e melhorar a balança do comércio exterior, muitos países desenvolvidos reforçaram mais ainda a política de ajuda ao desenvolvimento agrícola. Os efeitos dessas ajudas, que vieram somar-se aos efeitos estimulantes dos altos cursos mundiais, vieram acentuar a tendência para a formação de excedentes e contribuíram para a queda do câmbio que ocorreu no fim dos anos 1970 e início dos anos 1980. Ao contrário, podemos pensar que as políticas malthusianas de gelar as terras,[3] de contingenciamento da produção (quotas) e de redução dos subsídios à agricultura, postas em prática nos anos 1980 e 1990 para reduzir os excedentes, acentuarão o aumento dos cursos dos produtos agrícolas, fato que não deixará de se manifestar um dia ou outro.

Assim, uma política de regulação da produção que responde apenas a conjuntura do momento, somente pode acentuar esta flutuação em vez de prevenir a flutuação futura. Enfim, não sabemos se medidas que consistem em pagar agricultores altamente produtivos para que eles não produzam, ou em pagar pequenos agricultores, cuja produtividade e renda agrícola são negativas, para que eles continuem a representar o papel de camponês na paisagem, constituem uma "política" bastante compreensível para ser aceita pelos agricultores e pelos contribuintes. O surgimento de tais medidas não pode ser considerado como uma sequência de expedientes táticos, complicados e custosos, que buscam limitar os desgastes causados pelas carências e pela falta de orientação estratégica de uma política agrícola cada vez mais desorientada por pressões políticas exteriores e por seus próprios acertos e desacertos?

Na verdade, não saberíamos reduzir as políticas agrícolas contemporâneas a uma série de intervenções que visem facilitar o desenvolvimento da revolução agrícola corrigindo-lhe os defeitos. Além desses objetivos técnicos e econômicos mais ou menos explícitos, toda política agrícola é também uma arbitragem entre os interesses de diferentes categorias sociais. Toda política de preços é uma arbitragem entre os interesses dos agricultores e dos proprietários de terra, por um lado, e os dos industriais e dos consumidores, de outro lado; e trata-se de uma arbitragem entre os interesses de diferentes categorias de produtores, produtores cerealíferos e criadores, por exemplo. Toda política de comércio exterior é uma arbitragem entre os interesses dos produtores nacionais e de seus concorrentes estrangeiros. Toda política de ajuda ao desenvolvimento agrícola por subsídios, crédito bonificado, atribuição prioritária das terras liberadas e a orientação da pesquisa-desenvolvimento é uma arbitragem entre as categorias de estabelecimentos agrícolas e as regiões que se beneficiam e aquelas que não se beneficiam delas. Em particular, uma política de desenvolvimento pode agravar ou, ao contrário, reduzir o desenvolvimento desigual entre estabelecimentos e entre regiões.

Toda política agrícola, assim como toda política econômica, é um embate social de grande envergadura. E por esta razão, ela é objeto de todos os tipos de reivindicações, pressões, negociações, representações e jogos de influência, que expressam os interesses de uns e outros: produtores nacionais de todas as categorias (cerealíferos, pecuaristas, viticultores etc.; agricultores abastados

---

[3] "Gel de terre".

ou em dificuldades, agricultores de planície ou de montanha...); produtores estrangeiros, industriais, consumidores, ecologistas, regionalistas etc. Vale dizer também que os preços dos produtos e dos meios de produção agrícolas, que governam o desenvolvimento da agricultura contemporânea, não são simplesmente o resultado de negociações comerciais entre vendedores e compradores. Eles são também o resultado de negociações sociais e políticas permanentes: os preços agrícolas não se formam somente na bolsa de grãos e nos mercados de animais, eles são negociados também nos organismos interprofissionais, nos ministérios, nas reuniões da Organização Mundial do Comércio (ex-GATT), nos conselhos de ministros da União Europeia etc. Os preços agrícolas são, de fato, relações sociais submetidas a uma regulamentação muito mais complexa que a do único jogo da oferta e da procura.

Mas é preciso principalmente lembrar que toda política agrícola inscreve-se, em princípio e antes de tudo, numa escolha, ou, pelo menos, numa preferência nacional para estruturas de propriedade e estruturas de exploração definidas: estabelecimentos camponeses familiares e pequenas associações de produtores, como é o caso nos países que consideramos, ou ainda empresas capitalistas com assalariamento (sul e leste da Europa), ou ainda grandes cooperativas de produção e fazendas estatais (ex-países socialistas).

Enfim, não esqueçamos que as medidas de política econômica geral têm um impacto sobre o desenvolvimento da agricultura pelo menos tão importante quanto as medidas de política agrícola propriamente ditas. Nessas circunstâncias, a política monetária, que pesa sobre a inflação e sobre as taxas de câmbio, e a política de comércio externo, que governa os contingenciamentos bem como as taxas e subvenções às importações e exportações, têm uma influência importante na competitividade internacional dos produtos agrícolas de um país; a política monetária, através das taxas de juros, e as políticas de preço têm uma forte incidência sobre a rentabilidade dos investimentos; a política orçamentária condiciona o montante dos fundos públicos alocados à agricultura; as políticas industriais e salariais influenciam fortemente o êxodo agrícola etc.

CONCLUSÃO

Em algumas décadas, os novos meios de produção e os novos meios de transporte – de uma pujança inédita, produzidos pela grande indústria concentrada do século XX – revolucionaram as condições da produção e dos intercâmbios agrícolas nos países desenvolvidos. Isso ocorreu com as condições biológicas, com a seleção de plantas e de animais domésticos mais exigentes e mais produtivos; as condições ecológicas, com a simplificação dos ecossistemas cultivados especializados; também com as condições de trabalho; com os motores e as máquinas tão eficientes que prescindiram do recurso à energia animal e reduziram as necessidades de mão de obra; as condições econômicas e sociais, com o aumento incessante de um número cada vez mais reduzido de estabelecimentos e a exclusão progressiva da grande maioria das outras e, igualmente com o abandono às indústrias a montante e a jusante das atividades de produção, de seus meios de trabalho e de transformação de seus produtos.

Decuplicando a produção e quintuplicando a produtividade do trabalho, esse novo sistema agrícola e alimentar – composto por subsistemas especializados, que exploravam materiais biológicos selecionados, conforme as exigências – se mostrou capaz de alimentar de maneira pletórica toda uma população em que apenas uma ínfima fração deve ainda se dedicar às tarefas agrícolas. Isso mostra a extensão à qual puderam chegar, neste fim de século, as atividades não agrícolas, desde as mais úteis até as mais inúteis, mais insignificantes ou mais prejudiciais. Nos países desenvolvidos, a agricultura "moderna" triunfou além de qualquer expectativa.

No entanto, os maiores triunfos, quando mal dominados, acabam sempre em excessos. A agricultura moderna será perigosa, como foram todas as novas agriculturas que a antecederam, enquanto o uso de novos meios e novos métodos de produção não forem confirmados para evitar os abusos e inconvenientes. Utilizados a torto e a direito, os machados de pedra polida, tão bem-vindos, eram também perigosos, pois representavam instrumentos de desmatamento. Demasiadamente empregadas em terras de fácil erosão, ou frequentemente passadas e repassadas sobre terras insuficientemente estrumadas, as charruas muitas vezes se tornaram temíveis engenhos de degradação dos solos. Empilhados sem precaução perto de fontes de água potáveis, os estercos, tão úteis, foram em muitas ocasiões verdadeiros agentes letais. Enterrados cedo ou tarde demais, ou ainda em grande quantidade, colocaram a perder muitas semeaduras. Estendidos a todas as áreas, os grandes desmatamentos da Idade Média central tiveram que recuar, fato que contribuiu para a grande crise de cereais do século XVI. E a rápida expansão das estradas de ferro e das colônias agrícolas brancas do século XIX mergulhou o mundo na primeira grande crise de superprodução agrícola...

Assim, quanto maiores ainda seriam os estragos provocados pelo uso de meios tão potentes e pelos extraordinários métodos de produção de hoje, se esse uso não for consciente e socialmente controlado, isto é, mantido a uma distância considerável dos perigos mais imediatos e das consequências longínquas mais insuportáveis? Se não houver limites, o uso de adubos e produtos de tratamento continuará a ser empregado até seu limite de rentabilidade, ou seja, às vezes, muito além do seu limite de nocividade. Sem proibição rigorosa, produtos perigosos mais rentáveis serão utilizados. Na falta absoluta de proibição, matérias-primas duvidosas poderão ser empregadas pelas indústrias de alimentação animal... Os espaços mais insubstituíveis serão cultivados... As espécies mais raras serão destruídas...

O excessivo desconhecimento e o menosprezo pelo passado, a demasiada pressa e a presunção inovadoras, a excessiva produtividade puramente quantitativa, as pouquíssimas precauções humanas, ecológicas e qualitativas conduzem, forçosamente, a longo prazo, à enorme concentração das atividades de cultivo e de criação, ao excessivo esvaziamento de várias regiões, gerando expressivo êxodo e desemprego... De onde vêm tantos prejuízos, senão dos próprios mecanismos do desenvolvimento da concorrência, mecanismos que se mostraram muito eficientes para proporcionar os meios, os métodos e a organização da produção até à abundância, mas que podem se revelar também muito eficientes para levá-los além de sua área de utilidade, até mesmo ao excesso?

É pouco sensato acreditar que poderíamos, sem risco, nos privar de proibições, de regras de produção e de controles draconianos, embora seja verdade que, para ser eficiente, a regulamentação deva ser simples e jamais será suficiente, por si só, para moralizar a produção e chegar a uma perfeita qualidade dos processos de trabalho e dos produtos. Além do mais, numa economia mundial aberta, as regras de utilização, as proibições e os códigos de boa conduta devem ser compartilhados e rigorosamente aplicados pelos produtores de todos os países. Caso contrário, aqueles que as respeitam serão penalizados pela concorrência desleal dos outros. Esse é o preço de uma agricultura ecológica razoável e de uma alimentação de qualidade. É ilusório pretender que a desregulamentação generalizada conduza ao melhor dos mundos possíveis, e que o livre mercado seja capaz de evitar os desequilíbrios, os golpes e os contragolpes flutuantes da conjuntura, os excessos, os desperdícios, as misérias e os abandonos, que são na verdade a contrapartida do desenvolvimento da concorrência impetuoso da própria revolução agrícola.

Mas a revolução agrícola contemporânea e seus efeitos não param nas fronteiras dos países desenvolvidos. Olhando mais além, até as localidades mais distantes dos países em desenvolvimento, descobrimos, então, de que maneira limitada e deformada esta revolução agrícola progrediu nesses países, e a que ponto as consequências do desenvolvimento desigual, da crise e da exclusão se revelam aí imensas. A crise que atinge hoje a maioria do campesinato dos países em desenvolvimento é a fonte essencial da pobreza crescente que envolve atualmente metade da humanidade, uma pobreza que é, na nossa opinião, a origem da atual crise da economia mundial.

Capítulo 11
Crise agrária e crise geral

Primeira parte
1. Origens e extensão da crise agrária nos países em desenvolvimento
2. Da crise agrária à crise dos países em desenvolvimento

Segunda parte
3. Da crise dos países em desenvolvimento à crise mundial
4. Por uma estratégia mundial anticrise fundamentada na proteção e no desenvolvimento da economia agrícola pobre

> *O problema político da humanidade consiste em combinar três coisas: a eficiência econômica, a justiça social e a liberdade política.*
>
> The Collected Writings of John Maynard Keynes.

No final do século XIX, após 10.000 anos de evolução e de diferenciação agrárias, os povos do mundo eram herdeiros de formas de agricultura tão diferentes como os cultivos em florestas e nas savanas intertropicais, os cultivos irrigados das regiões áridas e semiáridas, a rizicultura aquática das regiões tropicais úmidas, os cultivos estreitamente associados à criação (das regiões temperadas e de certas regiões tropicais), sem contar as múltiplas formas de pastoreio das regiões herbáceas frias ou semiáridas.

Essas formas de agricultura, que se constituíram a milhares de quilômetros e a milhares de anos de distância, eram, já nessa época, muito desiguais em suas performances. Os rendimentos brutos médios por hectare, medidos em equivalente-grão, giravam em torno de uma tonelada de grãos para os cultivos pluviais e de duas toneladas de grãos para os cultivos irrigados ou aquáticos, enquanto a superfície cultivada por ativo agrícola variava de menos de um hectare em cultivo manual a uma dezena de hectares em cultivo com tração pesada mecanizada. Assim, há cem anos, a distância de produtividade entre as agriculturas menos produtivas e as agriculturas mais produtivas do mundo variava de uma tonelada de grãos por ativo agrícola a uma dezena de toneladas, ou seja, uma relação de 1 para 10.

Ora, em menos de um século, a revolução agrícola contemporânea multiplicou várias dezenas de vezes a produtividade da agricultura dos países industrializados e de alguns setores limitados da agricultura dos países em desenvolvimento. Desse modo, a relação de produtividade entre a agricultura manual menos produtiva do mundo e a agricultura motorizada mais produtiva é hoje da ordem de 1 para 500!

Esse formidável avanço de uma certa forma de agricultura moderna não continha em si mesmo nenhuma razão para prejudicar o desenvolvimento das outras formas de agricultura. Mas, paralelamente à revolução agrícola, a revolução dos transportes expandiu e colocou em concorrência todas as agriculturas do mundo. Assim, as agriculturas manuais pouco produtivas, majoritárias nos países em desenvolvimento, viram-se confrontadas, cada uma, com os baixos preços dos cereais e dos outros produtos agrícolas de base provenientes das agriculturas mais desenvolvidas. E, com o tempo, foram submetidas a uma forte queda tendencial dos preços agrícolas em termos reais, uma redução que resulta dos ganhos de produtividades incessantes devidos à continuação da revolução agrícola. Para se ter uma ideia da amplitude da baixa dos preços agrícolas à qual foram submetidas as agriculturas dos países em desenvolvimento, basta lembrar que o preço real do trigo, na produção dos Estados Unidos, foi dividido por quase quatro após o início do século XX.

Em desvantagem, devido ao precário equipamento, os produtores dos países em desenvolvimento procuraram então tirar partido de suas vantagens naturais especializando-se, ao menos parcialmente, nos cultivos tropicais de exportação, que em princípio sofriam menos concorrência. No entanto, muitos desses cultivos sofreram igualmente a concorrência dos cultivos de países desenvolvidos (beterraba contra cana-de-açúcar, soja contra amendoim e outros óleos proteicos tropicais, algodão do sul dos Estados Unidos, tabaco etc.), enquanto outras sofriam a concorrência de produtos industriais de substituição (borracha sintética contra heveicultura, têxteis sintéticos etc.).

Além do mais, nos próprios países em desenvolvimento, os cultivos de exportação foram alcançados um após o outro pelo progresso da segunda revolução agrícola. No entanto, se a seleção, os insumos e os produtos de tratamento favoreceram em larga escala os agricultores dos países em desenvolvimento, a motorização e a grande mecanização beneficiaram apenas as grandes propriedades capitalistas ou estatais e uma pequena fração dos agricultores abastados. Por mais limitado que fosse, o progresso contribuiu para diminuir os preços da maior parte das mercadorias tropicais de exportação.

Progressivamente privada de atividades rentáveis, a imensa maioria dos agricultores subequipados e pouco produtivos dos países em desenvolvimento se viu com ganhos insuficientes para investir e para progredir, ou, dito de outro modo, com ganhos situados abaixo do *patamar de renovação* (*ou limite de capitalização*). Assim, ainda hoje, mais de 80% dos agricultores da África e de 40% a 60% dos agricultores da Ásia e da América Latina continuam a trabalhar com um equipamento estritamente manual.

Entretanto, apesar de pouco eficiente e mal paga pelo trabalho, a maioria desses agricultores subequipados teve que continuar a produzir para a exportação, a fim de renovar seu escasso equipamento, obter alguns raros bens de consumo e ao fim, vergonhosamente, ainda pagar impostos e outras taxas. Dessa forma, inúmeros agricultores pobres participam do aumento da oferta e contribuem com a queda de preços que dela resulta. E continuam a agir assim até o ponto em que o ganho do trabalho obtido por meio dos cultivos de exportação se torne igual ao ganho que podem obter com os cultivos de víveres. É dessa maneira que o preço dos produtos agrícolas de exportação se encontra ligado àquele das mercadorias alimentares de base, e que a tendência de baixa dos preços dos cereais leva, a longo prazo, inelutavelmente, à diminuição dos preços das mercadorias agrícolas de exportação.

A baixa dos preços agrícolas reais levou os agricultores a dedicarem uma parte crescente de suas forças às produções destinadas à venda e, em consequência, à redução da produção para o autoconsumo e dos trabalhos de preservação do ecossistema cultivado. Daí resulta um enfraquecimento da força de trabalho e uma degradação da fertilidade que levarão, por sua vez, a uma baixa da produção. Esta se conjuga com a queda dos preços para reduzir ainda um pouco mais o ganho, já insignificante, desses agricultores. Rapidamente atinge-se a situação em que esses agricultores já subalimentados não conseguem nem mesmo renovar suas sementes e seus equipamentos. Eles atingem então um patamar abaixo do *limite de sobrevivência* e não têm outra saída a não ser o êxodo para as favelas ou os campos de refugiados, caso nenhum acidente econômico, climático, biológico ou político venha brutalmente agravar a situação e condená-los à fome.

Certamente, o processo de empobrecimento e o êxodo não alcançaram ainda a totalidade dos agricultores que praticam a agricultura manual. Esse processo atingiu, sobretudo, os agricultores mais desprovidos das regiões mais desfavorecidas. Mas enquanto continuar a tendência de baixa dos preços dos cereais, que arrasta atrás de si a baixa dos preços de outras mercadorias agrícolas, o êxodo agrícola maciço e o demasiado inchaço da população das favelas também devem prosseguir. Na falta de infraestrutura urbana, na falta de empregos suficientes na indústria e nos serviços, o êxodo do agricultor pobre se transformará em desemprego ou em atividades sub--remuneradas, ou seja, em pobreza urbana. E, finalmente, o salário da mão de obra não qualificada se estabelece num nível pouco superior ao custo de reprodução alimentar da força de trabalho, ou seja, a um nível próximo do nível de sobrevivência da agricultura pobre.

Assim sendo, as quedas dos preços agrícolas e de ganhos dos agricultores pobres levam ao aumento do desemprego, à redução dos salários básicos em todos os ramos de atividade dos países em desenvolvimento pouco industrializados, além de empurrarem para baixo os preços de todos os bens e serviços oferecidos por esses países.

O objeto deste capítulo é, numa primeira etapa, *mostrar a enorme explosão de desigualdades de produtividade e de ganhos entre as diferentes agriculturas do mundo*, uma explosão que ocorreu no século XX devido à revolução agrícola e à revolução dos transportes. Em seguida mostraremos que no sistema internacional e comercial existentes, a tendência de baixa (em termos reais) dos preços agrícolas, que acontece há décadas, mergulha na crise camadas inteiras, cada vez mais extensas, de agricultores pobres dos países em desenvolvimento. O objetivo deste capítulo também é mostrar que esta imensa crise agrária está na origem da pobreza em massa e do fracasso da modernização dos países agrícolas pobres.

Num segundo momento, estabeleceremos que é na insolvabilidade das necessidades dessa outra metade do mundo que reside a insuficiência da demanda solvável mundial, e que essa insuficiência da demanda é a causa essencial da diminuição do crescimento, da deriva especulativa e da crise da economia mundial que se desenvolve desde o início dos anos 1970.

Partindo desse diagnóstico, tentaremos mostrar que a solução dessa crise não pode vir da exacerbada concorrência entre os países e políticas nacionais deflacionistas, redutoras de emprego e de renda, tão abundantes hoje em dia. Para nós, o reerguimento da economia mundial passará por uma ampliação decisiva da demanda solvável mundial, o que só poderá acontecer se houver um *reerguimento importante, progressivo e prolongado, dos preços agrícolas pagos aos agricultores pobres dos países em desenvolvimento* e o reerguimento maciço das rendas e do poder de compra nessa parte do mundo.

Enfim, tentaremos mostrar que para praticar uma política mundial anticrise deste tipo, que conduza o mundo a um desenvolvimento equilibrado e sustentável, serão necessários um novo sistema internacional de comércio, mais equitativo, e um novo sistema monetário e financeiro mundial, muito mais estável.

Primeira parte

1 ORIGENS E EXTENSÃO DA CRISE AGRÁRIA NOS PAÍSES EM DESENVOLVIMENTO

O alvorecer da revolução agrícola contemporânea: as heranças agrárias diferentes e desigualmente produtivas

Entre 10.000 e 5.000 anos atrás as sociedades agrárias neolíticas, ou seja, as sociedades pastoris das estepes, das planícies e das savanas e as sociedades de cultivadores de derrubada-queimada dos meios arbóreos, dispunham de um equipamento manual pouco diversificado e pouco eficiente (machados e picaretas de pedra polida, cajados, facas para colher e foices de micrólitos). Naquela época, elas não haviam ainda conquistado sequer a metade dos meios exploráveis do planeta. Todavia, a partir de 6.000 anos atrás, os meios arbóreos mais remotamente cultivados e os menos resistentes ao machado e ao fogo começavam a ser desmatados e a ceder lugar a ecossistemas variados, que ofereciam possibilidades de utilização agrícola muito diferentes.

Sistemas agrários herdados do passado, mas muito diferenciados

Na idade dos metais, entre 5.000 e 1.000 anos B.P., na medida em que o desmatamento progredia, sistemas agrários pós-florestais muito diferenciados emergiram, a milhares de quilômetros e a milhares de anos de distância. Eram os sistemas de cultivo de vazante e de cultivo irrigados das regiões arenosas do Saara e do sudeste da Ásia (Mesopotâmia, vales do Nilo e do Indo há pouco mais de 5.000 anos), da América (olmecas, há mais de 3.000 anos; Teotihuacan e maias, há mais de 1.000 anos; civilizações pré-incaicas, há mais de 2.000 anos); sistemas hidrorrizícolas das regiões de monção da Ásia (China e Índia, há mais de 3.000 anos); *sistemas de cultivo de cereais pluviais com alqueive e criação associada* das regiões temperadas (entorno mediterrâneo, há mais de 2.500 anos; noroeste da Europa, há mais de 2.000 anos).

Associadas a esse vasto movimento de diferenciação dos ecossistemas cultivados, desenvolveram-se importantes desigualdades de equipamento. Desde a idade do bronze, em algumas sociedades da Eurásia, da África e da América, já fabricavam-se alguns instrumentos manuais metálicos (facas, machadinhas, pontas de cajado), ainda pouco eficientes. Mas, a partir da idade do ferro, novos instrumentos, muito mais eficazes (machados, enxadas, pás, foices em ferro), foram fabricados e utilizados cada vez mais amplamente na agricultura do "Mundo Antigo". Além disso, graças ao progresso do artesanato do ferro e da madeira, novos instrumentos (arados escarificadores, batedores, charrete) permitiram utilizar a energia animal. Assim, no fim da Antiguidade, o cultivo com tração animal leve estava em uso nos sistemas hidroagrícolas e nos sistemas com alqueive das regiões mais avançadas do Oriente Médio, do norte da África, da Ásia e da Europa, enquanto charretes, carretas e carroças, provenientes de algumas sociedades pastoris da Ásia, já eram utilizadas para os transportes e para a guerra. Finalmente, na Idade Média, no nordeste da Europa e em algumas regiões da Ásia, os novos progressos do artesanato do ferro e da madeira permitiram dar um novo passo na utilização da energia animal (cultivos com tração pesada com arado, grade, carreta) e energias hidráulicas e eólicas (multiplicação dos moinhos movidos a água e a vento).

Na aurora dos tempos modernos, já existiam sociedades agrárias bastante diferenciadas e muito desigualmente evoluídas. O cultivo com tração pesada não estava ainda bem desenvolvido – exceto no noroeste da Europa e em alguns deltas e vales da Ásia das monções –, enquanto no entorno mediterrâneo, no Oriente Médio e em outras regiões da Ásia e da África, já se fazia uso do cultivo com tração leve. Na imensa maioria das regiões do mundo, o cultivo manual era predominante, quando não exclusivo. Esse era o caso particular nas florestas e nas savanas intertropicais da África, da Ásia e da América do Sul. Em certas regiões, os instrumentos manuais eram ainda em pedra polida. Enfim, nessa época, várias florestas, e em particular as florestas boreais e equatoriais, só eram frequentadas por caçadores-coletores.

Algumas dessas sociedades, mal preparadas para produzir e para se defender, sofreram durante vários séculos os golpes e contragolpes da colonização: destruição parcial das civilizações ameríndias intertropicais, expulsas e subordinadas à construção de economias latiminifundiárias agroexportadoras americanas; esgotamento durante séculos, com o tráfico negreiro, das populações da África intertropical; enclaves de economias coloniais de plantação em todo o mundo tropical; destruição quase integral das sociedades pré-coloniais das regiões temperadas das duas Américas, da Austrália e da Nova Zelândia, e transferência para essas regiões de camadas inteiras de sociedades agrárias europeias, com seus homens, instrumentos, plantas, animais e métodos de cultivo e criação. Enquanto a colonização transportava para a América plantas e animais domésticos do Velho Mundo (trigo, arroz, cana-de-açúcar, bois, carneiros, cavalos etc.), as plantas americanas (milho, batata, mandioca, tabaco, tomate, girassol etc.) faziam o caminho inverso. Mas durante esse tempo, dos séculos XVI ao XIX, as agriculturas da Ásia e do noroeste da Europa continuavam a se desenvolver. Na Ásia, o duplo cultivo anual de arroz e a tração animal ganhavam terreno, enquanto no nordeste da Europa uma nova revolução agrícola se desenvolvia, em estreita relação com a primeira revolução industrial. Essa revolução agrícola, que substituía os alqueives por cultivos forrageiros e plantas passíveis de capina, permitiu dobrar uma vez mais a produção e a produtividade agrícola.

Assim, em meados do século XIX, após milhares de anos de evoluções diferenciadas e de interferências dos sistemas agrários, os povos do mundo se viram como herdeiros de agriculturas muito diferentes entre si e produzindo de forma muitíssimo desigual.

Para melhor julgar essas desigualdades, coloquemos lado a lado, num gráfico, a produtividade máxima acessível nesses grandes sistemas agrícolas existentes nesta época (Figura 11.1). Estimada em toneladas de equivalente--cereal, essa produtividade é calculada da seguinte forma: superfície máxima cultivada por trabalhador multiplicada pelo rendimento por hectare acessível em boas condições de fertilidade, dedução feita da semente, das perdas e da quantidade de grãos necessários para cobrir os custos (bastante reduzidos nesses sistemas) dos componentes e da amortização do material. Para cada grande tipo de sistema, a superfície máxima por trabalhador e o rendimento máximo por hectare variam em função das regiões, o que explica por que a produtividade acessível varia numa certa medida.

Como mostra a Figura 11.1, os sistemas existentes na época podiam ser classificados, por ordem crescente de produtividade líquida, da seguinte maneira:

- *os sistemas de cultivo manual*, cuja produtividade líquida máxima é da ordem de 1 t por trabalhador. Trata-se de uma parte dos sistemas de cultivo pluvial das florestas e das savanas intertropicais e de algumas florestas temperadas da América e da Ásia e, por outro lado, dos sistemas de cultivo irrigado e de rizicultura aquática com uma colheita por ano;
- *os sistemas de cultivo com tração leve* e *alqueive*, cuja produtividade líquida máxima é da ordem de 2 t por trabalhador. Trata-se dos sistemas cerealíferos com alqueive das regiões mediterrâneas e de algumas regiões da Ásia e da América do Sul e dos sistemas de cultivo irrigados e de rizicultura aquática com uma colheita ao ano;
- *os sistemas de cultivo com tração pesada e alqueive*, que persistiam em certas regiões temperadas da Europa e da América, cuja produtividade líquida máxima é da ordem de 3,5 t por trabalhador e os sistemas irrigados e de rizicultura aquática com duas colheitas ao ano, com cultivo com tração, cuja produtividade era da mesma ordem de grandeza;
- *os sistemas cerealíferos sem alqueive com tração pesada* das regiões temperadas, cuja produtividade era da ordem de 5 t por trabalhador.

Na metade do século XIX, a relação de produtividade líquida entre os sistemas de cultivo manual menos eficazes das regiões intertropicais e os sistemas de cultivo com tração pesada sem alqueive mais eficientes das regiões temperadas era da ordem de 1 para 5. Como mostra a Figura 11.1, a diferença de produtividade entre sistemas já era mais elevada que as diferenças de produtividade existentes no interior de cada um deles.

Fim do século XIX: uma relação de produtividade de 1 para 10

Na segunda metade do século XIX, as diferenças de produtividade se tornaram realmente marcantes. Na verdade, no noroeste da Europa e na

Marcel Mazoyer • Laurence Roudart

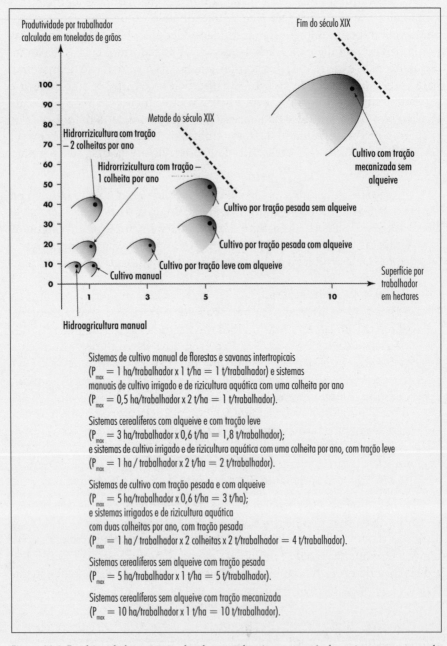

Figura 11.1. Produtividades comparadas dos grandes sistemas agrícolas existentes no mundo em meados e fim do século XIX

América do Norte, a indústria, em pleno desenvolvimento, começou a fornecer aos agricultores novos equipamentos mecânicos de tração animal (arados, segadeiras, colhedoras...), que lhes permitiram dobrar a superfície por trabalhador e a produtividade do trabalho agrícola, enquanto a revolução dos transportes (estradas de ferro, barcos a vapor) lhes permitia abastecerem-se com corretivos e adubos de origem distante, começar a escoar a produção para locais mais distantes e a especializarem-se. No final do século XIX, os novos *sistemas cerealíferos sem alqueive e com tração animal mecanizada* das regiões temperadas atingiam uma produtividade líquida da ordem de 10 toneladas (10 ha/trabalhador × 1,0 ton/ha = 10,0 ton/trab), ou seja, aproximadamente dez vezes mais que a produtividade do cultivo manual (Figura 11.1).

Notemos, todavia, que nesta época o cultivo manual estava igualmente presente nas mais avançadas regiões da Europa, da América e da Ásia. Em todos os vilarejos desses países, ao lado de ricos lavradores bem munidos em meios de tração, em equipamentos e que produziam algumas toneladas de cereal por trabalhador, existiam sempre numerosos pequenos camponeses empregando o cultivo manual, cuja produtividade não passava de uma tonelada. Lembremos também que, em alguns deltas do leste e do sudeste da Ásia, a produtividade máxima alcançada pelos rizicultores mais bem equipados, que realizavam duas colheitas por ano, não era muito inferior àquela dos lavradores dos países temperados frios mais avançados; porém, era sem dúvida alguma um pouco superior àquela dos cultivadores com arado escarificador das regiões do perímetro mediterrâneo.

A fraca penetração da revolução agrícola contemporânea nos países em desenvolvimento e a explosão das desigualdades na produtividade agrícola mundial

Mas, por mais importante que fossem, já no final do século XIX, as diferenças de produtividade entre as distintas agriculturas do mundo eram ainda pequenas, tendo em conta as que passaram a existir posteriormente. Na verdade, no século XX essas distâncias literalmente irromperam: em algumas décadas, a segunda revolução agrícola (motorização, seleção, fertilização mineral, tratamento, especialização) se estendeu vigorosamente a toda agricultura dos países desenvolvidos, multiplicando por dezenas de vezes a produtividade agrícola, enquanto a maior parte das agriculturas dos países em desenvolvimento continuava afastada desse movimento. Na verdade, somente uma pequena fração dessas agriculturas subequipadas foi atingida por essa mesma revolução agrícola, embora de maneira incompleta e deformada.

Marcel Mazoyer • Laurence Roudart

Motomecanização limitada e persistência de uma agricultura manual amplamente majoritária

Assim, as grandes propriedades cerealíferas, algodoeiras e açucareiras da América Latina adotaram, com algum atraso em relação aos seus homólogos da América do Norte, a motorização, a grande mecanização e a fertilização mineral. Esse caminho também foi adotado por uma parte das grandes e médias propriedades da América Latina e do Oriente Médio. Nessas regiões do mundo, o trator é hoje presente em mais de um terço dos estabelecimentos, ao passo que na África e no Extremo Oriente, ele pode ser encontrado em menos de 10% das propriedades agrícolas.

Na verdade, os muito pequenos estabelecimentos com cultivo manual, amplamente majoritários na África, na Ásia e na América Latina, jamais tiveram meios de acesso à motomecanização, até mesmo de pequeno porte. A maioria entre eles sequer teve meios de chegar à tração animal, que ainda hoje está presente em menos de 15% das propriedades da África intertropical, em menos de 20% na América Latina e no Oriente Médio e em menos de 30% no Extremo Oriente. No fim das contas, o cultivo estritamente manual, pouquíssimo eficiente, predomina hoje nos países em desenvolvimento: mais de 80% dos cultivadores da África, de 40% a 60% dos cultivadores da Ásia e da América Latina trabalham no modo manual de cultivo. É preciso acrescentar que muitos deles pouco se beneficiaram da seleção genética e de insumos industriais.

Seleção, fertilização mineral... A revolução verde é interrompida às portas da agricultura pobre

Durante o período colonial, e algumas vezes muito depois, a pesquisa agronômica tropical levara a maior parte de seus esforços para os cultivos de exportação, selecionando as variedades melhoradas e preconizando métodos de cultivo frequentemente mais bem adaptados às condições de produção das grandes plantações do que às necessidades e à situação encontrada nos estabelecimentos camponeses. Frequentemente, os cultivos de víveres também haviam sido negligenciados.

Após a Segunda Guerra Mundial, centros internacionais de pesquisas agrícolas, financiados pelas grandes fundações privadas americanas (Ford, Rockfeller...) selecionaram variedades de alto rendimento de arroz, de trigo, de milho e de soja, muito exigentes em adubos e em produtos de tratamento, colocando em prática, em estação experimental, os métodos de cultivo correspondentes. Nos anos 1960-1970, as difusões dessas variedades e desses métodos de cultivo permitiram aumentar significativamente os rendimentos e a produção de grãos em muitos países da Ásia, da América Latina e, em menor grau, da África. Esse vasto movimento de extensão de certos elementos da segunda revolução agrícola (seleção genética, fertilização mineral, tratamentos, cultivo puro de populações geneticamente homogêneas, mecanização parcial, estrito controle da água) para três grandes cereais amplamente cultivados nos países em desenvolvimento recebeu o nome de "revolução verde". Porém, por mais importantes que fossem os ganhos de rendimento e de produção ligados à revolução verde, eles beneficiaram principalmente as regiões férteis mais aptas a rentabilizar os caríssimos componentes necessários e os agricultores que dispunham de meios suficientes para comprá-los e para aplicar os aconselhamentos técnicos correspondentes. As regiões marginais e os agricultores pobres foram, mais uma vez, deixados à margem desse movimento.

Além disso, muitos cultivos de víveres considerados secundários (milho, sorgo, ervilha, taro, batata-doce, mandioca, inhame, banana plátano...) não foram objeto de um esforço de pesquisa. A maior parte das espécies e de raças locais de grande e pequeno porte (zebus, iaques, búfalos, asnos, carneiros, cabras, porcos) também foi negligenciada, sem contar as múltiplas espécies e variedades de legumes e de frutas, muito importantes na alimentação.

Finalmente, o esforço de pesquisa orientou-se sobretudo em direção aos sistemas de produção mais especializados e para os métodos de cultivo padronizados (os famosos "pacotes técnicos"), em conformidade com as condições encontradas nas propriedades agrícolas relativamente bem equipadas. Os sistemas de produção complexos (cultivos associados, sistemas mistos combinando cultivos, criações e arboricultura ou até piscicultura...) – com seus métodos de cultivos flexíveis e diversificados, menos arriscados, menos consumidores de insumos, menos exigentes em trabalho, e, portanto, mais bem adaptado às necessidades e às possibilidades dos pequenos estabelecimentos subequipados – foram negligenciados.

Concebida dessa forma, a revolução verde permitiu aumentar muito fortemente a produção em vários países, mas pouco podia, pelo menos em seu início, contribuir para salvar e desenvolver a agricultura camponesa pobre das regiões pouco favorecidas dos países em desenvolvimento.

Fim do século XIX: uma relação de produtividade agrícola de 1 para 500

Realizado o balanço, neste fim de século os setores avançados da agricultura dos países desenvolvidos e de alguns setores limitados da agricultura dos países em desenvolvimento encontram-se num nível de capitalização que lhes permite atingir uma produtividade líquida (consumos intermediários e amortizações deduzidas), da ordem de 500 t de equivalente-cereal por trabalhador (100 ha/trabalhador × 5 t líquida/ha). Ora, ao mesmo tempo, nos países em desenvolvimento, o cultivo manual, que produz na ordem de 1 t líquida de equivalente-cereal por trabalhador, é sempre amplamente predominante. Isso equivale dizer que a relação de produtividade entre a agricultura menos produtiva e a agricultura mais produtiva do mundo, que era de 1 para 10 no início do século, é atualmente da ordem de 1 para 500. Em pouco menos de um século a relação foi multiplicada por 50 (Figura 11.2).

Motorização dos transportes, concorrência internacional e baixa tendencial dos preços agrícolas

Entretanto, a segunda revolução industrial não somente produziu os meios de aumentar *cinquenta vezes* a produtividade entre a agricultura manual e a agricultura motorizada mais performante, como também forneceu os meios de colocá-las em concorrência efetiva. De fato, após a Segunda Guerra Mundial, a motorização dos transportes rodoviários, prolongando aquela dos transportes marítimos, ferroviários e aéreos, penetrou progressivamente em todas as regiões do mundo, inclusive nas regiões mais remotas dos países em desenvolvimento. A eficácia (capacidade, rapidez) desses transportes aumentou e seus custos diminuíram a tal ponto que a maior parte das agriculturas do mundo não está mais livre da concorrência das mais performantes, que, aliás, continuam a progredir.

Certamente, as distâncias não foram abolidas, os custos de transporte não foram eliminados e os obstáculos institucionais ao comércio internacional (taxas, contingenciamento...) são ainda bastante reais. No entanto, devido à redução dos custos de transporte e de liberalização do comércio internacional, os preços dos gêneros alimentícios de primeira necessidade, em particular dos cereais, são hoje da mesma ordem de grandeza na maioria dos países do mundo, e são governados pelas exportações a baixo preço dos países com produção excedente e de alta produtividade agrícola da América do Norte, da América do Sul (Argentina, Brasil), da Europa e da Oceania (Austrália, Nova Zelândia).

A baixa dos preços dos gêneros alimentícios de base

Assim, no curso das últimas décadas, a chegada de cereais a baixo preço provocou, na maioria dos países em desenvolvimento, uma queda importante, em termos reais, dos preços internos dos cereais e dos gêneros

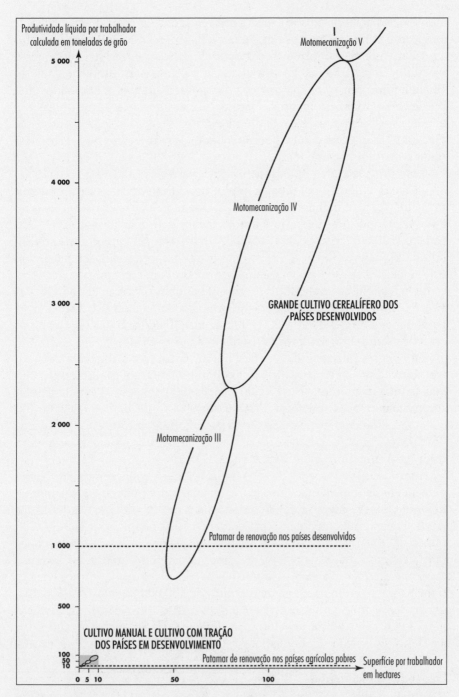

Figura 11.2. Distâncias de produtividade do trabalho entre sistemas cerealíferos motomecanizados e com quimizados, por um lado, e sistemas de cultivo manual ou com tração dos países em desenvolvimento, por outro

alimentícios de base substituíveis. A primeira consequência desta tendência à uniformização dos preços dos cereais e das mercadorias substituíveis foi tornar manifesta a enorme disparidade de produtividade existente entre os cultivadores que utilizavam enxadas e produziam uma tonelada de cereal líquido por trabalhador e os cultivadores altamente equipados que produziam várias centenas de toneladas. Na verdade, desde que os gêneros alimentícios são pagos sensivelmente o mesmo preço a uns e a outros, as diferenças de produtividade por trabalhador se expressam, pura e simplesmente, em diferença de renda.

Com um preço de 1.000 francos franceses a tonelada de grão (ou seja, 200 dólares americanos), por exemplo, um cultivador de cereal europeu bem equipado, trabalhando sozinho, produzindo 500 toneladas líquidas de grão (consumo intermediário e amortizações deduzidas), recebe 500.000 francos (100.000 dólares). Esses 500.000 francos representam uma criação líquida de riqueza (ou seja, um valor agregado líquido para seu país), que este cerealicultor deverá eventualmente dividir com o proprietário da terra se for cerealicultor arrendatário, com seu banqueiro se estiver endividado, e com o fisco se estiver submetido ao imposto. Após tudo isso, lhe restarão pelo menos entre 100.000 e 250.000 francos (20.000 a 50.000 dólares) por ano para remunerar seu próprio trabalho e para investir.

Pago na mesma medida, a 1.000 francos franceses a tonelada de grão, um cultivador manual sudanês, andino ou indiano que produza 1,0 tonelada líquida de grão receberia 1.000 francos (200 dólares) se vendesse toda sua produção. Mas como ele deve guardar 0,7 tonelada de grão para seu consumo e de sua família, seu renda monetária é apenas de 300 francos por ano (60 dólares). E isso se não tiver que pagar nem arrendamento, nem juros de empréstimo, nem impostos...

À razão de 100 francos (20 US$) por tonelada de grão, seria preciso uma vida inteira de trabalho (33 anos) para um cultivador manual que dispusesse de uma renda monetária de 300 francos por ano (60 dólares) adquirir um par de bois e um equipamento básico de tração animal que custasse 10.000 francos (2.000 US$), supondo que ele pudesse destinar toda sua renda monetária a essa compra. Seria preciso cem anos de seu trabalho para adquirir um equipamento mais eficiente de tração animal pesada; mais de 300 anos de seu trabalho para comprar um pequeno trator de 100.000 francos (20.000 US$); e mais 3.000 anos para comprar um equipamento completo de motomecanização no valor de 1.000.000 francos (200.000 US$), se comparado a um agricultor europeu ou americano.

Dependência alimentar

Os cereais, e as outras produções alimentares substituíveis por cereais, foram os primeiros a ser atingidos pela concorrência da agricultura dos países desenvolvidos e pelas quedas de preço que dela resultaram. Sem em geral abandonar os cultivos alimentares de autoconsumo, os agricultores dos países em desenvolvimento reduziram ou abandonaram os cultivos de víveres reservados à venda, a fim de destinar uma parte crescente de suas forças às produções tropicais de exportação que sofriam menos concorrência. Agindo dessa maneira, eles escolheram as produções mais vantajosas, tendo em vista as condições físicas de cada região. Assim se formaram ou confirmaram grandes especializações agroexportadoras: café, chá, cacau, tabaco, amendoim, algodão, abacaxi, banana etc.; esses cultivos de exportação se desenvolveram, em ondas sucessivas, nos períodos de crescimento rápido da demanda mundial e de altos preços.

O recuo relativo das culturas de víveres destinados à venda, mesmo em situação de demanda urbana crescente, mergulhou muitos países em desenvolvimento numa dependência alimentar crescente. Nessas condições, na África intertropical, de 1965 a 1985, as importações de cereais (trigo e farinha, arroz e principais cereais secundários) por habitante aumentaram para mais do triplo, passando de 10 kg para 35 kg aproximadamente. Ao mesmo tempo, a produção caiu de 135 kg/hab. para menos de 100 kg/hab. (Banco Mundial, 1986). O consumo por habitante baixou (de aproximadamente 10%) e tudo isso a despeito, ou por causa, das importações a baixos preços.

Especialização agroexportadora

Naturalmente, as grandes plantações agroexportadoras foram as primeiras que se beneficiaram nos períodos de altos preços e, geralmente, aproveitaram para se equipar e, às vezes, também, para se expandir, em detrimento da economia camponesa. Entretanto, nos países em que a terra não foi apropriada pelos grandes domínios, os cultivos de exportação forneceram aos camponeses lucros superiores àqueles que eles teriam obtido com os cereais ou com outros víveres substituíveis. Isso permitiu, a uma parte desses agricultores, investir e se desenvolver. Desse modo, as plantações agrícolas de café, de cacau, de seringueira etc., se estenderam na África, na Ásia e na América Latina, nas regiões que ainda dispunham de reservas fundiárias florestais. Assim, ainda nos anos 1950-1960, a fração menos desprovida dos produtores de algodão e de amendoim do oeste da África pôde adotar a tração animal.

A extensão da baixa de preços às mercadorias de exportação

No entanto, muitos cultivos tropicais de exportação também foram atingidos pela concorrência de gêneros, idênticos ou substituíveis, produzidos pela agricultura altamente produtiva dos países desenvolvidos. A cana-de-açúcar dos trópicos, por exemplo, sofre desde muito a concorrência da beterraba açucareira, um cultivo que foi um dos pivôs da modernização agrícola da Europa temperada. O amendoim, para óleo e farelo, sofreu e sofre ainda a concorrência da grande produção americana de soja. Segundo o Banco Mundial, de 1950 a 1984, os preços dos óleos e gorduras comparados aos preços dos bens manufaturados importados pelos países em desenvolvimento tiveram uma redução de 1,29% por ano (Banco Mundial, op. cit.).

Além do mais, certos produtos importantes de exportação para os países em desenvolvimento, como a borracha natural e o algodão, viram industriais de substituição muito competitivos. Finalmente, os cultivos tropicais de exportação, em grande parte, foram atingidos, um após outro, pelo progresso da segunda revolução agrícola: a seleção de variedades mais exigentes em adubos e mais produtivas, a preparação de adubos minerais e tratamentos químicos específicos, protocolos de conduta dos cultivos e, às vezes, até de grandes máquinas, de colheita ou outras, especializadas.

Certamente, esses novos meios de produção de custo muito elevado só foram adotados em sua totalidade pelos grandes estabelecimentos capitalistas ou estatais, e pelas camadas mais abastadas da agricultura patronal ou camponesa, enquanto, na falta de meios, a grande maioria do campesinato continuou com o cultivo manual, ou com o cultivo com tração leve, e não teve acesso, a não ser de modo muito limitado, às variedades melhoradas e aos adubos. A segunda revolução agrícola, após ter acarretado a queda do preço de muitos gêneros alimentares tropicais de base, conduziu também à redução dos preços de muitos produtos tropicais de exportação. Assim, de 1950 a 1984, o preço médio do chá, do café e do cacau, gêneros tropicais intocados pela concorrência dos países do Norte, reduziu-se de 1,13% por ano em relação ao preço dos produtos manufaturados importados pelos países em desenvolvimento (Banco Mundial, op. cit.). E, as mesmas causas produzindo os mesmos efeitos, os produtores de gêneros agrícolas de exportação foram atingidos, por sua vez, pela diminuição de sua renda, como haviam sido os produtores de cereais e de outras mercadorias de primeira necessidade.

Concorrência pobres × pobres

Como o leque de produções relativamente rentáveis não cessava de se fechar em muitas regiões, camponeses cada vez mais numerosos se orientaram para algumas produções ainda rentáveis. Para isso se deslocaram por milhares de quilômetros, como fazem milhões de camponeses pelo mundo. Desse modo, camponeses do Sahel e do Sudão abandonaram as culturas de amendoim e de algodão para cultivar café e cacau na zona de florestal equatorial; rizicultores do Sudeste asiático colonizaram as últimas florestas da região para ali praticar a heveicultura, camponeses dos Andes desceram para cultivar legumes na periferia das cidades costeiras, ou então para cultivar café e coca na encosta amazônica etc.

Assim, como toda produção de exportação ainda rentável num dado momento atrai um número tão grande de produtores pobres, prestes a aceitar salários miseráveis, a oferta aumenta e os preços caem, mesmo nas produções não atingidas pela segunda revolução agrícola e que não concorrem com os produtos sintéticos. Os preços desses gêneros então diminuem até o limite, quando a renda proporcionada se torna igual à renda obtida pela venda dos gêneros alimentícios desvalorizados. Pode-se, aliás, constatar que, quando o preço da última cultura de exportação praticável desce abaixo deste limite, os camponeses abandonam essa cultura de exportação e retornam às culturas alimentares, ainda que pouco remuneradoras.

Assim tende a se formar, num longo período, um sistema de preços relativos das produções agrícolas, alimentares e de exportação, de modo que as rendas por ativo obtidas pelos camponeses por essas diferentes produções tendem a se igualar, alinhando-se sobre a renda mais baixa. Claro, trata-se de uma lei geral e tendencial, que não se pode verificar o tempo todo e em todos os lugares, pois as flutuações de preço dos diferentes produtos não são concordantes. Mas se colocarmos sobre um gráfico as curvas de evolução dos preços reais de alguns grandes gêneros agrícolas como o trigo, o açúcar, o arroz, o milho e a borracha, poderemos constatar, ao mesmo tempo, a enormidade das flutuações, a importância das quedas tendenciais dos preços desses gêneros, e a estreita correlação dessas tendências de baixa num período longo (Figura 11.3).

O desenvolvimento das produções "naturalmente protegidas"

Os únicos gêneros que escapam, numa certa medida, à concorrência dos produtos importados são aqueles destinados ao mercado interno e rapidamente perecíveis, como certas frutas e legumes, os produtos lácteos e os ovos, ou ainda gêneros volumosos de baixo valor, como a lenha. Esses produtos "naturalmente protegidos" usufruem de demandas urbanas crescentes, o que incita o desenvolvimento vigoroso da cultura de legumes, da arboricultura frutífera e das pequenas criações no interior e na periferia das cidades da África, da Ásia e da América Latina, assim como a expansão de cortes de madeira e desmatamento numa circunferência cada vez mais extensa em volta dos centros urbanos.

Mas o sucesso da agricultura urbana e periurbana é limitado pelo pequeno poder aquisitivo da maioria da população das cidades e pelas importações de produtos de substituição (produtos congelados, leite em pó, combustíveis diversos). Além disso, a agricultura urbana é confrontada às novas construções que rondam sem cessar seu território estruturado com grandes esforços, e a agricultura periurbana é empurrada sempre para mais longe pela crescente especulação fundiária. Desse modo, o tempo e os gastos com a entrega dos produtos aumentam sem cessar, o que reduz ainda a produtividade e a renda dos produtores.

Enquanto os cultivos alimentares de base e os cultivos de exportação, demasiadamente concorrenciados e pouco lucrativos definham, esse desenvolvimento vigoroso das atividades agrícolas urbanas e periurbanas mostra a que ponto as capacidades de adaptação e a coragem do campesinato pobre são elevadas. Para sermos convencidos disso, basta ver as verdureiras de Kenskof, que abastecem São Tomé e Príncipe, transportar à noite e por vários quilômetros pesadas cargas colocadas sobre suas cabeças, ou, ainda, os batalhões de carregadoras e carregadores de cestos chegarem de manhãzinha nas grandes cidades da Ásia; basta ver as bicicletas sobrecarregadas de bananas circularem pelas colinas que cercam Bujumbura, as filas de charretes, de asnos ou de dromedários carregados trazerem por mais de 50 km a madeira de todo dia às domésticas de Niamey...

A crise dos camponeses pobres

O mecanismo da crise

O bloqueio do desenvolvimento e o empobrecimento do campesinato subequipado

Para a massa dos camponeses que fazem uso do cultivo manual nos países em desenvolvimento, a redução dos preços agrícolas reais que ocorre há mais de meio século levou, em primeiro lugar, a uma diminuição de seu poder de compra. A maioria entre eles se viu rapidamente na incapacidade de investir em utensílios mais eficazes e até, por vezes, em comprar sementes melhoradas, adubos e produtos de tratamento. Ou seja, a queda dos preços agrícolas se expressou num verdadeiro bloqueio do desenvolvimento da massa dos camponeses não tão bem equipados e situados.

Com a continuada queda dos preços agrícolas, os camponeses que não tinham podido investir e obter ganhos de produtividade passaram a situar-se claramente abaixo do nível de renovação. Isso equivale a dizer que sua renda monetária tornou-se insuficiente para poder, ao mesmo tempo, renovar suas ferramentas e insumos, comprar alguns bens de consumo que eles próprios não produzem (telhas, sal, tecidos, calçados, combustível para

História das agriculturas no mundo

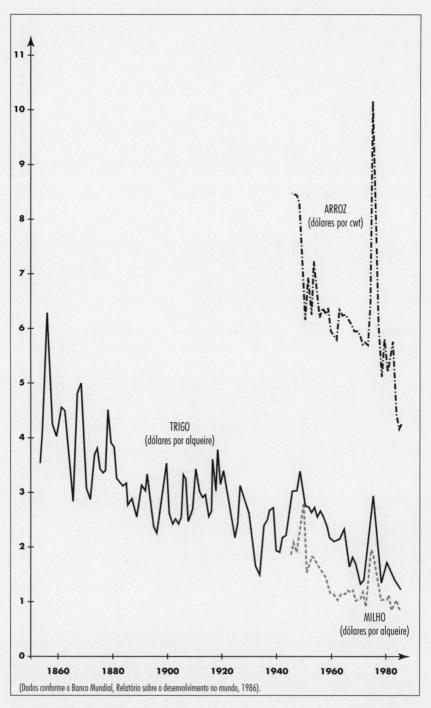

Figura 11.3. Tendência de baixa e flutuações dos preços reais de alguns grandes gêneros agrícolas nos Estados Unidos

509

Marcel Mazoyer • Laurence Roudart

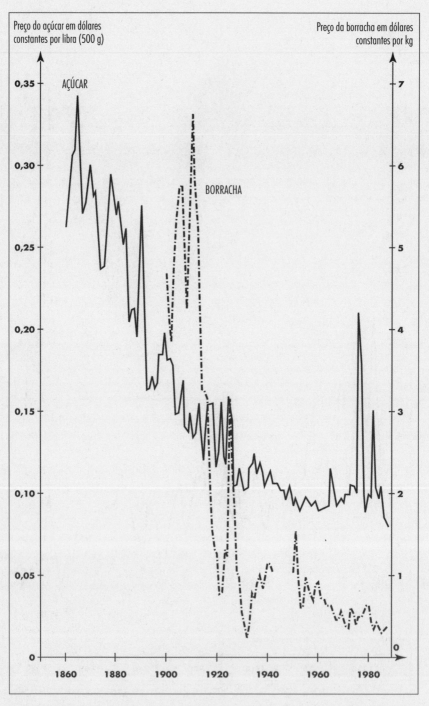

Figura 11.3. (continuação) Tendência de baixa e flutuações dos preços reais de gêneros agrícolas nos Estados Unidos

lâmpadas, medicamentos, lápis, papel etc.) e, também, em último caso, pagar o imposto.

Nessas condições, a fim de renovar o mínimo de ferramentas necessárias para poderem continuar a trabalhar, esses camponeses tiveram que fazer sacrifícios de todo tipo: venda de gado, redução das compras de bens de consumo etc. Paralelamente, eles tiveram que estender ao máximo os cultivos destinados à venda, mas como sua capacidade de produção era estritamente limitada pela fragilidade de seus instrumentos, tiveram que reduzir a superfície dos cultivos de primeira necessidade destinados ao autoconsumo etc. Isso quer dizer que a sobrevivência do estabelecimento camponês, cuja renda cai abaixo do limite de renovação, só é possível pela *descapitalização* (venda de rebanho vivo, instrumentos cada vez mais reduzidos e mal mantidos), pelo *subconsumo* (camponeses esfarrapados e com pés descalços) e pela *subalimentação*.

A crise ecológica e sanitária

A capacidade de trabalho desses camponeses cada vez mais mal equipados, malnutridos e malcuidados diminuía mais e mais. Eram geralmente obrigados a concentrar seus esforços em tarefas imediatamente produtivas e negligenciar trabalhos de manutenção do ecossistema cultivado: nos sistemas hidráulicos, as estruturas mal mantidas se degradam; nos sistemas de cultura por derrubada-queimada, para reduzir a dificuldade do desmatamento, os camponeses atacam os pousios cada vez mais jovens e mais próximos, o que, por sua vez, acelera o desmatamento e a degradação da fertilidade. Nos sistemas de cultivos associados à criação, a redução do rebanho leva a uma diminuição das transferências de fertilidade para as terras de cultivo: e, de maneira geral, as terras de cultivo mal capinadas não ficam limpas e as plantas cultivadas, carentes de minerais e mal mantidas, são cada vez mais expostas às doenças.

A degradação do ecossistema cultivado e o enfraquecimento da força de trabalho conduzem também os camponeses a simplificar seus sistemas de cultivo. Os cultivos "pobres", menos exigentes em fertilidade mineral, em água e em trabalho, avançam sobre os cultivos mais exigentes. A diversidade e a qualidade dos produtos vegetais para consumo próprio diminuem, o que, acrescentado ao desaparecimento quase total dos produtos animais, conduz a carências alimentares em proteínas, em minerais e em vitaminas.

Assim, a crise dos estabelecimentos agrícolas estende-se a todos os elementos do sistema agrário: diminuição dos instrumentos de trabalho, degradação do ecossistema e baixa de sua fertilidade, má nutrição das plantas, dos animais e dos homens e degradação geral do estado sanitário (ver Capítulo 7). A não durabilidade econômica do sistema produtivo leva à não durabilidade ecológica do ecossistema cultivado.

O endividamento e o êxodo agrícola

Empobrecidos, subalimentados e explorando um meio degradado, esses camponeses enfraquecidos aproximam-se perigosamente do *limite de sobrevivência*. Uma má colheita basta para obrigá-los a se endividar para que possam comer ao menos nos meses que antecedem a colheita seguinte. Neste estágio, uma boa colheita pode ainda permitir ao camponês endividado reembolsar o principal e pesado juro de sua dívida, comendo parcimoniosamente e reservando a semente da próxima semeadura. Mas nas condições de produção diminuídas, como as dele atualmente, as boas colheitas tornam-se raras, a colheita média diminui e, frequentemente, após o reembolso, sobra pouco para comer durante alguns meses. O camponês é então forçado a endividar-se cada vez mais cedo e mais pesadamente.

Assim sendo, mesmo privando-se de comer até o limite de sobrevivência, as possibilidades de reembolso diminuem e chega um momento em que o camponês endividado não tem mais a quem pedir emprestado. Resta-lhe mandar – se é que já não o fez – os membros ainda válidos de sua família à procura de empregos externos, temporários ou permanentes, o que enfraquece ainda mais sua capacidade de produção. Enfim, se as rendas externas não bastarem para garantir a sobrevivência da família, esta não tem outra saída a não ser o êxodo para as periferias das cidades. A menos que se dedique a cultivos ilegais.

Os cultivos ilegais

Na verdade, em certas regiões recuadas e mal controladas da África, da Ásia e da América Latina, os cultivos ilegais de papoula (Triângulo de ouro), de coca (Andes) e de cânhamo indiano (África, Oriente Médio etc.) são, ao mesmo tempo, possíveis e bastante rentáveis para permitir que centenas de milhares de agricultores pobres sobrevivam. Esses cultivos, efetivamente proibidos em muitos países, sofrem menos que outros a concorrência internacional; por outro lado, mesmo nas regiões mal controladas onde o cultivo é possível, eles são, no entanto, reprimidos. Paradoxalmente, podem também ser beneficiados por um tipo de prêmio de risco.

A fome

Enfim, enquanto um campesinato dotado de um excedente importante pode suportar uma ou várias más colheitas, um campesinato, reduzido ao limite de sobrevivência, encontra-se à mercê do menor acidente que diminuirá brutalmente o volume de suas colheitas ou de suas receitas. Quer este acidente seja climático (inundação, seca etc.), biológico (doença das plantas, dos animais ou dos homens, invasão de predadores), econômico (ausência de venda dos produtos, flutuações de valores para baixo etc.) ou político (guerra civil, passagem de tropas), os camponeses estão então condenados à fome no local, ou nos campos de refugiados, caso existam nas proximidades.

Assim, após meio século, as camadas de camponeses pobres dos países em desenvolvimento, continuamente renovadas, se acham bloqueadas em seu desenvolvimento pela concorrência e empobrecidas pela tendência de baixa dos preços. Sucessivamente, foram excluídas da produção agrícola e forçadas ao êxodo para as periferias das cidades ou à emigração, ou até mesmo, nos casos extremos, reduzidas devido à fome imediata. Certamente, esse processo de exclusão, que reduz a força de trabalho agrícola, não atingiu ainda a totalidade dos camponeses que trabalham com cultivo manual: atingiu, isso sim, os agricultores mais fragilizados, particularmente numerosos nas regiões mais desfavorecidas. Mas é claro que se a baixa dos preços agrícolas continua, novas camadas do campesinato serão ainda excluídas da produção.

As circunstâncias agravantes da crise do campesinato pobre

Nossa intenção aqui não é acrescentar ao texto as misérias desse mundo e ainda menos reforçar visões apocalípticas que florescem no início de milênio. Na verdade, a longo prazo, a compaixão e o medo mais conduzem ao desespero, à indiferença e ao abandono que à lucidez e ao engajamento solidário e permanente, necessários para ir além da multiplicação dos socorros esporádicos, e para eliminar, verdadeira e duravelmente, as fontes da pobreza de massa. Mas, para encontrar esse caminho, é preciso examinar, além dos mecanismos gerais de empobrecimento e de exclusão do campesinato que acabamos de explicitar, as circunstâncias particulares que ainda agravam a crise de uma parte dos camponeses pobres dos países em desenvolvimento. Esses camponeses, de fato, não são favorecidos da mesma maneira. Alguns sofrem mais que outros com desvantagens particulares, naturais ou de infraestrutura, econômicas ou políticas. Atualmente, a economia mundial está organizada de tal forma que, no jogo das vantagens comparativas, alguns países, algumas regiões, algumas categorias de camponeses só colhem, na verdade, desvantagens.

Deficiências naturais

Algumas dessas desvantagens podem ser consideradas como naturais. Assim, as regiões tropicais, com apenas uma estação de chuvas (regiões sahelianas e sudanesas, por exemplo), são desfavorecidas em relação às regiões equatoriais com duas estações chuvosas, onde pode haver duas colheitas por ano. As regiões do Sahel – com uma pequena estação de chuvas – são ainda desfavorecidas em relação às regiões sudanesas, com melhor pluviometria. De forma análoga, as regiões frias de altitude da Ásia central e dos Andes têm um potencial de produção muito reduzido. Essas regiões secas ou frias são às vezes tão deficientes que nenhuma produção destinada à exportação ou ao mercado interno permite aos produtores atingir um patamar de renovação. Nessas regiões, então, as populações implicadas se mantêm logo acima do limite de sobrevivência, expostas ao menor acidente climático ou biológico, sujeitas à penúria e, frequentemente, a perturbações políticas que fazem também parte da crise, agravando-a ainda mais (Etiópia, Somália, Sudão, Chade, Colômbia, Bolívia, Andes peruanos, Iêmen, Afeganistão etc.).

Carências das infraestruturas hidráulicas

Mas se nas regiões de cultivo pluvial podemos considerar a insuficiência ou o excesso de água como uma deficiência natural – que agrava a crise dos campesinato pobre e pode, diante da menor dificuldade, precipitar a fome –, o mesmo não acontece nas regiões de agricultura irrigada. Aqui, a insuficiência ou o excesso de água resultam também dos manejos hidroagrícolas herdados do passado e da capacidade das atuais instituições responsáveis pelo gerenciamento da água em manter e estender essa herança, em caso de necessidade. Na verdade, sabemos que nesse tipo de sociedade as dilapidações do excedente a ser investido e a decadência das instituições têm consequências particularmente catastróficas para os camponeses.

Assim sendo, na China e no Egito, em diferentes épocas, devido à carência do Estado e das instituições, as terras manejadas se estenderam pouco em relação ao número de homens e de suas necessidades. Hoje, muitos vales, deltas e baixas encostas rizícolas da Ásia e da África não dispõem de infraestruturas hidráulicas que seriam necessárias para fazer face às secas prolongadas ou às inundações mortíferas, vindas da terra ou do mar. O Bangladesh, por exemplo, devido à falta de diques protetores, é periodicamente destruído por imensas inundações. Enfim, há países onde as infraestruturas hidráulicas instaladas, bastante extensas e potentes, não passam nem por manutenções regulares, nem por reparos rápidos em caso de deterioração.

A minifundização

Fora essas deficiências naturais e infraestruturais, uma das piores coisas que pode acontecer aos agricultores subequipados é não dispor sequer de uma superfície suficiente para empregar plenamente a mão de obra familiar e garantir a própria sobrevivência. Enquanto um cultivador manual pode cultivar de 0,5 ha a 2,0 ha, conforme o sistema que ele pratica, há muitas regiões no mundo em que a maioria do campesinato não dispõe da metade, nem mesmo de um quarto dessa superfície. Essas minúsculas propriedades, ou minifúndios, são o resultado da desigualdade na repartição da terra entre os estabelecimentos agrícolas, ou do superpovoamento e da subdivisão excessiva das propriedades. Ou, então, de ambos ao mesmo tempo.

Latifúndio e minifúndio

O caso mais extremo de desigualdade na repartição da terra é aquele do *latiminifundismo*, uma estrutura social agrária muito difundida nos campos da América Latina. Nessa região, imensas propriedades agrícolas com vários milhares, ou até mesmo dezenas de milhares, de hectares – frequentemente subexplorados – monopolizam a maioria das terras agrícolas, enquanto o campesinato pobre se encontra confinado nos minifúndios que, de tão pequenos, não produzem nem o suficiente para cobrir as necessidades alimentares mínimas de suas famílias.

Essas famílias são, portanto, obrigadas, para obter o complemento de renda necessário, a vender o excedente de mão de obra sob as condições impostas pelos latifundiários, frequentemente os únicos empregadores dos campos. Esta mão de obra mal paga une-se à massa dos "camponeses sem terra", e às vezes sem lar, para procurar trabalho de região em região ao ritmo das estações agrícolas. Para o latifundiário, esta estrutura fundiária possui o duplo interesse de evitar a concorrência com uma verdadeira economia camponesa e dispor, conforme sua vontade, de uma mão de obra numerosa, pelo preço mais baixo possível.

Desigualdade na repartição da terra e minifúndio

Mas não é necessário que a maior parte da terra esteja concentrada em algumas grandes propriedades para que uma fração importante dos camponeses esteja confinada em minifúndios, ou totalmente privada de terra. Nas regiões de agricultura hidráulica, em particular, a superfície ordenada cultivável é, com frequência, apenas suficiente para dotar todas as famílias de camponeses de um estabelecimento que se adapte às suas possibilidades e necessidades. Em tais condições, basta uma repartição minimamente desigual de terra para reduzir uma parte do campesinato à condição de minifundista. Em muitos vales e deltas rizícolas da Ásia, no vale do Nilo etc., basta que uma minoria de camponeses "ricos" (camponeses apenas um pouco menos pobres que os demais) detenha mais da metade das terras para que a maioria dos camponeses seja um pouco, ou totalmente, privada de terra. Mas isso também pode acontecer nas regiões de cultivo pluvial, onde as terras cultiváveis também não estão totalmente disponíveis.

Superpovoamento e minifúndio

Por outro lado, a pressão demográfica pode ser por si mesma uma das causas de minifundiarização. De fato, num sistema agrícola qualquer, quando a densidade populacional aumenta, ocorre forçosamente um momento em que todas as terras exploráveis já estão cultivadas, e assim a superfície trabalhada por estabelecimento agrícola se reduz. Para manter sua produtividade e sua renda, os camponeses aumentam, então, a quantidade de trabalho e a produção por unidade de superfície, "intensificando", como se diz, e multiplicando os cultivos (cultivos associados, sucessões culturais aceleradas, plantações frutíferas) e os cuidados a eles prestados. Mas como se pode ver em várias regiões do mundo (Ruanda, Burundi, deltas superpovoados...), esse tipo de jardinagem tem limites: além de um certo patamar, o trabalho adicional não ajuda muito na renda. A partir de então, se esses agricultores não dispuserem de meios suplementares que lhes permitam adotar um novo sistema mais produtivo, o aumento de população se traduzirá pura e simplesmente no subemprego crescente da mão de obra, numa diminuição da renda por ativo e no empobrecimento.

Certamente, é raro que esse processo de formação de minifúndio por superpovoamento não seja agravado pelas desigualdades de repartição da terra. Mas ocorre que, em certas regiões, o superpovoamento é realmente a causa essencial do surgimento de minifúndios. Assim, no delta do rio Vermelho, o governo vietnamita realizou, no fim dos anos 1980, a redistribuição de terras às famílias de camponeses das terras das antigas cooperativas. Essa redistribuição, relativamente igualitária, foi feita proporcionalmente ao número de braços e de bocas a alimentar em cada família. No entanto, a superfície dos estabelecimentos assim constituídos não ultrapassava meio hectare, sendo frequentemente inferior à metade da superfície que cada uma dessas famílias poderia cultivar.

Políticas desfavoráveis à agricultura

Além dessas circunstâncias naturais, infraestruturais ou fundiárias desvantajosas, muitos países ainda praticaram políticas econômicas e políticas agrícolas muito desfavoráveis à agricultura em geral, e ao campesinato pobre em particular. Nesse sentido, as custosas políticas de modernização das infraestruturas e da administração, a supervalorização das moedas e a proteção da indústria foram particularmente nefastas para a agricultura.

Modernização, supervalorização da moeda e proteção da indústria

Os investimentos ruinosos, superdimensionados em relação às necessidades e às capacidades de financiamento dos países, e em boa parte pouco ou nada produtivos proliferaram. Não apenas retiraram capital das atividades de produção agrícola, como também jogaram para fora da agricultura uma fração importante da mão de obra jovem, ainda mais porque o salário mínimo legal praticado na administração e nos trabalhos públicos era com frequência mais elevado que a renda acessível a um camponês. Na medida em que essa redução da mão de obra agrícola não foi compensada por investimentos que permitissem aumentar a produtividade, ela traduziu-se por uma redução da produção agrícola por habitante. No Congo, por exemplo, em trinta anos, a metade da população ativa do país migrou do campo para a cidade. O número de bocas para alimentar por ativo agrícola então dobrou, passando de 4 para 1, no final dos anos 1950, a 8 para 1 nos anos 1980. E como a produtividade dos cultivos manuais das florestas e das savanas nada aumentou durante o mesmo período, a dependência alimentar do país atingiu quase a metade de suas necessidades (Mazoyer et. al., 1986).

Para financiar todas essas despesas de modernização, os Estados deficitários recorreram maciçamente ao empréstimo, interno e externo, e à criação monetária geradora de inflação. Essa inflação, que foi muito mais elevada nos países em desenvolvimento que em seus parceiros comerciais dos países industrializados, provocou uma perda do valor relativo de suas moedas. Mas, em lugar de desvalorizar para compensar a perda de valor da moeda nacional em relação às divisas estrangeiras, os governos geralmente preferiram manter a supervalorização de suas moedas, o que acabava por subvencionar as importações e taxar as exportações, algo particularmente desfavorável aos produtores agrícolas dos países em desenvolvimento.

Naturalmente, a supervalorização das moedas nacionais poderia prejudicar também a produção industrial. Mas devido à prioridade dada à industrialização na maioria desses países, o setor industrial não somente se beneficiou de todos os tipos de exonerações fiscais, de créditos bonificados, de subvenções e de uma parte importante dos investimentos públicos, como também frequentemente foi protegido da concorrência estrangeira por todo tipo de medidas (taxas altas para importação, contingenciamentos etc.). Limitando as importações, esta política de protecionismo industrial contribuiu para a supervalorização das moedas nacionais e, evidentemente, fazendo subir os preços internos dos produtos manufaturados comprados pelos agricultores, degradou ainda um pouco mais os termos de troca em detrimento dos produtos agrícolas. Conforme um estudo conduzido por A. Krueger, M. Schiff e A. Valdès em dezessete países da África, da Ásia e da

América Latina (*The political Economy of Agricultural Pricing Policy*), a proteção à indústria foi a medida de política econômica que, de 1960 a 1985, pesou mais intensamente para a queda relativa de preços agrícolas em relação aos outros preços.

Políticas de preços agrícolas

Geralmente, as próprias políticas de preços agrícolas só reforçaram essa tendência, pois, em muitos países em desenvolvimento, a população urbana pobre se tornou majoritária, e seu peso político, como na Roma antiga, se tornou bem superior ao dos camponeses. Para responder à pressão dos consumidores urbanos e limitar os aumentos de salários nas indústrias e nas administrações, os governos procuraram abastecer as cidades em gêneros alimentares de baixo preço: recorreram ao auxílio-alimentação, importações comerciais com o menor preço possível, subvenções para o consumo de produtos alimentares importados (cereais e farinha principalmente) e, às vezes, até mesmo à obrigação dos camponeses de fornecer, a preços baixos, quantidades definidas de produtos. Foram as medidas constantemente tomadas para baixar, ainda mais, os preços dos alimentos e, consequentemente, os preços agrícolas.

Por outro lado, para ter meios de pagar as crescentes importações de todo tipo, os governos frequentemente taxaram pesadamente as exportações agrícolas, taxas que constituíam uma das principais fontes de receita para o orçamento do Estado. Os preços pagos aos produtores foram amputados. Em certos países, a taxação, unida aos outros fatores de redução dos preços agrícolas, acabou por acarretar um recuo da produção. Foi assim que, em vários países da África (Togo, Congo...), em alguns períodos, os produtores de café pararam de plantar, depois de se ocupar das plantações e, finalmente, abstiveram-se de colher...

Pilhando a agricultura dos países em desenvolvimento

Assim, em muitos países pobres, as políticas de multiplicação dos investimentos e dos empregos improdutivos, de proteção da indústria, de supervalorização da moeda nacional, de taxação das exportações agrícolas, de subvenção das importações alimentares e de fornecimentos obrigatórios a preços baixos se uniram para desvalorizar, ainda mais, os frutos do trabalho agrícola. O estudo já citado de A. Krueger, M. Schiff e A. Valdès mostrou que, para os dezessete países da África, da Ásia e da América Latina considerados no período de 1960 a 1985, o efeito cumulativo dessas políticas foi, em média, equivalente a uma retirada de 30% dos preços pagos aos agricultores, o que levou a uma diminuição bem mais importante ainda, proporcionalmente, de sua renda líquida. No total, essa punção se traduziu numa enorme transferência de renda em proveito do Estado, da indústria e dos consumidores urbanos; uma transferência tão importante que os autores do estudo não hesitaram em considerá-la como uma verdadeira "pilhagem da agricultura dos países em desenvolvimento".

Esse estudo mostra, além disso, em que medida a "taxação" da agricultura prejudicou o desenvolvimento agrícola: os países que taxaram fortemente a agricultura (nível de taxação de 46%) tiveram uma taxa de crescimento agrícola menor que a metade daquela dos países que taxaram menos (na média de 8%). Ele mostra também que os países que taxaram severamente a agricultura tiveram uma taxa de crescimento econômico geral menor que os outros. E mostra ainda que países que, como a Coreia do Sul, protegeram a agricultura, em vez de taxá-la, tiveram níveis de crescimento econômico mais elevados.

Nem todos os países em desenvolvimento praticaram políticas desfavoráveis à própria agricultura. Mas, sobretudo, não esqueçamos que, nos casos em que essas políticas desfavoráveis à agricultura existiram, seu efeito acumulado sobre os preços pagos aos agricultores, por importante que tenha sido, manteve-se geralmente muito inferior àquele da queda dos preços agrícolas resultantes da concorrência das agriculturas mais produtivas. Enfim, é preciso reconhecer, como os autores do estudo, que as políticas econômicas e agrícolas praticadas nos países em desenvolvimento pelo menos tiveram a vantagem de não repercutir inteiramente, nos preços do mercado interno, o impacto decorrente das fortes flutuações dos cursos mundiais dos produtos agrícolas; logo, tiveram a serventia de estabilizar os preços da produção. Na verdade, nos países onde a maioria dos produtores e dos consumidores é pobre, os efeitos negativos das flutuações dos preços agrícolas e alimentares são de extrema gravidade.

Os efeitos desastrosos das flutuações de preço

No caso das culturas de exportação, os períodos de preços baixos reduzem de maneira dramática a renda monetária dos camponeses, e é aos milhões que os produtores mais mal situados e mais pobres dos países em desenvolvimento mergulham abaixo do limite de sobrevivência e são condenados ao êxodo ou localmente à fome. Depois, nos períodos de preços altos que se seguem, como a maior parte dos produtores antes excluídos da produção não tem os meios de voltar para a terra, suas "partes de mercado" são parcialmente tomadas pelos produtores mais bem equipados nas regiões e nos países mais favorecidos.

No que diz respeito aos cereais, quando o mercado mundial está saturado e os preços estão baixos (como aconteceu no fim dos anos 1960 e nos anos 1980), a ajuda alimentar é abundante e os grandes países produtores subvencionam até suas exportações comerciais. Então, os cereais importados a baixo preço ganham terreno nos mercados e no consumo dos países pobres. Os produtores de gêneros alimentares locais (milho, sorgo, arroz local, inhame, mandioca, batata-doce, taro, banana etc.) entram em crise, e a dependência alimentar se expande. Alguns anos depois (como aconteceu nos anos 1970), quando a produção mundial e os estoques de cereais se tornam insuficientes, os preços voltam a subir. Mas, ainda neste caso, os produtores excluídos no período anterior já não estão mais presentes para tirar partido de uma situação prometedora e o relance da produção interna nos países pobres diminui, enquanto as necessidades das cidades aumentam cada vez mais. Nessa conjuntura, a ajuda alimentar torna-se rara, a fatura das importações alimentares pesa e, a menos que se subvencione os gêneros alimentares de base, o consumo dos mais pobres diminui. A penúria e a fome recrudescem.

Deficiências naturais, ou de infraestrutura, minifundismo e políticas nefastas que podem chegar até à "pilhagem da agricultura" contribuem consideravelmente à crise agrária e alimentar dos países agrícolas mais pobres. Nos países e nas regiões onde se unem várias dessas circunstâncias particularmente desfavoráveis, verdadeiros *quadriláteros da fome* podem se formar. Foi assim no Nordeste brasileiro – onde se combinam a aridez do clima, os latiminifundismo e a predominância de uma cultura, a cana-de-açúcar –, que sofreu muitas vicissitudes. É como o caso do Bangladesh, que acumula os inconvenientes de uma infraestrutura hídrica insuficiente e um minifúndio resultante, ao mesmo tempo, da repartição desigual das terras e do superpovoamento. E é, ainda, o caso de muitos países do Sahel.

Por mais desfavoráveis e dramáticas que sejam, às vezes, suas consequências, essas circunstâncias agravantes não devem mascarar que *a causa essencial da crise agrária e da miséria rural e urbana que atingem os países agrícolas pobres não reside aí*. Esta crise e esta pobreza eram inelutáveis *desde que os agricultores subequipados e pouco eficientes desses países foram confrontados com a concorrência de formas de agriculturas várias centenas de vezes mais produtivas, e com a redução dos preços agrícolas que dela resultou*. E não há dúvida de que, se a tendência de diminuição dos preços dos cereais e, em seu prosseguimento, a queda dos preços de todos os outros gêneros agrícolas continua, também continuarão o êxodo agrícola maciço, o inchaço desmedido da população das favelas e a emigração.

Da mesma forma que a revolução agrícola contemporânea e a revolução dos transportes conduziram à eliminação do pequeno campesinato subequipado e pouco produtivo dos países desenvolvidos, a extensão da revolução agrícola aos setores da produção tropical e a extensão da revolução dos transportes aos países em desenvolvimento estão levando ao empobrecimento e à eliminação maciça do campesinato subequipado.

Mas a analogia para aí. Na verdade, nos países desenvolvidos, dezenas de milhões de trabalhadores excluídos da agricultura desde o início do século foram – exceto nos períodos de crise dos anos 1930 e 1975 – absorvidos progressivamente pelo desenvolvimento da indústria e dos serviços, sem com isso diminuir a capacidade de produção da agricultura, cada vez mais eficaz. Por outro lado, nos países em desenvolvimento, não são dezenas, mas centenas de milhões de camponeses pobres que, em apenas algumas décadas, foram condenados ao êxodo. Como podemos constatar, na maioria desses países, o êxodo maciço não foi compensado por ganhos de produtividade agrícola, e os investimentos vindos do mundo inteiro não foram suficientes e não o serão, seja de quanto for, para absorver esta maré ininterrupta de rurais pobres à procura de um novo meio de subsistência.

2 DA CRISE AGRÁRIA À CRISE DOS PAÍSES EM DESENVOLVIMENTO

Da pobreza rural à pobreza urbana

Ao longo das últimas décadas, o êxodo de centenas de milhões de agricultores pobres levou a um inchaço desmesurado das cidades da América Latina, da Ásia e da África; um inchaço desmesurado, porque as cidades não dispunham das infraestruturas necessárias para acolhê-los, nem das atividades industriais ou de serviços capazes de empregá-los.

A hipertrofia das cidades e a expansão do setor informal

Desde então, essas imensas migrações conduziram à formação de megalópoles cujos duplos componentes se fazem notar. De uma parte, um núcleo urbanizado, onde se concentram as atividades administrativas e econômicas ditas formais, e os grupos sociais que dispõem de empregos e de rendas regulares. De outro lado, as favelas que proliferam, povoadas pela massa crescente dos pobres, que provêm: diretamente dos campos ou descendem das gerações que tomaram o caminho da cidade na geração anterior.

Na multidão dos que demandam empregos, somente uma minoria realmente válida e aculturada está preparada para os empregos qualificados e regularmente remunerados, oferecidos pela administração e pelas empresas, nacionais ou estrangeiras, firmemente estabelecidas. Esses empregos estáveis, pouco numerosos, são frequentemente reservados às pessoas oriundas de meios abastados (grandes proprietários, plantadores e camponeses ricos, comerciantes e empreendedores, funcionários e outros assalariados regularmente remunerados) ou, então, às pessoas vindas de países desenvolvidos.

Desemprego visível e desemprego oculto

No entanto, a imensa maioria dos pobres das cidades está destinada ao desemprego, ou então, aos empregos precários, ingratos e sub-remunerados das empresas do setor dito informal, ou ainda aos pequenos serviços individuais produzidos pela abundância e infinita subdivisão das atividades de serviço. Os últimos revendedores de cigarros os vendem por unidade, acesos ou não, em todas as esquinas, a compradores que não têm meios de comprar um maço inteiro. Sem falar da prostituição, da delinquência e da mendicidade que, por transgredirem a moral pública, estão na origem de outras formas de exclusão e de sofrimento.

Enfim, muitas atividades informais (revendedores, engraxates, flanelinhas, zeladores de casas, carregadores...), que exigem um tempo de presença quotidiana longa (dezoito a vinte horas) por um tempo de trabalho efetivo insignificante, estão extremamente dispersas. Ocupando de maneira tão extensiva uma multidão de pessoas, elas abrigam e mascaram o desemprego e a miséria em vez de fornecer empregos e rendas efetivas. Quanto às empresas do setor informal, não declaradas, escapam à legislação trabalhista e são geralmente caracterizadas por níveis de capitalização, de produtividade e de renda de trabalho muito pequenos. Esses níveis são na verdade apenas superiores àqueles da agricultura pobre, mas, por mínima que seja, essa magra vantagem explica por que as favelas exercem atração sobre a população rural mais pobre, em particular sobre os jovens sem o encargo de uma família.

Enfim, como o êxodo agrícola ultrapassa muito as necessidades de mão de obra dos setores formal e informal, surge um importante desemprego estrutural, que é simplesmente a parte visível de um imenso subemprego oculto.

A desvalorização geral dos frutos do trabalho nos países em desenvolvimento

Neste contexto de desemprego maciço, oficialmente reconhecido ou não, os salários da mão de obra não qualificada se estabelecem da maneira seguinte: o salário diário de um trabalhador ocasional é pouco superior ao preço de sua alimentação quotidiana; o salário anual de um empregado não qualificado, que ocupa um posto de trabalho de pouco exigência, é estabelecido nas proximidades do preço de uma tonelada de cereais, ou seja, um total capaz de manter precariamente uma família de quatro a cinco pessoas; o salário anual de um empregado pouco ou nada qualificado, que ocupa um cargo que exige a presença diária, uma atenção reforçada e confiança, cobre as necessidades alimentares de uma família bem como um mínimo de outras necessidades essenciais.

É por isso que o salário de base pago por uma empresa nacional ou estrangeira, mesmo a mais moderna do mundo, não tem nenhuma relação com a produtividade de trabalho nela realizado: esse salário está alinhado com o preço do mercado da mão de obra local. Isso significa que nos países já relativamente industrializados e que protegem sua agricultura, como a Coreia do Sul, o salário de base se aproxima ao praticado nos países desenvolvidos. Entretanto, nos países pobres, ainda majoritariamente agrícolas como a China ou o Vietnã, esse salário é de trinta a quarenta vezes menor!

Enfim, os baixos preços da mão de obra pouco qualificada reduzem a pouca coisa os custos de produção e os preços dos bens e serviços produzidos e consumidos localmente, o que leva à redução dos salários das outras categorias de empregados. É por isso que, com a mesma qualificação e atividade de trabalho, o *expert* ou o intérprete proveniente de um país em desenvolvimento, empregado em seu país por uma firma ou por uma organização internacional, recebe até dez vezes menos que o correspondente em um país desenvolvido.

Pode-se portanto dizer que a integração, num mesmo mercado, de países pouco industrializados, herdeiros de uma agricultura pouco eficaz, de um lado, e de países industrializados herdeiros de uma agricultura de alto desempenho, de outro, se traduz pelo estabelecimento de uma relação comercial muito desfavorável aos primeiros: é preciso dezenas de anos de trabalho de um camponês ou de um assalariado de um país em desenvolvimento para comprar o produto de um ano de trabalho num país desenvolvido. Ao contrário, alguns dias de trabalho de um assalariado ou de um camponês de um país desenvolvido são suficientes para comprar o produto de um ano inteiro de trabalho num país em desenvolvimento.

A *degradação dos termos de troca*

A maioria dos estudos econômicos relativos aos preços das diferentes categorias de mercadorias mostra que ao longo das últimas décadas os preços das matérias-primas agrícolas e não agrícolas caíram, em relação ao preço dos produtos manufaturados (D. Diakosavvas, P.-L. Scandizzo, *Trends in the Terms of Trade of Primary Commodities, 1900-1982: the Controversy and its Origins*). Segundo o Banco mundial (op. cit.), entre 1950 e 1984, o preço médio ponderado dos cereais, relacionado com o preço médio dos produtos manufaturados importados pelos países em desenvolvimento, teria caído 1,3% por ano, enquanto o preço de conjunto dos produtos agrícolas e o das matérias-primas teriam, respectivamente, diminuído entre 1,03% e 1,08% por ano.

Por isso, muitos países em desenvolvimento, essencialmente exportadores de matérias-primas e importadores de produtos manufaturados, sem dúvida sofreram, nesse longo período, uma forte "degradação dos termos de seu comércio exterior". Mas por outro lado, é preciso destacar que muitos países em desenvolvimento se tornaram importadores de cereais e de outros artigos de primeira necessidade, que alguns se tornaram até mesmo francos importadores de produtos agrícolas e que um punhado de novos países industrializados já são exportadores principalmente de produtos manufaturados. É possível que a evolução diferencial dos preços das mercadorias tenha se tornado menos desfavorável que antigamente para certos países em desenvolvimento ou, até mesmo, que ela tenha se tornado favorável em certos casos. Mas essas hipóteses, difíceis de verificar, são ainda muito controversas.

O fracasso das políticas de modernização nos países agrícolas pobres

Exceto alguns países da Ásia e da América Latina, que dispunham de um subsetor agrícola muito produtivo para tirar um lucro não desprezível e continuar a progredir, e salvo alguns países grandes exportadores de petróleo que dispuseram e dispõem ainda de lucros, de receitas fiscais e de exportações muito importantes, a maioria dos países em desenvolvimento são países agrícolas pobres, que herdaram uma agricultura inteiramente subequipada e eventualmente alguns recursos minerais. Ora, apesar da indigência de suas rendas e de suas receitas, quase todos esses países se lançaram, como os outros, em políticas de modernização rápida de sua infraestrutura e de seu aparelho de Estado, a fim de criar, pelo menos assim esperavam, as condições necessárias à decolagem industrial e ao crescimento.

De fato, os governantes dos países pobres, como a maioria de seus conselheiros do oeste e do leste, assemelhavam o subdesenvolvimento a um simples atraso infraestrutural, industrial, institucional e educacional, e tinham a ambição de recuperar, dentro de um prazo histórico bastante curto, o nível de desenvolvimento e de renda dos países desenvolvidos.

Pensavam também que, a exemplo do que se passou no século XIX na Europa, na América do Norte e no Japão, o setor agrícola de seus países poderia conseguir capital e mão de obra necessários ao desenvolvimento da indústria, das infraestruturas e dos serviços. Mas, agindo assim mostravam desconhecer a fraqueza de sua agricultura e, é claro, ignoravam a queda dos preços agrícolas (em termos reais) que se abateria sobre suas economias durante as décadas seguintes.

Deficits públicos e *deficits* externos

Desde então, as pesadas despesas públicas em matéria de infraestruturas urbanas e de comunicação (portos, via férreas, estradas, aeroportos, eletrificação, telecomunicação), de educação, de saúde, de administração geral, de defesa etc., não somente ultrapassaram em muito as magras receitas fiscais dos países pobres, mas, o que é ainda mais grave, na maior parte dos casos, essa modernização excessivamente dispendiosa não levou à dinâmica esperada de investimento e de desenvolvimento agrícola e industrial. Na verdade, apesar das condições para os investimentos frequentemente muito vantajosas, a modernização não foi suficiente para reter ou para atrair a massa dos capitais que teriam sido necessários para propulsar uma verdadeira decolagem da economia: os capitais disponíveis se destinaram, primeiro, para os países desenvolvidos e seu vasto mercado; depois para um pequeno número de países da América Latina e da Ásia que lhes oferecia o máximo de vantagens econômicas e garantias políticas, países estes que se tornaram ou estão em vias de se tornar os "novos países industrializados".

Constatando a insuficiência dos investimentos produtivos privados, mas temendo também, por outro lado, o controle do capital estrangeiro sobre sua economia, e impressionados, sem dúvida, pelos progressos industriais registrados nos anos 1930 e 1950 na ex-União Soviética, vários governos conduziram seus países pela via da estatização, mais ou menos ampla, das atividades mineradoras, agrícolas, industriais e comerciais. Vieram então somar-se às despesas públicas de modernização geral pesadas despesas em investimentos produtivos nem sempre rentáveis.

Assim, fossem seus governantes adeptos do liberalismo, fossem do dirigismo, os Estados dos países pobres afundaram-se em *deficits* crônicos importantes: de 1972 a 1982, para o conjunto dos países em desenvolvimento não petrolíferos, o *deficit* dos orçamentos públicos saltou de 3,5% para 6,3% de seu produto interno bruto.

Por outro lado, como a modernização desses países foi concebida conforme o modelo de países industrializados, ela exigiu numerosas importações de bens e serviços provenientes desses países e, portanto, fortes despesas em divisas. Exceto em períodos passageiros, devido aos altos preços das matérias-primas, essas despesas ultrapassaram em muito as receitas em divisas dos países agrícolas pobres, levando assim a um *deficit* crônico da balança de pagamentos exteriores desses países. Do fim dos anos 1960 ao início dos anos 1980, em quinze anos, conforme as estatísticas do Fundo Monetário Internacional, o *deficit* corrente da balança de pagamentos para o conjunto dos países em desenvolvimento não petrolíferos passou de 6 bilhões para quase 100 bilhões de dólares!

O superendividamento

Esses *deficits* externos, dos quais uma boa parte era composta por *deficits* públicos, foram então cobertos por empréstimos maciços tomados junto aos Estados estrangeiros (países desenvolvidos ou países petrolíferos), bancos comerciais e instituições financeiras internacionais. Nos anos 1970, os empréstimos correspondentes foram concedidos tanto mais facilmente que os numerosos capitais estavam mal empregados, e a alta passageira dos preços das matérias-primas podia levar a superestimar as capacidades de reembolso dos países em desenvolvimento. Em muitos países pobres, a dívida externa chegou a representar uma parte muito importante do Produto Nacional Bruto, e até mesmo a ultrapassá-lo (Costa do Marfim, Costa Rica...).

No fim dos anos 1970, após a violenta queda dos preços das matérias-primas, esses países fortemente endividados se viram incapazes de reembolsar suas dívidas, ainda continuando a pagar suas importações de bens manufaturados, de produtos alimentícios e de petróleo. Como isso já havia acontecido no século XIX em alguns países como o Egito e o Peru (ver Capítulos 4 e 5), a vontade de recuperação acelerada da modernidade ocidental se transformou em uma verdadeira armadilha financeira e, portanto... política.

As políticas de estabilização e de ajuste estrutural

Na verdade, salvo optar pela suspensão de pagamentos do serviço da dívida, que teria tido como consequência a perda de qualquer crédito internacional, a ruína obrigatória de suas importações e uma duríssima austeridade efetivamente, os países endividados não tinham outra alternativa a não ser solicitar a renegociação de suas dívidas, assim como demandar empréstimos suplementares. Mas como é de praxe nesse tipo de circunstância, essas "liberalidades" foram concedidas aos Estados que as demandavam, com a condição de colocarem em prática políticas de "estabilização", isto é, políticas de austeridade que visassem a reduzir, a curto prazo, os *deficits* do orçamento público e dos pagamentos externos, sempre continuando a pagar dívidas antigas e novas.

Essas políticas de estabilização, conduzidas sob a égide do Fundo Monetário Internacional, consistem, na verdade, em reduzir, de maneira draconiana, os investimentos e o consumo. Para tanto, diversas medidas foram aplicadas: redução dos salários e do número de funcionários, redução dos custos de funcionamento das administrações, redução das subvenções públicas e das prestações sociais, aumento dos impostos, rigor salarial generalizado, aumento das taxas de juros, restrição dos créditos concedidos ao Estado, às empresas e à população, desvalorização. Mas se essas políticas bem contribuem para reduzir os *deficits* orçamentários e externos, sem, todavia, chegar a restabelecer os equilíbrios correspondentes, elas têm, forçosamente, efeitos negativos no crescimento econômico e no poder de compra dos países que as aplicam.

É por isso que essas políticas de estabilização, a curto prazo, são acompanhadas por políticas de "ajuste estrutural", a médio prazo, que visam, sob a égide do Banco Mundial, a relançar a produção e o comércio. Essas políticas se baseiam no postulado de que a livre empresa e o livre comércio são, em quaisquer circunstâncias, a melhor via possível para promover o desenvolvimento econômico e o bem-estar social, e em consequência exaltam a liberalização dos preços e do comércio exterior, a desregulamentação dos mercados, principalmente do mercado de trabalho, a implantação de mercados financeiros, e, onde já existam, a melhoria de sua eficácia, o não comprometimento do Estado de toda atividade econômica e as privatizações. Mas esse postulado, impulsionado por apenas uma parte dos economistas da corrente neoclássica, está longe de ser admitido pela maioria dos economistas.

Os anos 1980: uma "década perdida para o desenvolvimento"

Após quinze anos de aplicação mais ou menos estrita dessas políticas, o mínimo que podemos dizer é que elas não surtiram todos os efeitos esperados, em particular no que se refere ao aumento do crescimento econômico: nos anos 1980, a renda média *per capita* baixou 10% na América Latina, 25% na África subsaariana e, em certos países, os salários reais diminuíram em mais de 50% (Singh & Zammit, 1995).

No entanto, essa "década perdida para o desenvolvimento", conforme a expressão utilizada pelas Nações Unidas, não foi perdida para todos: nesses mesmos anos 1980, a renda média *per capita* aumentou 50% no sul e no leste da Ásia. E temos todas as razões para pensar que essas evoluções muito contraditórias provêm, sem dúvida nenhuma, muito mais das heranças econômicas e sociais desiguais das diferentes regiões do mundo – e de suas posições relativas na economia mundial – que da aplicação, mais ou menos rigorosa, das políticas de ajuste.

O caso dos países exportadores de petróleo e dos novos países industrializados

Na verdade, no sistema internacional de comércios que se instaurou ao longo das últimas décadas, raros são os países em desenvolvimento que dispuseram de capital suficiente para investir e aumentar de maneira significativa a renda de sua população. No entanto, em alguns países grandes exportadores de petróleo, como a Arábia Saudita, os Emirados Árabes Unidos ou Brunei – cujas receitas de exportação são tão importantes em relação à sua população –, a modernidade importada foi levada muito longe e a pobreza quase desapareceu. Esses países atraem até uma importante e numerosa mão de obra originária dos países pobres e conseguem constituir ademais uma poupança suplementar da qual uma parte importante é aplicada no exterior. Mas a maioria dos países produtores de petróleo – como México, Venezuela, Argélia, Nigéria etc. – não tem esse nível de receita por habitante. Isso não impede que a captação e a redistribuição da renda petrolífera exerçam efeito multiplicador sobre as importações e um tipo de efeito de "exclusão" sobre as atividades diretamente produtoras de bens e de serviços. Logo, esses países estão longe de ter reabsorvido a pobreza e o desemprego e encontram-se, ainda hoje, entre os países mais fortemente endividados, sendo que sua capacidade de reembolso foi superestimada após os dois "choques do petróleo".

Além disso, alguns países do sudeste da Ásia e da América Latina puderam acumular capital, colocar sob as "normas internacionais" toda ou parte de sua infraestrutura e de sua administração e criar, assim, condições bastante favoráveis para atrair os capitais internacionais em massa. Alguns desses países chegaram até a encontrar o caminho do crescimento vigoroso e permanente. Desse modo, em algumas praças comerciais e financeiras sem área rural, como Hong Kong e Cingapura, e em pequenos territórios, como a Malásia, o desemprego praticamente desapareceu. No entanto, mesmo nos países como Taiwan e Coreia do Sul, que puderam apoiar sua industrialização sobre seus próprios excedentes agrícolas, e onde se pode constatar uma tendência muito clara ao aumento dos salários e à expansão do mercado interno, o desemprego e a pobreza não foram absorvidos. Quanto aos grandes países que são apenas parcialmente industrializados, como a Indonésia, a Tailândia, a Índia, a China, o Brasil, o México, a Argentina, o Chile etc., o desemprego e a pobreza rural e urbana continuam imensos, e a industrialização tem apenas efeito limitado sobre o nível do salário de base, que ainda continua baixo.

Além dos países desenvolvidos já industrializados do início do século XX, e deixando de lado um punhado de países em desenvolvimento providos de atividades agrícolas relativamente bem-sucedidas ou de rendas comerciais ou petrolíferas bastante importantes, a maioria dos países do mundo herdou somente um setor agrícola subequipado muito pouco eficiente, incapaz de financiar uma modernização rápida e dispendiosa importada dos países desenvolvidos.

Integrados num sistema internacional de comércio que os colocou em concorrência com países desenvolvidos que dispunham de uma agricultura muito mais produtiva, esses países agrícolas subequipados e pouco produtivos sofreram uma forte desvalorização dos frutos de seu trabalho. Essa desvalorização foi ainda agravada pela tendência de baixa dos preços agrícolas resultantes da progressão apoiada pelas agriculturas mais produtivas. Assim, esses países, ditos "em desenvolvimento", na verdade se tornaram países agrícolas empobrecidos, ou seja, países com baixas rendas agrícolas e baixíssimos salários, pouco ou nada industrializados, que produzem pouco e que dispõem de fraquíssimas receitas, públicas e de divisas. São países endividados que não dispõem de meios de acumular capital para implementar um real desenvolvimento, nem tampouco os meios de se modernizar o suficiente para atrair os capitais externos. Esses países em crise há muito tempo onde o desemprego e a pobreza rural e urbana atingem proporções insustentáveis; países onde a fome e os massacres não são raros, onde a impotência e a desagregação do Estado tornam-se cada vez mais manifestas.

Nessas condições, é ilusório pensar na existência de políticas nacionais que poderiam permitir a cada um desses Estados tirar seu país da pobreza. Não que as políticas praticadas sejam sem importância, como veremos adiante. Mas é claro que para aumentar de maneira significativa o conjunto das rendas dos países agrícolas pobres, para possibilitar a acumulação do capital, o desenvolvimento e modernização, é necessário estabelecer um outro sistema internacional de comércio: não um sistema no qual os preços agrícolas tendam a se uniformizar e baixar em termos reais, reduzindo assim os rendimentos desses países na medida da indigência de sua herança agrária. Seria preciso um sistema internacional de comércio mais equânime, no qual os preços fossem diferenciados e aumentados de modo a compensar as gigantescas deficiências de equipamento e de produtividade das quais esses países padecem.

Segunda parte

3 DA CRISE DOS PAÍSES EM DESENVOLVIMENTO À CRISE MUNDIAL

Os 25 "gloriosos" anos de crescimento constante

Do fim da Segunda Guerra Mundial ao início dos anos 1970, o mundo – em particular os países desenvolvidos de economia de mercado – conheceu quase três décadas de crescimento econômico forte e constante. Apoiando-se notadamente em técnicas e capacidades de alto financiamento (plano Marshall) de uma economia americana que saiu fortalecida da guerra, os países da Europa ocidental e o Japão se reconstruíram rapidamente. Em seguida, tirando lições da crise das más vendas dos anos 1930 e dos sucessos registrados pelas políticas keynesianistas de reerguimento da produção pela demanda, os países desenvolvidos praticaram políticas visando a manter a demanda em um nível suficientemente elevado para estimular a produção e chegar ao pleno emprego da mão de obra: investimentos públicos, despesas públicas de interesse geral (defesa, educação, saúde...), salários praticamente indexados sobre os ganhos de produtividade, proteção social extensa, preços agrícolas subsidiados, ajudas para investimentos etc.

Essas políticas foram facilitadas pelo sistema monetário, financeiro e comercial internacional inaugurado pelos acordos de Bretton Woods, em 1944. Esse sistema baseava-se, em primeiro lugar, na estabilidade das taxas de câmbio, a fim de garantir as previsões de investidores e evitar as desvalorizações competitivas em cascata, como as que foram praticadas por muitos países nos anos 1930. As taxas de câmbio eram, contudo, ajustáveis: um país que se confrontasse com um desequilíbrio fundamental de sua economia (taxas de desemprego ou de inflação julgadas insuportáveis) podia, todavia, decidir desvalorizar sua moeda. Ademais, neste sistema, as políticas monetárias e orçamentárias de cada país mantinham-se independentes e os movimentos de capitais permaneciam controlados.

Mas o sistema de Bretton Woods, como, aliás, os sistemas precedentes, deixaram a cargo dos países que conheciam um *deficit* comercial permanente o cuidado de restabelecer o equilíbrio de sua balança exterior praticando políticas de redução de sua demanda interna (consumo e investimentos). Esta disposição ia de encontro às propostas de J.-M. Keynes, que havia preconizado, ao contrário, restabelecer o equilíbrio comercial entre países aumentando a demanda nos países que tivessem *superavit* em vez de reduzi-la nos países com *deficit*. Dentro dessa ótica, J.-M. Keynes havia também proposto criar uma moeda de regulamentação internacional não conversível em ouro, e não utilizar para esse fim o dólar dos Estados Unidos lastreado em ouro, como impunha o governo americano.

Por outro lado, é preciso admitir que, durante todo esse período de crescimento excepcional, a guerra fria, a corrida armamentista e algumas outras guerras (Coreia, Argélia, Vietnã) também contribuíram para manter a atividade econômica num nível elevado.

Assim, de 1950 a 1973, a riqueza produzida no mundo aumentou uma média de 4,7% por ano, e o comércio mundial progrediu ao ritmo de 7,2% ao ano (Kitson & Michie, 1995). Podemos lembrar que, de 1965 a 1973, a taxa média de crescimento anual dos países em desenvolvimento ultrapassou a dos países desenvolvidos: 6,2% contra 4%. Mas como essas taxas de crescimento aplicavam-se sobre níveis de riqueza inicial desmedidamente desiguais, o aumento, em valor absoluto, da quantidade de riquezas produzidas e consumidas foi imensamente mais elevado nos países desenvolvidos que nos países em desenvolvimento. Dessa forma, em 1973, no final desses vinte e cinco gloriosos anos de expansão constante da economia mundial, o poder de compra global do conjunto desses países em desenvolvimento continuava sendo derrisoriamente fraco diante dos países desenvolvidos.

Insuficiência da demanda solvável e retardamento do crescimento

De 1973 a 1990, os crescimentos da produção e do comércio mundial diminuíram fortemente: a taxa de crescimento anual da produção caiu para 2,8% e a do comércio para 3,9%, ou seja, uma queda de quase metade em relação ao período precedente. Na verdade, desde o início dos anos 1970, o desenvolvimento das capacidades de produção mundiais começou a se chocar com os limites do poder de compra planetário. Já nos anos 1960, os estudos de mercado de médio e de longo prazos, conduzidos por grandes instituições de estudos econômicos (*Rand Corporation*, nos Estados Unidos; *Société d'économie et de mathématiques appliquées* e *Metra International*, na França e na Europa) ou pelos serviços especializados das grandes empresas e dos grandes bancos, mostraram que, para numerosos bens e serviços, a demanda previsível para o início dos anos 1970 seria muito inferior à oferta previsível conforme os projetos de investimento e de desenvolvimento das indústrias implicadas. Fortalecidos com essas previsões, os grandes investidores revisaram então por baixo seus projetos de desenvolvimento, considerando os limites previstos da demanda solvável.

Lembremos que nos anos 1920, ao contrário, as empresas, relativamente dispersas, não dispunham de meios de estudos e de previsões econômicas eficazes, que lhes permitissem ajustar seus investimentos em função da demanda solvável previsível. Isso explica por que nos anos 1970, contrariamente ao que se passara nos anos 1930, a fragilidade da demanda solvável não desembocou na constituição de capacidades de produção demasiado grandes, no acúmulo de estoques invendáveis, na queda dos preços, na multiplicação de falências, no fechamento em cascata de empresas, nos despedimentos massivos de trabalhadores, num enorme *crash* da bolsa e num desastre financeiro.

Desemprego, especulação e estagflação

Mas se nos anos 1970 a crise resultante da insuficiência da demanda solvável não assumiu os contornos catastróficos de uma crise de superprodução, como nos anos 1930, a freada do investimento produtivo se traduziu, nos países desenvolvidos, em um retardamento muito nítido do crescimento, no desenvolvimento do desemprego e na aparição de uma massa de capitais em busca de aplicações rentáveis. Uma parte crescente desses capitais "flutuantes" orientou-se assim, ao sabor das circunstâncias, para especulações de todo tipo: divisas, matérias-primas (choques dos preços do petróleo, duplicação do preço dos cereais e da soja na metade dos anos 1970...), ouro, bens imobiliários, valores mobiliários (ações, obrigações, participações...) e mercados derivativos (mercados futuros, opções...).

Essas múltiplas especulações tornaram-se possíveis graças ao desmantelamento do sistema de taxas de câmbio fixas (1973) e pela desregulamentação financeira (supressão dos controles sobre os movimentos internacionais de capitais pelos Estados Unidos em 1974, depois pela maioria dos outros países nos anos 1980). Nos anos 1970, essas especulações contribuíram para encarecer os bens e os serviços, enquanto, nos países da OCDE, políticas de apoio da demanda e de criação monetária alimentavam também a inflação, sem por isso conseguir impulsionar a atividade econômica. Inflação e estagnação, essa associação paradoxal de dois fenômenos até então considerados pouco compatíveis, na falta de ser bem explicada, foi batizada com o nome de *estagflação*.

Vivendo de crédito

Para encontrar empregos para uma abundante poupança com dificuldades de aplicação, as instituições financeiras públicas, privadas e internacionais se lançaram em vastas campanhas de empréstimos aos governos dos países em desenvolvimento e também aos governos dos países socialistas e dos países desenvolvidos. Assim, desde o princípio da crise, todos os países do mundo viveram amplamente do crédito. E se esse crédito bastante contribuiu para aumentar o consumo e relançar pouco significativamente a produção ao curto prazo, seu reembolso necessariamente onerou o poder de compra a médio e longo prazos, a menos, é claro, que essas dívidas fossem anuladas.

Por fim, sem poder investir imediatamente na produção, uma parte crescente da poupança mundial se refugiou nas aplicações que se alimentam dos benefícios da especulação e dos juros sobre os empréstimos.

Modernizações, deslocalizações e redução da demanda solvável mundial

Nesse contexto de fraca expansão da demanda, as empresas capazes de investir não podiam se desenvolver de outra forma a não ser aumentando o próprio nicho de mercado, em detrimento das empresas concorrentes. Para tanto, tiveram que diminuir seus custos de produção e seus preços, e buscar uma melhoria significativa da qualidade, da comercialização e do serviço de pós-venda de seus produtos.

Nos setores em que os ganhos de produtividade expressivos eram possíveis, as empresas que tinham os meios (ou seja, aquelas que dispunham de reservas financeiras, de crédito e, eventualmente, de ajudas governamentais) realizaram pesados investimentos de modernização que lhes permitiram reduzir fortemente sua mão de obra. Na indústria automobilística, por exemplo, as empresas japonesas, depois as americanas e europeias, automatizaram e robotizaram amplamente suas fabricações; assim, de 1970 a 1990, o tempo de trabalho necessário para montar um carro médio caiu pela metade, aproximadamente. Essas modernizações levaram à supressão de numerosos empregos nos setores implicados, o que, na ausência de um crescimento suficiente em outros setores, traduziu-se como um aumento importante do desemprego e, portanto, uma nova redução da demanda solvável.

Nos setores que utilizavam mão de obra numerosa e dificilmente redutível (têxtil, calçado etc.), as empresas que ainda possuíam os meios reduziram seus custos de produção, terceirizando suas fabricações ou construindo novas fábricas nos países cujos salários baixos ofereciam boas condições de eficiência aos investimentos e boas garantias políticas, como era o caso de alguns países da Ásia e da América Latina em vias de industrialização e de alguns países de passado socialista, com baixos salários.

Ora, na medida em que as empresas deslocalizadas *substituíram* àquelas dos países desenvolvidos, provocaram nesses últimos países reduções de emprego e de renda não somente na atividade diretamente implicada, mas também nas atividades a seu montante e a jusante e em todas as outras atividades ligadas a elas. E como essas reduções de emprego e de renda não foram compensadas pela criação de emprego e de renda em outros setores, esse tipo de movimento se traduz, finalmente, por uma distribuição de rendas nos países em desenvolvimento muito inferior àquelas suprimidas nos países desenvolvidos e, consequentemente, a uma redução da demanda mundial solvável em bens de consumo.

Certamente, nos anos 1970, essas operações de deslocalização geraram uma demanda suplementar em bens de capital, o que causou um efeito de reerguimento nos países desenvolvidos. Mas esse fenômeno se atenuou consideravelmente nos anos 1980, de um lado, porque certos países recém-industrializados produziam, doravante, eles próprios seus bens de capital e os exportavam para os países desenvolvidos e, de outro lado, porque muitos países em desenvolvimento precisaram reduzir suas importações em bens de capital para reembolsarem suas dívidas.

Assim sendo, numa economia mundial com fraco escoamento da produção, a transferência das atividades industriais de um país de altos salários para um país de baixos salários teve como efeito a restrição da demanda solvável mundial em bens de consumo. Isso é particularmente verdadeiro quando a transferência ocorre visando países que acabaram de iniciar o processo de industrialização, como a China e o Vietnã, onde os salários são de trinta a quarenta vezes mais baixos que nos países desenvolvidos. Porém, isso é menos verdadeiro para países já amplamente industrializados, como a Coreia do Sul e Taiwan, onde os salários são relativamente mais elevados.

É claro que não é a industrialização dos países em desenvolvimento enquanto tal que é posta em causa: todo investimento produtivo num país de baixos salários *que responde a um crescimento de poder aquisitivo e que se traduz por uma criação de renda em escala mundial* é bem-vindo, pois contribui com a ampliação da demanda solvável global. O problema aparece quando a industrialização dos países em desenvolvimento realiza-se com base em salários irrisoriamente baixos, e se faz às custas da desindustrialização dos países de salários mais elevados. Em resumo, para que a industrialização dos países em desenvolvimento seja globalmente uma forte geradora de empregos e de rendas, ela não deve se basear em salários demasiado baixos que existem nesses países e precisa visar, principalmente, a exportações para países de rendas elevadas. Deve ser fundamentada no crescimento do poder de compra local que, para ser realmente significativo, deve contemplar a massa dos pobres dos campos e das cidades, o que necessariamente supõe, como vimos, um aumento *prévio* das rendas do campesinato.

Desemprego crescente e baixa dos salários nos países desenvolvidos

Devido à diminuição do investimento na indústria e nos serviços, às modernizações e deslocalizações, devido à continuação do êxodo de milhões de agricultores, o desemprego estendeu-se consideravelmente nos países desenvolvidos desde a metade dos anos 1970. Certos setores de atividades extrativas (carvão, minério de ferro), de primeira transformação (siderurgia) e manufatureiros (têxteis, calçado, relojoaria...) foram parcialmente desmantelados; cidades e até regiões inteiras (Liverpool, Lorraine...) foram desindustrializadas. Nos países da OCDE, entre 1975 e 1995, o emprego no setor manufatureiro diminuiu 8%; 20% na União Europeia e 35% no Reino Unido (Kitson & Michie, 1995). Ainda nos países da OCDE o número de desempregados ultrapassou o limite dos 30 milhões no início dos anos 1980 para atingir 35 milhões em 1994. Além disso, mais de 10 milhões de pessoas trabalham em tempo parcial, contra vontade, e muitas são aquelas que, renunciando declarar-se como desempregadas, não aparecem sequer nas estatísticas do desemprego.

Finalmente, o desemprego e a concorrência sempre mais viva das empresas modernizadas ou deslocalizadas exercem uma forte pressão sobre os salários, em particular sobre os salários dos trabalhadores pouco qualificados. Em certos países, em especial nos Estados Unidos e no Reino Unido, o mercado de trabalho foi amplamente desregulado, e os salários de seus trabalhadores diminuíram drasticamente; mas se hoje os mais baixos salários escoceses e americanos estão muito próximos dos salários coreanos, estão, no entanto, longe de terem caído a um nível tão baixo, como nos últimos países "em via de industrialização": 600 US$ americanos por mês no Middle-West são ainda 30 vezes mais que 20 US$ no Vietnã ou na China. As deslocalizações de empresas podem vislumbrar dias ainda melhores pela frente, e mesmo se a baixa dos salários em certos países desenvolvidos já tenha contribuído para reter ou atrair alguns investimentos, o desemprego ainda não desapareceu.

Desregulamentação, especulação e austeridade

Nessas condições, as políticas ditas neoliberais, que se impõem no mundo desde o fim dos anos 1970, só agravam a crise geral. Nos países em desenvolvimento, essas políticas se traduzem pelo abandono das estratégias de desenvolvimento autocentrado – baseadas nos investimentos públicos visando satisfazer o mercado interno através da produção de bens que substituíam as importações – pela adoção de estratégias de desenvolvimento voltadas para o exterior, baseadas em investimentos estrangeiros de todas as origens, atraídos pelos baixos salários e visando à exportação. Essas novas estratégias, encorajadas pelo Banco Mundial e por outras instituições de desenvolvimento, tornam o campo das deslocalizações de empresas mais vasto que o da demanda mundial.

Nos países desenvolvidos, as políticas de pleno emprego e a manutenção de um alto nível da demanda pública e privada foram abandonadas, sendo substituídas por políticas de desregulamentação generalizada e de desestatização, que ampliaram as possibilidades de movimentação e de investimentos rentáveis para os capitais, sem aumentar, na mesma proporção, a demanda solvável global em bens de consumo. Essas políticas neoliberais favoreceram a explosão da especulação sobre os mercados financeiros, os mercados de derivados e os mercados de câmbio: no meio dos anos 1990, estimava-se que 90% das transações nos mercados de câmbio fossem de natureza especulativa. Enfim, como não existe mais sistema internacional de regulamentação das taxas de câmbio e dos fluxos financeiros, cada país se acha obrigado a adotar políticas que visem a manter a paridade de sua moeda e a atrair ou reter capitais de ora em diante muito móveis e sensíveis aos menores riscos e às menores variações das taxas de remuneração. Para isso, convém limitar a inflação e reduzir os *deficits*, o *deficit* público e o *deficit* da balança de pagamentos externos. Daí a convergência das políticas econômicas dos países desenvolvidos e o conformismo do pensamento, cuja função é justificá-las.

O fracasso das políticas de austeridade nos países desenvolvidos

Certamente, em teoria, tais políticas de austeridade têm como efeito melhorar a competitividade das empresas nos países que as praticam: reduzindo as despesas públicas (diminuição dos investimentos, supressão de empregos e bloqueio dos salários dos funcionários, redução das prestações sociais, restrição dos programas militares...) e exercendo uma pressão pela baixa generalizada dos salários, procura-se reduzir os encargos sociais, fiscais e salariais das empresas e assim aumentar seus benefícios. Mas como isso é obtido ao custo de uma redução da demanda das famílias e das administrações, numa economia mundial em que os investimentos produtivos e a criação de empregos são limitados justamente pela insuficiência da demanda solvável, as políticas de austeridade só agravam a crise geral da economia mundial. Além do mais, os benefícios suplementares que os investidores retiram das políticas de austeridade lhes servem mais para especular, ou para acelerar e ampliar, os movimentos de modernização e de deslocalização redutores de emprego e de renda do que para criar novos empregos nos países desenvolvidos.

Essas políticas, que se pretendem "virtuosas" dentro do país que as pratica, são intrinsecamente "perversas" para o conjunto do mundo. E é preciso constatar que, se de um lado elas conseguiram em geral reduzir a inflação e frear o agravamento dos *deficits*, de outro lado não conseguiram nem retomar permanentemente o crescimento, nem restaurar o pleno emprego.

O fracasso das políticas nacionais de relance numa economia globalizada em crise

Nesse contexto, os países que tentaram, isoladamente, praticar políticas de reerguimento por meio de investimentos públicos e pelo consumo das famílias e das administrações (como na França dos anos 1981-83) também fracassaram. Na verdade, num país onde as capacidades de produção são subutilizadas por falta de escoamentos suficientes, o aumento da demanda solvável leva, certamente, a um certo reerguimento da produção interna. Entretanto, se esse país está aberto à concorrência dos países mais competitivos que ele, o aumento da demanda se traduz principalmente por um "relance" das importações. Enfim, se o aumento da demanda é obtido pelo aumento das cargas salariais e fiscais das empresas, sua competitividade diminui, provocando, ao final, um novo aumento das importações, uma diminuição ainda mais forte ou até mesmo um recuo da produção nacional, uma deslocalização acelerada dos investimentos e um aumento do desemprego.

Ou seja, uma política nacional de relance pela demanda contribui, guardadas as devidas proporções, para a ampliação do mercado mundial e para o reerguimento da produção, o que é eminentemente "virtuoso". Mas conforme esse país aberto à concorrência seja medianamente ou pouco competitivo, essa política agrava sua própria crise e favorece os países concorrentes mais competitivos. Esta política não pode, portanto, se prolongar por muito tempo.

A crise contemporânea não pode ser tratada como uma crise particular da economia deste ou daquele país, seja ele desenvolvido ou em desenvolvimento, nem como uma adição de crises particulares desse gênero, pois ela é a crise global dessa novíssima "economia mundial" que se estruturou nos últimos trinta anos, devido à forte redução do custo dos transportes e das comunicações, e por causa da liberalização dos movimentos de mercadorias e de capitais num mundo cada vez mais sem fronteiras (Banco Mundial, *Le monde du travail dans une économie sans frontières*, 1995). Esta crise global é agravada pela desestabilização dos sistemas monetário e financeiro internacionais, pela especulação, pelo abandono das políticas de pleno emprego e de manutenção da demanda e pela adoção quase geral de políticas deflacionárias, redutoras de empregos e de renda.

Nessas condições, as políticas nacionais de relance (pela demanda) ou de austeridade (visando a um relance pelos investimentos), que ataquem apenas os sintomas da crise em cada país, não podem resolver a crise geral contemporânea. Pensamos que não pode haver remédio para a crise global da economia mundial a não ser por uma política global e combinada na escala de todos os países que ataque a causa profunda desta crise. Ora, como vimos, a causa profunda dessa crise que se perpetua há mais de um quarto de século reside essencialmente no achatamento da renda e do poder de compra nos países agrícolas pobres, um achatamento que provém da tendência à unificação do mercado mundial de gêneros agrícolas de primeira necessidade, em particular os cereais, e da tendência de queda de preços agrícolas.

4 POR UMA ESTRATÉGIA MUNDIAL ANTICRISE FUNDAMENTADA NA PROTEÇÃO E NO DESENVOLVIMENTO DA ECONOMIA AGRÍCOLA POBRE

Para tirar da crise essa nova economia-mundo sem vias de escoamentos solváveis de sua produção é preciso começar por elevar o poder de compra nos países pobres, onde reside a mais gigantesca esfera de necessidades sociais insatisfeitas e, portanto, as maiores possibilidades de aumento da demanda solvável mundial.

Necessidade de expressivo aumento do poder de compra nos países pobres

Em 1993, enquanto apenas um bilhão de pessoas que viviam nos 24 países "de renda elevada" dispunham de uma renda média *per capita* de 315 francos franceses por dia (63 US$), mais de 3 bilhões de pessoas que viviam em 45 países "de baixa renda" dispunham de uma renda média de 5 francos por dia (1 US$), ou seja, 60 vezes menos que os acima citados! Além do mais, 1,6 milhão de pessoas que viviam em 63 países "com renda intermediária" dispunham de uma renda média de 35 francos por dia (7 US$), ou seja, 7 vezes menos que nos países de renda elevada (Banco Mundial, op. cit., 1995).

Acrescentemos que o campesinato pobre, majoritário nos países em desenvolvimento, dispõe de rendas ainda menores que a média. Se suas rendas dobrassem, obteríamos, contudo, um efeito limitado no aumento da demanda mundial. Para tirar estes agricultores da pobreza e para reerguer a economia mundial, seria preciso vislumbrar o triplo ou o quádruplo de sua renda. Então, quem sabe esse aumento de renda será suficiente para absorver os bolsões de extrema pobreza rural, frear o êxodo agrícola, permitir uma real retomada dos investimentos produtivos do campesinato pobre (compras de instrumentos e insumos, melhoria da fertilidade etc.) e impulsionar um aumento significativo da produção agrícola, criando assim condições de um desenvolvimento ampliado, que se automantenha e seja cumulativo, da economia agrícola. Dessa forma, a médio prazo, o aumento da renda do campesinato pobre iria muito além da triplicação ou da quadruplicação inicialmente pensada e aconteceria de maneira a levar, pouco a pouco, o aumento da renda também a outras categorias da população pobre, rural e urbana. A mais longo prazo, a partir de um certo patamar de desenvolvimento, a agricultura camponesa, nitidamente mais produtiva, será capaz de suportar o custo da modernização e da industrialização dos países pobres. Então, e somente então, esses países disporão de um poder de compra suficiente para contribuir de forma eficaz com o reerguimento da economia mundial.

Para uma elevação importante dos preços agrícolas nos países pobres

Se esta análise for exata, a alavanca mais apropriada e mais poderosa para reduzir a imensa esfera de pobreza que freia o desenvolvimento da economia mundial reside num *reerguimento progressivo, expressivo e prolongado, dos preços dos produtos agrícolas*, a começar pelos gêneros alimentícios de base, nos países pobres.

Destributar e proteger a agricultura pobre

Para elevar os preços agrícolas nesses países é preciso, em primeiro lugar, fazer com que as políticas de "tributação" direta ou indireta da agricultura, onde ainda são aplicadas, recuem: tributação das exportações agrícolas, subvenções das importações alimentares, fornecimento a preços baixos, supervalorização da moeda nacional, proteção excessiva da indústria etc. Políticas de "destributação" da agricultura já foram adotadas por numerosos países; entretanto, essas medidas não são suficientes para fazer com que a massa dos camponeses alcance um nível superior ao patamar de capitalização, condição *sine qua non* de seu desenvolvimento.

Para aumentar de maneira significativa as rendas dos agricultores mais pobres do mundo, não basta, portanto, como se proclama há quinze anos, suprimir a "tributação" e a "pilhagem" que sofreram ao longo das décadas anteriores. É necessário ainda, e principalmente, protegê-los, ou seja, *tributar as importações dos produtos agrícolas de base, em primeiro lugar os cereais*. A ausência total de intervenção nos preços agrícolas, ou seja, o livre comércio puro e simples de produtos agrícolas não será suficiente para aumentar significativa e permanentemente o poder de compra do campesinato e das outras categorias sociais nos países agrícolas pobres de modo a fazê-los sair da crise.

Uma proteção importante, porém progressiva

Para resolver a pobreza rural, o aumento dos preços dos gêneros alimentares de base deve ser *significativo*. Naturalmente, um tal aumento de preços não deve ser instaurado brutalmente, pois seus efeitos positivos sobre a produção de víveres, os salários e as outras categorias de rendas não serão muito rápidos, enquanto, ao contrário, o aumento dos preços dos produtos alimentares e os efeitos negativos resultantes serão imediatos para os compradores. O aumento dos preços dos produtos agrícolas de base deve ser progressivo para que, em nenhum momento do processo, os efeitos negativos para os compradores superem os efeitos positivos para os produtores. Ou seja, o aumento deve ser bastante progressivo, o suficiente para que os agentes econômicos tenham tempo de se adaptar e, eventualmente, fazer uma reconversão: é preciso, de fato, tempo para que os agricultores à procura de emprego e de uma renda monetária complementar voltem ao estabelecimento familiar que novamente se tornou viável, e será preciso mais tempo ainda para que uma parte dos capitais e da população exilada na cidade retorne para a agricultura. Para ser, simultaneamente, muito significativo e progressivo, o aumento dos preços agrícolas deverá assim se prolongar por muito tempo, de dez a vinte anos se for preciso. Não se muda em alguns anos as consequências desastrosas de meio século de redução de preços agrícolas.

Para um importante aumento dos salários nos países pobres

É preciso também considerar que esta política de proteção da economia camponesa nos países pobres terá como consequência desejável o aumento do conjunto dos salários, hoje irrisórios, e, assim, a elevação dos custos de produção e dos preços dos produtos exportados por esses países.

É claro que os aumentos dos preços dos produtos agrícolas e das matérias-primas exportadas pelos países em desenvolvimento incidirão sobre a economia dos países importadores, em primeiro lugar sobre os países desenvolvidos. Mas, visto que as importações provenientes dos 86 países mais pobres (45 países de baixa renda e 41 países da camada inferior dos países com ganhos intermediários, conforme a classificação do Banco Mundial) representam menos de 2,5% do produto interno bruto dos países de renda elevada, essa incidência será limitada. Ocorre que aí também a progressividade será necessária. O aquecimento dos preços dos produtos agrícolas, das outras matérias-primas e principalmente do petróleo, nos anos 1970, mostrou a que ponto uma alta importante e brutal desses preços poderia agravar a crise geral.

Em contrapartida, o aumento dos preços dos produtos manufaturados exportados pelos países em desenvolvimento reduziria a pressão da concorrência que as indústrias deslocalizadas a estes países exercem sobre aquelas dos países desenvolvidos. Mas o escoamento da produção das empresas instaladas nos países em desenvolvimento não será reduzido, já que o resultado esperado, e de longe o mais importante – o aumento das rendas da agricultura e dos salários nos países pobres –, se sustentará precisamente num forte aumento da demanda solvável nesses países.

Isso equivale dizer que – diferentemente das políticas nacionais de aumento pela demanda que se voltam rapidamente contra aqueles que as praticam isoladamente e das políticas de austeridade redutoras de emprego e de renda – uma estratégia global anticrise, baseada na expansão do mercado mundial graças a um aumento importante e progressivo dos preços e das rendas nos países em desenvolvimento, beneficiará ao mesmo tempo os países agrícolas pobres, os novos países industrializados e os países desenvolvidos, pois tal estratégia ataca a verdadeira raiz da crise, a saber, a pobreza massiva nos países em desenvolvimento e a estreiteza da demanda solvável mundial que dela resulta.

Necessidade de uma organização mundial hierarquizada dos mercados

Porém, a estratégia global de aumento dos preços e das rendas nos países em desenvolvimento não deve ser uniforme: *o nível dos preços agrícolas e, portanto, o grau de proteção de uma agricultura devem ser estabelecidos em razão inversa de sua produtividade*. Devem, por exemplo, ser mais elevados nos países da África intertropical do que para os países do sudeste da Ásia e para certos países da América Latina.

Para isso, será conveniente delimitar subconjuntos regionais, reagrupando países cujas produtividades agrícolas sejam da mesma ordem de grandeza. Cada uma dessas grandes regiões do mundo constituiria então uma união alfandegária que gozaria de um grau de proteção e de um nível de preços agrícolas bastante elevados para salvaguardar o campesinato pobre e permitir que ela se desenvolva. A delimitação dessas grandes regiões e a determinação do nível de preços mais pertinentes para cada uma delas poderiam ser da competência de uma nova organização das Nações Unidas, encarregada da regulamentação do comércio internacional e das taxas de câmbio. Aqui não é o momento de propor tal delimitação. Além da Europa ocidental e América do Norte, podemos pensar em grupos de países na África intertropical, na Ásia continental, no sudeste da Ásia e na Europa oriental, no Oriente Médio e no norte da África etc. Em cada uma dessas uniões regionais, o aumento dos preços dos produtos de base levaria a seguir a um aumento dos preços de todas as matérias-primas exportadas, que deverão, portanto, também, ser aumentados e diferenciados conforme a região de origem.

Essa proposta segue a mesma direção das recomendações formuladas por Maurice Allais, prêmio Nobel de economia (1988), quando de sua alocução na primeira cúpula alimentar europeia (1993). Após ter destacado os perigos do livre comércio generalizado em regime de taxas de câmbio flutuantes, ele afirma:

> A liberalização total do comércio não é possível; ela só seria desejável no contexto dos conjuntos regionais, que agrupassem países econômica e politicamente associados, de desenvolvimento econômico e social comparável, e que se engajassem reciprocamente a não tomar nenhuma decisão unilateral, garantindo um mercado suficientemente amplo para que a concorrência possa acontecer da maneira eficaz.

Tal organização mundial de comércio, com preços hierarquizados, fixos em razão inversa dos níveis de produtividade agrícola de cada região do mundo, supõe uma negociação e um acordo internacional por produto, relacionados aos preços e às quantidades a produzir em cada região, bem como a implementação de uma ou várias caixas internacionais de perequação dos preços para os compradores, e de caixas de estabilização.

Para ter alguma chance de sucesso, uma estratégia mundial baseada em uma nova organização de comércio desse tipo deve ser negociada e aceita por todos os países, a começar pelos países desenvolvidos. Bastaria, de fato, que um grupo, ainda que limitado, de países em desenvolvimento e de países desenvolvidos entrasse em acordo sobre uma política de baixo preço e de baixos salários para que tal estratégia fracassasse. A esse respeito, podemos temer a tendência atual de formação de grandes blocos econômicos regionais que reagrupem países desenvolvidos e países em desenvolvimento, como o Acordo de Livre Comércio Norte-Americano (NAFTA), ou como a ampliação do mercado único europeu ao leste da Europa e ao norte da África, ou como a associação do Japão e dos países da Ásia e do Pacífico. Na verdade, se esses vastos agrupamentos chegassem a uma nova partilha do mundo entre alguns grandes conjuntos concorrentes – que tendem à guerra econômica, e não à cooperação –, iriam exatamente contra a estratégia anticrise proposta aqui.

Aumento dos preços e dos ganhos em vez de ajuda financeira

Na verdade, tal estratégia significa melhorar os termos de comércio em proveito dos países pobres, para aumentar sua renda e seu poder de compra. Esse aumento dos preços poderia ser considerado um tipo de transferência de renda dos países ricos para os países pobres e uma forma de ajuda. A grande vantagem dessa forma de ajuda através dos preços está nas maiores chances de a ajuda financeira clássica beneficiar diretamente os produtores agrícolas e indiretamente o restante da população. Tudo isso com a condição, é claro, de que os aumentos de preço não sejam maciçamente captados ou pelo Estado, sob a forma de taxas, ou por outros agentes econômicos, sob forma de margens injustificadas.

Sem dúvida, tal política de ajuda ao desenvolvimento, passando pelos preços diferenciados em um mercado mundial organizado, seria difícil de negociar e gerenciar. Mas seria ela muito mais difícil que as políticas de ajuda atuais, que passam por doações e empréstimos entre instituições? Aliás, essas formas de ajuda financeiras perdem-se frequentemente em despesas improdutivas, ou em poupança privada que volta a alimentar bancos e mercados financeiros, e estão cada vez mais desacreditadas aos olhos da opinião pública, tanto nos países desenvolvidos como nos países em desenvolvimento. De qualquer maneira, a ajuda financeira se choca hoje tanto com os limites cada vez mais estreitos dos orçamentos públicos dos países desenvolvidos e com as fracas capacidades de reembolso dos países em desenvolvimento como também com os limites das capacidades de gestão das instituições nacionais e internacionais de ajuda ao desenvolvimento e das instituições nacionais recebedoras. E a experiência mostrou que ela não conseguiu levar os países mais pobres a um verdadeiro processo de desenvolvimento.

Se, contrariamente ao cenário proposto aqui, a liberalização do comércio continuar no futuro, então não se chegará nem a reduzir significativamente o desemprego e a pobreza nos países em desenvolvimento, nem a criar um poder de compra suficiente para relançar duravelmente a economia mundial, nem a reduzir o desemprego e a nova pobreza nos países desenvolvidos.

Aliás, as projeções estabelecidas para o horizonte de 2010 pelo Banco Mundial (op. cit., 1995) mostram que, na hipótese de uma liberalização ainda mais avançada do comércio mundial, a distância entre os salários mais elevados (o dos trabalhadores qualificados dos países desenvolvidos da OCED) e as rendas mais baixas do trabalho (o dos agricultores da África) corre o risco de aumentar muito significativamente. Nessa hipótese, de fato, esta distância passaria de aproximadamente 31.000 US$ para 43.000 US$ americanos entre 1992 e 2010. Isso equivale dizer que, conforme esse cenário, essa distância seria ainda multiplicada por quase 1,4. Estaríamos longe, diga-se de passagem, de um cenário de convergência! Bastaria representar a grande escada das rendas agrícolas e dos salários nas diferentes regiões do mundo, adotando uma escala comum, e não uma escala logarítmica que mascarasse as distâncias (Figura 11.4). Este gráfico mostra a que ponto, na hipótese de um liberalismo acirrado, esses imensos diferenciais de rendas só aumentariam. E tende também a mostrar que o nível dos salários em cada região do mundo se estabelece, como defendemos aqui, em função do nível de rendimento e, portanto, da produtividade da agricultura camponesa.

Marcel Mazoyer • Laurence Roudart

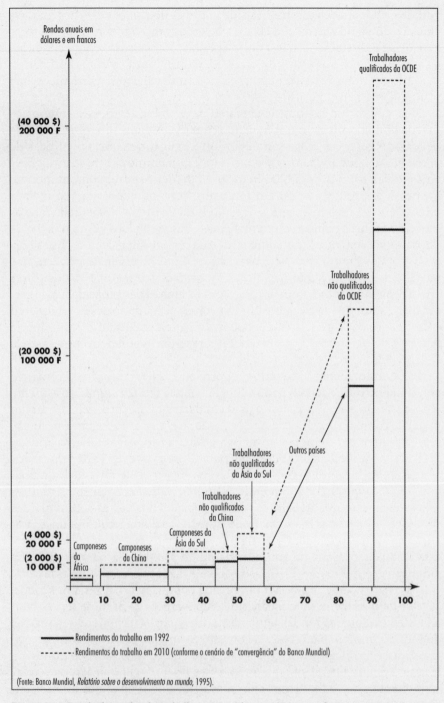

Figura 11.4. Escala de rendas do trabalho no mundo em 1992, e conforme o cenário de "convergência" em 2010 do Banco Mundial

Necessidade de políticas nacionais de proteção e de desenvolvimento da economia camponesa pobre

Mas se esta estratégia internacional de reorganização do comércio em proveito dos países pobres é necessária, ela não será suficiente por si só para salvar e relançar vigorosamente o desenvolvimento da economia camponesa mais subequipada. Será ainda preciso que essa agricultura tenha efetivamente acesso à terra, ao crédito, às instalações hidráulicas suficientes e em bom estado, e a resultados de pesquisa apropriados a suas necessidades. Será preciso ainda que ela se beneficie de uma estabilidade dos preços e de uma segurança fundiária suficientes para ter a certeza que colherá os frutos de seu trabalho e de seus investimentos, e para estar segura de que se beneficiará da boa manutenção e das melhorias da fertilidade das terras que ela explora. Será preciso ainda que a renda dessa agricultura não seja erodida pelos custos de transformação e de comercialização exorbitantes ou por encargos fundiários, impostos ou taxas exageradas. Isso quer dizer que, para apoiar essa estratégia internacional de desenvolvimento da economia camponesa pobre, as políticas econômicas e as políticas agrícolas nacionais ainda terão muito que fazer.

Reforma agrária e políticas de desenvolvimento da economia camponesa pobre

Nos países onde o minifúndio e a pobreza camponesa de massa provêm da divisão desigual da terra, a reforma agrária é a primeira política a implantar. Naturalmente, a reforma agrária é uma decisão de política interna difícil de ser tomada e aplicada, pois ela suscita forçosamente violentas oposições. Ela não pode ser decretada do exterior, mas poderia no entanto ser sustentada mais vigorosamente do que acontece atualmente pelas instituições internacionais de desenvolvimento, como a Organização das Nações Unidas para a Alimentação e Agricultura (OAA ou FAO), o Fundo Internacional para o Desenvolvimento Agrícola (FIDA), o programa das Nações Unidas para o Desenvolvimento (PNUD), o Banco Mundial e os Bancos regionais de desenvolvimento. No âmbito da estratégia internacional proposta, essas instituições poderiam atentar para que o aumento dos preços dos gêneros agrícolas beneficie somente os países que tenham realizado a reforma agrária onde ela foi necessária e que pratiquem, além disso, uma política de desenvolvimento favorável à agricultura pobre.

Na verdade, para ter um impacto durável, uma reforma agrária deve ser alternada com uma política de crédito ampliado e barato, que permita aos camponeses mais desprovidos estocar e vender suas colheitas em tempo hábil (crédito e estoque), comprar os insumos necessários (créditos de produção) e se equipar progressivamente (locação-venda de material). Na falta disso, desprovidos de capital de exploração, os beneficiários da reforma endividam-se, hipotecam e rapidamente perdem suas terras. Uma reforma agrária também deve ser complementada por uma política fundiária controlada, que vise impedir o processo de concentração de terras e o desenvolvimento desigual de retomada: lei antiacúmulo, designação prioritária das terras liberadas ou recentemente ordenadas para os camponeses mais desprovidos, ajuda específica para a instalação de jovens agricultores pobres etc. Essas políticas fundiárias e de crédito não se impõem apenas nas regiões recentemente beneficiadas por uma reforma agrária: elas são necessárias em todo país de economia camponesa, para impedir o bloqueio do desenvolvimento do pequeno campesinato e a reconstituição da pobreza massiva que resulta do desenvolvimento desigual incessante entre regiões e entre estabelecimentos agrícolas.

As políticas de ordenamento das infraestruturas (vias de escoamento, terraplenagem e outras obras antierosão, irrigação, drenagem etc.) deverão igualmente ser revisadas, evitando as obras desmedidas e não rentáveis tão caras às grandes instituições, privilegiando as realizações mais apropriadas, elaboradas e gerenciadas em acordo com a população, apelando para a mão de obra agrícola disponível na entressafra, à experiência do campesinato e aos outros recursos locais. Além do mais, a organização dos mercados deverá facilitar o escoamento e a melhor valorização da produção camponesa.

Reorientação das políticas de pesquisa

Enfim, para que a estratégia internacional e as políticas nacionais de relance da economia camponesa pobre disponham de todos os trunfos necessários, as próprias políticas de pesquisa agrícola devem ser maciçamente orientadas, ou mais exatamente reorientadas, em proveito do campesinato e das regiões desfavorecidas. Para contribuir de maneira eficaz com a redução da pobreza, a pesquisa para o desenvolvimento agrícola deverá estar muito mais atenta do que no passado às necessidades e às possibilidades, mas também e, principalmente, ao saber e à experiência dos camponeses. Ela deverá tirar partido de toda a diversidade de espécies, de variedades e de raças locais de plantas e de animais domésticos que ela, até então, negligenciou, para melhorá-los em proveito da maioria. Deverá estudar os sistemas de produção complexos, combinando culturas, criações e arboricultura, que os camponeses criaram paulatinamente para renovar melhor a fertilidade e reduzir os riscos biológicos e econômicos aos quais se acham confrontados. Esses riscos são tanto mais graves para o campesinato quanto maiores forem suas condições de pobreza. As regiões do mundo densamente povoadas – onde o campesinato desenvolve hoje formas de agricultura complexas, sustentáveis e de alto rendimento territorial além de pouco dispendiosas em recursos não renováveis – são, sem dúvida, laboratórios em que se elaboram as formas de agricultura mais preciosas para o futuro da humanidade. Somente o estudo ecológico e econômico aprofundado, e a compreensão precisa desses sistemas agrários que são o fruto da experiência multissecular e sempre renovada do campesinato, podem permitir aos pesquisadores identificar e propor melhorias apropriadas e transferir, adaptando-os, certos conhecimentos de uma agricultura em favor de outra.

A esse respeito, parece que o grupo consultivo para pesquisa agrícola internacional (GCRAI) – um organismo que reagrupa os centros de pesquisa da Revolução Verde e é hoje financiado, essencialmente, por quase trinta países, em sua maioria desenvolvidos ou recentemente industrializados – e alguns serviços nacionais de pesquisa começaram a orientar seus trabalhos neste sentido muito mais, em todo o caso, que no passado. Entretanto, para que tal mudança de perspectiva se concretize, serão necessários muitos esforços e mudanças nos espíritos, não só na pesquisa, mas também no ensino e na administração.

Na verdade, numa economia de concorrência, o capital e o saber são geralmente atraídos pelas atividades, regiões e tipos de estabelecimentos mais imediatamente rentáveis. Ora, as políticas e os projetos que visam a um *desenvolvimento planetário equilibrado e sustentável* não consistem certamente em reforçar essa tendência espontânea alocando os recursos públicos suplementares, financeiros e humanos para aqueles que podem se desenvolver sem isso, mas ao contrário lutam, sem cessar, em uma frente ampla, contra a estagnação e o empobrecimento dos mais desfavorecidos, consagrando-lhes prioritariamente os meios públicos necessários.

CONCLUSÃO

Em resumo, a experiência de vinte e cinco anos de rápido crescimento econômico mundial, seguidos de mais de vinte anos de crescimento lento e de crise larvada, mostra que a diminuição dos custos de transporte, a abertura das economias nacionais e a liberalização crescente do comércio internacional não reduziram os desvios em equipamento, produtividade e renda entre os países mais pobres e os mais ricos, tampouco resolveu o problema do desemprego e da miséria no mundo. Ao contrário, durante o último período, a pobreza, o desemprego e as desigualdades entre os mais pobres e os mais abastados aumentaram de forma considerável. Os cenários do futuro que repousam sobre hipóteses de continuidade da integração econômica mundial e de liberalização crescente do comércio mostram que esses desvios irão aumentar ainda mais. Devemos nos espantar?

Entre os países em desenvolvimento, ainda essencialmente agrícolas quando saíram da Segunda Guerra Mundial, apenas um pequeno grupo que havia herdado uma agricultura relativamente produtiva e que, além disso, praticou uma política que a favoreceu, conseguiu obter um excedente agrícola suficiente para desenvolver significativamente os outros setores de atividades e criar as condições de um alto nível de rentabilidade dos investimentos. Esses novos países industrializados viram uma parte de sua população escapar da pobreza.

Mas, na maioria dos países em desenvolvimento, a agricultura camponesa subequipada e pouco produtiva, majoritária, frequentemente tributada ou pelo menos insuficientemente protegida, não teve meios de se equipar e de progredir e foi submetida a uma concorrência Norte-Sul e a uma concorrência Sul-Sul acima de suas forças, sofrendo assim uma queda de preços que conduziu centenas de milhões de camponeses à ruína, ao êxodo, ao desemprego e à extrema pobreza.

Se uma pequena fração dos agricultores arruinados, desempregados e pobres dos países em desenvolvimento pôde emigrar para os países industrializados e ter acesso a empregos geralmente mal remunerados, a grande maioria não teve os meios e sequer a autorização para fazê-lo. Eles tiveram ainda menos acesso às terras agrícolas, todavia superabundantes e em parte incultas, ou ao crédito agrícola dos países desenvolvidos. Isso equivale dizer que, se no mundo de hoje a livre circulação das mercadorias e dos capitais é cada vez mais efetiva, não há livre circulação de homens, e ainda menos o livre acesso à terra e ao crédito. São portanto os capitais que se deslocam para as imensas reservas de mão de obra a baixo preço, que constituem os países em desenvolvimento mais receptivos.

Se no futuro, nos países em desenvolvimento, os preços e as rendas agrícolas, e a seguir os salários, permanecerem irrisoriamente baixos como estão hoje, a industrialização de um punhado desses países estará direcionada principalmente para a exportação dos países que ainda dispõem de um poder de compra significativo (países desenvolvidos, países produtores de petróleo e alguns novos países industrializados) e isso se faria em detrimento dos países já industrializados com salários mais elevados. Conforme este cenário, a industrialização dos países à custa de baixos salários levaria aos países desenvolvidos uma extensão do desemprego e uma diminuição dos salários tão forte que conduziriam a um estrangulamento progressivo da demanda solvável mundial e, portanto, ao final, à redução das possibilidades globais de investimentos produtivos e de criação de empregos, ao recrudescimento da especulação e à recessão generalizada.

Para que a industrialização dos países em desenvolvimento participe de um verdadeiro reerguimento da economia mundial, ela deve ser baseada num crescimento significativo e duradouro do poder de compra nesses países. Ora, para constituir nesses "dois terços do mundo" uma demanda solvável à altura das necessidades dos homens e das possibilidades de crescimento sustentável da economia mundial, é preciso, como tentamos demonstrar, começar a elevar de modo eficaz, progressivo e prolongado, os preços dos produtos agrícolas básicos. Tal elevação dos preços agrícolas é o melhor meio para aumentar as rendas do campesinato subequipado, favorecer seu desenvolvimento e, em consequência, frear o êxodo agrícola, limitar o aumento do desemprego e da pobreza urbana, aumentar o nível geral dos salários e das outras rendas, aumentar significativamente as possibilidades de receitas fiscais e de receitas em divisas dos países em desenvolvimento e, finalmente, liberar capacidades de investimento que permitam a esses países se modernizar e se industrializar.

Para promover esse cenário anticrise de reerguimento da economia mundial através de um desenvolvimento vigoroso, e numa ampla frente, da economia agrícola pobre e por meio da ampliação maciça da demanda solvável nos países em desenvolvimento, não há outra via senão uma organização mundial de comércio baseada em uniões alfandegárias regionais que reagrupem países que possuam níveis de equipamento e de produtividade agrícolas comparáveis. Cada uma dessas uniões regionais seria beneficiada por um nível de preço das mercadorias agrícolas e das matérias-primas negociadas internacionalmente, suficientes para permitir à agricultura camponesa desenvolver-se, tirando a maioria da população da pobreza.

Mas para que esta estratégia de reerguimento da economia mundial tenha êxito, é preciso que em cada país ela esteja ligada a uma política de desenvolvimento agrícola equilibrado, maciçamente orientada, ou melhor, reorientada conforme o perfil do campesinato e das regiões desfavorecidas.

E será preciso que o mundo adote novos sistemas monetários e financeiros internacionais, que garantissem a manutenção de taxas de câmbio relativamente estáveis, variando nos limites razoáveis *em torno das taxas de câmbio de equilíbrio fundamentais*, penalizando a especulação e favorecendo, em todos os países, as políticas de desenvolvimento negociadas. Essas políticas devem buscar o pleno emprego e o aumento da demanda solvável proporcional à produção e às capacidades de investimento existentes no mundo, em vez de políticas deflacionistas redutoras de emprego e de renda.

Conclusão de conjunto

Hoje, a economia agrícola e alimentar mundial é menos desordenada e caótica que os sobressaltos dos preços, dos excedentes, das penúrias e da fome e as ferozes negociações comerciais internacionais deixam entender. Da mesma forma que as marés são explicadas pela organização e o funcionamento do sistema solar, através dos movimentos da atmosfera e das correntes marinhas, as agitações na superfície dos mercados e das políticas agrícolas se explicam pela organização, o funcionamento e a dinâmica do sistema agrícola e alimentar mundial. Um sistema que se constituiu, verdadeiramente apenas ao longo das últimas décadas, por estabelecer relação entre agriculturas bem diversas, produzidas durante 10.000 anos de uma história agrária extraordinariamente diferenciada conforme as regiões do mundo.

Ora, esse sistema agrícola e alimentar mundial, composto por subsistemas regionais relativamente especializados, concorrentes e muito desiguais na eficiência, se desenvolve de maneira contraditória e divergente. Por um lado um número reduzido de propriedades e de regiões do mundo sempre acumula mais capitais, concentra os cultivos e as criações mais produtivas e conquista, sem cessar, novas partes de mercado. Por outro lado, regiões muito extensas e a maioria dos camponeses do mundo mergulham na crise e na indigência até serem excluídas. De um lado, uma agricultura que pode pecar por excesso de meios; de outro, uma agricultura que, na falta de meios, não renova a fertilidade dos ambientes que explora.

Essa colossal distorção do sistema agrícola e alimentar mundial está na base das enormes desigualdades de renda e de desenvolvimento que existem entre os países. E se, por infelicidade, o mundo ficasse à deriva de uma lei de desenvolvimento tão violentamente contraditória, não seria improvável que o mundo futuro se parecesse mais com um arquipélago de ilhas de prosperidade, bem equipadas, dispersas em um oceano de miséria, do que um universo de prosperidade, que reabsorvesse uma após a outra as ilhas residuais da pobreza.

A crise do campesinato subequipado e pouco eficiente, de longe a categoria mais numerosa, está na origem da subida da maré de pobreza rural e urbana que torna impossível o desenvolvimento dos países agrícolas pobres. Esta pobreza massiva ou, dito de outra forma, esta inadimplência das necessidades que afeta mais da metade da humanidade está na origem da insuficiência manifesta da demanda mundial adimplente, da diminuição do crescimento econômico e do aumento do desemprego e da pobreza até o âmago dos próprios países desenvolvidos.

Subitamente, os capitais mal aplicados orientam-se cada vez mais para a especulação abundante, as modernizações redutoras de emprego e as transferências redutoras de renda, o que só agrava a crise geral, com seu cortejo de miséria, de desespero e delinquência, de tráficos, de corrupção e de guerras.

Se quisermos realmente sair da crise geral contemporânea e construir este mundo de empregos abundantes, de prosperidade sustentável, extensa e distribuída equanimemente, ao qual a grande maioria dos habitantes do planeta aspira e do qual todos tirariam vantagens, material e moralmente, é preciso criar condições para um real desenvolvimento da economia agrícola subequipada e de um acúmulo de capital produtivo de grande fôlego nos países pobres. Para tanto, é preciso atacar o mal pela raiz, ou seja, as enormes desigualdades de renda que resultam da concorrência sem precaução, de heranças agrárias desiguais.

As desigualdades de renda e de desenvolvimento continuarão intransponíveis enquanto as políticas, os projetos e a pesquisa para o desenvolvimento em cada país não forem orientados principalmente visando às regiões mais desfavorecidas, à proteção e ao desenvolvimento da economia agrícola mais pobre. Enfim, acrescentemos que, para caminhar nessa direção, para que sejam legítimas e eficazes, essas políticas e esses projetos deverão ser concebidos e realizados de maneira democrática, com a participação efetiva das populações implicadas.

Epílogo

Colocando a agricultura no centro de nossa análise da crise contemporânea e creditando-lhe um papel primordial na solução desta, não pretendemos dizer que seja preciso reduzir a problemática da crise a esse aspecto, por mais essencial que ele seja. Aliás, nós consideramos outros aspectos dessa crise multiforme, mesmo se não os tenhamos tratado de maneira aprofundada. Mas, à proporção que a agricultura constitui geralmente o ponto cego das análises da crise econômica contemporânea, tentamos ressaltar e compartilhar o que nossa origem e nosso trabalho nos permitiram compreender melhor, pois não saberíamos explicar a crise mundial contemporânea sem considerar as transformações imensas e contraditórias, que movem as agriculturas de hoje, e sem medir a parte que lhes cabe na formação da pobreza e do desemprego no planeta. Tampouco saberíamos remediar uma crise de tal amplitude sem proteger a economia agrícola empobrecida e sem recorrer às imensas possibilidades de criação de emprego e de renda desse setor de atividade, que conta com mais da metade da população e a maioria dos pobres deste mundo.

Este livro é muito sintético para colocar em cena a vida quotidiana dos agricultores que há 10.000 anos constroem e reconstroem sem cessar a base agrária na qual vivemos. Outros o farão com muito mais talento. De nossa parte, quisemos honrar a obra dos camponeses de ontem e defender o trabalho dos agricultores contemporâneos.

Assim, ao olhar a estrutura, considerar sua antiguidade e ver o mundo ser construído a partir da base agrária, construímos uma representação bem diferente daquela obtida ao olhar do alto das teorias atemporais, ou das alturas da conjuntura financeira e política do momento. De fato, a ideia que fazemos das causas e dos remédios para a crise contemporânea é bem diferente da ideia, hoje politicamente dominante, de que os males deste mundo proviriam essencialmente da concorrência insuficiente para a qual a melhor política econômica seria sempre a de facilitar essa concorrência, limitando-se a atenuar seus efeitos mais insuportáveis, considerados como passageiros. Nossa posição se aproxima das análises, cada vez mais numerosas, de que somente uma política mundial coordenada de reorganização equitativa dos comércios internacionais, dos sistemas monetário e financeiro internacional, visando ao desenvolvimento equilibrado de todos os países, pode remediar uma crise que é mais mundial que nunca.

Na verdade, este mundo que se esfacela por baixo, muito mais depressa do que se constrói acima, se tornou um tipo de gigante com os pés de barro, um gigante trincado, cujas fundações devem ser reconstruídas com urgência.

Conforme proclama a bela mensagem escrita na fachada da casa do cantor Charles, perto de Lekana, no planalto Koukouya no Congo: "*Quando se quer subir em uma árvore não é pelo topo que se começa a escalada*".

ÍNDICE DAS ILUSTRAÇÕES

CAPÍTULO 1

FIGURA 1.1. – A expansão dos *Australopitecos*, do *Homo habilis* e do *Homo erectus*
FIGURA 1.2. – A expansão do *Homo sapiens* e do *Homo sapiens sapiens* até 10.000 anos antes de nossa Era
FIGURA 1.3. – Esquema da evolução biológica e técnica dos hominídeos
FIGURA 1.4. – Mapa esquemático das formações vegetais "originais" há 10.000 anos
FIGURA 1.5. – A progressão da população humana em relação ao desenvolvimento dos sistemas agrários do mundo

CAPÍTULO 2

FIGURA 2.1. – Centros de origem e áreas de extensão da revolução agrícola neolítica e áreas secundárias de domesticação
FIGURA 2.2. – Esboços de ferramentas neolíticas, de plantas e de animais selvagens e domesticados

CAPÍTULO 3

FIGURA 3.1. – Perfis vegetais de uma parcela arborizada e cultivada com sistema de derrubada-queimada
FIGURA 3.2. – Esquemas de organização de uma pequena região de cultivadores florestais
FIGURA 3.3. – Tipos de instrumentos dos cultivadores florestais hoje

FIGURA 3.4. – Variação da biomassa de um meio cultivado em função da duração da rotação
FIGURA 3.5. – Genealogia agrária: sucessão histórica e diferenciação geográfica dos sistemas agrários da Eurásia e da África oriundos do centro próximo-oriental

CAPÍTULO 4

FIGURA 4.1. – O Egito e o Nilo
FIGURA 4.2. – Corte geomorfológico do vale do Nilo
FIGURA 4.3. – Esquemas de ordenamento das bacias de vazão
FIGURA 4.4. – Equipamentos e cenas de práticas agrícolas no Egito antigo
FIGURA 4.5. – Material para a rega e máquinas elevatórias de água e de irrigação no Egito antigo e medieval

CAPÍTULO 5

FIGURA 5.1. – Grandes civilizações da América pré-colombiana
FIGURA 5.2. – Corte esquemático dos sistemas de cultivo e de criação da costa do Pacífico, dos Andes e da vertente amazônica na época inca
FIGURA 5.3. – Cenas de trabalho nos campos dos indígenas do Peru, de acordo com um calendário cristão do início do período colonial

CAPÍTULO 6

FIGURA 6.1. – Esquema de organização e de funcionamento do ecossistema nos sistemas por pousio e cultura atrelada leve, com criação e pastagem associadas
FIGURA 6.2. – Instrumentos de trabalho do solo e de semeadura nos sistemas com alqueive e tração leve
FIGURA 6.3. – Materiais de colheita, de transporte e de transformação dos cereais nos sistemas de cultivo com alqueive e tração leve
FIGURA 6.4. – Mapa das colônias gregas e do Império Romano

CAPÍTULO 7

FIGURA 7.1. – O sistema técnico do cultivo com tração pesada
FIGURA 7.2. – Esquema da organização e do funcionamento do ecossistema cultivado nos sistemas de alqueive e de cultivo de tração pesada
FIGURA 7.3. – Evolução da população da França (em seus limites atuais) do ano 1000 ao ano 1750
FIGURA 7.4. – Algumas ferramentas dos novos artesãos dos vilarejos e novos moinhos

CAPÍTULO 8

FIGURA 8.1. – Esquema de organização e de funcionamento do ecossistema cultivado nos sistemas sem alqueive
FIGURA 8.2. – Evolução das terras lavráveis, dos alqueives e seu cultivo na França (limites atuais) de 1600 a 1940

CAPÍTULO 9

FIGURA 9.1. – Os equipamentos mecânicos a tração animal, a vapor e manuais

CAPÍTULO 10

FIGURA 10.1. – As etapas do desenvolvimento dos equipamentos e da motomecanização em cultivos de cereais
FIGURA 10.2. – Rendimento de um cultivo em função do teor do solo em minerais
FIGURA 10.3. – Rendimento de um cultivo em um solo cultivado em função dos acréscimos de adubos
FIGURA 10.4. – Evolução do rendimento do trigo na França desde o início do século XX
FIGURA 10.5. – Redução da altura das espigas de trigo por seleção varietal
FIGURA 10.6. – Dose ideal de fertilizante (Q_o) por hectare
FIGURA 10.7. – Diminuição da dose ideal de fertilizante quando o preço dos fertilizantes aumenta ($Q'_o < Q_o$)
FIGURA 10.8. – Aumento da dose ideal de fertilizante quando o preço do produto aumenta ($Q'_o < Q_o$)
FIGURA 10.9. – Produto bruto, despesas com fertilizantes e margens por hectare em função da dose de fertilizante utilizada por quatro variedades V^1, V^2, V^3, V^4
FIGURA 10.10. – Produtividade do trabalho em função da superfície por trabalhador
FIGURA 10.11. – Espaço de existência teórica dos estabelecimentos que praticam um mesmo sistema de produção
FIGURA 10.12. – Estabelecimentos em desenvolvimento e em crise
FIGURA 10.13. – Níveis de mecanização, superfície por trabalhador e produtividade
FIGURA 10.14. – Desenvolvimento da mecanização e baixa dos preços agrícolas reais na primeira metade do século XX
FIGURA 10.15. – Elevação do limiar de renovação em termos reais na primeira metade do século XX

FIGURA 10.16. – Desenvolvimento da motomecanização, ganhos de produtividade, baixa dos preços agrícolas e elevação do limiar de renovação, em termos reais, desde o início do século XX
FIGURA 10.17. – Produtividades comparadas de diferentes sistemas de produção em um planalto siltoso mediamente irrigado
FIGURA 10.18. – Produtividades comparadas de diferentes sistemas de produção sobre uma encosta exposta à luminosidade
FIGURA 10.19. – Produtividades comparadas de diferentes sistemas de produção num vale argiloso com elevada pluviometria
FIGURA 10.20. – Produtividades comparadas de diferentes sistemas de produção num planalto com baixa pluviometria
FIGURA 10.21. – Produtividades comparadas de diferentes sistemas de produção em uma montanha com baixa pluviometria
FIGURA 10.22. Desigualdades de produtividade entre regiões cerealíferas
FIGURA 10.23. – Curva de evolução do preço real do trigo nos Estados Unidos de 1850 a 1985
FIGURA 10.24. – Produção das regiões cerealíferas (classificadas por ordem de produtividade decrescente) em período de preços altos
FIGURA 10.25. – Produção das regiões cerealíferas (classificadas por ordem de produtividade decrescente) em período de preços baixos

CAPÍTULO 11

FIGURA 11.1. – Produtividades comparadas dos grandes sistemas agrícolas existentes no mundo em meados e no fim do século XIX
FIGURA 11.2. – Distâncias de produtividade do trabalho entre sistemas cerealíferos motomecanizados e quimiquizados, por um lado, e sistemas de cultivo manual ou com tração dos países em desenvolvimento, por outro
FIGURA 11.3. – Tendência de baixa e flutuações dos preços reais de alguns grandes gêneros agrícolas nos Estados Unidos
FIGURA 11.4. – Escala de rendas do trabalho no mundo em 1992, e conforme o cenário de "convergência" em 2010 do Banco Mundial

N. B.: Todas as ilustrações são propriedade dos autores, exceto as figuras 4.1, 10.4, 10.5, 10.23, 11.3 e 11.4. Todos os direitos lhes estão reservados

Realização das estampas de ilustração: Atelier Gráfico das Edições de Setembro, Paris.
Desenhos das figuras 1.3, 2.2, 3.1, 3.3, 4.3, 4.4, 4.5, 5.3, 6.2, 6.3, 7.1, 7.4: Dimitri Rastorgoueff, Carré&Basset, Paris.

REFERÊNCIAS BIBLIOGRÁFICAS

Esta bibliografia, organizada por capítulos, comporta essencialmente obras de síntese reputadas, facilmente acessíveis e, quando possível, recentes ou recentemente editadas. Sem nenhuma exclusividade, estas obras são as que nos pareceram mais adequadas para informar de preferência os leitores interessados por um ou outro assunto abordado neste livro. Cada uma delas remete-nos para uma bibliografia e para fontes muito mais extensas. Além disso, esta bibliografia comporta também algumas obras, artigos e relatórios de investigação especializados, ainda não inseridos nas obras de síntese; todavia, evitamos citar trabalhos ainda não validados pela comunidade científica.

CAPÍTULO 1

ALEXANDRATOS, N. (sob a orientação de). *Agriculture mondiale Horizon 2010*. Roma: FAO, 1995. 442p.
BIRABEN, J.-N. Essai sur l'évolution du nombre des hommes. *Population,* Institut national des études démographiques, n.1, 1979, p.13-25.
BURENHULT, G. (sob a orientação de) *Les Premiers hommes*. Paris: Bordas, col. "Les berceaux de l'humanité", 1994. 239p.
CLARK, G. A, Origine de l'homme: le dialogue des sourds. *La recherche,* v. 25, n.263, 1994, p.316-21.
CLARKE, R. *Naissance de l'homme*. Paris: Edições du Seuil, col. "Points", série "Sciences", 1980, 268 p.
COIPPENS, Y. *Le Singe, l'Afrique et l'homme*. Paris: Fayard, col. "Pluriel", 1983. 246p.
DAUMAS, M. (sob a direção de) Les origines de la civilisation technique. In: *Histoire génèrale des technique*. Tomo I, Paris: Presses Universitaires de France, 1962. 652p.

DUCHAUFOUR, Ph. *Pédologie-sol, végétation, environnement.* Paris: Masson, série "Abrégés", 4.ed, 1994.

_____; SOUCHIER, B. (sob a direção de) *Pédologie.* Paris: Masson. 2.ed, v.I: 1983, 491p, v.II: 1994, 665p.

DUMONT, R. *Famines, le retour.* Paris: Arléa, 1997. 64p.

DUVIGNEAUD, P. *La Synthese écologique.* Paris: Doin, 1974. 296p.

ELHAI, H. *Biogéographie.* Paris: Armand Colin, col. "U", série "Géographie", 1968. 406p.

GLOVER, L.-C. Outils et cultures du paléolithique tardif en Asie du Sud-Est. In: *Les Premiers hommes.* Paris: Bordas, col. "Les berceaux de I'humanité", 1994, p.128-9.

KRENGEL, R. Die Weltbevölkerung von den Anfängen des anatomisch modernen Menschen bis zu den Problemen seiner Überlebensfähigkeit im 21 Jahrhundert. *Beiträge* zur *Strukturforschung.* Berlim: Duncker & Humblot, n.148, 1994, 123p.

LAITMAN, J. T. L'origine du langage articulé. *La Recherche.* v.17, n.181, 1986, p.1164-73.

MENDEL, G. *La Chasse structurale:* une interprétation du devenir humain. Paris: col. "Petite Bibliotheque Payot", 1977. 346p.

RAMADE, F. *Le peuple des fourmis.* Paris: Presses Universitaires de France, col. "Que sais-je?", 1965. 125p.

SENUT, B. Hominidés. *Encyclopaedia uniuersalis,* corpus 11, 1992, p.572-6.

SONEVILLE-BORDES, D. Paléolithique. *Encyclopaedia universalis,* corpus 17, 1992, p.351-60.

SORRE, M. *Les Fondements biologiques de la géographie humaine.* Paris: Armand Colin, 1971. 447p.

CAPÍTULO 2

BARRAU, J. .Histoire et préhistoire horticoles de l'océanie tropicale. *Journal de la Société des océanistes,* 1965, p.55-78.

BELLWOOD, P. Les origines des familles de langues In: *L'Age de pierre.* Paris: Bordas, col. "Les berceaux de I'humanité", 1994, p.138-9.

_____; BARNES, G. Les agriculteurs d'Asie du Sud et de l'Est. In: *L'Age de pierre.* Paris: Bordas, col. "Les berceaux de l'humanité", 1994, p.123-43.

CAUVIN, J. *Les Premiers villages de syrie-palestine du IXe au VIIe millénaie avant J.-C.* Lyon: Maison de l'Orient, col. "Maison de l'Orient méditerranéen ancien", 1978. 160p.

_____. *Naissance des divinités – Naissance de l'agriculture.* Paris: Éditions du CNRS, col. "Empreintes", 1994. 304p.

DIOP, C-A. *Nations nègres et Culture.* Paris: Présence Africaine, 3.ed, 1979. 572p.

GAUTIER, A. *La Domestication:* et l'homme créa ses animaux. Paris: Errance, col. "Jardin des Hespérides", 1990. 277p.

GULLAINE, J. *La Mer partagée.* Paris: Hachette, 1994. 453p.

HARLAN, J. R. Les origines de l'agriculture. *La Recherche,* v.3, n.29, 1972, p.1035-43.

_____. *Les plantes cultivées et l'Homme.* Paris: Agence de coopération culturelle et technique et Presses Universitaires de France, col. "Techniques vivantes", 1987. 414p.

HJELMSLEV, L. *Le Langage.* Paris: Edições de Minuit, col. "Arguments", 1966. 201p.

PERNÈS, J. La génétique de la domestication des céréales. *La Recherche,* v. 14, n.146, 1983.
ROLLEFSON, G. O. Le néolithique de la vallée du Jourdain. *La Recherche,* v. 25, n.271,1994, p.1254-9.
ROLLEY-CONWY, P. Chasseurs-cueilleurs et agriculteurs de l'âge de pierre en Europe. In: *L'Age de pierre.* Paris: Bordas, col. "Les berceaux de l'humnité", 1994, p. 59-77.
RUNNELS, C. La Grè ancienne, pays ravagé. *Pour la science,* n.211, 1995, p.92-6.
SAHLNS, M. *Age de pierre, âge d'abondance.* Paris: Gallimard, col. "Bibliothètque des sciences humaines", 1976. 409p.
THOMAS, D. H. Agriculteurs du Nouveau Monde. In: *L'Age de pierre.* Paris: Bordas, col. "Les berceaux de l'humanité", 1994, p.163-85.
WHITE, J. P. Peuples du Pacifique. In: *L'Age de pierre.* Paris: Bordas col. "Les berceaux de l'humanité", 1994, p.145-61.

CAPÍTULO 3

ANGLADETTE, A. *Le Riz.* Paris: Maisonnueuve et Larose, 1966. 930p.
DUMONT, R. *La culture du riz dans le delta du Tonkin.* Universidade P. Songkla: Patani, Tailândia, 1995. 592p.
GOUROU, P. *Riz et civilisation.* Paris: Fayard, 1984. 299p.
_____. *L'Afrique.* Paris: Hachette, 1970. 488p.
JEUNESSE, CH.; PETREQUIN, P. *La Hache de pierre:* carrieres vosgiennes et échanges de lames polies pendant le néolithique (5400-2000 avant J.-C.). Paris: edições Errance, 1996. 134p.
MAZOYER, M. Le développement de la production marchande et la dégradation des systèmes agraires em Afrique de l'Ouest. Comunicação no colóquio IDEP-IEDE5-IDS-CLASCO sobre "Les stratégies du développement économiqueAfrique et Amérique latine comparées", Dakar, 1972, 19p.
MEILLASSOUX, Cl. *Anthropologie économique des Gouros de Côte-d'Ivoire.* ParisLa Haye: Mouton, col. "Le monde d'outre-mer passé et présent", série "Études", 2.ed, 1970. 382p.
SERRE-DUHEM, Cl. *Essai d'interprétation d'une famine:* Les transformations d'un systeme agraire au Congo: le plateau Kukuya. Tese (Doutorado) – Institut national agronomique Paris-Grignon, 1995, 455p.
SIGAUT, F. *L'Agriculture et le Feu.* Paris-La Haye: Écoles des Hautes Études en sciences sociales, Mouton & Co, col. "Cahiers des études rurales", 1975. 320p.

CAPÍTULO 4

ALLEAUME, G. L'évolution du paysage à l'époque arabe. In: *Égyptes. Histoires et cultures,* 1994, n.4, p.35-41.
_____. Les systêmes hydrauliques de l'Égipte pré-moderne. Essai d'histoire du paysage. In: *Itinéraires d'Egipte. Mélanges offerts au père Maurice Martin si.* Institut français d'archéologie orientale du Caire, p.301-22.

AYEB, H. Géopolitique d'un grand axe fluvial: le Nil. Tese (Doutorado) – université de Paris VIII-Saint-Denis, 520p.

AYMARD, A.; AUBOYER, J. *L'Orient et la Grèce antique*. Paris: Presses Universitaires de France, col. "Quadrige", 7.ed, 1980. 700p.

BAROIS, J. *L'Irrigation en Égipte*. Paris: Imprimerie nationale, 1887. 141p.

DUMONT, R.; MAZOYER, M. *Développement et socialismes*. Paris: Seuil, 1969. 330p.

DAUMAS, M. (sob a direção de) Les origines de la civilisation technique. In: *Histoire générale des techniques*. Tomo I, Paris: Presses Universitaires de France, 1962. 652p.

HAMDAN, G. Évolution de l'agriculture irriguée en Égypte. In: *Histoire de l'utilisation des terres des régions arides*. Paris: UNESCO, 1961, p.133-59.

IRETON, F. Des agricultures égyptiennes. In: *Peuples méditerranéens*. n.41-42, 1987/1988, p.211-55.

KLEIN, R. G. Chasse, cueillette et agriculture en Afrique. In: *L'Age de pierre*. Paris: Bordas, col. "Les berceaux de l'humanité", 1994, p.39-55.

LAVERGNE, M. L'Agriculture égyptienne dix ans apres l'achèvement du haut barrage d'Assouan. In: *Sociétés paysannes du tiers-monde*. Lille: Presses Universitaires de Lille, 1980, p.185-202.

PARIAS, L.-H. (sob a direção de) Préhistoire et Antiquité. In: *Histoire générale du travai*. Tomo I, Paris: Nouvelle Librairie de France, 1960. 393p.

RUF, T. *Histoire contemporaine de l'agriculture égyptienne*. Paris: Éditions de l'ORSTOM, col. "Études et theses", 1988. 289p.

SAINTE-MARIE (de), Ch. Les agricultures egyptiennes. These de 3e cycle, Université de Paris I, Institut du développement économique et social, 1987, 249p.

VERCOUTIER, J. *L'Egypte et la Valée du Nil*. Paris: Presses Universitaires de France, col. "Nouvelle Clio", 1992. 382p.

_____. L'Egypte jusqu'à la fin du Nouvel Empire. In: *Les Premieres Civilisations*. tomo I, Paris: Presses Universitaires de France, 1987, p.71-220.

WITTFOGEL, K. *Le Despotisme oriental*. Paris: éditions de Minuit, col. "Arguments", 1964. 671p.

CAPÍTULO 5

COOK, N. *Demography colapse in Indian Peru: 1520-1620*. Cambridge: Cambridge University, 1981. 310p.

DOLLFUS, O. Les sociétes paysannes andines: autonomie et dépendance. In: *Sociétés paysannes du tiers-monde*. Lille: Presses Universitaires de Lille, 1980, p.13-24.

KARSTEN, R. *La Civilisation de l'Empire inca*. Paris: Payot & Rivages, 1993. 272p.

LAS CASAS, B. *Très Brève Relation de la destruction des Indes*. Paris: La Découverte, 1983. 155p.

MORLON, P. (sob direção de) *Comprendre l'agriculture paysanne dans les Andes centrales*. Paris: INRA, col. "Ecologie et aménagement rural", 1992. 522p.

PARIAS, L.-H. (sob a direção de) L'âge de l'artisanat. In: *Histoire générale de travail*. tomo II, Paris: Nouvelle Librairie de France, 1960. 372p.

PIEL, J. Originalité de la société agraire péruvienne au XIXe siècle. In: *Capitalisme agraire au Pérou*. v.I, Paris: Anthropos, 1975. 330p.

_____. L'essor du néo-latifundisme dans le Pérou républicain. In: *Capitalisme agraire au Pérou*. v.II, Paris: Anthropos, 1983. 380p.

SALIS, A. Économie paysanne et intégration au marché: évolution des formations agraires des hautes vallées interandines de Cusco. Tese (Doutorado) – Institut national agronomique Paris-Grignon, 1987.

WACHTEL, N. *La Vision des vaincus*. Paris: Gallimard, col. "Bibliothèque des histoires", 1971. 395p.

WITTFOGEL, K. *Le Despotisme oriental*. Paris: Editions de minuit, col. "Arguments", 1964. 671p.

CAPÍTULO 6

AMOURETTI, M.-CI. *Le Pain et l'Huile dans la Grèce antique*. Paris: Les Belles Lettres, Annales littéraires de l'Université de Besançon, 1986. 322p.

AYMARD, A.; AUBOYER, J. *L'Orient et la Grèce antique*. Paris: Presses Universitaires de France, col. "Quadrige", 7.ed, 1989. 700p.

_____. *Rome et son Empire*. Paris: Presses Universitaires de France, col. "Quadrige", 1980. 788p.

BLOCH, M. Comment et pourquoi finit l'escalavage antique. *Annales, ESC*, n.1, 1947, p.30-44.

DAUMAS, M. (sob a direção de) Les origines de la civilisation technique. In: *Histoire générale des Techniques*. tomo I, Paris: Presses Universitaires de France, 1962. 652p.

DUBY, G. (sob a direção de) La formation des campagnes françaises des orgines à 1340. In: *Histoire de la France rurale*. tomo I, Paris: Editions du Seuil, col. "Univers historique", 1975. 621p.

_____. *L'Économie Rural et la vie des campagnes dans l'Occident Médiéval*, 1975.

ENGELS, F. *L'Origine de la famille, de la propriété privée e de l'"État*. Paris: Éditions sociales, col "Essentiel", 1983. 322p.

FINLEY, M. I. *Économie antique*. Paris: Editions de Minuit col. "Le sens commun", 1975. 241p.

GARNSEY, P. *Famine and Food Supply in Graeco-Roman World. Responses to Risk and Crisis*. Cambridge: Cambridge University Press, 1988.

GLORZ, G. *La Cité grecque*. Paris: Albin Micchel, col. "L'Évolution de l'humanité", 1948. 473p.

GUIRAUD, P. *La Propriété foncière en Grèce jusqu'à la conquête romaine*. Paris: Hachette, 1983. 654p.

JARDÉ, A. *Les céréales dans l'Antiquité grecque. La prodution*. Paris: Éditions E. de Boccard, Bibliothèques des écoles françaises d'Athenes et de Rome, fasc.130, 1979. 237p.

MEILLASSOUX, CI. *Anthropologie de l'esclavage*. Paris: Presses Universitaires de France, col. "Pratiques théoriques", 1986. 375p.

NICOLET, C. *Les Gracques*. Paris: Gallimard/Julliard, col. "Archives", 1990. 236p.

PARIAS, L.-H. (sob a direção de) Préhistoire e Antiquité, In: *Histoire générale du travail*. tomo I, Paris: Nouvelle Librairie de France, 1960. 393p.

ROSTOVTSEFF, M. *Histoire économique et sociale de l'Empire romain*. Paris: Robert Laffont, col. "Bouquins", 1988. 780p.

XENOFONTE. *L'Économique*. Paris: Les Belles Lettres, 3.ed, 1993. 119p.

CAPÍTULO 7

AMOURETTI, M.-Cl. La diffusion du moulin à eau dans l'Antiquité. In: *L'eau et les Hommes en Méditerranée*. Paris: CNRS, 1987, p.13-23.

BERRY (de), J. *Les Tres riches heures du duc de Berry*. Paris: éditions Draeger-Vilo, 4.ed, 1981.

BOSERUP, E. *Évolution agraire et pression démographique*. Paris: Flamamarion, col. "Nouvelle Bibliothèque scientifique", 1970. 218p.

DAUMAS, M. (sob a direção de) Les origines de Ia civilisation technique. In: *Histoire générale des techniques*. tomo I, Paris: Presses Universitaires de France, 1962. 652p.

DOCKES, P. *La Libération médiévale*. Paris: Flammarion, col. "Nouvelle Bibliotheque scientifique", 1979. 321p.

DUBY, G. (sob a direção de) La formation des campagnes françaises des origines à 1340. In: *Histoire de la France rurale*. Tomo I, Paris: Editions du Seuil, col. "Univers historique", 1975. 621p.

_____. *Guerriers et paysans, VIIe-XIIe siècle. Premier essor de l'économie européenne*. Paris: Gallimard, col. "Tel quel", 1973. 308p.

_____. *L'Economie rurale et la Vie des campagnes dans l'Occident médiéval*. Paris: Flammarion, col. "Champs historiques", 1977, v.I: 285p., v.II: 288p.

FOURNIAL, E. *Les Villes et l'economie d'échange en Forez aux XIIIe et XIVe siècles*. Paris: Presses du Palais-Royal, 1967.

GERHAROS, A.; MAZOYER, M. *La Société médiévale*. Paris: MA Éditions, col. "Le monde de...", 1986. 271p.

GIMPEL, J. *La Révolution industrielle du Moyen Age*. Paris: Editions du Seuil, col. "Points", série "Histoire", 1975. 244p.

GUERREAU, A. *Le Féodalisme:* Un horizon théorique. Paris: Le Syconore, 1980. 229p.

HAUDRICOURT, A.; JEAN-BRUHNES DELAMARRE, M. *L'Homme et la Charrue à travers le monde*. Lyon: La Manufacture, col. "L'homme et la nature", 1986. 410p.

LEFEBVRE DES NOËTTES. *L'Attelage:* Le cheval de selle à travers les âges. Contribution à l'histoire de l'esclavage. Paris: Picard, 1931. 312p.

LE GOFF, J. *La Civilisation de l'Occident médiéval*. Paris: Flammarion, col. "Champs", 1982. 367p.

LE ROY LADURIE, E. *Les Paysans de Languedoc*. Paris: Flammarion, col. "Champs", 1969. 383p.

_____. (sob a direção de) L'âge classique des paysans de 1340 a 1789. In: *Histoire de la France rurale*. tomo II, Paris: Éditions du Seuil, col. "Univers historique", 1975. 621p.

_____; MORINEAU, M. Paysannerie et croissante. In: *Histoire économique et sociale de la France*. tomo I, v.II. Paris: Presses Universitaires de France, 1977. 1035p.

MALTHUS, R. *Essai sur le principede population*. Paris: Garnier-Flammarion, col. "Classiques de l'économie politiques", 1992, tomo I: 480p., tomo II: 436p.

MANE, P. *Calendriers et Techniques agricoles (France-Italie, XIIe-XIIIe siècle)*. Paris: Le Sycomore, col. "Féodalisme", 1983. 351p.

MOUSNIER, R. *Les XVIe e XVIIe siecles*. Paris: Presses Universitaires de France, col. "Quadrige", 1993. 688p.

PARAIN, C. *Outils, ethnie et developpement historique*. Paris: Éditions sociales, col. "Terrains", 1979. 502p.

PARIAS, L.-H. (sob a direção de) L'âge de l'artisanat. In: *Histoire générale du travail.* Tomo II, Paris: Nouvelle Librairie de France, 1960. 372p.

PERROY, E. *Le Moyen Age.* Paris: Presses Universitaires de France, col. "Quadrige", 1993. 677p.

SERENI, E. *Histoire du paysage rural italien.* Paris: Julliard, 1964. 328p.

CAPÍTULOS 8 E 9

AUGÉ-LARIBÉ, M. *La Révolution agricole.* Paris: Albin Michel, col. "L'évolution de l'humanité", 1955. 435p.

BAIROCH, P. *Le Tiers-Monde dans l'impasse. Le démarrage économique du XVIIIe au XXe siecle.* Paris: Gallimard, 2.ed, col. "Idées-sciences humaines", 1983. 381p.

BARNY, R. *L'Éclatement révolutionnaire du rousseauisme,* Annales littéraires de l'université de Besançon, col. du Bicentenaire de la Révolution française, v.10, diffusion Les Belles Lettres, 1988. 340p.

BLOCH, M. *Les caractères originaux de l'histoire rurale fançaise.* Paris: Librairie Armand Colin, col. "Economies-Sociétés-Civilisations". Tomo I, 2.ed, 1976, 261p., tomo II: 1968, 230p.

BOULLAINE, J. *Histoire de l'agronomie en France.* Paris: Tec. & Doc. Lavoisier, 1992. 392p.

BRAUDEL, F. *Civilisation matérielle, Économie et capitalisme, XVe-XVIIIe siècle.* Paris: Armand Colin, 1979. Tomo I: 541p.; tomo II: 599p.; tomo III: 606p.

DUBY, G.; WALLON, A. (sob a direção de) Apogée et crise de la civilisation paysanne de 1789 a 1914. In: *Histoire de la France rurale.* Tomo III, Paris, Editions du Seuil, col. "Univers historique", 1976. 568p.

FESTY, O. *L'Agriculture pendant la Révolution français:* Les conditions de production et de récolte des céréales. Paris: Gallimard, col. "Le paysan et la terre", 1947. 469p.

HOBSBAWM, E. *Histoire économique et sociale de la Grande-Bretagne.* tomo II, Paris: Éditions du Seuil, col. "Univers historique", 1977. 368p.

LABROUSSE, E.; MOUSNIER, R. *Le XVIIIe siécle.* Paris: Presses Universitaires de France, col. "Quadrige", 6.ed, 1985. 579p.

LAVERGNE (de), L. *Essai sur l'économie rurale de l'Angleterre, de l'Écosse et de l'Irlande.* Paris: Librairie agricole, Guillaumin et Cie, 1882.

LE ROY LADURIE, E. (sob a direção de) *Paysages, paysans. L'art et la ferre en Europe du Moyen Age au XX siècle,* Paris, Bibliothetque nationale de France/Réunion des musées nationaux, 287p.

PARIAS, L.-H. (sob a direção de) L'âge de l'artisanat. In: *Histoire générale du travail.* tomo II, Paris: Nouvelle librairie de France, 1960. 372p.

_____. (sob a direção de) L'ere des révolutions. In: *Histoire générale du travail.* tomo III, Paris: Nouvelle Librairie de France, 1960. 403p.

QUESNAY, F. *Tableau économique* des *physiocrates.* Paris: Calmann-Lévy, col. "Perspectives économiques", série "Les fondateurs de l'économie", 1969. 270p.

RICHES. N. *The agricultural Revolution in Norfolk.* London: Frank Cass and Company Limited, 2.ed, 1967. 194p.

SCHNERB, R. *Le XIXe siècle.* Paris: Presses Universaires de France, col. "Quadrige", 1993. 648p.

TRACY, M. *L'Etat et l'Agriculture en Europe occidentale*. Paris: Economica, col. "Economie agricole et agro-alimentaire", 1986. 464p.

VERLEY, P. *La Révolution industrielle, 1760-1870*. Paris: MA Éditions, col. "Le monde de...", 1985. 270p.

WEBER, E. *La Fin des terroirs:* La modernisation de la France rurale 1870-1914. Paris: Fayard/éditions Recherches, 1983. 839p.

OUVRAGE COLLECTIF. *La Révolution française et le Monde rural*. Paris: Editions du Comité des travaux historiques et scientifiques, col. "Colloques du CTHS", 1989. 582p.

CAPÍTULOS 10 E 11

ALLAIS, M. *La Politique de libre-échange, le GATT et Communauté européenne*. Allocution au premier sommet alimentaire européen, 1993. 32p.

BANCO MUNDIAL. *Rapport sur le développement dans le monde* (annuel). Divers numéros depuis 1986.

BAZIN, G. *Inégalités de développement agricole et politiques correctrices*. Tese de habilitação para dirigir investigações, Paris X-Nanterre, 1995. 168p.

BONTRON, J.-C.; BRUN, A.; STÉPHAN, J.-M. (sob a direção de) *Le Grand Atlas de la France rurale*. Paris: Éditions Jean-Pierre de Monza, 1989. 494p.

BOUSSARD, J.-M. *Économie de l'agriculture*. Paris: Economica, col. "Économie agricole et agro-alimentaire", 1897. 310p.

BOYER, R.; MISTRAL, J. *Accumulation, inflatio crises*. Paris: Presses Universitaires de France, col. "Économie en liberté", 2.ed, 1983. 344p.

DUMONT, R. *Paysans écrasés, terres massacrées*. Paris: Robert Laffont, 1978. 359p.

_____. *Les leçons de l'agriculture américaine*. Paris: Flammarion, 1949. 368p.

_____. *Le problème agricole français*. Paris: Les Éditions nouvelles, Bibliotheque d'économie contemporaine, 1946. 382p.

_____; ROSIER, B. *Nous allons à la famine*. Paris: Seuil, 1966. 280p.

FAO. *La Situation mondiale de l'alimentation et de l'agriculture* (annuel), divers numéros.

GOUYON, A. *Paysannerie et hévéaculture dans les plaines orientales de Sumatra: quel avenir pour un système agroforestier?* Tese (Doutorado) – Institut national agronomique Paris-Grignon, 1995, 436p.

GRIEVE SMITH, J.; MICHIE, J. *Managing the global economy*. Oxford: Oxford University Press, 1995. 343p.

GUIGOU, J.-L. *La Rente foncièr:* Les théories et leur évolution depuis 1650. Paris: Économica, 1982. 954p.

KITSON, M.; MICHIE, J. Trade and growth: a Historical Perspective. In: *Managing the global economy*. Oxford: Oxford University Press, 1995. p.3-36.

KROLL, J.-C. *Politique agricole et Relations internationales*. Paris: Syros, 1987. 132p.

LIPIETZ, A. *Mirages et Miracles. Problèmes de l'industrialisation dans le tiers-monde*. Paris: La Découverte, 1985. 189p.

MALASSIS, L. *Économie agro-alimentaire*. v.I: *L'Économie de la consommation et de la production agro-alimentaire*. Paris: Cujas, 1979. 437p.

_____; PADILLA, M. *Économie agro-alimentaire*. v.II: *L'Economie mondiale*. Paris: Cujas, 1986. 449p.

MAZOYER, M. Pour des projects agricoles légitimes er efficaces: théorie et méthode d'analyse des systèmes agraires. *Réforme agraire,* 1992-1993, FAO, Rome, p. 5-17.

_____. *Les Inégalités de developpentent agricole dons le monde.* Communication à la Société française d'économie rurale, Paris, 1988. 22p.

_____ et al. *Esquisse d'une noulvelle politique agricole au Congo.* Brazzaville: Ministère du Développement rural, ministère de l'Economie et du Plan, 1986.

_____. *Origines et mécanismes de reproduction des inégalités régionales de développement agricole en Europe.* Communication au Congrès de l'Association européene des économistes agricoles, Belgrade, 1981. 24p.

_____; BAZIN, G.; DUCHEMIN, B.; KROLL, J.-C. Essai d'appréciation des conditions d'application et des résultats d'une politique de réforme de l'agriculture dans les régions difficiles. CEE, *Informations internes sur l'agriculture,* n.138, 1974, Bruxelles, 183p.

_____. Les modalités d'application de la recherche opérationnelle en agriculture. In: *Revue française de recherche opérationnele,* n.27, 1963, p.107-29.

PASSET R. *L'Économique et le Vivant.* Paris: Economica, 2.ed, 1996.

SINGH, A.; ZAMMIT, A. Employment and Unemployment North and South. In: *Managing the global economy.* Oxford: Oxford University Press, 1995, p. 93-110.

SOBRE O LIVRO

Formato: 16 x 23 cm
Mancha: 26 x 48,6 paicas
Tipografia: Stempel Schneidler 10,5/12,6
Papel: Off-white 80 g/m²
Cartão Supremo 250 g/m² (capa)

1ª *edição*: 2009

EQUIPE DE REALIZAÇÃO

Edição de Texto
Lúcia Ferreira (Preparação de Original)
Cristina Suzuki, Carmen Simões e Alberto Bononi (Revisão)

Editoração Eletrônica
Eduardo Seiji Seki

Rua Xavier Curado, 388 • Ipiranga - SP • 04210 100
Tel.: (11) 2063 7000 • Fax: (11) 2061 8709
rettec@rettec.com.br • www.rettec.com.br